中国少数民族设计全集

The Design Collection of Chinese Ethnic Minorities

苗族

中国少数民族设计全集编纂委员会 编

图书在版编目（CIP）数据

中国少数民族设计全集.苗族／中国少数民族设计全集编纂委员会编；许星，廖晨晨著.—太原：山西人民出版社，2019.10
ISBN 978-7-203-11065-1

Ⅰ.①中… Ⅱ.①中… ②许… ③廖… Ⅲ.①苗族–民族文化–研究–中国 Ⅳ.①K28

中国版本图书馆CIP数据核字（2019）第223974号

中国少数民族设计全集.苗族

编　　者：	中国少数民族设计全集编纂委员会
著　　者：	许　星　廖晨晨
责任编辑：	吴春华
复　　审：	吕绘元
终　　审：	阎卫斌
装帧设计：	谢　成

出 版 者：	山西人民出版社　人民美术出版社
地　　址：	太原市建设南路21号
邮　　编：	030012
发行营销：	0351－4922220　4955996　4956039　4922127（传真）
天猫官网：	https://sxrmcbs.tmall.com　电话：0351－4922159
E—mail：	sxskcb@163.com　发行部
	sxskcb@126.com　总编室
网　　址：	www.sxskcb.com

经 销 者：	山西出版传媒集团·山西人民出版社
承 印 者：	山西出版传媒集团·山西新华印业有限公司
开　　本：	889mm×1194mm　　1/16
印　　张：	53
字　　数：	645千字
印　　数：	1—1 000册
版　　次：	2019年10月　第1版
印　　次：	2019年10月　第1次印刷
书　　号：	ISBN 978-7-203-11065-1
定　　价：	570.00元

如有印装质量问题请与本社联系调换

中国少数民族设计全集编纂委员会

总 主 编 （按年龄排序）
张夫也　王立端　戴晋明　廖　军　王　琥　李豫闽　过伟敏　顾　平
王　强　李　岗
执行主编　王　琥
编务统筹　张明山

中国少数民族设计全集编辑工作委员会

主　　任　刘伟冬
编　　委　（排名不分先后）
王　琥　王　峰　王　强　王立端　王浩滢　白　波　过伟敏　许　星
许边疆　李　岗　李　丽　李豫闽　成光虎　肖　飞　余　强　汪传跃
罗　力　杨明朗　陈　述　陈见东　邱　珂　胡万明　顾　平　郑　静
郭立忠　姬　莹　张夫也　张泽国　张明山　张秋平　张耀引　梁盛平
樊　进　谢　玮　熊　伟　熊　微　熊建新　蔡克中　葛　芳　鞠　斐
魏　洁　廖　军　戴晋明

中国少数民族设计全集出版工作委员会

主　　任　胡彦威　周　伟
执行主任　姚　军　欧京海
编务统筹　阎卫斌　周小龙
编　　辑　（排名不分先后）
王新斐　史美珍　冯　昭　冯灵芝　吉　昊　吕绘元　刘小玲　任秀芳
孙　琳　孙宇欣　李广洁　李建业　李　靖　员荣亮　张小芳　张志杰
张书剑　何赵云　陈俞江　吴春华　武　静　周小龙　柳承旭　郝文霞
赵　玉　赵晓丽　席　青　秦继华　高　雷　郭向南　阎卫斌　崔人杰
傅晓红　蔡咏卉　翟丽娟　樊　中　薛正存　魏　红　魏美荣
整体设计　谢　成

中国少数民族设计全集·苗族

本册著者 　许　星　廖晨晨
参与撰写 　廖　军　张　庆　王兴业　周红卫　潘姝雯
　　　　　　　陈　炜　王艳晖　李　瑛　王威多　杨　娟

求同存异　和合共荣

刘伟冬

中华民族，是一个由56个民族组成的大家庭。在漫长的文明发展史中，汉族和各少数民族都为中华文明的繁荣发展贡献了自己的聪明才智。纵观中华文明史，其实就是一部各族群之间"求同存异，和合共荣"的文化演进史。

从根子上讲，4000年前的"中国"，仅指北方中原地区，居住在这里的相传是上古时期黄帝部落和炎帝部落的后裔，故而自称"炎黄子孙"。其时的"中国"，不过是黄河中下游（西起陇山，东至泰山）区域。在千年发展与民族融合之后，尤其是晋末"衣冠南渡"，南迁的中原汉族与南方百越民族彻底融合，来自北方的鲜卑等民族融入汉族，使汉族前所未有地壮大发展，逐渐形成后来疆域辽阔、人口众多、物产繁盛、文化昌明的中华民族的主体族群。特别值得强调的是，自从作为一个民族整体之后，中华民族就从未中断过自己的民族发展史——这在世界历史上是硕果仅存、独一无二的。

中华民族具备兼容并蓄、虚心好学的民族天性。仅以设计学范畴的事例讲：在数千年文明发展历史中，中华民族在不断向外输出优秀的文明成果（如烧造之陶瓷砖瓦、营造之榫卯斗拱、织造之丝绸刺绣、锻造之"失蜡"分模等），影响全人类的日

常生活与生产方式的同时，也不断地吸纳域外各民族的优秀文明成果，如汉魏之印度佛教和西域音乐、隋唐之西亚服饰和家具、宋元之东洋印染和漆艺、明清之西洋机器与建筑……在中华民族内部，这样的文化交流更是从未停止过，而且是风生水起、枝繁叶茂，愈发流畅、深入，中华民族各族群之间"求同存异，和合共荣"的文化大演进，共同创造了中华民族极为灿烂辉煌的造物文明历史。仍以设计学范畴为例：原本是匈奴人发明的单足绳圈，被晋代的汉族人设计成铁质双镫；最早是鲜卑人原创的毡毯卷边，被晋代的汉族人改造成"高桥马鞍"，这宗中国式马具设计案例，被誉为"13世纪中国传入欧洲的最重要文化成果"（李约瑟语）。再如，西域（今新疆地区）是全世界最早的皮靴生产地，哈尼族为主的红河地区出现了全世界最早的梯田。再如，全世界最早的"干栏式建筑"和全世界最早的稻米人工育种、栽培，均起源于长江中下游的百越地区；全世界最早的竹藤编结器物起源于闽越地区……由中华民族共同创造、发明，后来又影响了全人类文明进程的优秀造物设计案例很多，不胜枚举。几千年中华民族的文明史，就是各种文化多元融合、共同发展的最好例证。不了解中华民族内部各族群的文明交流史，就无法真正理解中国文化史，也不能理解为什么中华民族总是能在逆境中成长强大。甚至可以说，能否完整地理解中华民族的文化史，是检验每一个当代中国知识分子（特别是文史哲专业的学者）文化立场的"试金石"。

随着改革开放的逐渐深入，各民族地区的经济与社会状态已发生了天翻地覆的变化。令人遗憾和担心的是，由于各地区政策执行力度不平衡，保护措施不得力，少数民族的文化特性正在逐步衰退，有些地区的少数民族文化特征甚至已经消失殆尽，仅仅存在于徒具形式，充满口号、标语的民族文化村旅游景点中。有学者预言，再不加快整理抢救工作，中国的少数民族可能在物质形态和文化内涵的特征上，若干年后将不复存在。

从少数民族地区反映古代中国社会某些面貌的文化遗存看，这些少数民族之所以一直与汉族地区差距巨大，存在多方面的原因，其中历代汉族统治者对少数民族的歧视政策是主要原因。此外这些地区本身就处于偏僻荒地，不是沙漠就是山区，自然条件远不及汉族聚集地区，社会发展水平滞后。20世纪50年代，有相当比例的少数民族在当时仍处于原始农耕社会或奴隶制社会，不要说通电、通水、通汽车，不少人一辈子连铁器长什么样都没见过。部分少数民族聚集地的各种自然条件也较差，缺肥少水，基本生活来源，一靠老天爷恩赐的"望天收"农作物；二靠家庭手工作坊制作些竹藤编结物和土织、土陶等土特产来换取粮食；三靠养猪、兔、羊和鸡、鸭、鹅等家禽来换取日用品，如灯油、农具、衣物和油盐酱醋等；四靠为土司、头人和大户们出卖劳力（社会底层奴隶身份），年老即被抛弃。中华人民共和国成立后，党和政府在这些地区实行社会主义改造，打倒以土司、巫师和头人为首的剥削阶级，将土地和生产资料一律收归集体所有，解放了全体少数民族民众，使他们历史上第一次有了自由劳作和生活的权利。

中华人民共和国成立之初，党和政府就高度关注民族事务问题，为如何保护、关心各少数民族制定了一系列方针、政策，也为当代中国社会处理民族问题、保护民族文化树立了光辉典范。中央人民政府政务院于20世纪50年代初发布了《关于民族事务的几项决定》，为新中国民族政策奠定了最初的思想基础，其主要内容是：一、各大行政区军政委员会（人民政府）须指导各有关

求同存异　和合共荣

省、市、行署人民政府认真推行民族区域自治及民族民主联合政府的政策和制度，并随时向政务院报告推行经验，请示者须事前向政务院请示。二、各大行政区军政委员会（人民政府）须指导各有关省、市、行署人民政府认真并有计划地实行政务院在1950年颁发的《培养少数民族干部试行方案》，并将该项工作进行情况定期加以检查，每半年向政务院报告一次。中央民族学院及西北、西南、中南各军政委员会和新疆省人民政府的民族学院，必须依计划实行，并向政务院报告。三、政务院于1951年下半年适当时间将同时召开有关少数民族的卫生、教育及贸易三个专业会议，责成政务院文教委员会、中财委指导中央卫生部、教育部、贸易部开始筹备，并责成中央民族事务委员会协助进行。有关部门如农业部、文化部也须派人参加。四、责成中央人民政府各委、部、会、院、署、行注意建立有关民族事务的业务。五、在政务院文教委员会内设民族语言文字研究指导委员会，指导和组织少数民族语言文字的研究工作，帮助尚无文字的民族创立文字，帮助文字不完备的民族逐渐充实其文字。六、扩大中央民族事务委员会委员名额，责成中央民族事务委员会提出补充名单的建议，并于1951年下半年召开中央民族事务委员会扩大会议，检查与总结关于推行民族区域自治及民族民主联合政府的经验。

20世纪50年代，中央人民政府和政务院，曾多次组织"中央慰问团""土改工作队"和"普查工作队"等，花费大量人力和物力，深入各少数民族地区，进行了大量较为翔实的社会历史调查。50年代这轮由政府统筹、由中央民委组织行政领导和人类学、社会学专家学者以及民族同志组成工作队与考察队的少数民族大考察活动，1953年正式启动，1956年结束（个别地区延期至1958年才结束）。直接成果之一，就是为1956年国务院公布的55

个少数民族的正式定名和划分，提供了可靠的依据。

从当时考察的资料看，各少数民族的社会发展水平参差不齐，不少民族呈现类似汉族曾经历过的各种历史发展状况，为我们今天考察、了解并研究过去的历史以及各学术分支问题，提供了绝好的活体范本。比如以"设计发生学"研究为例，以山寨（村落）为主的初级社会组织形态，原始手工业在农耕环境中的地位，原始造物的手工技艺与设备、工具等，都是我们极感兴趣的研究对象。

在西北、西南和东北各少数民族聚集地区，有些古时流传下来的本民族手工造物技术，迄今仍保存良好。其吸收了汉族和其他兄弟民族的技术长处之后演变出来的各时段手工造物技术，则印证了各民族互相融合、取长补短的史实。更有些原始手工艺，特别具有艺术和历史研究价值。以维吾尔族人为例，本世纪初，笔者在新疆喀什城艾格孜艾日克老街看到几样手工艺绝活：其一是整条街的维吾尔族乐器店，除了热瓦普、曼陀林和冬不拉等少数维吾尔族知名乐器外，全是些笔者叫不上名来却似曾相识的弹拨乐器和拉弦乐器，于是从心里认可了"西域古乐成就了中国传统民乐"这句话所言不谬。其二是亲眼所见一个拖着鼻涕的不到10岁的维吾尔族小男孩，拿着电砂轮在铜壶上信手飞快地刻着精美细腻的图案，一不要底稿，二没有图纸，真是佩服得五体投地，也相信了"汉族人长于热铸，西域人长于冷锻"这个说法。其三是在喀什近郊著名的大巴扎"金器一条街"上看见近百家金店生意红火，家家门前毡毯上都围坐着一群金店伙计和顾客，正在热烈讨论、共同设计着花样繁多的未来金饰嫁妆，感受到了"中国传统样式的金银首饰工艺，最富有创意的设计和最先进的工艺制作，原来在维吾尔族人手里"这句大实话。还有，笔者

在云南景洪县城集市上，曾亲眼见过景颇族老乡用古老的"焖烧法"烧出的红彤彤的土陶——跟笔者一知半解的仰韶彩陶的烧制工艺几乎一模一样。还有，笔者在大西北甘陕宁各省亲眼所见的回族、保安族、裕固族和东乡族老乡巧手做出的那些花样繁多、样式复杂的面塑造型，真是个个精妙绝伦。这方面的事例实在太多了。

50年代的少数民族地区社会大普查，以及半个多世纪以来社会各界对其丰富而珍贵的考察、研究，意义深远，价值极为重大。这些地区客观上保存的较为完整的、与数千年前中国原始社会最初形态近似的许多社会特征，为我们研究社会的最初形态形成和当时的经济、文化、政治的基本状况以及"设计发生学"的相关课题，提供了珍贵的类型学"活化石"范本，价值非凡。改革开放以来，这些少数民族地区也获得了前所未有的巨大发展，人民生活日新月异；但与此同时，少数民族地区的民族性在不可避免地愈发衰减、退化，甚至消失。如果我们再不采取保护措施，若干年后，各少数民族的许多宝贵民族文化遗产将无法挽救地彻底消亡，这部分同属于全人类精神财富和中华民族集体智慧的宝藏，我们将再也看不到了。

在"设计发生学"问题上，我们一向秉持文化多元论的观点，认为人类文明是全世界人民共同创造的，各国家、地区、民族均做出过大小不一、形态各异的贡献；同理，中华民族的灿烂文明是中国的各族人民共同创造的，每个民族都对中华传统文化做出过贡献，也都应当得到尊敬和肯定。中国的各少数民族在中华文明漫长的演化过程中，都曾经以自己独特而充满智慧的文明成果，补充、完善甚至改良着中华文明。比如，古代西域的龟兹古国各民族创造或引自西亚的弹拨乐器和拉弦乐器以及音律、曲

式,彻底改造了中国古代音乐,新创作出代表中国古乐精髓的江南丝竹;南疆的维吾尔族和北疆的哈萨克、塔塔尔、塔吉克等族首创了制革术,并引进古波斯革皮书籍装帧术和制靴术、制毡术、毛衣编结术;海南岛的黎族率先种植棉花并纺织棉布,传入内地后棉织业逐渐形成中国古代手工行业的"天下第一营生"……保护少数民族的民族文化特性,就是保护我们的历史遗产,就是传承我们的文明。我们应进一步发扬文化兼容的优良传统,把振兴中华的百年民族复兴梦,逐步落实为将大中华建设成为中国各民族共同拥有的美好家园。

由上千名来自全国各高等艺术院校的教授、研究生组成的55支团队参与编撰的《中国少数民族设计全集》(55卷),正是有识之士基于对各少数民族的民族文化特性正在快速衰减、消亡的严重现实问题的深切忧虑而进行的抢救、发掘、整理中国少数民族文化遗产的重要文化工程。经过两年精心筹划,六年努力写作,在国家出版基金管理部门的支持下,在山西人民出版社和人民美术出版社的策划和组织下,目前《中国少数民族设计全集》的书稿编撰工作已基本完成,即将付梓。在长达八年的漫长过程中,全国兄弟院校各团队涌现出的各种可歌可泣的事迹经常感动着笔者,并不时鞭策着全体作者克服千难万险,一路向前。有的分卷作者身患绝症仍不眠不休地忘我工作,有的分卷作者遭遇各种意外仍坚持工作。特别是,很多民族同志公而忘私、不计较个人得失,有人不惜将自己赚钱的企业关张歇业,全身心地投入各自所负责分卷的繁重编撰工作中;有人义无反顾地将自己珍藏多年的本民族实物、资料和研究成果无偿提供给相关分卷作者。大家万众一心,克服各种复杂得难以想象的困难,以确保这部凝聚了众人八年心血的巨著,能按计划如期完成。借此机会,笔者谨

求同存异 和合共荣

代表本丛书编委会全体成员，向领导、编辑和作者们表示衷心的感谢！

作为一项文化创举，笔者深信《中国少数民族设计全集》必将在未来岁月的长期检验中，愈发显现其非凡的、独特的文化价值。

2017年夏季于南京

前言

苗族是中国56个民族大家庭中的一员，历史悠久、支系繁多，其分布特点是大散居和小聚居。2010年中国人口普查，苗族人口为9,426,007人，在中国少数民族中位居第四位，其中以贵州省、湖南省和云南省为多。

在数千年的历史发展进程中，苗族人民与汉族及其他少数民族民众在不断的冲突和融合中共生存，同发展。为了生活和繁衍生息，他们不断地迁徙，又分化出众多支系。不同的支系之间还形成了不同的语言、不同的服饰装饰和不同的生活方式。苗族人民在劳动生活中，经过不断的努力，用自己的聪明才智，创造出了特有的物质与精神文明，在衣、食、住、行、用等方面都有自己独有的特色，并形成了苗族特有的文化符号和装饰形式，这些符号和形式是苗族共有归属感的基础，而各支系又有自我认同的独特文化标志。

一、苗族的发展源流

许多研究认为，苗族的起源与历史传说中的蚩尤、九黎有关。远古时期，以蚩尤为首领的九黎部落联盟生活的地域，大致在今天黄河中下游与长江下游之间的济水、淮河流域一带。蚩尤是苗族世世代代敬仰崇拜的传说人物。历史典籍中记载了蚩尤与炎帝、黄帝两个部落联盟的战争、冲突以及其迁徙的故事。在流传至今的苗族古歌中对此多有记载。

"三苗"是"九黎"部落联盟集团的一部分，是九黎部落的后裔之一（伍福新：《中国苗族通史》，贵州民族出版社1999年

版)。先秦时,苗族先民生活在长江中游地区,据学者考证,大致在今江汉、江淮平原和江西、湖北、湖南一带(伍福新:《苗族历史探考》,贵州民族出版社1992年版)。战国时吴起说:"昔者,三苗之居,左彭蠡之波,右洞庭之水,文山在其南,而衡山在其北。"(《战国策·魏策》)"三苗,则指苗族祖先生活居住之地,春秋战国时期,在荆楚之地生活的'三苗'后裔被称为'荆蛮',是楚国的主要居民之一。"(杨正文:《苗族服饰文化》,贵州民族出版社1998年版)秦汉时期,苗族先民生活在五溪、五陵地区,而被称为"五溪蛮""五陵蛮"。唐宋以后,随着社会经济的发展和人口的繁盛,苗族再度显现出其重要的影响……于是"苗"遂从若干少数民族混称的"蛮"中脱离出来,作为单一民族的族称重现于文献之中(苗族简史编写组:《苗族简史》,贵州民族出版社1985年版)。

中国古籍中记载了多种涉及苗族的族称,不同地域、不同文字,以及苗语不同称谓也存在很大的差异。但"苗"是他称中作为族群的一致称谓,如在《尚书》中就有"三苗""有苗""苗民"等提法。春秋战国时期,楚国兴起,并称"我蛮夷也,不与中国之号谥"(《史记·楚世家》)。楚人自称"蛮夷",他称"荆蛮"或"楚蛮",一些学者认为楚国是苗族先民建立的国家(石宗仁:《苗族与楚国关系新论》,《中央民族大学学报》,1994年第6期)。

在吟唱至今的苗族古歌中,有《开天辟地》《打柱撑天》《铸造日月》等描述苗族开天辟地的内容,有《枫香树种》《栽枫香树》等苗族始祖的叙述,也有《跋山涉水》等反映苗族祖先辗转迁徙的故事。这些神话叙事史诗生动地反映了苗族祖先对自然、神灵和人类起源的认识与理解。(田兵编选:《苗族古歌》,贵州人民

出版社1979版）

二、苗族的居住环境与建筑

苗族主要分布在贵州、湖南、湖北、云南、广西和海南等地，多居山高林密地区。居住地多选择有水源，有少量耕地，并能向上延伸的山地，周围环境既要适合居住，又要便于防御外敌。村寨以不同的苗族支系集聚而成，100～200户组成的较为普遍，400～500户以上的为大寨。黔东南的西江千户苗寨，由数个自然村寨依山而建，有1000多户人家，是目前最大的苗族聚居村寨。

黔东南的苗寨，在村寨的周围或村头、寨边，有风水林和神树。苗族人认为，人是通过桥从另外一个世界来到人间的，因此，家家都自建一座桥，或几家共有一座桥。逢年过节或遇诸事，各户都要备上家畜家禽，举行大小祭祀活动。苗族村寨多有共同的祭祀和娱乐场所，如芦笙场、铜鼓坪或木鼓堂等，以便节日庆典和祭祀等活动时做歌舞祭祀之用，这些场所在秋收时节还可兼作晒谷场。不少苗寨修有土地祠和苗王庙。入寨子的路口建有出檐大顶的寨门，上覆瓦或杉树皮，安装坚固的门板，寨门是苗寨重要的出入、礼仪场所。客人进入寨门前，苗家人要备酒迎接，请喝"拦门酒"，客人离开时，也要由主人送出寨门。山里盛产各种木材和竹子，苗族的许多民居建筑就地取材而建，吊脚楼和瓦房是苗族民居的主要形式，少数人家也修筑砖石木结构的四合院落。1940年，刘敦桢先生对贵州山区古建筑进行调查时指出："贵州因地理、气候、材料、风俗及其他背景之特殊，产生各种大同小异之作风。每种作风，又随时代之递嬗，形成若干变化。" 吊脚楼是苗族民居的主要建筑形式之一，称为"干栏"式建筑，由于建筑住宅地形的不同而有两种类型：一是建筑在平地上，二是建筑在斜坡上。人们习惯把"干栏"式住宅称为"吊脚楼"或"半边吊脚楼"（席克定：

《试论贵州少数民族民间住宅建筑》,《贵州民族研究》,1990年第1期)。"吊脚楼"一般依山而建,两层或三层。下层为猪牛圈,中层为主房,供人们居住生活,上层装杂物。屋顶盖杉树皮,现改为盖瓦。多用木板做屋壁。另一类建在坡度较大的斜坡上,就着坡面筑成上下两级屋基,前面半间的楼板与后半间的地基平行,形成半边楼。在防潮、避猛兽以及防御战争冲突等方面都有着特殊的功效。苗族的吊脚楼多飞檐翘角,三面走廊,悬出雕有万字格、喜字格等象征吉祥如意图案的栏杆。悬柱有八棱形或四方形,下垂底端常雕绣球、金瓜等造型。楼上向阳处装饰有美人靠,窗棂装饰有双凤朝阳、狮子滚球等图案。

苗族的另一类建筑是黑瓦房,为木质结构,通常分四柱三挂或五柱四挂,房上盖小青瓦,梁柱板壁均用桐油,乌黑发亮。进门是堂屋,堂上供祖先牌位,左厢房筑有青石火塘,右厢房摆放家具,靠内摆大床设壁柜,外用青蓝色土布大帐罩住。

黔东南许多地区的苗寨,在寨边都建造有禾晾和禾房,禾晾主要用来晾晒糯禾或苞谷,禾房是储粮的粮仓,多设立在禾晾附近,在设计上能够防潮防鼠,还便于人们储藏或取出粮食。

三、苗族的服装与饰物

苗族的服饰种类非常丰富,据研究有200多种。苗族在宗支内、血族外可通婚,其意为服饰相同而姓氏不同的苗族之间能够结婚,因此服饰成了宗支的标志。每个苗族支系有不同的款式、色彩和图案的服饰,人们从中可辨识其支系。

对苗族不同服饰的记载,最早有《淮南子·齐俗训》:"三苗髽首";《后汉书·南蛮传》:"好五色衣裳";《后汉书·王景传》《旧唐书·南蛮传》《新唐书》等都有所描述,如《新唐书·列传》第一百四十七下曰:"妇人横布二幅,穿中贯其首,

号曰通裙。美发髻，垂于后，竹筒三寸，斜穿其耳，贵者饰以珠珰"，描述了唐代由贵州迁徙入蜀的僚人的装束。到了明清时期，记载苗族服饰的文献就更多一些，有《黔书》《黔记》《贵州图经新志》《黔南职方纪略》等。

当时帝王为了加强中央王朝与地方民族的隶属关系，鼓励地方绘制少数民族风俗画汇集于中央，《皇清职贡图》序载乾隆十六年（1751）六月初一上谕说："我朝统一区宇，内外苗夷，输诚向化，其衣冠状貌，各有不同。着沿边各督抚，于所属苗、瑶、黎、僮以及外夷番众，仿其服饰，绘图送军机处，汇齐呈览，以昭王会之盛。"于是，各地官吏纷纷请画师绘制民族风俗图册，绘出《苗蛮图册》《番俗图》《黎民图》《百苗图》《八十二种苗图并说》等。乾隆二十二年（1757），乾隆皇帝钦定宫廷画师丁观鹏等4人，于乾隆二十六年（1761）完成了《皇清职贡图》的彩绘本。如今在北京故宫博物院存有一部同时期绘制的副本，台北故宫博物院藏有一部谢遂摹绘本，对当时苗族服饰都有非常具体细致的记录和描绘。

苗族服饰的分类有很多方法，历史上曾根据衣装的色彩特征，分为红苗、黑苗、白苗、青苗、花苗、白领苗、紫姜苗等；根据衣装的样式和发髻特点，有长裙苗、短裙苗、歪梳苗等；根据住地或种植的作物，又分为高地苗、高坡苗、八寨苗、栽姜苗等。

苗服具体有多少样式，有着不同的说法。清代陈浩《八十二种苗图并说》，记录了包括苗族衣冠状貌在内的82种民族服饰；20世纪80年代，苗族学者吴仕忠历时30年的田野考察，在《中国苗族服饰图志》（贵州人民出版社2000年版）中，列出了173式；苗族学者杨正文在《苗族服饰文化》（贵州民族出版社1998年版）中，将苗族支系服饰图本分为60个，从服饰结构、装饰部位及穿着方式

等,将苗族女装分为14型77式;民族文化宫编著的《中国苗族服饰》(民族出版社1985年版)将苗族服装分为5型23式等。另外,苗服还可按性别、年龄分为男装、女装、中老年装和儿童装等;按用途分为日常生活装和节日盛装,还可细分为节日装、祭祀服、婚礼服、社交服、寿诞装、丧葬服等。服装具体的形制和样式,包括上衣、披肩、胸兜、腰带、长裤、长裙、短裙、绑腿、鞋袜、头帕和头巾等。节日盛装衣饰艳丽华美,银饰满身,叮当作响。在苗族的百余种服饰中,贯首衣、百鸟衣、雄衣、左衽或右衽的古装衣、飘带裙、百褶裙、超短裙和背牌等,都是具有独特造型设计和苗族支系特征的典型服饰。

在苗族古歌中对纺织、衣装、染布和绣花等都有描述,如:"远古时候穿树皮啊,远古时候穿竹叶……""勒归发明纺车纺棉花,勒保发明织布的机床;勒归教四个女人纺纱,勒保教四个女人织布;这样,女的才来穿裙,这样,男众才来穿衣。"(石宗仁:《中国苗族古歌》,天津古籍出版社1991年版)精美的苗族服饰,从种植棉麻、采摘、养蚕、缫丝、织绸,轧花、纺纱、浆纱、织布、织锦、捶布、蜡染、扎染,到裁剪、缝衣、刺绣等,全部都是由苗族妇女自己动手完成的。

生活在不同地区的苗族民众,所用的制衣材料各有特色,以黔东南的苗族为例,那里的苗族民众大多生活在山林之中,以种植棉、麻为主,妇女们大都勤于耕织。清人徐家干在《苗疆见闻录》里描述:"苗人衣短服,尚青色,其妇女所服,则皆短袖无襟,下体围裙,无亵衣,其裙以青棉布为之,如百褶裙式,腰束以带,冬夏无异",这种衣裙至今还流传于黔东南黄平地区的部分苗寨中。

由于以草木作为染料,因而苗族衣裳大都为青、黑或紫色,妇女们再以鲜亮的丝线绣出丰富的纹样,绣工精湛,图案也都有着特

殊的含义。按苗族民众的叙述，衣装上的图案纹样是苗族祖先留传下来的，这些图形有苗族的图腾、祖先的生活和迁徙的故事。衣装上的刺绣，主要有平绣、辫绣、绉绣、锡绣、蚕片绣、贴布绣、数纱绣、剖线绣等，达数十种之多，有些绣法相互交错使用，有的还绣在蜡染或扎染的底布上。苗族服装上的刺绣图案，有的从自然中来，也有的经过抽象处理，表现苗族始祖和图腾崇拜的"蝴蝶妈妈""枫树""龙""牛"等；表现自然的"江河""波涛""平原"等；表现祖先迁徙征战的"骏马飞渡""城池""黄河""长江"等；表现生活情趣的"花鸟鱼虫"等。苗族的女孩，从懂事起就开始向母亲、姐姐或其他女性长辈学习女红，她们精心学艺，给自己备置日后的嫁妆。母亲告诫女儿的是"没有好的手艺嫁不了好的人家"，女孩们遵循祖训，用心女红，从小练就好手艺。

银饰是苗族服装中重要的佩饰，是苗家财富的象征。苗族银饰品的种类、样式等在中国民族服饰中可谓最丰富、最精湛。在节日盛装中，姑娘们都要穿戴一整套银饰品，有银簪钗、银花、银梳、银雀、银角、银冠、银围帕、银耳柱、银耳钉、银耳环、银项圈、银链、银锁、银压领、银围披、银手镯、银戒指、银云肩等几十件，有的支系还有银围腰、银衣、银帽等。全套齐备银饰重10～15公斤。贵州雷山县西江镇的控拜、麻料、乌高和台江县施洞镇的塘坝，湖南省凤凰县等地，所产的苗族银饰品闻名全国。许多苗族居住地区并不产白银，为了银饰，历史上苗族民众用银圆、银锭这些银质货币作为加工银饰品的原料。中华人民共和国成立后，党和政府充分尊重苗族人民的风俗习惯，每年低价拨给苗族专用银，用来打造银饰品。

纹样丰富精美的苗族银饰，在造型设计、工艺制作和细节刻画等方面都体现出苗族人民杰出的创作智慧和精湛的工艺技术。银饰

由苗家银匠手工制成,其锻制技艺主要流程是:先将银料放入坩埚增温熔化成银水,再把熔化的银水倒在细砂岩石制成的模具上压成银片,经过锻打后,在模具上制作银饰的各个局部,最后根据需要将这些局部零件吹焊连接起来,成为整件银饰品;另一种方法是,先将银水倒在卡条状的钢槽内使其凝固,再捶打成四方形长条,接着捶打成直径0.3厘米左右的圆柱状细银条;将细银条磨出尖头,反复穿入拉丝眼板拉成所需要的细丝待用。制作银饰时,按照设计取多根细银丝并成一束,用木滚条将银丝搓在一起,使银丝具有独特的纹路和韧性,再将银丝掐出不同的图案,嵌入银丝框。将事先打磨好的银珠,按图形所需镶嵌在银饰品的特定部位。做好的饰品放入特制的溶液中,用高温去除污渍,再用清水将银饰品表面洗涤干净,整个过程基本完成。

苗族银饰图案丰富,具有原始崇拜的图腾符号特征。这些图腾符号,既体现出苗族民众对其部落、祖先的崇拜与纪念,也表达了苗族独特的审美喜好。在苗族银饰上,最常见的图案有蝴蝶妈妈、枫叶纹、鱼、鸟、龙、凤凰、蝙蝠、虎、马、鱼和人物等,各式图案还衍生出不同动植物的组合形式,形成新的图案造型。以龙形为例,就有牛龙、羊龙、马龙、猪龙、蛇龙、鱼龙、鸟龙、蜈蚣龙、虾身龙、双头龙和蚕龙等数十种,苗族龙形经过苗族人民的设计和精心打造,呈现出浓郁的乡土生活气息。

又如,水牛是苗族生活中不可或缺的,是稻作农耕的主力,也是人们最亲密的朋友。在苗族民众的家里一般都摆放着祭祖的牛角,衣服上印染或刺绣着牛的图案。苗族人认为牛是苗族始祖姜央的兄弟,是具有神性的,逢年过节和庆典活动时,人们既要款待牛,也要以牛作为祭祀祖先的牺牲。在黔东南的许多苗族支系,如西江、施洞等地苗族的盛装银饰都是牛角的造型,身上佩戴的银饰也錾刻了牛的图案，将对牛的膜拜和装饰审美集于一体，表示苗族人对牛的崇拜和尊重，以祈求幸福和平安。

四、苗族传统饮食与食具

苗族民众长期生活在山林之中，他们以农耕为主要的生产方式，种植稻谷、蔬菜、狩猎畜禽或饲养牲畜、家禽，抑或狩猎和捕捞等。大部分苗族地区以稻米为主食，辅以小麦、大麦、燕麦、高粱、玉米及土豆和甘薯等，一日三餐，除了蒸煮稻谷之外，还能做出许多不同的花样，如黄粑糕、炒米、粽子、竹筒饭和五色饭等。苗族人喜爱食用酸汤辣菜，一些地区有"无辣不成菜"的说法，以辣椒为主要食材，各种菜品中几乎都要放入辣椒来调味。酸味食品更是彰显出苗家民众的饮食喜好，苗家谚语说："三天不吃酸，走路打偏偏"，酸汤、酸菜和糟辣是他们家中常备的食物，其中最为有名的是酸汤，主要有酸汤鱼、酸菜、酸猪肉和酸辣子等。苗族吃酸习惯与他们深居高山缺少食盐有关，每家都有腌制鱼肉或蔬菜的酸坛（陶质的坛罐），用来腌制酸味食品。苗族人还常食各种野菜，如蕨菜、鱼腥草、刺五加和马蹄菜等，洗净后用开水焯一下，再用佐料凉拌便可入口。

苗族民众喜食油茶，俗称"打油茶"，是将玉米、黄豆、红薯片、麦粉、芝麻和糯米等分别炒熟油炸，再将盐、蒜和胡椒粉等放入碗中，冲入沸水或放在锅中煮熟便可食用。

酒是苗族人必不可少的食品，尤其是在盛大庆典、婚嫁丧事、年节建屋等活动时，酒是必备的。有些苗族支系"无酒不成礼"。苗家的酒主要有白酒、甜酒和刺梨酒等。白酒为酿制酒，主要原料为大米、糯米、玉米和高粱等。刺梨酒是将刺梨干蒸熟，掺和适量的米饭和酒曲入缸密封，待数日后酒化，取出用木甑蒸馏，可得到20~50度不同度数的酒。

苗家饮酒的礼节多样，有不同的名目与形式，根据不同的对象、地点和场合，有"拦门酒""迎客酒""送客酒""半路酒""贺儿酒"和"陪葬酒"等几十种之多。用牛角盛酒是隆重的待客敬客礼节，如过苗年时，主寨方将酒放到芦笙场或铜鼓坪上，由两人举牛角向客人敬酒，同时吹笙击鼓，载歌载舞。

五、苗族生产生活用具

苗族大多居住在高寒山区，从事农业种植，山里一般树多田少，广种薄收。苗族的生产工具也比较简陋，从耕地、播种、收割、晾晒、脱粒、收藏到后期的粮食加工，多以铁质和竹、木、石质的农具为主，有铧犁、锄头、钩刀、水耙、镰刀、锹、柴刀、谷桶、粪箩、箩筐、扁担、石磨、石碓以及各种的筐、箩、筛、匾等，又如篓就有谷篓、刀篓、药篓等。

苗族有食用鱼虾的传统，不少地方还利用水稻田养鱼，平时可在稻田中捉鱼，在春耕期间还会举行相应的祭祀活动。无论在河流还是在稻田捕鱼，除了撒网，多用竹篾编成的罩箩、腰篓或鱼虾篓进行捕捞，各种式样的鱼虾篓是苗族民众生活中常见的用具。

苗族纺纱制衣的生活用具也丰富多样，有麻棉线纺车、木质的织布机、织锦机、腰机、编带机，以及衣篓和针线篓等。

苗族人居住的山区交通十分不便，过去主要用马、骡子、毛驴及手推车和挑担子进行运输，因此，人们设计制作出许多符合山区运输的车和担，如马驮、独轮车、高挑担和各种背篓、背筐。

六、苗族祭祀节俗及用具

苗族人民在庆典、祭祀或过苗年等活动时，常常要进行各种歌舞、娱乐或游戏活动，常见的有铜鼓舞、木鼓舞、皮鼓舞和芦笙歌舞，还有上刀山、八人秋千、打陀螺、吹枪、龙抓尾和踢鸡毛毽子等活动。苗族人民在这些活动中，寄托着对祖先的纪念与崇敬，年轻人也借各种活动谈情说爱，寻找情投意合的伴侣，同时还能增强民族的凝聚力。

苗族的节庆和祭祀活动非常多，一年之中从新年伊始到年底，各地苗寨按照不同的岁时节气，安排敬祀祖先、赶场跳月、龙舟竞渡等各种节庆活动，每一种活动都有着相应的时间、内容以及活动时所具备的用具，倾注了苗族人民的心血和聪明智慧。如过苗年节时，人们要打扫房屋、准备年货，打糍粑、酿酒、杀猪，缝制新衣。苗年三十的晚上，吃年饭、守岁，并放鞭炮迎接龙进家。新年的早上，由长辈在家主持祭祖，之后出门拜年祝福。接下来的几天里，人们走亲访友，接待客人，跳芦笙舞、铜鼓舞、斗牛、游方等，隆重的苗年节要持续9天左右。

在贵州施秉的清水江边和台江巴拉河两岸，以及湖南湘西的凤凰、泸溪、吉首、保靖、花垣等地，每年农历的五月五日（或五月二十四日至二十七日），沿河两岸的苗族群众举行盛大而隆重的龙舟竞赛，称为龙船节或龙舟节。不少苗寨中，几乎每家都有一两条雕刻绘制精美的龙船，到龙舟节时，人们抬出龙船，组装好，披上彩绸，准备比赛之用。届时四里八乡的苗族民众，纷纷集聚在河流两岸，参加龙舟竞渡活动，同时人们相互探亲访友，青年男女谈情说爱，其场景热闹非凡。

苗族不少地区都流行过芦笙节，其主要内容是祭祀祖先，庆祝丰收以及青年人寻找对象，择偶游方，形式有芦笙踩堂和赛芦笙等。各地各苗寨过节的日期并不一致，有的地方在农历正月举行，也有二月、三月或是七月举行。芦笙节里，芦笙是人们的主要用具，各寨子的姑娘和小伙子都身穿盛装，手持芦笙，从八方苗寨聚到某一寨子里的芦笙场，围成圆圈，吹笙跳舞。各地跳芦笙的习俗和形式也不尽相同，如舟溪跳芦笙，小伙子们会在自己的芦笙上插

前言

几根野鸡毛，象征战胜邪恶，表示追求爱情。姑娘们穿着盛装，银饰叮当。跳芦笙时，在心爱小伙子的芦笙上系上事先织好的花带，以表示情意。舟溪芦笙节至今还保持着由德高望重的长者插草标结束芦笙节的习惯。

另外，还有许多特色鲜明的节庆用具，如苗寨芦笙场中间竖立着饰有牛头牛角和木鼓造型、粗圆木雕刻的图腾柱；举行祭祀大典、节庆聚会、婚丧嫁娶等活动中所使用的一种祭祀用乐器牛角号；花山节花场中心竖立的接花杆；赶秋节上10多米高的八人秋千架、"秋公秋婆"的装扮；踩鼓节上的木杆挖空、两端绷牛皮制成的楠木鼓；苗寨芦笙场中间的刀梯；古老的祭祀习俗扮"芒蒿"时所使用的面具；祭祀祖先，举行"还傩愿"的傩仪和傩戏中，制作精美的各类傩面具，等等，这些具有苗族独特艺术形式和文化内涵的节庆用具，也是数千年来苗族人民生活的积淀和智慧的结晶，是古老文明的延续。

淳朴、善良的苗族人民历经数千年生产生活所创造和形成的传统设计艺术形式，其审美观的形成、艺术和技术的发展与其独特的社会经济、宗教和文化等背景紧密相关。在苗族社会特定的自然生态环境下，产生了风格独特的居住形式、精美夸张的服装和银饰、造型各异的芦笙木鼓、实用可手的劳动工具等，其中多样的形制、丰富的纹样和精湛的手工技艺，从侧面反映了苗族人民对生活、生命和传统自然的热爱，体现出他们的聪明才智以及丰富的想象力和娴熟的表现技巧。

《中国少数民族设计全集·苗族》共分为七个方面，我们结合苗族的历史文化背景，分别对苗族的传统建筑、传统服装、传统餐饮、传统生活用具、传统生产工具、传统手工艺以及苗族传统民俗和宗教造像等内容进行了梳理，精选出最具代表性的192个典型案

例,从设计特点、器物造型、装饰形式、纹样内涵、材料应用、工艺技术和加工方法等方面进行了历史的考证和深入的分析,并对其中关键的环节进行了详尽的解读,以图像的形式对个案进行解构分析,让人们能够更为直观地理解其设计精髓和艺术魅力。

苗族的文化和艺术博大精深,亲临其境,使我们深为感动,更激励着我们进行不断的探索和深入的研究。在本书的撰写过程中,我们写作组成员多次深入贵州、湖南、广西、四川、云南和海南的苗寨中进行田野考察,体验当地的生活,走访各寨的苗族民众,进行采访、交谈,收藏了一批服饰、绣品、银饰等实物,拍摄了大量图片和视频,取得了许多宝贵的一手资料。同时,我们还赴各地的博物馆、图书馆,搜集文字和图片史料,为本书的撰写充实理论依据。本书集史料性、学术性和艺术性为一体,内容丰富充实,深入浅出,图文并茂,将博大精深的苗族文化展示出来。

是大家的共同努力,才使这本书顺利完成。在此,感谢所有参加本书的撰写、绘图和提供实物图片的老师和同学们!

许星、廖军于姑苏
2019年5月26日

目录

第一章　苗族传统建筑

西江苗寨吊脚楼群　002
苗族民居　007
苗族村寨寨门　012
郎德上寨寨门　016
雷山新桥苗族水上粮仓　020
苗族柴棚　025
雷山乌东村苗族水碾房　030
苗族建筑牛角形装饰　034
苗族美人靠　038
苗族吊脚楼深檐　042
苗族芦笙场　046
西江苗寨风雨桥　050
苗寨吊桥　055
苗寨木石小桥　059
苗族禾晾　064
苗族馏酒灶台　068
苗族火塘　073

第二章　苗族传统服饰

凤松式苗族女装　078
花保式苗族女装　083
吉泸式苗族女装　089
西江式苗族女盛装　093
施洞式苗族女盛装　099
普安苗族女式盛装　103
谷陇苗族女式盛装　108

吴家寨苗族女式服饰　113
岜沙苗族刺绣女装　118
空申苗族短裙服饰　122
雷山大塘短裙苗　126
榕江摆贝苗族百鸟衣　130
丹寨排调苗族锦鸡舞服饰　135
丹寨雅灰苗族百鸟衣　139
贵州巴䤥苗寨旗帜服　145
花溪苗族挑花盛装　149
梭嘎长角苗女式盛装　153
贵定苗族刺绣女装　158
海葩苗服饰　163
方祥苗族女式盛装　167
舟溪式苗族女盛装　171
大花苗服饰　177
隆林花苗女式盛装　181
南丹苗族女式贯首衣　185
四川叙永苗族女装　188
四川古蔺苗族服装　192
海南牙南式苗族服饰　197
苗族男式对襟绣花上衣　202
苗族男子对襟衣和大裆裤　207
苗族男子长衫　213
苗族百褶裙　218
小花苗挑花披肩　223
苗族蜡染背扇　227
苗族背儿带　232
苗族贴布绣儿童围兜　237

苗族儿童绣花围兜 242
苗族银八仙虎头童帽 246
苗族儿童绣花帽 251
苗族蜡染头帕 255
苗族女子簪花头饰 260
靖州花苗女子头饰 264
岜沙苗族男子户棍发髻 269
苗族绣花小荷包 274
苗族刺绣香包 278
苗族手工绣花鞋 282
苗族刺绣猪头鞋 286
苗族手工绣花鞋垫 290

第三章 苗族传统餐饮

苗族糍粑 294
苗族黄糕粑 297
苗族五色饭 301
苗族竹筒饭 306
苗族烤饼 310
丹寨苗族铁板斗鸡 313
苗族干锅鸡 316
苗族酸汤鱼 321
苗族烤鱼 325
苗族打油茶 329
苗族结婚喜宴 334
苗族牛角酒杯 337
苗族羊角酒杯 341
苗族陶质提梁无盖酒壶 344

　　苗族调味罐　348
　　苗族陶碗　352
　　苗族竹编饭盒　356
　　苗族竹编筷篓　360
　　苗族葫芦水瓢　364
　　苗族酒水提篮　368
　　苗族长条桌　372
　　苗族竹饭桌　376
　　苗族八角饭桌　379

第四章　苗族传统生活用具

　　苗族木质儿童椅　384
　　苗族木质小板凳　387
　　苗族竹编宝宝背篓　391
　　苗族小木盆　395
　　苗族陶质油灯　399
　　丹寨苗族鸟笼　402
　　苗族竹质水烟筒　406
　　苗族陶质竹管烟斗　410
　　苗族信咚　413
　　苗族中音六管芦笙　417
　　苗族中音芒筒　421
　　苗族木鼓　425
　　苗族铜鼓　428
　　苗族长顺皮鼓　432
　　黔东南苗族古瓢琴　436
　　苗族大筒箫　439
　　惠水苗族长号　442

　　苗族唢呐　445
　　清镇腰岩苗族口弦　448

第五章　苗族传统生产工具

　　苗族纺纱机　454
　　苗族织机　458
　　苗族手编花带凳　462
　　苗族木钻　466
　　苗族猪仔篓　470
　　苗族捕鱼篓　473
　　苗族小竹篓　476
　　苗族背篓　480
　　苗族竹编鸡篓　483
　　苗族柴刀　487
　　苗族轧药材刀具　491
　　苗族牛毛梳子　495
　　苗族竹篾簸箕　499
　　苗族竹晒簟　503
　　苗族竹筛　508
　　苗族竹區　511
　　苗族石舂　514
　　苗族石磨　519
　　苗族秒　523
　　苗族脚耙和方耙　527
　　苗族锄头和镢头　531
　　苗族扬场农具　535
　　苗族铁铧木犁　539
　　苗族耧车　543

　　苗族挞斗　547
　　苗族风谷机　551
　　苗族高挑担　555
　　苗族手推独轮车　559
　　苗族马驮鞍　563
　　苗族水车　567
　　苗族木质榨油机　571
　　黔东南岜沙苗族火枪　576

第六章　苗族传统手工艺

　　苗族挑花·数纱绣　580
　　苗族平绣·破线绣·锁绣　585
　　苗族辫绣·绉绣·打籽绣　589
　　苗族钉线绣·锡绣　594
　　苗族堆花绣·贴布绣　599
　　苗族板丝绣　603
　　苗族剪纸绣样　607
　　苗族踏虎凿花　611
　　苗族贴布绣被面　616
　　苗族蜡染被面　620
　　苗族蜡染包袱布　624
　　苗族蜡染鼓藏幡　627
　　苗族蛋浆亮布　631
　　苗族蜡染　635
　　苗族土法染布　640
　　苗族织锦　644
　　苗族马尾斗笠　649
　　丹寨苗族手工造纸　653

　　苗族木梳　657
　　苗族银饰锻制技艺　660
　　苗族银角　665
　　苗族龙凤纹银围帕　670
　　苗族银顶花　675
　　苗族银簪钗　680
　　苗族银质发髻梳　685
　　苗族银耳坠　689
　　苗族银耳环和银耳柱　693
　　苗族银压领　698
　　苗族银项链和银项圈　703
　　苗族银胸吊饰　707
　　苗族银手镯　710
　　黄平苗族泥哨　716

第七章　苗族传统民俗和宗教造像
　　苗族鼓藏节　722
　　苗族苗年　727
　　丹寨苗族蚩尤祠　732
　　雷山掌坳村苗族土地庙　736
　　苗族芦笙节　739
　　苗族吃新节　743
　　苗族跳花节　748
　　苗族婚俗　751
　　苗族鼓舞　755
　　苗族图腾柱　759
　　苗族傩堂戏面具　763
　　广西融水苗族芒蒿面具　767

苗族独木龙舟　771
苗族铁炮　776
苗族八人秋千　780
苗族上刀梯　784
苗族射弩比赛　788
云南苗族吹枪比赛　792
苗族打鸡毛毽　795
苗族竹竿舞　799
苗族牛角号　803
苗族刻道　807

第一章 苗族传统建筑

西江苗寨吊脚楼群

图一　西江苗寨吊脚楼群主图

　　吊脚楼是贵州、湘西、云南、广西等地居住在山区的苗族建筑形式之一，尤其以黔东南雷公山之麓的西江千户苗寨、郎德苗寨等为代表。苗族人大都生活在山林之间，为了留下较平整的土地用作耕种，寨民们根据独特的山林环境，有效地利用山体斜坡设计建造出框架式、占地面积较小的"吊脚楼"。吊脚楼有单吊式、双吊式、二屋吊式和四合水式等，其建筑风格独特，特点是木质结构，由地基、梁柱和屋顶组成，以穿斗式木构架结构形式为主，榫卯衔接，不用铆钉。由于木楼面壁退一柱装板壁，形成"吞口"，前檐柱吊脚，所以被称为"吊脚楼"。西江千户苗寨的吊脚楼群，依山而建，其结构稳定、空间完整、通风防潮，建筑群展现出错落有致、鳞次栉比的整体艺术效果。

　　吊脚楼常有二间三榀、三间四榀、四间五榀等，还搭建了厢房和粮仓、柴扉等。苗寨吊脚楼一般为2~3层，底层多放置柴草、圈养动物等；二楼有中堂，是苗家的待客之场所，有亲朋来访，主人会摆好长桌设宴迎客，中堂向外设计了美人靠，供人们休息、纳凉和观景；顶层为贮藏之处，存放粮食和杂件。

雷公山区一些居住在山间的苗寨，那里建造的木楼结构多为"吊脚半边楼"，是建在较陡的山坡上，利用坡面造成高低两层屋基，低处竖立短柱，与高处屋基平行，再逐层往上加盖，一般由三间正房和一间偏厦组成完整的楼居，与吊脚楼相似，底楼圈养禽畜，中间楼层住人，顶楼置杂物并储存粮食。

苗家通常要择吉日建房，选屋基，准备建材，再择日由木匠发墨弹线，开始在木材上凿眼打榫。立房架和上梁是建房过程中的一件重大事情，苗寨里的乡亲朋友都要携礼品庆贺，并同心协力一起立架上梁。立大门时也要杀一只公鸡进行祭祀。

最为独特的是，苗家吊脚楼的营造技艺，是由工匠祖祖辈辈"师徒相传"而传承下来

图二　西江苗寨吊脚楼群近观图

图三　郎德上寨吊脚楼侧面图

的，没有图纸，全凭工匠们积累的经验得以完成，在半片竹竿上画符号的"竿图"，就是苗族工匠们的造房法宝。完整的吊脚楼所用的木柱、房梁、穿枋、坐枋、柱子和"瓜"等众多部件，都是依靠榫头、销钉等进行连接。榫卯结构是苗族吊脚楼建造上主要采用的接合方式，当木料（或竹料）相互连接时，将木料削成凸出的部分称为榫，凹进的部分称为卯，也叫榫眼。根据榫卯的做法和应用部位的不同，有许多种结构，吊脚楼中常用的榫卯结构有槽口榫、企口榫、格肩榫、楔钉榫、斜角榫、抱肩榫和挂榫等。柱与梁、柱与枋、檐枋等都用榫卯结构连接，相互咬合，结为整体。利用木材本身所具有的伸缩特点，互相支撑，加强房屋的柔性联结和稳定性能。

图片来源
图一、图二　沈建国　摄影
图三、图四、图七　仲溪　摄影
图五、图六　马路　摄影
图八　仲溪　摄影　廖晨晨　制图
图九　廖晨晨　制图

图四　西江苗寨吊脚楼局部结构图

图五　西江苗寨吊脚楼三楼贮藏间局部图

图六　西江苗寨吊脚楼内部结构图

图七　西江苗寨吊脚楼营造示意图

第一章　苗族传统建筑

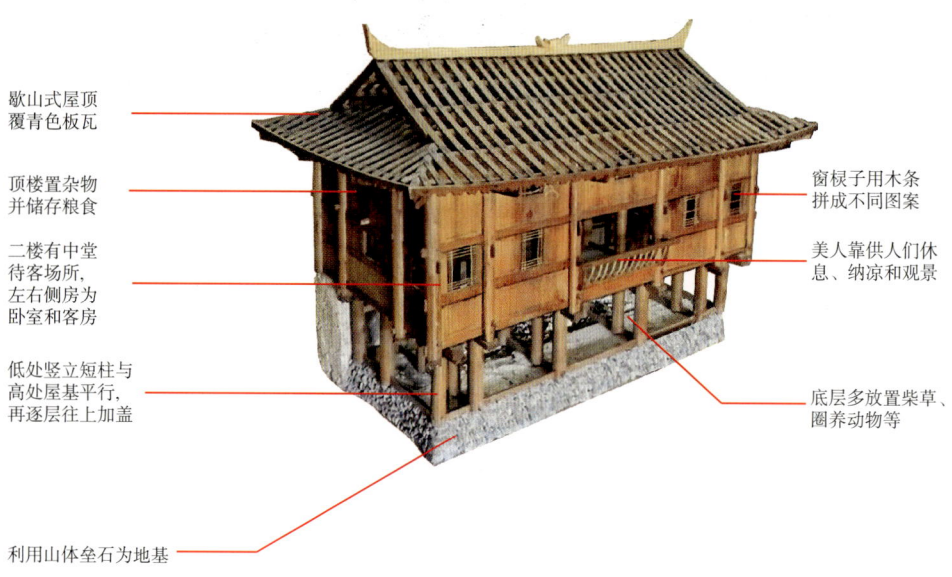

图八　苗寨吊脚楼结构示意图

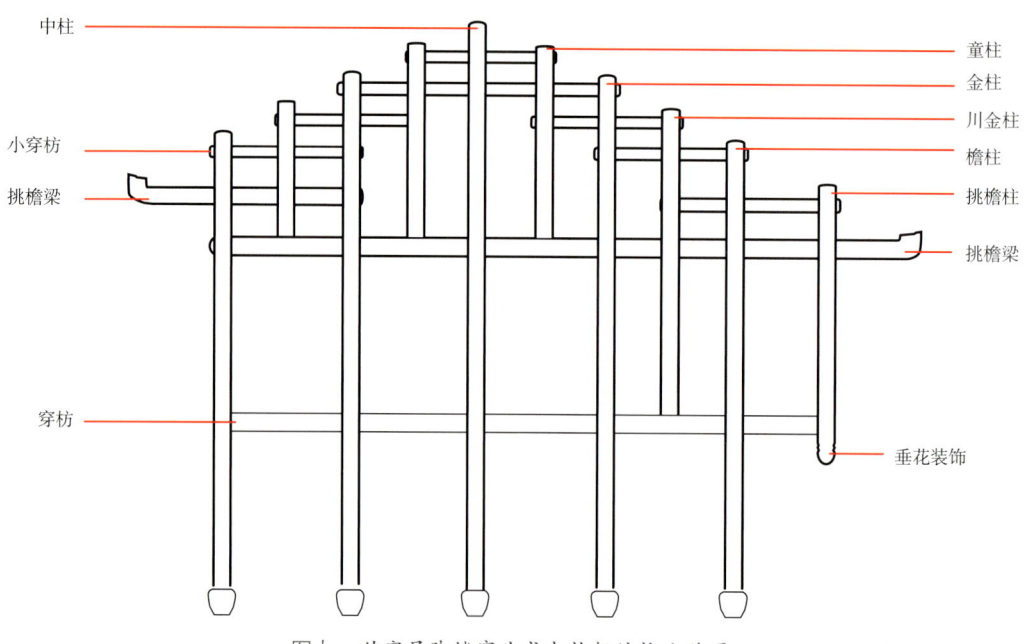

图九　苗寨吊脚楼穿斗式木构架结构名称图

苗族民居

图一　苗族民居主图

苗族的民居大都依山而建，并尽可能选择树木繁茂、山涧河湾的环境，以几十户或几百户聚集成寨。苗族民居的建筑，采用就地取材的方法，多为竹、木、石板房，以及草房和砖木结合的房屋等。民居的建筑往往一户连一户地成片成群，寨子的周围有风水林和护寨神树，村中寨旁有芦笙堂或铜鼓坪供全寨人举行各种活动。苗寨还在村口建寨门，修有土地祠或苗王庙，作为祭祀之场所。

黔东南苗族民居多为依山建筑的"吊脚楼"，穿斗式轻质木构建筑，面阔三间，上下三层，为歇山式屋顶，上覆青色板瓦。底层用灰砖围砌，堆放农具等杂物，建筑以二楼为核心，中间为堂屋，是家庭生活的中心，也是迎宾待客的地方。中堂前是两扇对开的大门。出挑设计的堂屋外廊是由当靠座用的曲木栏杆围合组成的美人靠（苗语称为豆安息），利于通风采光，也可供家人休憩纳凉。

房屋营建一般分择地基、备料、发墨、拆枋凿眼、立屋架、上梁、盖瓦、楼板及墙壁安装、立门、刷油漆等多个重要的程序。房屋主体部分为木料，多取当地盛产的杉木。杉木纹理顺直、耐腐防虫，是营建房屋的首选材料。民居梁柱都选用顺直的杉木，通过穿榫结构连接起来，是典型的穿斗式木构架。采用此种梁架结构，则可以用较小的木材来营建住居，穿斗交叉的结构，柱与柱之间以木料相连，榫卯相接，垂直相交构成整体，使其牢固耐久。作为围合及分隔室内空间用的轻质木墙，直接由木板构成，两段铆合，严丝合缝，密不透风，门板墙板多刷浸桐油，用以防水防虫。在潮湿多雨的苗岭山地，门窗的设置非常重视屋内的通风，多为直棂窗，左右对称，通风良好。屋顶部分，细密的木椽上直接覆瓦，屋檐较薄，轻巧简洁。屋脊多为直脊，少量在中间以片瓦堆积为富有寓

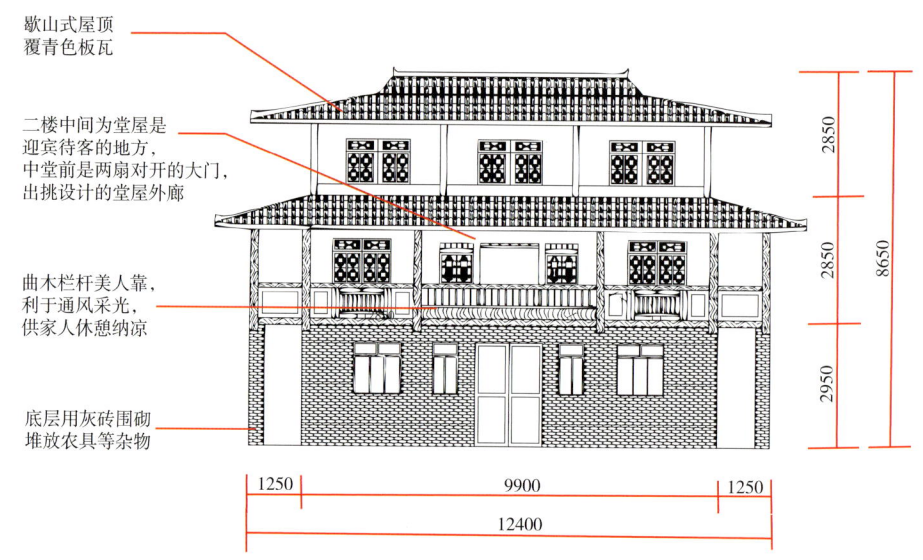

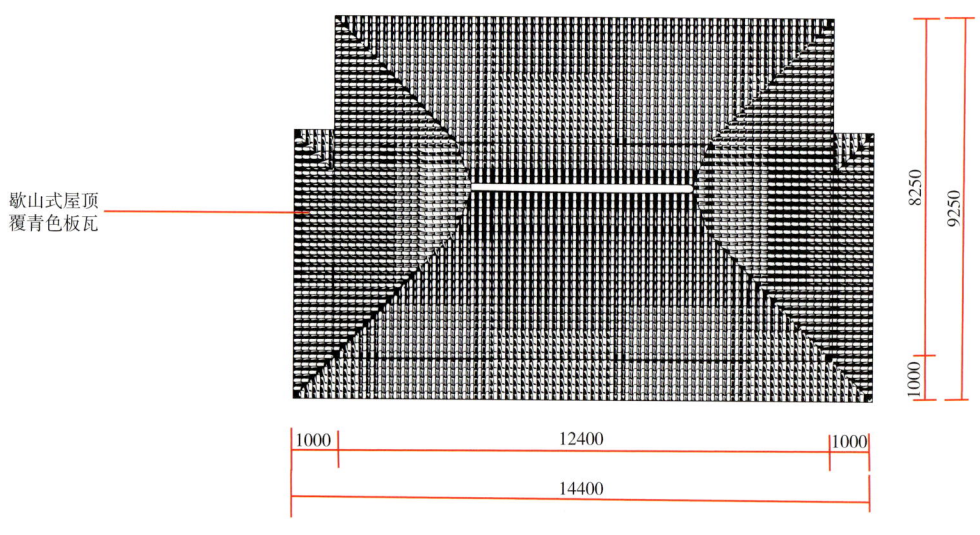

图二　苗族民居立面和顶面结构尺寸图（单位：mm）

意吉祥的脊花。苗族现代民居的地基、柱础部分许多已经用水泥替代石材，无装饰，以节省工时和造价。

总的来看，苗族民居具有端庄朴素、少用装饰、结构合理、稳固性强的特征。苗族民众建房选址依山就势，尽量节约耕地，在当地地理条件下发展了干栏式建筑艺术。出挑的屋檐设计，既利于排雨水，又能有效防止夏日的阳光直射。房屋营建时，从选址、外观到内部空间布局，以及柱、梁、穿枋的组合榫接都不用图纸，反映出当地工匠高超的建筑工艺水平。近些年来，新式的建筑材料和建筑观念也被当地苗族群众所吸收，用以改善居住条件。

图片来源
图一、图三至图九　王兴业　摄影
图二　王兴业、赖小松　制图

图三　苗族民居侧面图

图四　苗族民居背面图

图五　苗族民居榫接局部图

图六　苗族民居屋角局部图

图七　苗族民居内部图

左上图：平地基　　右上图：平地基工具　　左下图：砌地基　　右下图：备料

图八　苗族民居营造前期准备示意图

左上图：木料加工　　　右上图：梁柱安装
左中图：立屋架　　　　右中图：覆瓦
左下图：门板、楼板安装　右下图：门窗安装

图九　苗族民居营造流程图

苗族村寨寨门

图一　苗族村寨（西江千户苗寨）寨门主图

坐落在大山深处的苗族村寨，大都设有造型各异的寨门，寨门是每个苗寨的标志性建筑物。有的苗寨还有多个寨门，如：贵州的雷山县郎德上寨，有上寨门、中寨门和后寨门；大塘乡的苗寨，有前寨门和后寨门。另外，在一些苗寨，还遗留有少量的院门，是过去较富裕的苗家为吊脚楼外的围墙所修建，现在已不多见。

传统的苗寨，不论有多少住户，其村头寨尾，基本都有寨门存在。苗族同胞多选择居住山区，所居住的房子也多依山而建。他们遵循祖先流传下来的规矩，就地取材修建寨门。在苗寨，你可以看到各式各样的寨门。大多数寨门，一般都是由木料或竹子修建的牌楼，而有的寨门有可能会是路边的一棵树，也会是河上的一架桥。比如，高埂苗寨的寨门是一棵天然生长的千年古树的根洞，造型自然而奇特。

一般寨门的造型，都建有别致的门楼，门楼内装有形如牌楼或凉亭的美人靠。村民们身着苗族的传统服饰，在美人靠上小憩，体现浓厚的苗族生活气息，成为苗岭一景。

苗寨的寨门，是村民接待来往的客人，并与他们唱歌、喝酒的地方。由于苗族自古的婚配制度，寨内的男女不能互相进行婚配，以"游方"和"行歌坐月"及节日互访或寨门对歌进行走亲，因而寨门显得尤为重要。如果没有寨门，寨民便在迎来送往的山路边插上芦笙或者翠竹，将其弯曲，构成"寨门"，场面也别有韵味。

在苗族民众的心目中，寨门同时还具有庇佑祈福的功能。用芭茅草扎成草标扎在寨门外，可以驱逐灾星，护佑村寨。苗寨的寨门中被称之为龙门的，两端都会雕刻两条跳跃的大鲤鱼，苗族人希望借此祈愿人丁兴旺、财源茂盛、富贵强盛，并实现"鲤鱼跳龙门"的共同愿望。

有的寨门还具有保护村寨安全的功能。从前的山寨建在山顶上，以占领绝佳的地形地势，便于观察通往山寨的路径。而传统的寨门路段坎坷，可以有力防止外人入侵。

寨门是苗族民众心目中的一道重要防线，联结、接待、庇佑及防护是这道防线存在的最大意义，亦是寨门的核心含义。

图片来源
图一、图四、图五、图七　马路　摄影
图二、图三　周红卫团队　制图
图六　王艳晖　摄影
图八　钱孟尧　摄影

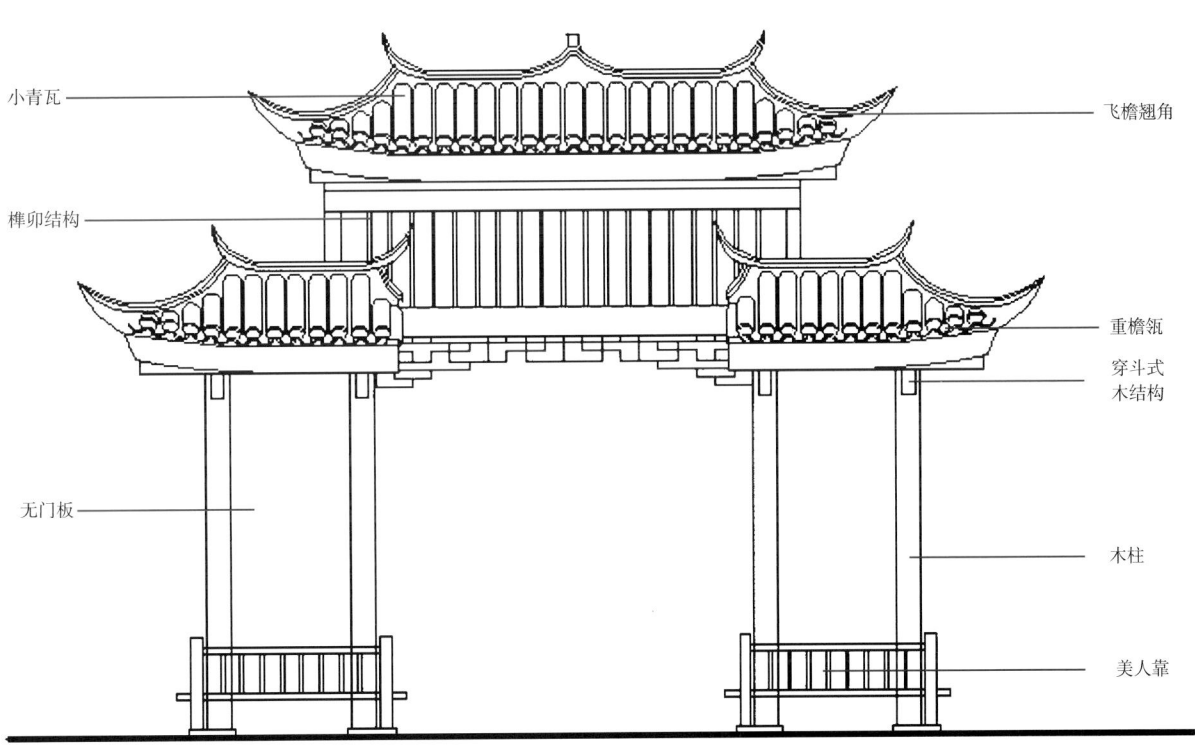

图二　苗族村寨寨门结构名称图

图三　苗族村寨寨门示意图

图四　苗族村寨（也东苗寨）寨门图

图五　苗族村寨（德夯苗寨）寨门图

图六 苗族村寨（靖州苗寨）寨门和院门图

图七 苗族村寨（新桥苗寨）寨门图

图八 苗族村寨（岜沙苗寨）寨门图

郎德上寨寨门

图一　郎德上寨寨门主图

郎德上寨位于雷山县之北，村寨始建于元末明初，距今已有650多年历史。郎德上寨建在群山环绕、树木葱茏、江水环流的自然环境之中，全寨民居均为木质结构，形成高低错落的吊脚楼群。全寨86条大小道路均用鹅卵石和料石铺砌，通往寨中的3条主要道路，路口都建筑了护寨之门——寨门。

寨门是苗族村民迎来送往、接待宾客的重要公共活动场所，有着不可替代的建筑功能。郎德上寨寨门是利用山势营建的门楼，形体并不十分高大，却因依山面水，建于数十级台阶之上，从而显得高挑挺拔，气势雄伟。

寨门是进入郎德苗寨的必经场所，为木构，人字坡顶，上覆青瓦。出挑的屋檐，既显得美观，又可以防止雨水对木柱的侵蚀。屋脊处由两层板瓦铺砌而成，两层板瓦之间就形成推力，使得屋脊牢固。寨门为清水脊，两端脊翼处翘起，实际上是将瓦片从少到多逐层累积起来的造型，这样的设计，使得整个寨门看起来轻盈活泼，富有生气。屋脊中间的脊花装饰，是以瓦片巧妙堆积而成的呈外圆内方形态的铜钱纹，寓意寨内人家家业兴旺、财源滚滚。轻巧的镂空脊花使得正脊的线条变得活泼，起到压实屋面的作用，又给人以赏心悦目的美感。营建寨门的木构表面不施油漆，突出材料的质感，显得朴素大方。

郎德上寨寨门突出的一个特点是由两个朝向的门楼共同构成连体建筑，两个门楼的夹角处设有美人靠，供村民休憩。两座相连的门楼在建造时充分考虑了地势，在体量上略有差别，如一个屋顶为重檐的设计，另一个则为单檐，一个略小，一个较大，以取得视觉上的统一严整。

本色的木构、青黑的砖瓦构成的寨门建筑，与周围的村寨、自然山水融为一体。郎德上寨的寨门充分利用苗岭山区的地理、物产条件营建，具有鲜明的山地文化特色。开敞、高挑体现着苗族公共建筑的艺术特性，更是苗族热情好客民族性格的物态表征。

图片来源
图一至图三、图七　王兴业　摄影
图四　王兴业　摄影　方园清　制图
图五、图六　马路　摄影

图二　郎德上寨寨门屋脊图

图三　郎德上寨寨门及周围环境图

人字坡顶上覆青瓦出挑屋檐

寨门木构表面不施油漆，突出材料质感

屋脊中间的脊花装饰，是以瓦片巧妙堆积而成，呈外圆内方形状的铜钱纹，寓意寨内人家家业兴旺，财源滚滚

屋顶为重檐

利用山势营建门楼

寨名

图四　郎德上寨两个相连寨门结构分析图

图五 郎德上寨寨门匾额图

图六 郎德上寨院门图

图七 郎德上寨西寨门图

雷山新桥苗族水上粮仓

图一　雷山新桥苗族水上粮仓主图

水上粮仓，为贵州省黔东南雷山县大塘乡新桥寨苗族村民为贮藏谷物所修建的仓库，系木质吊脚楼建筑，是苗族民居建筑的出色代表。新桥苗寨现有47座集中分布且仍在使用的水上粮仓，数量为全国之最。它们错落分布于寨子一侧的水塘之中，粮仓都以4根或6根直径300~350毫米的仓柱支撑，立于由青石制成并高于水面的柱础之上，仓底距离池塘水面1.5~2米。粮仓建于水上主要为避火，防止鼠患和虫害。

水上粮仓，是苗族人民智慧设计的鲜明例证，也保留有苗族古代集体贮藏口粮的遗风，遇到节日苗族民众都会在仓门上贴纸祭祀，祈愿丰年。因为在山多地少的苗族聚居区，粮食获取不易，保存更不易；加之苗族建筑多为木构且毗邻而建，一旦发生火灾，谷物粮食极易遭受损失。出于安全贮藏的目的，在选址上，粮仓的修建大都离村民聚居区有一定距离或建于水塘之上，首要的目的便是为了防火。

村寨中数十个粮仓错落有致地分布在池塘之中，粮仓用青石柱础奠基脚，木柱置于石墩上，以横穿枋将木柱连接起来，再横装楼板及板壁，而连接立柱的横向穿枋则多长过楼板，以方便搁置连接谷仓和池中道路的木梯、米斗等农具。人字坡顶上覆青瓦或杉树皮。这种集中连片的分布，既可方便寨中村民的集中看护，也便于农忙收储时的互帮协助。整个谷仓仅靠近池中道路的一面开一门，方便出入仓。谷仓无窗，主要依靠板壁间的空隙通风。同时，谷仓无论为杉树皮顶还是青瓦顶，都采用深檐的设计，特意将屋檐出挑，这样的设计可使屋脚免遭雨淋，也方便堆放农具。由于结构合理，设计巧妙，杉木制成的粮仓历百年而不坏。

粮食的贮藏是农耕文化中极为重要的一项工作，水上粮仓便是当地苗族民众立足地域生活环境、满足自身生产生活的出色创造，是他们智慧的结晶。除了水上粮仓，当地也有数量众多的陆上粮仓，相对而言，陆上粮仓在村寨的分布较为分散，仓底距离底面的距离也更高，以防潮防盗。事实上，在众多民族中，都有适应当地物产、气候、环境的粮仓设计，如鄂伦春族的高脚粮仓、赫哲族鱼楼、佤族谷仓等，它们与水上粮仓一道，构成了我们丰富多彩的民族粮仓文化。

图片来源
图一　马路　摄影
图二、图四至图九　王兴业　摄影
图三　王兴业、胡飞　制图

图二　雷山新桥苗族水上粮仓单体建筑图

图三　雷山新桥苗族水上粮仓尺寸图（单位：mm）

图四　雷山新桥苗族水上粮仓建筑群大门图

图五　连接雷山新桥苗族水上粮仓的道路图

图六　雷山新桥苗族水上粮仓仓门图

图七　雷山新桥苗族水上粮仓内部结构图

图八　雷山新桥苗族水上粮仓柱础及立柱分析图

架空的贮藏仓，便于防潮防湿防鼠

粗大的木头立柱

水塘

石质柱础

图九　雷山新桥苗族水上粮仓使用情境图

苗族柴棚

图一 苗族柴棚主图

柴棚，也称柴房，是苗族民居里堆放柴草的场所，一般修建在吊脚楼的第二层侧面或后楼不显眼的部位，距离烧饭的场所较近，以便于取用。

时至今日，木柴和稻草等依然是众多苗族村民烧火做饭的首选燃料。因此，柴草的贮存就成为必需。当地居民在修建房屋时，都会将柴房考虑在内，虽面积不大，设计简陋，却不可或缺。

本案例选择的是一普通苗族民居中的柴棚，面积仅有四五平方米，其中一面直接利用现有房屋的墙面。一面开敞，方便拿取柴草。两侧用木柱支撑，辅以横板，搭建起简易的墙面，顶部为单面坡顶，房内码好已经劈好的木柴。柴房顶保留有原有苗族柴房的形态，为杉树皮搭建而成。杉树生长周期短、成材快，是当地建房的首选木材，加工木材所产生的杉树皮便被废物利用，成为搭建房顶的重要建材。在相当长的历史时期内，苗族民众因地制宜地利用当地盛产的杉木为柱，杉木板为壁，杉树皮为顶，修建包括柴房在内的房屋。

随着生活条件的改善，现在的苗族村民在营建房屋时，除了原来常用的木料，也开始广泛使用钢筋、水泥等现代建筑材料。但在柴房、牛圈等非主要居住设施上，仍然会大量使用杉树皮搭建房顶，因为这样亦可实现该类建筑的功能，还可以减少建筑成本，实现杉木资源的充分利用。而今，当地众多的特色农家乐和苗族主题餐饮住宿场所，都喜欢使用杉树皮等天然材料做装饰装修材料，追求古朴自然的设计风格。

村寨周围的密林为苗族民众提供了重要的燃料来源。因人口密度不大，木柴的消耗并不会造成当地生态的破坏。当地民众有着朴素的环保意识，他们不会为了获取木柴而肆意砍伐林木，破坏大自然。千百年来，苗族人民努力实现着人与自然的和谐相处。

图片来源
图一　马路　摄影
图二　王兴业、胡飞　制图
图三、图四、图七　王兴业　摄影
图五　沈建国　摄影
图六　许星　摄影

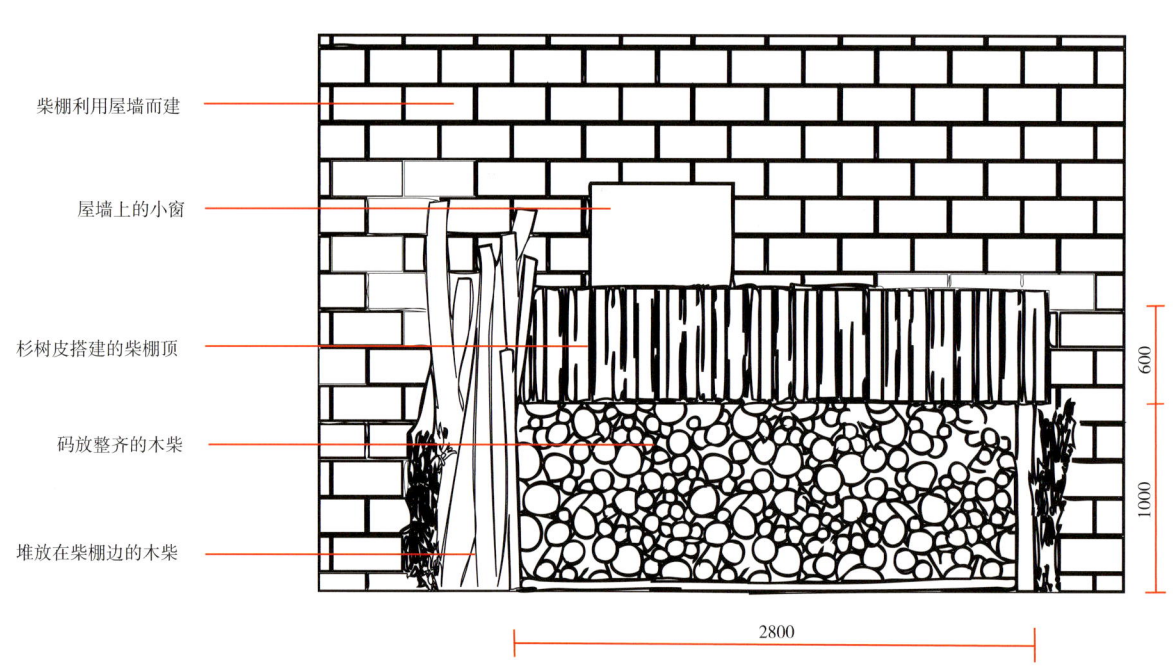

图二　苗族柴棚结构名称与尺寸图（单位：mm）

图三　苗族屋边柴棚图

图四　苗族柴棚杉树皮屋顶图

图五　苗族吊脚楼柴棚图

图六　广西贝江苗寨柴棚图

图七　延展图：苗族田间草垛

雷山乌东村苗族水碾房

图一 雷山乌东村苗族水碾房主图

水碾房,一道淳朴的民间劳作风景。听到这个名字,即使从未接触过它的人也大概可以猜得出它的含义:与水密切相关,并且是存放碾物工具的作坊或者工场式房屋。其实,它是一种利用水能资源碾磨稻谷粮食的传统农业房屋,多以主人姓氏或当地的地名命名。在水碾房较多的农村和一些少数民族区域里,它们独有的名字通常都是当地妇孺皆知、耳熟能详的。

苗族山寨乌东村保留着迄今已有200多

年历史的水碾房，现仍发挥着重要功能。乌东村水碾房是五柱四瓜木屋建筑，石槽、石碾占据着屋子主要空间。其主要部件为水车、狗牙式的木质齿轮、磨石、磨槽等。它的主要原理是将水的动力转换成机械传动，这正是水碾房最传统、最自然的运作方式。聪明的苗族劳动人民善于利用水的特性，所有的水碾房皆依水而生，与水相伴，并且对水并无过多的苛求，只一股木桶粗细的涓涓细流便可满足整座水碾房的正常运作。收粮季节是水碾房一年中最繁忙的时候，这时人们便打开水闸门让水流入，水经过渠道的引导聚集和山势的落差，进而产生了很大的冲击力，水流到碾坊后冲进水车房，使水车旋转，旋转的水车通过竖轴带动上面的石碾在石磨上滚动起来，便可开始碾磨稻谷等农作物，各个构成部分有条不紊地运作。在青黄不接的春夏之交，河水充盈，为避免石碾空转，则将进水房闸门关闭，水便向别处自由流淌。

随着时代的发展，自动碾米机等一些机械工具逐渐取代了老式水碾房的功能，目前只有少数地区还保留着部分水碾房并加以传承和利用。即便如此，它天然巧妙的运作方式以及对自然资源的充分利用仍值得我们借鉴与学习。

图片来源

图一、图三至图五　马路　摄影
图二　周红卫团队　制图
图六　周红卫团队、许星　制图

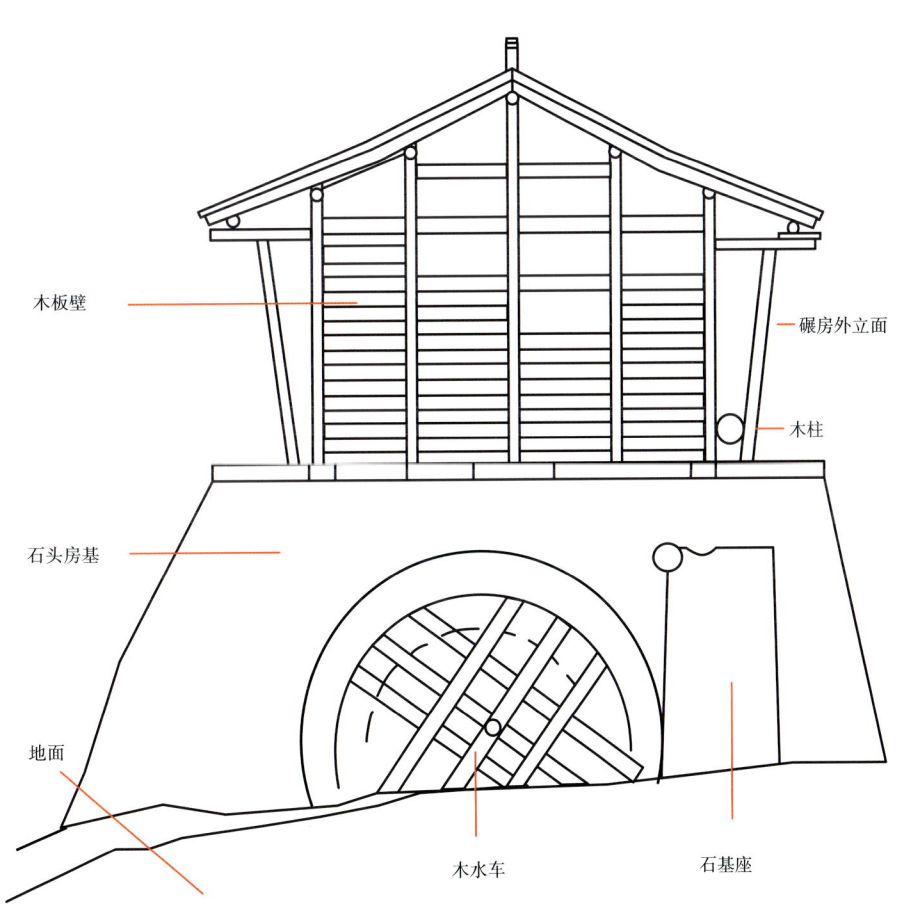

图二　雷山乌东村苗族水碾房外立面和水车结构名称图

图三　雷山乌东村苗族水碾房侧面图

图四　雷山乌东村苗族水碾房背面图

图五　雷山乌东村苗族水碾房磨石和磨槽图

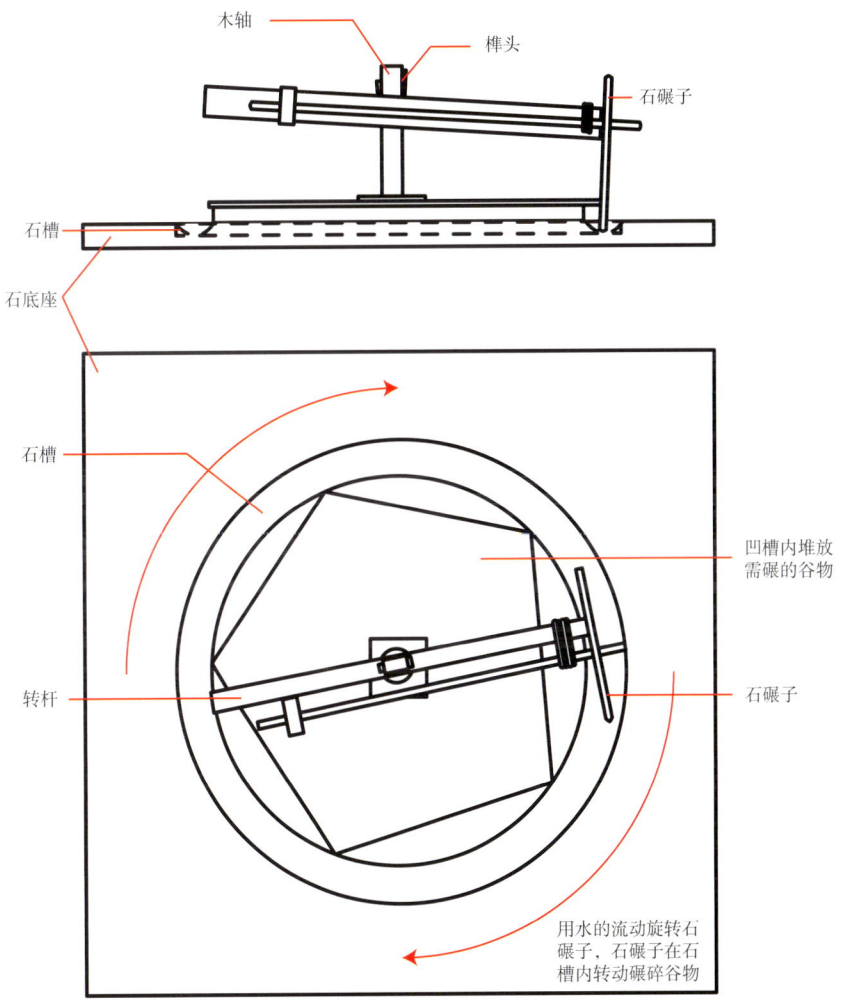

图六　延展图：苗族石磨结构示意图

第一章　苗族传统建筑

033

苗族建筑牛角形装饰

图一　苗族建筑牛角形装饰主图

　　在苗族人的信仰中，牛是他们祖先的化身。儿童、妇女穿戴饰品衣物，建筑物上的装饰，随处可见牛的各种图案形象，这是苗族牛崇拜中非常普遍的民俗文化现象。牛在苗族人的心中就是力与美的象征，是种族繁衍延续的象征。牛作为审美的客体，也象征着苗族人的品格与精神，并且当地人认为水牛含有"水"，水能克火，故水牛能防火。例如，在很多苗寨的吊脚楼二楼大门上的木质连楹，被设计成牛角形，贵州剑河的久仰、毕下、久吉都将水牯牛角挂于自家的中柱或门楣上，以表示对牛祖的敬奉，并且有为木质结构房屋防火的含义。

　　苗族的房屋建造过程中，牛角形元素常常被应用于装饰之中。如房屋的屋脊上，用水牛角的造型进行装饰，或在屋脊两头装饰有牛角尖的造型，在恩施苗族房屋的封火墙上也常出现水牛角的图案或者其变形的图像。这种将功能性与图腾作用相结合的牛角装饰的封火墙也是世世代代感情传承的一种具体体现。这种情感不但本身已带有浓郁的拜物色彩，也成为日后的一种普遍民俗现象和公众意识，寓意着苗家人对于偶像的崇拜和尊敬，他们通过这样的一种图腾信仰去祈求平安，祈盼生活幸福如意。

封火墙是特指高于两山墙屋面的墙体，因为它与马头相像，所以也被人们称为马头墙。苗寨聚居的情况下，居民的建筑密度比较大，同时，苗寨的建筑材料主要以天然的竹类、藤类、树木为主，在天干物燥的时期，也是很容易有火灾的情况出现。封火墙就是将每一户的居民房屋阻隔开来，在发生火灾的时候，就能阻止火势的迅速蔓延。又因其能有效封闭火势，阻止火灾蔓延，还能抵御山风翻顶的侵袭，所以，后人便把这种建筑结构称为"封火墙"或"风火墙"。

封火墙由三个主要组成部分，一是墙体部分，二是拔檐、垛板、垛头部分，三是拔檐以上部分。墙体又根据砌法不同分为鸳鸯墙和单墙，前者多用于官方和大型建筑，后者常出现于民宅之中。在设计上，封火墙的墙体虽然高大巍峨，但因为墙体随形高低，错落有致，层次分明，使得原本僵硬的墙体也因为振翅的飞檐和封火墙的顺势上扬而变得活灵活现，加上水波潋滟，树木摇曳的周边环境，更加显露出山环水抱、绿树掩映的动态之美。与此同时，高低错落的封火墙也暗含了祖祖辈辈的苗族人对子孙兴旺、发达的美好愿望。

图片来源

图一、图五、图六　钱孟尧　摄影

图二　廖晨晨　制图

图三　周红卫团队　制图

图四　曹雪明　摄影

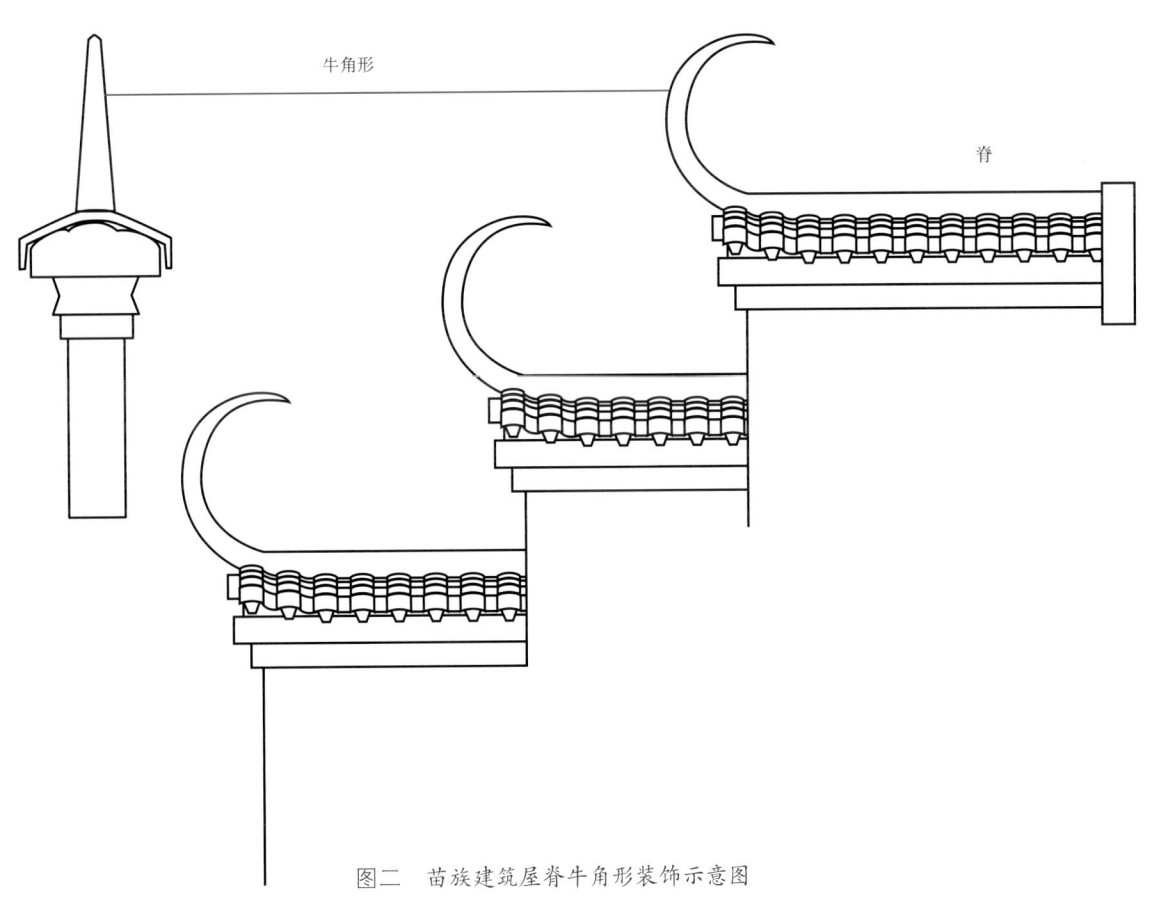

图二　苗族建筑屋脊牛角形装饰示意图

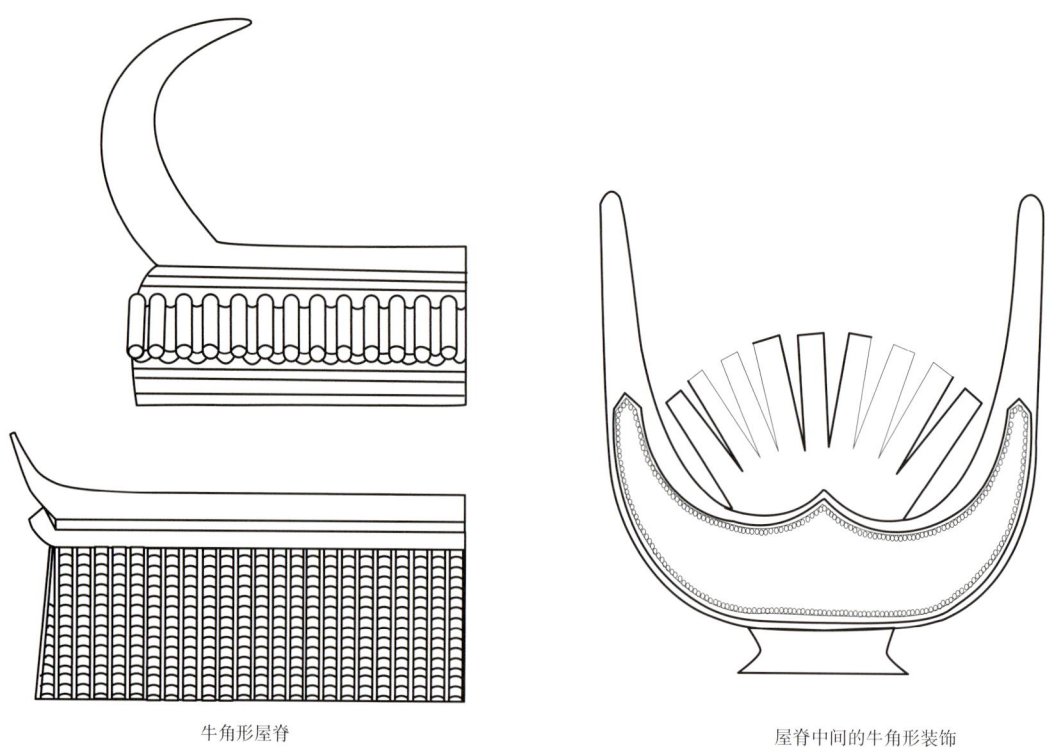

牛角形屋脊　　　　　　　　　　　屋脊中间的牛角形装饰

图三　苗族建筑牛角形装饰结构示意图

图四　苗族建筑牛角形装饰屋脊和飞檐图

图五　苗族建筑牛角形装饰细节图

图六　岜沙苗寨悬挂在室内门楣上的牛头装饰图

第一章　苗族传统建筑

037

苗族美人靠

图一　苗族美人靠主图

在贵州、云南和湘西等一些苗寨，依山傍水构筑着一种独特的木楼，称为"吊脚楼"，一般为四排三间，有正房、偏厦和柴房等，分为三层，上层储谷，中层住人，下层堆放杂物或圈养牲畜，有木梯与楼上楼下相接。有的苗家堂屋前檐空隙为走廊，两根悬柱间连接座枋，将数十条"∫"形木条连接座枋，成为座椅栏杆，民间称其为"美人靠"。不仅在吊脚楼上有美人靠，在西江、郎德上寨等苗寨的风雨桥，桥的两边设计了供人们休息的座椅，椅背安装的就是弧形栏杆的美人靠。另外还有一些苗寨的寨门，也设计了相应的美人靠式座椅，如郎德上寨某个寨门的一侧，设计了一个能坐两三人的小型美人靠。雷山新桥短裙苗寨的一个小寨门，两边各设计了一排美人靠，这些设计突显出苗族建筑设计中的人文理念和人性化特色。美人靠平时是姑娘们聚在这里挑花刺绣、游客们驻足休憩的地方，也是人们纳凉观景的好去处。

苗寨中的吊脚楼大多依山而建，因而木楼高低错落、鳞次栉比、因地造型。楼中的美人靠形式也多种多样。吊脚楼建造采用的是榫卯衔接技术，一栋房子的柱子、屋梁、穿枋、美人靠等部位有数千个榫眼，柱柱相连,枋枋相接,结构稳定,端庄稳重。根据不同的木楼结构和造型特点,美人靠的位置、形状和用途也各不相同。如通常在吊脚楼二楼堂屋的外廊,朝外的一面形如内晒台,靠外安装一排座椅,椅背就是"∫"曲形木条做成的扶栏,有的美人靠占用整个三开间木楼的阳面,有的只占用中堂的一间,两边无凳只有扶栏,中间的美人靠向外突出。另有一种美人靠被设计在木楼的一角,或因地制宜在一楼拐角安装美人靠,让前来的客人临时休息。

根据吊脚楼及楼上美人靠的位置和造型,苗家姑娘们在自家美人靠上,绣花打扮,既可凭栏远眺,观赏苗乡的景色,也可与对面人家或楼下的来客聊天和打招呼。所以,美人靠也是姑娘媳妇们与外界交流、精心女红的场所。

苗家人民还充分利用吊脚楼的优势,在美人靠的外边、两侧,木楼的檐下,挂满了金灿灿的苞谷、红彤彤的辣椒、黄澄澄的谷穗等农作物,既晾晒了农作物,又形成了特有的、美丽的苗家景观。

图片来源
图一　仲溪　摄影
图二、图五　钱孟尧　摄影
图三　廖晨晨　制图
图四、图六、图七　马路　摄影

图二　西江苗寨沿街美人靠图

图三　苗族美人靠设计分析图

图四　苗族吊脚楼转角美人靠图

图五 苗族吊脚楼角落美人靠图

图六 苗族风雨桥侧美人靠图

图七 苗族寨门侧面美人靠图

苗族吊脚楼深檐

图一　苗族吊脚楼深檐主图

黔东南苗族侗族自治州雷山、台江、剑河一带的苗族村民，多建木结构吊脚楼。为使屋脚免受雨水淋湿，也方便晾晒谷物衣物、搁置农具等，在建造吊脚楼时，人们特意将屋檐伸长一两米。它是中国西南地区深檐民居的代表。

在苗岭山区，开挖、平整房屋地基极为不易，当地民众在营建住居时，多因地制宜依山势而建，并尽量以不占用农业生产的宝贵平整土地为出发点，因此，民居一般占地面积不大，空间较局促。加上生活在多雨潮湿的气候环境下，居住空间的使用效率就显得尤为重要。人们在生产生活中发现通过将屋檐出挑的设计，可以在屋脚处开辟出一片新的实用空间，供晾晒谷物、放置农具和生活用具之用，最大限度地拓展空间使用效率。建造时，依凭穿斗式梁柱构架支撑的檐檩条出挑，钉在其上的椽子延伸出一两米，覆盖青瓦后，深檐的构件便营建完成。因苗族传统民居的屋顶多为单层屋瓦，屋顶重量不大，因此，房屋的梁柱一般可承载较长的屋檐，深檐构建一般不需要另做结构来支撑。但若屋檐过长，则需要另加专门的檐柱用以支撑。

深檐这种结构样式不仅出现在供人居住的房屋，在苗族仓楼、柴棚、豢养牲畜的圈舍等也都有应用。这样的设计，是当地民众为满足生产生活的需要，拓展造物的设计应用范围，体现一物多用功能的造物思想。深檐作为具有鲜明民族和地域特色的建筑构件，反映出当地苗族民众在特殊地理条件下，在诸多限制中的造物创新，努力实现了人、建筑与自然环境的和谐，是弥足珍贵的，具有很高的建筑艺术价值。

图片来源
图一　图六　沈建国　摄影
图二、图三　王兴业　摄影
图四、图五　王兴业　制图
图七　李茂生　摄影

图二　苗族吊脚楼深檐屋顶图

图三　苗族吊脚楼深檐仰视图

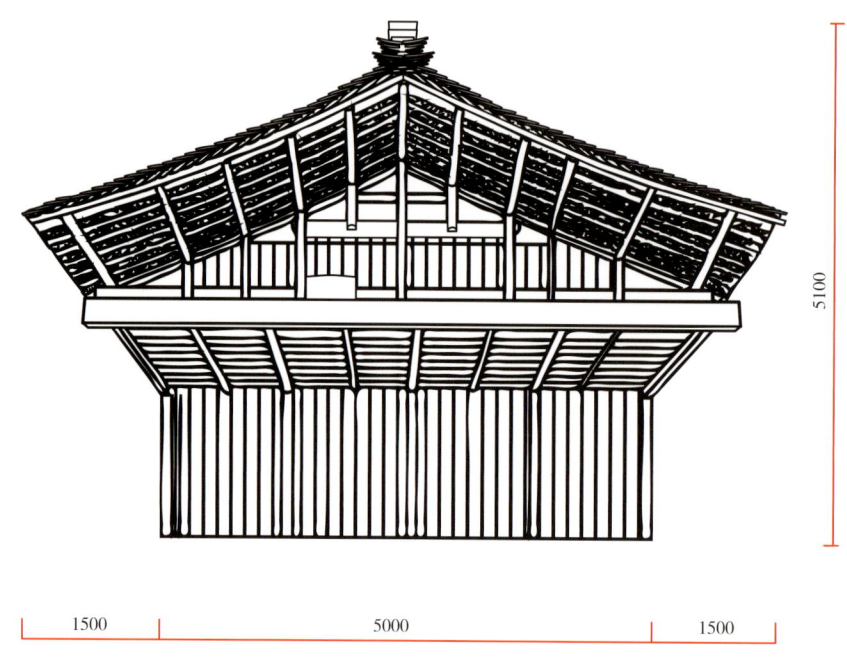

图四　苗族吊脚楼深檐尺寸图（单位：mm）

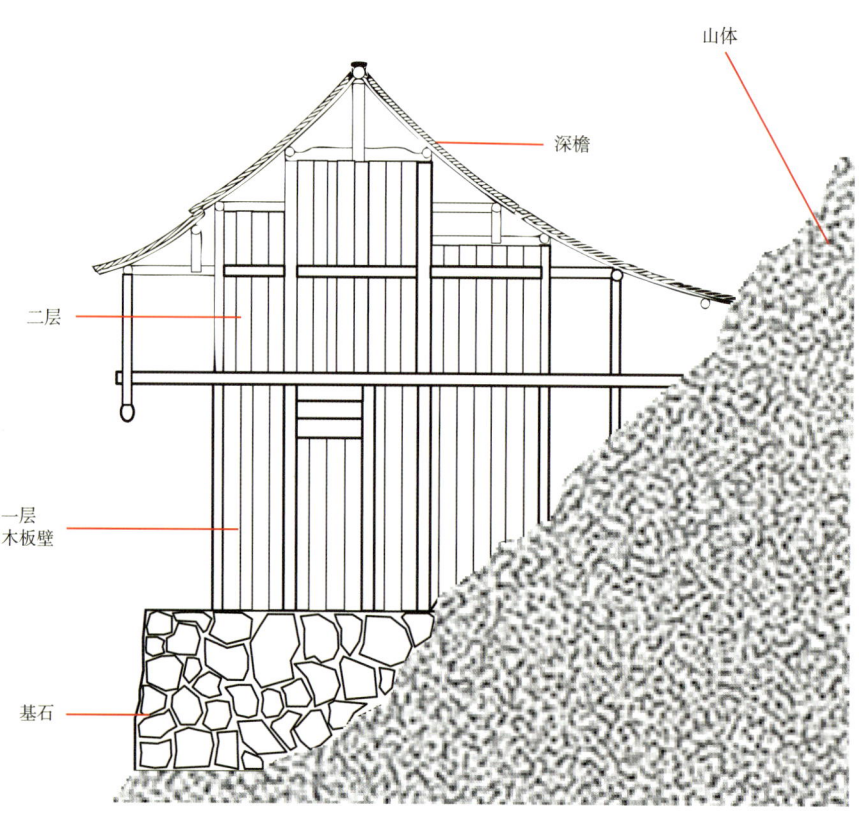

图五　苗族吊脚楼深檐立面结构名称图

图六　苗族吊脚楼深檐晾晒农产品图

图七　延展图：苗族吊脚楼群

苗族芦笙场

图一　苗族芦笙场主图

芦笙场，也称芦笙坪、芦笙堂，是苗族民众节日庆典等活动中聚会、歌舞、娱乐、祭祀先祖、庆祝丰收以及青年男女们寻找幸福的场所。一般苗寨大都依山而建，在寨子的中间或寨子的周边找一块较为宽大、平坦的场地作为芦笙场，也有的地方称其为铜鼓坪。芦笙场既是苗寨里集会活动的场所，平日里也作为农作物的晒场使用。几乎每个苗族寨子都设有芦笙场。

芦笙场的设置是依据苗寨居住地情况而定，所以场地的大小、形状、布局、设置和装饰形式都各有不同。传统的芦笙场多为自然的山地，山坡、山坳等较为宽阔平坦的场地，作为附近苗寨聚集的场所。如每年农历七月十五，湖南靖州芦笙歌舞会在九卢冲山坳上举行，芦笙场不太大，四周是茂密的树林，场地中间有一棵古树，树下立有一块记载着芦笙场规章的石碑。芦笙节时，附近各苗寨的民众，身着节日盛装，纷纷来到这里，山坡上人山人海，吹笙跳舞，热闹非凡。

每年农历十一月十九，贵州省从江县岜沙苗寨都要举行芦笙节，欢庆丰收、青年男女共度浪漫时光。苗族民众所聚焦的芦笙场，是岜沙苗寨的一处较为平坦之地，寨上若有重大的活动都会在这里举行。这处场所占地面积不大，四周树林环抱。每当节日庆典活动时，身着苗族盛装的岜沙人吹起芦笙、鸣放铁炮和火药枪欢迎各地前来的宾客，少男少女们在芦笙坪上围成圆圈，和着悠扬的芦笙曲跳起芦笙舞。

贵州雷公山麓的郎德上寨是一个百户人家的苗族村寨，这里的苗族女性穿着长裙，所以被称为"长裙苗"。郎德上寨建筑在群山之间，寨子里风雨桥、芦笙场和依山而建、高低错落的吊脚楼形成了独特的苗寨风格。寨子中间有一处较大的平坦之地，是苗寨民众集会庆典的铜鼓坪，苗家人习惯上称其为芦笙场。场地中间用青色石料铺砌向十二个方向伸展的十二道光芒图案，模仿古代铜鼓面上的太阳纹，芦笙场两边的地面镶嵌出骏马飞奔的图案。芦笙场四周一圈是错落有致的吊脚楼群。

芦笙之乡——南猛苗寨的民众能歌善舞，每逢苗年时，寨中不论男女都身着盛装，聚集在寨子中间的芦笙场，吹奏芦笙，跳起芦笙舞。芦笙场是南猛民众最重要的集会场所，场地不大，用鹅卵石密集地铺砌十二道放射光芒的图案和旋转图案，干净而美观。每逢重大节日和祭祀庆典活动时，苗寨里的男女老少汇聚到芦笙场，芦笙悠扬，歌舞翩跹，热闹喜庆。

芦笙场是苗家民众重要的场所之一，也是苗族人歌舞喜庆、庆典祭祀、谈情说爱、婚嫁丧礼以及迎宾待客的必要场所。

图片来源
图一、图三、图四　李伟林　摄影
图二　许星　制图
图五　曹雪明　摄影
图六　许星　摄影

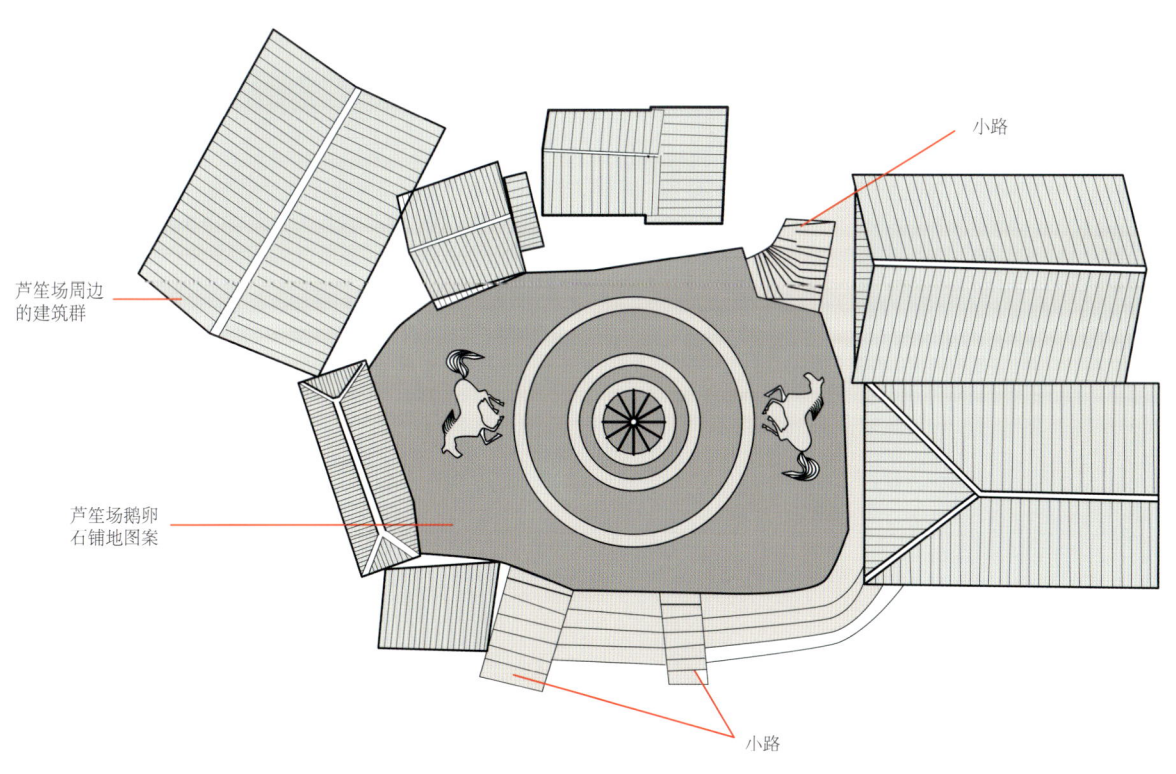

图二　郎德上寨芦笙场（铜鼓坪）结构示意图

图三　雷山县新建苗族大型芦笙场图

图四　南猛苗寨芦笙场图

图五　郎德上寨芦笙场图

图六　郎德上寨芦笙场苗族男子吹奏芦笙图

西江苗寨风雨桥

图一　西江苗寨风雨桥（"哿嗡僦"）主图1

风雨桥是贵州、湖南、广西等地具有少数民族特色的跨越江河的建筑种类，在侗族、苗族生活的寨前河流上，常见这种造型独特的古老木桥。风雨桥也称"廊桥""凉桥"，桥上建有廊、亭和美人靠，平时人们可以过往通行、休息、躲避风雨。桥上开设长桌宴，当地的青年男女还可在桥上对歌、谈情说爱，同时，它还是迎宾送客的场所。风雨桥的结构精巧，造型独特，重瓴联阁，是苗族、侗族等民间传统建筑技艺的经典之作。

黔东南凯里、雷山、剑河等苗族集聚的溪流河床上，坐落着郎德苗寨风雨桥、西江苗寨风雨桥和雷山风雨桥，这一座座秀美的风雨桥，给古老的苗寨增添了民族建筑的美韵。

苗族古老的风雨桥大多取材于当地常见的材料，如桥墩处用青石围砌，再用料石填实，结合河床的地形用石头砌桥基和护坡。古老的风雨桥建造以石木结构为主，不容易抵御山洪大水的冲击，如今新修建的风雨桥在造型和结构方面尽可能地保留传统的形式和技艺，在用材方面则采用水泥、石头和木材的混合结构，以增强抗洪能力，适应现代社会的需求。

西江千户苗寨前的白水河上，从东南方沿河向西北方向建造了5座风雨桥。根据苗语的说法，桥上分别刻有桥名，如寓意神龙保佑的"鸸嗡僦"，汉语称为"龙潭桥"（"僦"是苗语中"桥"的意思）；鼓励子孙们好好学习的"僦崒芝"，汉语为"学子桥"；青年男女谈情说爱的"僦哟妃"，汉语称"游方桥"或"情人桥"；传说中"神螃"化身、赐"神水"的"嘎铚僦"以及北寨门外拦截神龙保西江安宁乐居的"僦餸嗡"，汉语为"回龙桥"。每座桥体的造型和结构都有所不同，由廊、门、楼、塔、亭等组成，各具特色。其中有一跨拱桥，石墩或水泥墩桥基，桥面以青石铺地为主，铺有苗族特色的图案。桥体为粗大杉木建造的通长桥廊，有的桥廊柱上还雕刻了龙凤图案。桥廊两侧多设计长长的美人靠，供人们歇息游玩。有的桥顶为重檐歇山方顶或歇山檐顶，两旁连着两座桥亭，总体造型复杂，结构严谨，独具特色。风雨桥的廊桥以上部分，采用杉木为主要材料，榫卯结构建造，技术精湛，显示出苗族建桥工匠的聪明智慧和独到技艺。尤其是风雨桥与西江千户苗寨吊脚楼群交相辉映，形成整体而独特的苗寨风情。

图片来源

图一、图八、图九　曹雪明　摄影

图二　许星　制图

图三至图七　吴中文　摄影

图二　西江苗寨风雨桥结构分析图

图三　西江苗寨风雨桥（"僦哟妃"）主图2

图四　西江苗寨（风雨桥"嘎铔僦"）主图3

图五　西江苗寨风雨桥和吊脚楼全景图

图六　西江苗寨风雨桥("嘎铥僦")桥面图

图七　游客们在西江苗寨风雨桥上休息图

图八　西江苗寨风雨桥内廊雕花立柱图

图九　西江苗寨风雨桥侧面美人靠图

苗寨吊桥

图一　苗寨吊桥主图

吊桥，是索桥的一种桥梁形式，也是跨越能力最强的桥式之一。传统的吊桥多见于中国西南高山峡谷、水流湍急的地区。它的出现解决了一些地域自然条件恶劣而无法构架石桥、拱桥的问题。早期的吊桥，有的是由植物作为主要的建筑材料，如竹子、藤条等，天然的藤条耐拉能力强，条片状的竹篾也具有较大的韧性，是古时人们建造拉索桥的首选材料。后来，随着冶铁技术的成熟，逐渐出现了铁索连接的吊桥。

吊桥的种类很多，根据索材，可分为藤索吊桥、竹索吊桥和铁索吊桥等；根据结构，可分为单索、双索、多索、单跨、双跨和多跨等。其中多索、单跨、双跨和铁索桥最为常见。吊桥的构造简单，造价低，维护也较为方便。

苗族村寨与外界的连接，有一部分是由吊桥连接的。古代苗族人，为了躲避各种战祸灾难，不得不选择一些较为隐蔽的地方作为安居的地方，渐渐地形成了今日的居住规模。大多数苗族人居住在贵州、湖南、四川、云南等地，多为雨水充沛、土地肥沃的地区。这些地方适宜竹类、藤类、树木的大量生长，苗族人就地取材，因地制宜，建成各种形式的吊桥。

桥的功能主要是起到连接的作用，但是竹吊桥、藤吊桥还起到防备外来者入侵的作用，方便拆卸，容易斩断，使得外敌无法入侵，亦是一种保卫家园的作用。

贝江是广西融水苗族自治县境内的最长的一条河流，其蜿蜒曲折，两岸山峰耸立，风光旖旎。在贝江两岸的许多苗族村寨前，都有一座长长的吊桥，将对岸的公路与苗寨连接起来，有的寨门就建立在吊桥的桥头，人们经过吊桥就走进了苗寨，如融水香粉乡大方村、田头苗寨、雨卜苗寨前小潘木屋的吊桥，都属于这种类型。

吊桥通常由钢索越过江河两岸，固定在两岸的桥塔上，桥的跨径和桥高视当地的地貌而定。桥台多为石头砌成，桥的护栏多为铁丝缠绑而成。桥面用一块块长条形的木板拼成，木板的两头上下各用铁条夹住，再用铁丝缠绑固定，使木板不会脱落或翘起。

吊桥可同时承载多人，但易晃动，人们载物行走时需保持平衡。

图片来源
图一、图二　许星　摄影
图三、图五　廖晨晨　制图
图四　周红卫团队　制图

图二　苗寨吊桥桥面图

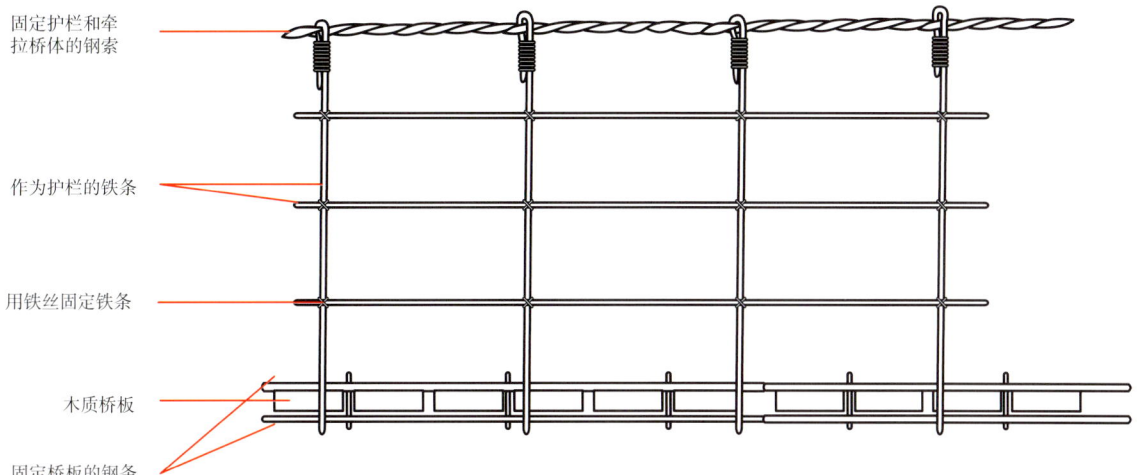

图三　苗族吊桥护栏结构示意图

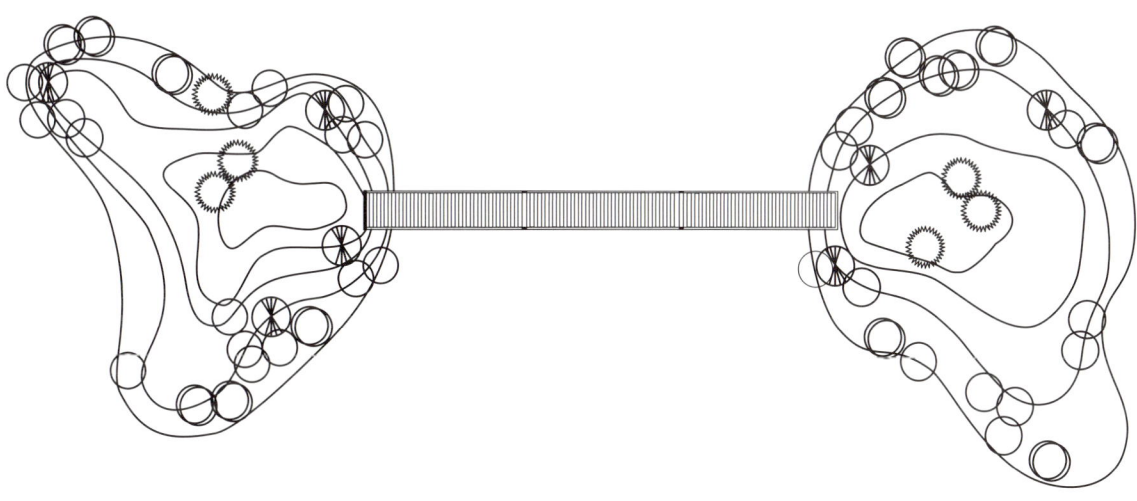

图四　苗寨吊桥平面示意图

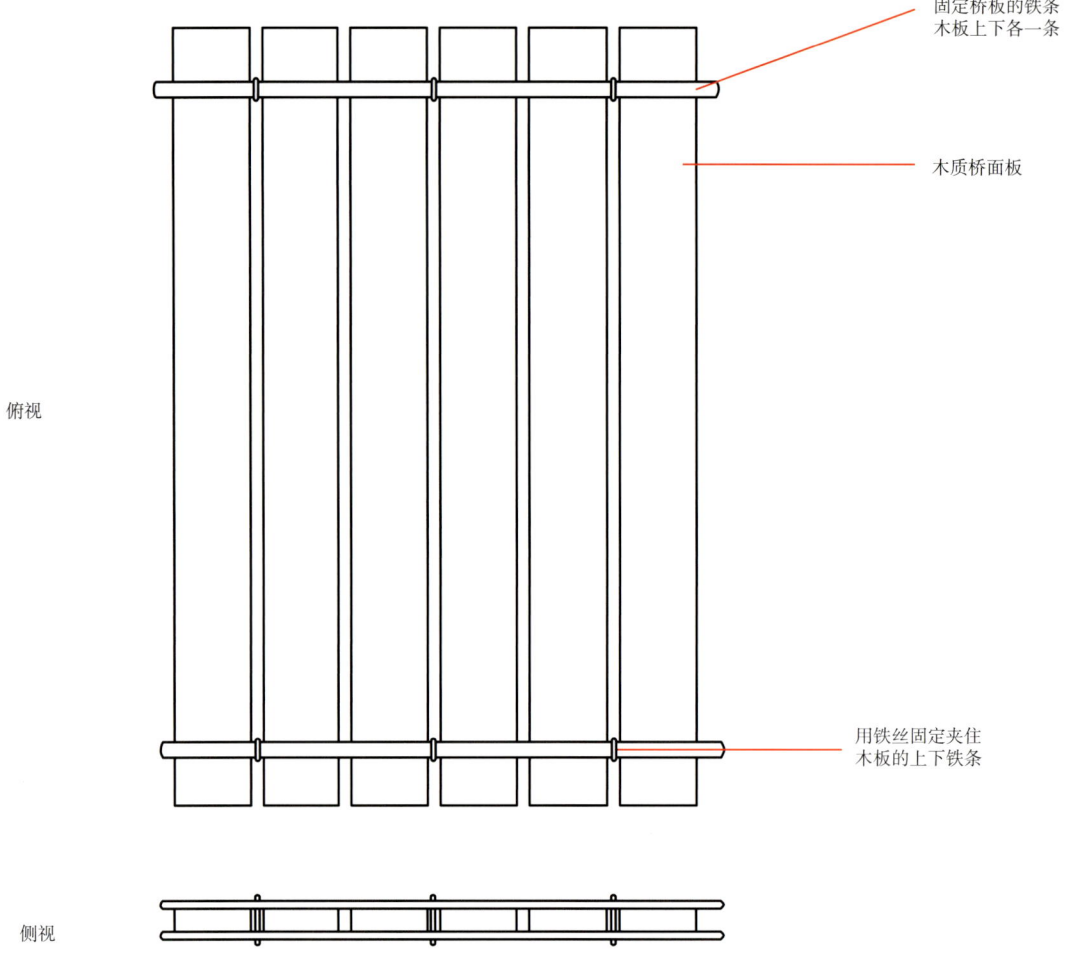

俯视

固定桥板的铁条木板上下各一条

木质桥面板

用铁丝固定夹住木板的上下铁条

侧视

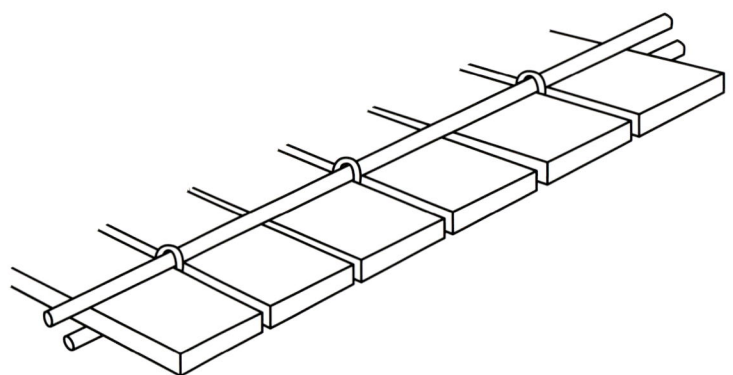

图五 苗寨吊桥桥面结构示意图

苗寨木石小桥

图一　苗寨小石桥主图1

　　苗族民众聚居的地区多河流溪涧，遇水架桥便成了必需的事。作为建筑类型的重要类别，苗族的木桥、石桥是重要的水上交通工具，同时，还具有丰富的人文内涵。如每年农历二月二是苗族的传统节日"祭桥"节。祭桥的主要内容是积德、求子，期盼人丁兴旺，风调雨顺。许多苗寨都有全寨或宗族共建的大桥，多为进寨路前的"风雨桥"，每年要共同举行大祭，祭品主要为水牛、猪、羊等活牲畜；房族建造的桥用猪头祭；另外各家自己建造的小桥，每年由各家用鸡、鸭、猪肉、鱼等自祭。祭祀的隆重程度也有很大区别。本案例为苗家自建的木石小桥。

　　架桥、修桥、敬桥和祭桥是苗族的习俗，因此，桥成为苗族民众生活中重要的内容。架设的桥主要有两种类型，一类是为行路方便，遇水遇沟而架桥，如果家人有不测时，便会备办各种祭品祭桥，这类桥也称"保爷桥"；另一类桥是苗族民众为婚后求子而架设的，一些苗族民众认为人是通过桥来到了这个世界，所以会根据自家的情况建一座小桥，也有几家共建一座小桥。这些桥建在交通要道处的河沟、溪流或无水的凹地上，行人愈多愈好。通过建桥，借助桥神护佑子孙繁衍。有的苗寨只有百户人家，但大大小小的桥就有好几十座。

苗族架桥多为木构，桥跨一般不大，多以耐腐蚀的粗壮木料（可独木，亦可多木扎捆为支架）为桥墩，桥面则可用较细的木料制作，若桥面较长，则分段安装，两组桥墩间架设一组桥面木料。为防止由多层木板构成的桥面松脱，便专门用木料做成一个长方形的木框架，将桥面纳入其中。两根横向的较长木料为方形，方便榫接入纵向的两根圆形木料之中并夹紧桥面，若桥面在使用过程中有松脱，还可以通过敲打纵向圆木予以加固。亦有用石料做成的桥，桥墩以石料堆砌而成，呈四棱台状，下端较宽大，以抗水流，上端安放长条形石板或木板，构成桥面。小的桥面用材成单不成双，通常为3块石板，或3根圆木。从材料看，建造桥梁的木料，多取当地盛产的杉木，其被砍伐以后还能再生，加工简易。架设方法：多在河道两岸较窄处打木桩或以石料垒筑桥头，有些需要在

图二　苗寨小木桥主图2

河水中打入木桩（或石料）作为桥墩，再将事先备好的木料或长石板架设在桥墩和桥头上即成。

此类木桥、石桥的体量一般不大，多设置于较为狭窄的沟壑间，利用溪涧的枯水期来修建，并根据溪流宽窄来定长短，安装制作并不十分复杂，但因其在当地苗族民众心中的重要地位，多被赋予通行之外的其他功能，与他们的精神生活息息相关，如乞子、祛病等。每逢桥梁建成、大修或还愿时，通常会举行盛大的祭祀仪式，杀猪、宰羊，焚香，带上蛋肉、鱼、米饼和自酿的米酒贡之。

苗族祭桥的习俗，一是要祭自己家建造的桥，桥的维修也只能是建桥的苗户完成。如果这座桥不用了，也要在原桥址铺设3块石头（或木板），供祭祀之用。

图片来源
图一　钱孟尧　摄影
图二、图三　马路　摄影
图四至图六　廖晨晨　制图

图三　苗寨田间小木桥图

第一章　苗族传统建筑

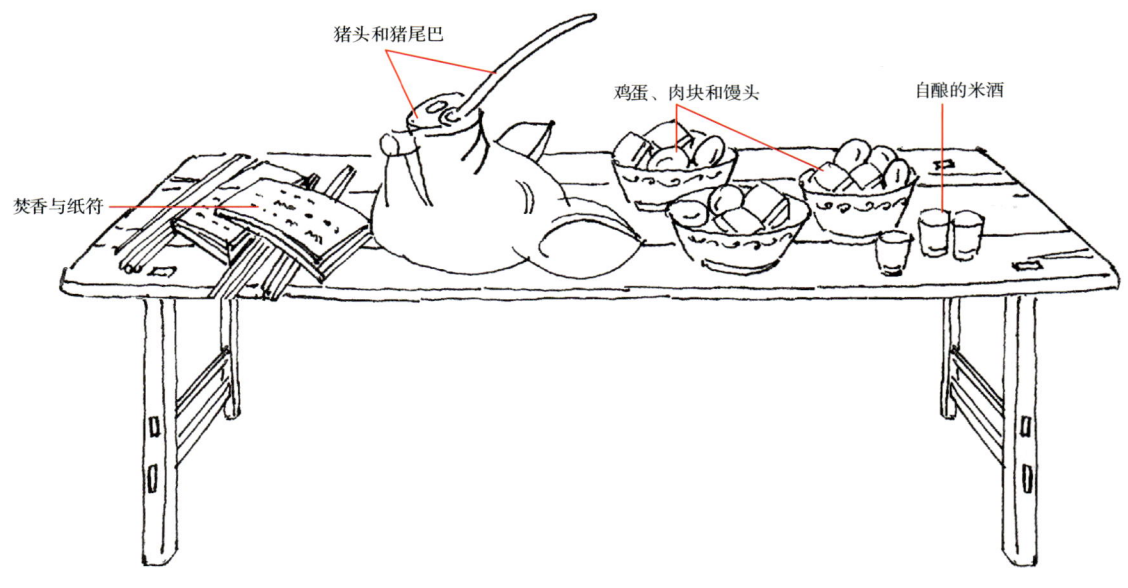

图四　苗族祭桥祭品示意图

图五　苗寨木石小桥示意图

图六 苗族祭桥示意图

苗族禾晾

图一　苗族禾晾主图

　　禾晾是贵州东南部苗家、侗寨丰收时节用来晾晒农作物的晾杆，常常依寨傍山而建，次第升高、高低错落的众多禾晾与谷仓形成了一道道壮观的奇景。

　　禾晾，苗寨中晾晒谷物的大木架，每当谷物丰收，便要利用禾晾来将其晒干，然后再入仓储存或做其他用途。苗族民众发明的这种"立体式晾场"，克服了地势的限制，选择通风、日晒时间长的地方，搭建起一排排的禾晾架。逐渐的，禾晾架越搭越多，整整齐齐，错落有致，围寨而立。苗寨的禾晾已成为固定的建筑形式一直沿用至今，甚至苗寨禾晾架的多寡，还被视为衡量这个寨子贫富的标尺。

在岜沙苗寨有400多个禾晾和400多个禾仓，最年长的已有180多年的历史。每逢农历九月至十月，当地主要的谷物糯禾都已成熟，村寨里家家户户由长者带着儿孙们来到田间，大人手持折禾刀收割稻谷，孩子们捡拾稻穗，然后扎成捆运送回各家，晾晒时，只能由家里的男主人登上架子的最高处，女主人和孩子将扎好的农作物传递上去，从最上一排向下排挂晾，直到将禾晾架全部挂满。从当年收获的糯禾能否挂满禾晾中可判断出这家收成的状况。

禾晾的体积通常又高又大，一般由粗大的杉木柱制成木框架，木柱中间横穿着数十根横杆，用以晾晒谷物。岜沙人认为奇数为吉利之数，每个禾晾大多横穿9根、11根或更多的横杆，高度5~10米不等，宽度根据地形地势具体设定，顶部由杉树皮搭出人字形的顶盖。

人们不仅把收割的稻谷晾晒在高大的禾晾上，还将玉米或辣椒等农作物进行晾挂。这种脱离地面的传统干燥方法，很好地解决了苗家晾晒农作物的问题。同时，禾晾架通常比较高大，晾晒谷物时还可防家禽和鼠类偷食。

传统建筑是民族文化的瑰宝，却随着社会经济的发展逐渐被人们忽视。禾晾作为苗族民众自主发明、制造的木质结构建筑物和农业用具，除经济价值以外，其建筑学意义和在民俗文化的传承方面也应得到更多的重视。

图片来源

图一、图二、图五　马路　摄影

图三、图四　廖晨晨　制图

图六　周红卫团队　制图

图七　钱孟尧　摄影

图二　秋收时节苗寨禾晾图

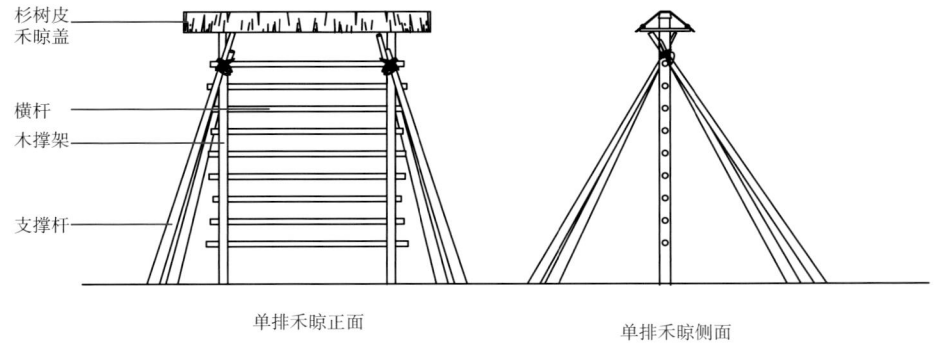

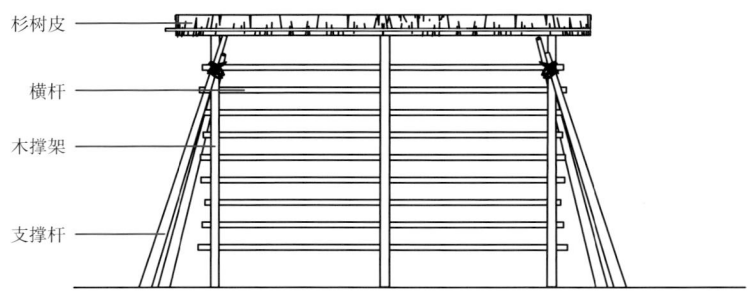

图三 苗族禾晾结构名称图

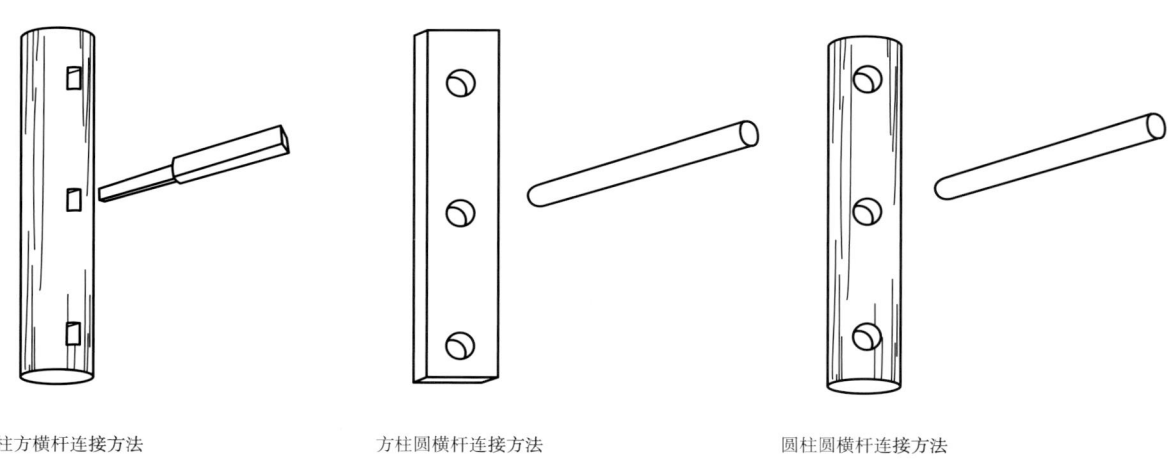

图四 苗族禾晾局部连接方法示意图

图五 苗族民众禾晾图

图六 苗族禾晾架设计效果图

图七 岜沙苗寨禾晾禾仓图

第一章 苗族传统建筑

苗族馏酒灶台

图一　苗族馏酒灶台主图

　　馏酒灶台是黔东南苗族家庭或酿酒作坊用来馏酒的专门工具，其制作材料几乎都是就地取材，部分工具也是生活中常用的器物，如砖砌灶台、大铁锅、大木甑、铸铁温水锅等。在使用的过程中还要举行一些约定俗成的仪式，反映了苗族人的精神信仰。馏酒灶台的工作原理简单，即通过灶台中的柴禾燃烧之后在木甑中产生高温，使发酵粮食中的酒精形成蒸汽，其上升遇冷凝聚为酒，经过专门的出酒槽导出并流入接酒器中，后进行冷处理而最终制成苗酒。

　　馏酒灶台常位于厨房或作坊的墙边，高80~90厘米，宽度和进深120~150厘米，用大量的砖块辅以砂石泥浆砌合而成，整个造型内圆外方，顶面有一个中空的圆形灶口，用以燃烧柴禾，前方开有一个长方形的灶门，从中往灶台中添加柴禾。灶口上面放置一口硕大的铁锅，装甑前要在锅中倒入一定量的清水以防铁锅被烧干，底锅的水每天要清换，如果有悬浮物等其他成分，会影响出酒率及酒质。装甑时可采用木锨或簸箕等工具，动作要轻巧，置放物料不要铺太厚，放得平整疏松一些，装甑还不要过满，以装平甑口为宜。

然后，将装有发酵粮食的大木甑放在铁锅之上，木甑高 80~100 厘米，侧面中间的木板壁上设有一个细长的出气孔，最后再将一口装水的大铁锅置于木甑顶面，以此使木甑中形成了一个相对封闭的空间，确保木甑中的温度能够快速提升，从而提高工作效率。同时，在灶台的顶面、大铁锅的一侧，还安装了一个铸铁的温水器，确保馏酒时能够通过灶台产生的温度烧出大量的开水，以便生活之用。

馏酒灶台在苗区随处可见，与苗族人的生活密切相关，反映了苗族悠久的酒文化，也体现了苗族人节俭至上的生活作风。

图片来源
图一、图二、图四至图六　张庆　摄影
图三　张庆　制图
图七　仲溪　摄影

图二　苗族馏酒灶台台面图

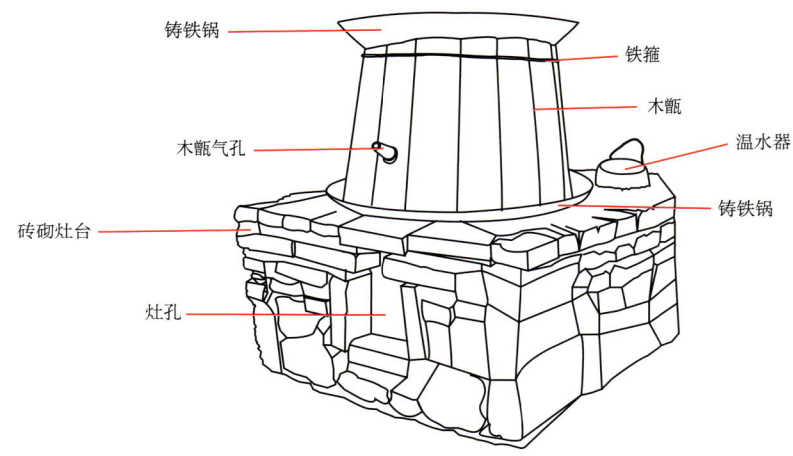

铸铁锅　铁箍　木甑　木甑气孔　温水器　砖砌灶台　铸铁锅　灶孔

图三　苗族馏酒灶台结构示意图

图四　苗族馏酒灶台木甑图

图五　延展图：雷山苗家灶台

图六　延展图：苗族大酒坛

图七　延展图：苗族酒碗

苗族火塘

图一　苗族火塘主图

　　火塘是苗族家庭中必备的生活器具，在冬天使用频率高，白天可来烧水煮饭，晚上亦可烤火取暖。火塘大多位于苗族木楼的厅堂中间，整个造型呈"回"字形，四边用耐火的石材或砖块等围合而成，中间留空填充少量的泥土，在其中燃烧柴禾，从而在火塘上烧水、做饭。

　　火塘的尺寸大小不一，成员多的家庭则会较大，反之则会较小，大的边长近100厘米，小的也有40厘米左右。火塘上方安有可移动的钢架，用以放置尺寸不一的铁锅、热水壶等。钢架的造型各异，常见的有方形和圆形两种。方形钢架整体为一个镂空的立方体，通体采用较粗的钢筋焊接而成，高约15厘米，顶面为正方形，边长宽约40厘米，一般的平底炊具均可放置在上面，如热水壶、平底火锅等。圆形钢架所用的材料较粗，其顶面为正圆形，下方焊有三个等间距的立脚，十分牢固，高约20厘米，尖底类的炊具均可稳固地放置其上方。在使用时，主要用火钳拨弄燃烧的柴禾，从而让其充分、快速燃烧。部分火塘上方还挂有各种大块的肉类，通过上方的高温熏制腊肉。此外，火塘四周常配多个木质小板凳，苗家儿女坐在火塘边吃饭、聊天，或款待远道而来的客人。

　　由于苗族的传统建筑均为实木材料，而

且苗区的冬季雨水较多，气候较为潮湿，火塘的应用既能烧制饭菜，又能起到除潮的作用，还能帮助取暖，是一个具备多种功能的工具，因此，在黔东南传统苗族家庭中均能看见火塘的身影。

图片来源

图一、图四、图五　张庆　摄影
图二、图三　张庆　制图
图六　钱孟尧　摄影
图七　王艳晖　摄影

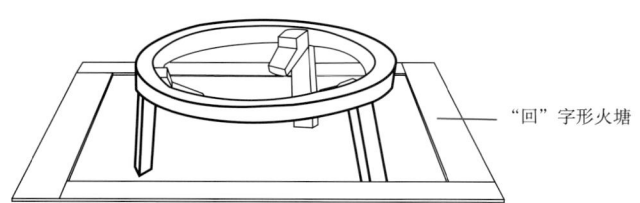 

图二　苗族圆形火塘架结构和使用示意图

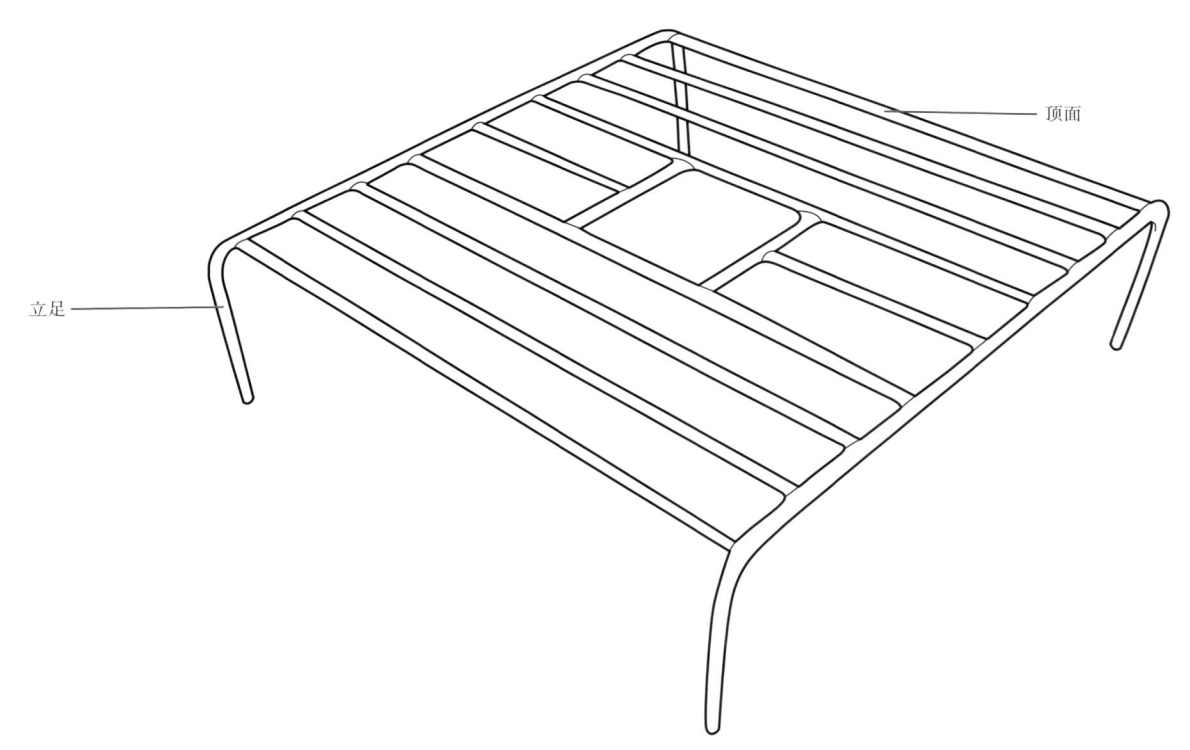

图三　苗族火塘架结构示意图

图四　西江苗族博物馆陈列的苗族火塘图

图五　放有热水壶的苗族火塘图

图六　使用圆形火塘架的苗族火塘图

图七　苗族火塘使用情境图

第二章 苗族传统服饰

凤松式苗族女装

图一　凤松式苗族女装主图

凤松式苗族服装是湖南省湘西土家族苗族自治州凤凰县和贵州省松桃苗族自治县一带苗族村寨的服装主要形式，其主要特色为上衣下裤，胸前围绣花兜，很少着裙，头戴卷出多层的高大帕子，着盛装时佩戴刺绣云肩和众多的银饰品。清道光《松桃厅志》记载了当时这个地区苗族民众的装束："苗人服饰，五姓皆同，青布裹头，衣尚青，短仅蔽膝。男著裤、女著裙。裙多至数匝，百褶褊褵，甚风。不举盛饰时用斑丝，常服惟青布。近则少壮妇女多用浅蓝，亦名'月蓝'。绾髻以簪，博可七八分，富者以银丝作假髻，两旁副以银笄，形仿雁翎，鬖鬖然冠于首。平常坠耳之环，大几及肩。项束银圈，多至七八只。贫者以铜为胎，外镀以银，稚女亦然。女未嫁者，青布蒙首，以发为辫，绾于帕外。男女皆跣足，近颇仿汉制，间用鞋。"（徐铉修、萧琯纂：《松桃厅志》，道光十六年松高书院刻本三十二卷）清代以后，受历史征战和其他因素的影响，平日妇女穿裙装渐少而多穿裤装，在盛大节庆活动如吃牛、接龙等节日或走亲访友时会穿精美刺绣的礼裙。

凤松式的女装多以青黑、蓝、白等色为主，上衣多无领，少数缝缀小立领。大襟右衽，衣长至臀下，袖口较宽大。衣襟边、领口、袖口、下摆和底边均饰有如意纹饰和刺绣、滚条。裤子采用与上衣同色的布料制作，款式为裤筒宽大，裤身较短，裤脚绣花边并镶素色栏干。

胸前围一块绣花高腰围裙，也称"抹裙"，上端用银扣与上衣领系结，两侧用手工编织的花带系在腰间。一般高50厘米左右，腰身以上绣有精美的花纹，腰部以下为素色，讲究者还沿襟边饰一圈银饰片。

女子头上的头帕高大，帕长6~10米长，如腊尔山台地的苗族妇女喜用白蓝格布或蜡染花帕，这类帕子被称为梅花头帕，如若天寒还会加一段3米多长的短头帕，从额头至脑后重重包住，使头帕显得格外高大。松桃苗族的头帕用花格布为衬里，在帕的底层露出白色的边缘。

苗家女子银饰是其装扮的独特之处，在着盛装时尤其突出，从上至下有头饰、发饰、耳坠、项圈、胸饰、手镯、戒指及银围腰等数十种银饰品。

凤松一带还有一种"古装式"的苗族妇女盛装，其基本样式为圆领右衽大襟衣，宽袖敞袖口，裤装为宽脚裤和红色绣花百褶裙。较为醒目的是所佩戴的银披肩，采用白银制作，后多用各色绸布或棉布剪出花草鱼虫，施以手工刺绣，再连接缝合。刺绣的图案多为苗龙、花草、蝴蝶和各种几何纹样，刺绣的方法有平针、锁针、掺针、贴布绣和数纱绣等多种，色彩艳丽，刺绣精美。

图片来源

图一　民族文化宫编著.中国苗族服饰.北京：民族出版社，1985：24.

图二、图四、图五　廖晨晨　制图

图三　民族文化宫编著.中国苗族服饰.北京：民族出版社，1985：32.

图六　民族文化宫编著.中国苗族服饰.北京：民族出版社，1985：28.

图七　民族文化宫编著.中国苗族服饰.北京：民族出版社，1985：33.

图八　苏州工艺美术职业学院老师　摄影

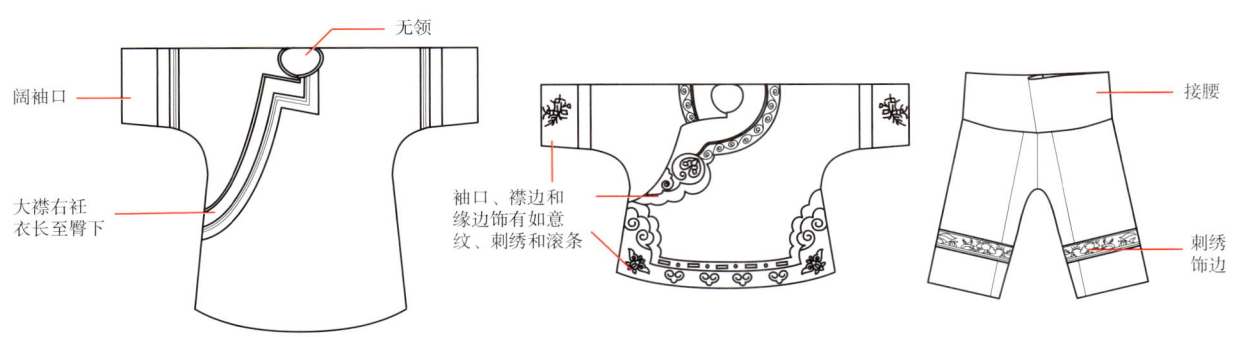

图二　凤松式苗族女装款式结构名称图

图三　凤松式苗族女装银胸围兜图

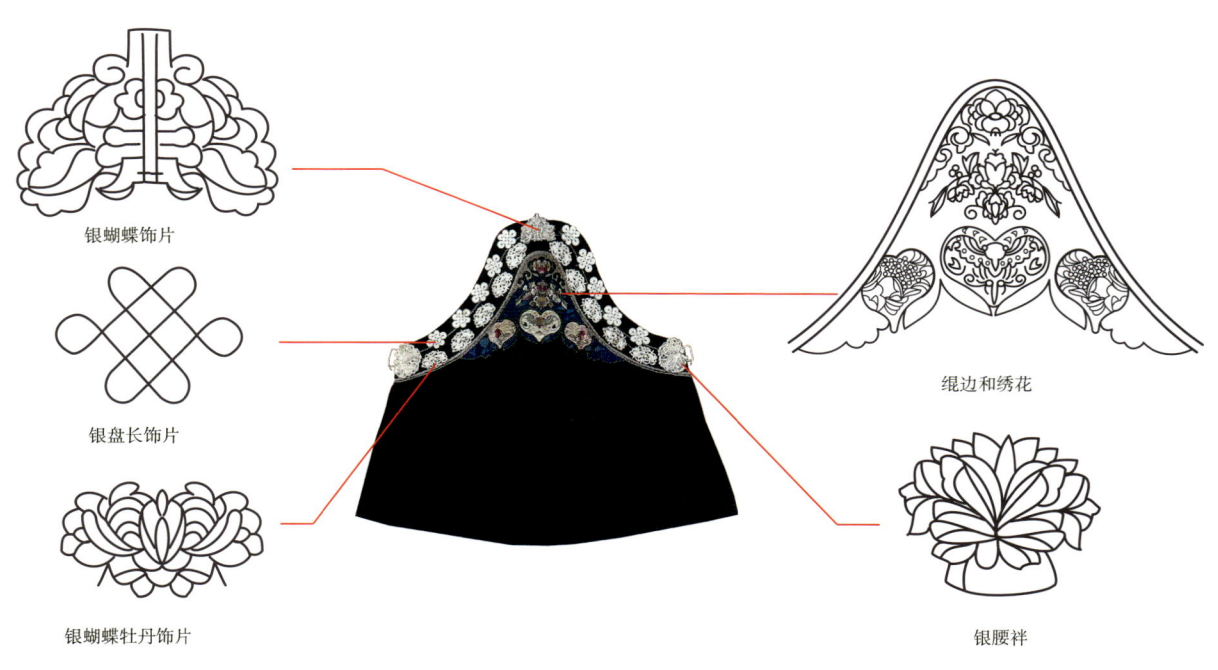

银蝴蝶饰片

银盘长饰片

银蝴蝶牡丹饰片

绲边和绣花

银腰袢

图四　凤松式苗族女装银胸围兜绣花和装饰示意图

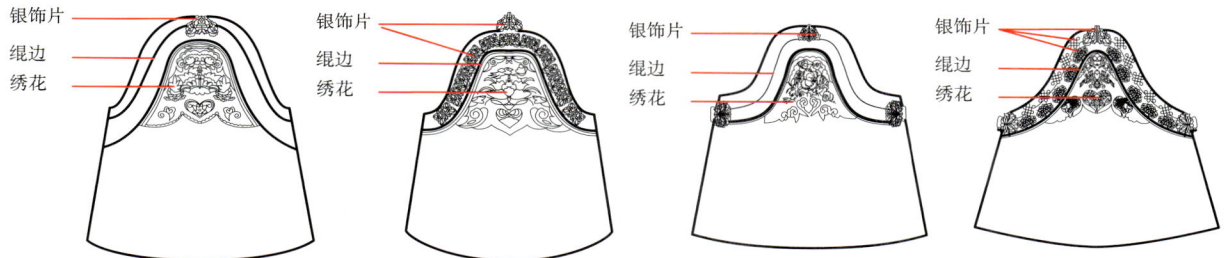

图五　凤松式苗族绣花围兜样式和图案示意图

图六　凤松式苗族女装云肩佩饰图

图七　凤松式苗族女装传统银披肩图

图八　凤凰松桃地区不同苗族头帕图

花保式苗族女装

图一　清末苗族圆领右衽广袖绣花女棉衣主图

本案例苗族女装主要指流行于湖南省西南部的湘西土家族苗族自治州，贵州省的松桃、晴隆，重庆市的秀山、酉阳，湖北省的鄂西土家族苗族自治州等地苗族村寨妇女的服饰穿着形式。这些地区的服饰风格和形式较为接近，有着共同特点，如上衣无领，较宽大而长，袖宽大，腰系花带，裤腿宽大，袖口与裤脚口有花边和栏干装饰。但不同的地区和苗寨在服饰细节上仍有所区别，具体还被分为花保式（湖南花垣、保靖等地）、凤松式（湖南凤凰、贵州松桃、重庆秀山等地）、吉泸式（湖南吉首、泸溪）等服饰。

花保式女装主要分布在花垣、保靖一带的苗家村寨。服装款式的主要特点：上衣是无领右衽衣，袖宽大，在衣襟、袖口和衣摆处都饰有很宽的刺绣花边和多条织花锦带；裤子的款式多为大裆宽腿，腰间接宽幅裤腰头，用绳带系结，裤脚口镶有宽窄不一的刺绣花边和锦带或黑色栏干；已婚妇女日常劳作或外出时还系一条刺绣宽边的围裙。

制作衣裤的面料有当地织出的宽窄不一的条纹织锦或棉布，也有土绸和斑布，以黑青色和蓝白格子布为主，近几十年来也采用集市上买来的暗花纹软缎制作。

花保式与凤松式服饰的主要区别在于前者较偏爱用黑青色的头帕，在头帕的盘包形式上显得较为平齐工整，齐额向上一圈圈地折叠包缠，在后脑处形成一个雀尾，还用数朵银花簪插在头帕的前部。

花垣、保靖地区的苗家服饰都绣有各式精美的图案，大致有源于大自然的日、月、星、辰及各类动植物的题材，也有拟想中的神灵图案。苗绣针法主要有绣、插、挑、捆、洒等数种，面积大的花朵多采用平绣针法；用插针法将深浅渐变的彩色组合起来；用捆针方法突出绣面的立体感；用洒针和挑针表现精细的凹凸效果。苗族服饰通常要综合使用好几种针法。在刺绣的色彩方面，当地苗家妇女讲究色彩的搭配，既对比醒目，又不失谐调。苗家妇女以手工刺绣、挑花和编织等手法装饰自己的服饰，充分展示出她们精湛的手工技艺。

花垣、保靖地区的服饰还十分讲究佩戴银饰，日常生活所用较少，但在节日庆典、走亲访友等活动时，人们常常装扮丰富，引人注目。当地的银饰大致有头饰、项圈、挂饰和手饰等。头饰主要有银帽，上面饰有各种帽花、龙凤和簪子等，头帕前后饰有银叶、银花和银铃等装饰的银帽檐。项圈有轮圈、扁圈、盘圈等，多较为粗大。胸前的挂饰也较多，如有胸花、长命锁、仙桃、针筒等，用银链串着挂满胸前。手饰多为银镯和银戒指等。

图片来源
  图一 民族文化宫编著.中国苗族服饰.北京：民族出版社，1985：19.
  图二至图五 廖晨晨 制图
  图六、图七 王艳晖 摄影
  图八至图十 民族文化宫编著.中国苗族服饰.北京：民族出版社，1985：22.

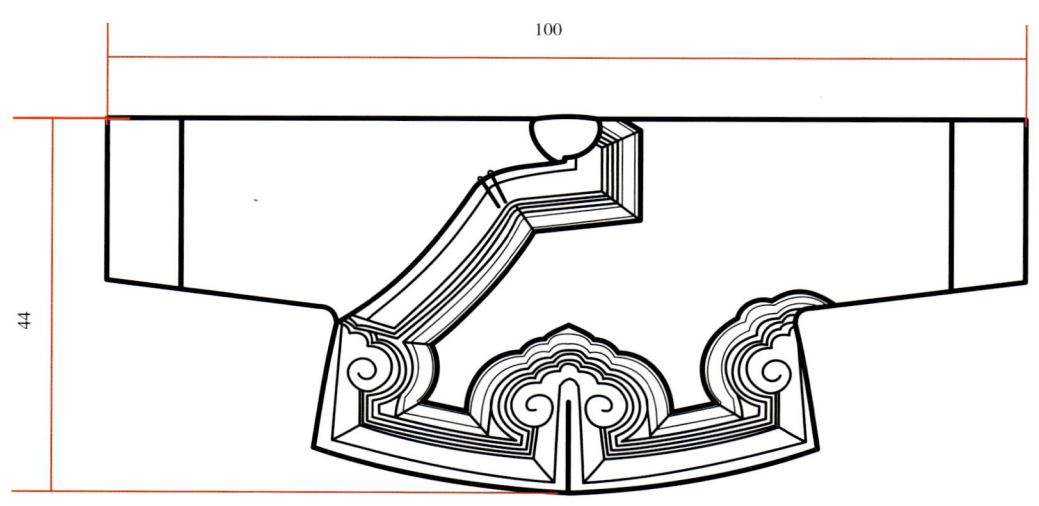

图二 花保式苗族女装尺寸图（单位：cm）

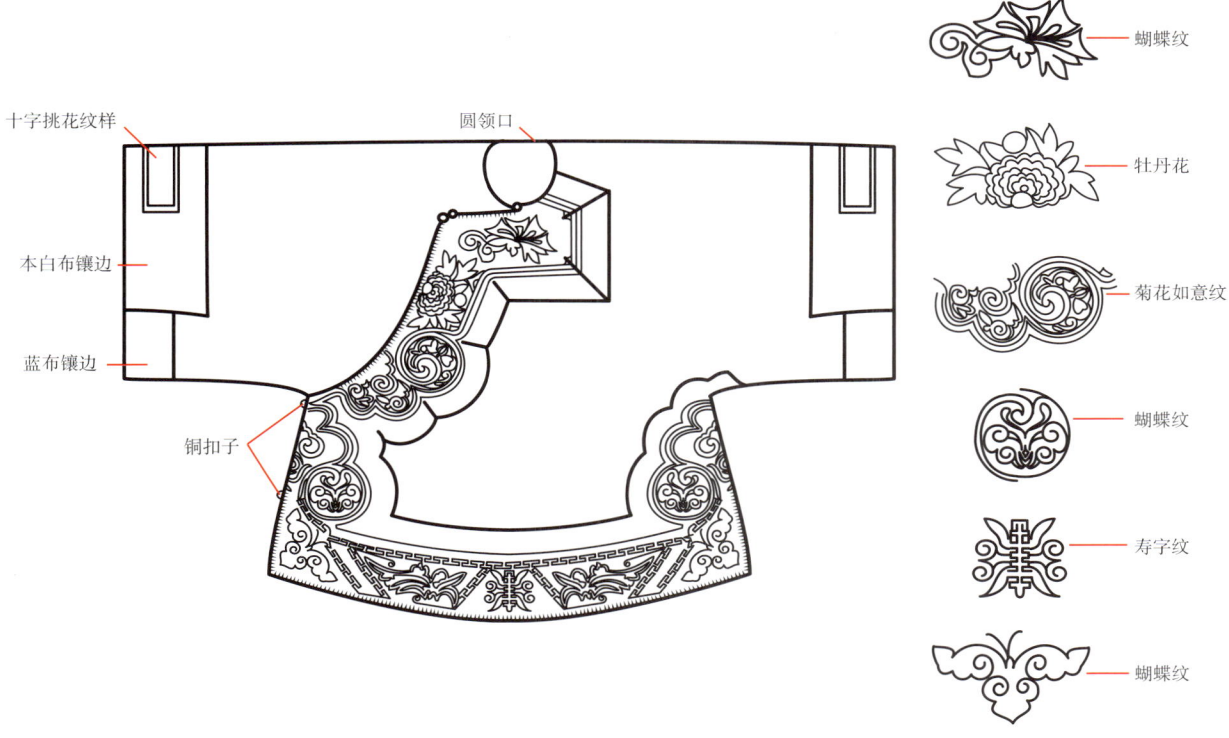

图三　清末苗族圆领右衽广袖绣花女棉衣纹样分析图

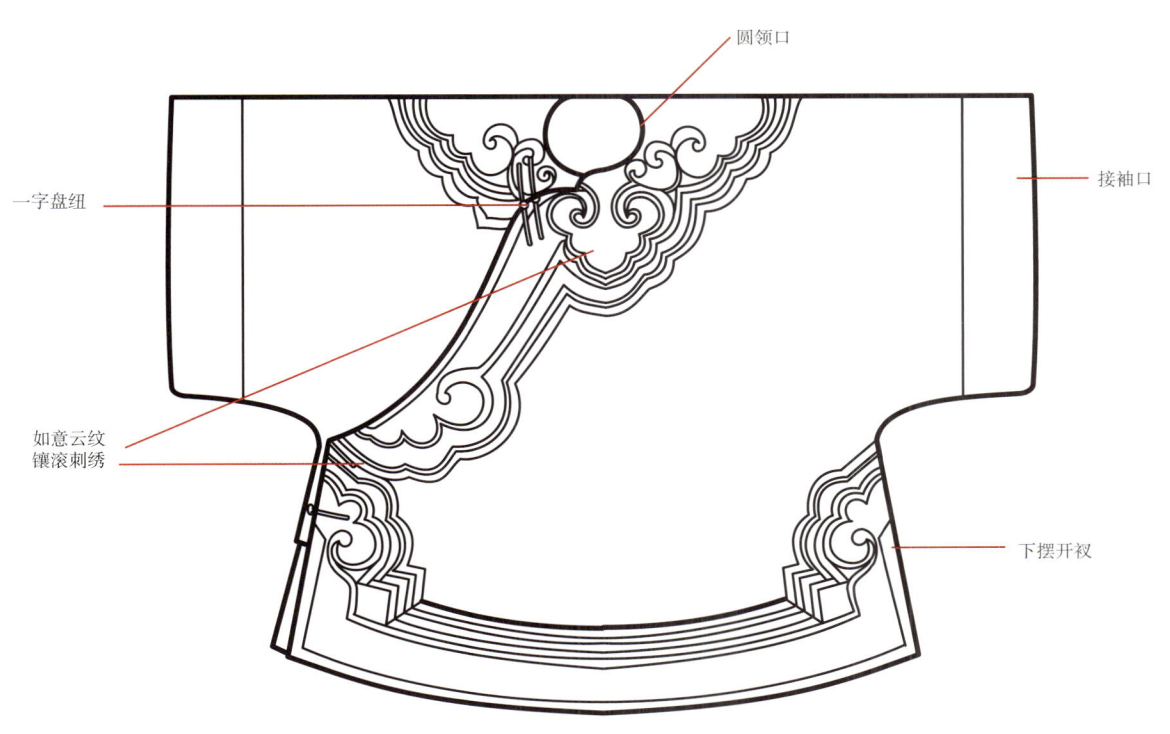

图四　花保式苗族女装装饰纹样示意图

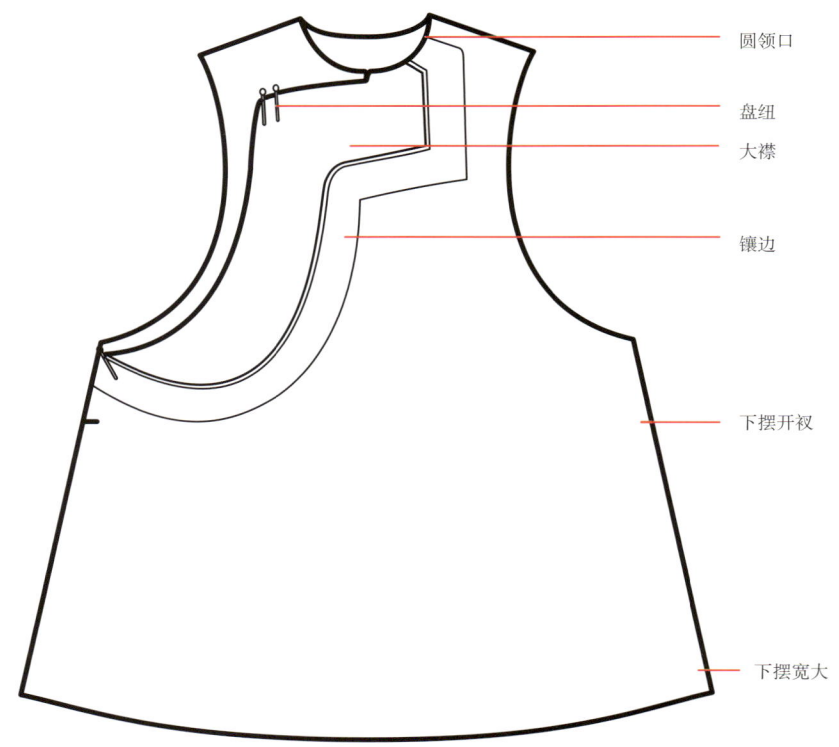

图五　花保式苗族女式坎肩结构名称图

图六　湖南省花垣县麻栗乡苗族服装刺绣图案

保靖　　　　　　　　　花垣　　　　　　　　　花垣雅酉

图七　保靖和花垣部分苗族头帕样式图

图八　花保式苗族青年妇女夏装图　　　　图九　花保式苗族女裤图

图十　花垣苗族妇女着装效果图

吉泸式苗族女装

图一　吉泸式苗族女装主图

　　吉泸式苗族女装指位于湖南省湘西土家族苗族自治州南部的吉首市与泸溪县苗族妇女的服饰，因吉首、泸溪与凤凰、花垣、保靖毗邻，那里的服装款式和凤松式、花保式比较相似，但在一些细节方面有着自己的特色。泸溪地区的苗族妇女服饰较为素雅，夏天多用白色做衣服和头帕，冬天用蓝色，衣裳善用绣花，喜戴银饰。吉首矮寨地区苗族女子多穿黑色的衣服，包裹平头帕。

　　吉泸式日常生活装中的上衣为无领大襟衣，衣身和衣摆较宽大，襟、袖摆处或为素色栏干，或施以绣花。盛装则绣有宽边花草图案，色彩鲜艳醒目。

　　吉首东部地区苗族女性的头帕为平头帕，多用3米多长的白色棉布围成，采用黑色或蓝色的棉线挑花，有的在帕的两头挑花，有的则挑满整块帕头，湘西民歌中有"头上帕子四个角，四个角上绣飞蛾"的说法。将头帕沿头围缠绕，头顶部露出，围好的头帕图案醒目，黑白对比分明，与白色的衣服相互映衬，十分的和谐美观。

吉首乾州古城的苗族妇女，服饰又别有韵味，款式和装扮大致与凤松式相近，如穿无领大襟右衽上衣，襟边多绣花，头帕是用条纹的手工织布做成，缠绕多重，显得高大厚重，喜用银饰。

挑花是吉泸地区苗族妇女擅长的传统刺绣工艺之一，有着古老的传承谱系，口耳相传，由母传女、长辈传给小辈，女孩子六七岁开始跟着长辈学习，长大些给自己挑绣新衣和嫁妆，姑娘媳妇们相互切磋挑花技艺，一边展示着自己的新绣品，一边比试着各自的女红水平。

当地苗族民众又称挑花为数纱绣，在衣服的袖口、门襟、腰带、胸兜和头帕等处，都挑绣有丰富的图案。其基本针法是十字绣，在经纬线分明的手工织布的布面上，定一个中心点，然后开始数纱行针，细细挑绣，不能错乱。一般图案的构图呈对称、连续的状态，图案非常丰富，大致有五六十种之多，常见的有蝴蝶妈妈、苗龙苗凤、枫叶花、葫芦花、葛藤花等许多表现苗族的氏族崇拜、自然崇拜和图腾崇拜等挑花图案，还有表现多子、福寿、幸福美满等吉祥祝愿的图案。这些图案造型变化丰富，结构规整美观、严谨对称，透露出典型的苗族图案乡土气息。

图片来源
图一　王艳晖　摄影
图二、图四至图六、图八　廖晨晨　制图
图三　民族文化宫编著.中国苗族服饰.北京：民族出版社，1985：25.
图七　许星　制图

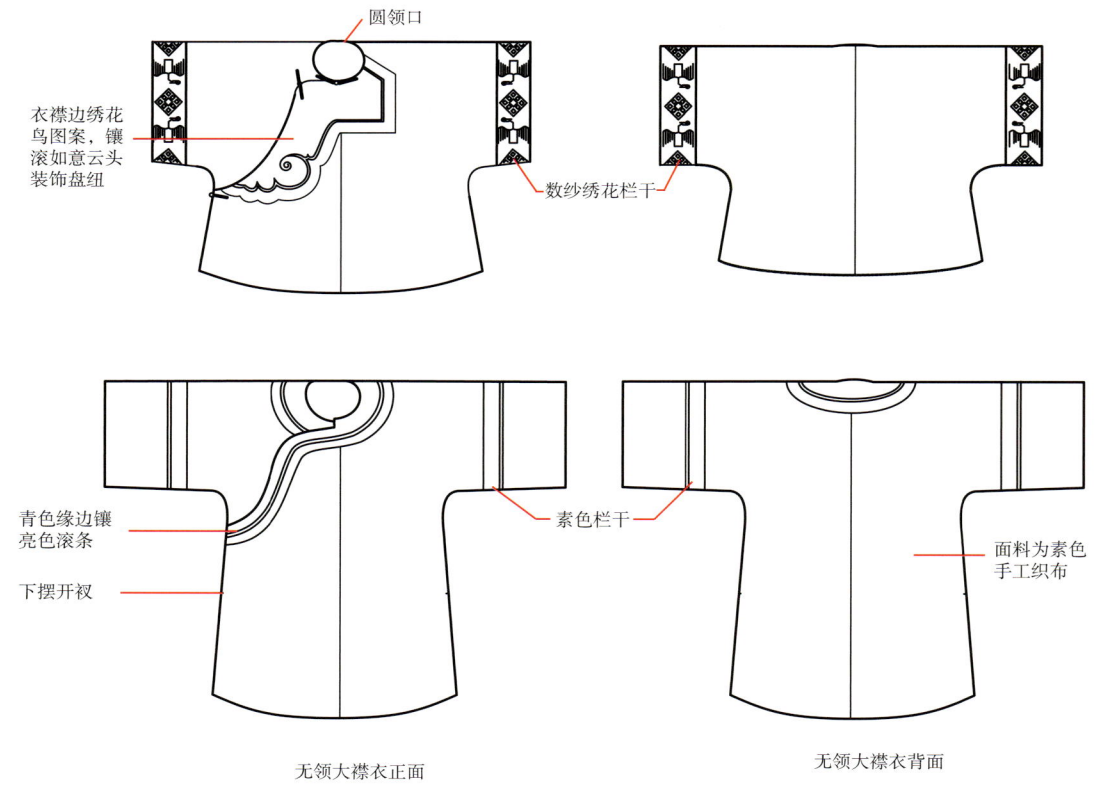

图二　吉泸式苗族女上衣图案与结构示意图

图三　吉首东部地区苗族锁绣凤纹围兜图

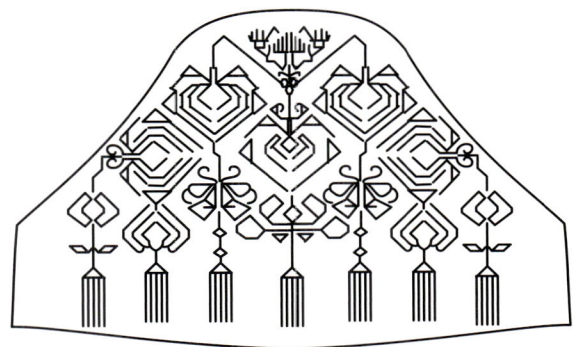

图四　泸溪苗族挑花围兜数纱绣图案

佛手

葛藤花

图五　泸溪苗族数纱绣佛手葛藤花图案

第二章　苗族传统服饰

蝴蝶纹　　　　　　　　　　　　　　枫叶纹

图六　泸溪苗族数纱绣蝴蝶枫叶图案

手工织出的条纹布头帕　　　　挑花图案头帕　　　　条纹布头帕

图七　不同吉泸式苗族头帕图

图八　苗族数纱绣头帕蝴蝶图案

西江式苗族女盛装

图一　西江式苗族女盛装主图

　　西江式苗族女装，是以贵州省雷山县西江千户苗寨为主体样式，分布在雷山、凯里和台江等地的苗族村寨里，由于当地苗族女子多穿着长及脚踝的裙装，所以也被称为"长裙苗"。在日常生活中，人们穿着便装，上衣为青色或蓝色小立领的右衽窄袖衣，衣襟、肩围和袖肘前缝缀一条约3厘米宽的绣花饰带，外穿一件绣花胸衣，下着长裤，头挽"S"形高髻，戴木梳、插银簪和花朵。

　　每当节庆活动时人们则穿着漂亮的盛装。盛装由上衣、百褶裙、飘带裙、绣花鞋和大量的银饰品组成。上衣的款式设计特征是对襟、无纽，穿着时衣襟相交，领后倾；衣袖、襟边和肩领等部位饰有色彩艳丽的各式刺绣花纹，有的还在衣襟、后背和袖口缀上银饰片。当地苗族民众称其为"翁背"（形容胸襟交叉且加固护身），汉语意译为"雄衣"，古时为男子"出嫁"所穿着的衣服，后来经族老协商改为男人开荒、御敌，女人出嫁，男女改换了嫁娶，雄衣则改为女子所穿的衣服。

　　上衣里布为青色的家机布，面料衣身部分多为蓝色的软缎，袖子采用青色粗布并缝缀多块绣片。衣襟和后领有挑花、平绣等方法织绣的边饰。

　　裙装多由内外两条裙组成，内裙是苗族

第二章　苗族传统服饰

民众自织自染的家机布制作的百褶裙，裙缝合为筒状，长及脚踝，前片由20条褶布（每块约20褶）缝合，后片由8条褶布缝合，裙摆张开后非常宽大。外罩一条绣花飘带裙（老年人穿着素色围腰），由15~25根不等的飘带组成，飘带一般为5节，少数为3节。每片飘带上都绣满了各式花草鱼虫纹样，色彩靓丽。飘带裙的设计特点是在腰围处缝合，腰以下部分展开。

刺绣是西江式苗族女装的设计特色之一，其刺绣种类有十多种，有平绣、绉绣、缠绣、破线绣、钉线绣、堆绣、锁绣、打籽绣、贴布绣、马尾绣、锡绣、瓣绣、叠绣和挑花等方法。刺绣的图案按照衣服的不同部位有所侧重，如衣袖上的刺绣图案多为龙、蝴蝶、飞鸟、花草、铜鼓和宗庙等；在领、肩和下摆处多采用变形的龙和蝴蝶纹；衣襟上多为几何和虫草图案；花带裙上的图案则多为小花小草和小昆虫等。刺绣的构图布局，多为传承下来的古本，构图严谨，疏密有致。绣

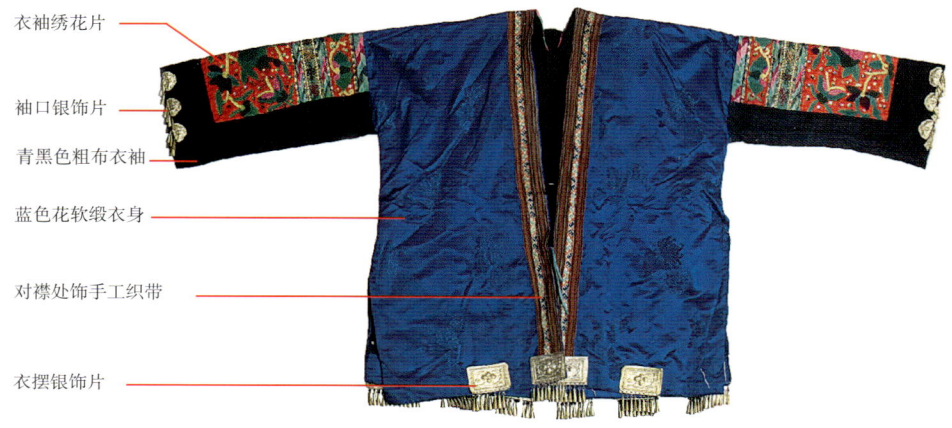

对襟上衣正面

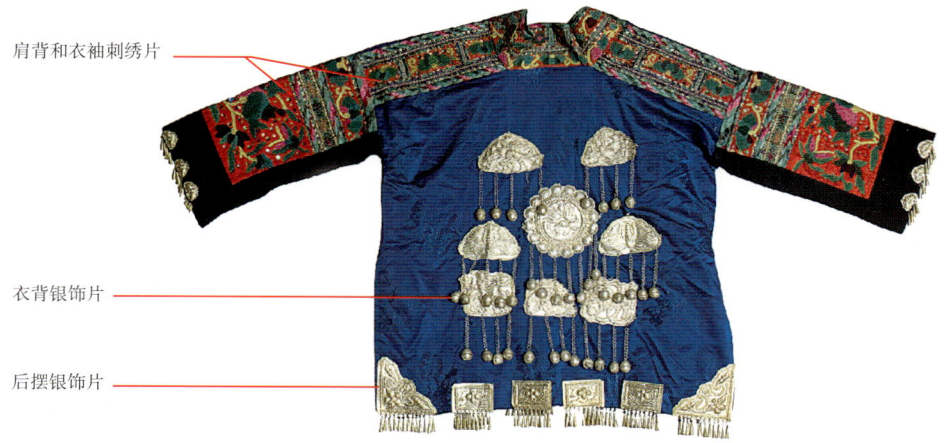

对襟上衣背面

图二　西江式苗族女盛装结构示意图

女们在刺绣过程中还可自行变化绣出新的形式，绣片外观大同小异，但细看则变化丰富，生趣盎然。

穿着盛装时要佩戴大量的银饰品，有银冠、角、马帕头围、梳、凤雀、耳钉、耳坠、耳环、项圈、项链、压领、手镯、戒指等，衣服上还缀有银片和银坠。西江苗族女式盛装刺绣精美，银饰众多，当苗族女子在村寨中行走或在节庆活动中跳舞时，银饰叮当作响，花摆飘舞，多姿多彩。

图片来源

图一、图六、图九、图十　许星　摄影

图二至图五　许星　制图

图七、图八　廖晨晨　制图

图三　西江式苗族女盛装袖片绣纹与绣法分析图

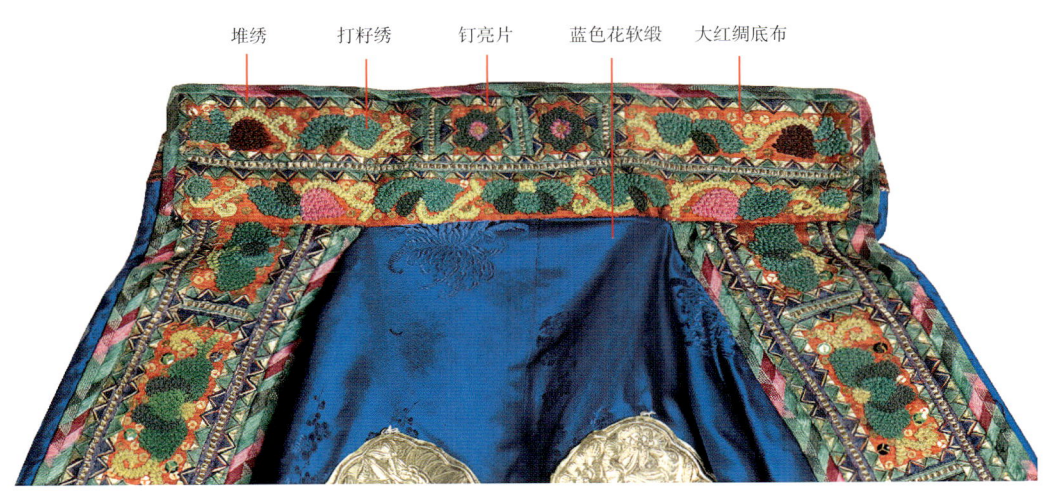

图四　西江式苗族女盛装领子和肩部绣法分析图

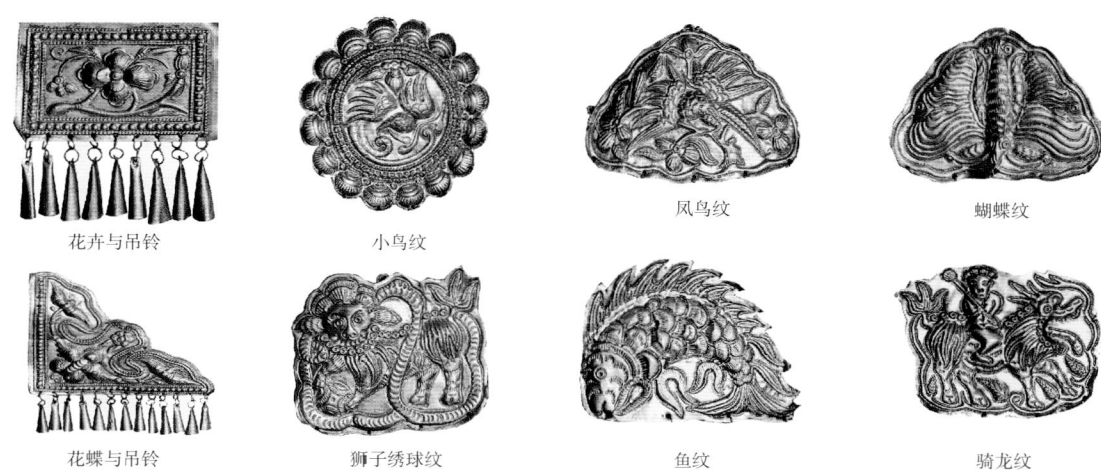

| 花卉与吊铃 | 小鸟纹 | 凤鸟纹 | 蝴蝶纹 |
| 花蝶与吊铃 | 狮子绣球纹 | 鱼纹 | 骑龙纹 |

图五　西江式苗族女盛装银饰片及纹样分析图

图六　西江式苗族家织布百褶裙图

图七 西江式苗族女盛装飘带裙绣片尺寸图（单位：cm）

飘带裙绣片形式　　　　　　　　飘带裙绣片不同刺绣花纹

图八 西江式苗族女盛装飘带裙绣片纹样示意图

第二章 苗族传统服饰

097

图九　西江苗族女式便装效果图

图十　西江苗族女式老年装效果图

施洞式苗族女盛装

图一　施洞式苗族女盛装主图

黔东南地区施洞式苗族女盛装，流行于贵州省台江县施洞地区的苗寨。那里的苗族女子，从小就开始学习刺绣技艺，为自己缝绣嫁妆和在盛大活动时穿着的盛装，她们穿着精心刺绣的衣裙来展现自己的绣艺，结婚后开始为孩子绣制衣装。丰富的图案和艳丽的色彩展现出苗族女性的聪明智慧。

施洞式苗族盛装中的上衣，多为交领，平展放置时为对襟，衣襟饰不对称的刺绣图案，穿着时为右衽。袖口较宽大，前后过肩和袖部都饰满了刺绣图案。衣服的前片长于后片，刺绣图案基本集中于上半部分，精美的刺绣图案，在袖口、前襟和后背镶饰了錾花银片、银泡和银响铃，如袖口通常缀饰两排银泡和一排响铃。银衣也称银衣牌，是将方形、长方形和圆形的錾花银片分成数行缝缀在衣片上，边缘缝钉一排用银链连缀蝴蝶形银饰片和银铃的排须。银衣由两片前衣片和一片后衣片组成，银片上錾刻着苗族常见的苗龙苗凤、蝴蝶、鱼虫、花草等各式图案。银衣是施洞苗族女性最华丽的服装，她们的盛装以刺绣技艺精湛和银饰华美富贵而最为著名。

银饰是苗族驱鬼避邪的饰物，后逐渐成为富贵与美丽的象征。施洞苗族盛装中的银饰众多，如头上佩戴硕大的錾花银角，又称银扇，其设计特点是两边的造型似牛角状，中间接四片扇骨形的银条，高于两边的牛角，这只银角插在头顶髻前，俗称为"大牛角"。

另一只较小的称为"小牛角"，插在发髻的后侧，通常小牛角中间的两片扇骨形银条要低于两侧的牛角。前后两片牛角都錾饰有半立体的二龙戏珠银片，两侧龙头中间饰蝴蝶纹和太阳纹，太阳纹中间镶着一面小圆镜片，如同两只龙中间衔着的珠子一般，银角的造型非常精美，玲珑生动。

姑娘们颈上佩戴一只或两只粗大的麻花银项圈、响铃银项圈和大银锁等银饰，台江施洞苗族女性佩戴的银饰（加上银衣片）数量之多在苗族各支系中是居前的。

图片来源
图一、图三、图四、图六、图七　仲溪　摄影
图二　廖晨晨　制图
图五　许星　制图

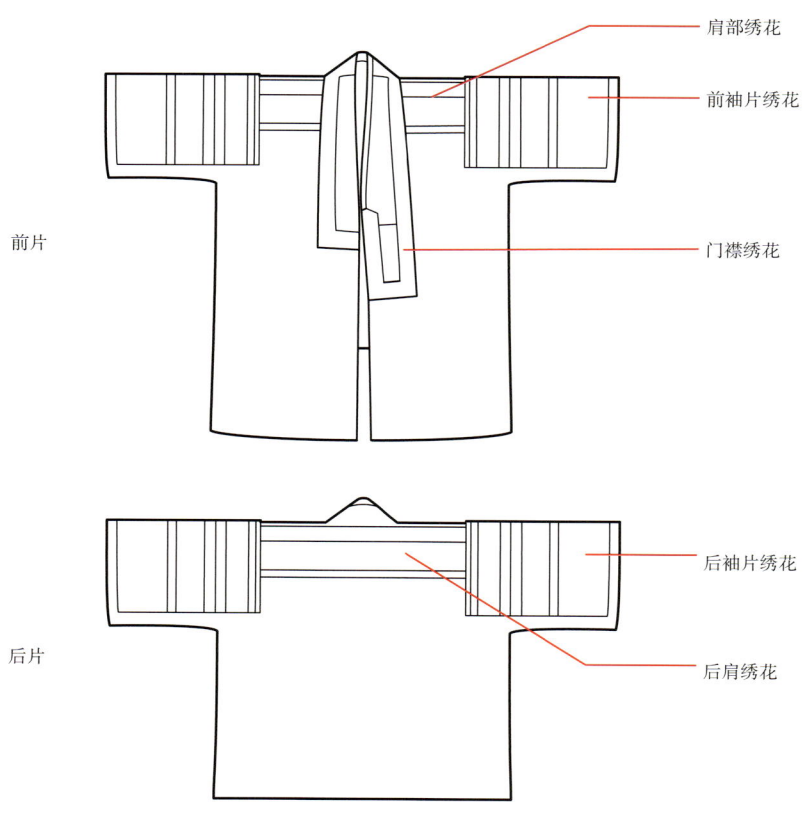

图二　施洞式苗族女上衣结构示意图

图三 施洞式苗族女盛装背面穿着示意图

图四 施洞苗族女盛装银头饰和银背牌示意图

第二章 苗族传统服饰

图五　施洞苗族女盛装龙形刺绣图案

图六　施洞苗族银头饰图

图七　施洞苗族银头围和麻花项圈图

普安苗族女式盛装

图一 普安苗族女式盛装主图

普安苗族服饰，又称为三都形或丹都式服饰，以贵州省三都自治县普安地区为典型。这种服饰主要为三都县的普安、都江，丹寨县和都匀市一些"白领苗"的村寨穿着。这些苗寨妇女日常穿着的服装通常为大襟衣，缀饰较细的刺绣花边。蓄发挽髻，用双层头巾包髻呈尖帽状，再系上彩色的花织带，佩戴少量的银饰品。

普安苗族女式盛装，由大襟刺绣镶边衣、长及脚踝的刺绣裙组成，头发梳理成螺丝高髻，插戴折枝银花、银梳和山字形银角等银饰，颈饰宽大的银项圈。

盛装上衣的款式设计承袭传统，较为独特，衣身与便装不同，为大襟，紧腰宽摆；领口为相对的"⌐⌐"形绣片，衣襟则镶有刺绣或织带；衣身和袖腰采用家织布制成的蛋清亮布，袖口拼接约5厘米宽的本白色斗纹布，衣背盘肩及袖肩之处拼接着精致的涡旋纹蜡染布。涡旋纹，苗语方言称之为"窝妥"，由苗族流传的民间传说而形成的纹饰，这种纹样在"白领苗"女装中被广泛应用。

普安苗族女式盛装上的刺绣主要分布在领襟、衣襟、肩袢和后腰飘带等处，多用大红棉布或绸缎为底布，刺绣小朵折枝花、变形鸟蝶或几何纹样。前后下摆的缘边镶绲着精致的彩色织带。

在普安、丹寨和安顺等地的苗族蜡染，纹样丰富，绘制精美，布局合理，图案多取自大自然的花鸟鱼虫、动物图腾、山水星辰以及变形的几何纹，主要有蝴蝶纹、鱼鸟纹、蜈蚣纹、龙纹、涡旋纹和铜鼓纹等。蜡染大部分是靛蓝白地单色印染，也有在蓝白色之间再加染用黄栀子汁染制的赭黄色，使蜡染的外观色彩更趋丰富。

普安苗族女裙装，有绣花飘带裙和蜡染筒裙。绣花飘带裙的裙长及脚踝处，10多厘米宽的白布腰头，裙前缀绣花裙门，裙身饰多条彩色刺绣飘带，有的还在裙摆处饰一圈排须。裙子的主色调以大红、桃红和青黑色为多，非常华丽。

苗族女同胞穿着盛装时要佩戴多件银饰品，如在螺髻上插银梳、戴折枝银花和三叉龙纹银角（也称山字形银角），银角于中间为三节组合的直柱，两边为对称的双片银角，固定在一块中间宽两头尖的银片上，银角上雕有精美的花纹。银角的尖头各缀有一簇白色的羽毛，下边缀有红色的流苏。银角的设计简洁大方，制作精美，与盛装衣裙搭配，

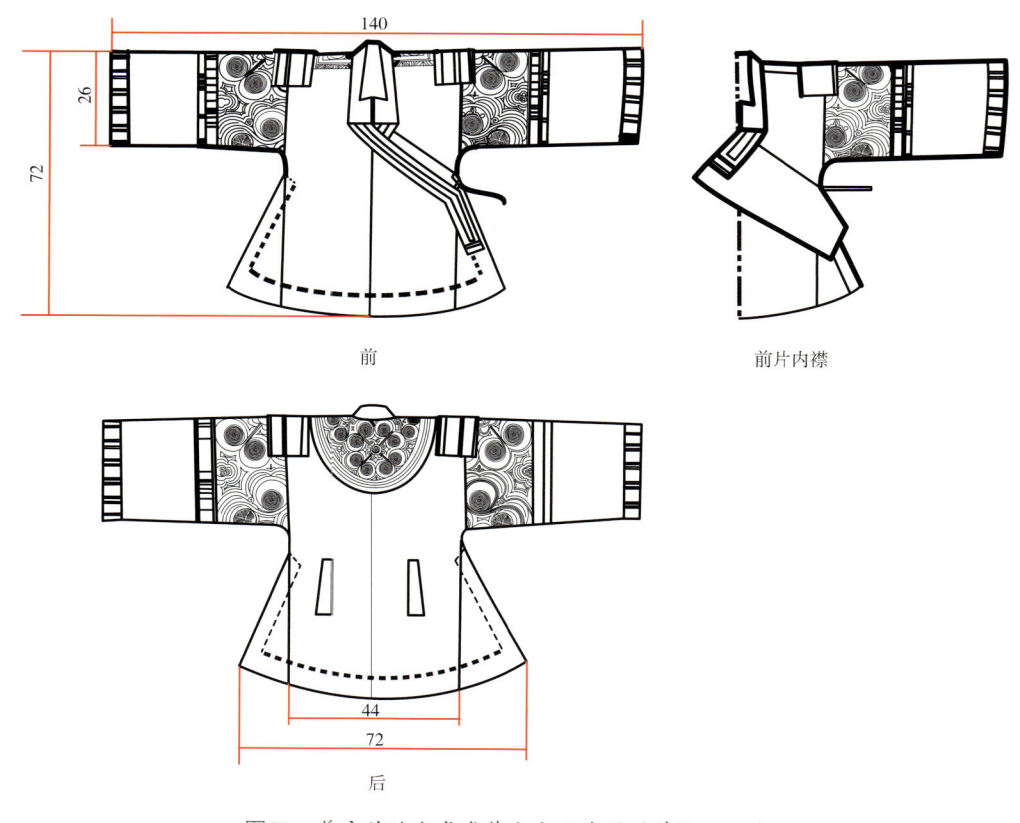

图二　普安苗族女式盛装上衣尺寸图（单位：cm）

相得益彰，别具特色。

图片来源

图一　吴仕忠等编著.中国苗族服饰图志.贵阳：贵州人民出版社，2000：223.

图二　廖晨晨　制图

图三、图四、图七　许星　制图

图五、图六　许星　摄影

图八　钱孟尧　摄影

图九　吴仕忠等编著.中国苗族服饰图志.贵阳：贵州人民出版社，2000：225.

图十　吴仕忠等编著.中国苗族服饰图志.贵阳：贵州人民出版社，2000：224.

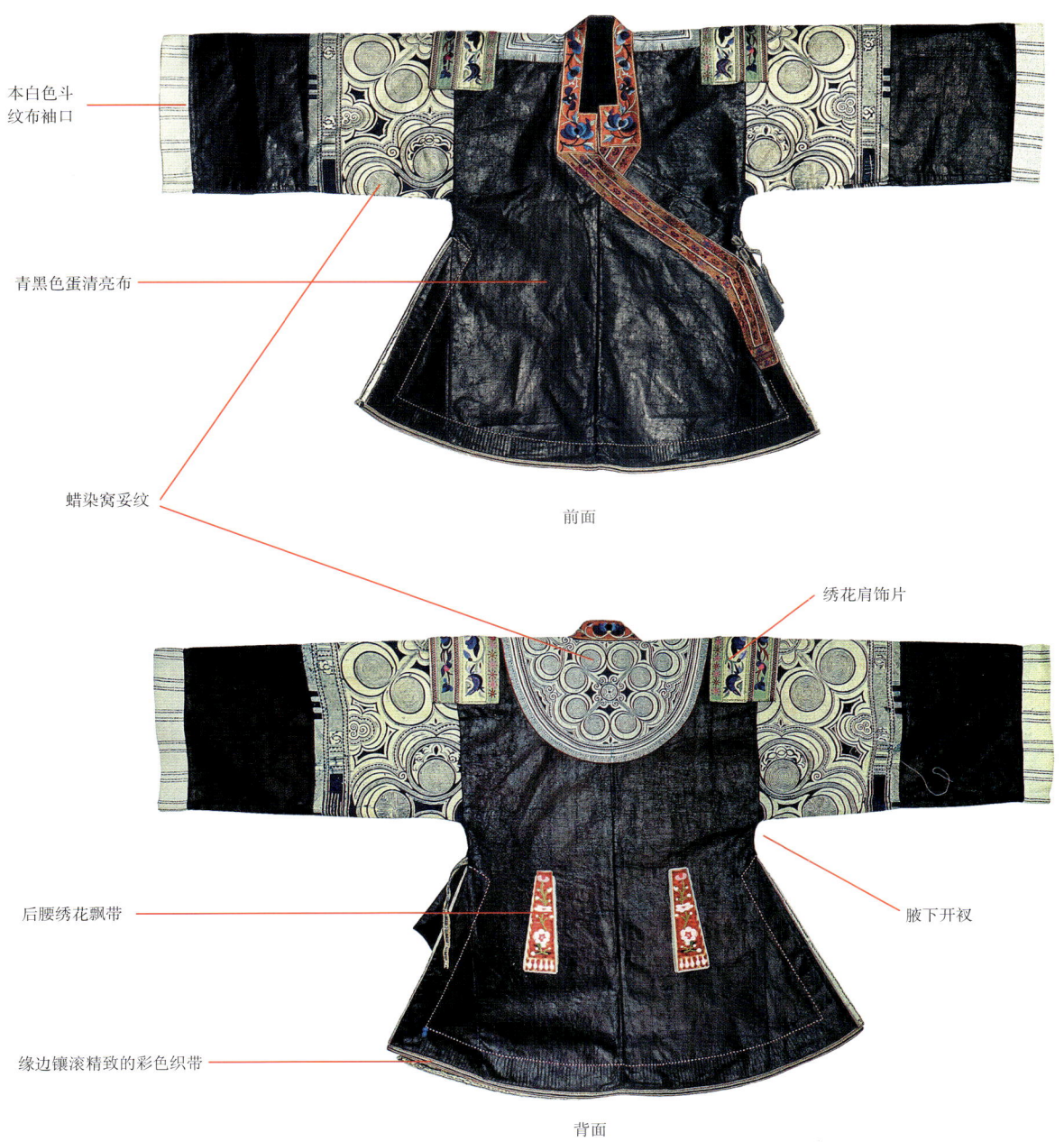

图三　普安苗族女式盛装结构示意图

第二章　苗族传统服饰

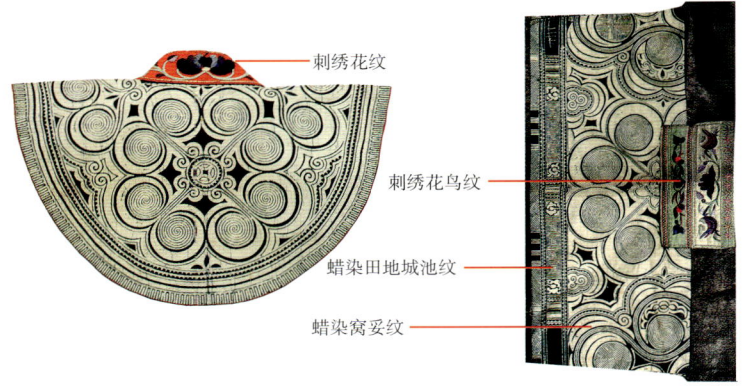

图四　普安苗族女式盛装衣背花及袖部蜡染纹样示意图

图五　普安苗族女式盛装肩部刺绣纹样图

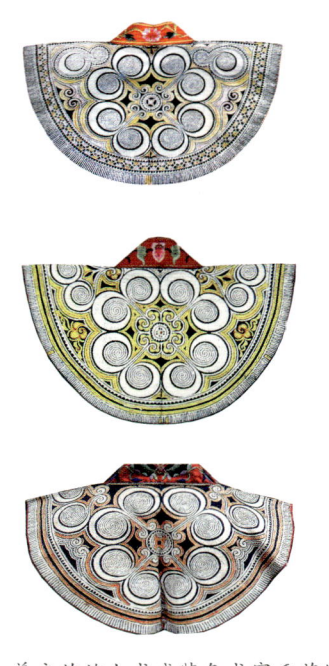

图六　普安苗族女式盛装各式窝妥花纹图

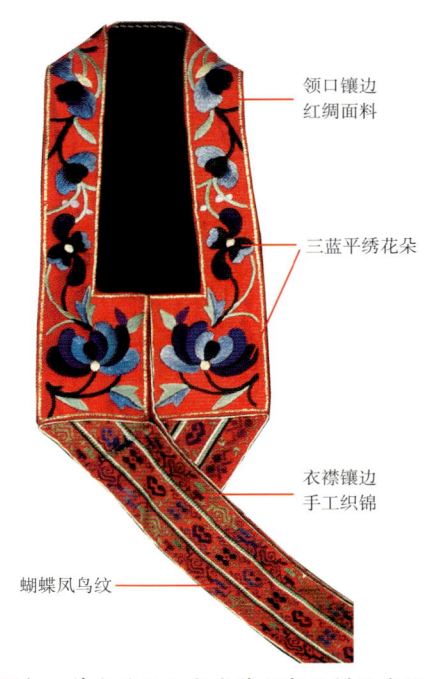

图七　普安苗族女式盛装领部纹样示意图

图八　普安苗族日常女装及头饰图

图九　普安苗族三叉龙纹银角图

图十　普安苗族绣花飘带裙图

第二章　苗族传统服饰

谷陇苗族女式盛装

图一　谷陇苗族女式盛装主图

贵州省黔东南苗族侗族自治州黄平县谷陇镇的苗族女式盛装，称为谷陇式或黄平式盛装，由刺绣上衣、刺绣百褶裙、挑花帽和大量银饰品组成，分布在黄平谷陇、凯里和施秉等地。

在日常生活和劳动时所穿的谷陇女式便装，其款式为大襟交领，袖短且袖口可翻卷至肘部，以青黑色和天蓝色为多。

最贵重的谷陇女上装是未婚姑娘和新娘子刺绣多年、为自己精心准备的礼服。其款式设计特点为平袖，袖长至肘，衣长至臀围，衣片前长后短，对襟向右掩，如前襟至领围处镶拼有不对称的刺绣"蚕娘图"襟边，一般为7条、9条或11条组成，以纪念苗族祖先养蚕织绸的功绩。衣襟相掩时，刺绣花边多的左襟向右掩去，以织带或银围腰固定。后衣片镶满了对称和规整的刺绣图案，后领处由上而下饰三组横向刺绣花条和织带，接着镶嵌一块四方形刺绣的背块主花，向下再镶嵌四组横向刺绣条和织带；左右各对称镶嵌三组条形刺绣布和织带，双肩和袖均嵌以肩花和袖花，形成了图案布局丰满、工艺精巧华美的艺术形式。盛装面料多用软缎，经多次染捶制成咖啡色亮布，外观独特亮丽。

中老年苗族妇女的盛装，款式与少女盛装相似，其区别在于后衣片不镶嵌刺绣图案。

下装由裙子和裤子组成，内穿裤，外穿裙。百褶花裙是谷陇苗族女子盛装的重要组成部分，可分为不同的档次与类别，最为贵重的是悬脊花裙，为新娘的嫁妆裙，其特点是裙边每条裙脊上都有白色的花条，裙子由裙腰、裙身和裙边组成，裙边刺绣有小人形花、浮萍花、鸟翅膀花和圆点等各种花纹。

一条百褶裙，所用布料达 13~18 米之多。

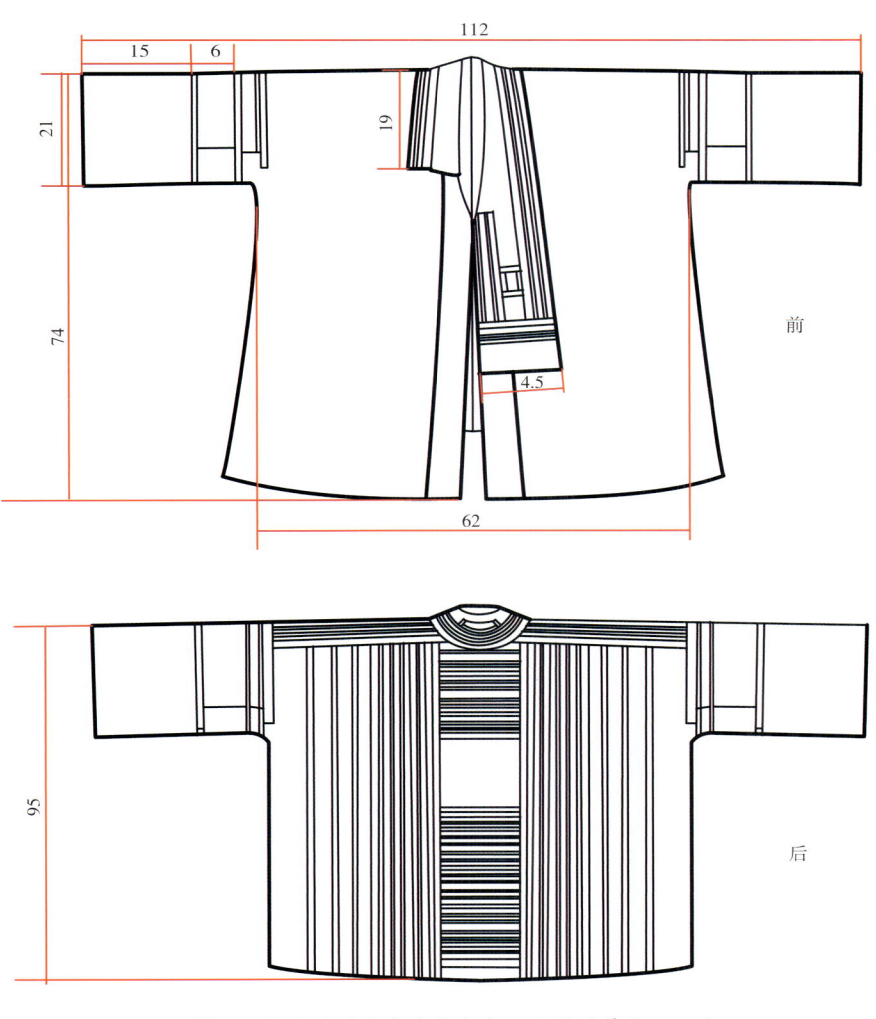

图二　谷陇苗族女式盛装上衣尺寸图（单位：cm）

百褶裙的褶皱数不胜数，当地的制作方法是把裙子倒挂起来，将裙身逐个皱起，用棉线串缝固定，待褶皱基本定型后，抽掉棉线，再将裙平放在席上，用白及汁水喷洒多次，晒干后缝上裙腰，一条漂亮的刺绣百褶裙即完成。

谷陇苗族女式盛装还配有大量的银饰佩件，有银冠、银花、银羽、银泡、银雀、银罗汉、银围腰、银铃等多种。如颈上胸前戴满了扭丝银项圈、链项、护心银盘、响铃板、垂矛、刀、剑、花、虫、鱼等饰品。腰间饰银围腰，由12块以上方形银牌缝缀，银牌上刻有各种动物图案。尤其突出的是硕大的凤冠式银冠，由银泡、银蝴蝶、银针、银刀、银铃、银雀和银鉴等组成，冠顶上镶立一只开屏的孔雀，冠身布满做工精细的花朵，冠檐下缀着排须状银珠和银铃。银冠的设计匠心独运，制作工艺精湛。当节日庆典、婚嫁喜庆等活动时，姑娘们穿上华丽的服饰，佩戴华贵的银饰，显得富丽堂皇，载歌载舞，银饰随舞步叮当作响，别有韵味。

图片来源
　　图一　吴仕忠等编著.中国苗族服饰图志.贵阳：贵州人民出版社，2000：121.
　　图二　廖晨晨　制图
　　图三、图六　许星　制图
　　图四、图五、图八　许星　摄影
　　图七　吴仕忠等编著.中国苗族服饰图志.贵阳：贵州人民出版社，2000：224.

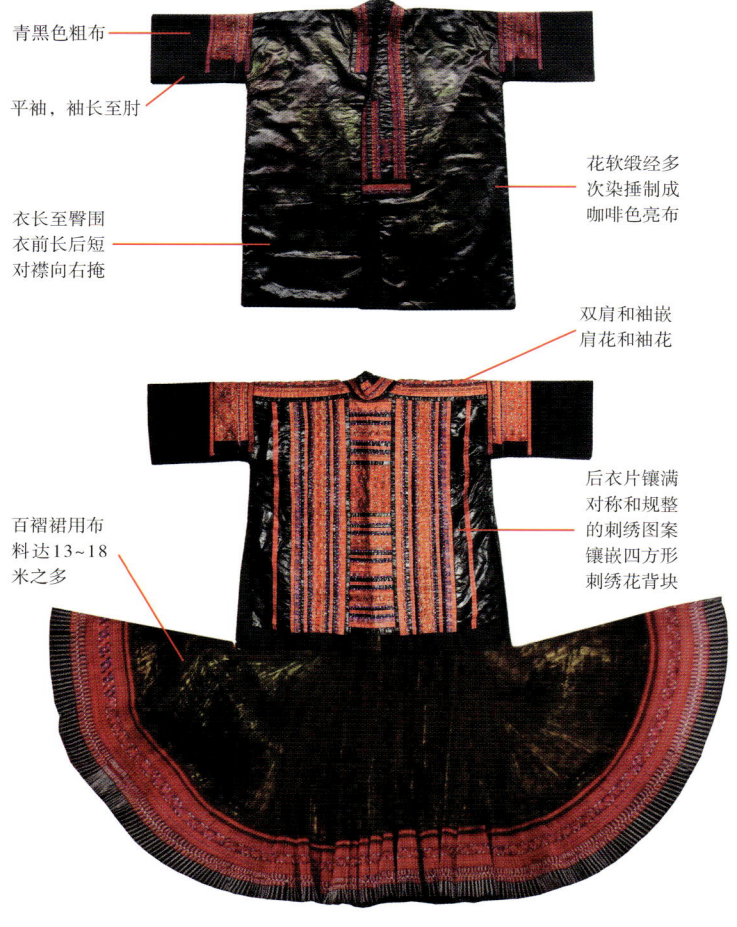

图三　谷陇苗族女式盛装结构示意图

图四 谷陇苗族各式刺绣纹样图

图五 谷陇苗族衣袖刺绣纹样图

第二章 苗族传统服饰

- 银花冠
- 缀衣银花
- 各式银项圈
- 银盾挂牌
- 银围腰链
- 实心圆镯

图六　谷陇苗族盛装银饰分析图

银腰带

绣花罗汉帽

图七　谷陇苗族银腰带和绣花帽图

图八　谷陇苗族银饰品图

吴家寨苗族女式服饰

图一　吴家寨苗族女式服饰主图

贵州榕江县吴家寨苗族人，沿袭着古朴的生活习俗，穿着的服饰也保留着古老的样式，这种样式的服装还流行于从江架里、下江、高岑等地。男子穿着对襟无领衣，窄袖收腰；下装大裆裤，裤腿宽大便于行走。成年男子梳髻，缠长短不一的包头帕，头帕长者可达5米。他们外出时，佩腰刀，扛火枪，颇有古代武士风范。

女子穿着无领大襟上衣，衣襟宽大，向右腋下系结后，两片前襟下摆交错成向下的尖角状，摆缘处有刺绣饰边，衣身和袖子均较细窄。后片窄于前片，衣摆平直，自腰部以下横向缀饰花朵和几何花纹的刺绣片，绣法以平绣、马尾绣和挑绣为主，图案布局呈多组二方连续形式的几何形分布。衣袖中段和衣身侧缝处均镶饰有彩色的绣带和织带。

女子下着亮布百褶裙，套脚笼，系挑花围腰。百褶裙分内外两条，接有腰头，用绳带系结。裙子的外边系上一条绣花围腰，在腰头的两侧各缀绣花带，系结后垂在腰腿两侧。

苗家女儿心灵手巧，纺织、染色、制衣、刺绣，都是亲自完成的。那里的苗族民众自己种植棉花，纺纱织布，用当地盛产的蓝靛植物，经石灰水浸泡、分离蓝靛汁，再将织物浸泡在染汁水中，数日后取出晾晒至半干，叠放于石板上用木槌反复敲打，目的是让染汁逐渐渗进布纤维中，然后还要再放进蓝靛水继续浸染，经十余次反复后，再取出晾晒。

染好的布匹还要进一步加工，将布放在石板上，涂上用牛皮熬成的胶汁和蛋清，反复均匀捶打成黑中泛红的亮色，既防水，又透气，穿着也较为舒适。

百褶裙的制作方法与别的苗寨相似，先将做好的裙子固定在柱子上，再捏褶缝合，用白及汁水喷洒定型，待褶子基本固定后再拆去缝线，缝上腰头。

吴家寨苗族服饰中，最有特色的是女子所佩戴的银饰品，从头至手腕都饰有精美的各式银饰品，如在发髻上插上圆头银簪、银别针和银花；耳上插耳环吊耳坠；双手佩戴多串银手镯，较为醒目的是她们颈部佩戴的7根以上硕大的银项圈，银项圈的佩戴层叠有序，颈部至胸部由小到大数圈麻花项圈，粗者直径约两三厘米，靠颈项的一圈后面挂

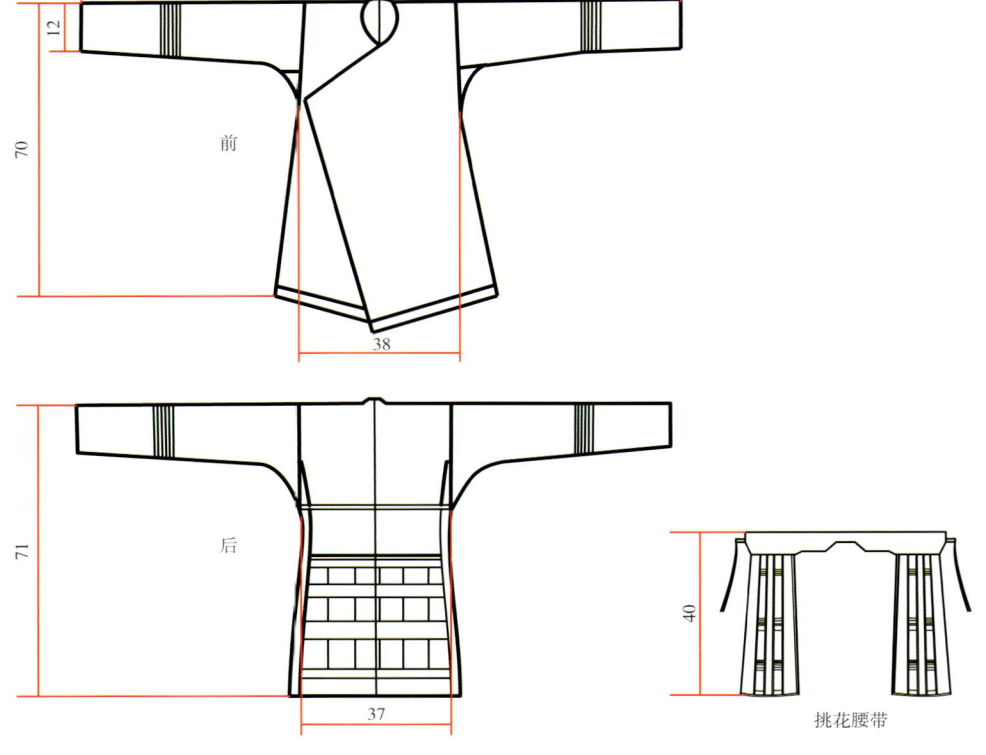

图二　吴家寨苗族女式服饰尺寸图（单位：cm）

钩处装饰一把银锁，胸口佩戴一只硕大的压领，缀着两三层星形、鼓形的银须和银铃，银锁上雕刻着苗龙、鱼、鸟和花草纹样，通常人们以佩戴较多的银饰品表示她们的美丽和富裕。

吴家寨苗族服饰呈现出质朴中透出华丽的整体特点。

图片来源

图一　吴仕忠等编著.中国苗族服饰图志.贵阳：贵州人民出版社，2000：35.

图二　廖晨晨　制图

图三、图五、图六　许星　制图

图四　仲溪　摄影

图七　许星　摄影

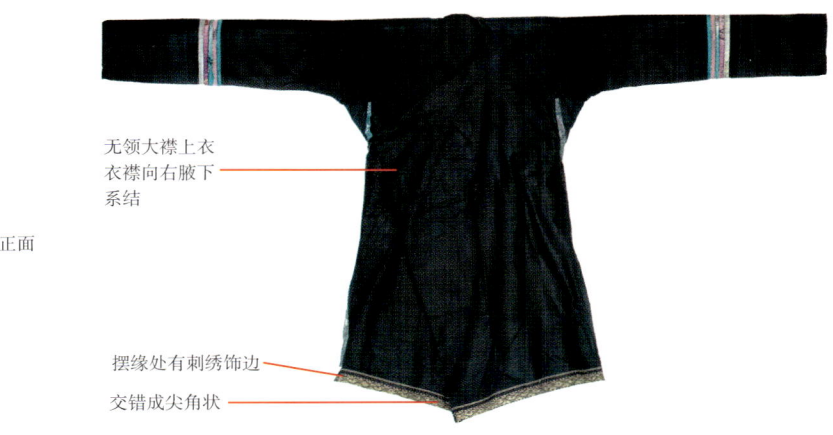

正面

无领大襟上衣
衣襟向右腋下系结

摆缘处有刺绣饰边
交错成尖角状

背面

衣身和袖子均较为细窄

衣袖中段和衣身侧缝处均镶饰有彩色的织带

自腰部以下横向缀饰花朵和几何花纹的刺绣片

亮布百褶裙

套脚笼

图三　吴家寨苗族女式服饰结构示意图

第二章　苗族传统服饰

115

图四　吴家寨式苗族女式服饰背面图

图五　吴家寨苗族女式服饰背花刺绣图

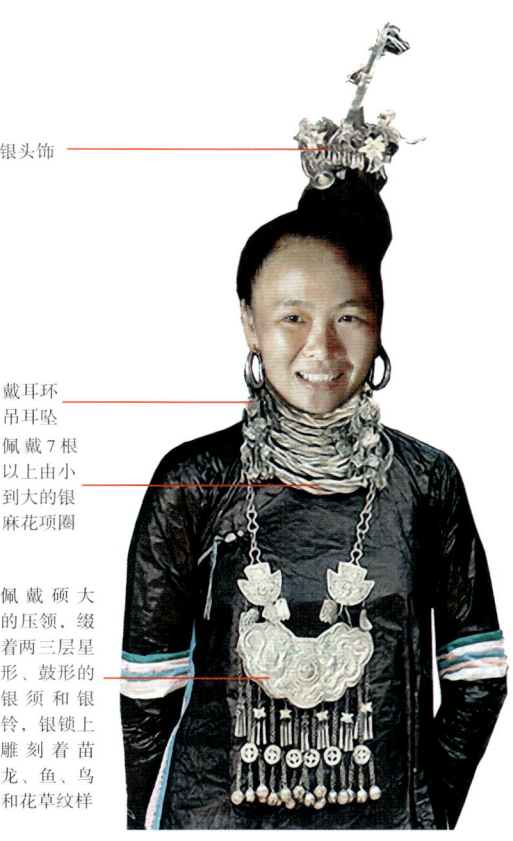

- 银头饰
- 戴耳环吊耳坠
- 佩戴7根以上由小到大的银麻花项圈
- 佩戴硕大的压领，缀着两三层星形、鼓形的银须和银铃，银锁上雕刻着苗龙、鱼、鸟和花草纹样

图六　吴家寨苗族银饰品佩戴示意图

图七　吴家寨苗族耳环图

第二章　苗族传统服饰

岜沙苗族刺绣女装

图一　岜沙苗族刺绣女装主图

本案例为岜沙苗族刺绣女装，由紧身上衣、菱形胸兜、百褶裙、裤子、裹腿（腿笼）和草鞋等组成。重要的节日场合，岜沙苗族女性还会佩戴项圈、手镯和发簪等银饰。

岜沙苗族是苗族的一个支系，位于贵州从江县都柳江边丙妹镇的山峦之中，其服饰为月亮山形岜沙式。岜沙苗族有着自己独特的生存和生活方式，在服饰装扮方面，数千年来一直保留着祖先传承下来的特有习俗和文化。其手工印染、织绣技艺、服装款式、装饰纹样和配饰发式等，都记录着岜沙苗族生生不息的繁衍历史和纯朴自然的生活状况。

岜沙苗族刺绣女装的上衣为青黑色亮布对襟无领衣，其设计特点为：无领，对襟，衣身和袖管都较细窄，衣长至膝，下摆宽大向两边翘起，饰有10多厘米宽的镶边和刺绣，在左右两边侧缝处用玫红、中绿、橙色、紫色等线缝绣。内衬一件拼色绣花的菱形胸兜，胸口绣有星、龙、蝴蝶等纹样，胸腹部为青黑色亮布或黑色丝绒的菱形结构，边饰色彩鲜亮的菱形拼布和绉布。下着短款的百褶裙，人们将整幅亮布或枫树脂染布铺在平整的晒席上，先喷上具有黏性的白及水汁，然后将布折出细密平整的褶皱，用线串缝起来，最后再喷一遍白及水汁定型。岜沙妇女以褶皱的均匀平整来显示自己的手工技艺。数百褶的裙子由裙腰、裙身和裙脚组成，裙褶细密整齐，富有弹性。人们走路时百褶裙的下摆自然摆动，别有韵味。她们平时光着腿脚，冬季穿戴上绣花的裹腿。

岜沙苗族刺绣已有上千年的历史，服装在领口、袖口、下摆和裹腿等处都绣有色彩鲜艳的纹样，其特点为用色鲜艳、绣工精细。刺绣的针法主要有平绣、数纱绣、钉线绣、锁绣和破线绣等，以二方连续和适合纹样为主。苗族古歌《逐鹿之战》对衣饰上的图案及其象征意义有着深情的表达："我可爱的江普，绣上花衣裙永远叫子孙怀念……那块披领代表京城，花衣上的方块代表田地，花点代表谷穗，花纹就是'罗浪周底'，围裙波浪式的线条，就是奔腾的江河，围边的尖形蓝色图案，是那永久不变的山谷。"刺绣纹样的题材主要有能驱雾降雨、保寨安民的龙图腾；指引苗族祖先辨明方向而脱险的星辰纹样；表示生命绵延不断的水漩纹；象征生育繁衍的牛、鹿、石榴、鱼、盘瓠、枫叶与蝴蝶等；还有与苗族迁徙历史有着密切联系的山川河流几何纹等。

岜沙苗族妇女自制枫树脂染布，她们用

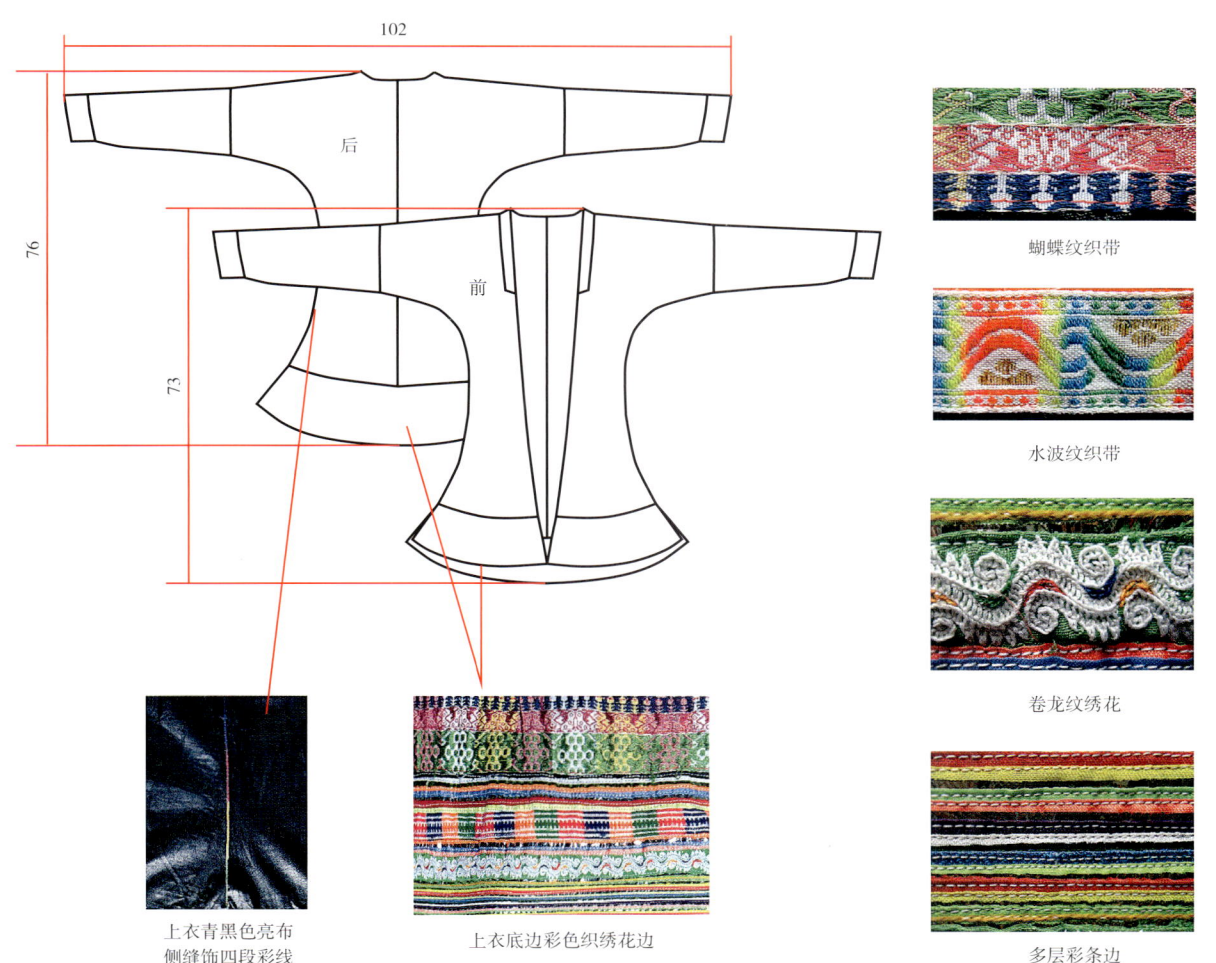

图二　岜沙苗族上衣尺寸图和刺绣边饰示意图（单位：cm）

第二章　苗族传统服饰

细竹片蘸上枫树脂在本白色的家织布上画长线条，用鹅毛管前的毛丝搓捻后蘸取枫树脂画短线或弧线，画出的纹样线条精致流畅，疏密有致。

岜沙苗族女子的发式按年龄和婚嫁与否有所不同，已婚妇女盘发成髻。

图片来源

图一、图四、图七　许星　摄影
图二、图三　廖晨晨　制图
图五、图六　许星　制图

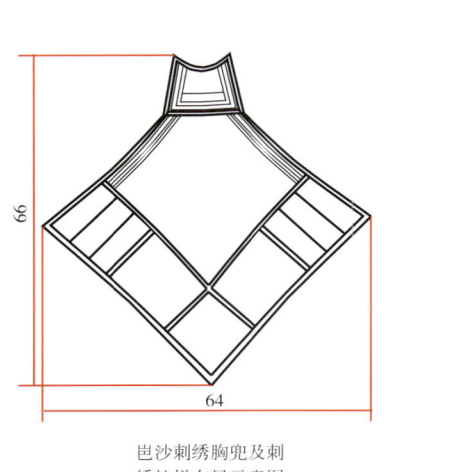

岜沙刺绣胸兜及刺绣纹样布局示意图

胸兜不同纹样及布局形式

图三　岜沙苗族刺绣胸兜尺寸图和纹样布局示意图（单位：cm）

图四　岜沙苗族百褶裙图

锁绣卷龙纹

数纱绣几何纹

锁绣犬牙纹
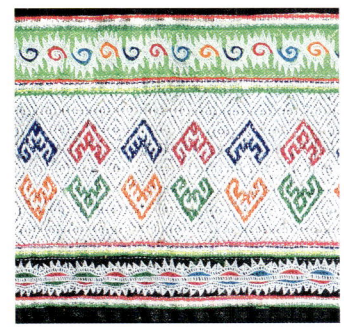

图五　芭沙苗族绣花腿笼及刺绣纹样分析图

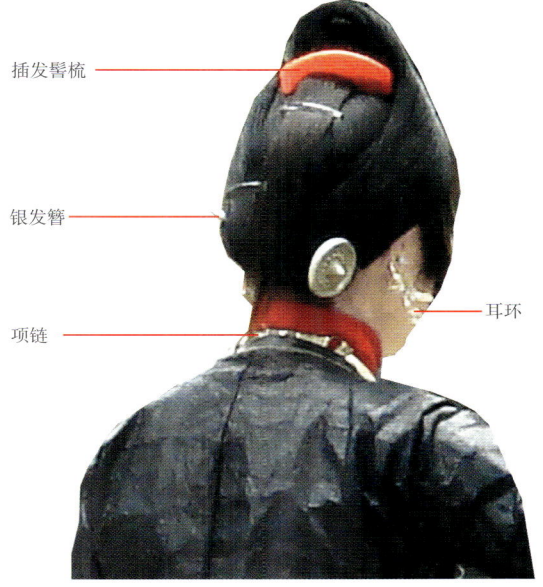

图六　芭沙苗族发式及银饰分析图

图七　芭沙苗族女子刺绣女装效果图

第二章　苗族传统服饰

121

空申苗族短裙服饰

图一　空申苗族短裙服饰主图

在贵州省榕江县西北两汪乡的空申和空烈一带的苗族村寨里,苗族女性以穿着10多厘米长的超短裙而著名。相传,当地苗族妇女穿着超短裙已有500多年的历史,无论冬夏,她们都穿着这样的短裙劳动、生活。人们称其为苗族分支中的"短裙苗"。

苗族传说中,空申苗族的祖先迁徙到两汪乡的山林后,最初生活艰难,人们就寻找合适的树皮树叶作为遮体避寒之衣物,将芭蕉叶一层层围在腰间作为裙裳。之后,人们学会了织布做衣,还仿照芭蕉叶脉的形状将织出的粗布做出褶皱,再按其宽度做成短裙,一重重地穿着,形成了短而多重的超短裙。妇女们穿着这样的短裙,在山林里劳动生活,穿梭在农田林间,较为方便灵巧,因而这种形式的短裙便被传承下来。一般寒冷的冬季,女性在重重短裙内加穿裹腿。空申苗族女子的裙装有平时穿着的生活装和节日穿着的盛装之分,每当节庆吉日时,她们穿着的裙子往往多于10层,甚至有30多层。

空申苗族妇女的基本服饰,头戴青色亮布做成的尖顶帽,尖角向前,帽尾披肩,帽边镶有红蓝色绲边,帽身用手织锦带围系;上身穿着大襟阔袖衣,衣身和袖口都很宽大,袖长及肘,肘处镶一片蓝色折袖边;最为引人注目的是那条重重叠叠围在腰间百褶超短裙,此裙不是只穿一两层,而是将一条腰围展开近2米长的裙子绕着腰间围几圈,而裙的长度仅有十五六厘米至二十四五厘米,是苗族服饰中裙长最短的裙装;如果逢年过节,裙还要多绕些圈,有二三十层之多,以裙多为美。在裙的外面,再加上一条刺绣围腰,用彩锦织带系结。腿上缠系着绣花绑腿,脚穿船形翘角草鞋,如今与时俱进,不少姑娘穿上绣花布鞋或皮鞋。

空申苗寨的妇女心灵手巧,自己种植棉花、纺纱、织布、染色,并将染好的棉布捶打成蛋浆亮布,再做成衣裙。衣裙通身的色彩较为素雅,在帽身、围裙、绑腿等处都有精美艳丽的刺绣和织锦带作为点缀;节日时她们还在盛装上佩有多种银饰,如衣饰银铃、银泡,戴大大的耳环,佩戴银项圈、银压领、银锁片和银手镯等。

围腰和绑腿上有精美的刺绣图案,主要有两种风格,一是白线挑花,另一种为彩线挑花,以几何形的花草鱼虫为主,上下饰栏干花边,中间为菱形、方形等四方连续组合,图案稳重而大方。在节庆活动时,姑娘媳妇们集中在村寨载歌载舞时,可以看到她们的衣裙款式基本一致,承袭了空申苗族支系的传统服饰形式,但每个人围腰、绑腿的图案和造型都有变化,在统一的框架下展现出不同的个性变化,充分表现出姑娘媳妇们的聪明智慧。

图片来源
图一、图二 许星 摄影
图三、图五 廖晨晨 制图
图四 吴仕忠等编著.中国苗族服饰图志.贵阳:贵州人民出版社,2000:33.
图六、图七 民族文化宫编著.中国苗族服饰.北京:民族出版社,1985:72.

图二 空申苗族短裙服饰视角图

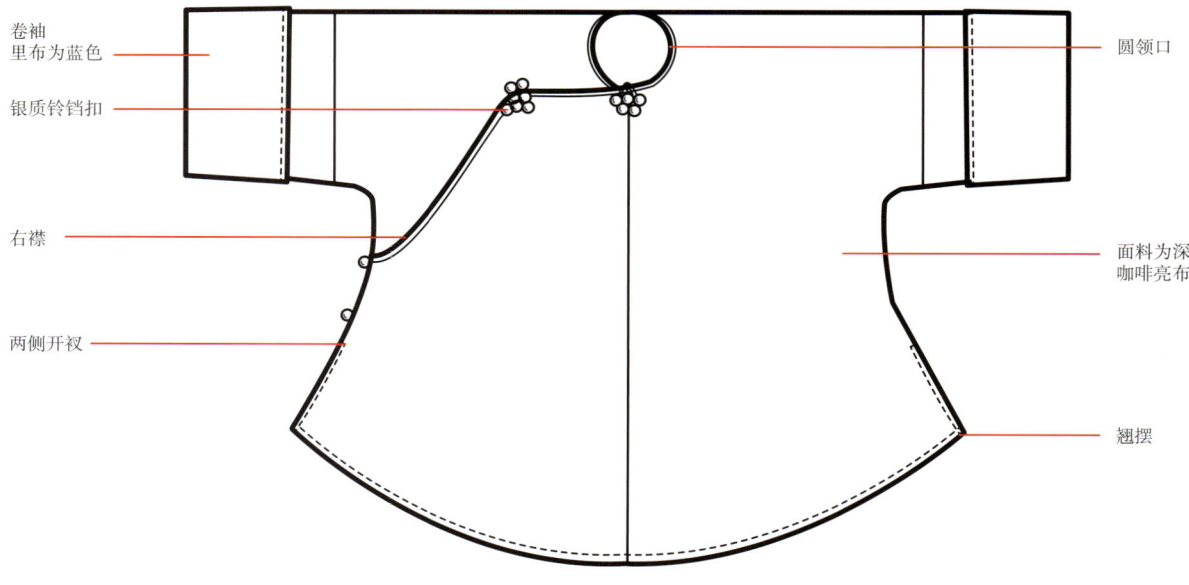

图三 空申苗族上衣结构名称图

图四 空申苗族彩线挑花围腰图案　　　图五 空申苗族挑花围裙结构和图案布局分析图

图六　空申苗族超短褶皱裙展开图

图七　延展图：正在绣花的空申苗族女子

雷山大塘短裙苗

图一　雷山大塘短裙苗主图

　　在苗族各支系中，以穿着短裙为特点的"短裙苗"是颇具特色的。短裙苗支系分布较广，在雷公山周围的凯里、麻江、丹寨、雷山、台江、剑河、榕江等县及其乡镇，就有不少苗寨服饰属短裙苗之列，如大塘乡新桥村、桃江乡岩寨村、丹寨县排调镇、榕江两汪空申村等苗寨，那里的短裙衣装都非常有特色。虽然都属短裙苗支系，在不同的苗寨，衣装的款式、色彩和装饰形式都有些变化，从衣装上就可辨别出其所属的苗寨。

　　雷山县大塘乡新桥村的苗族妇女服饰，分便装和盛装，便装上衣是素色大襟衣；下穿三四层短裙。盛装上衣是方领口对襟短衣，衣领后倾露颈，衣背钉缀银饰。袖长及肘而袖口宽大，下穿七八层百褶短裙，裙围长度多为150~200厘米，裙子长度为18~26厘米，素色无花，裙褶精致细密。裙子里面多穿着绣花绑腿，裙子外面系有织锦或绣花围腰，围腰通常由上下两截组成，上半截是青色亮布，下半截是绣花或织锦的花片，四周包有彩带边。围腰有单层的，也有三层或四层的，后披花彩带。脚穿尖头绣花布鞋，现在已经改穿圆头布鞋。

做衣服的布料多为大塘乡妇女们自织自染的手工家织布，盛装上衣绣满了蝴蝶、几何花纹，色调以红为主，间以绿、橙、紫等颜色。

大塘乡的妇女平时均头顶绾髻，髻上插一把梳子或簪银花，犹如古代高髻式样；节日盛装时，头围银帕，戴银冠，插银花，通身佩银饰，有银耳环、银项圈、银手镯，衣装上饰有众多的银牌、银泡和银链，有的还穿银衣。

这种造型独特、款式美观的超短裙服饰，在苗族的传说中还与美丽的锦鸡相关。相传古时有个英俊的苗族青年，在山上打猎时，将捉来的锦鸡送给自己心仪的姑娘。聪明伶俐的姑娘为取悦男子，模仿锦鸡的样子来打扮自己，头上梳起像锦鸡羽冠样的高发髻，衣袖绣满了如同锦鸡双翅的花纹，多条长长的花带由好几层百褶短裙撑起，在腰后飘逸，犹如锦鸡漂亮的羽尾。这种美丽的花衣短裙受到了姑娘媳妇们的喜爱，一直流传下来。每当苗年或其他盛大节日时，姑娘媳妇们身穿亮丽的衣裙，跳着芒筒芦笙舞，舞姿轻盈，锦带随舞步摆动，如锦鸡起舞一般。

图片来源

图一至图三　仲溪　摄影
图四　许星　摄影
图五、图六　许星　制图
图七、图八　民族文化宫编著.中国苗族服饰.北京：民族出版社，1985：71.

图二　雷山大塘短裙苗后视图

图三　雷山大塘短裙苗侧视图

图四　雷山大塘短裙苗衣裙挑花图案

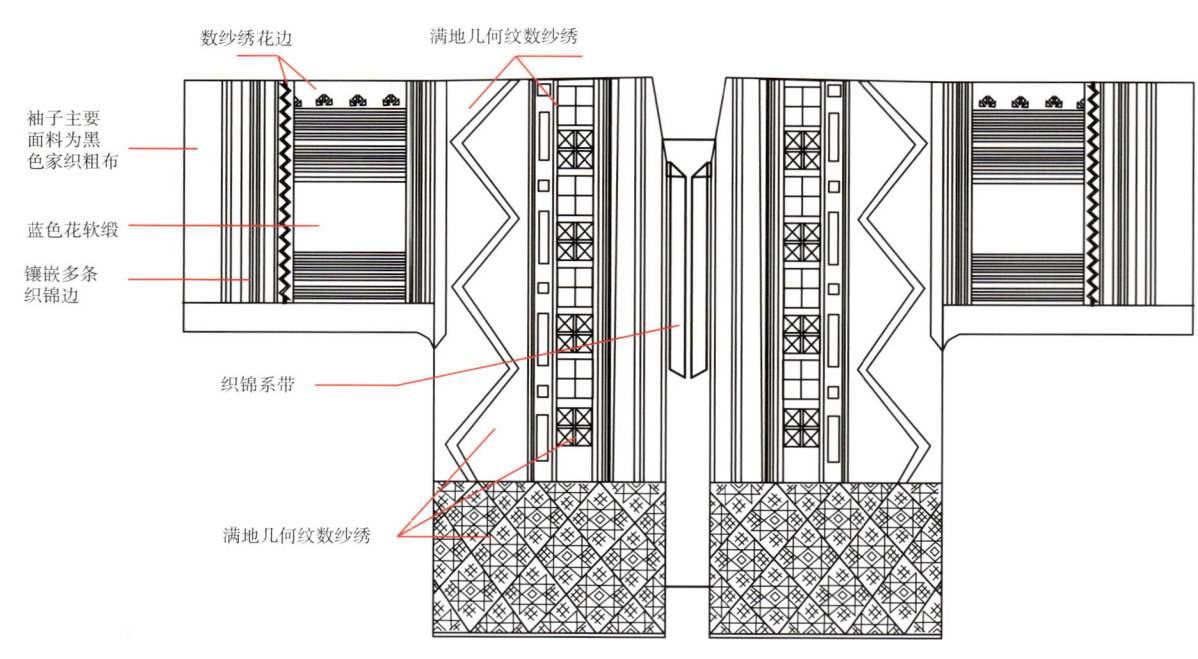

图五　雷山大塘短裙苗上衣结构与图案布局分析图

青黑色百褶短裙

便装时穿三四层
盛装时穿七八层

裙长18~26cm

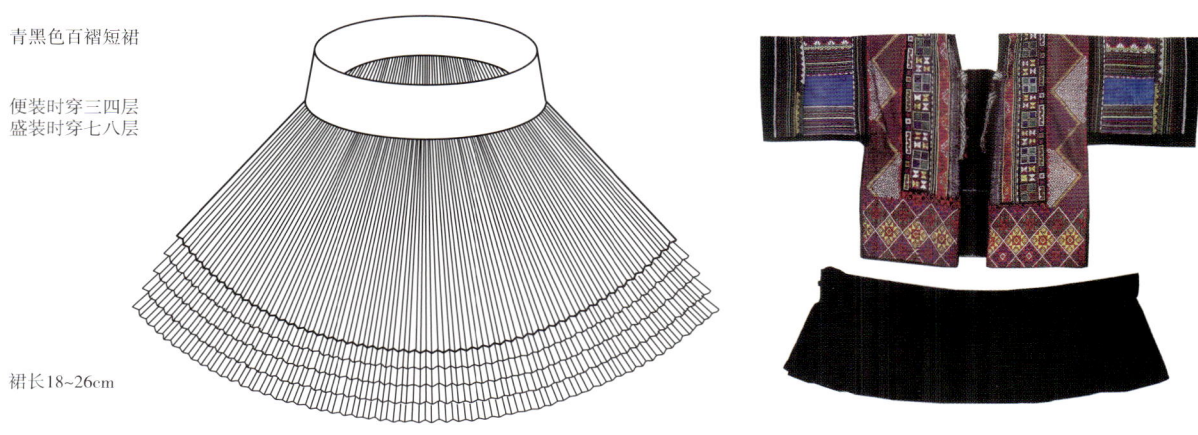

图六　雷山大塘短裙苗百褶短裙分析图　　　　图七　雷山大塘短裙苗平面图

图八　雷山大塘短裙苗前后围裙和腰带图

第二章　苗族传统服饰

榕江摆贝苗族百鸟衣

图一 榕江摆贝苗族百鸟衣主图

　　榕江摆贝苗族百鸟衣原为祭祖活动鼓藏节跳芦笙舞所用的男性服饰，后逐步演变成为妇女的盛装，在举行一些重大的祭祀活动时，仍有男性祭祀者穿用，因此称其"牯藏衣"；同时，由于衣上刺绣着各种苗龙，因而也被称为"龙衣"；又由于这种服饰历史久远，还被当地民众称为"古装"。

　　摆贝的百鸟衣由花衣和羽毛裙组成，衣服上绣满了龙凤鸟鱼、花草蝴蝶等纹样。鸟类对苗族民众来说是重要的图腾，人们在衣服上刺绣了许多形态各异的鸟类图形，还把美丽的鸟羽装点在裙摆或飘带上，在节庆活动中，男女老少都穿着艳丽的百鸟衣，在广场上载歌载舞，百鸟衣成为摆贝苗寨独具特色的一道风景。

　　摆贝苗族百鸟衣由上衣、裙、裤、绑腿及大量的银饰组成。上衣为无领、对襟、平袖的直身衣，衣摆处略向外展；衣服有两种形式，一种不加飘带，另一种在衣身前后各镶6条彩绣飘带，每根飘带的底端都缝缀有一簇白色的羽毛。衣身以平绣、板丝绣、贴布绣和辫绣等方法将衣服绣满花纹，几乎不露布底，当地人称之为"花衣"。下穿青布百褶裙，裙外再系一条饰有白色羽毛的飘带裙，一般飘带长60~80厘米，宽10~15厘米，有10片、12片或更多。也有的人在胸前穿一条刺绣或蜡染的菱形围兜，腰系织锦彩带，内穿紧身长裤或蜡染绑腿，脚穿绣花布鞋。如果人们将连飘带的上衣和飘带裙一同穿着，呈现出双层羽毛饰边，整套服装显得更加丰富华丽，也平添了民族服饰的艺术趣味。

盛装时，女子绾高髻、簪银花、戴凤鸟形银饰或银冠，有的人戴尖角银头围，颈上戴1~3只麻花银项圈、银链、银耳环和银手镯等。平时，人们头戴用织锦带盘制成的方帽，披围垂肩。

衣裙的图案非常丰富，主要纹饰有抽象变形的鸟、龙、蝴蝶和鱼，还有蚩尤、姜央以及蝴蝶妈妈的故事等题材。有的人还将家里重要的事情以图形符号的形式绣制在裙子飘带上。

摆贝苗寨的百鸟衣色彩艳丽，以素色的家织土布为底，用红、绿、橙、黄等颜色的丝绸镶拼，再用蚕丝片絮部分图底，绣上各色彩色丝线，完成的衣服呈现出不同的色调，既古朴典雅，又艳丽明亮，精湛的刺绣工艺使百鸟衣裙看上去细致、饱满，通身谐调，具有浓郁的苗族特色和丰厚的民族文化底蕴。

图片来源

图一　章荣慧主编.中华民族服饰文化.北京：纺织工业出版社，1992：237.

图二　廖晨晨　制图

图三　吴仕忠等编著.中国苗族服饰图志.贵阳：贵州人民出版社，2000：20—21.

图四　许星　制图

图五　许星　摄影

图六　李雪　摄影

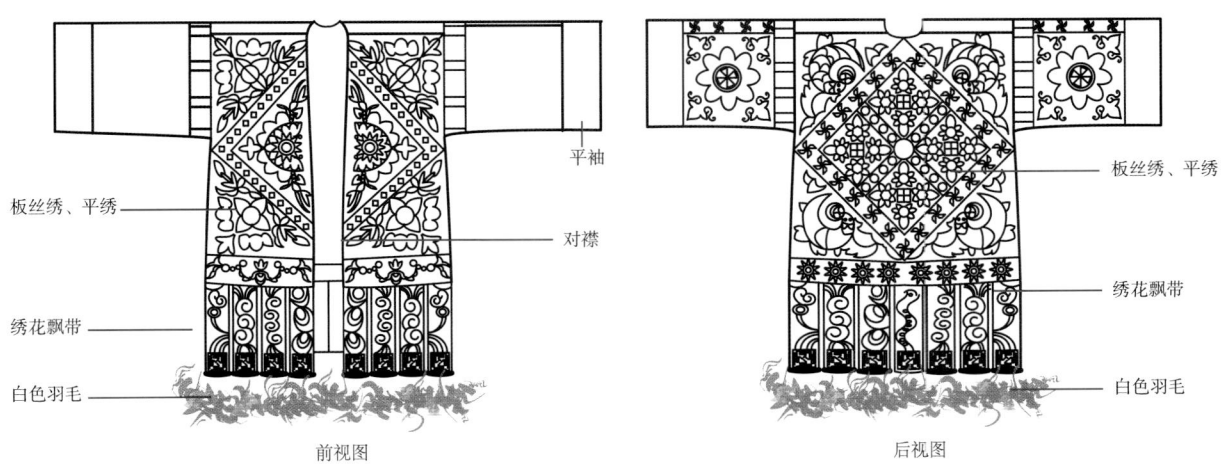

图二　榕江摆贝苗族百鸟衣结构示意图

正面

背面

图三 榕江摆贝苗族百鸟衣视角图

图四 榕江摆贝苗族百鸟衣图案分析图

图五 榕江摆贝苗族百鸟衣飘带和羽毛图

第二章 苗族传统服饰

图六 搭配嘴染菱形围兜和织锦腰带的榕江摆贝苗族百鸟衣图

丹寨排调苗族锦鸡舞服饰

图一　丹寨排调苗族锦鸡舞服饰主图

在贵州省黔东南流行着一种古老的苗族民间传统舞蹈——锦鸡舞，主要流传于苗族"嘎闹"支系穿着麻鸟形超短百褶裙的苗寨中。在丹寨县排调的也改、党早、麻鸟、羊先、羊告、也都和雅灰乡的送陇等苗族村寨，人们穿着模仿锦鸡模样的美丽服饰，并模拟锦鸡的求偶步态、和着芦笙之乐尽情歌舞，形成了别具一格的苗族民间娱乐形式。

丹寨县排调麻鸟村是苗族锦鸡舞的发源地之一。相传，这支苗族的祖先从平原迁徙到丹寨县定居，他们以开荒、狩猎、采野果和摸小鱼为生。后来人们发现锦鸡衔来了谷种，种出了谷物，帮助人们度过了饥荒之年。从此，锦鸡成为苗族民众的吉祥之星。

为了纪念先祖和感恩锦鸡，苗族民众在祭祖活动中，女人们模仿锦鸡的样子打扮自己，在空旷的场地上围成圆圈，和着芦笙的乐曲跳起锦鸡舞。锦鸡舞也成为青年男女跳

图三　苗族日常发髻和梳子图

图二　丹寨排调苗族锦鸡舞服饰解析图

舞交心的"吃新节"中主要节目之一。

在苗族"嘎闹"支系中，各苗寨的服装款式在传承谱系结构的基础上，有着各自的变化，从服装的刺绣纹样、色彩、衣裙结构等方面可以辨识不同的苗寨。

排调麻鸟苗族锦鸡舞服饰的特点：在头绾高大的发髻上，插戴打造成锦鸡纹样的银雀花、银铃、银花朵和银梳。古时人们上身穿着3~5件青色棉布小立领对襟短衣，最外面的一件饰多副银纽头一字扣，盛装时每扣头饰盘长纹银花片。现在穿着上衣的件数有所减少，视季节气候而定。下身穿着青色百褶短裙，裙子超短，只有10~20厘米，但层数较多，层层叠叠隆起在腰腹部。裙内可穿紧身长裤，也可着绑腿，足穿翘尖绣花鞋。裙上围系一条厚实的两截围腰，围腰的上半截由青色棉布制作，下半截由彩色几何纹织锦或彩绣做成，饰以绳边。织绣的花纹多为苗族图腾蝴蝶妈妈和花鸟虫鱼，色彩艳丽丰富。刺绣的针法有平绣和马尾绣等多种。裙子的后面系挂由20多条彩带做成的飘带围腰，从腰部一直垂挂到脚后跟，织带的花形多为几何纹样，色彩也很艳丽，且每个人的飘带花纹都不一样，从中能看出心灵手巧的苗族女性精湛的手工技艺。由于百褶短裙多重厚实，撑起前后的围腰，其造型犹如美丽的锦鸡。最后，还要戴上银项圈、银压领、银耳环、银手镯、银戒指等银饰品，全套衣装色彩在古朴典雅中透着华丽优美。跳舞时，姑娘媳妇们随着乐曲的节奏翩翩起舞，如锦鸡展翅一般。

图片来源
图一、图三　许星　摄影
图二　许星　制图
图四至图六　李小松　摄影

图四　丹寨排调苗族锦鸡舞服饰锦带图

图五　丹寨排调苗族锦鸡舞服饰围裙织锦图案

图六　延展图：丹寨县排调镇万人苗族锦鸡舞

丹寨雅灰苗族百鸟衣

图一　丹寨雅灰苗族百鸟衣主图

百鸟衣是居住在贵州丹寨县境内、自称为"嘎闹"的苗族支系穿着的服饰之一。这个支系的苗族人认为他们的祖先是"羽族"之一的后裔。据史料记载，早在唐朝，黔东南地区的苗族首领身着"百鸟衣"入朝参见唐太宗，使团也满身"卉服鸟章"，惊动了长安城，这是较早见于文献的记载。

丹寨苗族百鸟衣流传于丹寨县雅灰乡的

送陇、雅灰、羊高，雷山县的达地，榕江县的新华、高排，三都县的都江等乡镇的许多苗寨之中。苗族人崇拜鸟，在他们的心目中，鸟是他们的始祖，苗族的祭祖活动"鼓藏节"上，鼓藏头穿着的服装是绣满了鸟纹的百鸟衣，人们举着织染了鸟纹的旗幡。古仪礼中，百鸟衣是在大型祭奠中仪仗队的芦笙手穿着的男式服饰，所以也称"鼓藏服"或"龙衣"。现在每逢佳节，男女老少均可穿着，不同苗寨衣裙的装饰形式有所区别。

以雅灰乡送陇村的百鸟衣为例，送陇村是苗族百鸟衣的发源地之一。古老的百鸟衣作为祭祀庆典的盛装已经传承了数百年。百鸟衣分男装（苗语称"欧花勇"）和女装（苗语称"欧花闹"），男装上衣是无领（或小立领）、对襟、无扣的直身衣，两袖平展，袖口宽大，袖口有土蓝布接袖。前后下摆分别缝合数根飘带，一般为前后各6片；飘带的下端缝缀有一束束白色的羽毛。头上用青白色相间的织锦布帕包缠，在外层用镶有两排银锥的锦带系结，垂飘于背后。

女式百鸟衣的上衣是无领、无扣、对襟的大摆衣，前襟用系带结之；衣袖平展，袖口较宽大，镶浅色布栏干。刺绣纹样的分布有两种，一种是在衣袖、衣摆、袖肘和后背中心绣有连续图案；另一种是通身刺绣。上身贴身服饰一般为刺绣或蜡染的胸兜，下身穿着青布百褶裙，紧身刺绣或蜡染绑腿；裙

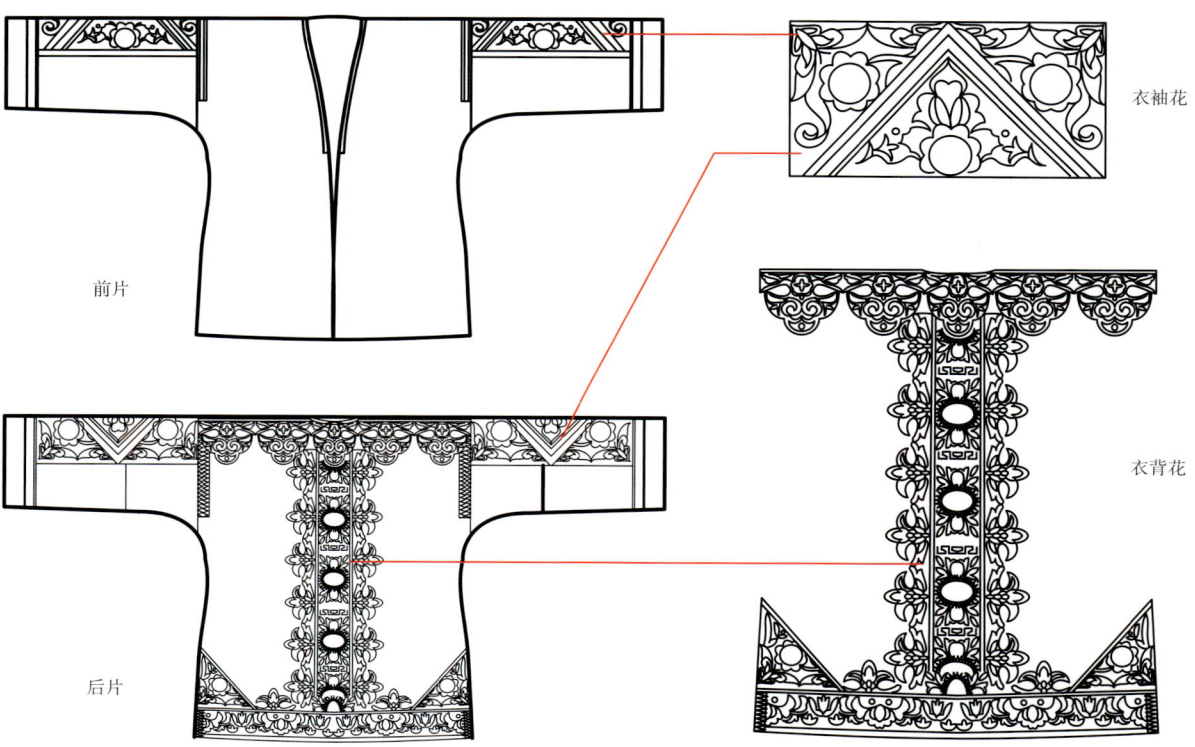

图二　丹寨雅灰苗族百鸟衣款式及装饰示意图

前面系一条菱形刺绣裙帕，左边挂织锦的飘带，右边挂银质的吊筒。有的在裙上加穿一条由16~18条绣花飘带做成的百鸟裙，飘带绣满各色花鸟图案，下端缝缀羽毛绒球。妇女们头上绾髻，插银梳、银花，戴银围帕、山字形银角，银角的三个尖上也装饰着一簇簇鸟羽。

百鸟衣上的绣花，衣背正中有一正菱形结构，中间是太阳纹或卷龙纹，四角为蝴蝶纹或枫叶纹，框外多凤头龙身纹和鸟纹，两袖多为卷龙纹和各色飞鸟、蝴蝶、蛙、鱼、蜈蚣以及其他纹样，如云气纹、水波纹、漩涡纹等，其中鸟纹居多，大大小小上百只。刺绣的手法多种多样，有平绣、板片丝绣、堆绣、马尾绣、破线绣、钉线绣、辫绣等十多种，绣出的龙凤、鸟形状千姿百态，色彩斑斓。

苗族百鸟衣的图式古朴，姑娘媳妇们在刺绣的过程中，可以将自己的想法融入其中，因此，衣服和裙子的飘带上，图案都不一样，充分展示了她们的聪明智慧。

图片来源
图一、图五、图七、图九　李小松　摄影
图二、图三　廖晨晨　制图
图四　民族文化宫编著.中国苗族服饰.北京：民族出版社，1985：90.
图六　许星　摄影
图八　吴仕忠等编著.中国苗族服饰图志.贵阳：贵州人民出版社，2000：116.

花卉鱼龙纹　　　　　　　　花卉蝴蝶纹

图三　苗族菱形围腰绣花图案示意图

正面

背面

图四 丹寨雅灰苗族百鸟衣视角图

图五　丹寨雅灰苗族百鸟衣穿着示意图

图六　丹寨雅灰苗族百鸟衣各种凤鸟纹刺绣图案

第二章　苗族传统服饰

图七　苗族百鸟衣绣花飘带和白色羽毛图

图八　苗族菱形绣花围腰图

图九　雷山达地乡苗族百鸟衣图

贵州巴躴苗寨旗帜服

图一 贵州巴躴苗寨旗帜服主图

在贵州紫云、镇宁县和安顺的西秀区交界、方圆600平方公里的大山深处，居住着一支自称是"蒙正"的苗族支系，他们以"竹王"为图腾，因为他们坚信自己是夜郎竹王的后裔，还持有一枚青铜"夜郎王"印。他们在深山老林里过着沿袭古风的生活，祭供用竹块束成的竹王偶像，妇女们用竹片装饰发髻以示崇拜竹王，还有请竹王、供竹王、竹王陪祭等民俗事象。

按"蒙正"苗族支系分布的不同地理位置，他们的服饰也被称为"岩腊式"或"江龙式"。服饰大体相似，略有变化。本案例以隶属紫云自治县猫营镇牛角井村巴躴（lǎng）服饰为例。

巴躴是一个古老的村寨，这里的苗族民众沿袭了祖辈的生活方式，衣着装束十分奇特。而他们的服饰装扮映衬出浓郁的原始遗风，记录了巴躴人对自己祖先的崇敬与纪念。

巴骁男子的服饰并不十分特别，主要是藏青色对襟长衫、黑色布束腰、白布坎肩和大裆裤；头上多包黑色的头帕，包帕的方法较为讲究，将头帕从两侧向前围绕，在前额处依次向上交叉，形成相互交叠的三角状，整齐厚实。

巴骁女性的服饰别有风韵，上衣为方形大领对襟无扣，平窄袖，袖口镶拼数道花边，下摆处镶有与肩领同色的栏干。穿着时右衽交襟，肩披白色坎肩。最神秘的是肩背部饰有一块几何纹挑花布块，据说，上面所织的是夜郎国王印的图案。年长者穿着的上衣颜色艳丽，以红为主色调，间以青黑色和红色印花棉布，偶有红色印花丝绸或彩锦；款式与前者相同，领口、袖肘的镶拼处均饰有几何纹绣片和织锦彩条。

与这种上衣相配，下身穿着无褶及踝长裙，款式为围裙式的一片，由青、蓝和白三色镶拼，青色为腰，以下是7条黑白相间裙幅的七江裙，记录着祖先迁徙之路走过的黄

图二　贵州巴骁苗寨旗帜服后视图

河、长江、嘉陵江以及其他支流,裙侧边镶拼色布、彩锦和彩绣条,穿着时向前围绕交叉。已婚已育的巴夠妇女还穿着一种纪念苗族祖先蚩尤的"九黎裙",据说蚩尤生有九子,每子再生九子,分别组建81寨,蚩尤为大寨首。此裙的图案便由九条为一道,共九道图案组成,以示纪念。在裙外系一条比裙略短的麻布围腰,下端缀有长长的本色流苏,围腰上再用一条宽而长的织花腰带系牢,腰带的两端长长地垂在腰腹之下。整套服饰中还配有裤子、绑腿、袜子和尖头绣花鞋。巴夠人称这套整体、醒目而利落并饰有夜郎王印、祖先旗帜的服装为"旗帜服"。

巴夠苗族最令人称奇的是其独特的发型。少女的发型是前额处挽高耸的"螺髻",髻上斜插红色木梳;老年人头发稀少但也挽一螺髻;已婚女性便装时,头上挽有螺髻,盛装时,部分头发挽螺髻,将红色的尖头木梳截成两半,分别绑在两根约半米长的竹片两端,一头插进螺髻右侧,另一头向右凌空,再用长长的余发绕竹片形成如风帆的三角状(也有在竹片上添发),两边均露出红色的木梳角,象征蚩尤时代的牛角崇拜以及对夜郎竹王的崇拜。

巴夠苗族的服饰从纺纱织布到织绣缝制均为手工制作,裁剪衣料不用剪刀而是用手撕出两两相对的布幅,采用横拼式或直拼式缝合方法,没有剪下的边角布料。

图片来源

图一 吴仕忠等编著.中国苗族服饰图志.贵阳:贵州人民出版社,2000:273.

图二、图五至图七 许星 摄影

图三、图四 许星 制图

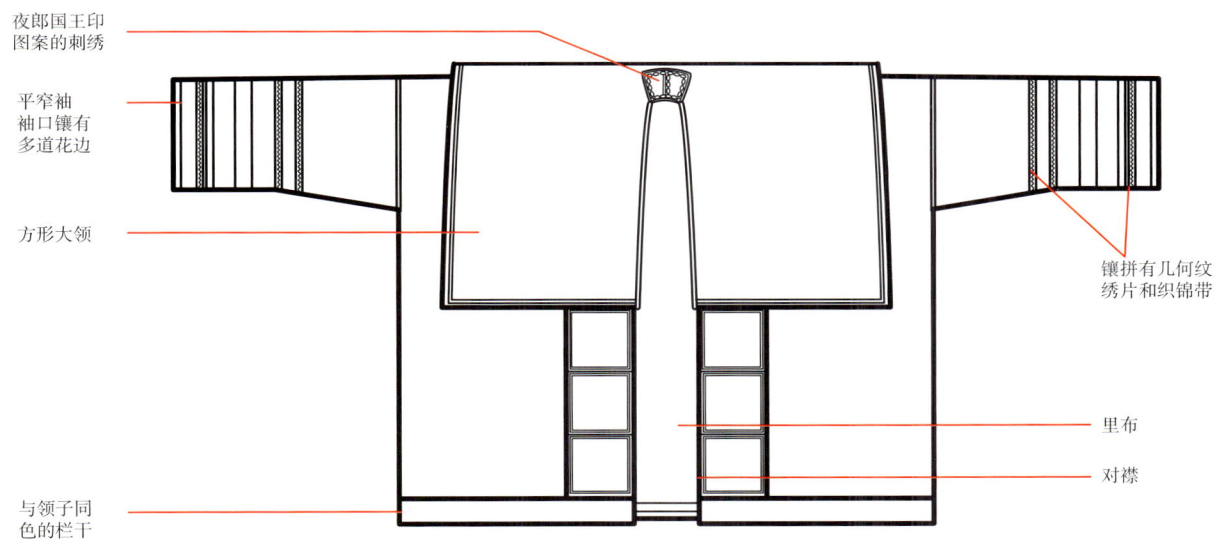

图三 贵州巴夠苗寨旗帜服对襟上衣结构示意图

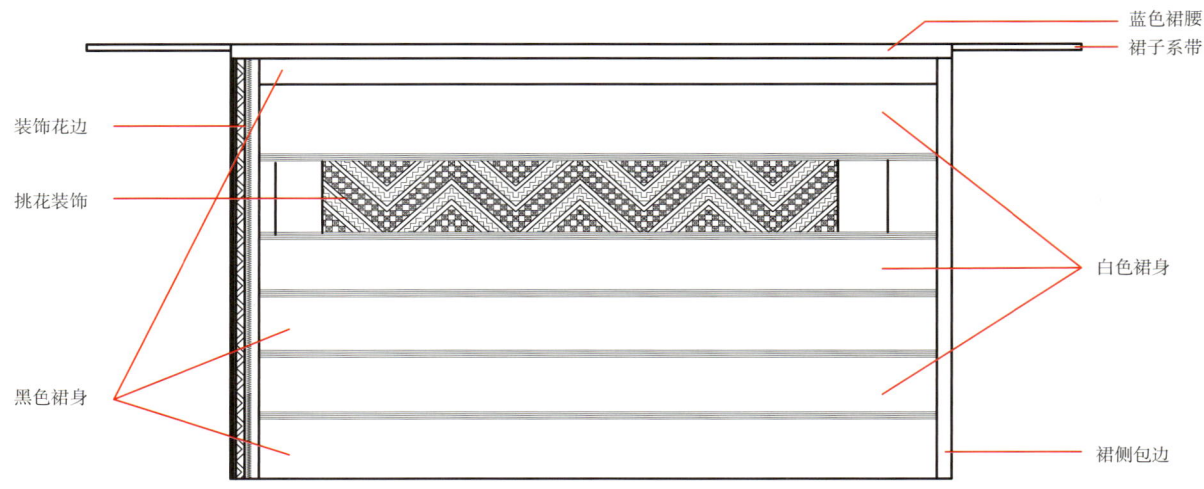

图四 贵州巴鸟苗寨旗帜服一片式长裙结构示意图

图五 贵州巴鸟苗寨围腰和锦带流苏图

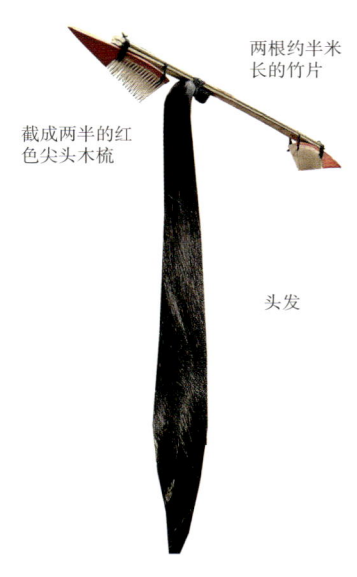

图六 贵州巴鸟苗寨装饰风帆头工具示意图

图七 梳风帆头的巴鸟苗寨女子图

花溪苗族挑花盛装

图一　花溪苗族挑花盛装主图

花溪式服饰主要流行在贵州的贵阳市郊和周边县乡的 100 多个苗寨，以贵阳花溪等地较为集中，长期以来形成了 5 个支系 6 种类型的服饰，其中在花溪、乌当一带，女性服装几乎满身绣制精美的挑花，这种挑花花苗盛装成为独具艺术魅力的服饰特色之一。2006 年，花溪苗族服饰制作工艺已列为国家级非物质文化遗产代表作。

花溪苗族女式挑花盛装款式丰富，主要由头花、头帕、贯首衣、背褶、带裙或长裤、腰带和围腰等组成，同时佩戴银钗、银锁等各种银饰品，带裙和背扇也是外出参加活动时的重要组成部分。

花溪苗族女装的款式特色为：上衣是贯首衣，领子宽大，右肩部开口，在领口镶饰一条较宽的白布边，穿着时领子向外翻折时露出一条白边，如同将一面旗帜披在肩上一般，因此苗家人也称之为"旗帜服"。衣片前短后长，前片长及腰际，后片或长过腰，或长及臀，两侧皆不缝合。袖子有无袖和长袖之分，长袖的袖山处与衣肩的上部缝合，传统的上衣袖口长而宽大，如今袖口长与手腕平齐。有的地方女子在贯口衣上面加一条挑花背褡，也称花披带，其方形挑花背褡披在背后，两根宽带在胸前交叉，再绕到腰后系结。

花溪女装下装主要是百褶裙（或长裤）、长围腰。百褶裙是用青蓝棉布褶皱而成的，长及小腿肚，褶皱细密，做工精致。在裙子的外面还有宽大的围腰，围腰比裙子长十几厘米，腰头上接有长而宽的系带，腰带和围裙上绣满了花纹，在裙幅、裙摆和腰带两头都饰有串珠流苏。围腰从前向后系去，腰带在后面打结垂下。

花溪苗族女性的发式有绾顶髻和编辫盘头的样式。有的苗寨女子在穿着盛装时，在发髻后向前斜插十余根银簪，再插上银花；有的则插一根骨簪。

花溪苗族挑花盛装最具特色的设计在于衣服上的挑花技艺。这个苗族支系的祖先是在衣服上蜡染显花进行装扮，渐渐改成在蜡染图案底纹上用彩线挑花的方法，这样的装饰手法形成了独特的艺术语言，花色清新、色彩亮丽，受到苗族民众的喜爱从而流传至今。常见的挑花技法以十字绣为基础，数着布面的经纬纱而绣，有正面挑正面看、反面挑正面看的方法，图案多为各种几何造型或图形，如常用的有牛蹄杈、羊头、刺藜花、荞子花、铜钱、铜鼓、太阳、田园、楼阁和苗王印等。构图丰富，对称严谨，色彩艳丽，服装整体精致美观。

图片来源

图一　吴仕忠等编著.中国苗族服饰图志.贵阳：贵州人民出版社，2000：454.

图二至图七　许星　制图

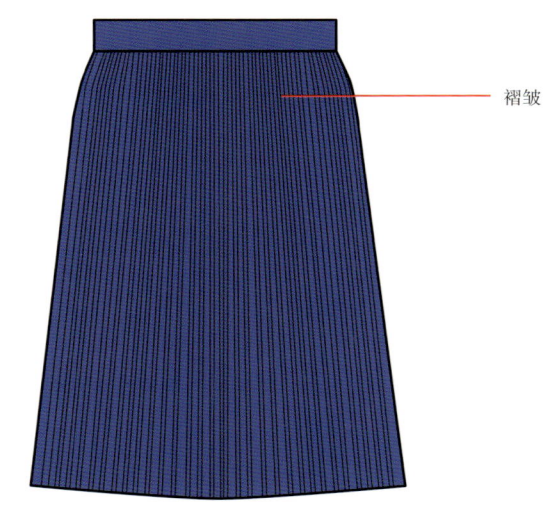

图二　花溪苗族百褶裙图

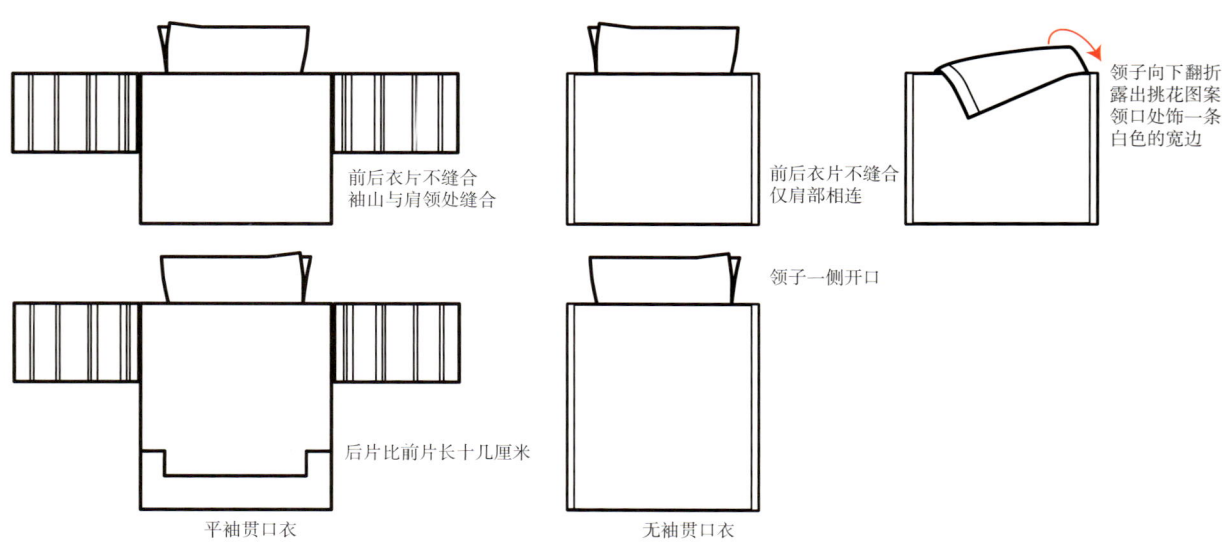

图三　花溪苗族贯口衣结构示意图

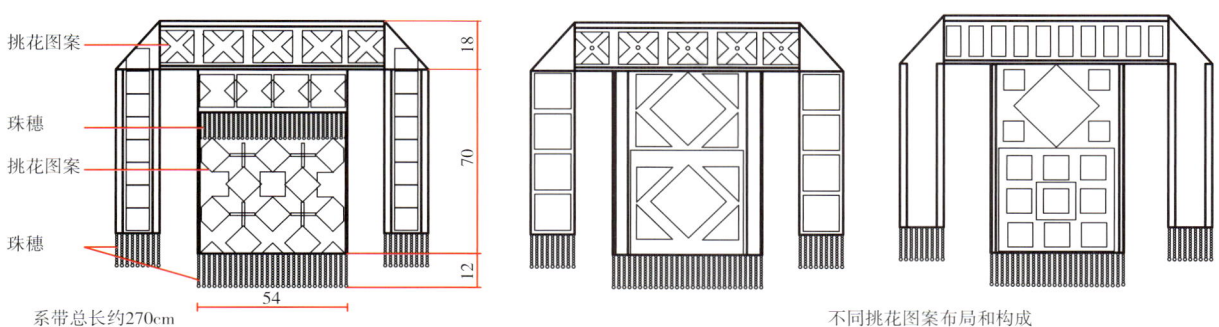

图四 花溪苗族挑花围腰结构名称与尺寸图（单位：cm）

不同结构布局

不同挑花图案

图五 花溪苗族背褡结构和图案布局示意图

图六　花溪苗族围腰挑花图案

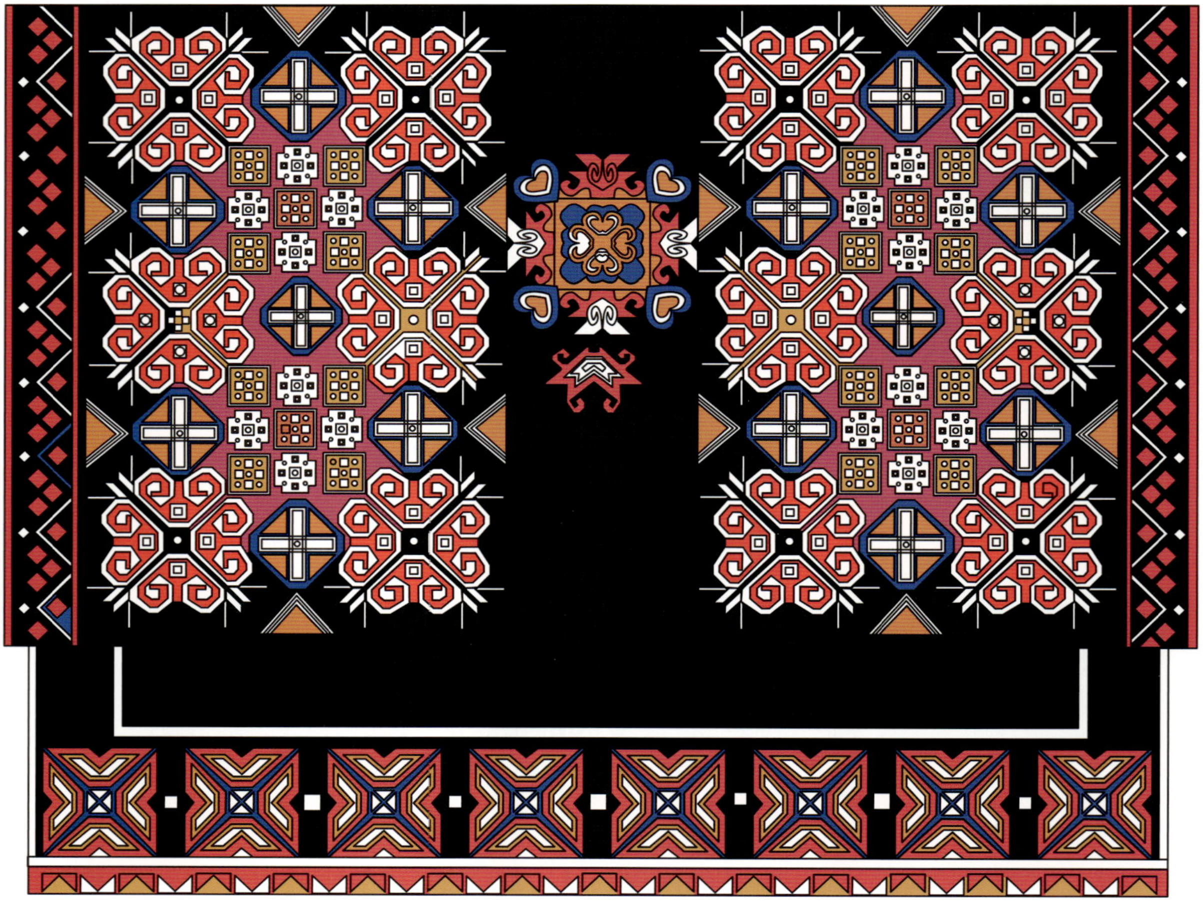

图七　花溪苗族上衣背面绣有家园和苗王印章花纹图案

梭嘎长角苗女式盛装

图一　梭嘎长角苗女式盛装主图

长角苗属于苗族的一个支系,被称为箐苗,分布在贵州省六枝、织金、纳雍县交界之处,他们的祖先自躲避战乱来到这片崇山峻岭之中,便安营扎寨,以狩猎、耕种和纺织为生。长角苗的人口较少,至今不到5000人,其居住地较为偏僻,交通也较为闭塞,所以,他们的生活方式、生活习俗和服饰特征较少受到外界的影响,保留了较为原生态的服饰习俗。

长角苗服饰有日常装和盛装之分,日常装较少装饰,外观朴素。盛装的衣服饰有刺绣精美图案的花块,参加节日庆典活动时穿用,将花块拆下来后,又可作为日常衣服穿着。胸前挂饰一块青黑色的羊毛毡做成的护兜。下穿横条百褶裙,腿部缠羊毛裹腿。最独特的是头上的发髻高大,整体形象突出醒目。长角苗的小女孩到13岁左右,换上青黑色的毡围和白色羊毛裹腿，表示她已经成年。

长角苗女式盛装上衣的款式为：前片短至腰际，穿着时将两襟对合成V形，用一粒扣子系结；后衣片长至小腿。衣服用棉布或麻布制作，上面缀满了方形和长方形的绣花片。绣花片以黑色棉布为底，在上面用白、大红、黄或橙色的丝线挑织出几何形的花纹，如十字花、荞子花、八瓣花、菱形、火镰纹、齿纹、羊角纹、牛眼睛纹、狗耳朵纹、刀豆花、房架花和波浪纹等20多种。这些花纹相互排列，有二方连续、四方连续和中心放射等。后衣片上刺绣的方形图案，相传是人们纪念苗族祖先"苗王印"的印文，也有说是象征先辈们生活的田园。不同的纹样组合起来，形成特定的样式并表达出相应的含义，如有的纹样代表苗族祖先曾住过的家园、院落和耕种的土地；有的象征苗族迁徙时渡过的大江大河；生活中常见的动物植物，都被苗家女儿用自己的聪明智慧和勤劳的双手绣在衣裙上记录了下来，不同的几何花纹承载了苗族历史发展的痕迹和信息，人们称苗族服饰纹样为苗史的"无字史书"。

长角苗的裙子是由蜡染布与彩条织锦镶拼成的横向条纹百褶裙，从腰部向下是宽约30厘米绘染精美的蜡染布，裙身由蜡染布和织锦镶拼而成，多为蜡染条、彩锦条和青黑色麻布组合，外观视觉效果粗犷醒目。

长角苗女子头上戴一个硕大的头饰，是用一只形似牛角、长45~60厘米的木质梳固定在头上，两角向外展翘，角上用3~5公斤重的假发（如今用黑色毛线）缠绕，再用白色毛线交叉捆绑，固定发髻。人们以这种独特的头上装饰形式称这支苗系为长角苗。尽管长角标志的由来有多种说法，如仿照野鹿迷惑野兽的"木角说"、长角作为武器的"兵器说"、以牛为图腾的"牛角说"，等等。随着苗族历史发展的进程，这种装饰形式已成为这支苗系独特的装饰标志。长角苗女人的标准动作是身体站直后双手插在腰间。

长角苗男子服饰较为简单，多为蜡染对襟短褂，配麻布裤、刺绣围腰和腰帕、白色羊毛毡的裹腿等。

图片来源
图一　王威多　摄影
图二至图七　廖晨晨　制图

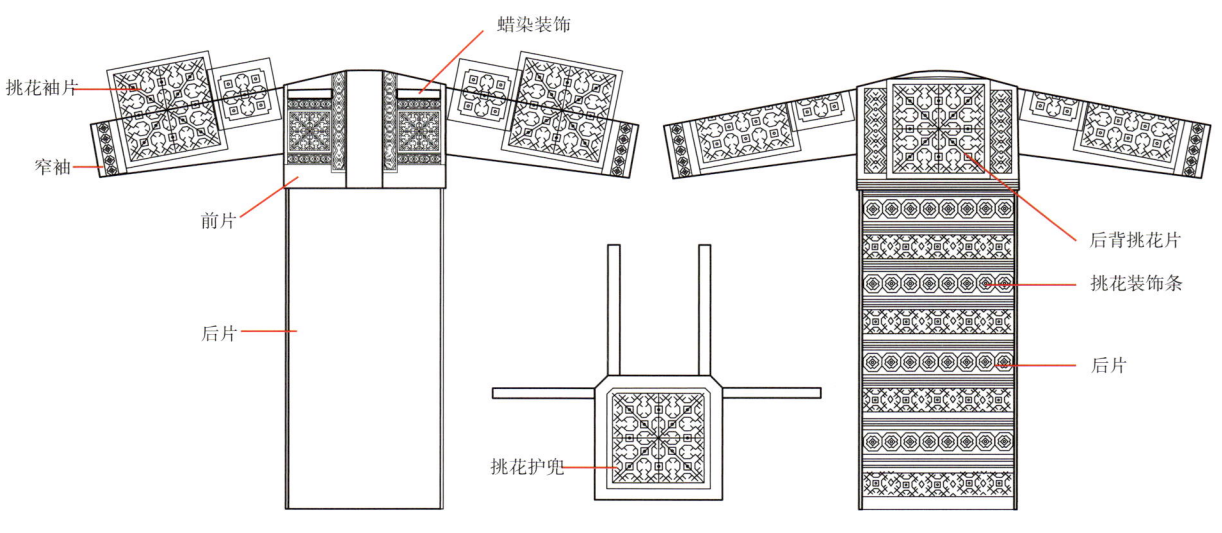

图二　梭嘎长角苗女上衣结构示意图

图三 梭嘎长角苗衣裙图案分析示意图

图四 梭嘎长角苗女式盛装不同挑花图案

图五　梭嘎长角苗女式盛装穿戴示意图

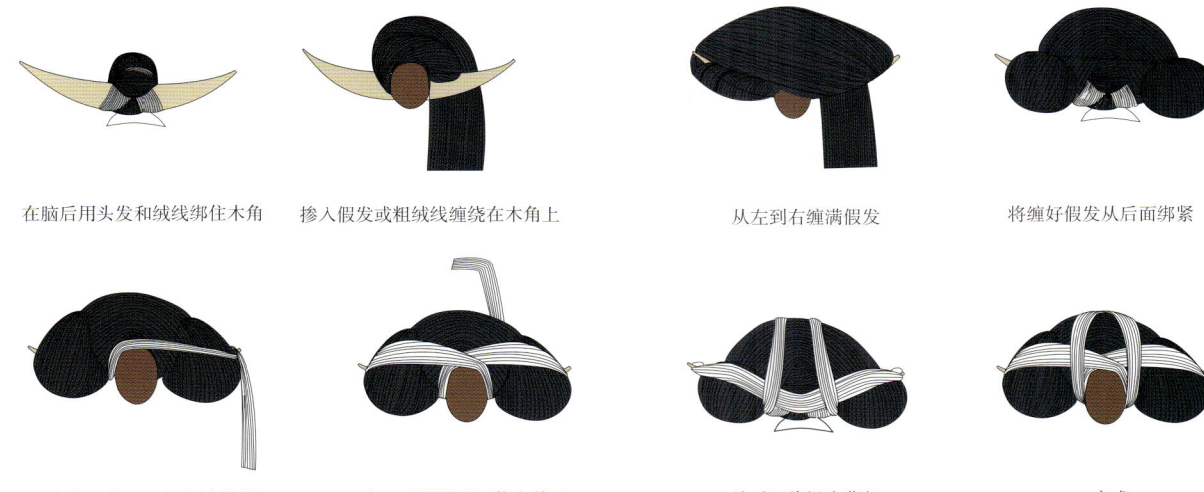

图六　梭嘎长角苗发髻梳理步骤流程图

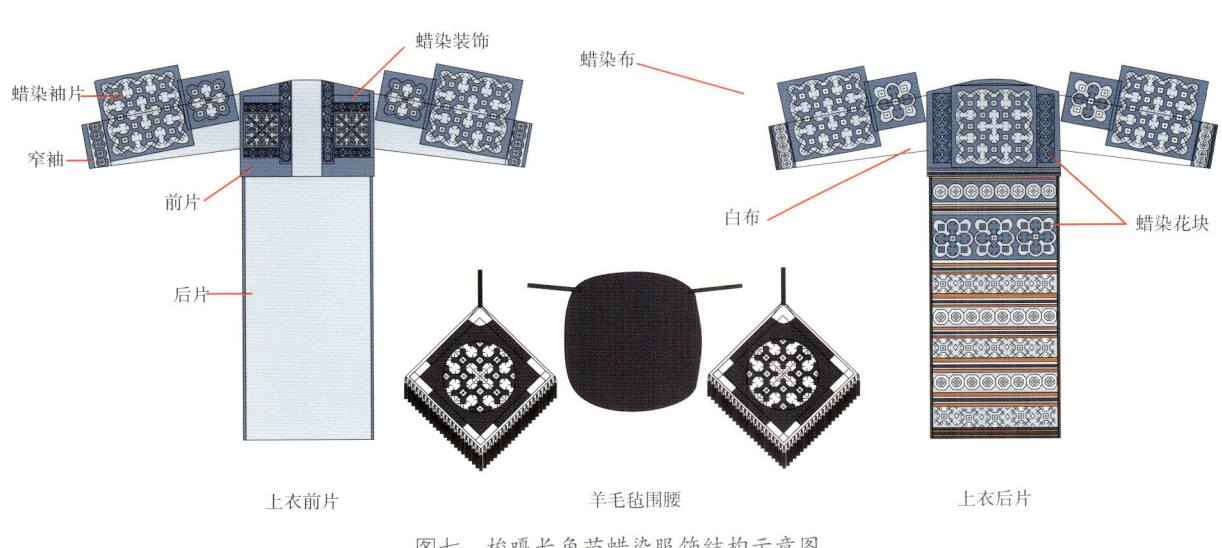

图七　梭嘎长角苗蜡染服饰结构示意图

贵定苗族刺绣女装

图一　贵定苗族刺绣女装主图

贵州中南部贵定县的定东、新铺等乡镇，居住着一支勤劳俭朴、能歌善舞的苗族支系，因其穿着服饰以精致的蜡染和艳丽的刺绣著称，被人们称为"花苗"。历经数百年的传承至今，这支花苗的服饰已形成了独特的苗族特色，展示出苗家独特的艺术语言和历史传统文化。

贵定苗族女装的特点是蜡染和刺绣并重、拼缀与褶皱的工艺结合等，从上到下由包头帕、绣花上衣、蜡染百褶裙、绣花围腰、绑腿、花鞋以及各类银饰组成。

上衣以青黑色粗布为主体，对襟、平袖、直身，衣摆两侧加缝衩布并开衩。在衣袖中部、后领、前襟、两肩和后摆中部拼缀有数块蓝黑色蜡染上刺绣几何形图案的绣花块。绣花块是事先按衣服的装饰部位和所需的形状绣好方形或长方形的花片，在制作衣服的时候将花片缝制在合适的部位，加上蓝紫色的里布。当人们挽起袖口时，可露出里布的色彩作为装饰。贵定苗族服饰的制作与众不同的地方是，整件上衣是用30多片大小不一形状各异的布片加上6~8片绣花片缝成，基本呈对称设计，苗家民众穿着这种服饰，若有其中哪一片磨损坏掉，可将其取下换一片同色的新布，缝补后不影响衣服的样式和美观。

贵定女子穿蜡染百褶裙，裙子较短，长及膝上（有的地方长约40厘米），裙腰高约15厘米，宽130~140厘米。古时用麻布作裙，现都改成蜡染棉布。蜡染的图案随裙款面设计，通常依经线方向用白蜡分条而绘，有用蜡液绘满布面形成浅地，有按条绘长方形细密的花纹，留空处染出靛蓝条纹。将经过处理后的蜡染花布再进行褶皱加工工艺，便形成百褶裙的裙料，取10余米长的裙料，加上腰头、系带，便完成了百褶裙的制作。由于裙子较短，褶皱细密，穿着后悬垂感强，载歌载舞旋转时，此裙如撒开的花瓣美艳绝伦。

贵定苗族绣花衣裙是苗家的姑娘们出嫁时必备的嫁妆，所以她们从小便学习女红，纺纱、织布、蜡染、挑花和刺绣等是她们必备的手艺，都需要精心的制作。女装的刺绣图案以几何图形为主，刺绣的针法有苗家女儿常用的平绣、锁针绣、破线绣、贴布绣、数纱绣和挑花等。绣花片多用红、黄、橙、绿、蓝、紫等多色彩线绣制，艳丽的花片缝缀在青黑色的衣片上，显得明亮、清新，所绣的图案有各类苗家常用的蝴蝶花、黄豆花、栀子花、云彩花等。

在服装的穿着方面，依女性年龄的不同，在衣服的颜色、花饰和镶花的部位等方面有所区别，一般少妇的服饰在刺绣装饰方面比较讲究，色彩艳丽；中老年妇女的衣饰较为素净，花色渐少。

图片来源

图一　仲溪　摄影
图二　许星　摄影
图三、图四　廖晨晨　制图
图五至图八　许星　制图

正面

背面

图二　贵定苗族刺绣女上衣展开图

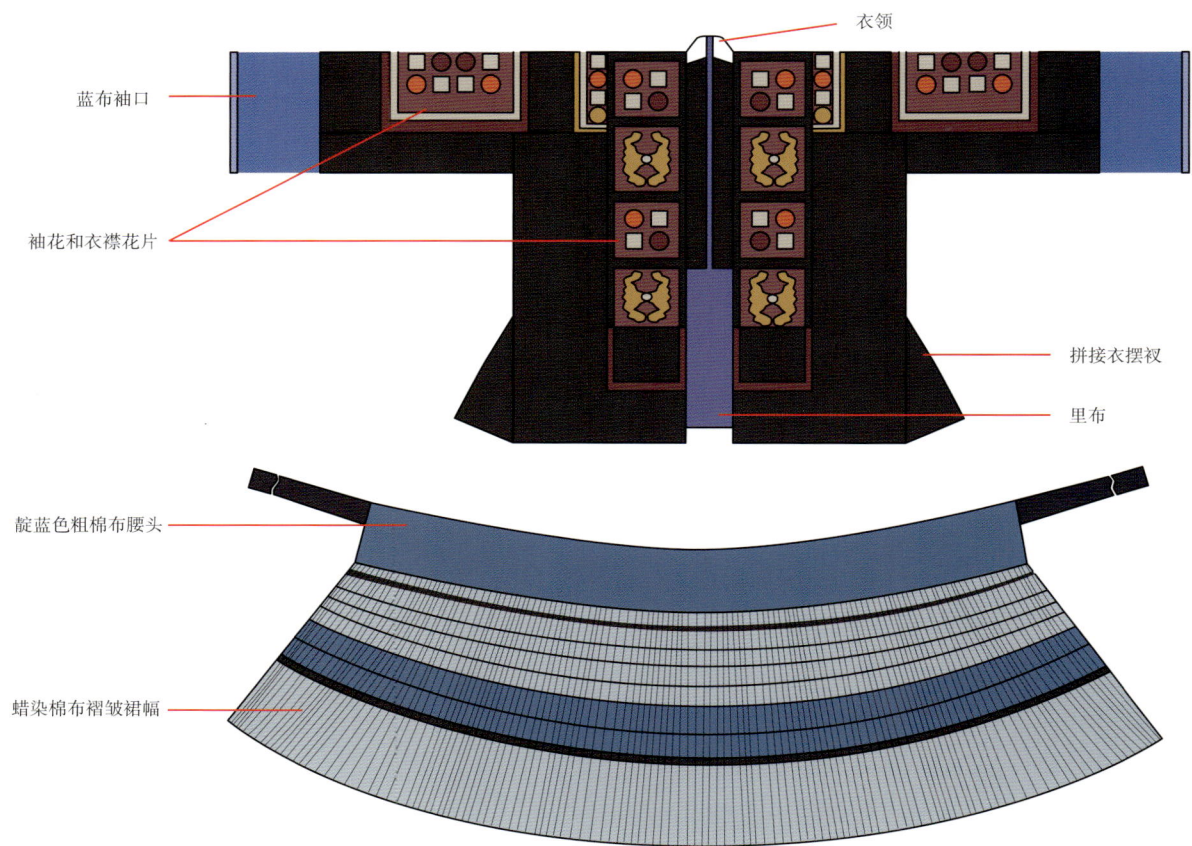

图三　贵定苗族刺绣女装结构和色彩布局示意图

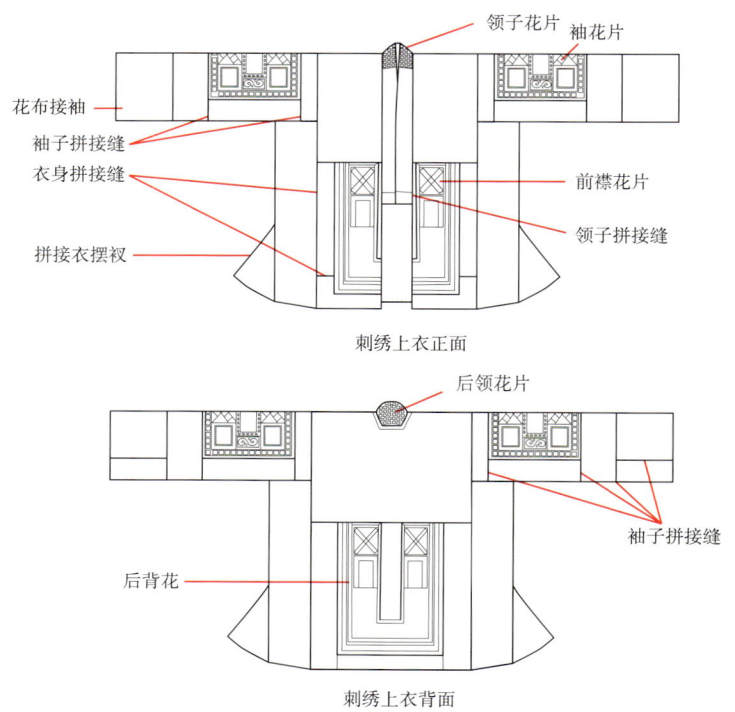

图四　贵定苗族刺绣女上衣前后结构示意图

图五　贵定苗族刺绣女装衣袖花挑绣针法分析示意图

图六　贵定苗族刺绣女装领子结构和挑花图案

前襟挑绣图案

前襟绣花片　　　　后背绣花片

图七　贵定苗族刺绣女装前襟和后背挑绣花图案

图八　贵定苗族刺绣女装挑花上衣及挑花图案局部示意图

海葩苗服饰

图一　海葩苗服饰主图

海葩苗是苗族的一个支系,他们的祖先从遥远的东海之滨,沿江西、粤西迁徙到了贵州,在黔南贵定县云雾山脚定居。海葩苗支系流传下来的《恨古歌》中,有这样一个故事,相传海葩苗的祖先是名叫麦伊、麦冉的姐妹俩,带着"海葩"从大海边飞来,人称她们为"鸟王",居住的村寨就被称为鸟王村。海葩苗在这里与大山为伴,一代代承袭下来。现在,海葩苗分布在贵州的贵定县、龙里县和惠水县的部分乡镇,总人口约万余人,是目前苗族支系中人口最少的一支,也是独特神秘文化特色保存最为完整的苗族支系之一。

在海葩苗的山歌里有这样一句歌词:"蓝色海水白浪花,来自海边带海葩",海葩的汉语意思就是"大海之花",是一种小小的海贝,记录了海葩苗的祖先是从海边迁徙而来,大海的蓝色成为他们穿着的服装之色。

海葩苗妇女所穿着的上衣为浅蓝色平袖对襟衣，袖口较窄。领边、衣摆和袖肘处镶有几条彩色织锦带或绣花装饰，图案多为花草果实和几何纹。冬天人们下身着长裤，气候温暖时穿着百褶裙。裙外系有青布前围腰和麻布后围腰。妇女们头髻盘于顶，用三四厘米宽、长约数米白色长条布帕沿着头围盘绕几十圈，最后盘成圆盘状的包头，再用红、黑等布帕盘边。帕的两端向两侧外展，并折成美丽的蝴蝶展翅状。盛装时，海葩苗的服装饰有大量的银饰品，包头外加饰黑色布带圈和中间压出"福"字的圆形银饰片，有的还饰有小银铃或小海葩的串珠流苏。成年女性戴秤钩形银耳坠，盛装时戴灯笼银坠。

在海葩苗妇女装束中，最重要和最醒目的是独具特色的围腰和背牌。围腰分前后，

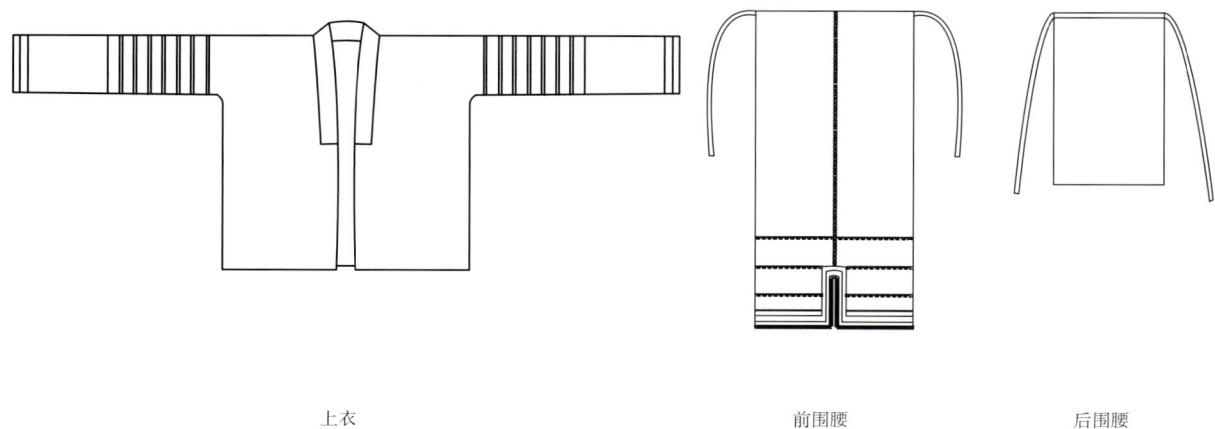

上衣　　　　　前围腰　　后围腰

图二　海葩苗服饰上衣和围腰结构示意图

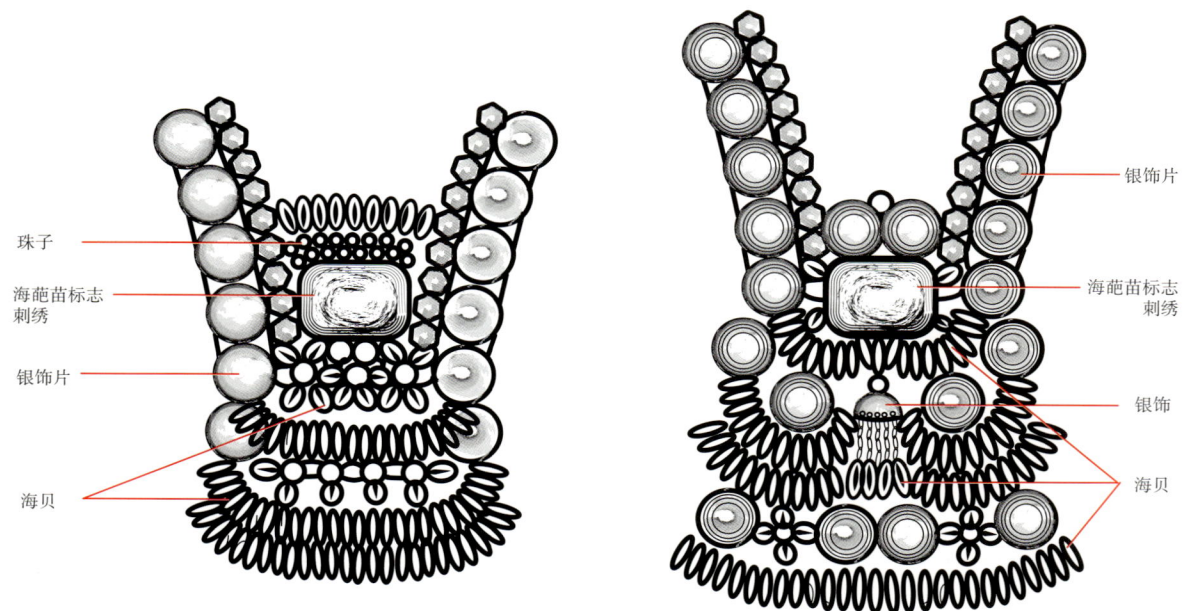

图三　海葩苗背牌后片结构与装饰示意图

前围腰较阔而长，下端正中开一衩口，绣有纪念"鸟王"麦伊、麦冉两姐妹的"凤头纹"，并镶有锦边。人们还用白色丝线绣出"鱼网纹"，用刺绣的方法记录着海葩苗的祖先曾在海边捕鱼的生活场景。后围腰用青色手工织出的麻布做成，较前围腰窄而短，较挺括。

背牌也称"贝牌"，一般长 65 厘米、宽 15 厘米左右，是用织锦和棉布为底，用棉线绣花并将银片、珠子和海贝壳细密地钉缀。具体的结构是将布条、锦带依次缝缀成对称的两组，前后用布幅固定，前幅长，后幅短，两侧缉花边。穿着时从中间分开处套头，前幅垂于胸前，末端束在腰间的围裙里；后幅挂在背后。在背牌上绣有"米"字、波浪等纹饰，在后片中央刺绣出如"族徽"般的海葩苗标志，作为海葩苗支系相互识别的记号。最后，在背牌的下端钉上一串串小海葩，有的还饰上一排银片加以点缀。

图片来源

图一 民族文化宫编著.中国苗族服饰.北京：民族出版社，1985：115.

图二、图三 廖晨晨 制图

图四至图六、图八 许星 摄影

图七 民族文化宫编著.中国苗族服饰.北京：民族出版社，1985：116.

图四 海葩苗服饰背牌和后围腰图

图五 海葩苗服饰背牌穿戴示意图

图六 海葩苗服饰背牌前面圆形银饰片图

将布条、锦带依次缝缀成对称的两组，前后用布固定，前幅长，后幅短，两侧镶绲花边

后片中央刺绣出如"族徽"般的海葩苗标志，作为海葩苗支系相互识别的记号

背牌的下端钉一串串小海葩

图七　海葩苗服饰背牌分析图

图八　海葩苗圆盘状包头示意图

方祥苗族女式盛装

图一　方祥苗族女式盛装主图

　　生活在贵州雷公山地区方祥乡的平祥、水寨、雀鸟、提香等苗寨，同属"黑衣长裙苗"支系，据方祥老人们说，方祥长裙苗支系是元末明初由苗族祖先从北方逐渐迁徙而来，"方祥"的意思是高坡高岭，苗族祖先们来到这个地区后，垦荒种田、纺纱织布、造屋建房；用高排芦笙为号，木鼓为媒，驱兽除害、护寨保家；定期在不同的村寨举行祭祀血缘先祖神灵的苗年节大典和其他庆典活动。在这些活动中，人们要穿着盛装，佩戴银饰，在身穿苗服的鼓藏头或寨老们的带领下举行仪式，杀牛祭鼓，吹芦笙跳鼓舞，祈盼来年风调雨顺、人畜兴旺。

　　方祥苗族服装以黑色为主，裙长至脚踝，所以有"黑衣长裙苗"之说。其盛装有大襟上衣、百褶长裙和刺绣围腰，衣裙上绣有艳丽醒目的花朵。与衣裙相搭配的各式银饰品有银头围、项圈、压领、耳环、手镯等。方祥苗服的款式和装饰方法有着特定的传承谱系，但方祥女性每个人绣制的纹饰图案都不一样，充分发挥各自的聪明才智，在雷公山地区的苗族服饰中独具特色。

方祥苗寨的妇女们从小便开始学习纺纱织布、制衣刺绣。衣裙款式是由祖辈一代代传承下来，有一定的程式，如上衣均为立领、大襟、平袖，4~6副一字或花式盘扣，上衣

图二　方祥苗族女式盛装结构示意图

各式花蝶纹

凤穿牡丹纹　　　　　　　　　龙凤纹　　　　　　　　　牡丹纹

图三　方祥苗族女式盛装围裙花鸟图案

的肩袖缘装饰一条贴布绣花边，旧时所用的面料为手工织染的青黑色棉布，现采用黑色丝绒制作。下装为内着长裤、外穿青黑色棉布制作的百褶长裙，裙摆宽大，褶裥细密均匀，按所用布料的厚薄和裙摆的大小，使用16~32幅布料制作而成。围系在百褶裙外面的一条绣花凤鹅大围腰，是衣裙里最有特色的部分，围腰长比百褶裙短3~7厘米，前片和腰头采用黑色丝绒，两侧和腰片用青黑色棉布，两条织锦系带的带头饰有一组彩色丝绦做成的流苏。在围腰的中心部位，用彩色丝绸贴绣出一组醒目的花鸟图案，腰头和四角都绣有图案，与主体图案及上衣的图案相互映衬，达到了整体协调的艺术效果。

贴布绣的图案以各类花鸟蜂蝶为主，如龙、凤、牡丹、月季、小鸟、游鱼和蝴蝶等。具体绣制的方法是：先将要绣的图案绘制在纸板上，一片片剪下来贴在相配的绸布片上，有的为了使花朵和叶片立体饱满，还在其中填充棉花，包好边角。将花朵、叶片和凤鸟等分别组合成形，再用魔芋做成的糨糊将图形贴在布面上，逐一用丝线缝缀固定。贴布绣的色彩大都较为鲜艳，常用大红、桃红、绿、紫、橙、黄、蓝等颜色的丝绸，有的还饰有金色缘边。这些颜色鲜艳的贴布图案装饰在黑色的底布上，达到了疏密有致、和谐有序的艺术效果和醒目的视觉效果。

图片来源
图一、图三至图六　仲溪　摄影
图二　廖晨晨　制图

图四　穿着方祥盛装和西江盛装的苗族女子图

图五　方祥苗族女式盛装不同图案

图六　方祥苗族女式盛装效果图

舟溪式苗族女盛装

图一 舟溪式苗族女盛装主图

分布在黔东南凯里市舟溪、青曼、鸭塘、麻江下司、铜鼓、白午、卡乌、雷山公统等乡村的舟溪苗族支系，自称"嘎闹"，被称为八苗寨，其服饰为特有的舟溪式短裙。

以雷山公统苗族妇女服饰为例，公统苗族属舟溪苗族支系，其女式盛装的基本特点是：上衣为内衬翻领对襟长衣，有的地方穿着圆领口套头衫；外穿紫色绸布做成的卷袖对襟平袖上衣，里衬青黑色棉布；衣襟胸前交叉，或以一字扣系结；肩袖部位镶有刺绣花块，袖口宽大，穿着时要将袖口向上翻卷，呈中袖的外观效果；与上衣配套的装饰还有一副绣花袖套，袖口约7厘米，采用黑色家织棉布，袖套则采用艳丽色彩的丝绸。戴上袖套后，上端长及肘处；在衣襟、背部和衣肩等处缝缀有银质圆泡或银片装饰。

女装下部是长及膝上的百褶裙，裙长四五十厘米，由裙腰、系带和百褶的裙片组成。裙内穿绑腿，有缠绕式和套筒式两种，还要在外面套上红色或白色的袜子，脚穿各色的绣花鞋。在裙子的外面系有前围腰和后围腰，后围腰为单片、长及膝处的半围形，两侧或下摆处有织绣的花边装饰。前围腰长及膝下，比后围腰略长一些，上面绣满了花纹，其刺绣的布局有固定的格式，通常是上半部分为横条状排列，下半部分为竖条状排列。刺绣的花纹以几何形的牛角纹、水车纹、太阳纹、铜鼓纹和花朵为多。围腰的下摆通常装饰各色丝线、绒线或蚕絮片做成的流苏。在围腰的外面束一条织锦宽腰带。

与盛装搭配的银饰品也很丰富，头上装饰的银围帕与周围苗族支系的形制有所区别，是中间宽两边窄的錾花银片，如古时的抹额形状；头顶饰双龙戏珠纹银角，两角间饰十余根扇片，银角尖头饰一对白色羽毛束。

苗寨的妇女多擅长织布、织锦、制衣、刺绣，她们从小开始"秘密忙绣"，由家庭中的女性长辈言传身教，传承技艺。而苗族女子大都心灵手巧，按传承谱系图案进行织绣，还依照自己的想象进行创作，不用打草稿，随手织绣出美丽的花纹。舟溪苗族女装上的刺绣花片主要装饰在衣服的肩袖、袖套和围腰上。衣袖上的图案多为花、鸟、鱼、虫，形象生动逼真，刺绣针法精湛。围裙上的刺绣图案采用抽象的几何形，用剪出各种形状的蚕片贴在红绿蓝黑各色的绸布条上，以锁针、包边、平绣等针法精心地刺绣，这种绣法保留了舟溪苗族妇女传统刺绣的精华和精湛的手工技艺。

图片来源
图一、图四至图八　张希成　摄影
图二、图三　廖晨晨　制图

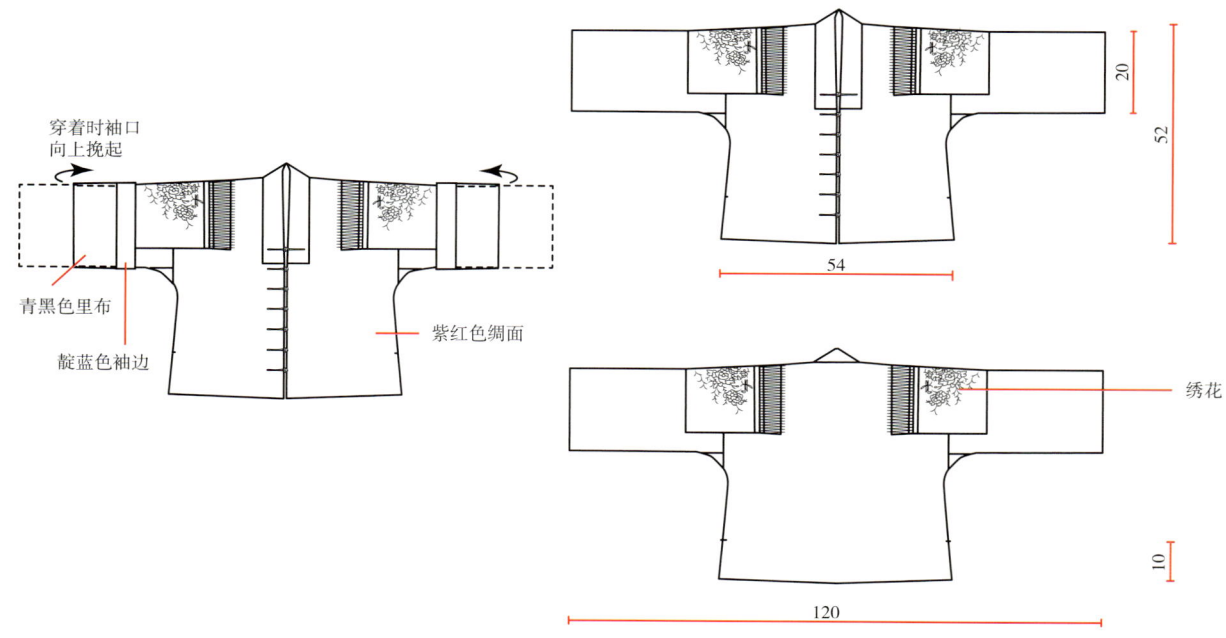

图二　舟溪式苗族女盛装结构名称与尺寸图（单位：cm）

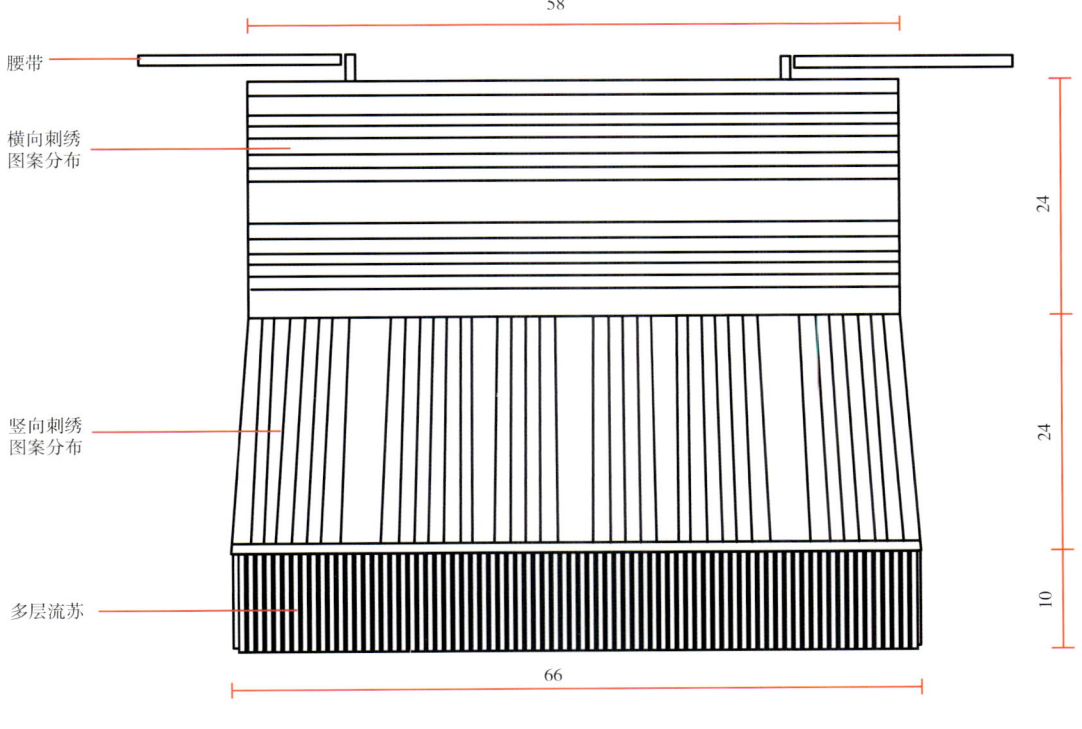

前围腰

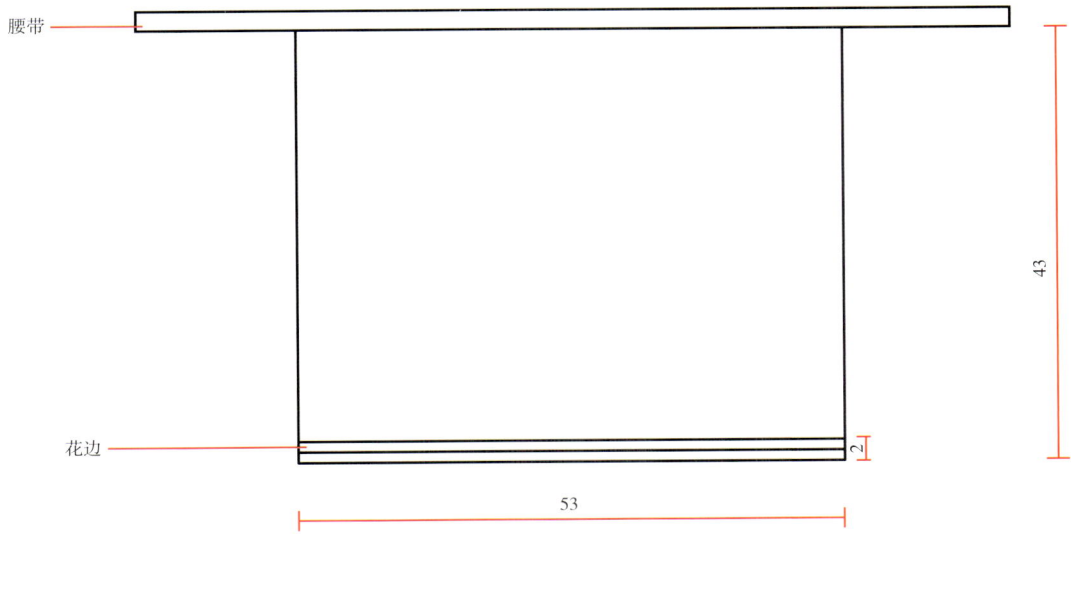

后围腰

图三　舟溪式苗族围裙前后片和刺绣分布尺寸图（单位：cm）

图四　舟溪式苗族女盛装七件套图

图五　舟溪式苗族女盛装上衣和裙背面图

图六 舟溪式苗族前围裙图

图七 舟溪式苗族袖片花卉刺绣图案

第二章 苗族传统服饰

图八　舟溪式苗族女盛装效果图

大花苗服饰

图一　大花苗服饰主图

　　大花苗是苗族诸多支系中的一支，他们生活在云南省东北部与贵州省西北部的乌蒙山区，以云南昭通、大关、永善、楚雄、武定、镇雄和贵州威宁、赫章、普安和纳雍等地为典型代表。大花苗与小花苗的说法，据史料记载，主要见于民国时期研究苗族文化历史的学者界定。而今天人们则多以其服饰上的织锦、刺绣框架和花纹大小及纹样内容来区分。

　　大花苗的服饰又称为"迁徙服"，充分体现出苗族的族群意识，服饰的形制、色彩和装饰图案，一代代地传承至今，成为大花苗族群的历史记录。

　　大花苗服饰特点鲜明，色彩明快强烈，其形制主要为头缠白色头巾。男装是对襟麻布长衫，无领无扣，衣袖较宽大，袖口镶蜡染布做装饰；前后衣片各两块布垂下将全身遮住，有的前短后长，这样的设计便于山路行走和在农田里干活。干活时可将四块互相不连接的下摆向上掖在腰间，平时长袍下摆垂落。在长袍的外面还可系上一条缝制成可放东西的长袋形麻布围腰，需要时可带上食物或贮存物件。

　　女装为绣花上衣和褶裙。上衣为无领对

襟麻布短衣，衣上半部分是用红、黑和白色毛麻织物制作，下半部分接有本色手织麻布，前后长短不一，后片中缝缝合。配搭白地麻布蜡染条纹的百褶中长裙和绣花缠腿。穿上裙子后，大花苗的妇女们还会系一条精美的围腰。衣裙之上织有"十"字形、"田"字形和"井"字形的几何形纹样，裙子上遍布用小菱形或小三角形图案连成的线条，裙子边缘绘染或刺绣着小山形图案，记录着大花苗生活在山上，这些织绣纹饰象征着苗族历史的记忆。

男女装都用毛麻混织大花披肩，后缀一块彩色挑花披领，也称背饰、背牌。其方形边框图案寓意苗族祖先居住的平原，或为苗族的京城；"××"图形表示平原与田地；锯尺状的图形表示山川深谷，2个或3个菱形相连的图案表示大花苗族之间相互友爱，肩膀上红蓝相间的图形代表黄河；背牌下的彩色流苏，缀饰着铜币或银铃则象征着大花苗的富足。这些织绣的图案说明了在大花苗族的族群记忆中，苗族祖先是从富饶的黄河流域迁徙到现在的山川之中，每一种图案纹饰都记录了大花苗的生活历史。

大花苗妇女早期的发型主要有盘在头顶前部的小髻和高而尖耸的锥髻。锥髻内置竹篾编成的衬架，再将长长的头发围绕衬架盘绕而上，形成尖尖的圆锥形发髻，据说迁徙时内藏粮种，现在则以锥形发髻帽取而代之。

图片来源

图一　李小松　摄影
图二至图五　廖晨晨　制图
图六　许星　制图

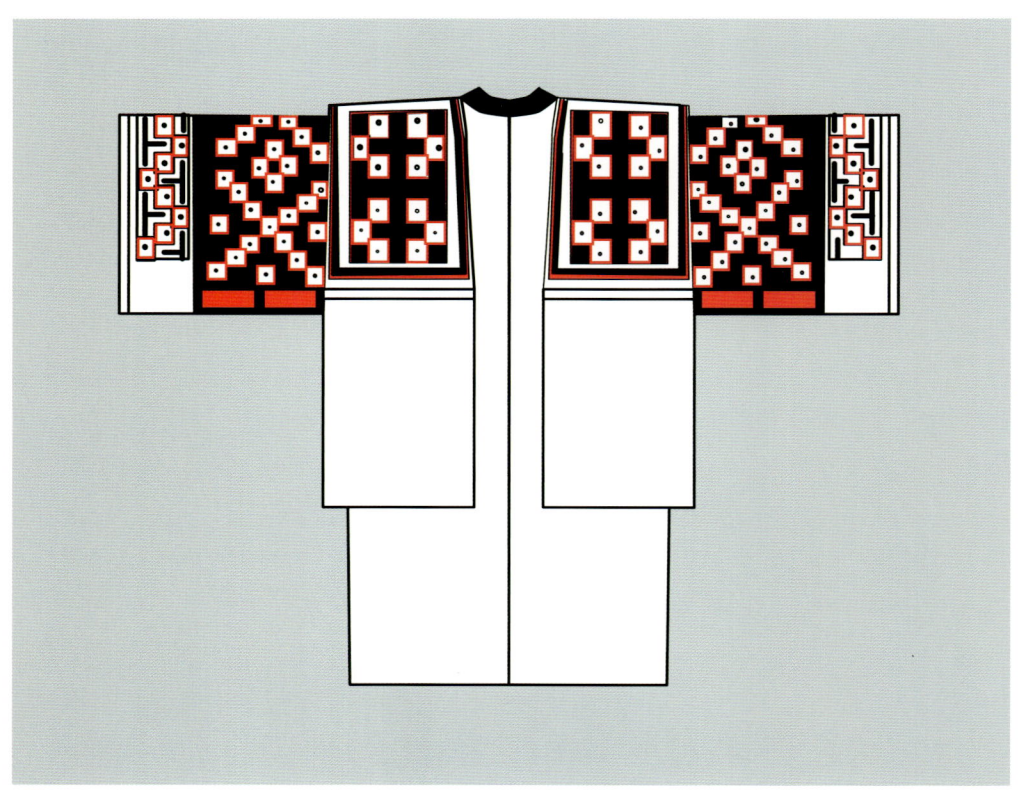

图二　大花苗服装平面图

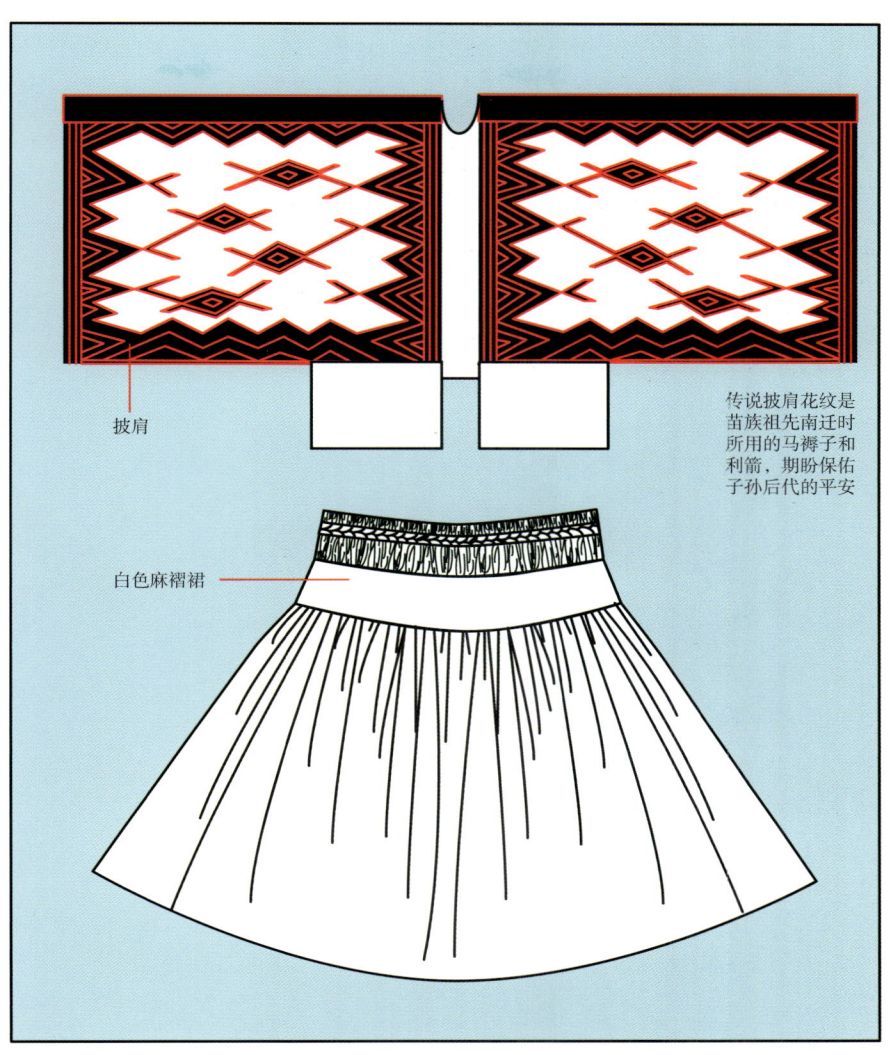

图三　大花苗服饰花纹示意图

图四　大花苗挑花披领纹样和色彩示意图

在白色麻布上用红、黑色粗绒线刺绣出几何纹

在白色麻布上用红、深蓝色粗绒线刺绣出几何纹，右边为满地平绣

图五　大花苗服饰纹样刺绣方法示意图

图六　大花苗男子服饰穿着示意图

隆林花苗女式盛装

图一　隆林花苗女式盛装主图

生活在广西隆林县的猪场乡、革步乡和西林县部分乡镇的花苗，他们的祖先是明末清初从黔西南、黔西北、川南、滇东北等处逐步迁徙而来。隆林县的苗族有6个支系，花苗是其中一个人数较少的支系，主要分布在猪场乡和革步乡的洞沟、月亮田等9个山寨里。之所以称为"花苗"，是因为这个支系苗族妇女的衣裙上饰满了色彩艳丽的挑花刺绣而得名。

隆林花苗女式盛装是由上衣、百褶裙、前后围腰、花腰带、绑腿和头帕等组成。女上衣的造型为直领、对襟、平袖，衣襟下摆两侧开衩，前摆长于后摆，穿着时交叉缠绕在腰部，形成斜襟。上衣后片下摆两侧裁去两角，中间部分如展尾形，穿着时可束于裙腰内，也可放在裙外。上衣的结构与其他苗族服装不同之处在于，在袖子腋下与衣身侧缝处增加了三角形的结构，较好地解决了手臂活动量的问题。

百褶裙的长度长及膝下数厘米，展开为一长条状，围于腰间约一圈半系紧。其结构为横向三截，腰间为一截七八厘米的粗棉布，中间一截为至臀围线处的粗棉布，第三截为麻布蜡染的裙摆，其间饰有横向条纹，这一截用十余米长的麻布打出细密的褶皱，裙子的褶皱感和悬垂感都很好。这种百褶裙穿着时，腰部和臀部都较合体，臀围以下则飘逸悬垂，尤其是人们穿着盛装歌舞游戏时，裙摆随舞展开，展现出独特的造型和美感。

围腰分为前围腰和后围腰，前围腰为细窄的长方形，比百褶裙略长一些，上面绣满了花纹，穿着时用两头的系带围在腰部。后围腰为约20厘米见方的刺绣花片，围在后腰处。在腰间还要围系一条绣花的花带，这条花带用麻布对折缝制，在中间和两端挑绣出满地花纹。将花带围绕在腰间，既能固定裙子和围腰，也可掩盖所系的腰带头，还能起到装饰作用。花带在腰后系结，垂下两条绣花的带头，并饰有垂珠流苏。

在穿着衣裙之前，先要将绣花绑腿缠绕在双腿上，绑腿是用素色棉布做成，缠好后还要在上面缠绕绣花的彩带。由于苗族服饰穿着、缠绕较为复杂，如果先穿好衣裙则就不方便弯腰系绑腿，所以一般都是先系绑腿，再穿衣裙。

隆林花苗服饰最有特色的是其衣裙上蜡染和挑花的花纹图案，色彩艳丽，以大红、桃红、橙、绿等颜色为主。所挑绣的图案多为常见的花鸟鱼虫、日月星辰、山川河流和苗族图腾等图形，人们把对生活的美好憧憬和对祖先的崇拜用抽象的几何图形绘绣在衣裙上，以此来纪念祖先，表达心情，同时也展现了苗族女性丰富的想象力和精湛的手工技艺。

图片来源

图一　吴仕忠等编著.中国苗族服饰图志.贵阳：贵州人民出版社，2000：613.

图二至图七　许星　制图

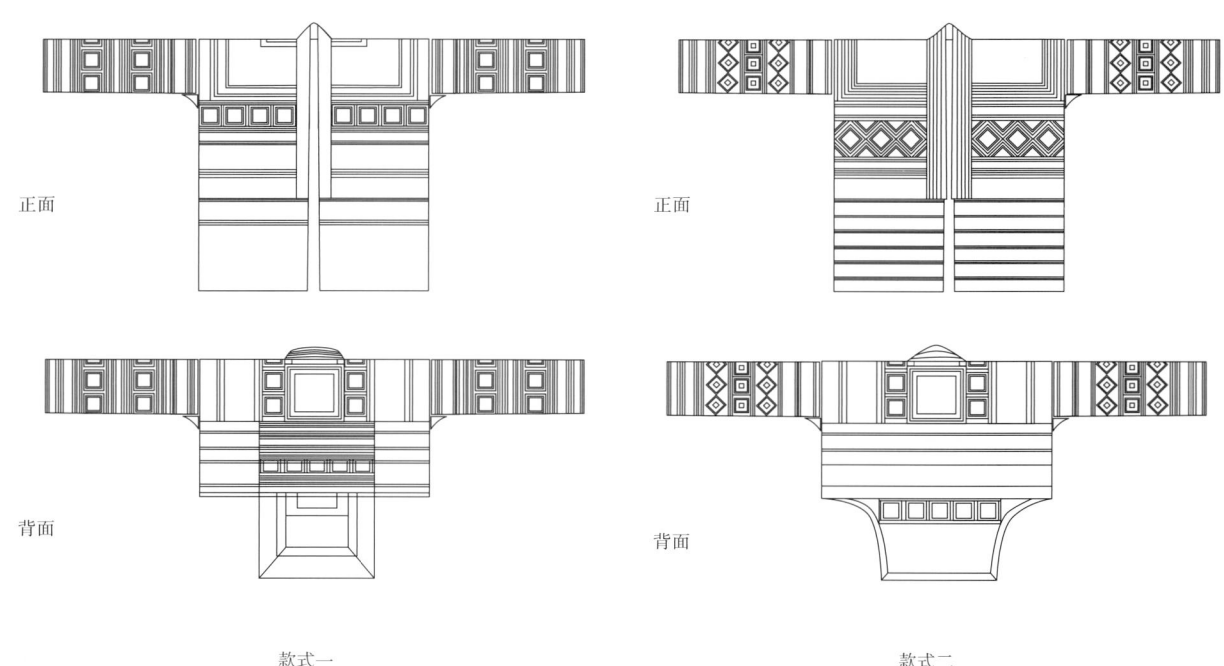

款式一　　　　　　　　　款式二

图二　隆林花苗女式盛装结构示意图

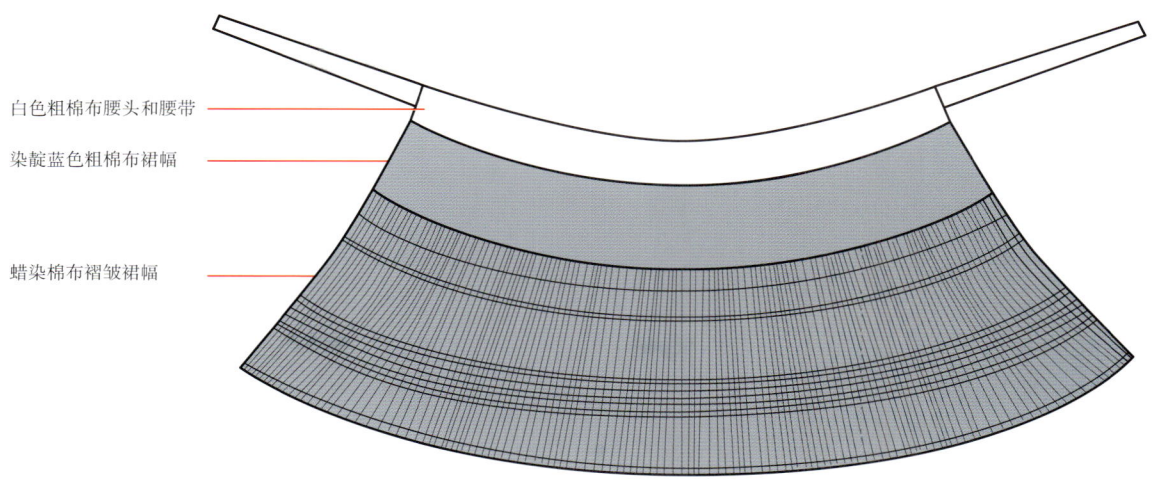

图三　隆林花苗百褶裙结构示意图

白色粗棉布腰头和腰带
染靛蓝色粗棉布裙幅
蜡染棉布褶皱裙幅

图四　隆林花苗女装图案

第二章　苗族传统服饰

图五　隆林苗族女式盛装穿着示意图

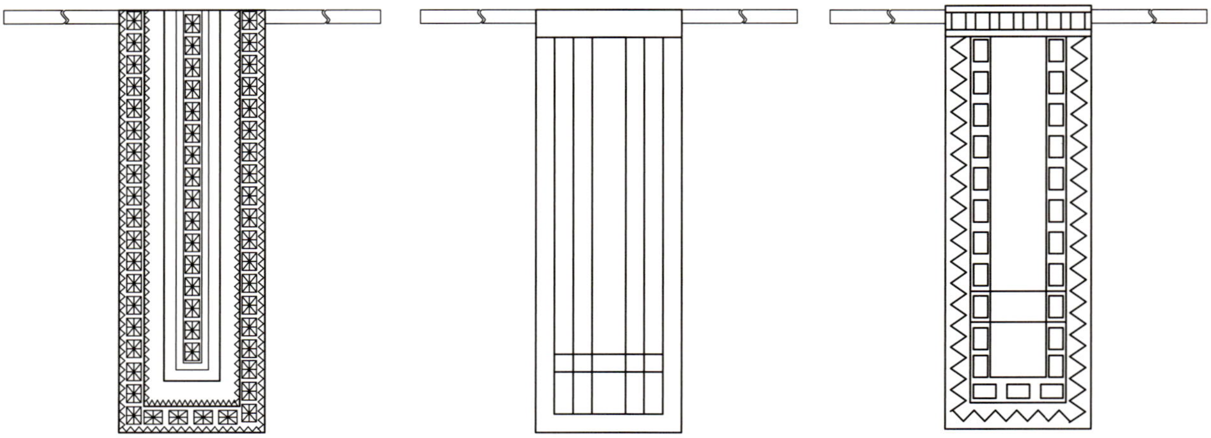

图六　隆林花苗前围腰造型和纹样示意图

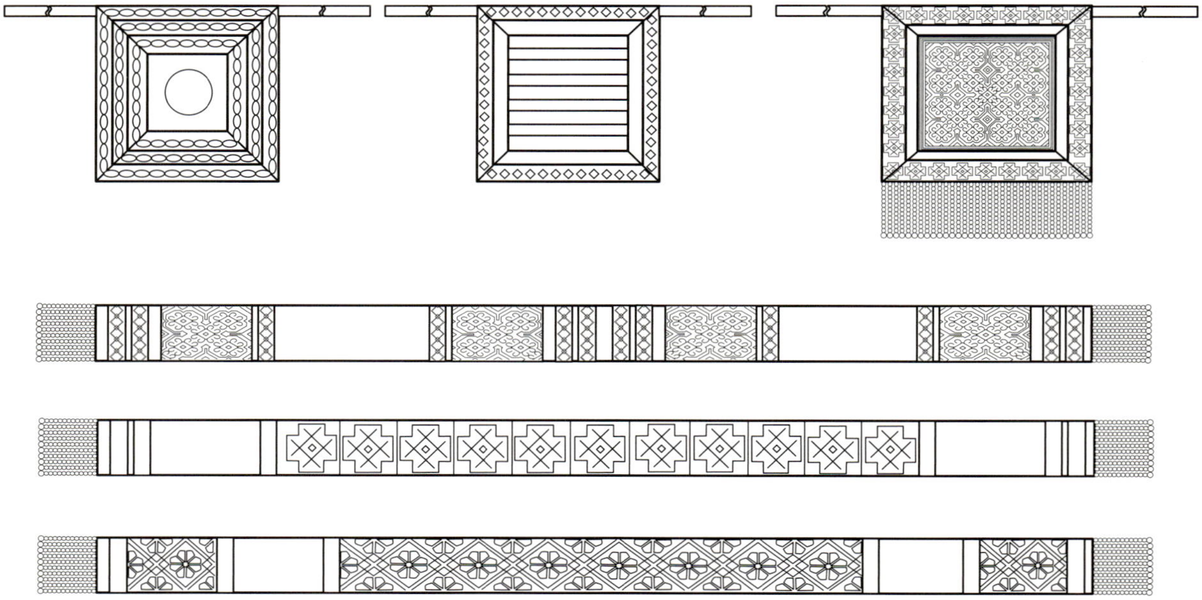

图七　隆林花苗后围腰和腰带示意图

南丹苗族女式贯首衣

图一　南丹苗族女式贯首衣主图

生活在广西南丹的中堡、月里和贵州平塘县和罗甸县坪岩等地的苗族支系，其苗家女子身着套头式的贯首衣、厚厚的百褶裙，色彩艳丽，刺绣图案华丽，人们称其为"花苗"。南丹妇女服饰的款式、造型、刺绣图案和印染方法经过数百年的传承与变迁，形成了独特的艺术风格和工艺特征。衣袖是南丹苗服里很有特色的设计，由方形布片对折而成袖。传统的盛装贯首衣饰有两副衣袖，一副衣袖套在手臂上，是实用的袖子；另一副衣袖垂挂在外面做装饰之用。这种贯首衣也被称为"马鞍衣"，现在作为装饰的衣袖已经很少使用了。

南丹苗族的女性内穿翻领或圆领衣，外面套穿一件前片短、后片长的贯头衣，下面穿着拼色的百褶裙，围系青布围腰和挑花腰带，腿上缠有厚厚的绑腿。女子头上绾高大的发髻，发髻内掺有毛线做成假发。盛装时饰有银帕、银簪、戴银项圈、耳环和手镯等装饰品，项圈多达十余只。

苗族女性的衣服多用自纺自织的棉布制作，蜡染与挑绣的装饰手法结合。日常生活中穿着的衣装较为质朴，盛装较为华丽。贯首衣由两块长方形的布片组成，前片长约38厘米，后片长约68厘米，前后衣片上均有蜡染和刺绣，胸前饰有一四方形的"大印"图案，相传是苗族古代部落的印痕，又一说是为了纪念曾掌官印的苗族祖先。衣袖、腰带上绣满了几何图案。

盛装中的百褶裙也有着独特的形式，裙子从上到下分为几层，裙腰处饰一段较宽、不起褶的本白色粗布，裙腰以下用浅灰蓝、红、黑等颜色镶拼。每层都由长布条褶皱缝制，通常用10~12米长的布料做出褶皱裙的下摆，并挑绣出密密重重的几何形花纹，有菱形纹、人马纹和花形纹等。

盛装的色彩根据不同苗寨有所区别，有在青蓝色布底上用大红、桃红、白色、黄色和绿色的棉线挑绣出图案；也有在黑色布底上用大红、绿色、黄色、棕色、蓝色等棉线挑绣出图案。通身图案都为几何造型。整体服装既艳丽又和谐，形成独特的视觉效果，

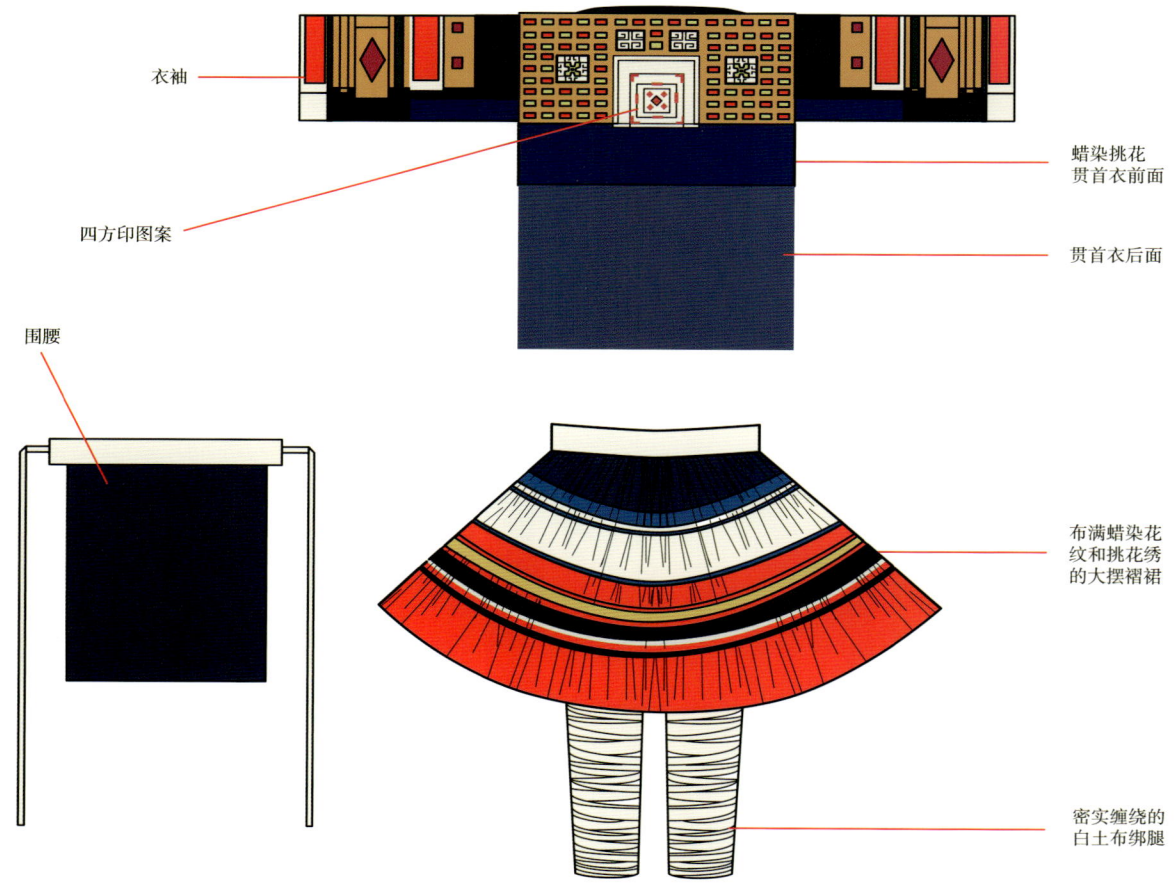

图二　南丹苗族女式贯首衣结构示意图

展示出古老而纯朴的苗族遗风。

南丹苗族女式盛装，从纺纱织布、染色印花、制衣褶皱到挑花刺绣，一针针一线线，全部都由苗族女性手工制作出来。服装独特的造型和丰富的装饰手法，以及美丽的花纹图案，都显示出苗族人民的艺术创作智慧和丰富的民族文化内涵。

图片来源

图一　苏州工艺美术职业技术学院老师　摄影

图二至图五　廖晨晨　制图

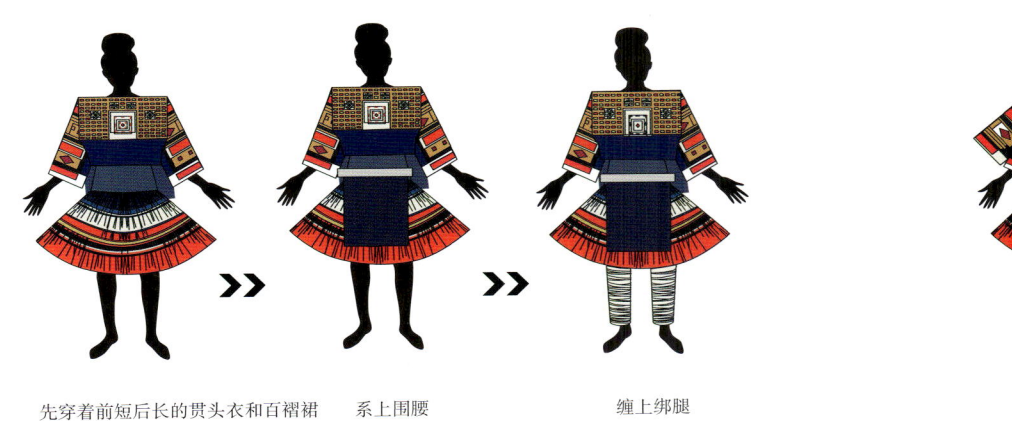

先穿着前短后长的贯头衣和百褶裙　　系上围腰　　缠上绑腿　　四只袖子的贯头衣其中有两只是假袖

图三　南丹苗族女式贯首衣穿着步骤流程图

珠边饰　凤鸟纹　圆形纹　鱼纹　　　　银围帕佩戴示意图

图四　南丹苗族银围帕图案和佩戴示意图

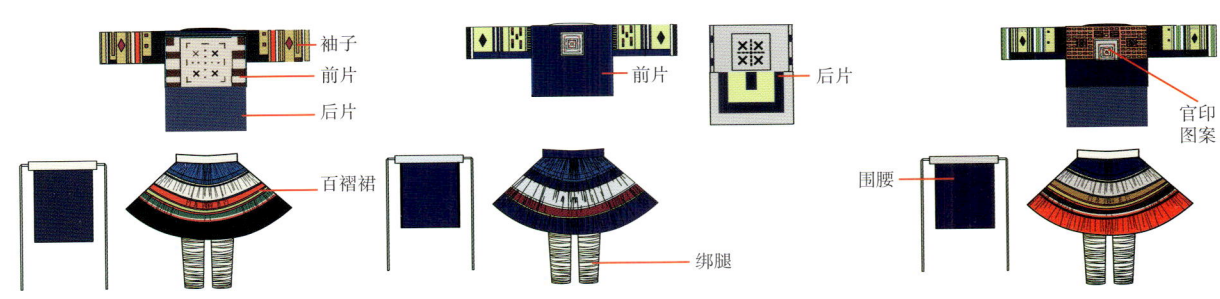

图五　不同南丹苗族服饰图

第二章　苗族传统服饰

四川叙永苗族女装

图一 四川叙永苗族女装主图

叙永县位于四川盆地的南端,川、滇、黔三省的接合部,这里的苗族服饰样式丰富,女装主要有四种类型,分布在分水、两河、落卜、叙永等十余个乡镇的苗寨,女子服装以蜡染和绣花为主要装饰形式,款式古朴,色彩艳丽,装饰丰富,具有独特的苗族风貌。

叙永苗族女装上衣为立领、平袖,衣身较短,下摆两侧开衩,布料为苗家女自织自染的青黑色土布。衣领前后和衣襟镶配多重刺绣花边,沿领围向外依次饰有彩布滚条、平绣缘边、彩色织锦带和十字挑花带。衣襟缘边也是由彩布滚条、平绣缘边、彩色织锦带和十字挑花带组成。平绣的花边有凤鸟牡丹及其他各色花草图案,十字挑花的主要图案为蝴蝶、凤鸟、齿纹和十字纹等。刺绣的颜色丰富鲜艳,有大红、粉红、桃红、黄、绿和蓝等颜色,在花朵上还采用了色彩渐变的表现形式。衣袖装饰分为三个主要部分,其中,左右两片为平绣花边,中间一片为十字挑花绣片,图案与衣领、襟边基本相同。

女性下穿蜡染刺绣大摆百褶裙，裙摆非常宽大，主裙用青黑色布料制作，裙边通常要用十余米长的蜡染布料褶皱制成。在蜡染花纹之间，辅以精美的绣花，所绣花纹随蜡染花纹而定，有蝴蝶、小鸟和各种花草。由于裙摆所用的布料多，褶皱密集，所以裙子的悬垂感好，苗族姑娘穿着多褶的百褶裙参加"赶苗场"等载歌载舞时，精美和亮丽的衣裙成为场上独特的风景。

大摆百褶裙的外面系一条挑花围腰，用青黑色长方形棉布制成，腰部为本白色棉布，腰带中间和围腰两侧、系带两头都精细地刺绣出花纹，其中挑花图案多为蝴蝶、花叶和小鸟或其他几何形纹样，在腰部中间用平绣等针法绣出莲花、鸳鸯、牡丹等图案。在腰带的两头不仅精心挑绣出十字花纹，还在端头装饰了一排密密的流苏。围腰的造型简洁平整，但在各处都进行了精心的绣花装饰，当人们将围腰系在裙外呈一个蝴蝶结状，长长的腰带垂在腰后，随裙幅摆动，突出了整体的美感和局部的精致。

与服装整体配套的装饰品有头饰和银饰，其中头饰是用长长的棉布盘卷成头帕，在其外面套上一只圆形箍圈，外面用与衣服相配的色布围成，再挑绣与衣裙相似的花纹，在圈下方缝缀多串珠饰，头饰的造型、色彩和装饰与衣裙形成一个和谐的整体。

叙永苗服是蜡染与刺绣工艺相结合的产物，如今，苗族人在日常生活中所穿着的裙子适当减少了裙摆的褶量。

图片来源
图一　苏州工艺美术职业技术学院老师　摄影
图二至图六　廖晨晨　制图

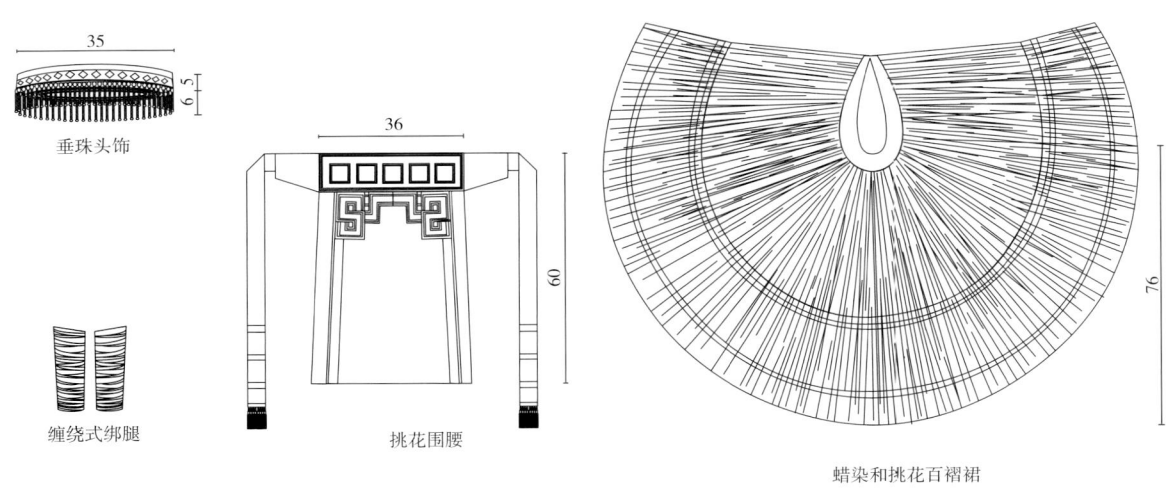

图二　四川叙永苗族女装尺寸图（单位：cm）

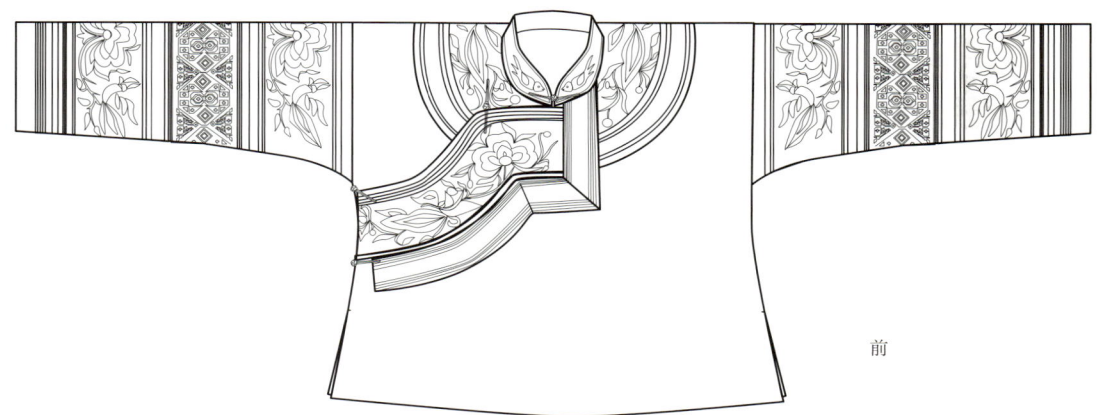

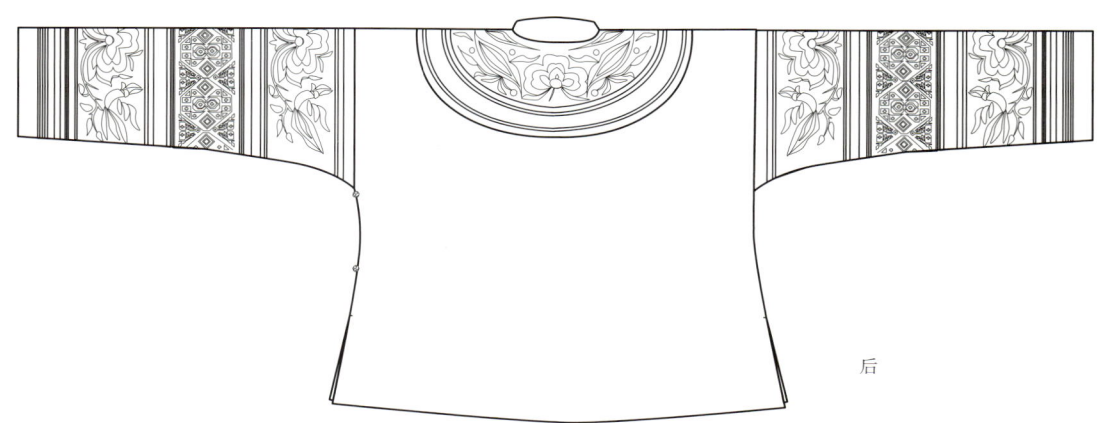

图三　四川叙永苗族女装上衣示意图

穿着上衣和百褶裙　　　　穿着围腰系上绑腿　　　　戴上头饰

图四　四川叙永苗族女装穿着示意图

衣袖刺绣花鸟和几何图案

领围刺绣花鸟图案

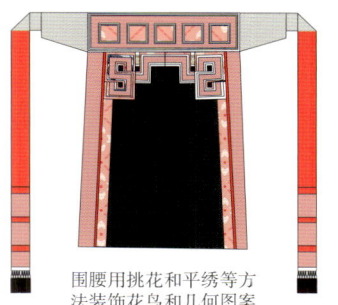
围腰用挑花和平绣等方法装饰花鸟和几何图案

头饰上挑绣出几何花纹

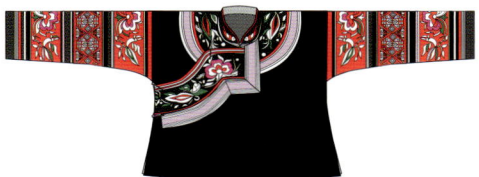

黑色底上用挑花和平绣等方法装饰

百褶裙边用蜡染和挑花方法进行装饰

图五　四川叙永苗族女装色彩与图案示意图

图六　四川叙永苗族蜡染刺绣裙边示意图

第二章　苗族传统服饰

191

四川古蔺苗族服装

图一　四川古蔺苗族服装主图

　　以四川古蔺县大寨、乌龙、箭竹、叙永县正东乡等地的苗族服饰为代表，其服装具有山地苗族生活习俗的特色。女性的盛装上衣为立领长袖衫，衣领和胸前饰有满地的挑花装饰，下着蜡染和挑花相结合的百褶裙，裙摆边缘装饰了一排各色布料镶拼的边饰。在裙子的外面还围有一条挑花的青布围腰，用一条挑花腰带围系，挑花头系结垂于后面。头上戴挑花头帕，帕子围在青黑色布盘出的帕圈外面，头帕下垂有多串珠饰或流苏。男子头上包有一条素色的头帕，上身穿立领长袖衫，与女装一样在衣领和胸前饰有挑花图案，腰间系一条挑花腰带，下穿青布饰边长裤。

古蔺、叙永等地的苗族服饰，以自织自染的棉麻为主要的服饰布料，衣裙上辅以织锦、蜡染、挑花和刺绣等进行装饰，常常挑中有绣，染中有挑，几种工艺手法结合运用。

苗族服饰上所表现的图案内容，多来源于民众对苗族历史文化的表达和对祖先的缅怀崇敬。千百年来，苗族服饰中的图案经人们口耳相传将祖辈们所绘制的各种具有特定含义的纹饰传承下来，这些图案的内容、造型、色彩、挑绣技法等，成为苗族民众表达内心感受、传承民族艺术和识别族系的标志，同时，也是苗族记录民族历史轨迹的"无字史书"。如古蔺苗族男装上的肩花纹样，记录了这支苗族支系祖先征战、迁徙和作战时所用的战图、战旗等，腰间系有一条用彩色线绣出的花腰带，从前围向身后，黄色的挑花和流苏垂在后面。他们穿长衫时一般不扣领口的扣子，露出里衣的领子，据传是作为这支苗系的标志，如今这种穿着方法已渐渐被淡化了。妇女裙子上的蜡染和挑绣图案，有着特定的"母题"，据当地老人们介绍，裙上白色的横条代表黄河，下面一条细一些的白色横条代表长江，细密的几何图案代表江南的田地，下面的三角形图案代表云贵高原山区。这类图案记录了苗族祖先从黄河流域向西南迁徙，过黄河，跨长江，最后在高原山区落脚生活的历程。

古蔺苗族服饰上的挑花图案，取自四川南部大山里生活中处处可见的花草、鸟兽、人物和生活用具，比如：常见的植物花草有蕨苔花、八角花、海椒花和港苟花等；鸟兽纹有各种鸟、蝴蝶、狗脚印花、鸡爪花等；还有取自日常生活用品变形而来的火斑花、絮子花和磨盘花等。

图二　四川古蔺苗族女装穿着示意图

图片来源
图一　苏州工艺美术职业技术学院老师　摄影
图二至图七　廖晨晨　制图

男式立领挑花上衣

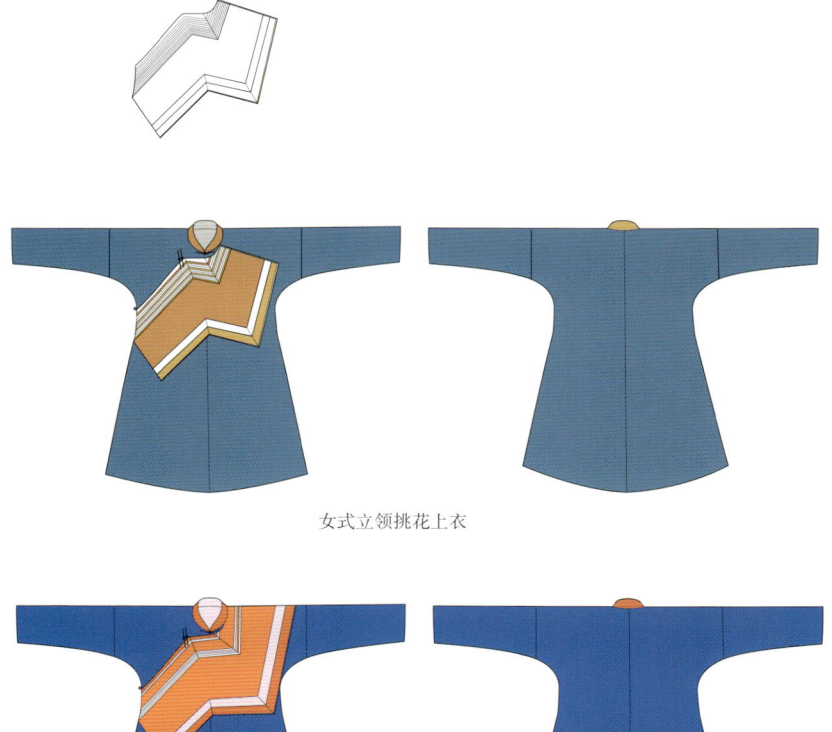

女式立领挑花上衣

女式立领挑花上衣

图三　四川古蔺苗族服装款式和结构示意图

图四 四川古蔺苗族男装挑花图案示意图

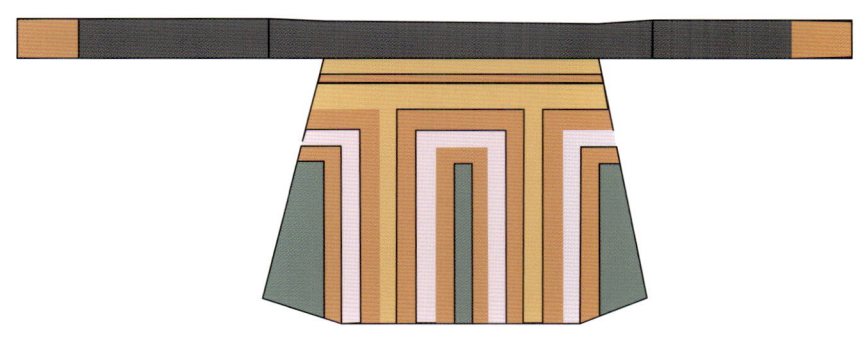

图五 四川古蔺苗族挑花围腰结构示意图

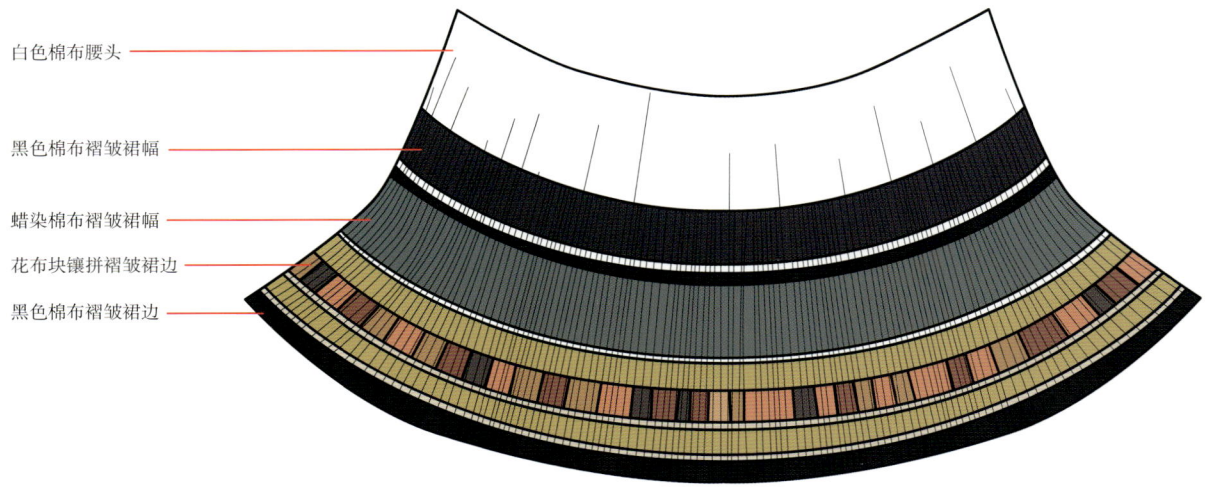

白色棉布腰头
黑色棉布褶皱裙幅
蜡染棉布褶皱裙幅
花布块镶拼褶皱裙边
黑色棉布褶皱裙边

图六　四川古蔺苗族百褶裙结构示意图

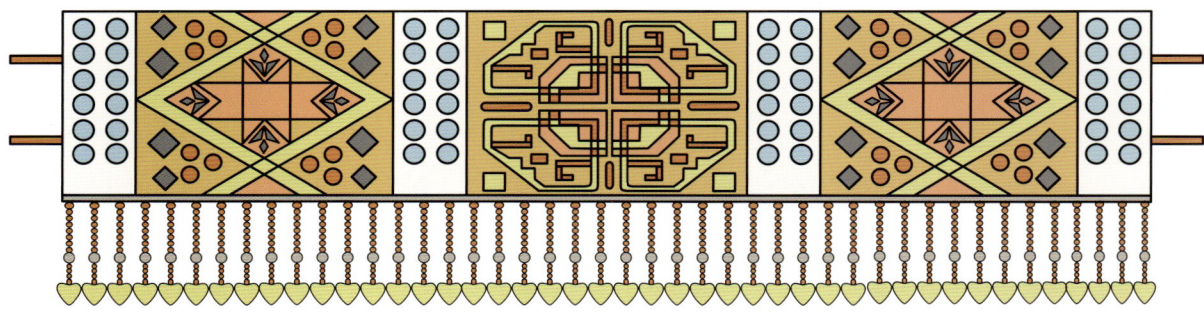

头帕结构和流苏装饰

头帕挑花图案

图七　四川古蔺苗族挑花头帕结构和图案示意图

海南牙南式苗族服饰

图一　海南牙南式苗族服饰主图

牙南式是以海南省五指山市南圣镇牙南村为代表的海南苗族服饰，主要分布在五指山、三亚、海口市和琼中、保亭黎族苗族自治县的部分村寨。

苗族祖先迁居至海南定居后，在这里过着自给自足的生活。勤劳的苗家民众自己种棉纺纱、织布织锦、染布绣花、裁剪制衣，制作出象征着本民族信仰和特色的精美服饰。海南苗族的织锦、蜡染和刺绣等，体现苗家人浓郁的民族风尚和生活习俗，同时还映衬出源远流长的苗族历史文化精髓。

海南地处热带，四季如春，苗族服饰以

单衣为主。

男式服装有棉布的对襟短衣和无领右襟短衣，裤装为黑、蓝色的大筒长裤，制作工艺简单但结实耐穿，是日常生活、劳动时所穿着的服饰。

女式服装上衣多为窄小翻领、青黑布右偏襟衣，衣长及膝，小襟比大襟短15厘米左右，领口处和胸（或腰）侧襟处各有一粒扣，用粉红、桃红色绒线或丝线做成流苏装饰。领口、袖口、偏襟和两侧摆衩处均有彩锦织带饰边和用红、蓝、黄、白、绿等颜色丝线绣制的花边。外衣两侧从腰部向下开有长衩，露出里面穿着的及膝棉布蜡染裙。蜡染裙是一块缝制完整的棉布，腰侧有系带。在底边用蜡绘出二方连续的"楼花"，从左到右有8个三角形，三角形内绘有树纹，下面是几何纹，再染成青黑色，纹样精美细致。腰系一条红黄色织锦带，在前面打结系紧后，长长的流苏垂至膝下。平时不绑腿，节庆盛装或劳动时打绑腿并用彩锦丝带系牢。

过去，海南苗族妇女的饰品有手圈、手镯、脚圈和戒指等，现在很少使用了，通常在盛装时才会佩戴。婚后女性则多戴银或铜的饰品。而头上所戴的挑花头帕在苗族各支系饰品中显得别具一格。挑花头帕，有方帕、尖角帽和后披巾帕的帽子。盛装时戴尖顶帽，先戴一方形绣花头帕（也称垫头），一角垂向额前，再戴上绣有花边的尖顶帽，后垂一条长长的穗子。头帕上刺绣的花纹和色调与衣服上的装饰一致，且绣制精细，装饰醒目。

海南苗族服饰纹样多采用大自然中的花、鸟、虫、鱼等，并将其巧妙地简化为精炼的几何图形，经挑花、刺绣、织花、蜡染等手法，形成精美瑰丽的苗族服饰形式。

图片来源

图一、图四、图五　谢芸洁　摄影

图二　廖晨晨　制图

图三、图六　民族文化宫编著.中国苗族服饰.北京：民族出版社，1985：206.

图七　民族文化宫编著.中国苗族服饰.北京：民族出版社，1985：211.

图八、图九　潘姝雯　摄影

图二　海南牙南式苗族挑花头帕结构和图案示意图

图三　琼中县黎母山苗族青年女装结构示意图

正面　　　　　　　　　　　　　　　　　　　反面

图四　海南牙南式苗族挑花头帕视角图

图五　海南牙南式苗族不同头帕图

图六　海南牙南式苗族护腿图

图七　海南牙南式苗族挑花面巾图案

图八　穿海南牙南式苗族服饰的男孩图

图九　穿海南牙南式苗族服饰的小朋友图

第二章　苗族传统服饰

苗族男式对襟绣花上衣

图一　苗族男式对襟绣花上衣主图

苗族男子绣花上衣，是流传在贵州、湖南、云南、广西、四川、海南、湖北等地区许多苗寨的服装。由于苗族居住地非常分散，不同支系的苗族服饰形成了各具特色的款式类型。

在苗族发展历史上，男子服装以丰富的五彩刺绣为主，如现在贵州西江苗寨妇女所穿的"雄衣"，古时就是男子的礼服之一。

明清时期，有些地区的苗寨民众男女所穿的服饰尚彩，男子穿着裙装，如明代沈庠、赵瓒等纂修《贵州图经新志》记载：黎平府"男女所服衣裳，多青红色，有裙无裤"；独山州合江陈蒙烂土司"短裙苗"，"男女著花衣，穿短裙，绾髻插木簪"，又如清代段汝霖撰《楚南苗志》对苗族男子服装的记载："领尚红，周身衣边俱绣五彩花"，都记载了男子着裙、衣服的周边以五彩绣花、衣裳斑斓亮丽的特点，不少地方的苗族男子服饰较完好地保持了苗族古老的装饰特色。

"改土归流"后，受汉族生活习俗的影响，同时在日常劳动生活中，简洁的衣裤装方便穿着与劳动，渐渐被苗族民众接受，男子穿裙改成了穿裤的方式。20世纪二三十年代，湖南传教士陈心传在湘西调查时记载："其服饰之进步，今无论苗、仡，察其男子之凡与汉族接近或居处接近者，已多与汉民同；惟僻处深山而少入城市者略异"。

如今，绣花的男装多在苗族喜庆节日的时候穿着。本案例男式对襟绣花上衣，是人们在节日和喜庆活动中穿着的服装。其款式特点是对襟、小立领、平接袖，门襟缀5副一字盘扣，纽扣头用圆形铜质空心扣。上衣面料用靛蓝色家织粗布，里料为浅蓝色家织细布。这件衣服设计之独特在于衣服上的刺绣图案，衣袖口、门襟和衣摆前后底边镶有一条数纱绣的装饰边，图案以条纹、点纹和

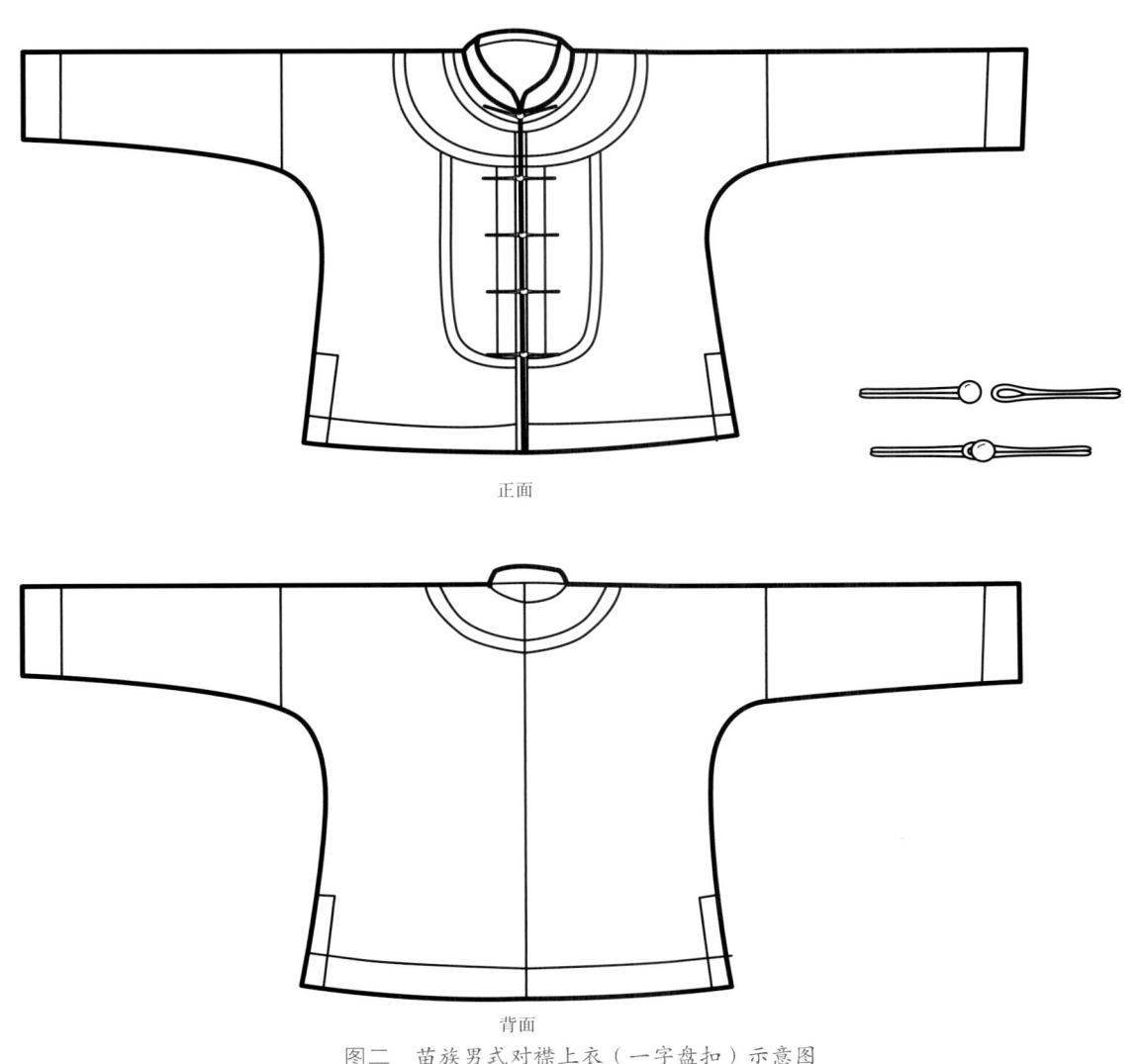

正面

背面

图二　苗族男式对襟上衣（一字盘扣）示意图

几何形的蝴蝶、菱形为主，有大红、桃红、黄、赭、白、桔等颜色。衣身的前后领围、胸口处用锁针、平针的针法绣有苗龙、蝴蝶等花纹，用金、橙、明黄、土黄、大红、水红、绿、浅绿、蓝、湖蓝、灰白等十多种彩色丝线绣制而成。

男式绣花衣服的特点，主要是在深色布面或本白色布面上用多种色彩的丝线进行较为密集的刺绣，图案的题材与女装相似，是苗族常用的各种花鸟虫鱼、龙凤、牛、虎和各种几何纹，刺绣的针法有十多种之多，依不同苗族支系的特色而定。刺绣图案的颜色虽然较多，但很好地统一在青黑色或白色的布底上，即鲜亮又协调，给原本素洁的男装平添了靓丽的视觉效果。

图片来源
图一、图四至图七　许星　摄影
图二、图三　廖晨晨　制图

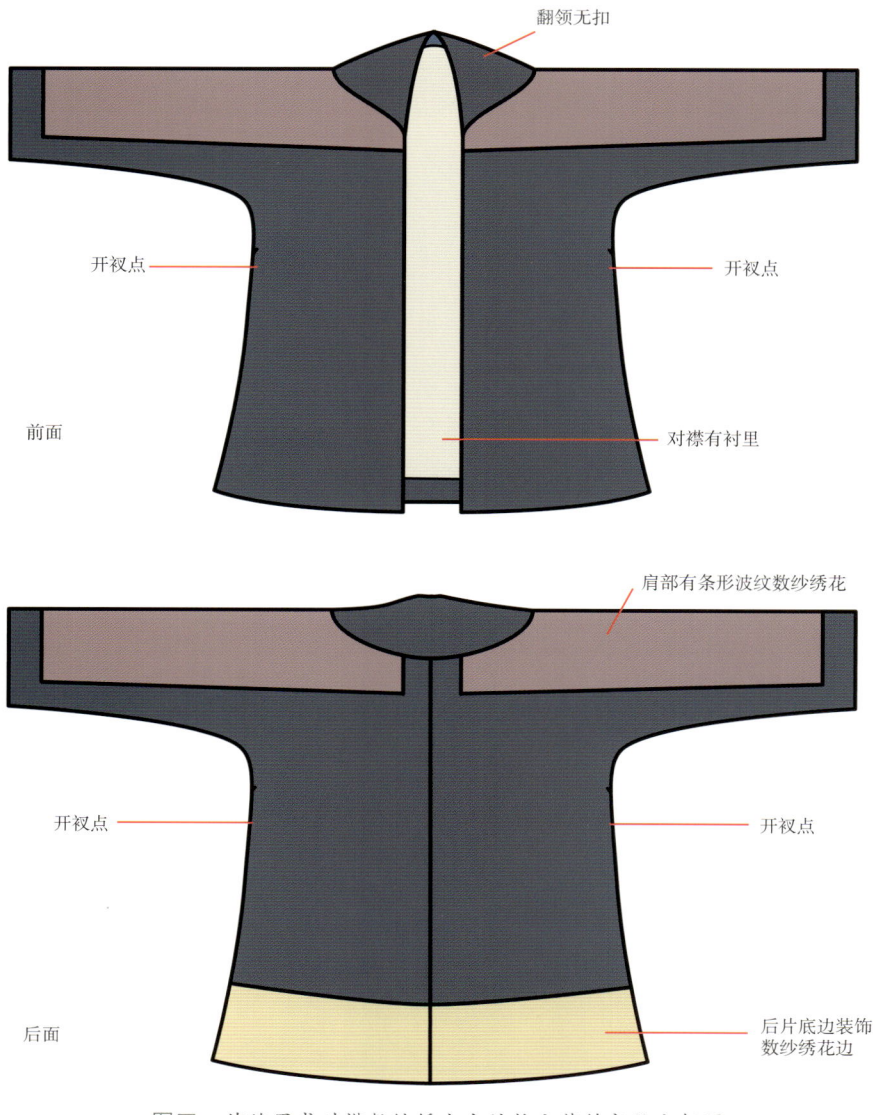

图三　苗族男式对襟数纱绣上衣结构和装饰部位分析图

图四 苗族男式对襟数纱绣上衣图

领围绣花

袖口饰边　　　　　袖口饰边

衣襟绣花

衣襟绣花

图五 苗族男式对襟绣花上衣装饰示意图

第二章 苗族传统服饰

图六　苗族男式对襟数纱绣上衣刺绣图案

图七　不同苗族支系男子绣花服装图

苗族男子对襟衣和大裆裤

图一　苗族男子对襟衣和大裆裤主图

　　苗族男子的日常生活中所穿着的衣装，以对襟、大襟或偏襟的平袖短褂为主，下身穿着大裆阔腿长裤，头缠长头帕，脚穿圆口布鞋。据史料记载，早在明清时期，苗族大部分地区的男装总体保持着传统苗族服饰的风格与特色，不少地方的男子上穿短衣下着裙，缠腿。如明代《贵州图经新志》记载了贵阳一带的苗族男装："男鬌髻，著短衣，无袖，惟遮覆前后而已。裙亦浅蓝色，细褶，仅蔽其膝。"清代《黔书》记载："小平伐司苗……男子披草衣，短裙。"晚清以后，长期居住在深山里的各个苗寨，不断地受到外界各种观念的影响，渐渐地接受了部分汉族服饰的样式，原本的苗族传统服饰演变为礼服性的盛装。由于苗族男子大多要外出劳动，因此日常生活中所穿的衣装多为宽松、简洁。

对襟短上衣、大裆长裤、缠头帕是流行于苗族地区男子日常生活中的基本装束。上衣为对襟、小立领或圆领、平袖；前摆较平直，后摆略呈弧形，下摆两侧开衩；衣襟缝制5~11对一字盘扣，有的纽扣头用布条编制，有的采用铜质的圆形纽扣。下装一般为大腰直腿长裤，当地人也称为"扎扎裤"，穿着时将裤腰在前面折叠一下，再用绳带系紧。男子头上多扎系长长的头帕，长度3~6米。按不同地区苗族支系的特点，头帕的面料有所不同，有青蓝色粗布，也有蓝白彩条或彩格的土布。一般头帕尾部绣有彩色的图案，末端悬垂着流苏。如果男子要外出劳动，人们还要在小腿处打绑腿，便于在山路上行走。与这类服装相配的还有圆口布鞋和腰带。有的苗寨男子平时在腰间佩戴刺绣荷包、火药筒、柴刀等装饰品和劳动用品。

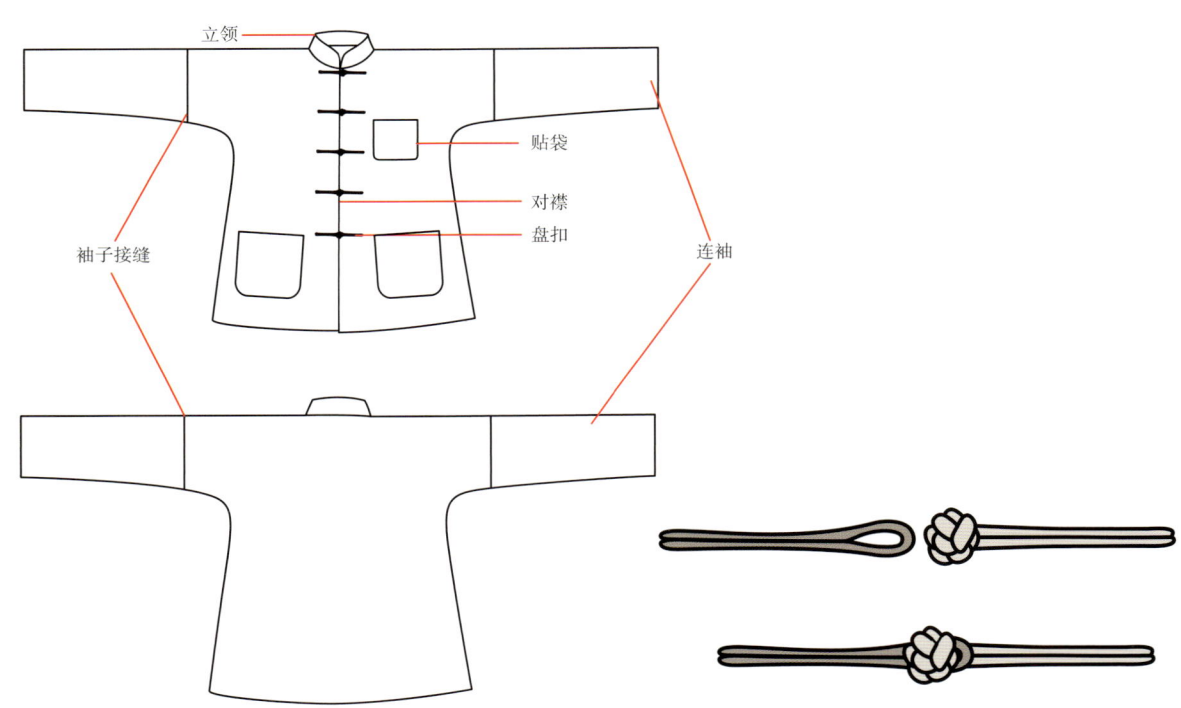

图二　苗族男子（一字盘扣）对襟衣分析图

日常生活中男装的主要面料，一是用苗家自纺自织的土布，颜色多为黑色、藏青、靛蓝和本白色；二是用经过反复捶打的蛋浆亮布，这种布料较平整、硬挺、表面光亮，有青黑、靛蓝、紫红和蓝紫等颜色；还有一类是用条格粗布制作，常与单色布结合搭配缝制。

本案例另一件苗族男子对襟百扣衣，其设计制作的工艺非常独特，在衣服前门襟处，右襟缝缀了53个扣袢，左襟缝缀了52个扣袢，每个扣袢的头上有一只三角锥形的铜质纽扣头，扣子的扣合方式不是一环一扣相互套合，而是将两边的扣头相对卡合，如同现代的拉链扣丝。这件男式上衣的做工讲究，尤其是百扣部分非常精湛，展现了苗族人民的聪明才智和工艺技巧。

图片来源

图一、图四、图五　王岩　摄影
图二、图三、图七　廖晨晨　制图
图六　许星　摄影
图八、图九　李雪　摄影

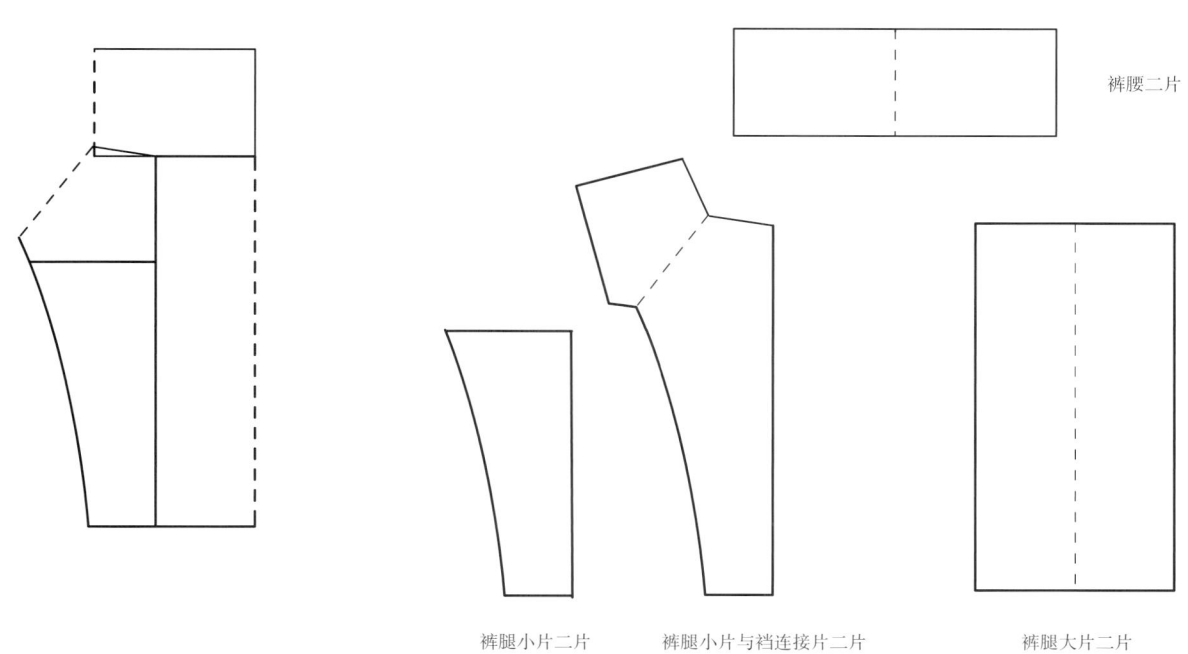

大裆裤基本结构图　　　　　　大裆裤裤片展开图

图三　苗族男子大裆裤结构示意图

图四　苗族男子对襟衣和大裆裤示意图

图五　苗族男子对襟衣和大裆裤（蛋浆亮布）图

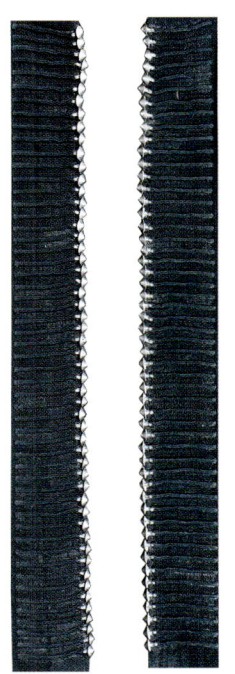

图六 苗族男子百扣衣和纽扣局部示意图

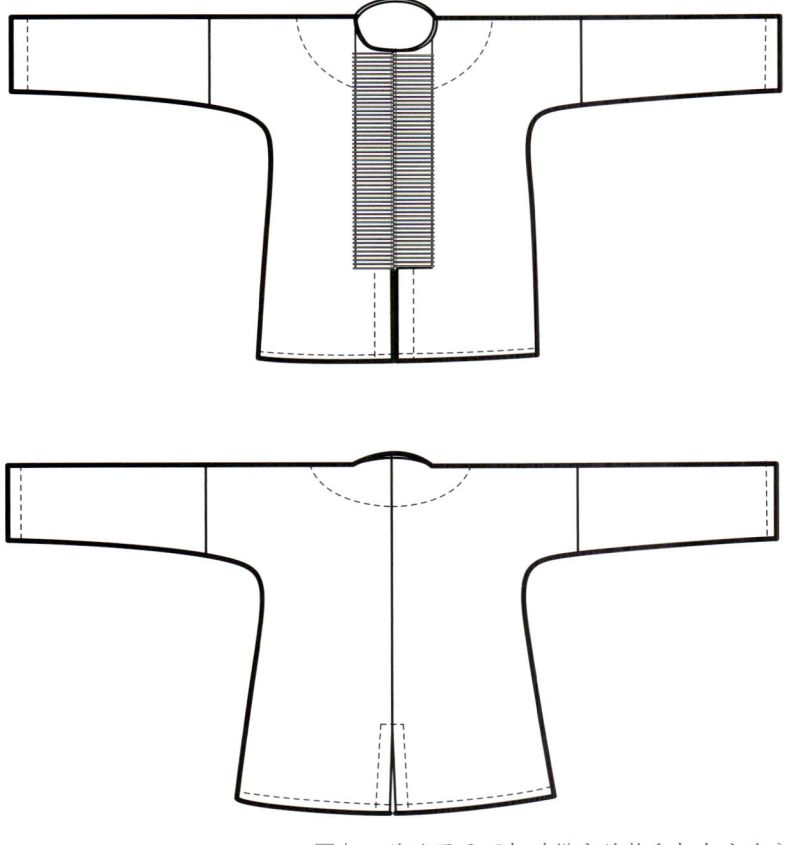
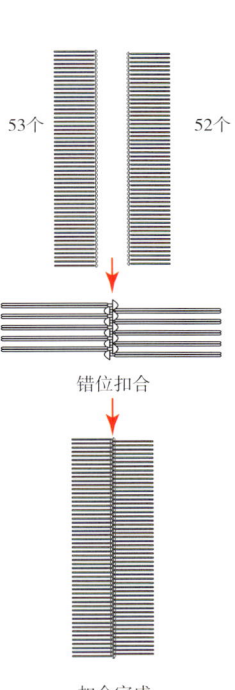

图七 苗族男子百扣对襟衣结构和扣合方法分析图

图八　正在缠头帕的苗族男子图

图九　穿对襟衣缠头帕的苗族男子图

苗族男子长衫

长衫是流行于贵州、湖南、云南、四川等地苗族许多支系中老年男子的节日盛装，有的地方称为"长褂"或"长袍"，一般认为夹者为袍。早在清中期，湘西、黔东南等地的苗族民众就开始穿着来自汉族的长衫。如今在清水江流域的西江中老年人所穿的盛装就被称为"古装式"，其基本形制为靛蓝布长衫，立领右衽（有的苗寨为左衽）、平接袖、一字盘扣，左右开衩，下摆略宽，衣长至脚背。头包靛蓝布长头帕，腰系蓝白色数纱绣花围腰，天蓝色绸带系结，脚穿圆口布鞋。

有的苗寨男子盛装，在长衫之外还要穿一件深色团花马褂，如在贵州黔东南、黔南州等地的苗族民众，称之为"长袍马褂"，当寨子里举行盛大的节庆活动时，他们便会将衣服穿在身上参加活动，尽兴地展示一下，如今已经成了苗寨旅游表演时的必备装束。

制作长衫的面料主要有两个类别，一类是苗族妇女自纺自织、染成靛蓝色的家织粗布；另一类是用集市上购买的真丝花软缎，长衫用青蓝色或青紫色暗花缎，马褂用黑色暗花缎。

长衫的基本结构由前衣片（分大襟和内襟）、后衣片、袖片和领片组成。由于苗家自织的土布门幅宽五六十厘米，所以前、后片均在正中处接缝，两袖在肩与肘中间接缝，用6副一字盘纽扣系衣服。制作均以手工方法完成。

与长衫相搭配的下装为大裆粗腿裤，由前后各两片组成，腰间接一条宽大的腰边，

图一　苗族男子长衫主图

穿着时将前边折叠一下，再用绳带系结起来。长裤宽松，穿着舒适，结构简单，是苗族男子主要的裤装样式。

在郎德苗寨里，男子跳芦笙舞时，在长衫上围系一条数纱绣的围腰，围腰用长1米左右、宽四五十厘米的白色棉布做成。在布面的两边，分别用蓝色丝线以数纱绣的方法绣上三四条花边，围系时从围腰的1/3处向下翻折，围腰的表面呈现三四条花边。在翻折处用一条蓝色的宽绸带穿入，向后系结，一方面固定了围腰，另一方面也起到了装饰作用。

在贵州省贵定县新铺乡谷撒、四寨等村，"长衫龙舞"是那里独具一格的芦笙舞蹈，流传了十余代之久，2006年已入选第一批国家级非物质文化遗产名录。旧时在丧葬和祭寨神仪式由苗寨中男子穿着长衫进行表演，如今在各种重大的节庆活动中都要演出。表演长衫龙舞者穿着的服饰，是模拟"龙"的特点而成。比如：舞者身穿青蓝色大襟长衫模拟的是龙的主体，头插两根漂亮的野鸡翎，口戴用马鬃做的"龙须"，腰系表示喜庆吉祥的红腰带。大家手执芦笙，边吹边跳，载歌载舞。长衫随着舞者大幅度的舞姿变幻向外旋展，表达了苗族民众对龙的崇敬之意。

图片来源

图一、图四、图六　马路　摄影
图二、图三　廖晨晨　制图
图五、图七、图八　沈建国　摄影

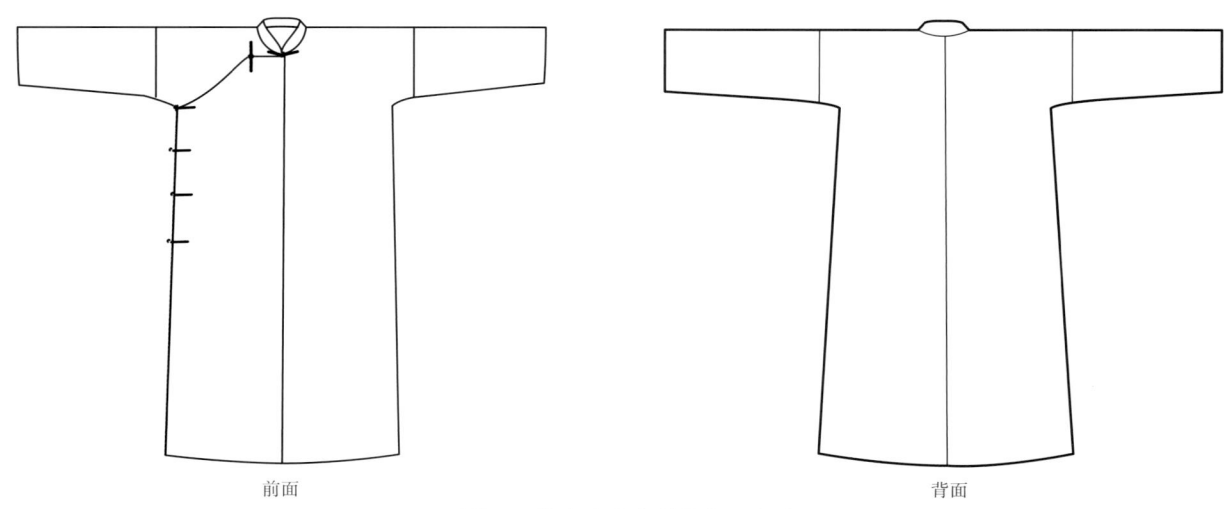

图二　苗族男子长衫结构示意图

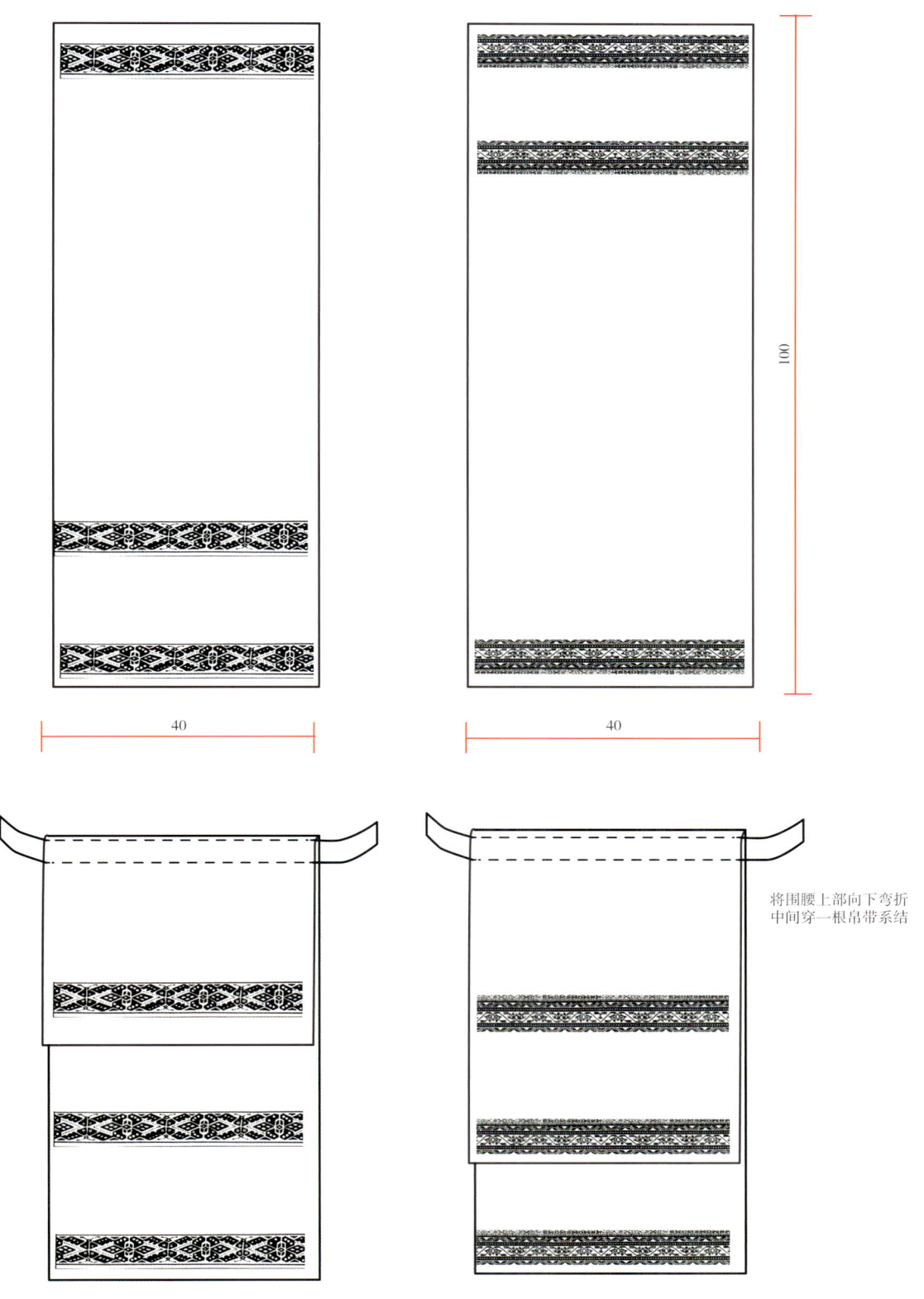

图三　苗族数纱绣围腰尺寸和穿法示意图（单位：cm）

将围腰上部向下弯折中间穿一根帛带系结

第二章　苗族传统服饰

图四 郎德上寨苗族男子长袍背面图

图五 穿着民族服饰的苗族老人图

图六 苗族男子长衫系着数纱绣围腰图

图七 穿着长袍吹着芦笙的苗族男子图

图八 苗族男子盛装——长袍马褂图

苗族百褶裙

图一　苗族百褶裙主图

百褶裙是苗族地区女性最常用的服饰之一，多用自纺自织的棉布、麻布和丝绸面料制成。不同的苗族支系，所采用的面料品种丰富，有粗细不一的家织布料；可用本色或染成所需颜色；或把染好的布料用木槌敲打成亮布；或以蜡染的方法染出花纹；或用彩色织锦等面料。百褶裙由裙腰、裙身和裙脚组成。由于褶皱多，往往要用上10多米甚至20多米长的布料做成，有数百褶甚至上千褶。做成的百褶裙皱缩后收拢，有很大的伸缩性。

不同地区苗寨做百褶裙的方法有所区别，如黔东南岜沙苗族女性所穿着的裙子是将布料加工成细密的褶皱后做成百褶裙，每条裙子都有成百上千道细密垂直的皱褶。褶皱布料的方法是纯手工的，一般用整幅长的蛋浆亮布或蜡染布铺在平整的晒席上，先喷上具有黏性的白及水汁，然后将布折出细密平整的褶皱，用线串缝起来，最后再喷一遍白及水汁定型即可。岜沙妇女以褶皱的均匀平整来显示自己的手工技艺。

榕江空申短裙苗族做百褶裙的方法是，将布料平铺在板上，按褶皱的宽窄一点点折叠布料，用篾片压住使其定型。

黄平地区的苗族用自织自染的窄幅深紫色土布制作百褶裙，其工艺是，把缝制好花边的布料正面向下放在竹篾席上，从单边一褶一褶地捏合，褶皱要宽窄一致，捏一小段后，固定好两端，洒上有黏性的白及汁水，反复数次后放置阴处晾干，保持褶条，再用针线缝制固定。数天后待褶条定型，便可缝上裙腰，一般穿裙时拆去缝线。平时裙子不

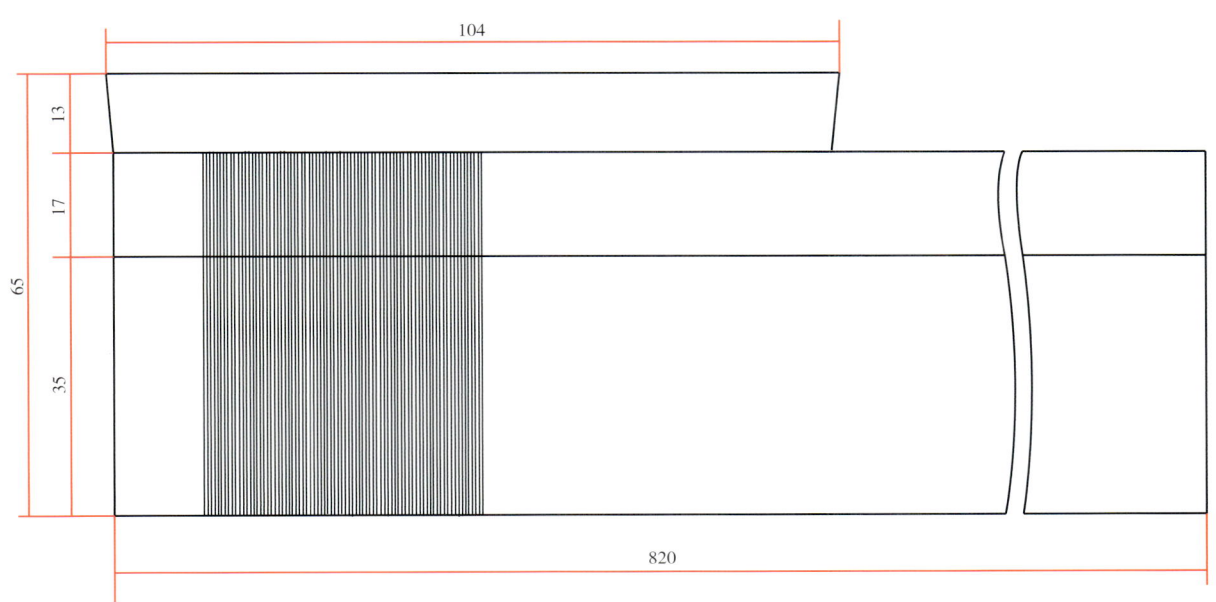

图二　苗族彩锦边百褶裙尺寸图（单位：cm）

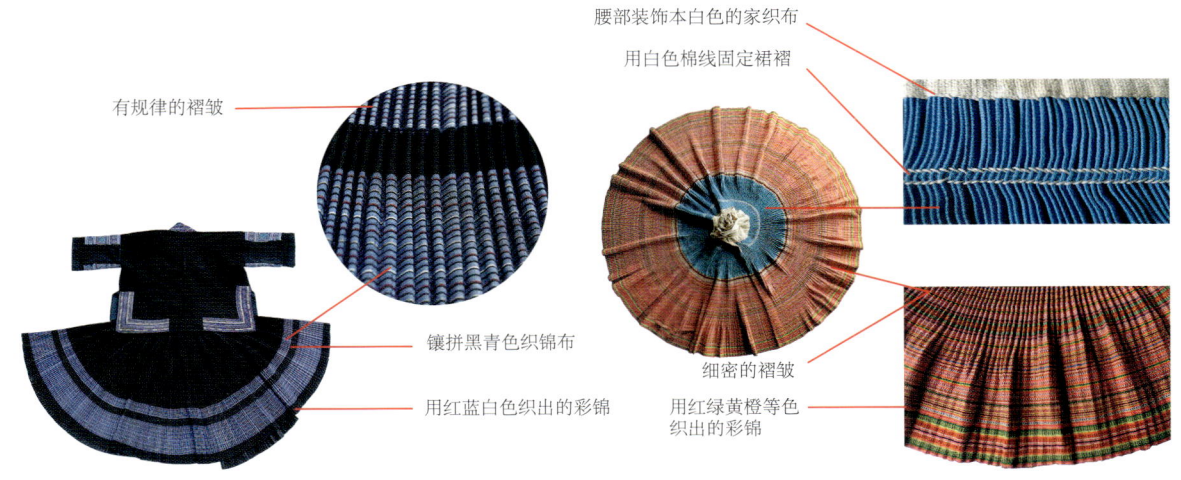

图三　苗族彩锦边百褶裙示意图

穿时，卷起竖放，不能折叠。

广西融水苗族地区制作百褶裙的方法是，先将捶好的亮布平放在木板上，用针尖在布的正反面划线，按线打褶，缝牢两端，再捆扎在竹片上放入粗竹筒中，蒸煮一小时，然后取出晾干，褶皱即成。

还有一些地区，苗族妇女制作百褶裙的方法也很特别，她们将裙布固定在木桶上，木桶的粗细与腰围粗细差不多，木桶横放在前面，向前一褶一褶地捏合，边捏合边缝制，以固定褶皱，待一圈布料全部褶好缝好后，再用绳子捆绑好，洒上植物汁进行固定，晾干后百褶裙即成型，穿裙之前拆去缝线。

图片来源
图一、图三、图九　许星　摄影
图二　许星　制图
图四、图五、图七　黄连忠　摄影
图六、图八　杨玄清　摄影

图四　苗族刺绣彩带百褶裙图

图五　上密下疏三层苗族百褶裙边图

图六　苗族蛋浆亮布百褶裙图

图七　穿超短百褶裙的苗族少女图

图八　苗族妇女制作百褶裙图

图九　延展图：苗族晾晒百褶裙的竹筐

小花苗挑花披肩

图一　小花苗挑花披肩主图

小花苗挑花披肩，又为"花背"，据古歌传唱，这种以对称几何纹为装饰的披肩，是古时苗族首领格炎尤老和格蚩爷老的战袍，苗语称为"撮鲁"，汉语意为"花衣"。小花苗是苗族的一个支系，自称为"蒙"，主要分布在贵州西部的六冲河两岸，南岸较为集中在赫章、纳雍、威宁、水城和织金等地区，北岸则相对集中在毕节、大方沿岸的乡村。

小花苗女子服装，上衣为白色对襟无扣，穿着时两片前襟交叉在腰间；肩披几何纹样的挑花披肩，下穿蜡染布百褶裙；腿上缠裹青色的绑腿，足穿草鞋或布鞋。

小花苗披肩制作的谱系以家族传承为主要方式，其款式有两片式、三片式和四片式。两片式是将左肩和右肩的两块长方形布片合并，在其后中缝1/5处缝合，穿着时将未缝合的两片向前围合，缝合处置于后背。三片式的披肩，是在两片式的基础上增加一条长方形领子，穿着时增加了立领的效果；四片式披肩是在三片式的基础上，在领子和肩片上再增加一块三角形布片，这种结构使披肩的穿着效果更趋平服整齐。

小花苗披肩由主花、副花和镶边三部分组成，其形式具有一定的规范性和稳定性。一般披肩上的花纹布局分为3层。里层为主花，有6个方形纹样和多层条状边饰；中层为副花，有角花和边花；外层为镶边，两边各有3组红、黄、黑、白色的细嵌条，嵌条的排列由内向外分别为：红色与黄色相间共9条，黑色与白色（也有黑色与红色相间）相间3~5条，红色与黄色相间7~9条；主花和副花可按当地使用习惯进行纹样组合变化，镶边采用较为固定的山河条纹。

披肩由披面和披底组成，面料多为家织棉布或麻布，在上面以挑花、拼贴和镶嵌等装饰手法缝绣出条形和几何形的花纹，其纹样有数十种之多，一般有城池纹、田连阡陌纹、九曲江河纹、水漩纹、屋架花、铜钱纹、卍字纹、小米花等纹样。

小花苗披肩采用的刺绣方法主要为挑花工艺，其基本技法是根据绣布的经纬线来运针，有平挑、十字挑、米字和小团花等，根据构图的需要还有进针和退针等挑花绣法。挑花的针距视布料的粗细而定，一般粗料每隔2~4根纱挑一针，精料每隔5~6根纱挑一针，所以挑出的花纹非常整齐，布局严谨且有规律。

小花苗披肩手工艺的另一个特色是贴布绣，一般是根据披肩的图形，将布片剪成特定形状，一条条或一片片地贴在披肩上，再缝起来形成独特的纹样。通常以黑色布为底，用红色、土黄色和少量的白色布裁剪成细长条，一条条地缝起来，使整个披肩看上去细密整齐、华丽而精致。

图片来源
图一、图六　许星　摄影
图二、图五　廖晨晨　制图
图三、图四　许星　制图

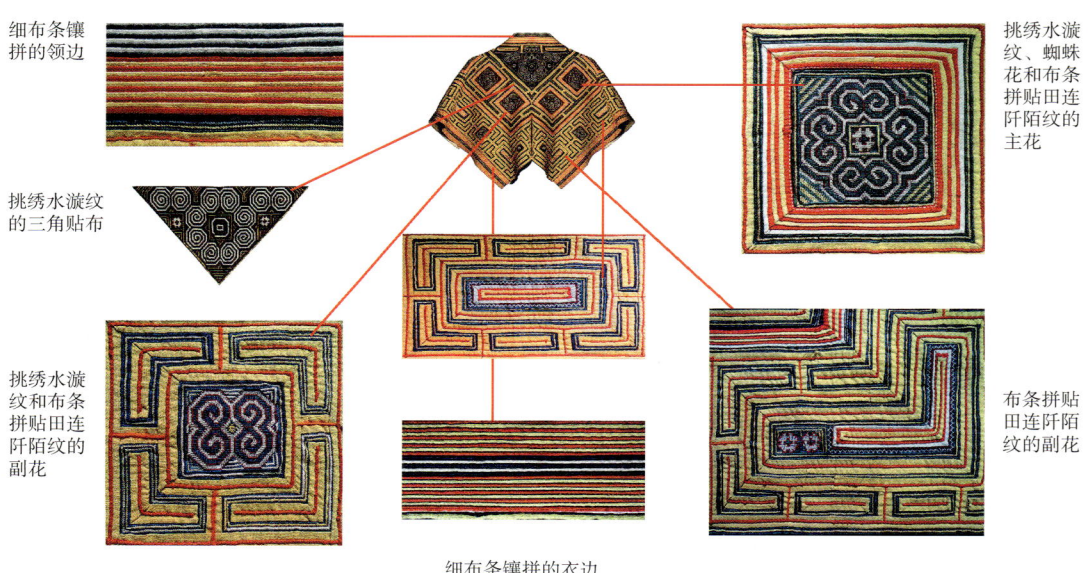

图二　小花苗挑花披肩镶拼纹样工艺示意图

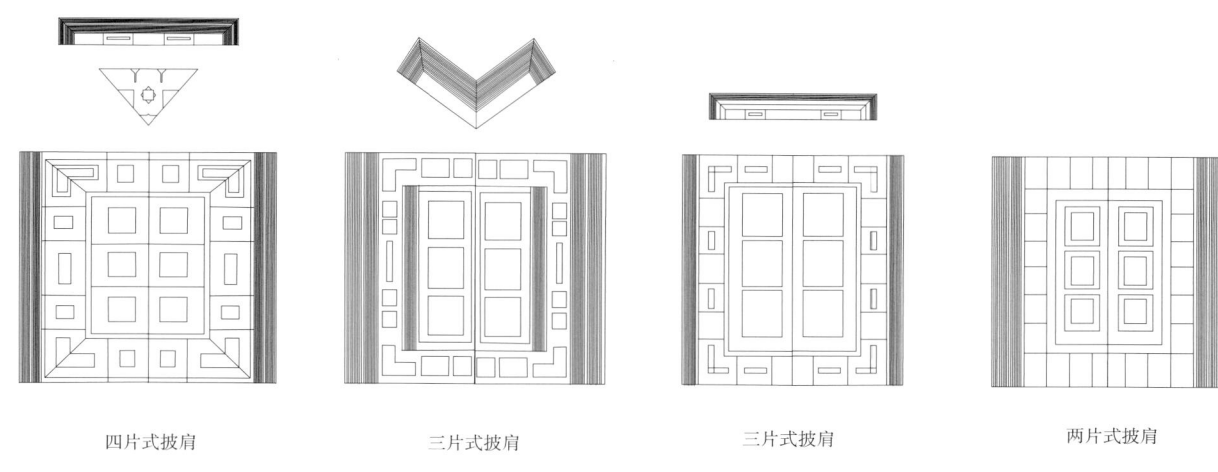

| 四片式披肩 | 三片式披肩 | 三片式披肩 | 两片式披肩 |

图三　小花苗挑花披肩基本结构示意图

图四　小花苗不同挑花针法示意图

铜钱纹　　蜘蛛花　　星辰纹　　水漩纹　　屋架花　　城池纹（中间）　　羊奶纹　　火镰纹

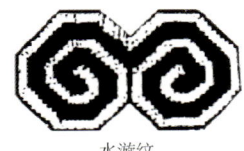  

水漩纹　　　　　　　蓝籽花纹

卍字纹　　　　　　　田连阡陌纹　　　　　　　田连阡陌纹

图五　小花苗挑花披肩部分挑花纹样图

女式　　　　　　　　　　　　　　　　男式

图六　小花苗挑花披肩穿着效果图

苗族蜡染背扇

图一　苗族蜡染背扇主图

背扇，又称"背带""背儿带"，是用来背负幼儿所用的"襁褓"，为苗族的重要生活用品之一。在苗族生活用工艺品中，背扇最能体现母亲对子女纯真、无私的爱，它是苗族妇女的一种群体性艺术，具有广泛的基础和很强的生命力，通过造型、色彩、图案及高超的技艺来表达苗族的历史文化、社会发展，以及人们的宗教信仰、图腾崇拜和对美好生活的憧憬。

背扇由背扇心、背扇脚（又称背扇尾）、背扇带组成。有些背扇还有盖帕，用以遮盖幼儿的头部免受雨淋日晒。背扇造型多样，有正方形、长方形和T形，左右各有一条背扇带（即绑带）缝于两端。背扇带长三四米，有宽窄两种，宽带宽10~20厘米，常施以动物纹和几何纹；窄带宽四五厘米，常施以几何纹或不施纹样。背扇带常固定在背扇的上部边缘处，有盖帕者固定于背扇的2/5或1/3处，制作精美的背扇带还在尾部配以流苏。

苗族蜡染背扇纹样精美，图案的题材多反映苗族生命繁衍、祈福纳祥等内容，常用的图案有"枫木生出蝴蝶妈妈并生下了十二个蛋，孵出苗族始祖姜央"的传说故事。在背扇上染出蝴蝶妈妈的形象，透露出苗族民众祈求生命繁衍的民俗心理。另外，常见的祈福求子题材还有象征多子多福的鱼、莲花、石榴和葫芦等纹样。反映苗族图腾崇拜，以神灵护佑孩子的各种形象也常用作蜡染背扇的图案内容，如变体的苗龙、虎、牛、蛙和狮等图形。苗龙的造型是将牛头、虾须、蛇身、鱼尾等不同的形象，结合苗族的铜鼓、石榴等，组合成二龙戏珠、双龙戏石榴等意寓驱邪避灾、纳吉求福的图形。

不同地区的苗族蜡染背扇各具特色，如织金苗族背扇纹样小而工整，细腻精致；安顺苗族背扇以几何纹和自然纹为主，以点子和染彩为特色。背扇在构图上分上下两个部分。主纹样通常安排在下半部分的中心位置，并以放射状排列，外围施以多层几何纹及连续植物纹样；上半部分由两个或多个并排的适合纹样方框组成，并根据其形状在周围进行连续纹样的填充，图案上下左右都对称、均齐。整个背扇的构图饱满丰富、层次分明，体现了较高的艺术欣赏价值。

图片来源
图一　杨娟　摄影
图二至图五　杨娟　制图
图六　王兴业　摄影
图七　贾京生著.中国现代民间手工蜡染工艺文化研究.北京：清华大学出版社，2013：395.

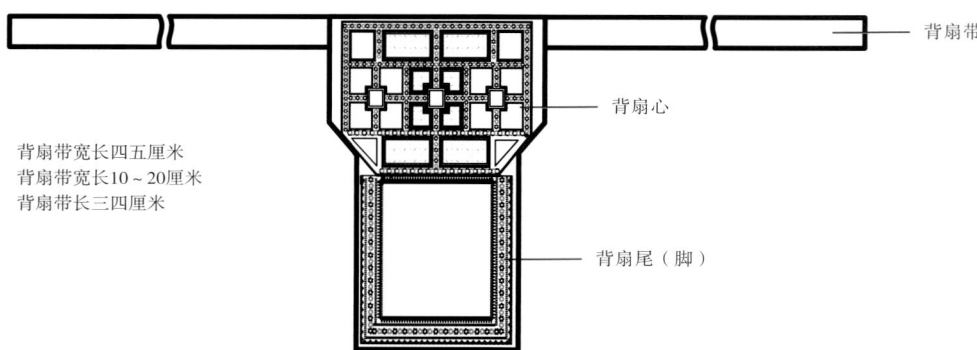

图二　苗族蜡染背扇结构名称图

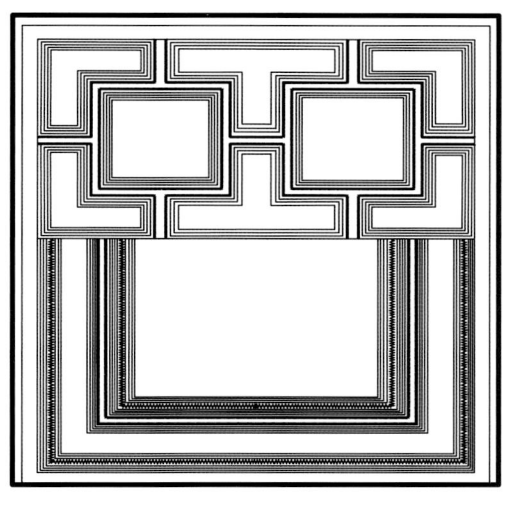

正方形背扇，边长大的有70~110厘米，小的有40~50厘米

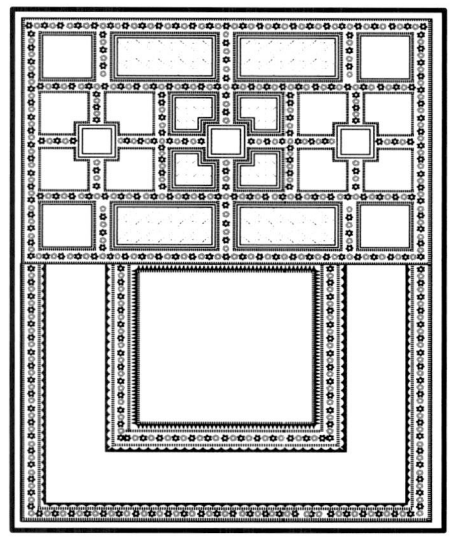

长方形背扇，长边70~80厘米，窄边50~60厘米

T方形背扇，长60~90厘米，宽40~50厘米，呈"T"字形

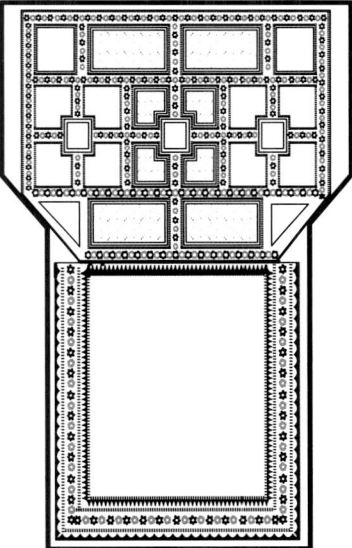

图三　苗族蜡染背扇形制示意图

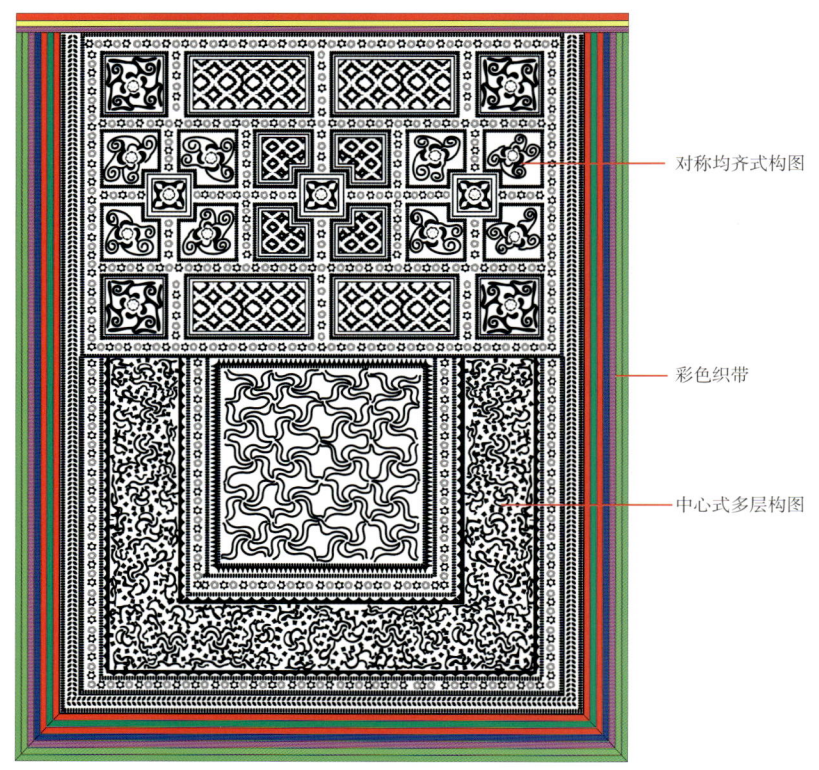

图四　苗族蜡染背扇构图形式及纹样示意图1

对称均齐式构图

彩色织带

中心式多层构图

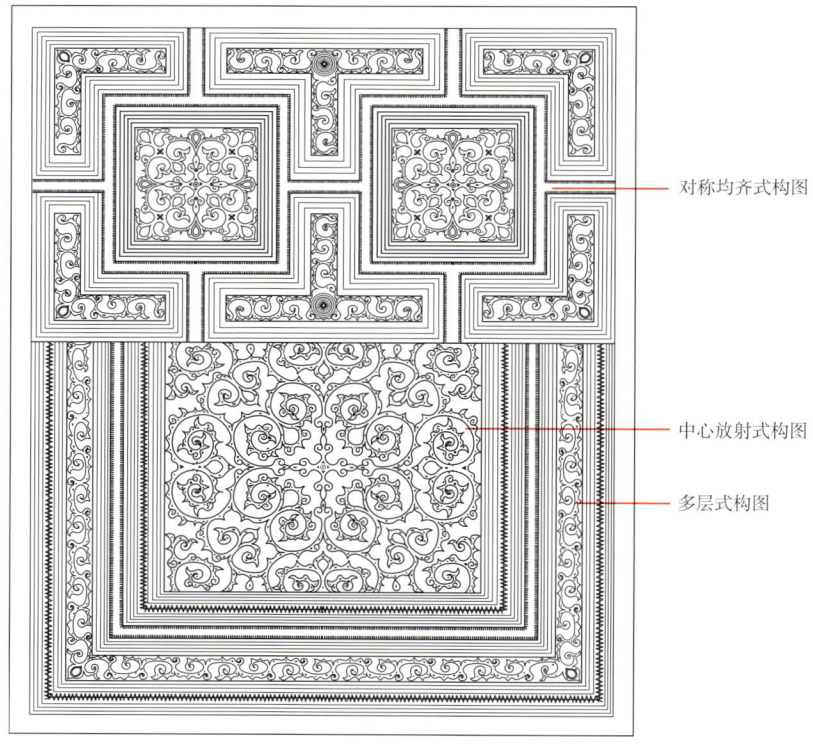

图五　苗族蜡染背扇构图形式及纹样示意图2

对称均齐式构图

中心放射式构图

多层式构图

图六　贵州丹寨苗族蜡染背扇图

图七　苗族蜡染背扇使用情境图

第二章　苗族传统服饰

苗族背儿带

图一 苗族背儿带主图

背儿带是苗族妇女劳作或外出时将婴幼儿缚绑在身上的一种背带,又称背娃崽带、背裙或背扇,在贵州、湖南、云南和广西等苗族地区作为婴幼儿的"护身"用具,所以倍受苗族妇女的重视。几乎每个苗族支系都使用背儿带,不同支系苗族的背儿带在款式形制、装饰方法、制作工艺和图案色彩等方面,既有苗族始祖文化的共性,又有各支系各自的表现风格和艺术形式特点。背儿带的造型独特、结构实用,色彩斑斓,制作精美,表现出苗族人民高超的工艺技法和聪明智慧,其丰富多彩的图案也诉说了苗族民众对祖先的敬仰、崇拜，以及对生命繁衍的祈盼。

苗族人平常使用的背儿带较为朴素，而在节庆活动中使用的则装饰精致华丽。背儿带一般由单件或两件、三件组合的形式，亦有单层和夹层之分。外形大致有T形、方形和长方形等形状，具体款式多变，尺寸不一，形状依个人的喜好有着细微而丰富的变化。单件的基本结构是由一块方形或长方形的包被（称为主片）配上一副绑带组成；两件的除了主片和绑带外，还配上一块遮蔽风雨的盖帕。盖帕有单独于主片之外的，也有与主片相连的形式。三件的则再加上一片垫毯或披风。

背儿带大多缝有夹层，一是使其更为牢固，二是将能够遮住绣花背带后面的线头，使其平整美观。有的背儿带在夹层中间絮些棉花，使其柔软而又保暖，多为冷天使用。

背儿带的装饰图案，大多记载了苗族民众对生命繁衍、子孙福禄等生育信念的期盼和祈祷，常用的图案有花草鱼虫、龙凤蝶鸟和几何纹。

蝴蝶妈妈图案是苗族地区常用的刺绣、蜡染题材，在《苗族古歌》中记载了"枫木生出蝴蝶妈妈"的传说，蝴蝶妈妈生下了十二个蛋，其中一个蛋孵出了苗族的始祖姜央，其他的孵出了龙、蛇、蜈蚣等，表达了苗族民众对祖先的崇拜和对美好生活的祝愿。蝴蝶图案在背儿带上通常作为主花，呈左右对称的形状，还在蝶内套花卉、勾连或铜钱等纹样。

鱼、龙凤与花鸟等图案也是背儿带中常用的题材，在苗族的风俗里，鱼儿象征着多子多福、人丁昌盛和富足有余，将鱼和龙组合意寓鱼跃龙门，与牡丹组合意寓富贵如意，和石榴组合寓意祈祷多生儿子等。象征富贵的牡丹花，在背儿带上也使用得较为广泛。这些图案的布局往往视背儿带的款式而定，一般在背带的主片部分多饰四面对称、开光分布或独花折枝的构图；长长的绑带上多饰二方连续的构图；而挑花图案则多饰四方连续的构图；也有将中间留空而仅装饰四周的形式。

刺绣是背儿带最常用的装饰方法之一，有平针、锁针、破线绣、马尾绣、板丝绣、

图二　苗族（T形破线绣龙凤牡丹纹）背儿带图

堆绣、辫绣和数纱绣等十余种方法。另外，还在绣制好的背儿带上装饰羽毛排须、丝穗、小银玲、珠子和亮片等装饰物。在背儿带上，苗族妇女精心绣制，千针万线，密密实实地绣满图案，这些图案寄托了苗族妇女对生活的美好祈盼和无私的母爱。

图片来源
图一　仲溪　摄影
图二、图三　王艳晖　摄影
图四、图五　许星　摄影
图六至图八　廖晨晨　制图
图九　李雪　摄影

图三　苗族（平绣喜鹊登梅）背儿带图

图四　苗族（平绣花卉纹）背儿带图

图五　苗族背儿带图案局部示意图

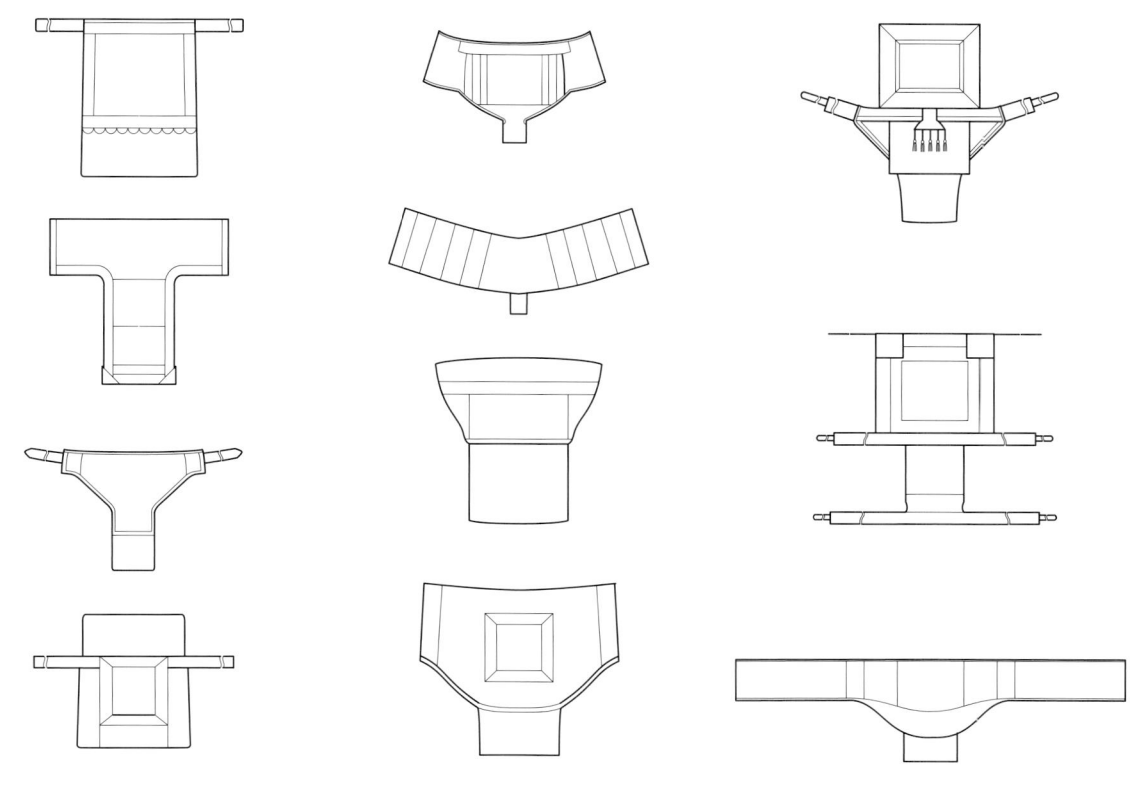

图六　不同形状苗族背儿带示意图

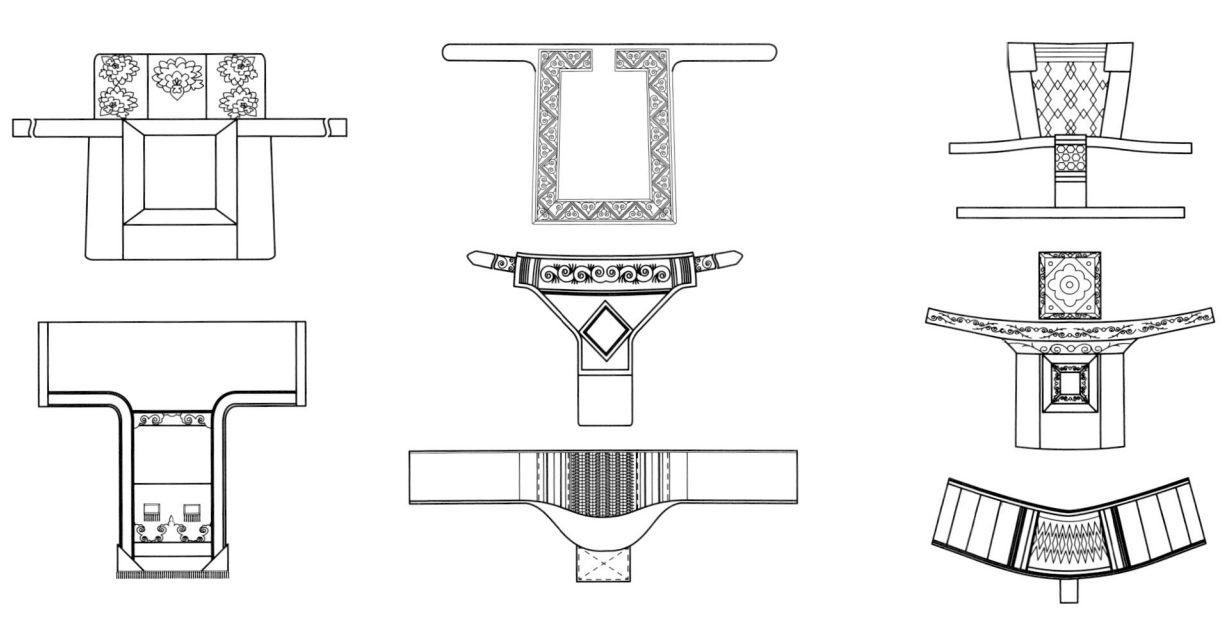

图七　苗族背儿带图案与结构示意图

第二章　苗族传统服饰

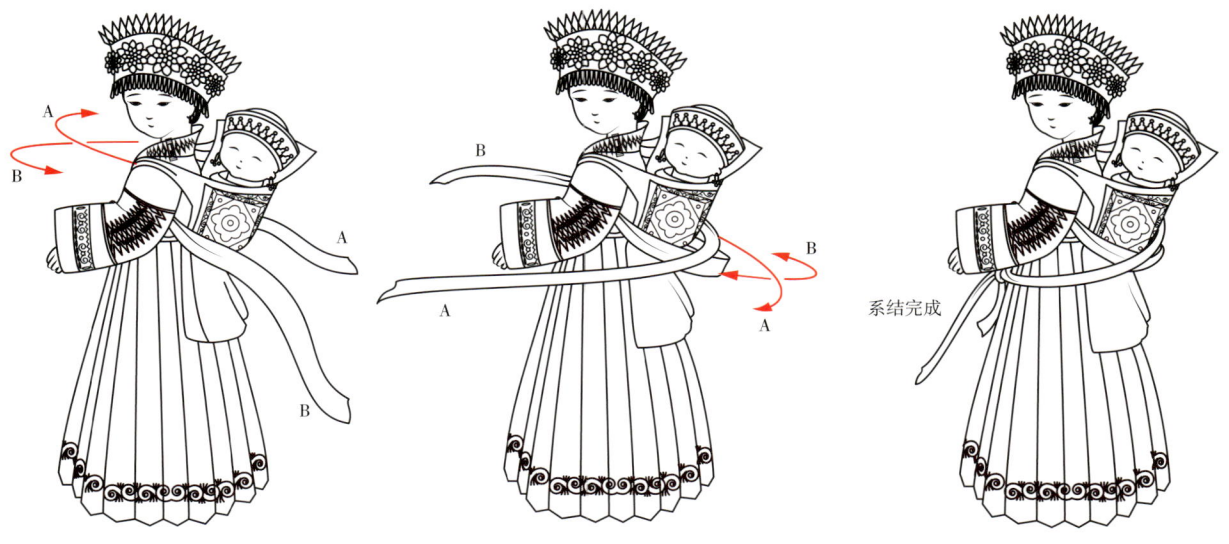

图八　苗族背儿带穿着系结方法示意图

图九　背娃娃的贵州苗族女子图

苗族贴布绣儿童围兜

图一　苗族贴布绣儿童围兜主图

围兜，又称"口水兜""围嘴""围涎"，是用布帛制作，系在婴幼儿的颈部，避免口水或食物弄脏衣服的服饰品。在湖南、贵州、四川、云南、海南等地的苗乡，妇女们都会给自己的新生宝宝精心地准备几个漂亮的围兜。

围兜的款式造型丰富多样，不同的地区、不同的苗族支系，所制作的围兜在造型、用料、刺绣方法、图案内容和形式上都有各自的特点。在围兜的款式方面，大致有圆形、方形、圆头方底形和多边多角形。边角的形状有几何形、花瓣形、枝叶形和变形动物等多种，如有常用的如意头，就有四、六、八个，甚至十二个或更多。动物造型的围兜多有虎、兔、狗、狮子等，大多造型夸张可爱，童趣盎然，代表了苗族传统艺术风格特征。

普通的围嘴以单层、夹层为多,讲究的有双层、三层之多,有的还加饰流苏、珠子和银饰等装饰。围嘴的装饰图案非常丰富,苗家服饰中常用装饰的花鸟虫鱼、山川树木、日月星辰和各种拟想的图形都是儿童围嘴中所绣制的题材。比如,苗族典型的蝴蝶妈妈、枫树、牡丹如意、蝙蝠、龙凤、牛、骏马飞渡、福寿吉祥等图案,被苗家女儿缝绣在儿童的围嘴上。人们用美丽的图案寓意着美好的愿景,表达了长辈对子女的良好祝愿。

刺绣的方法采用苗家常用的各种针法,有马尾绣、平绣、贴布绣等多种。本案例中的儿童围兜是采用贴布绣和数纱绣相结合的方法制作而成。贴布绣在苗族刺绣中运用得非常普遍,其基本方法是用靛蓝色的家织布裁剪出围嘴的式样,再用白色和湖蓝色的布帛剪出围嘴上的卷草、如意和蝴蝶花纹,将白色和桃红色的丝线用锁针绣的方法沿剪花的边缘密密地缝绣起来。围嘴的腰沿处缝绣一块数纱绣的边条,围嘴四边装饰了数纱绣

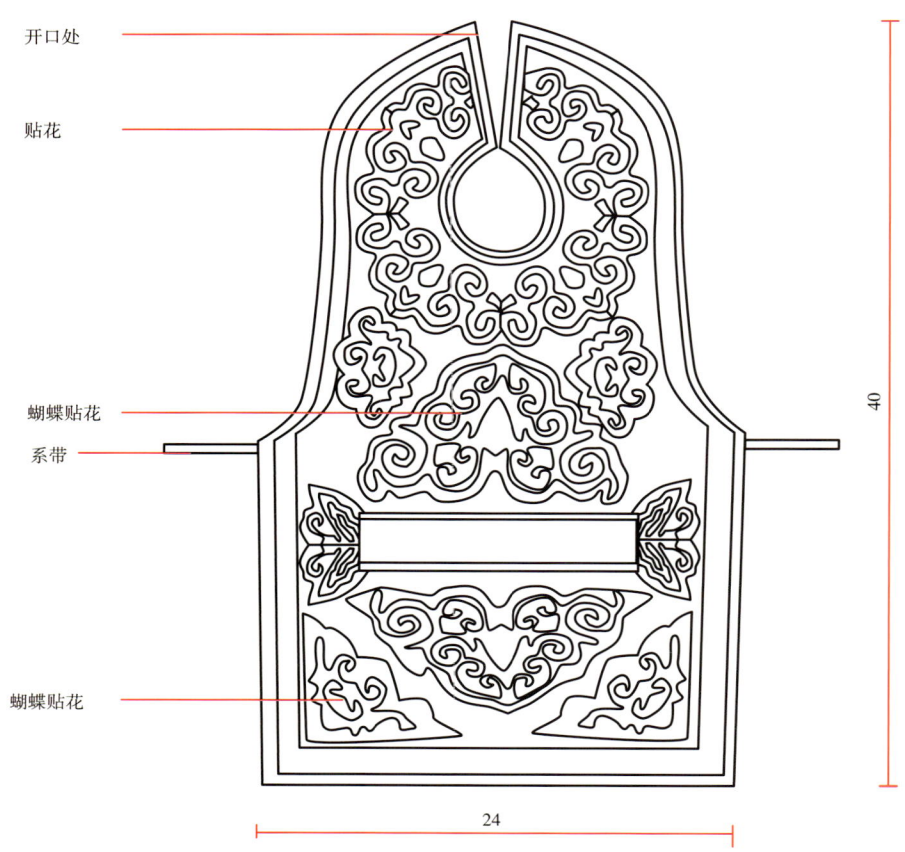

图二　苗族贴布绣儿童围兜结构名称与尺寸图(单位:cm)

图三　苗族寿桃贴花围兜结构示意图

和织锦的饰边。另一款围兜（图八）围嘴的样式在结构和装饰方法上比较相近，但所用面料和色彩略为丰富，面料是蓝色花软缎和青色蛋浆亮布，拼色的贴布除了白色之外，还增加了桃红、蓝色和绿色等，绣边的彩色丝线有桃红、大红、橘黄、蓝色和绿色，饰边的织锦带也有四五种之多。这种在深底色上起彩色花纹的搭配方式，层次分明，构图严谨，纹样丰富而生动，还具有层次感和立体感，显得整体均衡而灵巧。

图片来源
图一、图八　　王岩　　摄影
图二至图四　　廖晨晨　　制图
图五、图六　　沈建国　　摄影
图七、图九　　钱孟尧　　摄影

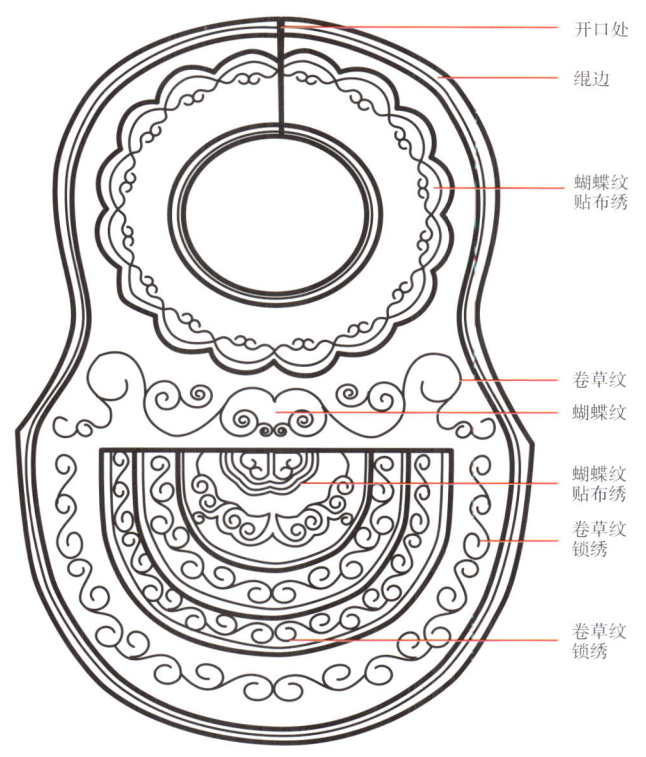

图四　湘西苗族儿童围兜图案结构示意图

图五　苗族围兜如意云纹贴花图案

图六　苗族围兜如意蝴蝶贴花图案和数纱绣蝴蝶图案

图七　苗族围兜贴花和数纱绣图案

图八　苗族贴布绣儿童围兜图

图九　穿围兜的苗族儿童图

苗族儿童绣花围兜

图一 苗族儿童（如意云纹）绣花围兜主图

绣花围兜是流传在广大苗族地区的儿童服饰用品之一。绣花技艺在苗族服饰中应用得非常广泛，衣服的缘边、袖口、裙边、披肩、围兜上，都绣有各式精美的图案。苗族绣花历史非常悠久，已有千百年，明代郭子章《黔记》：黎平妇女长裙上"加布一幅，刺绣垂之"，清代乾隆《湖南通志》（卷四十九）：湘西一带苗族妇女衣服"绣花卉为饰"，清代李宗昉《黔记》：都匀府属八寨（今丹寨）苗寨女子"胸前锦绣一方护之"等，都记载了苗族刺绣的艺术。如今，绣花技艺经苗族各支系传承下来，已形成了丰富的题材和不同的造型特点，儿童绣花围兜是这些刺绣服饰品中独具特色的一个类别。

儿童绣花围兜是围在孩子颈项一周的布帛制品，围兜的造型各异、题材丰富、花纹精致、刺绣针法多样，已形成了苗族服饰品中具有独特风格的艺术品。

本案例绣花围兜是黔东南地区苗寨的传统作品。其外部造型是由两层各八瓣如意云头组合而成，云头像吉祥的如意形，边缘圆润光洁。采用紫红和绿色的素绉缎作为兜面，绿色缎面如意云头用黑色布包边，作为下层围兜；紫红色缎面用蓝色布包边，作为上一层围兜。上层围兜小于下层围兜，错开云头排列，即上层的云头排列在下层两个云头之间的空隙处。

每个如意云头都分别用彩色丝线绣花，上层花瓣每个云头上各有两组花纹，下层仅在云头上各有一组花纹，这样所绣花纹共有24组。图案的题材内容分别有暗八仙、菊花、牡丹花、葫芦、寿桃、蝴蝶妈妈和蜘蛛等。图案的造型朴实、刺绣技法精致，以平绣、齐绣、马尾绣和套绣针法为主，丝线配色的方法按图案的特点而定。在围兜的两前侧还分别用四组粉色、桃红等色的长流苏进行装饰。

儿童绣花围兜有非常丰富的外观造型，如圆形、长方形、圆头方身形、花瓣花叶形、如意云头形和各种动物形，有单层和多层组合。大多在围兜的中间或中上部位开一个圆形套头的孔形，开合处用丝带或纽扣系结。所绣图案采用具有各种吉祥寓意的题材，如象征多子多福、长命富贵等式样，展现了苗族妈妈们精湛的手工刺绣技艺，表达了她们对后代的祝福和期盼。

图片来源

图一、图四　许星　摄影
图二、图三、图五、图六　廖晨晨　制图
图七　钱孟尧　摄影

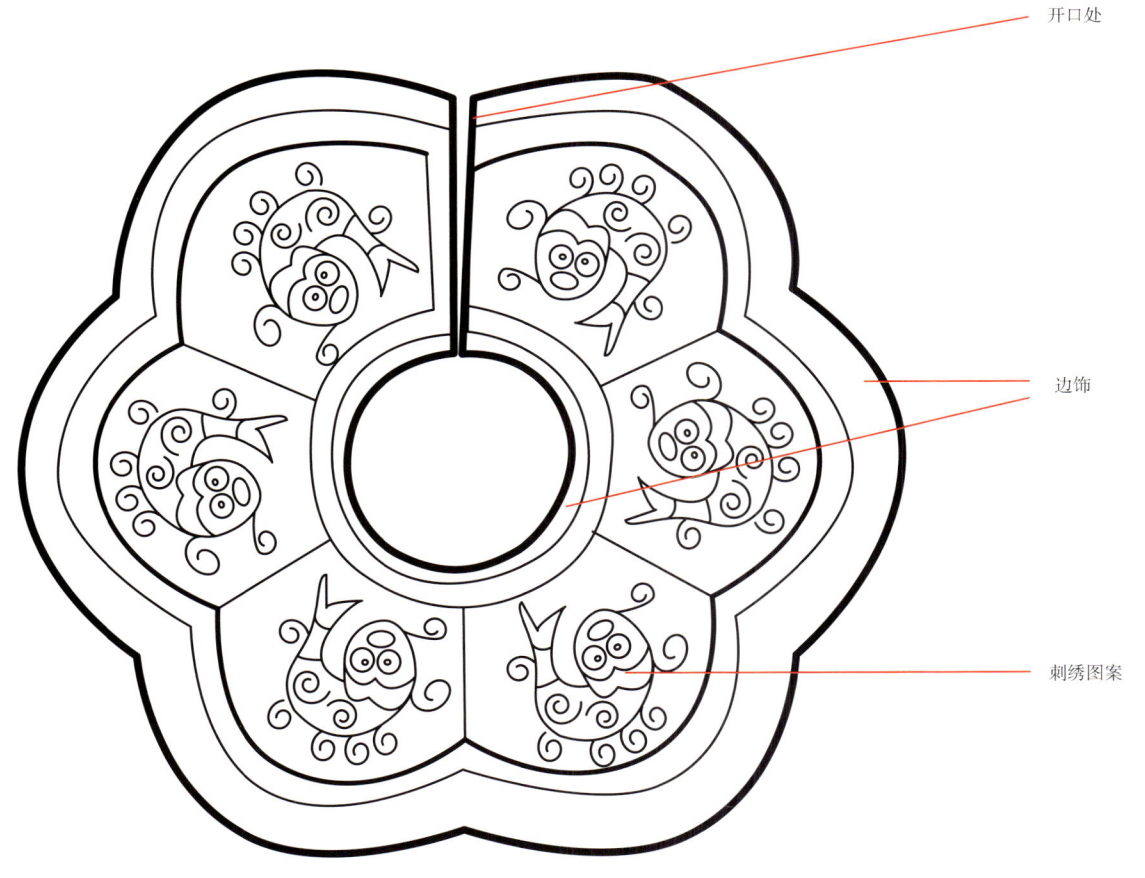

图二　苗族儿童绣花围兜图案和结构示意图

下层　　　　　　　　　　　上层　　　　　　　　　上下层缝合

图三　苗族儿童（如意云纹）绣花围兜结构示意图

图四　苗族儿童围兜如意云纹刺绣图案

四片如意云纹围兜　　　　六片蝴蝶花瓣围兜　　　　八片莲花花瓣围兜

图五　不同苗族儿童绣花围兜造型示意图

图六　苗族儿童绣花围兜四季如意图案

图七　戴围兜的苗族宝宝图

苗族银八仙虎头童帽

图一　苗族银八仙虎头童帽主图

　　银八仙虎头帽是流行于贵州、湖南、广西和四川等地苗族婴幼儿所戴的帽子，也称"虎头银帽""虎头帽"或"银帽"。不同地区苗乡所做的童帽帽式不同，或根据款式的变化，还有"狗头帽""狮头帽""猫儿帽""狗耳朵帽""兔头帽"等。

　　苗族的童帽由帽身、帽顶、帽尾做成，春、秋季所戴的帽子为单帽或夹帽，冬季所戴的帽子为棉帽。帽子的造型多按照虎头的样式设计，有的较为写实，有的较为抽象，仅有虎的外形。帽面一般采用绸缎、绒布或棉布做成，现在有的苗寨则选用单色或花色条绒布制作。里布多采用手工家织棉布或细棉布。

　　虎头帽的帽顶上多设计两只耳朵，前帽檐贴合额头，两侧及后部变化多样，如有露出耳朵、护耳向上翻折的样式，也有护耳与帽尾相连的样式。在帽面上，多有精心刺绣的各种花纹，有的在虎头前面绣出一个大大的王字，寓意孩子如虎生威、虎头虎脑的可爱，还借虎势以镇邪驱灾。其他常用的图案有苗族龙凤、蝴蝶、锦鸡、石榴、蝙蝠等，还多绣有吉祥寓意的文字。由于帽子所用的布料色彩多以黑色、大红、蓝色为底，帽上绣花的花线则采用与之相配的鲜亮色彩。

　　这种帽子的独特之处是帽上的银花装饰。常用的装饰方法是在帽前沿处钉上银质的菩萨、八仙、罗汉或寿星等。苗族民众认为银菩萨能庇佑儿童健康平安、祛邪免灾，所以在童帽额顶的中间通常会缀一枚银菩萨。还有在帽额前饰上9个银质人物形象，即八仙形象和一位"老神仙"，"老神仙"的个头比八仙略大一些。在八仙的下面还加饰带有"长命百岁"等吉祥文字的圆形帽花；帽顶饰双狮滚绣球银片；两侧饰团花、团寿等吉祥银片；帽尾上面饰蝴蝶妈妈、盘长银花，还吊缀有银饰响铃。还有一种童帽样式更为别致，整体呈现筒状，不仅绣满花纹图案，还用银片将整个帽子围起来，帽顶上饰有树枝状的银花，帽下端饰一排或两排半圆形的银泡，所用银饰都被制作得特别薄，所以，孩子戴着钉满银饰的帽子也不会显得特别沉重。

这些银质小帽花造型别致，构思巧妙，作为饰件缝缀在帽子上，表达了苗族民众借传说中的拟想形象来保佑孩子，以求辟邪镇祟，保护儿童健康成长。

图二　苗族银八仙虎头童帽三视图

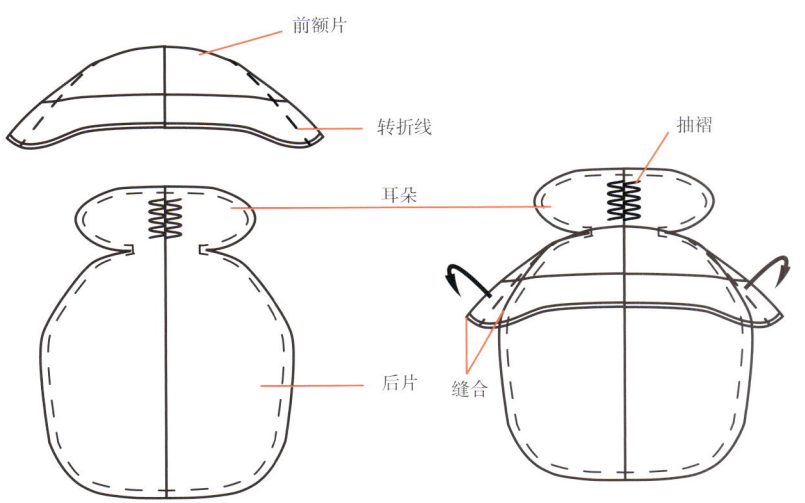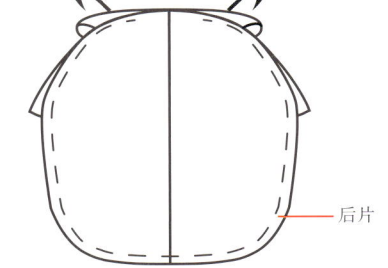

图三　苗族银八仙虎头童帽结构名称图

童帽的造型、制作工艺、刺绣技艺与银饰装饰相结合，设计独特，做工精巧，造型美观，整体形象活泼、可爱，表现出苗族妇女精湛的手工技艺和智慧。

图片来源

图一、图三至图五　廖晨晨　制图
图二、图六、图七、图九　王艳晖　摄影
图八　沈建国　摄影

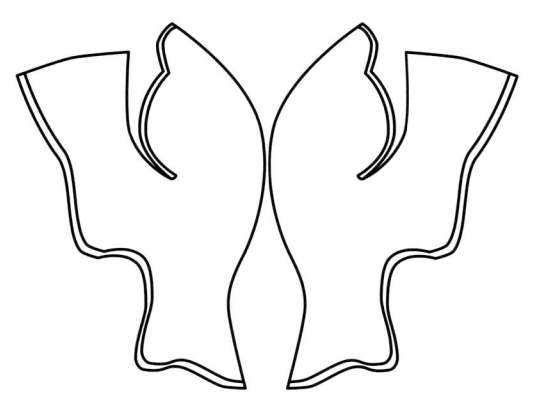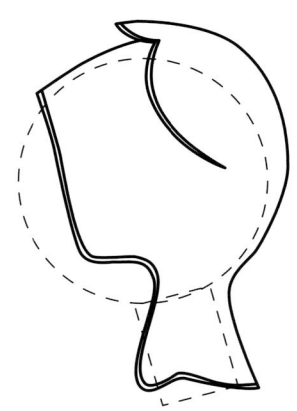

图四　苗族银八仙虎头童帽制作示意图

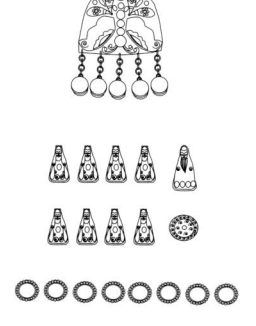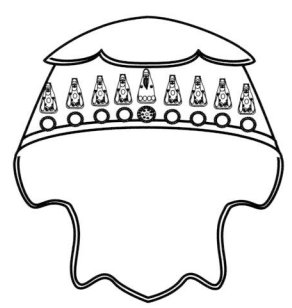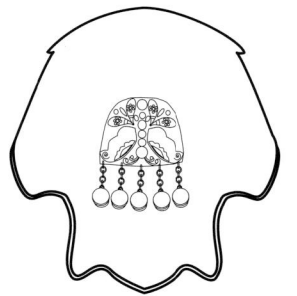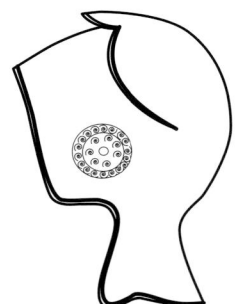

八仙蝴蝶等银饰片　　帽子前面饰八仙和银泡等银饰片　　帽子背后饰蝴蝶银饰片和银铃　　帽子侧面饰圆形银饰片

图五　苗族银八仙虎头童帽银饰装饰示意图

图六 苗族银八仙虎头童帽背面图

图七 苗族童帽各式银帽花图

图八　贵州苗族银八仙虎头童帽图

图九　湖南靖县苗族银八仙虎头童帽图

苗族儿童绣花帽

图一　苗族儿童绣花帽主图

儿童绣花帽是苗族民众普遍使用的饰物，流传于贵州、云南、湖南、四川等地的苗岭山寨中。儿童绣花帽造型结构丰富多样，在苗族地区的生育仪俗中，婴幼儿从出生到成长的各个阶段都非常重要，苗家妇女在给自己的宝宝所穿戴的服饰和日常用具中，采用刺绣、挑花、贴布、蜡染和饰银等进行装饰，如在婴幼儿的绣花帽子上融入了具有象征意义的各种吉祥图案，传达出苗族的原生文化精髓和生育仪俗观念。

苗家女孩子大约七八岁开始，跟着自己的妈妈、姐姐开始学习刺绣技艺，到十五六岁已经十分成熟精练，平时除了绣制日常生活用品外，还绣制出嫁所需的嫁妆及将来孩子的服饰品，如绣花帽、绣花鞋和绣花背带等。儿童的绣花帽子是这些绣品中重要的一项内容。

苗族儿童绣花帽的款式非常丰富，常见的有虎头帽、狗头帽、筒形帽、小鱼帽和狮头帽等。帽子的形状各异，小动物的形象有直立的耳朵、长长的尾巴和大大的眼睛，多有着生活中小动物的夸张和可爱，也有虎头兔尾、狮头蝶尾等不同动物结合在一起的形式。这些帽形一方面来自祖辈传承下来的经典样式，另一方面也融入了苗族妇女们的聪明才智。

做童帽的布料一般是苗族常用的家织棉布、丝绸和麻布，经过染色、蜡染或扎染加工后再做成童帽。

童帽上的图案分为两个部分，印染图案和刺绣图案。图案的内容多为自然中的花草树木、鸟兽鱼虫，如狮、虎、牛、猫、狗、蝴蝶、牡丹、菊花、葫芦、石榴、枫树等，还有各种苗族传说中的龙凤、麒麟等形象，同时还有带有吉祥寓意的各种文字和人物形象。绣制在童帽上的图案，大多造型夸张，动物形象憨态可掬，人物形象自然朴实，花卉形象灵动多姿。童帽上丰富的图案已成为寓意吉祥的符号标志。

苗族童帽的刺绣方法主要有平绣、辫绣、绉绣、堆花、马尾绣、挑花等多种，绣面精致美观，针脚匀称平整，图案凸出立体。刺绣用色多采用大红、明黄、蓝、绿等明艳之色，加饰小绒球、银珠、银片等饰物，不仅美观新颖，还天真可爱，表达了苗族妇女对孩子健康成长、富贵吉祥的美好期盼。

图片来源

图一、图二　仲溪　摄影
图三至图七　廖晨晨　制图

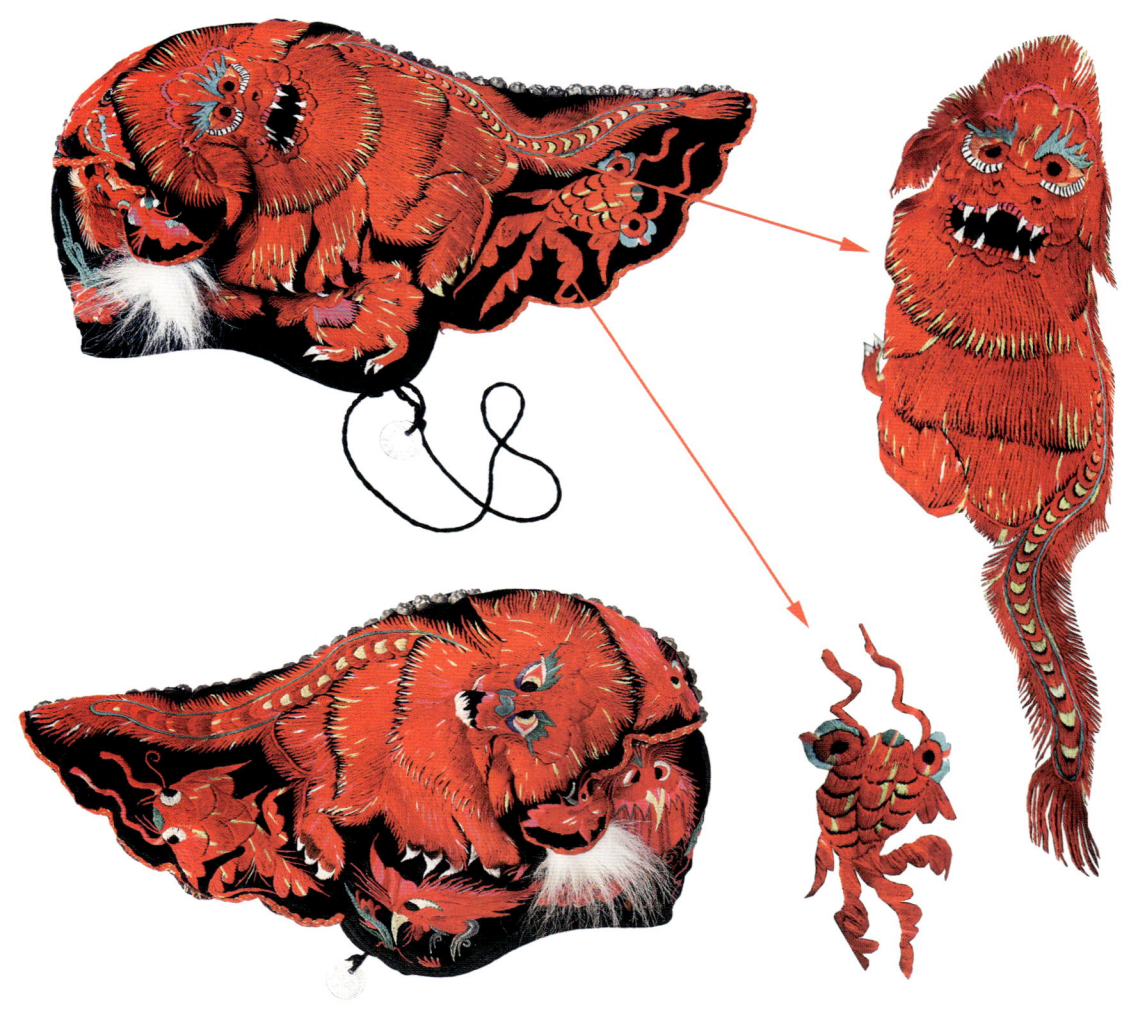

图二　苗族儿童绣花帽侧面图

图三 苗族儿童绣花帽结构和装饰示意图

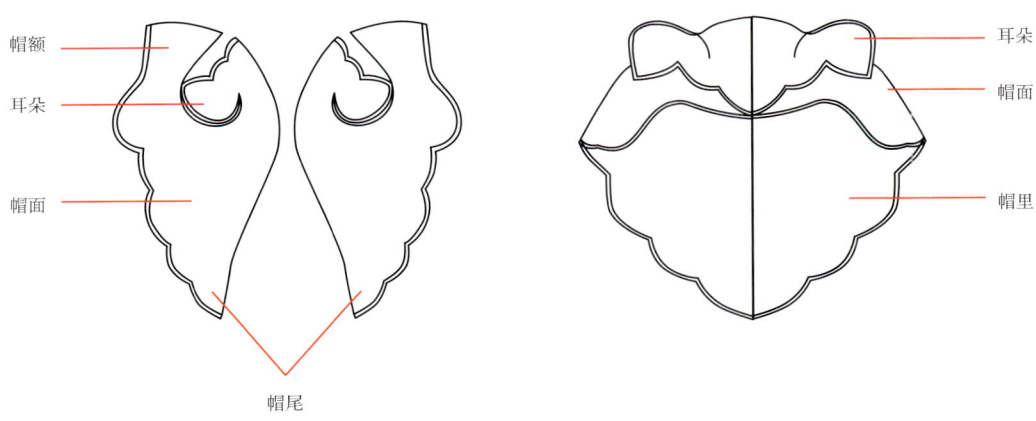

图四 苗族儿童绣花帽结构名称图

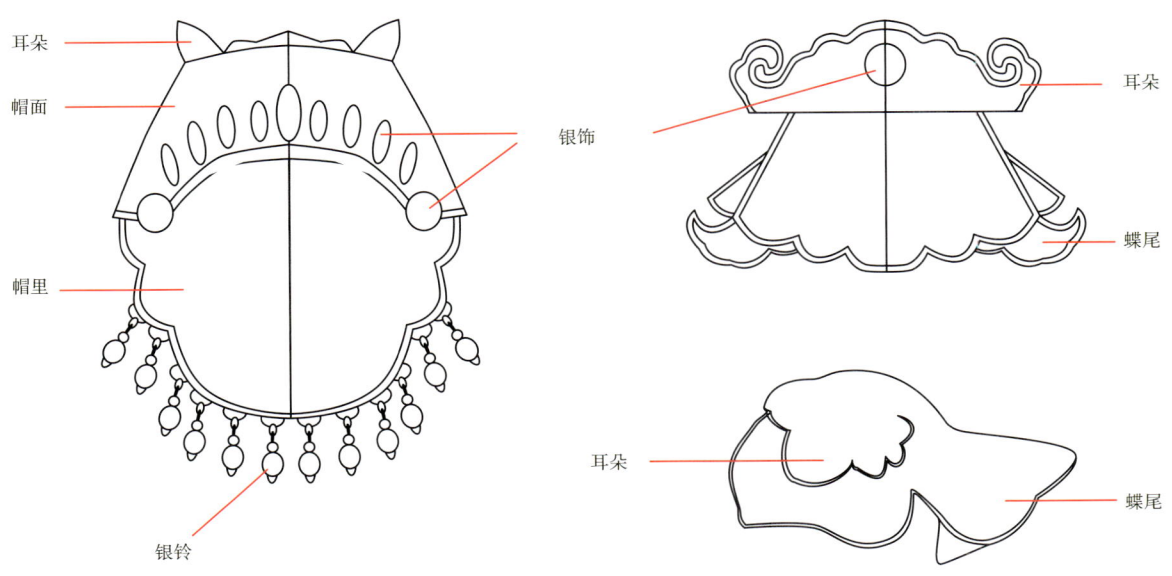

图五 苗族不同童帽结构示意图

图六 苗族虎头童帽款式图1

图七 苗族虎头童帽款式图2

苗族蜡染头帕

图一　苗族蜡染头帕主图1

头帕，亦称"苗帕"，是苗族人在不断迁徙过程中逐渐形成的一种生活必备服饰品。苗族女子通常梳发挽髻，在外出劳动、赶集、走亲戚或参加各类活动时，常常头戴各类头帕，美丽的头帕既能遮风挡尘、保护头部，又能美化装饰，因此长期流行于苗寨民众之中。蜡染头帕以其清新淡雅的蓝色与人们的黄皮肤、黑头发分外协调，展现出质朴、高雅、幽静的气质和恬淡、含蓄、内敛的文化内涵。近年来，一些中老年妇女用更加方便使用的毛巾替代蜡染头帕。蜡染头帕由单一的包头功能拓展成集包头装饰到手帕、室内壁饰等多种功能并用的旅游装饰品。

蜡染头帕多用苗家自织的棉麻织物，并经过煮练和上浆等工艺进行前期织物加工，以便更好地绘图和染色。苗族传统蜡染在图案布局上通常不画花样，绘制者常以稻草、竹片等比画图案位置，意到笔到，信手绘制，表现出高超的技艺水平。绘蜡是蜡染中最关键的工序之一，它关系到图案的最终造型和效果。绘蜡所用工具以蜡刀、竹签、羽毛管等为主，其中以蜡刀为主。根据不同的地域，蜡刀的形制有所不同，例如，榕江苗族喜用斧形蜡刀，安顺苗族喜用三角形蜡刀、六盘水苗族喜用斜角梯形蜡刀等。用蜡刀蘸上熔化的蜡汁在织物上绘制图案，蜡汁以恰好渗入织物为宜，因此，熔蜡温度要恰到好处。蜡凝结后的收缩会使织物图案呈现出独特的冰裂纹，这是蜡染织物独有的魅力。将绘好蜡的织物入水浸泡后放入染缸浸染，便于染色均匀。其间要不定时将织物捞出在空气中氧化后再浸染，反复数次，以便达到理想的染色效果。经过一定时间的高温蒸煮后，将织物捞出反复清洗去蜡，晾干即可。

苗族蜡染头帕根据不同地域而形状各异，有长方形、正方形和三角形。其图案通常采用二次染色而成，首先将织物染成浅蓝色，再在浅蓝色基布上进行绘蜡防染，最终形成图地分明的色彩层次，清新淡雅、自然和谐。构图丰富多样，以多层次、多单元、对称构图为主。用正方形、三角形、菱形等骨骼对头帕进行区域划分，同时骨骼的多线并列本身也起到一定的装饰作用。在这些几何形骨骼内以花卉纹、蔓草纹、蝴蝶纹、曲线纹和点状纹等进行填充，线条规整，绘制精美，纹样饱满，具有极高的审美价值和装饰意味。

图片来源

图一　吴元新，吴灵姝，彭颖编著.中国传统民间印染技艺.北京：中国纺织出版社，2011：154.

图二　贾京生编著.蜡染艺术设计教程.北京：清华大学出版社，2010：262.

图三至图七　杨娟　制图

图二　苗族蜡染头帕主图2

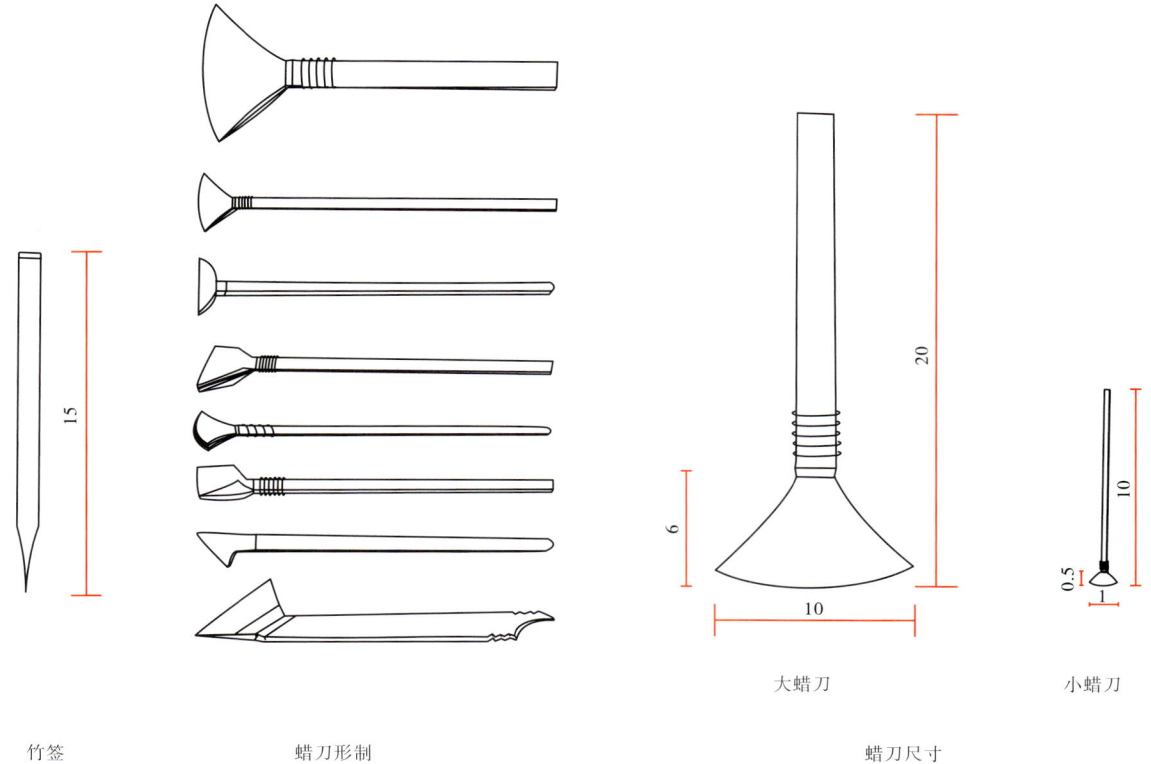

竹签　　　　　蜡刀形制　　　　　　　　　　大蜡刀　　　　　　小蜡刀

图三　苗族蜡染头帕绘蜡工具尺寸图（单位：cm）

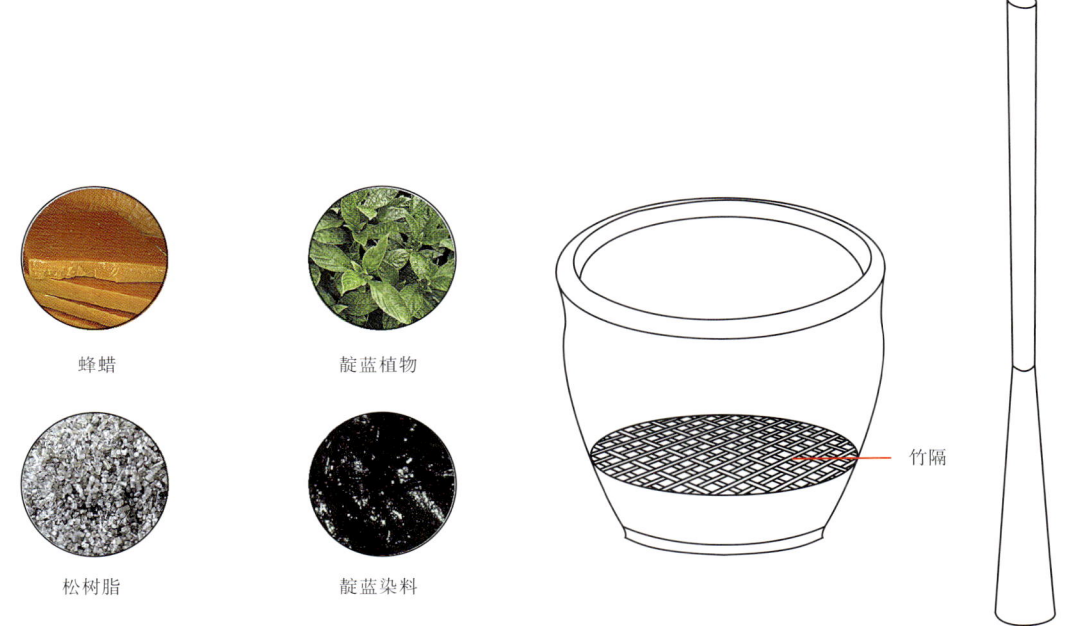

蜂蜡　　靛蓝植物　　　　　　　　　竹隔

松树脂　　靛蓝染料

图四　苗族蜡染头帕浸染原料和工具示意图

第二章　苗族传统服饰

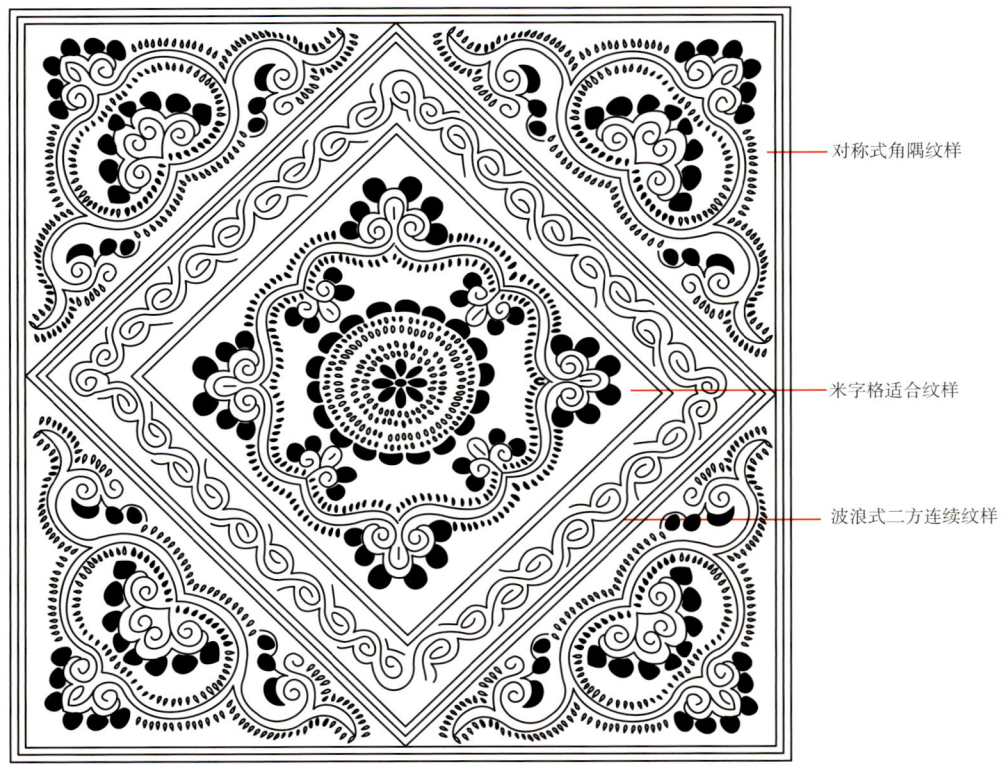

图五　苗族蜡染头帕纹样组织形式1

对称式角隅纹样
米字格适合纹样
波浪式二方连续纹样

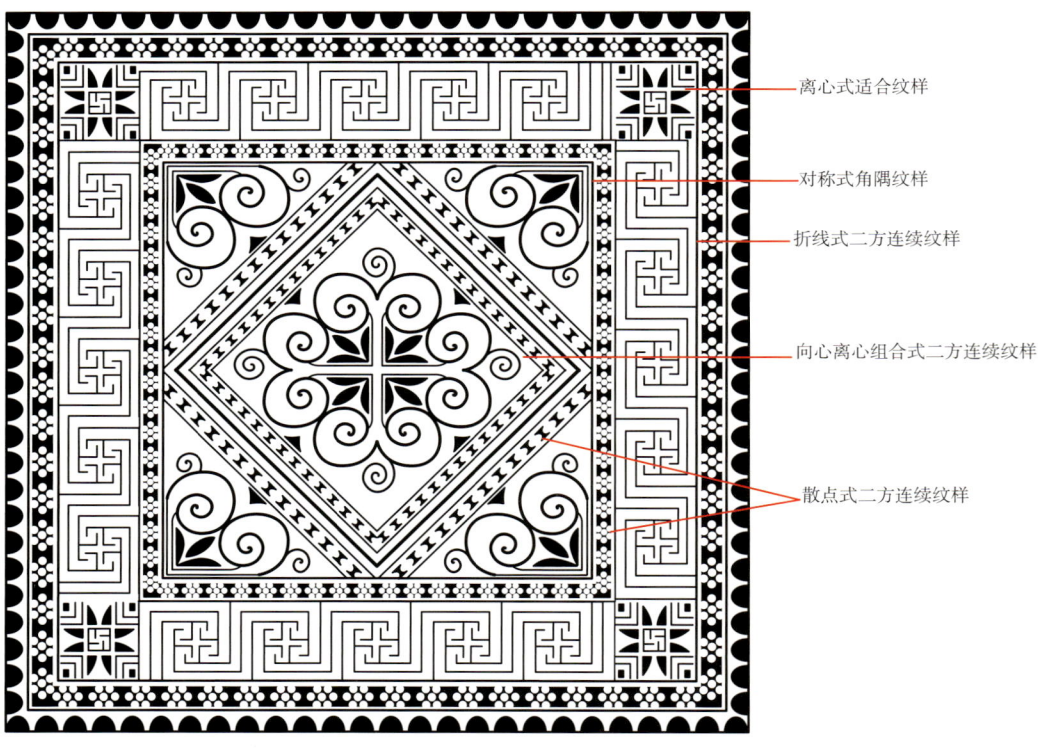

图六　苗族蜡染头帕纹样组织形式2

离心式适合纹样
对称式角隅纹样
折线式二方连续纹样
向心离心组合式二方连续纹样
散点式二方连续纹样

花卉二方连续纹

团花纹

花卉角隅纹

"万"字二方连续纹

波浪二方连续纹

蔓草纹

漩涡角隅纹

几何组合纹

图七　苗族蜡染头帕纹样图

苗族女子簪花头饰

图一　苗族女子簪花头饰主图

苗族服饰注重装饰，头饰是装饰中重要的组成部分。簪花头饰是流行于黔东南西江、郎德、舟溪等地区部分苗族支系女子便装及盛装时的一种装饰形式，其特点是女子头梳高大的发髻，在发髻之上饰有各式小饰品，如梳子、银发钗、头花等，而大朵鲜亮的花饰是头饰中醒目而突出的亮点，装饰的花朵主要有牡丹、月季、山茶、芙蓉，以及一些较为抽象的花式。所装饰的花朵主要是色彩鲜艳的人造绢花，如今也有塑料仿真花替代绢花。

苗人自古饰"椎髻"，《南齐书》载："蛮俗，衣布徒跣，或椎髻或剪发"，西江等地苗族妇女的高髻簪花形式由来已久，传承至今仍保留着其独特的造型和丰富的装饰形式。花朵硕大，作为插花的发髻也相应高大。苗族女子先将自己的头发梳理整齐后向头顶部挽去，扎紧发根将发束盘髻。由于发髻所需发量较多，以往人们将剪下留存的真发掺入，如今多用黑色绒线替代头发掺入，合股扭拧、盘绕，做成高大的发髻，发尾用彩绳和木梳（或银插梳）插好固定，就可以插上花朵了。花朵的装饰部位随不同苗族支系的习俗有所区别，西江苗寨的女子多将花朵插在发髻的左前方或正前方，旁边辅以小杂花和银饰；也有的苗寨女子将花朵插在发髻的两侧，旁边用小花小钗等呼应起来。作为盛装装饰的花朵，往往更硕大亮丽，旁边辅饰的饰品也更加丰富，如舟溪地区一些苗寨女子做盛装头饰，硕大的花朵装饰在高髻正前方，髻后插梳饰钗挂链，头围额帕，上饰银围，用织锦花带系结，整个头饰华丽精致，别有风采。

年长的苗族妇女，同样梳理着高大的髻式，所插的花朵比年轻人略小一些，采用的花式有小朵的月季、牡丹，还有用丝帛缠绕而成的抽象花朵，配几只花色的小发卡将髻固定，有的还包上头帕，将花饰围住。

苗族女子装饰的花朵，色彩丰富，有大红、桃红、玫红、粉红、紫红、浅紫和黄等颜色，花朵配以绿色的叶片，使得花饰更加美丽娇艳。以往苗族女子自己制作头饰绢花，如今集市上有现成的绢花出售，人们为方便起见往往买来饰戴，已很少有人自己做花了。

漂亮的簪花既美观，又能固定发髻，还能通过花式和插花形式识别支系，成为约定俗成的惯例。

图片来源

图一、图三、图四、图六、图七　苏州工艺美术职业技术学院老师　摄影

图二　廖晨晨　制图

图五　马路　摄影

图二　苗族女子簪花头饰示意图

图三　苗族高髻饰花示意图

图四　苗族女子各种花饰图

图五　头戴粉色绢花搭配银花冠的苗族妇女图

图六　头戴各式花饰的苗族妇女图

图七　花朵与银围帕相搭配的舟溪苗族女青年图

第二章　苗族传统服饰

靖州花苗女子头饰

图一　靖州花苗女子头饰主图

头帕和银泡发箍雀花是湖南靖州花苗妇女服饰中常用的头饰。花苗也称"花衣苗"，当地服饰形式传承历史悠久，早在清朝道光年间的史料中就有这样的记载："锦屏县娄江苗族举人、黔西州学政杨学沛在娄江、偶里、稳江、铜坡等'二十一早半'地区倡导进行改革，内容涉及婚姻、乡规、服饰等。服饰改革主要针对妇女。规定头饰：未婚者蓄长发，加红绒线编成辫垂后或盘于脑侧，红绒头垂下左肩；已婚者将发绾髻于脑后，不加红线，插以弯弥（银簪）。平时不包帕，干活时搭布巾于顶抵灰尘"。在日常生活中，女性所穿服饰比较实用简朴，但蓝白相间的头帕和彩色绒线装饰的发箍给朴素的衣装增添了亮丽。花衣苗未婚女青年将辫子盘于头上，除走寨、踩堂、过节会盘发插花外，平时要包上深色的头帕，婚后将头发结髻于头顶，包上蓝白色相间的头帕。头帕具有防尘防晒等实用性，同时也起到装饰作用。

花苗女子常用头帕一般为白底上织蓝线条纹的织锦或土布，两端织绣有繁简不一的彩色连续图案，如卍字纹和狗牙纹。

靖州花苗女子的头帕有多种形制，主要是大小上的区别，有大方帕、宽条帕和窄条帕，大方帕多为中年妇女穿盛装时使用，围裹时还需要先在头上固定造型支架，宽条帕与窄条帕是已婚女子冬夏季节使用的头帕，缠裹的方法相似。

以宽条帕为例，缠裹头帕时，先将长边的中点对准前额中心，用下颌压住帕的一端，另一端包裹头部时，一边包裹一边用手对折巾帕，再绕至耳后处用手压住，接着取出被下颌压住的这端，用同样的方法包裹，最后将缠绕好的部分掖入头帕与头部的缝隙并压实。

银泡发箍，是靖州花苗女子着盛装时使用的一种头服，也是未婚女子日常中使用的传统头服，不仅具有装饰性还可将额前的头发固定，保持面容光洁。银泡发箍上的装饰物有银花、银雀、银蝴蝶、银梳、银簪、银泡箍和程式银挂坠等。

发箍的用法是将最宽处贴着前额，两端

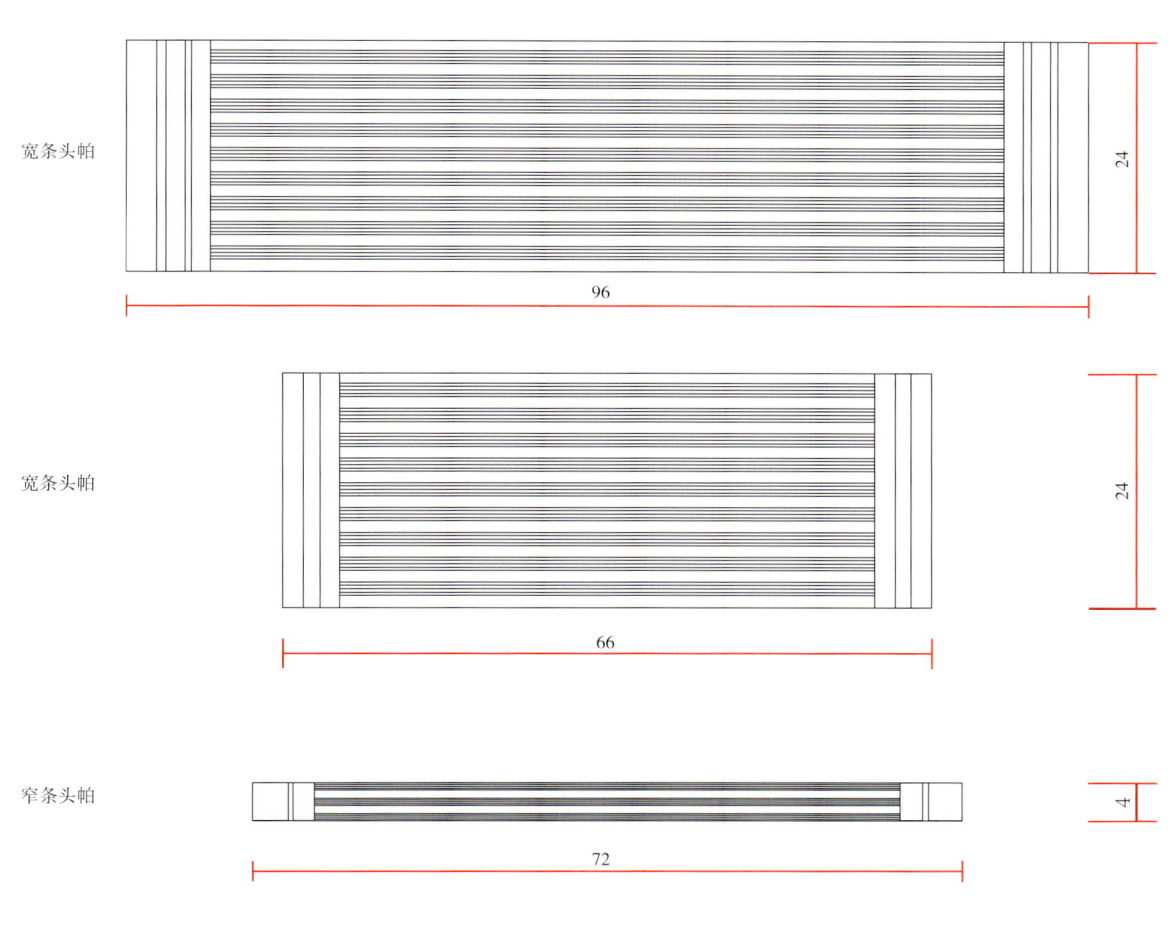

图二　靖州花苗女子头饰款式与尺寸图（单位：cm）

的细绳在脑后打结固定，在发箍的上面要盘绕一圈发辫，以备用来在盘好的发型上插挂各式各样的银饰点缀。银雀花中包含了飞鸟、花朵和蝴蝶等纹样，其细部结构是以一块蝴蝶形的银片为底，银片上以细银丝连贯着银质雀鸟和花朵形银片，在每片银花上固定有五彩丝绒做成的大小不等的绒球，蝶形银片托底的四周边缘坠有细银链连接的银铃或喇叭花状的银吊坠，随风摆动时能发出叮当的声响。托底的下方焊接着一个长笄，佩戴时可插入发髻中。三角银挂饰，挂在耳朵上方的盘发处，左右对称，使用的数目为双数，层叠装饰，与胸前的银牌搭配使用。

图片来源

图一、图四至图十　王艳晖　摄影

图二、图三　廖晨晨　制图

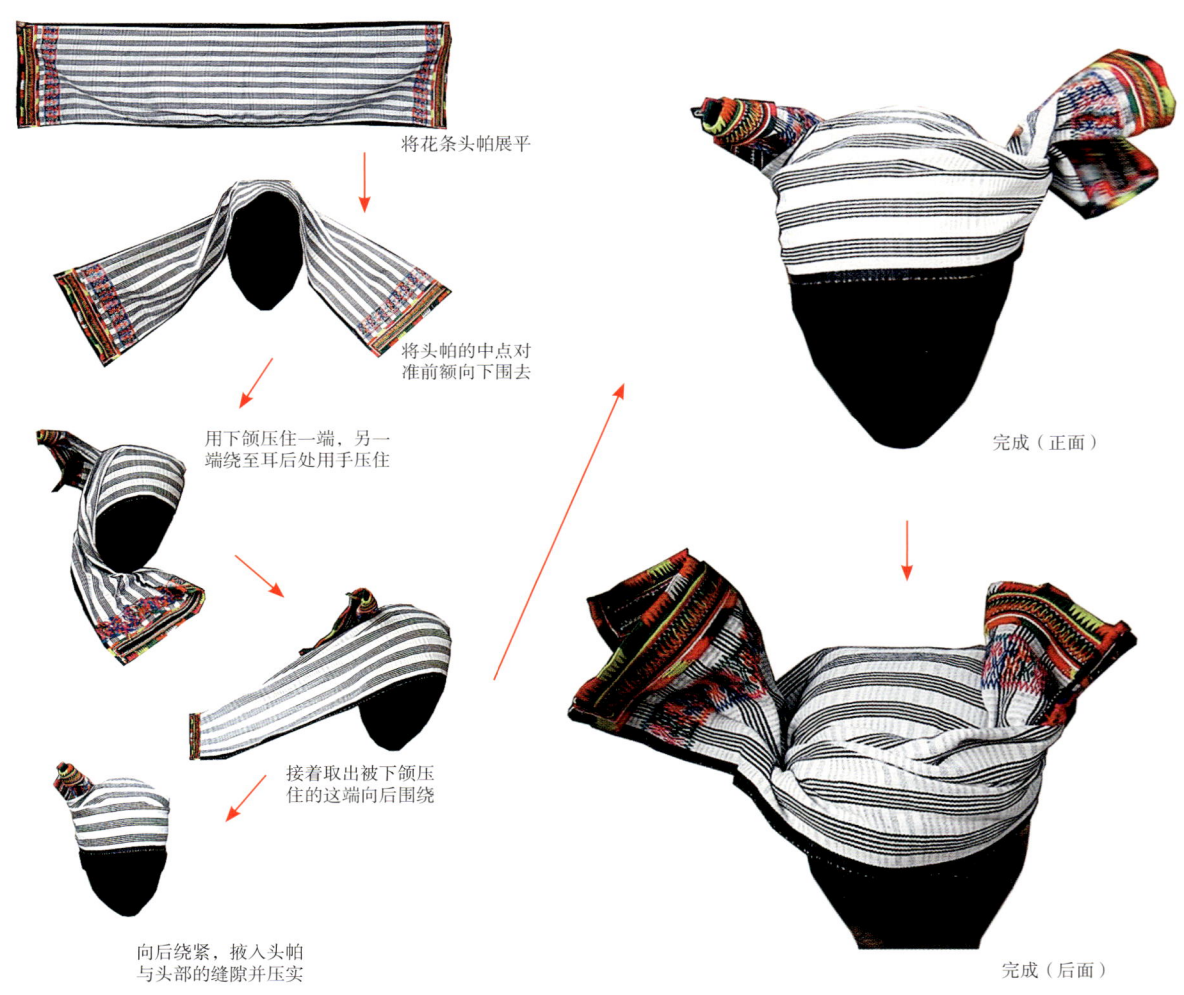

图三　靖州花苗女子头饰（宽条头帕）系围方法示意图

图四 靖州花苗头饰视角图

图五 靖州花苗少女头饰图

第二章 苗族传统服饰

267

正面　　　　　　背面

图六　靖州花苗绒球蝴蝶银雀花示意图

正面　　　　　　背面

图七　靖州花苗银饰花片示意图

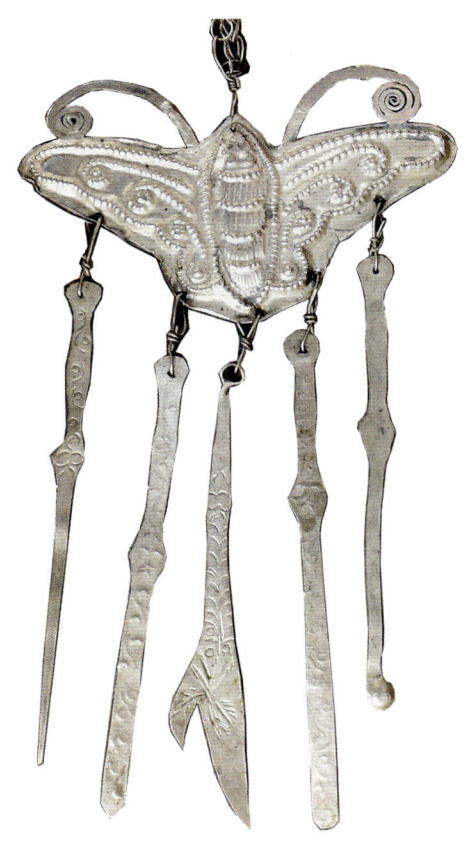

图九　苗族银蝴蝶图

图八　苗族银链银铃图

图十　苗族三角银挂饰图

岜沙苗族男子户棍发髻

图一　岜沙苗族男子户棍发髻主图

本案例为岜沙苗族男子户棍发髻。黔东南从江县丙妹镇月亮山麓的岜沙苗族属黑苗的一支，有着悠久的历史，千百年来岜沙苗族刀耕火种、织布做衣，固守着本民族独有的生活方式和服饰习俗。岜沙苗族坚信自己是蚩尤的后裔，他们历经战乱迁徙来此后，仍尚武崇勇，"善击刺，出入必持枪弩"，男子的服饰装扮显得粗犷豪放，上衣为青黑色亮布衣，无领，直身，侧衩，多饰一字盘布扣，也有饰银或铜扣头。衣襟加绳边，衣长至臀，接袖，下摆两侧开衩。下着抿腰的大裆大管青布裤，多赤脚。腰悬火药筒、铁砂牛角和枪冲，后腰挂着篓和砍刀，前面腰际佩戴一只绣花小荷包。

岜沙苗族男子的发髻有着独特的样式和风格，是区别其他苗系最为明显的特征之一。岜沙男子头顶上的发髻，苗语称为"户棍"，汉语称"鬏鬏""鬏髻"或"椎髻"等，史书中就有关于"鬏髻"的记载。岜沙苗族这种椎髻承袭了远古时期三苗的束髻习俗，其具体方法是先剃除头部四周的头发，然后将头顶部分的长发盘束成鬏髻，这种发髻已成为岜沙苗族的标志之一，因为其他苗族支系的男子虽也有盘髻的习俗但已很少髡发了。岜沙苗族每一个男子都要梳理这种独特的髡发户棍。

在岜沙，人们把户棍看作是雄性的象征和消灾祛病、保佑安宁的护身符。他们从小髡发，将额前的头发剃除，留下后面的头发披散在肩后。当男孩长到十四五岁时（也有说从7岁到15岁之间），就要参加一次成人礼，其中一项重要的仪式就是剃头盘髻。

少年洗净头发后，由寨子里一位德高望重的长者，用磨利的镰刀给男孩剃头，将头顶部的头发绾髻成户棍，然后剃掉其四周的余发。完成这种祖祖辈辈沿袭下来的仪式后，再在男孩的额头上系一条挑花颊巾，让他背起火枪，挎上砍刀。这就标志着他已长大成人，可以结婚生子了。之后，还要经常修理发髻周围的余发，终身梳理户棍发型。

户棍的造型结构，总体上是将头顶中央的头发留下，四周的头发用镰刀剃去。而头顶发髻的编法则有微妙的变化，有的人将头发拧成一股，在头顶的前部盘绕，发尾从发环中穿出固定；有的人则在头顶后部盘髻，并留有一股发梢垂在后面；也有人将发梢从侧面穿出，垂在耳后，垂下的发梢有长有短，长者一尺有余，短者仅有寸余，不留发梢者也不在少数。

图片来源
图一、图七　倪要武、马路　摄影
图二至图四、图八　倪要武　摄影
图五　廖晨晨　制图
图六　苏州工艺美术职业技术学院老师　摄影

图二　芭沙苗族男子户棍发髻制作示意图

图三 岜沙苗族男子户棍发髻造型示意图

图四 岜沙苗族男子用镰刀剃发图

第二章 苗族传统服饰

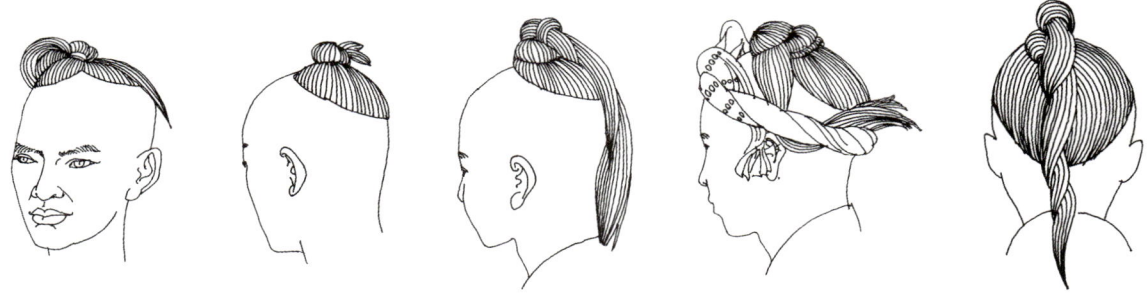

图五　岜沙苗族男子不同户棍发型

图六　岜沙苗族男子围在头上的挑花颏巾图

图七　扛长枪腰悬火药筒和铁砂牛角的岜沙苗族男子图

图八　身背镰刀篓的岜沙苗族男子图

苗族绣花小荷包

图一　苗族绣花小荷包主图

绣花小荷包是分布在贵州、云南、湖南、四川等苗族地区广泛使用的服饰品。荷包按不同地区又称为香囊、香袋等。荷包有各种具体的使用方法，如装香料、铜钱、小铜镜、烟叶、火药等小物品。

在苗族的日常生活中，荷包常常作为青年男女的定情之物、母亲送给孩子的辟邪之物、晚辈为长辈祝寿的喜庆之物和亲朋好友之间节日馈赠的祈福礼品等。

常见的荷包样式丰富，根据造型的不同有圆形、方形、长方形、半圆形、腰带形和裹肚形荷包。荷包的结构主要有面、里、隔层、饰边、系带和装饰物等。制作荷包的布料多选用单色的棉布、丝绸或经过捶打的蛋浆亮布，多用棉布做里衬，经手工缝制后，在荷包布料上绣出各色花纹，也有先在布料上绣好花纹后，再裁剪缝制。荷包上通常要附加一些装饰物，如小挂件、铃铛、流苏、绒球和亮片等。

在湘西、贵州等苗族地区，人们喜爱裹肚荷包，至今还有不少男女青年使用。湖南省博物馆里珍藏的苗族刺绣小香包，是民国时期的藏品。腰包总体为半圆形，面为青色绸，里是蓝土布，镶有宽边。荷包上有双凤穿牡丹、蝴蝶、兰花等丰富的刺绣纹样。刺绣的针法主要为平绣，辅助以锁绣、贴布绣、打籽绣和网绣等多种针法，尤其是深色的布底上绣出鲜亮的花纹，色彩明艳，艳而不俗，绣工精细，是湘西苗族刺绣荷包中的精美之作。

在贵州岜沙苗寨里，成年男子腰间都佩戴着一个精美的绣花小荷包，一般为女子送的定情之物。苗家女倾注情感精心绣制，等到了婚嫁年纪时参加各种跳花场的活动，相中自己的意中人后，便将荷包赠给男青年作为定情之物。男青年会一直将这个小荷包佩戴在腰间，一方面装些烟丝、火药等，另一方面也是展示一下自己心上人的精湛手艺。

小荷包用岜沙苗寨女人自织自染的黑青色蛋浆亮布制作，一般为前片浅口半圆形，后片在前片的基础上加上向前翻折的袋盖，通常镶有较宽的边；系扣用斜裁布缝制，纽扣为小铜扣或小银扣。荷包面上多用贴布绣的方法绣制蝴蝶纹、涡旋纹和龙纹等，颜色较为明亮醒目，多用桃红、大红、橙、湖蓝、绿等多色，用锁绣、平绣等针法绣制，还结合图形装饰彩色的饰边和亮片。围系小荷包的腰带用绿色布料缝制，在腰带上还贴缝了与荷包同质的布料，并在上面绣出花纹。

岜沙苗寨男子所佩戴的小荷包，无论从造型上还是刺绣装饰上，个个都不同，虽然造型看上去都差不多，但细看荷包的大小、款式的细节、内袋的层次，尤其是刺绣的图案、色彩和装饰手法等都有细微的区别，倾注了苗族女孩子们的精心和智慧。

图片来源
图一、图四　马路　摄影
图二、图三　廖晨晨　制图
图五　民族文化宫编著.中国苗族服饰.北京：民族出版社，1985：26—27.

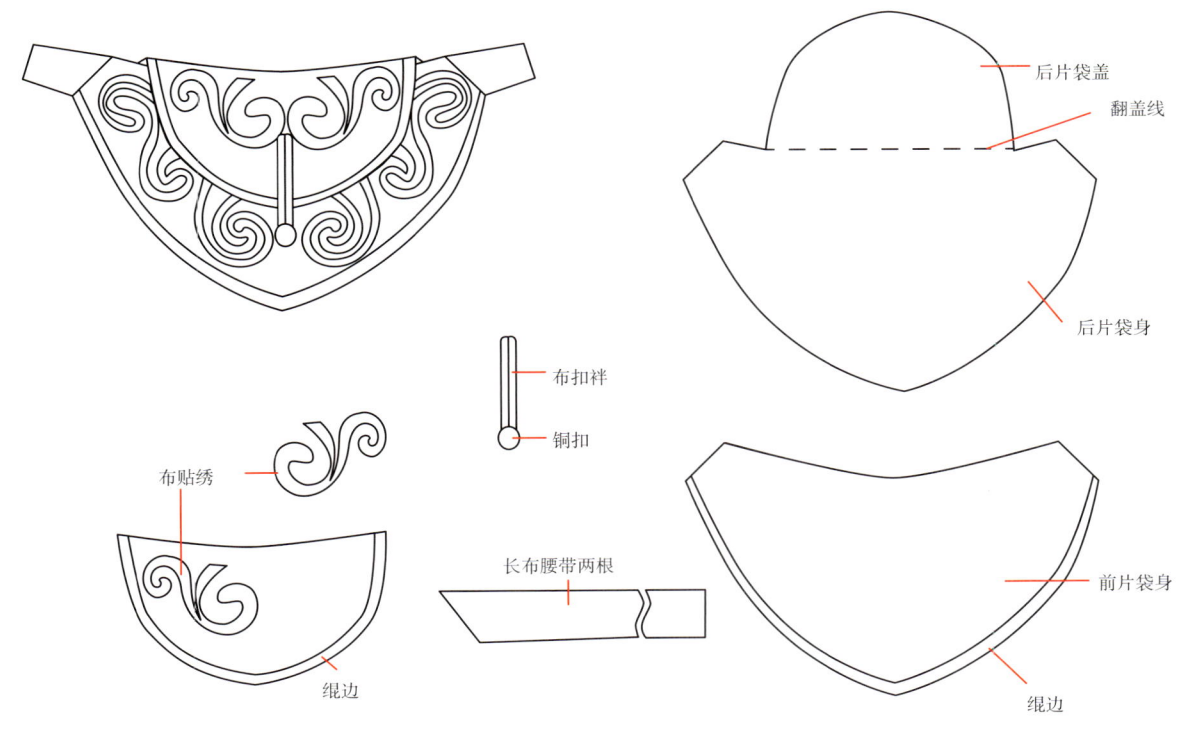

图二　苗族绣花小荷包结构示意图

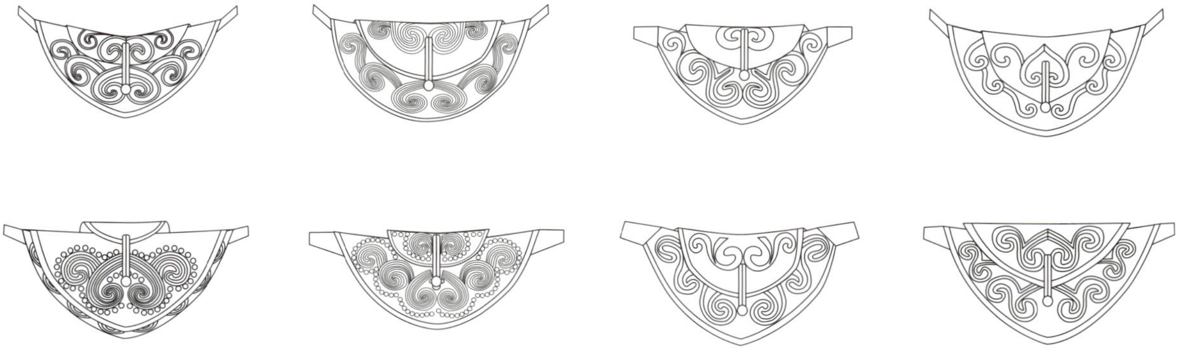

图三　岜沙苗寨各式绣花荷包示意图

图四　腰间佩戴绣花荷包的岜沙苗族男子图

湘西苗族男女装钱用的绣花小抱肚

湘西苗族绣花小荷包

图五　湘西苗族绣花小荷包图

第二章　苗族传统服饰

277

苗族刺绣香包

图一　苗族刺绣香包主图

　　香包，又称香囊、香袋，是用天然面料缝制口袋，并将香料或药材置于其中，使其散发香味而得名。苗族香包最早是作为防疫之用，香料由传统苗药经过精心搭配而成，随身佩戴能起到预防和治疗感冒等功效。另外，由于其造型的多样化，使得它具有良好的观赏价值。苗族香包以其精美的装饰效果和实用功效成为苗族人日常生活中的重要物品，用于驱虫避疫、安神养气、亲友馈赠，甚至作为年轻人定情信物。它可以作为随身佩戴的服饰品，或挂于腰间，或配以裙上，儿童则挂于脖颈；亦可作为装饰挂件，用于美化居室环境。

　　香包的造型和刺绣工艺根据难易程度而异，但通常包括裁剪包面、图案刺绣、缝合包面、填充香料和绳结扎系几个步骤。首先根据造型裁剪包面，包面通常采用棉、麻、丝绸等天然面料，使其透气性较好，便于香料的散发；其次，根据花稿在包面上进行装饰刺绣，刺绣题材多样，根据用途和对象自行设计；接着，将两块刺绣好的包面反面相对进行缝合，留出一定的缝隙；然后，将精心调配好的香料从所留缝隙处填充香包；最后，手工将填料口缝合，并将绳带扎系于香包的边缘。当然，有些香包为了便于香料的替换而采用活口的形式，可以在香包边口处剪开几个小洞，用于抽绳和系带。

　　香包包面的图案造型是香包艺术形式的

集中体现，多采用植物、动物、几何及文字等纹样装饰；其风格根据题材和使用场合的不同而各异，或古朴、或神秘、或稚气。在刺绣手法上，常用平绣、苗族打籽绣、钉金绣、扒针绣，香包的边缘常采用锁针绣或织绣等。纹样小而工整，方寸之间变化丰富，体现了苗族妇女高超的手工技艺和勤劳美德。

小小的刺绣香包承载了苗族人民对生活的感知、美的追求和与疾病的对抗，是苗族文化、科学与美学的完美结合。

图片来源
图一、图二　许星　摄影
图三至图六　杨娟　制图

图二　苗族封口刺绣香包图

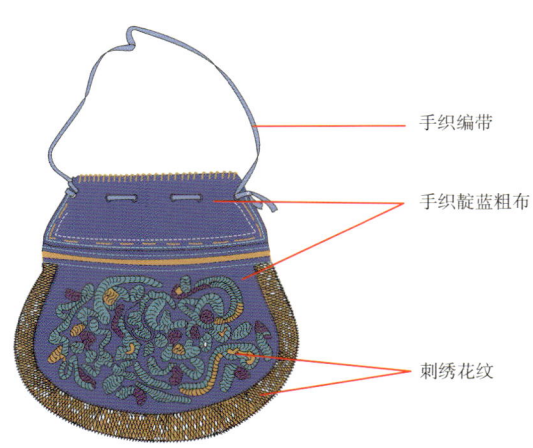

图三　苗族刺绣香包结构名称图

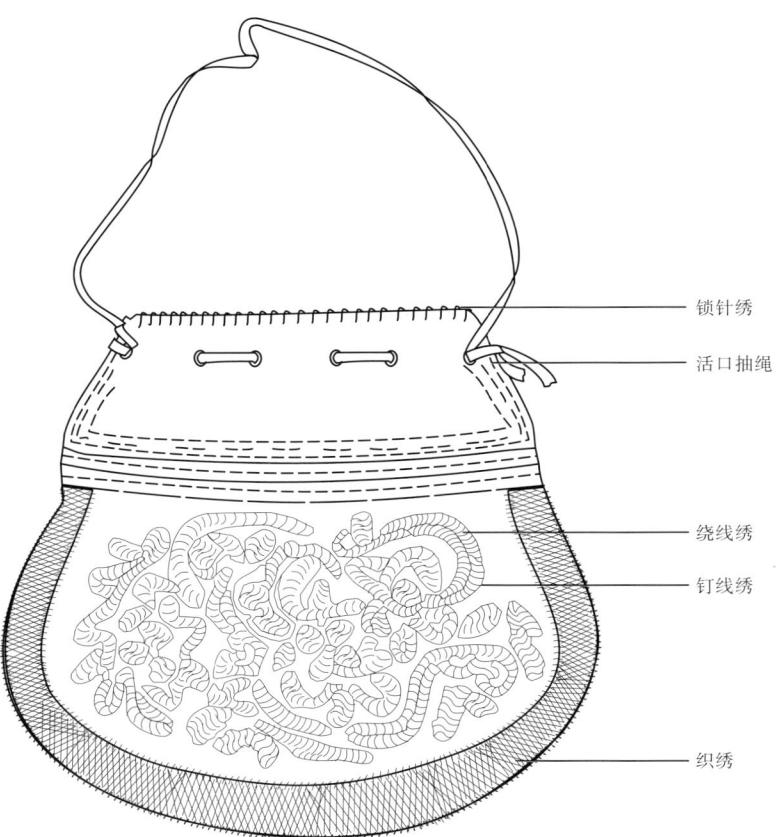

图四　苗族活口香包形制及针法示意图

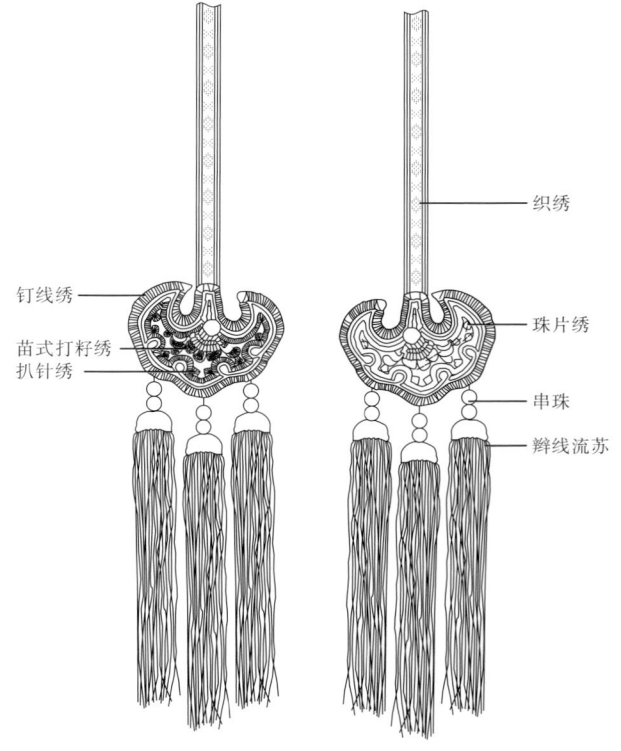

图五　苗族活口香包针法示意图

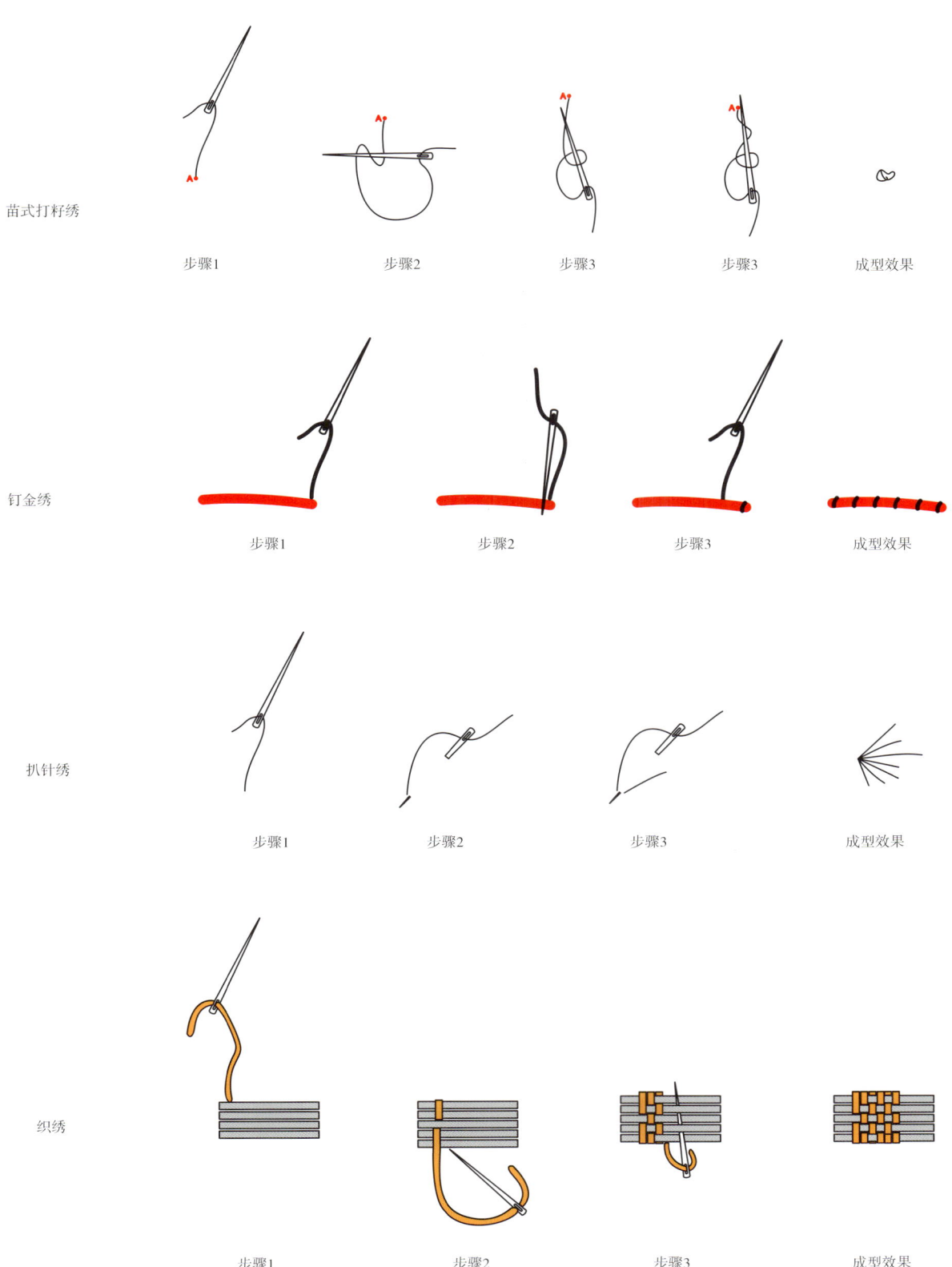

图六 苗族封口刺绣香包针法步骤示意图

苗族手工绣花鞋

图一　苗族手工绣花鞋主图

手工绣花鞋是苗族服饰中的一个重要组成部分。在苗族民众的日常生活中，人们都穿着布鞋、草鞋、麻凉鞋、船底鞋、大鱼棉鞋等，下雨下雪时穿防滑的钉子鞋。绣花布鞋也是人们日常生活中常用的。在苗年、婚礼等隆重的节日里，与盛装相配的绣花鞋更为精美。在贵州、湖南、云南、广西等地区的苗寨里，绣花布鞋的样式、结构，刺绣的图案和工艺技法都有所不同，形成了各地的风格和特色。例如，按鞋的用途分类，有女鞋，童鞋，中青年鞋和老年鞋，男式绣鞋相对较少一些。婚嫁时有嫁妆鞋，节日时有盛装绣鞋，老年人还有"寿鞋"等。按外形分类，有圆头绣鞋、尖头绣鞋、船形绣鞋、浪花船头鞋、鸡冠船鞋等多种，鞋头的形状有平头、圆头、翘尖等。鞋的设计制作要经过十多道工序，每个环节都是由苗家妇女一针一线精心缝制而成。

绣花鞋多用棉布、麻布和绸缎等面料为鞋面，用棉麻布或牛皮等材料做鞋底。布鞋底由零碎的布片一层层裱糊起来，一下两面裱糊在白色的整块布料，晒干后使其硬挺结实起来，再按照鞋底的纸样剪出鞋底的形状。准备好麻搓成绳，绳较粗且结实，还要准备一枚纳底针、一只纳底锥和拔针夹。纳鞋底时，先围绕鞋底的边缘纳上两圈，再从鞋底头至鞋跟中间纳一行，依次将两边空白地纳满。一针一针地纳，纳针和拔针时用力要巧，抽出针后要将线抽紧固定，针脚与针脚之间的针距相等，针迹整齐。鞋底纳好后要捶平、整齐，这种鞋底也被人们称为"千层底"。

鞋面制作分剪纸样、粘布、刺绣和缝合鞋帮等环节。剪纸花样既有苗家传承下来的绣样老谱，也有妇女们随心描绘出的各种花纹。剪纸花样的外形为鞋帮的样式，中间有所需刺绣的花样，或满绣花纹，或只绣鞋头处。将剪纸花样粘在鞋面布料上，干透后便可开始刺绣了。刺绣的针法有平绣、马尾绣、打籽绣和绒绣等多种，以这些针法绣出龙凤、蝴蝶、牡丹、莲花等各色花纹。绣好两副共四片鞋面后，便可将鞋头和鞋跟处分别相对缝合，圆口处用织锦带或绲条镶边。至此，基本完成了鞋面部分的制作，有的地方还要在绣好的鞋面之内，加衬一层鞋里子，用来遮挡鞋帮内刺绣的针脚。

最后，将鞋面与纳好的鞋底用粗线进行缝合固定，俗称"上鞋帮"。先将做好的鞋面底边用斜条布包边，将鞋面与鞋底边对合后，再用粗些的针线缝纳，要求针脚齐整，抽紧纳线后，纳线的线脚可隐藏在鞋面和鞋底的凹缝处。最后，经绷楦、烘干等工序完成鞋子制作。

由于绣花图案多为对称花形，在制作过程中，要注意花纹的布局、纹样的走向，上鞋帮时也要调整好鞋面之间的对称关系。

图片来源
图一　张庆　摄影
图二至图五　廖晨晨　制图
图六　王艳晖　摄影
图七、图八　沈建国　摄影

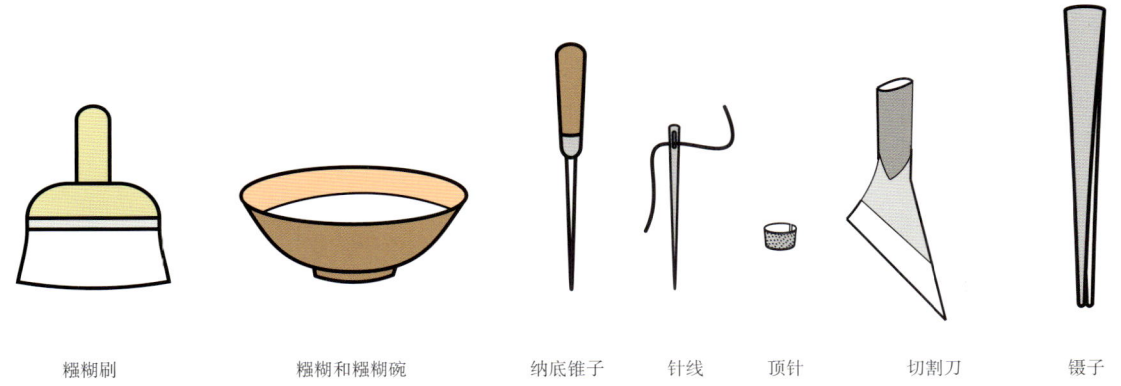

糨糊刷　　糨糊和糨糊碗　　纳底锥子　　针线　　顶针　　切割刀　　楦子

图二　苗族手工绣花鞋制作工具图

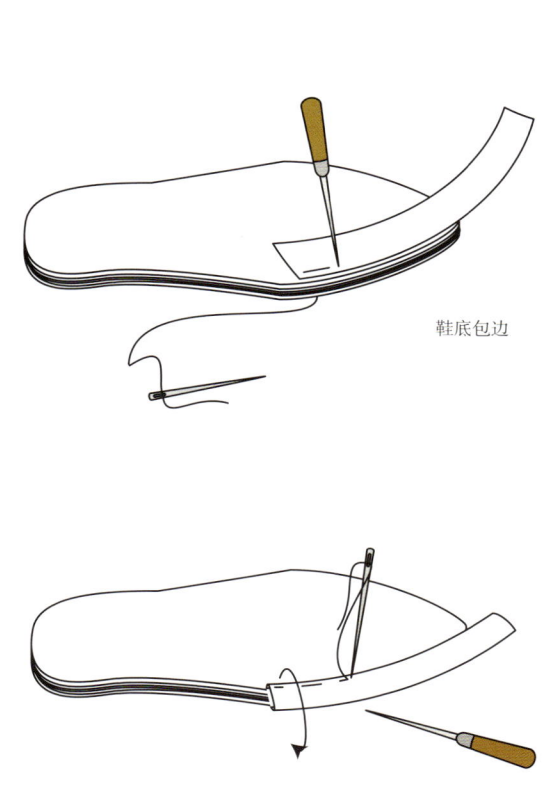

鞋底包边

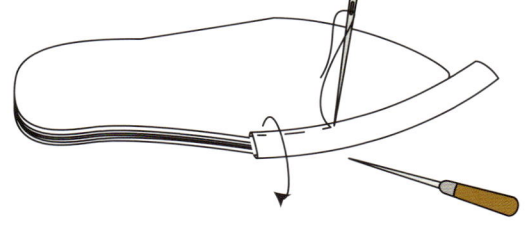

鞋底包边

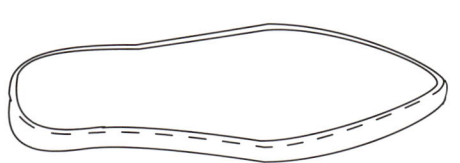

完成包边

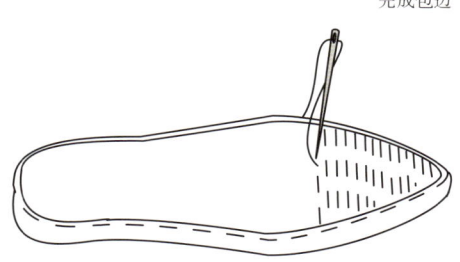

纳鞋底—横向纳法

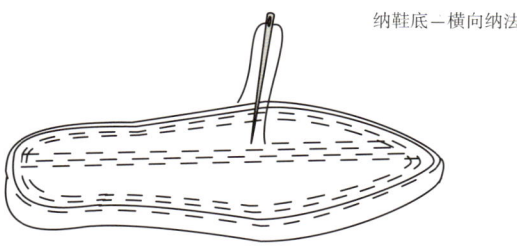

纳鞋底—纵向纳法

图三　苗族手工绣花鞋包鞋边和纳鞋底示意图

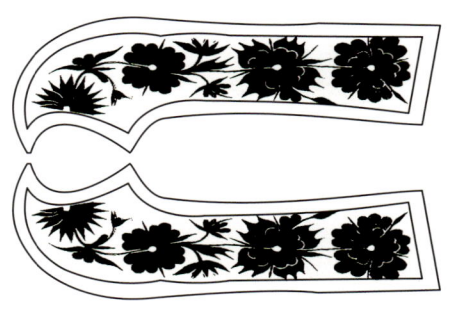

图四　苗族手工绣花鞋鞋帮布样和绣花示意图

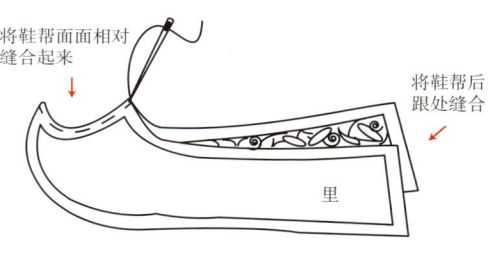

将鞋帮面面相对缝合起来

将鞋帮后跟处缝合

里

将缝合的鞋帮翻过来

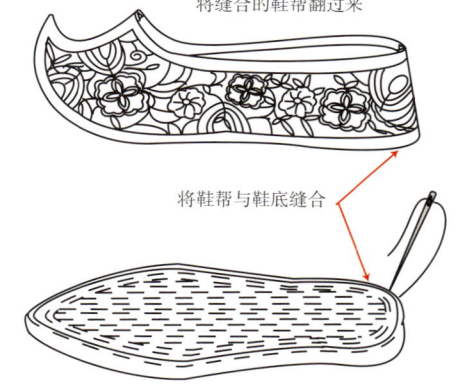

将鞋帮与鞋底缝合

图五　苗族手工绣花鞋鞋帮和鞋底缝合示意图

图六 湖南靖县地笋乡苗族尖头绣花鞋图

图七 穿绣花鞋的苗族妇女图

图八 穿绣花鞋的苗族女青年图

第二章 苗族传统服饰

285

苗族刺绣猪头鞋

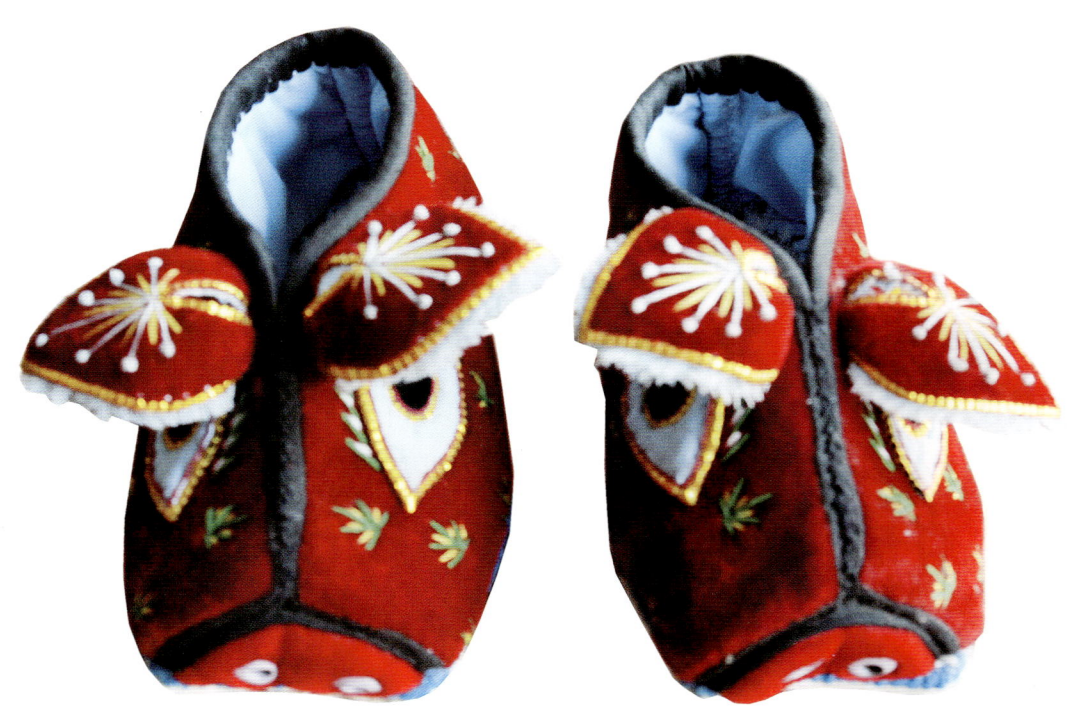

图一　苗族刺绣猪头鞋主图

绣花鞋作为苗族服饰的一个重要品类，是苗族服饰的重要组成部分，无论男女老少都穿着手工缝制并点缀精致刺绣的绣花鞋。男款绣花鞋相对较少，女款绣花鞋最为广泛，在形制和花形上非常丰富，制作方法和刺绣技艺也尽善尽美，而儿童绣花鞋则多通过富于童趣的造型、精巧的装饰工艺独树一帜，特色鲜明。儿童满周岁时，以动物造型的绣花鞋作为馈赠礼物是苗族的风俗习惯，常见的有虎头鞋、兔子鞋、猪头鞋等，其中猪头鞋以其独特的造型和美好的寓意为人们所喜爱。因为猪象征着吉祥、富贵和福气，猪头鞋寄托了人们希望孩子茁壮成长、辟邪祈福的美好愿望。

猪头鞋通常由鞋底、鞋帮、猪鼻装饰布、猪耳装饰布以及猪眼装饰布组成，多用棉、麻等天然材料制作，随着材料的日渐丰富，也有用金丝绒等面料做鞋帮者。进行猪头鞋制作的时候，首先将猪眼装饰布通过苗族传统贴布绣的方式绣于鞋帮两侧，并在四周施以钉线绣；鞋帮的其他部位根据需要常用不同色彩绣线进行扒针绣，以形成动物造型的装饰效果，并以不规则散点状间隔排列的形式布满鞋帮，轻松自然，布局饱满；猪鼻装饰布则通过镂空边缘锁针绣（可用钉气眼代替）或者布面圆形平绣的形式形成猪鼻孔的造型；鞋底由多层布进行裱糊后采用八字针脚的百纳缝加以固定，既舒适又耐穿。接着，将上述各部件做包边处理，然后将鞋底、鞋帮和猪嘴装饰布进行缝合，形成鞋的雏形。最后，将猪耳装饰布边缘用锁针或钉线绣进行边缘处理，并将其缝在猪眼装饰贴布的上方，形成猪耳造型的效果。为了突出其装饰性，猪耳装饰布的正面也会施以打籽绣花，有些为了突出其逼真的效果还会采用拉毛织物做内里。

在设计上，通过对动物猪造型中典型特征的提取和立体化的呈现，使得猪头鞋的形象惟妙惟肖，精美传神，稚拙可爱，深受人们的喜爱，同时还寄托了苗族民众对儿童的喜爱，体现了苗族妇女精湛的手工技艺和勤劳智慧。

图片来源
图一、图二　许星　摄影
图三至图七　杨娟　制图

图二　苗族刺绣猪头鞋俯视图

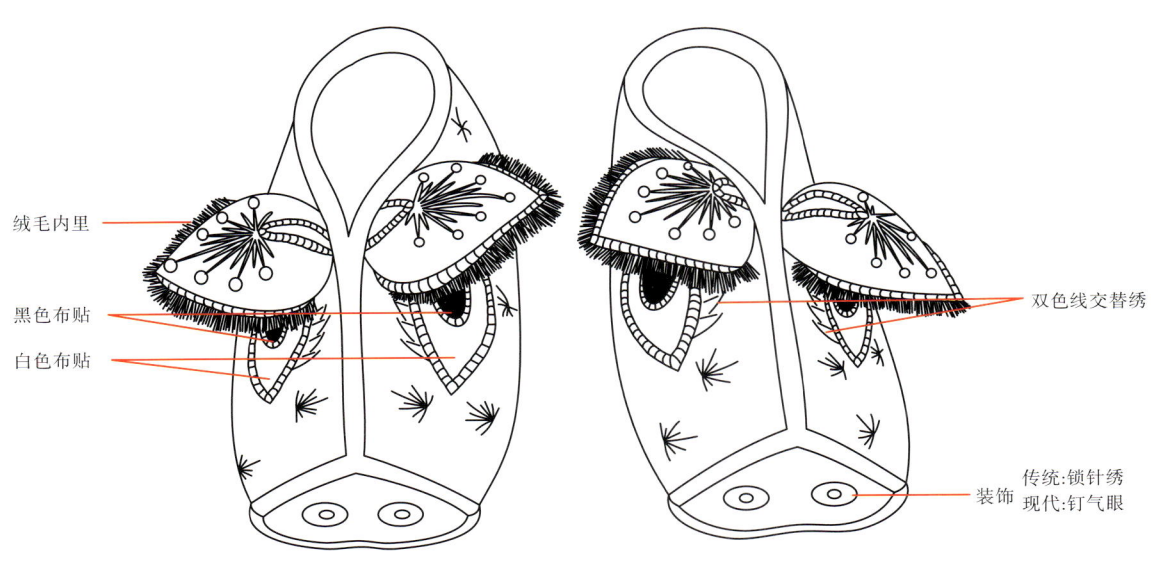

图三　苗族刺绣猪头鞋形制及针法图1

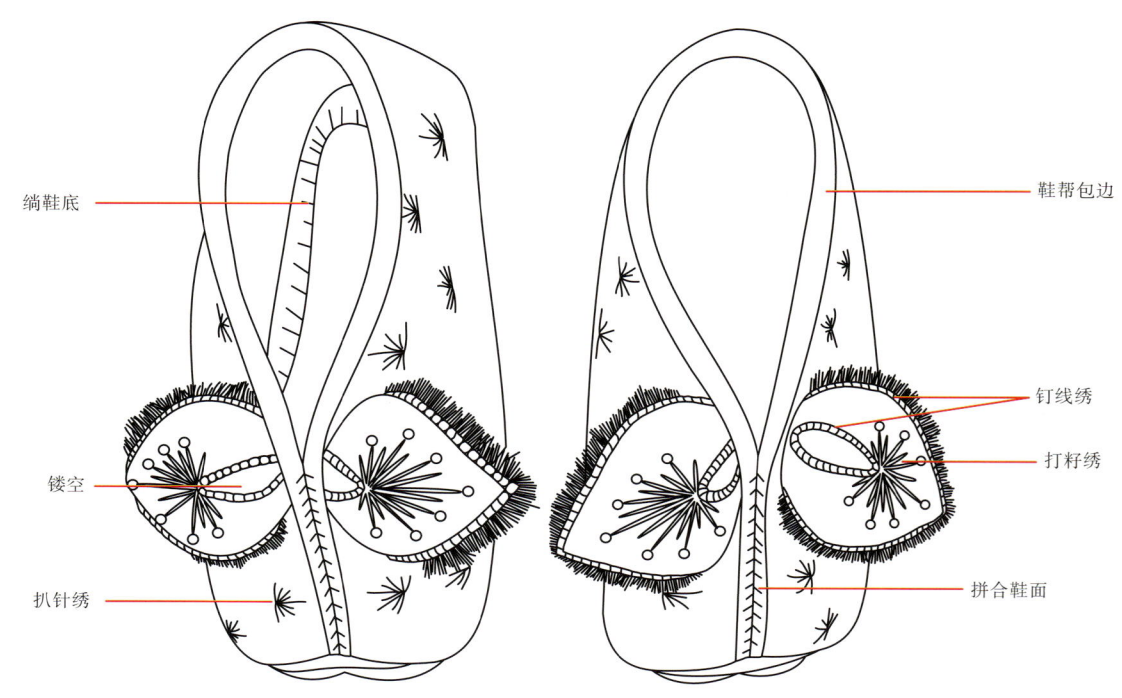

图四　苗族刺绣猪头鞋形制及针法图2

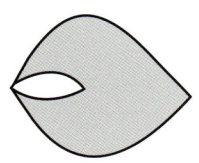

猪耳布片(对称)×4

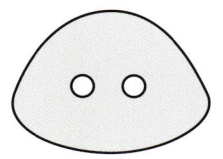

猪嘴布片×2

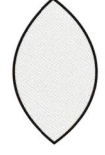

猪眼布片×2

猪眼珠装饰布片×2

鞋帮布片（对称）×2

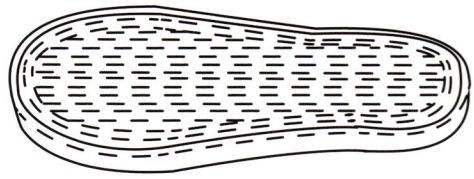

鞋底（纳千层底）×2

包边条(斜丝缕)

图五　苗族刺绣猪头鞋布片示意图

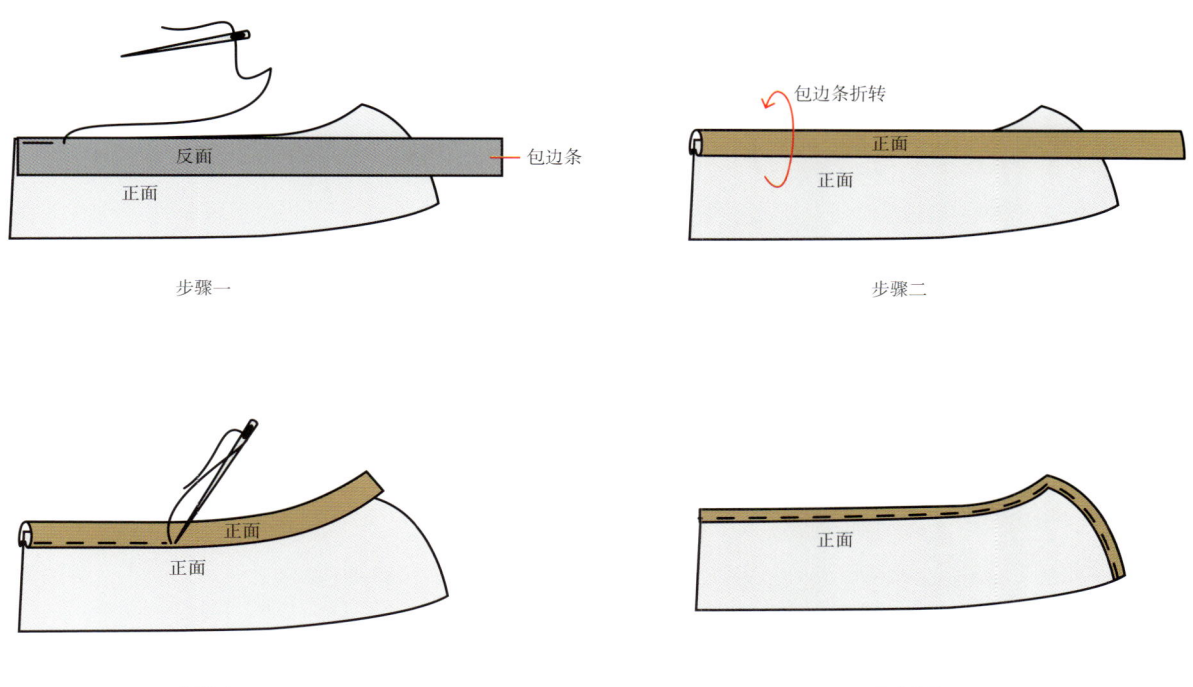

图六　苗族刺绣猪头鞋鞋帮包边示意图

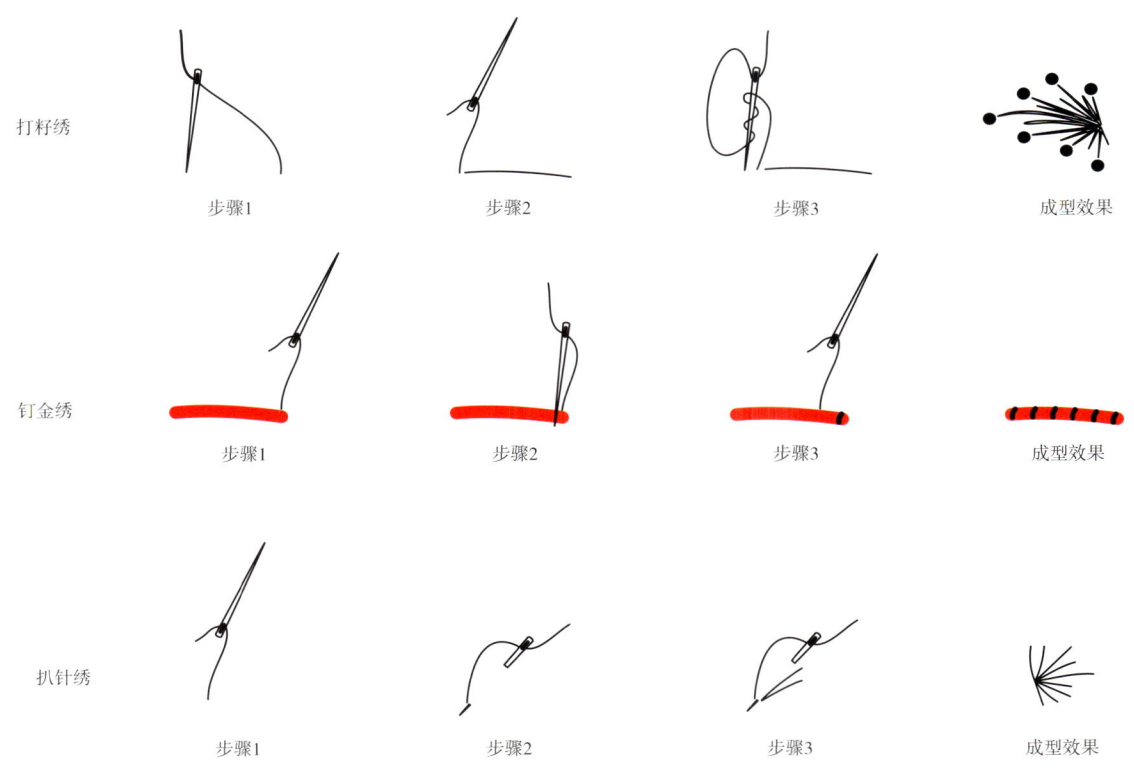

图七　苗族刺绣猪头鞋绣花针法示意图

苗族手工绣花鞋垫

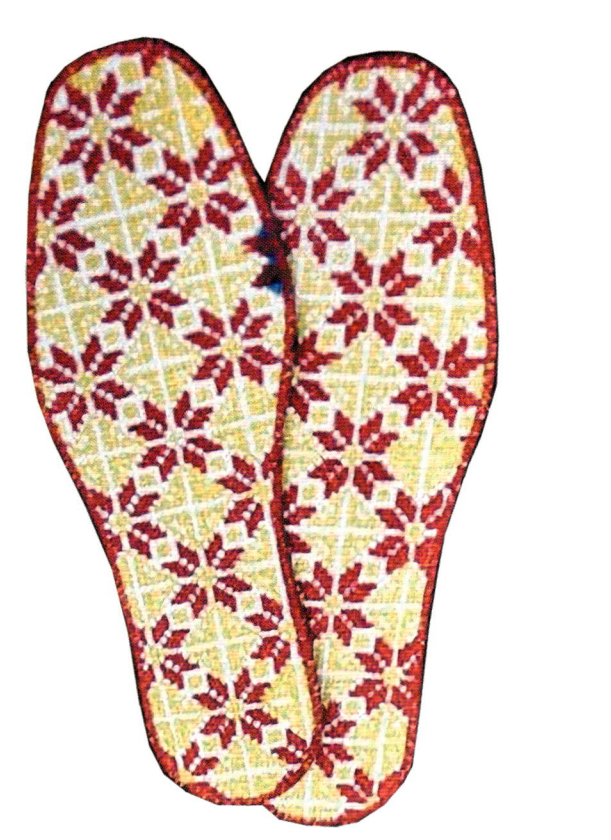 

图一　苗族手工绣花鞋垫主图

苗族绣花鞋垫是流传在苗族各支系中的日常服饰用品，最初人们在袜子的底部加缝一层较厚的垫子，这样袜底可以经磨一些，久而久之，人们便直接做一对垫子垫在鞋子里，成为后来的鞋垫。苗家妇女们在鞋垫上绘制花纹，再用彩线绣出来，一对对绣制精美的鞋垫，成为苗族女性展示自己刺绣的针法技艺和聪明才智的物件，姑娘们将自己精心绣制的鞋垫作为送给男朋友的信物，或作为馈赠亲朋好友的礼品。苗家姑娘从小就学习刺绣技艺，多是由家庭女性长辈进行教习，也可与寨子里其他姑娘媳妇一起进行刺绣，从而学到许多新的方法。这种传承关系一代代地沿袭至今。

手工绣花鞋垫主要有绣花、割绒、圈绒和挑花等工艺方法。绣花是将刺绣的各种针法运用到绣制鞋垫中；割绒主要以针纳为主，是将一对鞋垫合好后同时纳缝，纳好后的鞋垫用刀从中间割开，被割断的棉线形成了绒面，并且两只鞋垫的花纹色彩相同，但方向不同，正好形成一对。圈绒是用管状针，一针针刺出图案，每针刺透鞋垫时会留下一个小线圈,形成圈绒的外观。挑花是利用棉布经纬纱的走向进行十字交叉的刺绣方法,形成有规律的几何纹样。

绣花鞋垫的制作方法,主要有裱糊布壳、绣花、绞边、锁边和打底等多项程序。裱糊布壳也称作模子,苗家妇女们把用旧的衣被洗干净,剪成大小不一的布块,铺好备用。用磨成浆的淀粉打好糨糊,将布块一层一层地裱糊在平整的木板上,绷紧晒干成布壳。再将其修剪成鞋垫的形状,贴上白布,晾干后即可开始绣花。绣好的鞋垫再用斜条布包边,称为绞边,还要在内边缝绣一道为鞋垫锁边,最后鞋垫没绣图案的部分用针线纳满,结实耐用的鞋垫制作就基本完成了。

鞋垫的绣花技法也很讲究,通常有依据画谱进行描绘图案后,再进行刺绣的方法;也有用剪纸花样贴在鞋垫上,再依样刺绣;还有按布的经纬走向进行数纱绣等。主要的刺绣针法有平绣、扣锁、十字绣、缠针绣等。鞋垫讲究花样设计精美,色彩搭配协调,还要针脚紧密,力度均匀,这样绣出的图案线条明快,生动有趣。

苗家绣花鞋垫的图案自然古朴、吉祥喜气,显示出浓郁的民族文化特色,通常采用苗族常用的题材,如蝴蝶、龙凤、鸳鸯以及充满美好寓意的各种组合纹样,展现"龙凤呈祥""彩蝶恋花"等内涵,表达出苗族妇女对生活充满希望的美好愿景。

图片来源
图一　廖晨晨　摄影
图二至图五　廖晨晨　制图

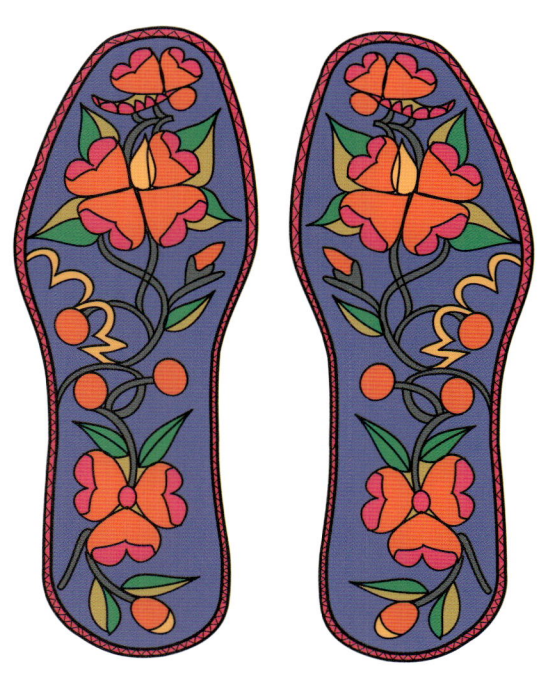

图二　黔南苗族手工绣花鞋垫图

先裱糊一整块棉布　　加一整块棉布裱糊　　将裱布从晒板上揭下来
再裱糊数层碎布块　　在上面,晒干备用　　用刀按鞋垫纸样切割

图三　苗族鞋垫裱布制作步骤示意图

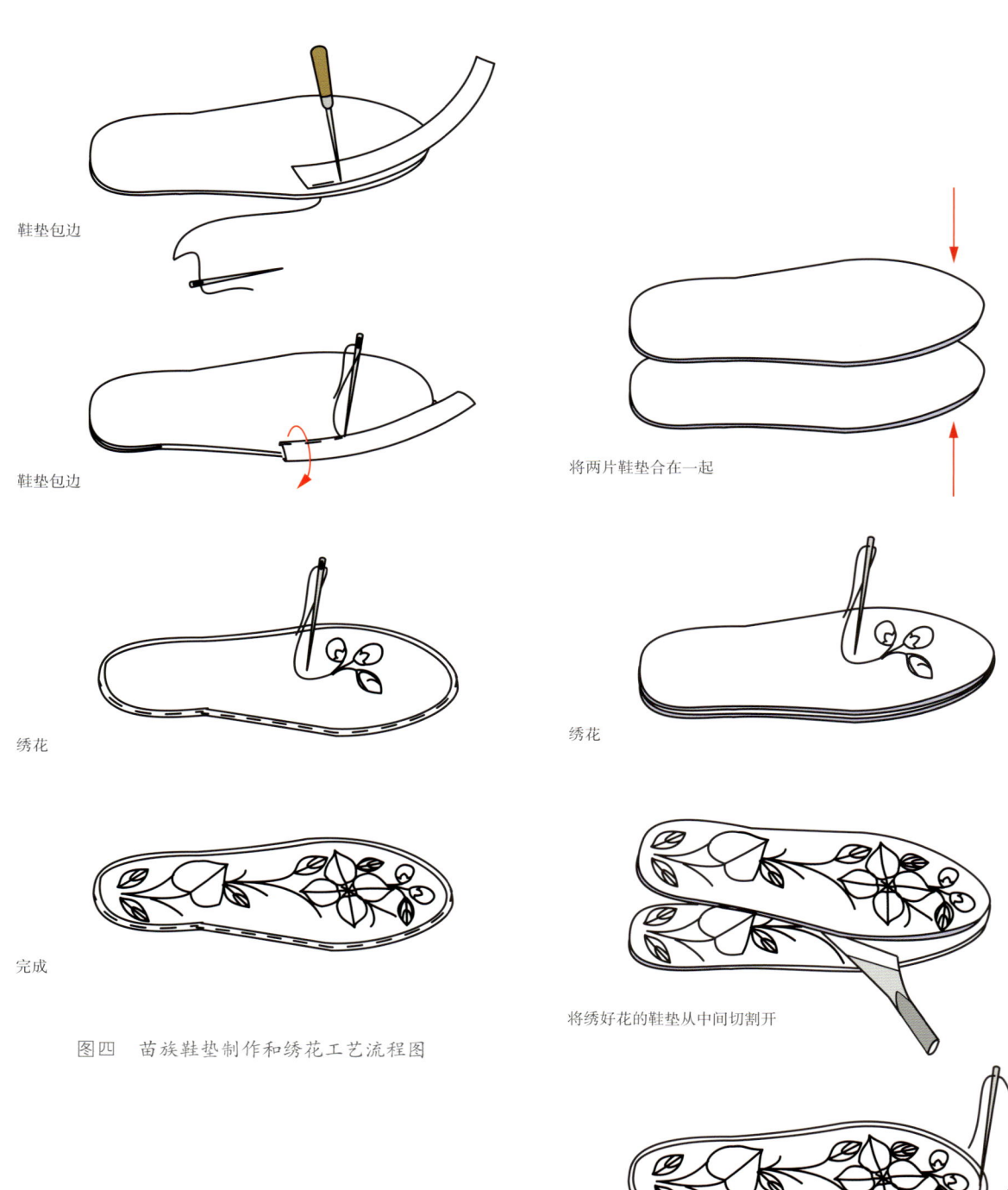

图四　苗族鞋垫制作和绣花工艺流程图

图五　苗族割绒鞋垫制作方法示意图

第三章 苗族传统餐饮

苗族糍粑

图一　苗族糍粑主图

糍粑是苗族十分流行的食物，在重大节日、祭祖、修建房屋、结婚等重要时刻均要食用糍粑，其地位不亚于鸡、鸭、猪等肉类，体现了其在苗族人生活中的重要性。苗族人民拥有一套完备的打糍粑工具，即木臼（或石臼）和木棒槌。各个苗区所用工具的外形、尺寸不尽相同，小的工具通常一两人操作，大的可以三五人同时捶打。

黔东南地区苗族常用的木臼外观呈船形，约长80厘米、宽35厘米、高25厘米，由一块较大的实木中间挖出一个平整的凹槽制作而成，十分厚实，可以承受较大的打击力，个别木臼的两端还钉有较大的钢钉，以防止木臼受潮之后开裂。木棒槌由一粗一细两根圆形实木应用榫卯结构连接成"T"字形，粗木长约50厘米，直径约8厘米，细木长约75厘米，直径约4厘米，粗木做槌，细木做把手。

在制作糍粑时，先将一定量的糯米洗净并用清水浸泡一晚，然后放入木甑中用武火蒸半小时左右，待冷却之后将熟透的糯米饭倒入涂有食用油的木臼中，紧接着由身强力壮的年轻人抢起木棒槌进行击打。击打时有"快、准、稳、狠"等窍门，"快"即落槌、收槌均要快速，以免黏性强的糯米饭将木棒槌粘住；"准"即落槌要准，打的位置均匀，糍粑才会有绵柔的口感；"稳"即在整个击打的过程中使用的力度要均匀，不能前期用力很猛，后期由于体力消耗之后击打力度很小，反之也不行，这样打出的糍粑口感不匀；"狠"即每次击打时要用尽全力，需要持久的耐力或多人协作。当打到一定程度，便可将原料转移到抹有蜂蜜或食用油的案板上，用手将原料做成圆球状，接着用另外一块案板均匀地压上，最终制成圆饼状的糍粑。

整个打糍粑的过程常常需要多户苗民在一起协同制作，体现了苗族人融洽的团队精神和邻里关系，打制的过程还凸显了苗族人民强健的体魄和坚韧不拔的民族性格。同时，现代科学研究表明，糍粑中富含蛋白质、脂肪、糖类、钙、铁、维生素B等，具有补虚、健脾胃、止汗等功效，曾经是苗族人在物资相对匮乏时期的必需品。随着经济的发展，苗族糍粑现已经成为苗族地区著名的特色旅游产品，深受各地游客的青睐。

图片来源

图一、图二　张庆　摄影

图三、图四　张庆　制图

图五　许星　摄影

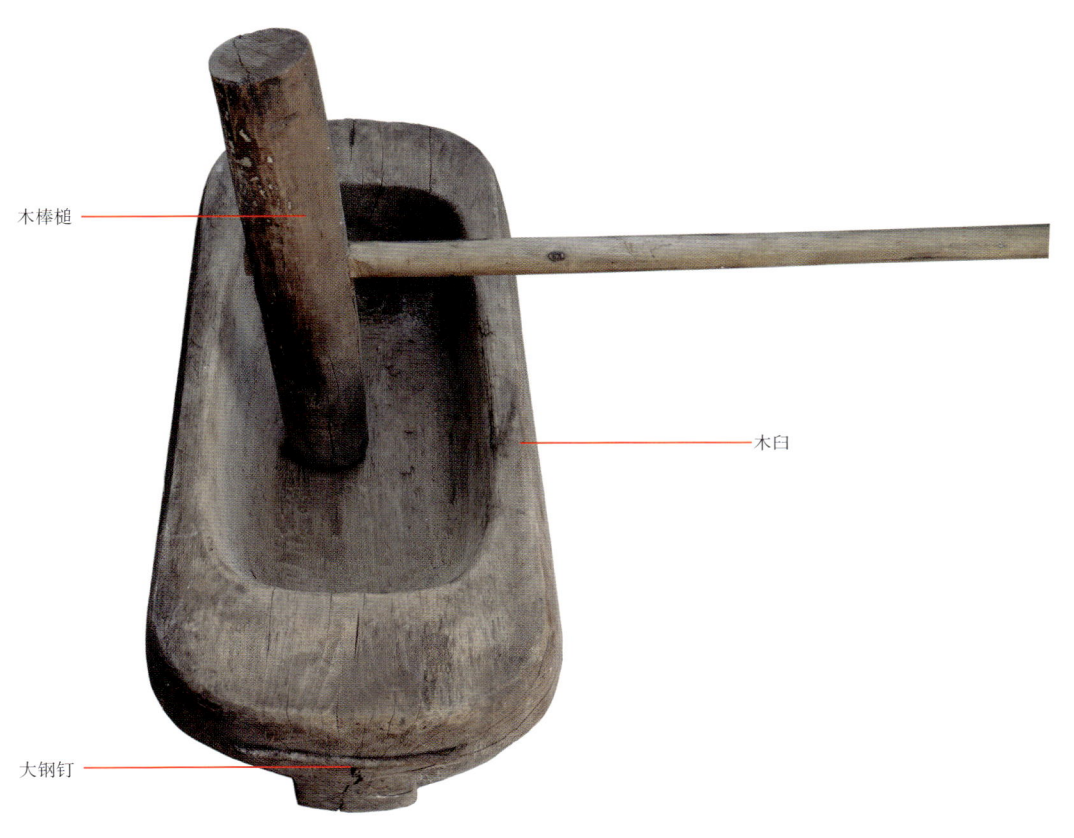

图二　苗族糍粑制作工具示意图

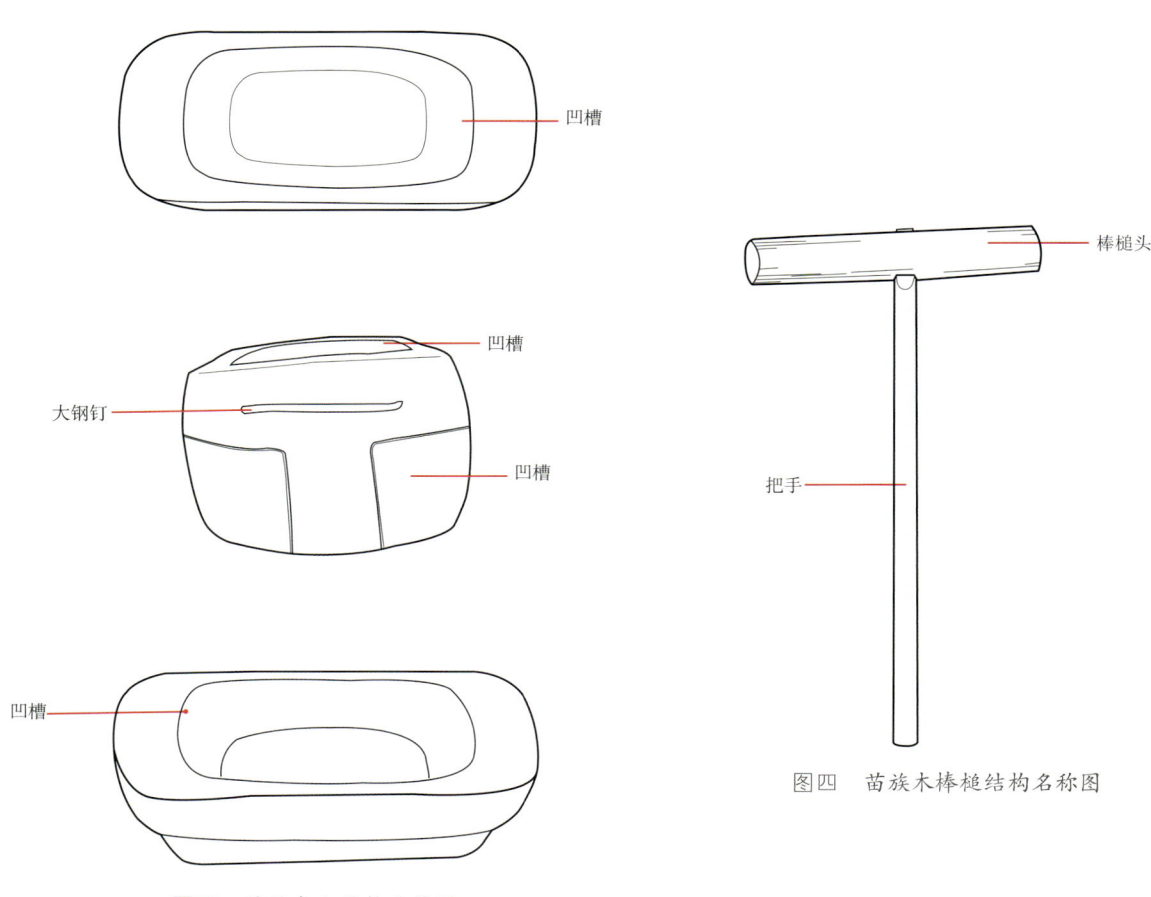

图三　苗族木臼结构名称图

图四　苗族木棒槌结构名称图

图五　苗族打糍粑场景图

苗族黄糕粑

图一　苗族黄糕粑主图

黄糕粑是苗族地区常见的风味小吃，在贵州东南、中部等苗族聚居地十分流行，是苗族的特色食品之一。黄糕粑的形状多长方体，酷似金黄色的糕点，并能切成薄片，色、香、味俱全，是苗族人生活中的必需品。

黄糕粑的主要制作材料为糯米、黄豆、红糖、粽叶或竹笋壳、稻草等，制作工具有木甑子、大锅、簸箕、面盆和柴火等。制作时先将糯米洗净并用清水浸泡半天，使糯米膨胀，紧接着用木甑子将其蒸熟，趁热将糯米饭摊放在簸箕上，待冷却之后，按照口味调入适量的红糖。其次，将糯米饭放入面盆，掺入适量白糖和提前做好的黄豆浆，并将其拌匀，接着应用类似揉馒头的方法将糯米饭揉拌均匀，该环节十分重要，决定着黄糕粑的口感。再次，把揉匀的糯米饭捏制成想要的形状放在干净的簸箕上，并包上洗净的竹笋壳或粽叶，用稻草或细棉绳将其捆扎。然后，将干稻草铺在木甑子底层，放上一层黄糕粑，此后每两层黄糕粑之间铺一层稻草，直到放置完毕，盖好甑盖。先用武火蒸三四个小时，随后用文火加热七八小时，待冷却之后即制作完成。最后，稻草在高温的环境中产生黄色的蒸馏水将黄糕粑染成金黄色，十分诱人。

黄糕粑出锅的时候，需要趁热剥去外面的笋壳或粽叶。做好的黄糕粑看上去黄润油亮，透出晶莹的糯米粒，香气扑鼻，再将粑切成薄片，便可直接食用，进口软糯而不黏的感觉，也可随着个人不同的口味，将粑熏蒸、香煎、油炸，或加上其他佐料小炒，均香润可口。

黄糕粑不仅香甜可口，营养丰富，而且容易保存、携带方便，苗族人常用其招待客人，或将其作为馈赠的礼品。

图片来源
图一、图三、图四、图六、图七　张庆　摄影
图二　和琪　制图
图五　许星　摄影

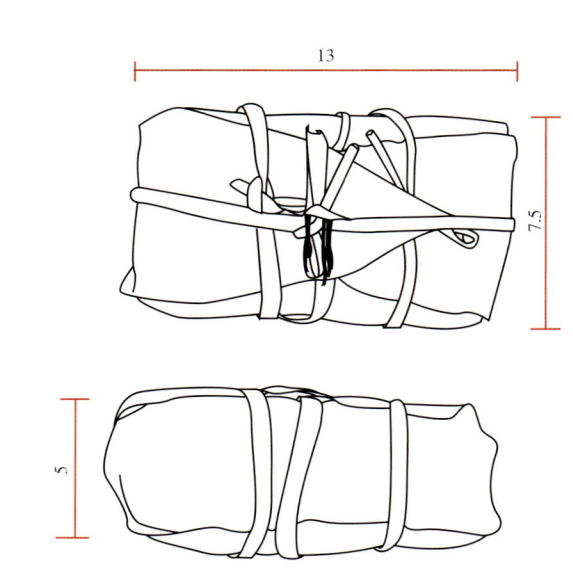

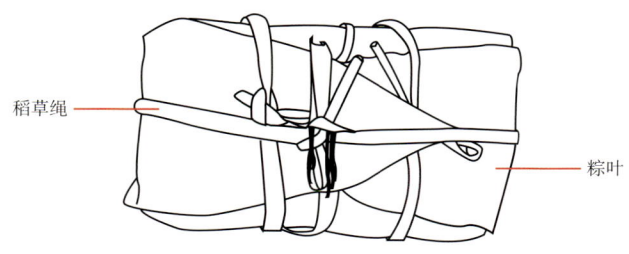

图二　苗族黄糕粑尺寸图（单位：cm）

图三 苗族黄糕粑视角图　　　　　　　　　　图四 苗族黄糕粑拆开图

图五 苗族蒸黄糕粑场景图

图六　苗族黄糕粑制作原料图

图七　延展图：苗族木甑子

苗族五色饭

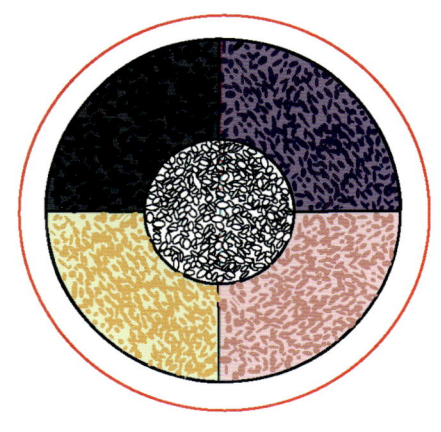

图一　苗族五色饭主图

苗族五色饭又称为五色糯米饭，是海南中部山区、贵州惠水等地苗族人民制作的一种富有民族特色的传统小吃，用不同天然植物的汁液将糯米浸染成红、黄、蓝（紫）、白、黑五种颜色组成饭食。苗族五色饭具有节令性，在农历"三月三"民间节庆之时，当地苗寨家家户户都制作，是苗家人民用来招待客人和祭祀祖先的传统美食，孩子满月、乔迁之喜的时候也会蒸五色饭分给亲朋邻里，表达敬意，充满了民族和地方情趣。如今很多地方的苗族人将五色饭改为三色饭，有红、黄、黑三色，三色饭的馨香同样能给苗家人民带来欢笑，也给旅游者以独特的感受。

五色饭有红、黄、蓝（紫）、白、黑五色，糯米的颜色皆用纯天然的植物汁液浸泡而成。红、黄、蓝、黑四种颜色是从枫叶、黄姜或黄栀子、红蓝花草和红葵等植物中提取汁液，然后调和糯米使之获得相应颜色。其制作过程一般为：首先要选用优质糯米，洗净后将其分成5份，将上述几种植物煮泡、捣碎后取其汁液，分别将4份糯米放入4种汁液中浸泡，浸泡一段时间后糯米就会被染成红色、黄色、蓝色和黑色，另一份用清水浸泡，最后将这4种颜色的糯米和白色糯米放入蒸笼隔水蒸煮，出笼后可直接食用，或混合搅拌均匀后再食用，还可以根据个人的口味可加入佐料，比如喜欢甜味的可加入糖和油，喜欢咸味可放入盐和油，也可加入其他佐料后将五色饭放油锅翻炒均匀再食用。关于五色饭还有另一种说法是黄、绿、粉、紫、蓝，这五色分别代表了主食、蔬果、肉类、零食、乳制品5类食品，把5种糯米放在一个餐盘中告诉我们，为了人体健康，这几类食物应该按照什么样的比例食用。用天然植物染成的五色饭五彩缤纷，色泽诱人，而且味道香软可口，可以说是色香味俱佳，清香别有风味，是开胃去火的清凉佳食，且还有滋补美容的功效。因五色饭中的糯米经过了4种天然汁液的浸泡，其药用价值也值得关注，如李时珍在《本草纲目》对枫叶的评价是"止泄益睡，强筋益气力，久服轻身长年"。

苗族五色饭已经形成了自己特有的饮食文化，同时也造就了非物质文化，一方面苗族五色饭这种传统饮食已经达到了与其自然和历史人文环境相协调，另一方面人们常用五色饭虔诚地祭祖，希望祖先保佑五谷丰登、家人平安，五色饭融入了人们对丰年的祈望，寄托了期盼家人平安的愿望。大力挖掘和开发利用苗族特色传统饮食文化，将对当地旅游和经济发展起到十分重要的作用。

图片来源
图一至图四、图六　李瑛　制图
图五　廖晨晨　制图

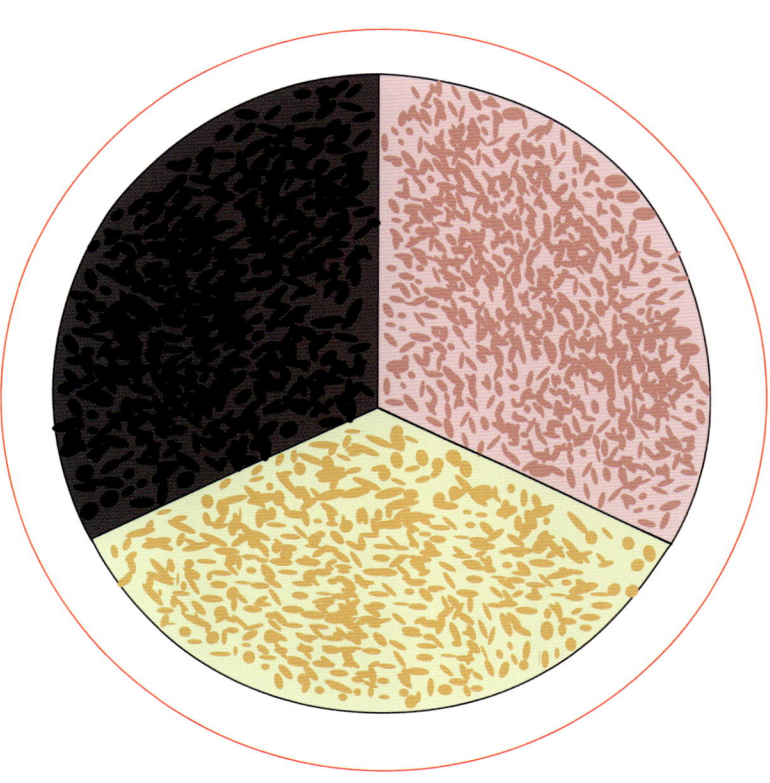

图二　苗族三色饭示意图

1. 将米洗净分成4份

2. 将植物捣碎后取其汁液

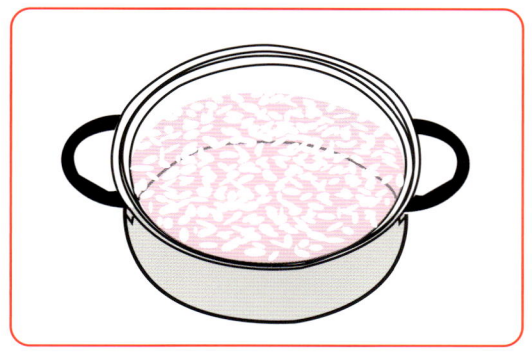
3. 将糯米浸泡染色

4. 将糯米蒸煮后便可食用

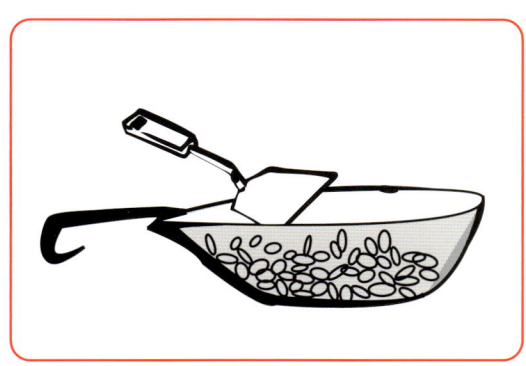
5. 亦可将五色饭放油锅翻炒后食用

图三　苗族五色饭制作流程图

图四　苗族五色饭颜色分析图

图五　苗族五色饭染色原料与制作蒸煮用具图

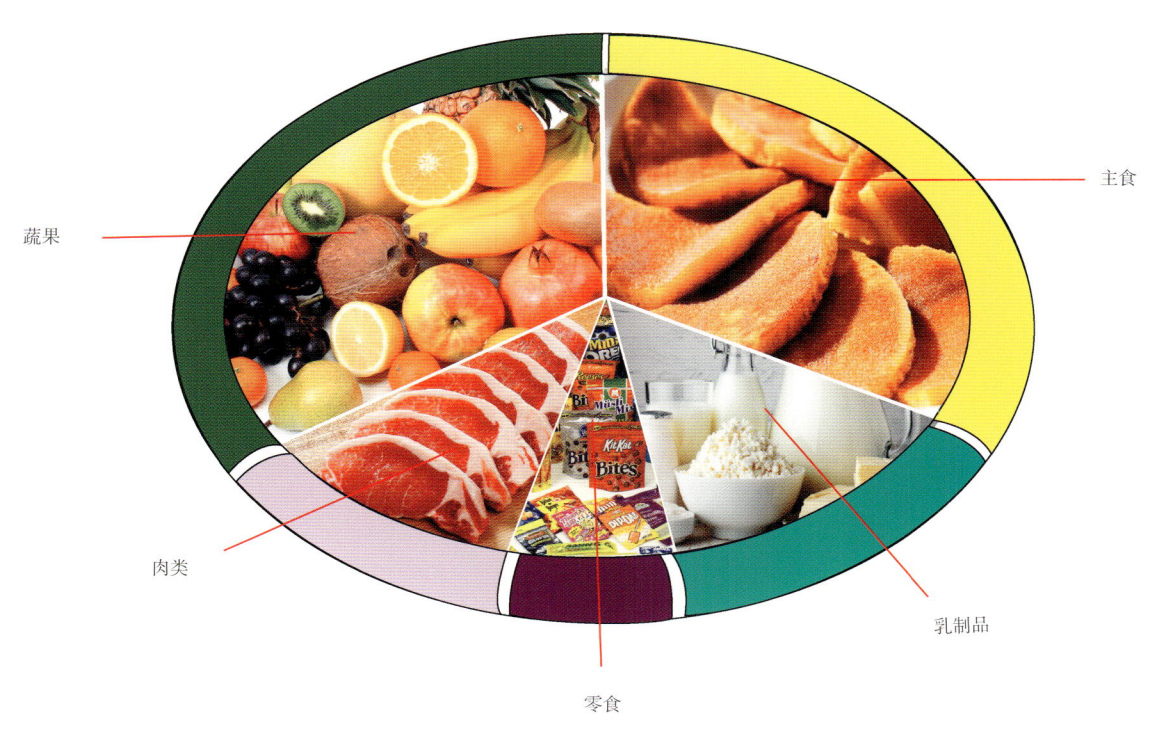

图六　苗族五色饭内涵示意图

第三章　苗族传统餐饮

苗族竹筒饭

图一 苗族竹筒饭主图

竹筒做饭是广西、云南、湖南一些少数民族的风俗习惯，因其居住地竹子种类多，吃住都离不开竹子，竹筒便成为他们的烹饪饮具。竹筒饭风味独特，香甜爽口，久负盛名，呈现出滋味美、自然美的特点。过去，苗族人上山干农活、狩猎，或外出探亲，午饭时间不方便回家，便随身携带竹筒饭当干粮，随时食用。如今，竹筒饭经过现代厨师的改良，已在全国各地遍地开花，人们在享受美味的同时，也体会到了少数民族的生活风趣。从远古时代开始，竹筒饭便在苗族、壮族、黎族、傣族等少数民族中大受欢迎，在日常生活中广泛使用，其制作方法也基本相同。

竹筒饭的做法很简单，一般选用细竹，香竹最佳。香竹是一种直径较小、竹节很长的细竹子，因其内壁有一层香气扑鼻的竹膜，故被称为"香竹"。将香竹按照竹节分开，上端开口，下端用刀切平，使其密不透风，操作过程中注意保持竹节端口干净，将洗干净的米装进竹筒中，并加入适量水，然后用竹叶将竹节的开口塞紧，放在火上烧，在烧制过程中要随时转动竹子，保证其受热均匀，待竹皮烧焦、竹筒快破时竹筒饭便可以食用。除了单独制作竹筒饭之外，还可加入菜品，将肉类、禽类或海鲜经过调味腌制之后与米饭混合，放入竹筒内，这样制作出来的竹筒饭既有竹子的清香，又有肉类和海鲜的浓郁芳香，鲜味可存放数天。苗族同胞用竹筒饭招待客人，习惯一边烘烤一边送给客人品尝，使客人在一饱口福的同时，还能一饱眼福。

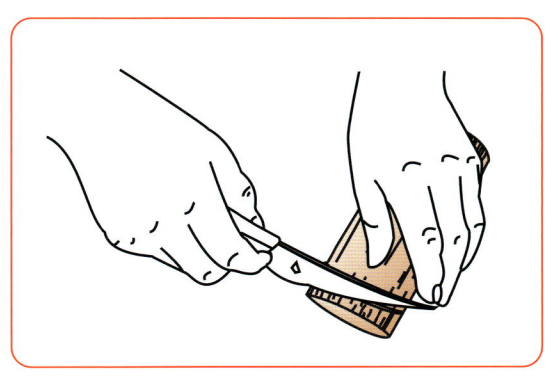

1.将香竹按照竹节分开

2.将洗干净的米装进竹筒中

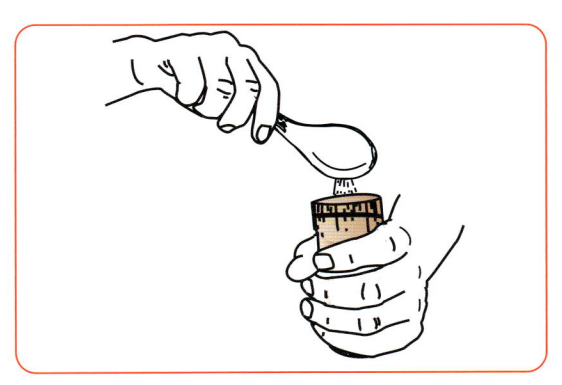

3.加入适量水

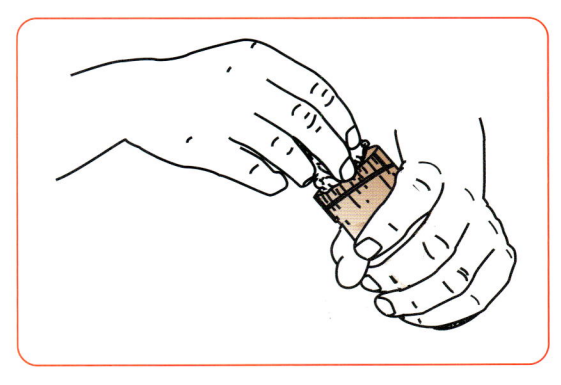

4.用竹叶将竹节的开口塞紧

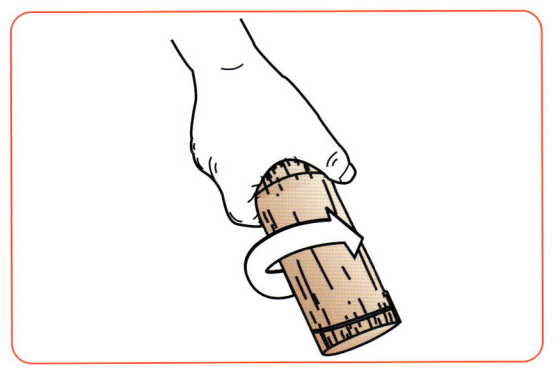

5.放在火上烧并旋转

图二　苗族竹筒饭制作流程图

为了大批量制作竹筒饭以供市场销售，苗族人将装满食物的竹筒放进锅里蒸煮，口味和烧烤出的味道一样清香扑鼻。竹筒饭既可热吃，也可冷吃，刚出锅的竹筒饭香气扑鼻，满口生香，肉质软而不烂，味道鲜美独特，冷的竹筒饭经过时间的沉淀香味更加浓郁。现在竹筒饭已进入各种档次的饭店，成为迎宾宴客的一大美食。一些少数民族的青年男女在恋爱时也常做竹筒饭吃，借以祝愿自己的爱情像竹筒饭那样香甜、紧密。

人类远古时期的炊具，很多人会想到陶器，大量民族学研究资料告诉我们，远在陶器出现之前，竹筒已经作为食物制作的工具被广泛应用，这种奇特的制作方法，可谓少数民族饮食文化之奇葩。随着时代的进步和社会发展，苗族人民生活方式有了很大的改变，但制作竹筒饭的习俗却保留了下来。作为原始生活情景的镜头，它记载了历史的沧桑变化，折射出原始人类生活的光辉。

图片来源
图一、图六　许星　摄影
图二至图五　李瑛　制图

1. 竹筒饭烧制过程

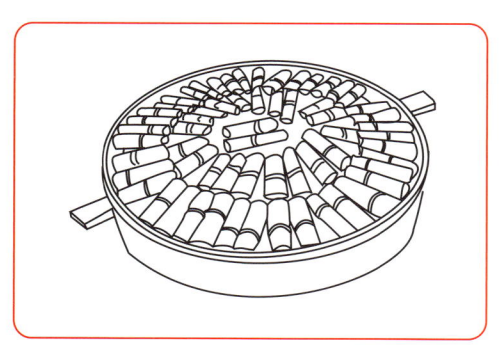

2. 竹筒饭蒸煮过程

图三　苗族竹筒饭烧制与蒸煮示意图

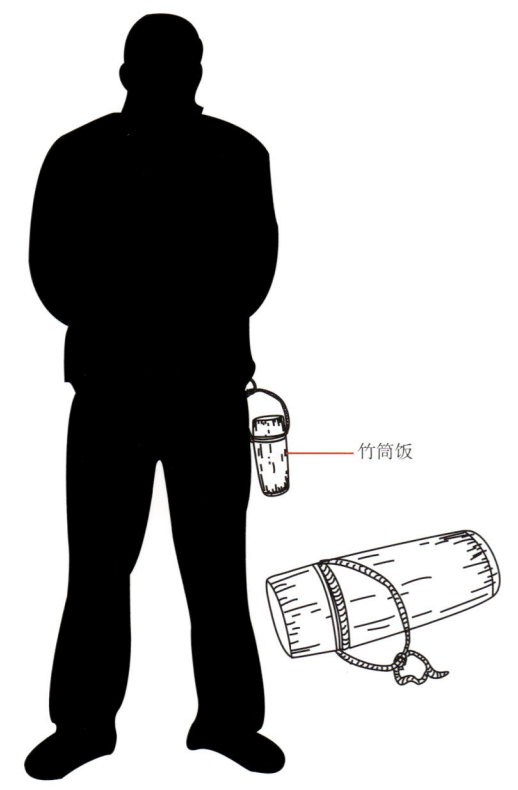

图四　苗族竹筒饭携带示意图

图五　苗族竹筒饭改良版示意图

米饭、豆类

花生米、肉丁

竹筒

蔬菜、肉类

图六　苗族竹筒饭制作原料图

苗族烤饼

图一　苗族烤饼主图

烤饼，苗族饮食，用白面烤制而成，内有馅料。制作烤饼的主要原料是白面和馅料，馅料由白砂糖和磨碎的花生粒、黑芝麻等调配而成。烤饼工具为圆形、双层铁质，带长柄，并配有烤炉。

烤饼制作过程主要分为几个步骤：备料、揉面、调制馅料、制作面皮、包馅、烤制。制作烤饼的面要和得较为松软，放入酵母后将面粉发好，发面时间受环境温度影响较大，一般约为2小时。把白砂糖、磨碎的花生粒、黑芝麻等搅拌均匀，制成馅料，放入容器备用。取适量面团，用擀面杖擀成面皮，包入馅料后，用手掌将面团轻轻压平，厚度约为1厘米，而后将饼放入专门的烤饼工具内，置于炭火之上烤熟即可。烤制好的饼外焦里嫩，馅料香甜。与许多烤饼不一样，这种烤饼的表面及烤饼的工具内都不刷油。烤饼工具为生铁质，呈圆形铁盒状，以长铁柄操作，铁盒分上下两部分。前端咬合，以长柄自后端开启，中间正好可放一个面饼。先将铁盒用炭火烧热，将面饼放入中间，烤制数分钟便熟透，烤饼的摊位一般都有多套烤制工具，可同时烤数个面饼。烤制面饼的炉火不能太旺，之前多用木炭，现在也用蜂窝煤等燃料。

要熟练掌握火候，烤制的面饼才酥软可口。烤好的面饼放入托盘内，稍作晾凉便可出售、食用。

事实上，苗族人世代以大米为主食，小麦等作为副食，这种烤饼及制作方法是后来由北方传入的，因其适合携带，还可迅速提供人所必需的能量，也逐渐为广大苗族民众所接受。

图片来源

图一、图二　王兴业　摄影

图三　王兴业　制图

图四　廖晨晨　制图

图二　苗族烤饼制作工艺流程图

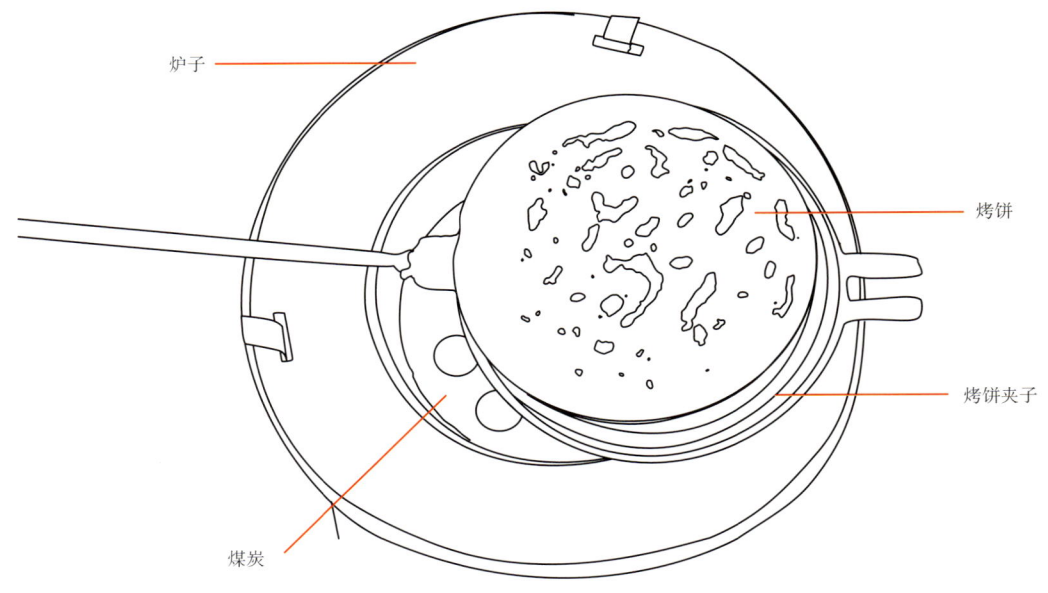

图三　苗族烤饼和烤饼夹子说明图

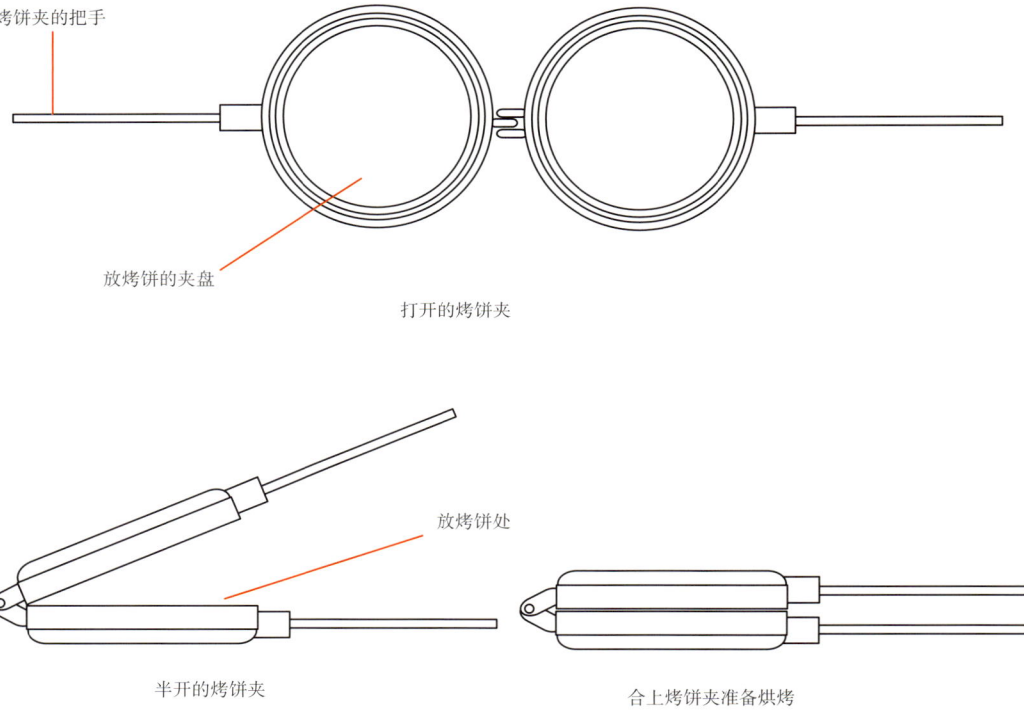

图四　苗族烤饼夹结构示意图

丹寨苗族铁板斗鸡

图一　丹寨苗族铁板斗鸡主图

铁板斗鸡为丹寨地区苗族特色饮食。丹寨地区素有斗鸡的习俗。铁板斗鸡即是利用当地斗鸡为主要原料制作的菜肴。斗鸡属珍贵的鸡种，一般是不会用作做菜原料的，入食斗鸡往往是斗败受伤的残鸡。铁板斗鸡的制作是先将整只鸡宰杀洗净后，切成1.5厘米大小的肉丁，放入盐、酒、酱油、青红辣椒、姜丝、蒜瓣、蒜薹等拌匀腌制，便可以直接炒食。烹饪该菜肴的铁锅很有特色，铁锅中间凹陷，凹陷处加食用油，置于炭火或炉灶之上，菜肴的炒制就是在这个铁板锅凹槽内完成的。凹陷处上方的铁锅内壁为环形平台，放置炒好可供食用的鸡肉。环形锅壁稍稍内倾，搁置其上的鸡肉中多余的油脂便会慢慢流回铁锅内的凹陷处，减少了食物中的油脂含量，符合现代人健康的饮食理念。

该菜在烹饪时要热油旺火快炒，以尽可能地保留了鸡肉的脆嫩可口，边炒边吃，香味扑鼻，刺激着就餐者的食欲。自己动手或者主人代劳的烹饪方式，也是极具特色的，可以使就餐的氛围更为热情和融洽。另外，根据客人多少和食量，吃多少，炒多少，未炒制的鸡肉可供下次食用，杜绝了浪费。

丹寨铁板斗鸡鲜香可口，营养丰富。加上它独特的烹饪方式和设计合理的烹饪用具，足可成为现代苗族饮食的代表。

图片来源
图一至图三、图五　王兴业　摄影
图四　王兴业　制图

图二　丹寨苗族铁板斗鸡原料图

图三　丹寨苗族铁板斗鸡炒制锅具图

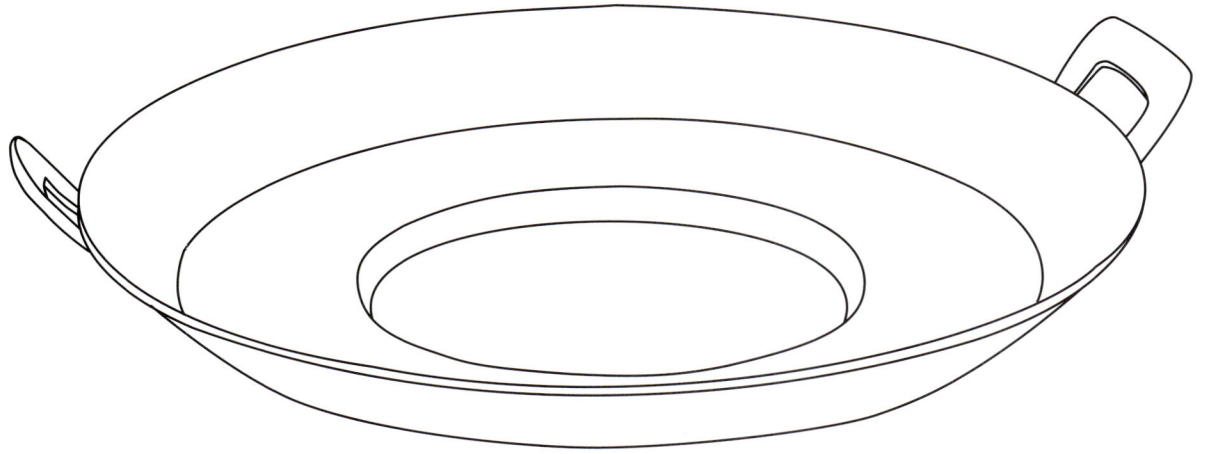

图四 丹寨苗族铁板斗鸡铁锅结构示意图

图五 丹寨苗族铁板斗鸡翻炒制作图

苗族干锅鸡

图一　苗族干锅鸡主图

干锅鸡是居住在贵州的苗族人在节日里或招待客人时制作的菜肴，是贵州最具民族特色的美食之一。现居住在贵州的苗族民众约370万人，苗族同胞热情好客，十分重感情，有亲朋好友来访，进寨要喝"拦路酒"，进门还准备有"迎客酒"，菜肴则以"干锅鸡"为上品。用"干锅鸡"招待客人，是一种吉祥和隆重的礼遇。

干锅是都市饭店中对菜品的称呼，那么干锅是如何兴起的？这就要追溯到贵州苗寨寨民最初的饮食习惯。走进苗寨寨民的厨房，通常可以看到在其厨房的中央挖有一个小圆坑，小圆坑用于放柴火和木炭，在圆坑的上面放置一铁架，这就是苗族人烹制食物的火塘，在火塘周围可以放需要烹饪的蔬菜等，食客围绕火塘而坐，团团圆圆享受美食。时至今日，苗寨仍用火塘来接待宾客，以示隆重，火塘上用于翻炒的铁锅，逐步延伸为放在饭桌上的干锅。苗族人将当地特产筒笋与土鸡放在一起烹饪，制作技法主要有炒制、烧制和涮，制作出来的鸡肉细嫩，色泽红亮，筒笋鲜脆，麻辣爽口，因干锅鸡风味独特，在全国各地广泛流行。

干锅鸡的制作主要有以下几个步骤：首先，将鸡切成2厘米的块状，并腌制，让肉更加入味；其次将锅置于旺火上，在锅内放入化猪油、花生、姜、蒜等，将鸡块炒制九成熟时调入糍粑辣椒、豆瓣酱、野山椒炒香出色，再将洋葱、青椒、泡椒、腐竹、笋、花生等放入锅内一起翻炒；待配料炒熟后直接将大锅置于餐桌上，不使用普通的餐盘，因为干锅鸡在点火之后即热随食风味最佳；都市中有些酒店为了美观不使用大锅，而将干锅鸡放入带有苗族特色的餐具中，增添了民族特色。

随着现代饮食业的发展，这种鸡肉的干锅烹饪方法被人们广泛熟知，干锅鸡从贵州走向全国各地，成为最具有贵州特色的美味佳肴。厨师们在苗家干锅鸡的基础上还增加了很多贵州特色，烹饪出了更多的品种，如泡椒干锅鸡、野菌干锅鸡、洋葱干锅鸡、折二根干锅鸡、青椒干锅鸡等。不仅在贵州本地的饭店里可以品尝到各种口味的干锅鸡，在全国各地的知名黔菜馆都有幸能享用，如北京的苗乡楼、杭州的干锅居、上海的干锅居等，苗家干锅鸡都是客人喜爱的特色美食之一。

图片来源
图一　仲溪　摄影
图二、图四至图六　李瑛　制图
图三　王艳晖　摄影

图二　苗族干锅鸡示意图

图三　苗族干锅鸡原料图

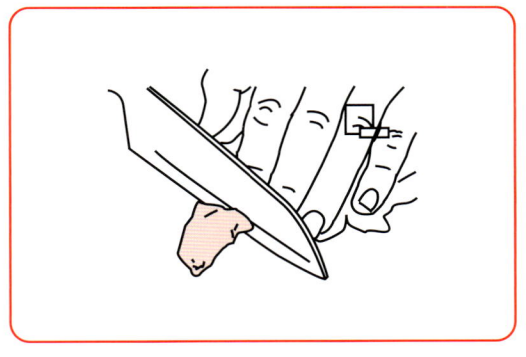
1. 将鸡切成2厘米的块状

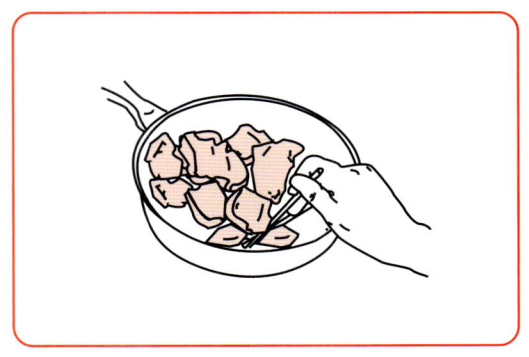
2. 腌制鸡肉

3. 将鸡块翻炒

4. 放入配料一起翻炒

5. 炒熟后直接将大锅置于餐桌上

图四 苗族干锅鸡制作流程图

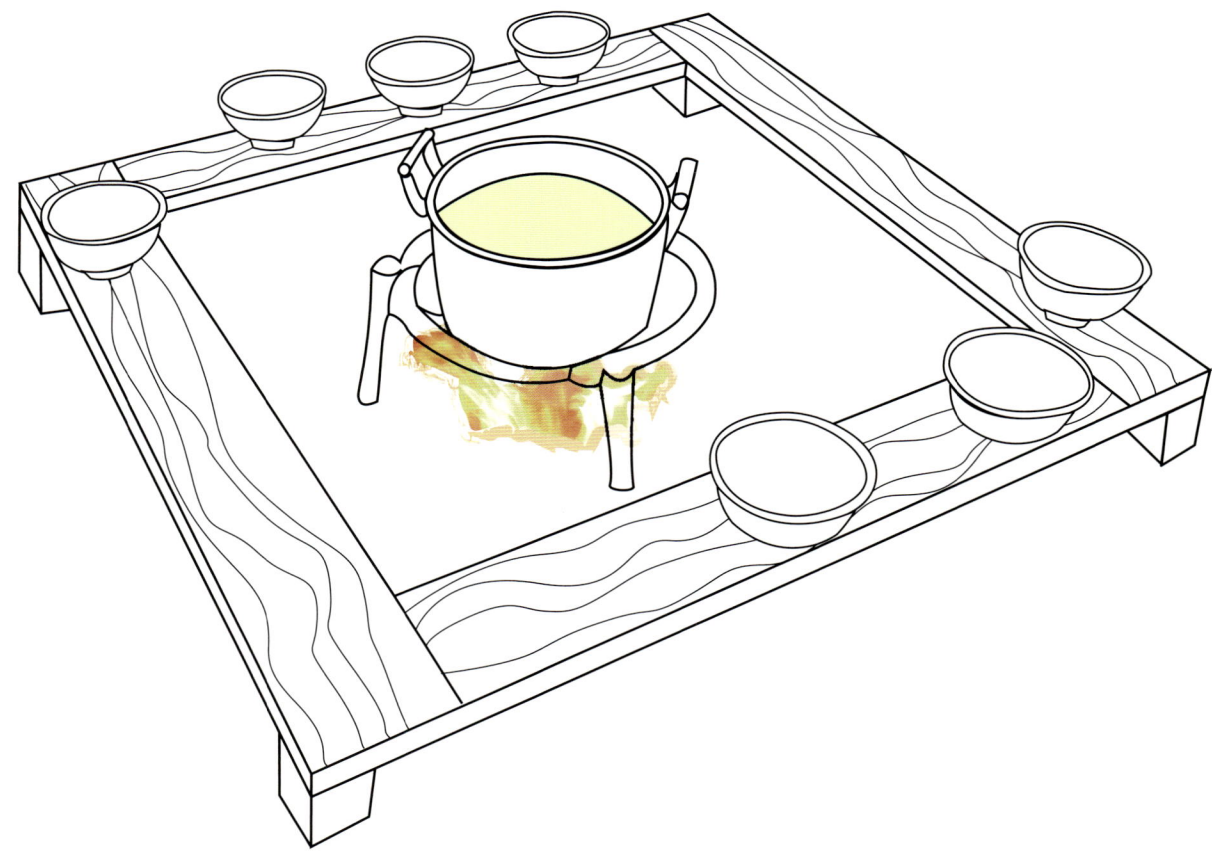

图五 苗族火塘示意图

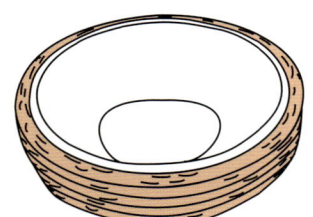  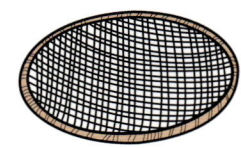

图六 苗族干锅鸡食具示意图

苗族酸汤鱼

图一　苗族酸汤鱼主图

　　酸汤鱼起源于贵州东南部的苗族地区，在苗家，酸汤鱼是款待贵宾的必备菜品，在主人看来，酸汤鱼会拉近彼此的距离，使客人感受到了礼遇。苗族有句民谣："最白最白的，要数冬天雪。最甜最甜的，要数白糖甘蔗。最香最美的要数酸汤鱼。"山西人喜爱陈醋的酸，江浙人善用红醋的酸，贵州人则喜好发酵后的植物酸，贵州的苗族人尤其爱酸。酸汤鱼是苗族食酸文化系列中最具特色的，也是贵州美食系列的重要组成部分，已入选《中国名菜谱》。

　　酸汤鱼的制作秘籍主要体现在酸汤的制作上，酸汤大体分为白汤和红汤两种，一般都由家庭主妇自己制作，传承方式为母亲传给女儿，一代传一代。白汤制作方法为：将淘米水倒入坛中发酵，待其泛白并冒出气泡后放入锅中煮沸，反复搅拌后继续放入坛中发酵，直至坛水变酸即可。红汤则是用西红柿、辣椒、米酒、米面，按照一定比例放于坛中，再加入食盐、姜片等配料一起密封发酵而成。如今在贵州东南部，每一家厨房里都会有一两坛酸汤，每天的生活都离不开酸汤，由酸汤派生出来的酸汤鸡、酸汤牛肉、酸汤猪脚等，在贵州饮食中也占有重要的位置。制作完酸汤之后，酸汤鱼的制作就简单了：在热锅中放入辣椒，炒出香味，加入提前酿制好的酸汤，再将新鲜的鱼放入锅中加热煮沸，最后在锅中加入各种蔬菜即可。都市中的饭店将酸汤的制作步骤简化，用糯米粉发酵之后，放入贵州当地出产的野生番茄，然后慢慢熬制便得到美味的酸汤。贵州东南部地处云贵高原，境内河流纵横，野生活鱼比较多，如鲤鱼、鲫鱼等，都是制作酸汤鱼最好的原材料。

一方水土一方人，一方人一方口味，酸食在贵州地区兴盛，是与贵州地区的自然环境有关。贵州东南部地区湿热难耐，湿热多雨的气候易流行腹泻痢疾等疾病，酸食不仅可以提高食欲，还可帮助消化和止泻。贵州地区属于喀斯特地貌，水质为酸性，苗族人食用酸食后可使酸碱结合，最终达到体内的平衡。苗族的谚语："三天不吃酸，走路打捞蹲"，"打捞蹲"指走路跟跟跄跄，由此看来，食用酸食是贵州人民的生活需要。随着国家西部大开发和贵州旅游业的发展，苗家酸汤鱼顺应时代的潮流，走出苗岭深山，成为现代饮食业一道华丽的风景线，颇受大众的欢迎。

苗家酸汤鱼所用的食具多用陶坛、陶罐、陶盆、陶锅、铁锅和瓷碗等。

图片来源
图一、图五　李小松　摄影
图二至图四　李瑛　制图

1. 淘米水倒入坛中发酵

2. 发酵至汤泛白并冒出气泡

3. 将汤放入锅中煮沸

4. 搅拌后继续发酵

图二　苗族酸汤鱼白汤制作流程图

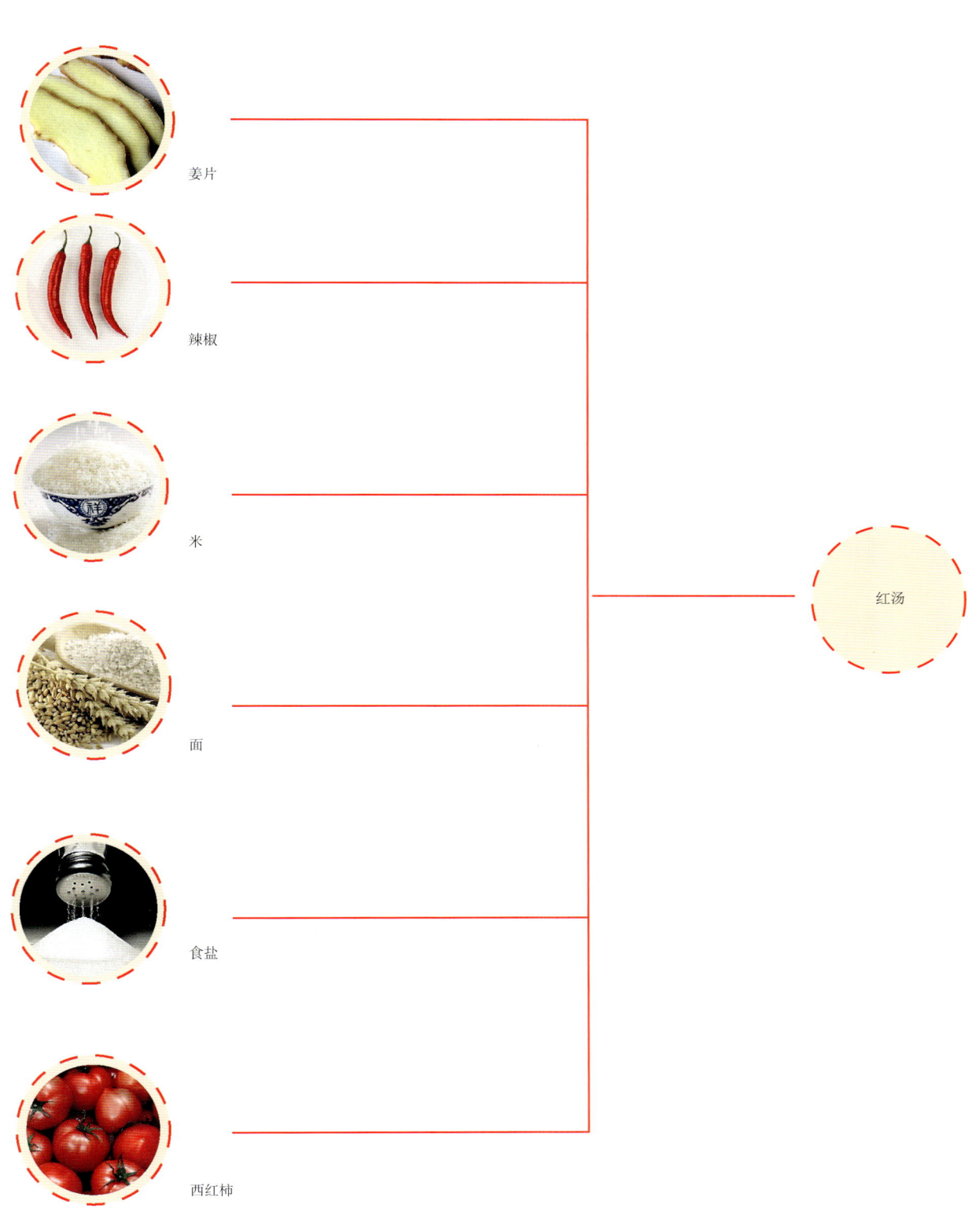

图三 苗族酸汤鱼红汤配料示意图

1. 在热锅中放入辣椒，炒出香味

2. 放入酸汤

3. 将新鲜的鱼放入锅中加热煮沸

4. 在锅中加入各种蔬菜

图四　苗族酸汤鱼制作流程图

图五　苗族酸汤鱼（红汤）图

苗族烤鱼

图一 苗族烤鱼主图

烤鱼节是广西融水苗族欢庆丰收的特殊节日。融水自治县地处广西壮族自治区东北部，属于典型亚热带季风气候，气候湿热雨量充沛，非常适合鱼类的繁殖和生长，因此，本地渔业资源丰富。烤鱼节因持续时间长，参与人数多，被称为仅次于芦笙节的庆丰节。

苗族烤鱼庆丰收是随着稻田养鱼逐渐兴起的，苗族人在山坡上开垦梯田，每年清明时节开始插秧种植水稻，同时在稻田中放入鲤鱼苗，生活在稻田中的鲤鱼喜欢采食落水的禾花，鱼肉中带有禾花的香味，因此又名禾花鱼。禾花鱼充分利用了稻和鱼的共生关系，一方面能吃掉稻田中的害虫，另一方面其排泄物又可作为天然的肥料，达到了稻鱼双增收的目的。农历十月稻谷成熟时，禾花鱼至少有半斤左右，烤鱼节也要开始了。放水捉鱼也是有技巧的，在稻田里挖一两个坑，鱼儿就不会随着流水流出稻田，全部聚集在坑里形成了鱼窝，待水流尽，人们便可以轻松将坑里的鱼捞起放入鱼笼。户外烤鱼的方法很简单：人们从山里砍来竹竿，破为两半，制作成简易的竹夹子，将鱼夹在中间成串状，人们抓住竹竿的一头在火上反复烧烤，在鱼烤到快熟时撒上盐，再烤几下即可食用。除了竹子还可选用桦木或山苍树的树枝，将其削尖作为烧烤签，将鱼串好之后烘烤变黄直至熟透，桦木和山苍树的香味也慢慢渗透到鱼肉里面，特有的鲜香深受人们的喜爱。苗家人有时还专门为烤鱼添加佐料，将盐、辣椒放于水中，再添加田野中采摘的名为乌扭和斐章的野菜，烤鱼蘸着佐料，将烤鱼的鲜味、野菜的香味和咸水的咸味充分调和在一

第三章 苗族传统餐饮

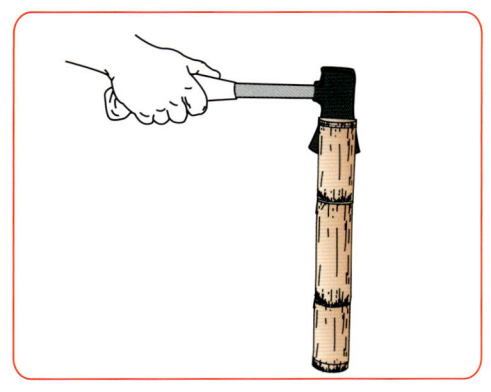
1. 将竹子破为两半

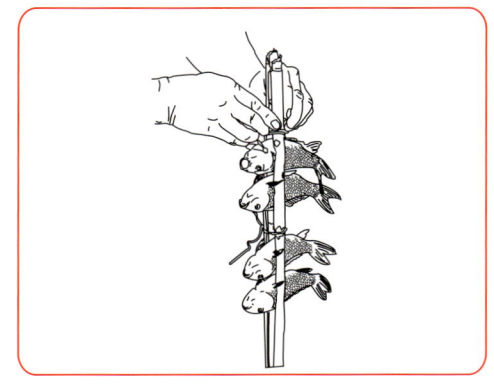
2. 将鱼夹在中间成串状

3. 抓住竹竿的一头在火上反复烧烤

4. 鱼烤至快熟时撒上盐后即可食用

图二　苗族烤鱼流程图

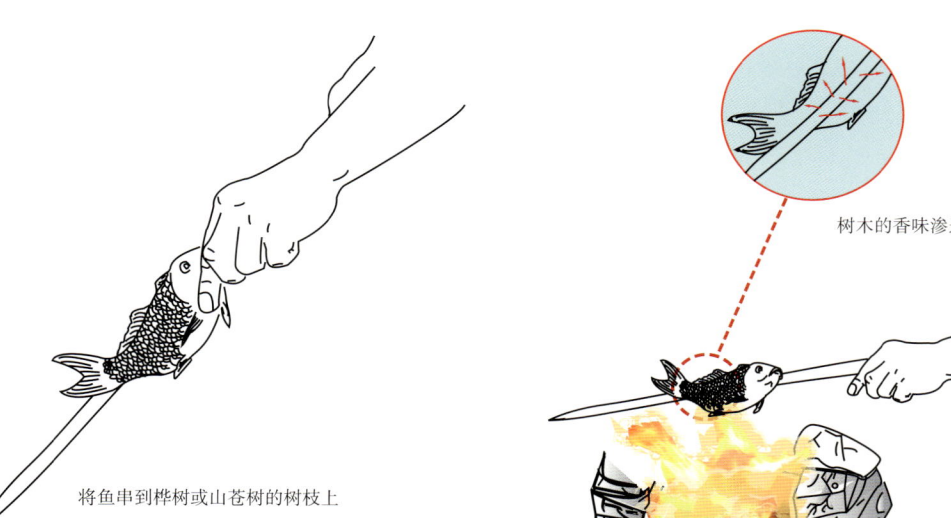

将鱼串到桦树或山苍树的树枝上

树木的香味渗透鱼肉里面

图三　苗族木香烤鱼示意图

起,味道极佳。烤鱼节不只是一家人的盛宴,村寨里家家户户开田捉鱼,各家请来周围村寨的亲戚一起品尝。男人们吃着烤鱼,用竹筒喝着自家酿造的米酒,女人们将从家里做的糯米饭带到田间食用,孩子们更加欢喜,聚在一起围着火堆撒欢。苗族人用这种方式庆祝丰收,分享收获的快乐和喜悦,广西融水苗族同胞有这样的顺口溜:"秋来稻谷堆满仓,田里田外烤鱼香"。

烤鱼节是改革开放后在政府的支持下逐渐形成的节日,人们生活水平的提高对食品的要求也逐渐提高,高蛋白、低脂肪的无公害禾花鱼受到越来越多的青睐。广西融水苗族自治县每年农历八月十八举行"烤鱼节",届时游客从四面八方来到这里,吃着美味的烤鱼,听着苗家的芦笙,欣赏着苗寨的传统舞蹈,在放松身心的同时也感受到了苗族的特色文化,烤鱼节成为当地吸引游客的重要名片。

图片来源
图一　许星　摄影
图二至图八　李瑛　制图

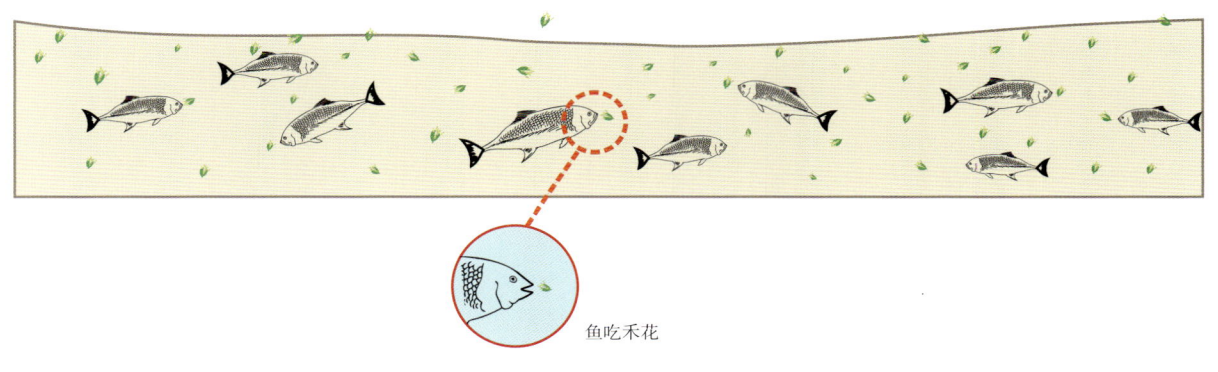

图四　苗族禾花鱼名称缘由示意图

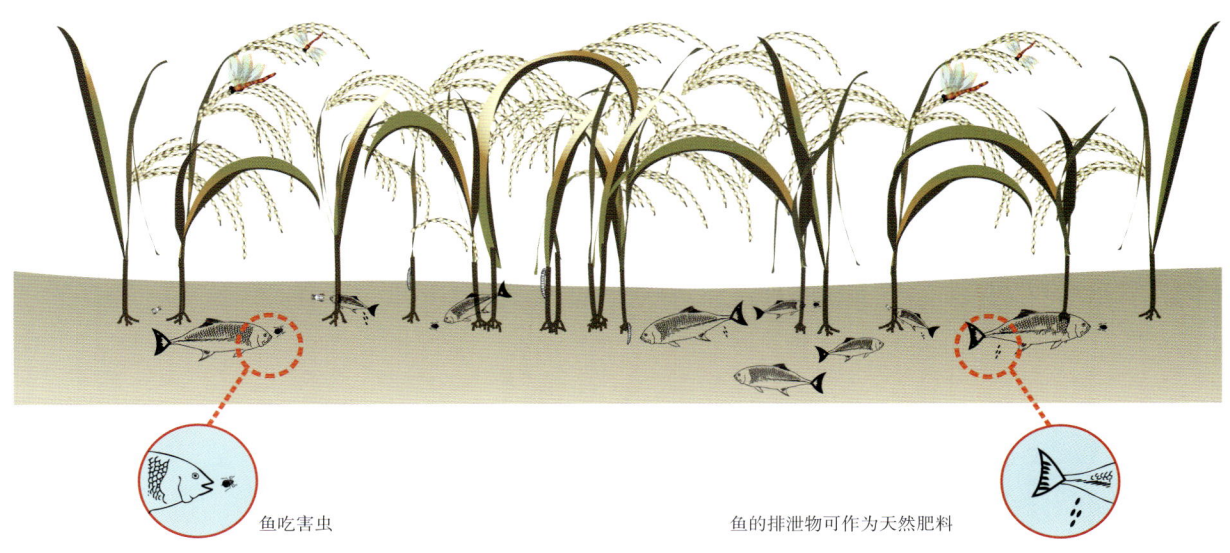

图五　苗族稻田养鱼示意图

图六　苗族放水捉鱼示意图

鱼窝　　水流方向

图七　苗族烤鱼佐料示意图

水　辣椒　烤鱼佐料　盐　乌扭　斐章

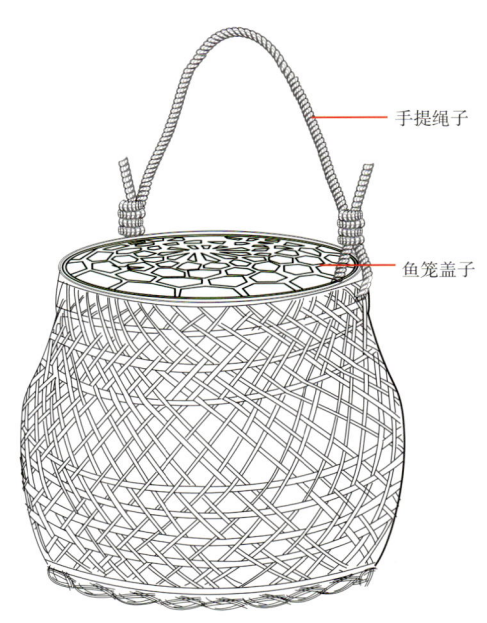

手提绳子

鱼笼盖子

图八　延展图：苗族鱼笼示意图

苗族打油茶

图一 苗族打油茶主图

打油茶是具有民族风情的传统小吃，主要流行于广西壮族自治区的融水苗族自治县、三江侗族自治县、恭城瑶族自治县和湖南、贵州一些地区，是苗族人招待宾客时的上乘佳品。当地素有"有客到我家，不敬清茶敬油茶"的说法，有宾客临门，喝油茶是最常见的待客之道。

打油茶的用料大都是自产的，经济实惠，同时打出来的油茶香醇味美，是具有民族风味的精品。打油茶制作过程分为三步：泡洗茶叶、打茶叶、过滤茶叶。首先按需要取适量茶叶，放入锅中煮沸一两分钟将茶叶泡开，再用冷水清洗一次，可去除茶叶中的杂质和苦涩味；将滤干水的茶叶放入油茶锅中，倒入适量茶油后用中火炒，一边炒一边用油茶杵捣捶茶叶，等锅内热到"噼噼"作响时倒入适量水煮沸并加入盐，此时油茶便煮好了；喝油茶之前在碗中放入配料，一般放入炸过的花生、脆果、糍粑，现在油茶的内容更加丰富，还有野菜、玉米、猪肝、粉肠等；在油茶倒入宾客碗中时用茶滤（竹篾编制，形状像半个葫芦）过滤茶叶，以防茶叶也倒入碗内。喝油茶时可以使用筷子和汤匙，以方便食用泡在茶里的花生等佐餐食品。一锅油茶分到各自碗中之后，主人和宾客可以一边享用美食一边聊天，其乐融融。喝油茶是有讲究的，等主人说"敬请"之后才可喝，否则就是失礼，喝完之后将筷子放于桌上表示不再喝，如将筷子横放在碗上，主人还会主动为你添加。打油茶不仅是一道茶，还是一副治病防病的药方，常喝油茶能增强抵抗力，预防感冒头痛等疾病，冬可暖身，夏可消暑，提神解乏。不少苗族人已经养成每日喝油茶的习惯，一日不喝，浑身乏力，多日不喝，恍若大病。南方山地民族多种植玉米、红薯等杂粮，将这些杂粮随油茶一起食用，既方便又美味。打油茶不只是饮品，还可作为餐饭来食用。

打油茶作为一种非物质文化遗产，应当在现代社会中对其保护并提升利用价值，使其有更强的生命力，以推动民族文化和经济发展。苗族打油茶作为苗族土特产食品，在现代社会中也开始走向商品化，"方便油茶"是将土特产加上现代的工艺手段，再辅以现代的商业运作方式运营的成功案例。"方便油茶"是将打油茶的材料如米花、茶叶、花生等为配料包装成袋，只要用开水冲泡便可像方便面一样食用。"方便油茶"使苗族打油茶以独特的方式走向了全国各地。

图片来源
图一至图六　李瑛　制图
图七　许星　摄影
图八　王艳晖　摄影

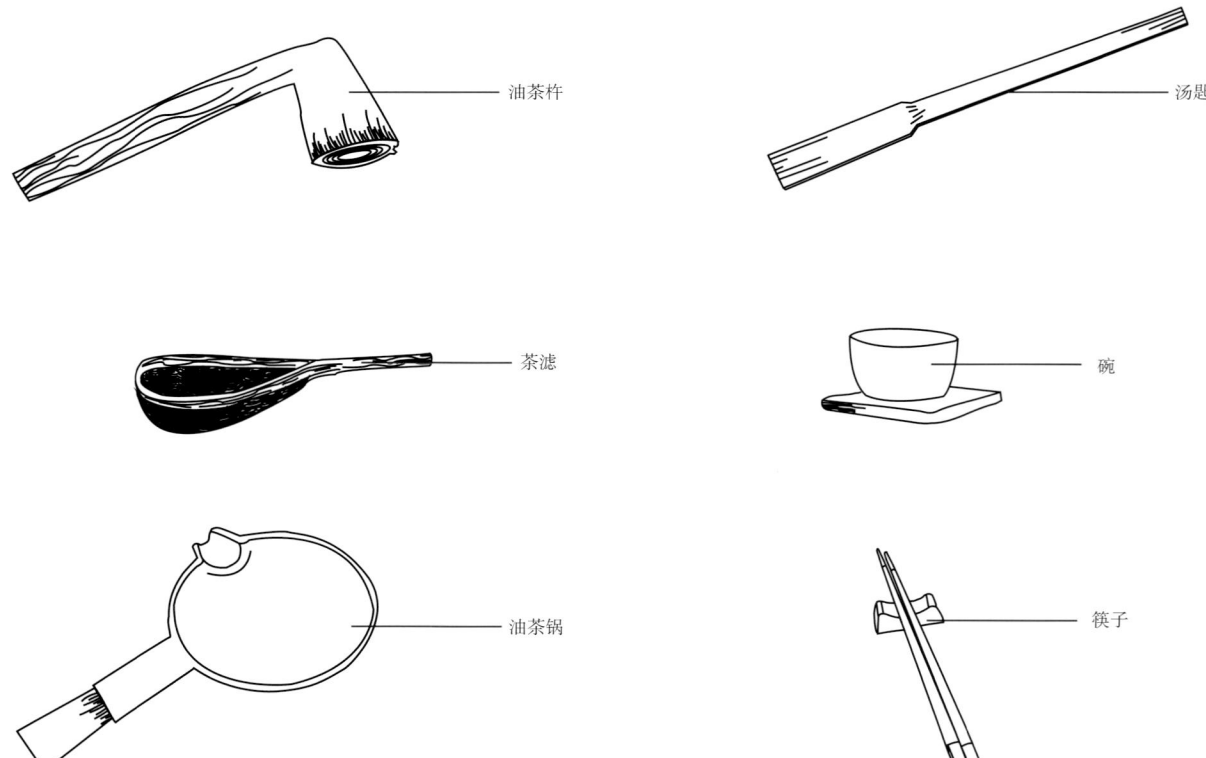

图二　苗族打油茶工具及茶具示意图

1.泡洗油茶

2.炒油茶

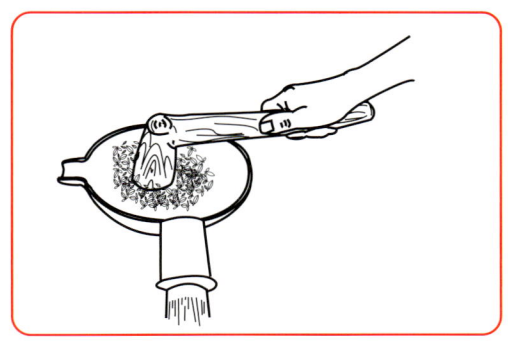
3.打油茶

4.加水煮油茶

5.在碗中放佐餐食品

6.过滤油茶

图三 苗族打油茶制作流程图

香菜末　南瓜饼　葱花　炸油果　芋头糕　年糕　艾叶粑　船上糕　玉米　水糍粑

图四　苗族打油茶佐餐食品示意图

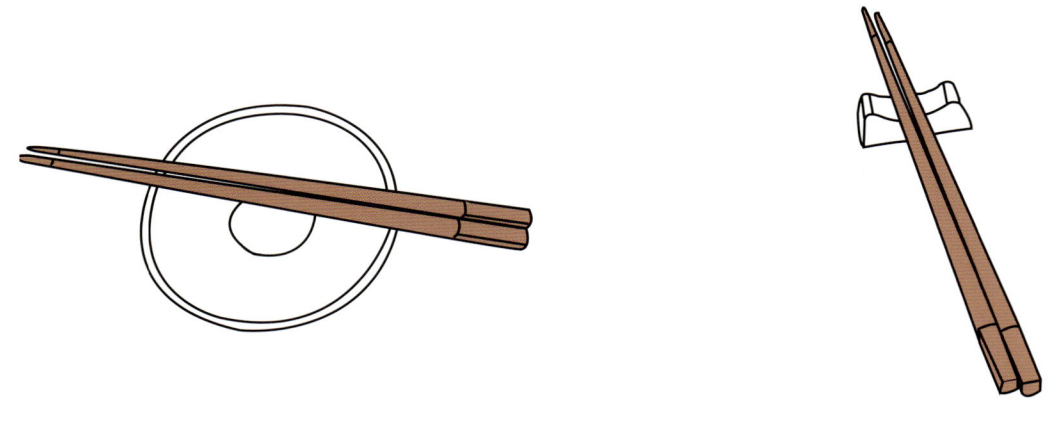

筷子放在碗上，表示继续食用　　　　　　　　　　筷子放在桌上，表示不再食用

图五　苗族打油茶食用礼仪示意图

图六 苗族"方便油茶"配料示意图

图七 苗族打油茶展示图

图八 苗族打油茶模拟场景图

第三章 苗族传统餐饮

苗族结婚喜宴

图一　苗族结婚喜宴主图

　　苗族的婚俗礼仪从古沿用至今，既俭朴又热闹，其婚姻仪式的欢乐气氛，礼规礼辞的细致严谨，为苗族婚姻习俗增添了靓丽的色彩，从另一侧面反映了苗族辉煌灿烂的文化内涵。

　　酒水鱼肉是苗族婚礼中不可缺少的食品，提亲时，男方通常要邀请村里有名望的长辈一同去女方家，要带着自家的酿酒、腊肉、糍粑等，携带的礼物越贵重，代表家境越富裕。

　　一些苗寨的婚俗中，除了祭祖、接伞等仪式，还要进行挑喜水、捉喜鱼和吃合欢酒等仪式。在婚礼的前一天，男方要派出接亲队伍去女方家迎娶新娘，并要送一个又大又厚的糍粑作为迎亲礼，苗寨中有糍粑迎亲的习俗，糍粑直径通常为85~105厘米，厚度在7~15厘米，用以祝贺新婚夫妇丰衣足食、幸福团"圆"。这个大糍粑也被当作全体客人和主人结婚前一晚的夜宵食品，当晚女方将糍粑和鸡块放到大锅里炖，再加上几把辣子面，熬成鸡肉辣子汤，睡觉之前，每个客人都饱食一碗鸡肉辣子汤，主人客人心情愉悦，苗族同胞称之为"喜事喜办"。送亲人群进大门时要唱"拦门酒"歌和"牛角酒"歌。结婚当日，主人家要在寨子里摆上宴席，邀请全寨人和亲友共同祝福新人。旧俗是新娘在婚礼结束后即回娘家，第二次上夫家时，由兄弟、嫂子等人挑上糯米饭、鱼肉等陪同新娘前往，夫家便请亲族们"吃客饭"，宴请客人。新娘子住上一段时间，夫家要备同样的礼物送她回门，受礼相同。

从苗族婚俗礼仪中，我们也可以体会到苗族优秀的传统伦理道德观，其尊老爱幼、讲孝道、互敬互爱、追求和谐美好生活的思想道德意识与新时代社会主义道德观相吻合，这吸引我们进一步探索苗族的古老文化，发掘和整理未被发现的苗族优秀文化传统。

图片来源
图一、图三、图四　李雪　摄影
图二　李瑛　制图

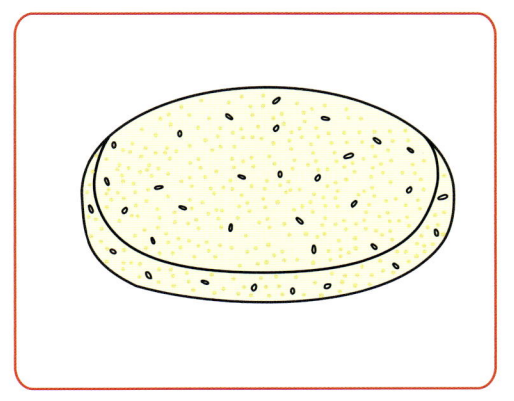

1. 作为夜宵的糍粑

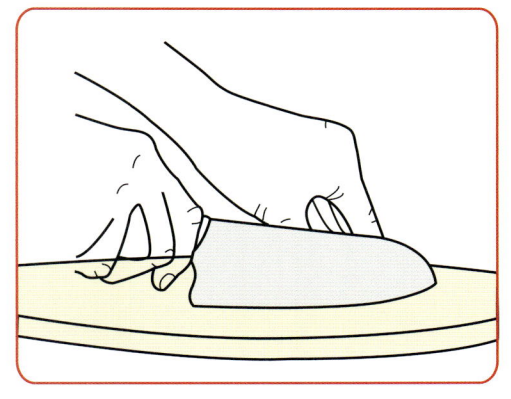

2. 将糍粑切成块状

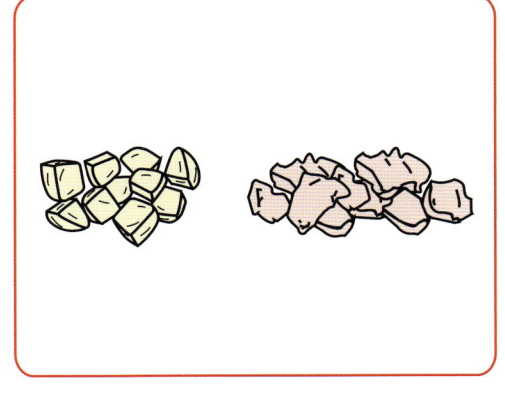

3. 将糍粑和鸡块准备好

4. 将糍粑和鸡块放到大锅里炖，再加上几把辣子面，熬成鸡肉辣子汤

图二　苗族结婚喜宴鸡肉辣子汤制作流程图

图三　苗族结婚喜宴准备场景图

图四　苗族结婚喜宴菜肴炒制图

苗族牛角酒杯

图一 苗族牛角酒杯主图

牛角酒杯是苗族特有的饮酒器具,他们常常把水牛角雕刻出精美的图案,并进行髹漆或镶嵌工艺,这种天然与人工结合而成的牛角酒杯,在苗族的酒礼酒俗中具有特殊地位。这一饮酒器具主要盛行于贵州、云南及相邻川南、桂北、湘西南苗族村寨等。

牛角酒杯一般选用牛角的顶端部位制成,保持牛角原有的弯曲度。牛角杯为中空,大的一头为用于饮酒的杯口,小的一头用于系索。按照杯的长度可分为大中小三种型号,大型杯长度为45.5厘米,杯口直径为11厘米和6.5厘米,盛酒容量为1000毫升左右;中型杯长度为35厘米,杯口直径为10厘米和6厘米,盛酒容量为800毫升左右;小型杯长度为32.5厘米,杯口直径为7.5厘米和4厘米,盛酒容量500毫升左右。

具有代表性的案例为龙凤牛角杯和嵌银龙凤纹牛角杯,皆用水牛角雕刻而成。龙凤牛角杯为一只,两个宽面分别刻有游龙、飞凤和鱼等纹饰,并刻有铭文:"乾隆叁拾肆年夏谷旦己丑潘按江晋记长用",纹饰精美,雕刻刀法流畅,现藏于遵义市贵州酒文化博物馆。嵌银龙凤纹牛角杯是一只加工细致的牛角杯,牛角杯体上镶嵌银花的间隔,又名嵌银花央公央婆牛角杯，央公央婆是苗族祖先，也是苗族祭祀的神灵，牛角杯描绘关于央公央婆的神话传说，现藏于上海博物馆。

敬酒是苗族最常见的礼仪之一，苗家每家都有用水牛角做成的酒杯，这种精雕细琢的工艺品只在重要场合使用，平时一般不用。例如在跳芦笙的大型集会上，开场之前，安排有敬酒队给客人及老人敬酒，敬酒的小伙子手捧牛角，把酒灌得满满的，向场上的围观者敬酒。苗族人接亲嫁女也喝牛角酒，在男家迎亲或女家送亲时，都有十几甚至几十位客人来主方家做客。这时，作为主人的那一家就要给客人设酒卡欢迎他们（一般为3~12道），这种酒卡称为"拦路酒"，一边将斟满酒的牛角酒杯放于宾客的嘴边，这时宾客必须用嘴接着喝，每次喝一口即可过关，不得双手接起牛角酒杯，否则就会被认为酒量过人，必须将一牛角酒全部喝光。这是苗族人的最高礼节，也是一种较量对方力量的形式，有些地区按古规，谁喝干了牛角酒，牛角就归谁所有。

牛角酒杯在古老的历史长河中发挥了不可替代的作用，并已经渗透苗族人生活的各个方面，作为苗族独特的收藏品，它承载了厚重的文化内涵。牛角酒杯让我们了解苗族历史文化的同时，也展现出了苗族人民的生活习性和思维习惯，淳朴的民风丰富了中华民族的生活性情，更有利于促进民族团结和发展。

图片来源

图一　仲溪　摄影　李瑛　制图
图二至图四　李瑛　制图
图五、图七　仲溪　摄影
图六　沈建国　摄影

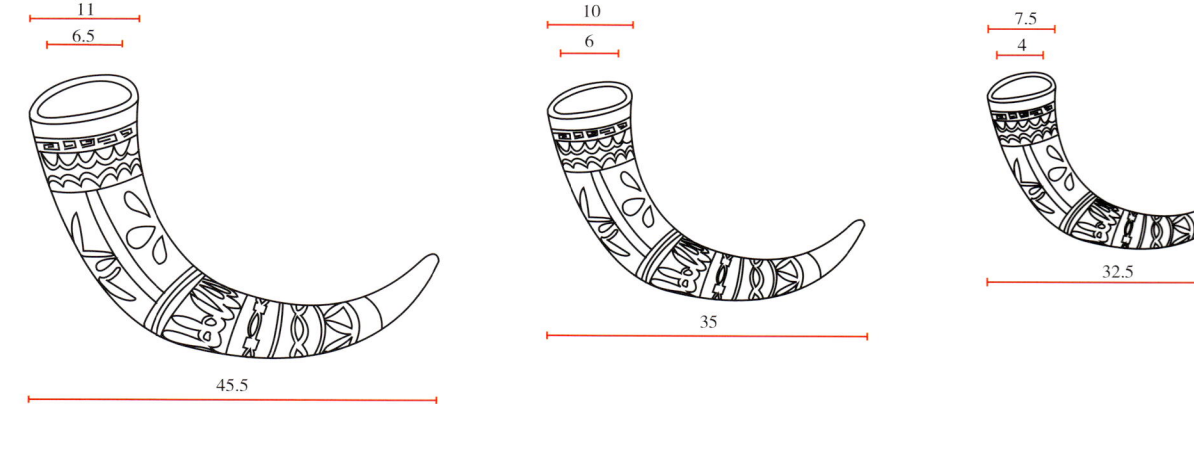

大型杯　　　　　中型杯　　　　　小型杯

图二　苗族牛角酒杯尺寸图（单位：cm）

图三　苗族牛角酒杯纹样示意图

图四　苗族嵌银龙凤纹牛角杯示意图

图五　苗族牛角酒杯使用示意图

图六　手持牛角酒杯的苗族女青年图

图七　延展图：苗族姑娘手持牛角酒杯迎接客人

苗族羊角酒杯

野山羊角酒觥

咸宁羊角酒觥　　　　　平磨苗族绵羊角酒觥

图一　苗族羊角酒杯主图

羊角酒杯常见于乌蒙山区的苗族山寨，是重大节日活动和招待宾客时的饮酒用具。苗族、彝族等少数民族素来就有制作和使用兽角酒杯的习俗。苗族人在重要场合除了用牛角酒杯敬酒之外，羊角酒杯也是贵客临门时必用的一种酒杯，羊角酒杯一般有绵羊角和山羊角两种材质。苗族姑娘在敬酒时，宾客不得接过酒杯，必须直接饮用，因为宾客羊角杯口部为圆，底部为尖，这个造型使得宾客在接过酒杯之后必须一饮而尽，否则就无法放下酒杯，真是"人不劝酒杯自劝"。

羊角酒杯造型独特，与牛角酒杯的制作手法相似，大多就地取材，先将羊角用水煮，然后将角内挖空掏净，为了保证羊角杯的手感，需将角面打磨匀净，使其光滑细腻。除了苗族人家爱用羊角杯，彝族也喜爱用羊角杯，与苗家不同，他们将打磨光滑的羊角全部雕刻彩绘图案，是彝族漆器酒具的重要组成部分，因此羊角酒杯不仅是饮酒器具，还是精美的工艺品。羊角酒杯除了盛酒的功能外，还有祭祀的功用。在传统文化中，"羊"常常被谐音为"祥"，相传羊角有吸福纳祥的功能，祭羊角能保福寿康宁、风调雨顺。惠水、长顺一带的苗族人将羊角挂到水缸上用于辟邪。

少数民族喜欢把饮食与各种社交活动联系起来，以此增加沟通，增进友谊，酒成了他们社交活动中必不可少的食物，"无酒不成席"。中国最早的酒器从材质上讲，有陶器、竹器、葫芦器和青铜器等，羊角杯作为苗族的饮酒器具，是中国最早的酒器之一。苗族羊角杯使用天然的羊角，经过简单加工制成的酒器，因其在加工过程中没有使用任何化学材料，不会对人体造成伤害，还保持美酒的香气和口感。这类酒器被废弃之后在自然界中将自然降解，不会对环境造成污染。在现代社会中，随着对野生动物的保护，人们开始使用其他材料制成羊角杯的形状，作为工艺品供人赏用，而羊角杯的美学价值超越了其实用价值，凸现了艺术美和工艺美。

图片来源

图一　许星　摄影
图二、图三　李瑛　制图
图四　许星　制图

1.将羊角放入大锅用水煮

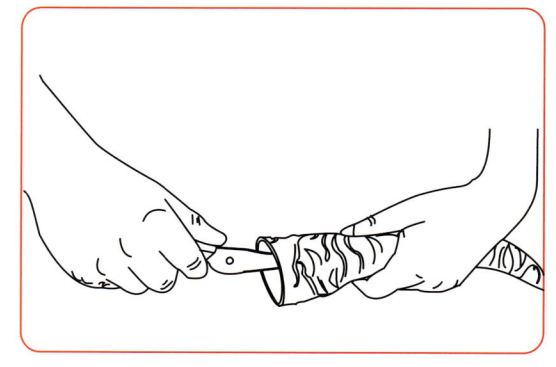
2.将角内挖空掏净

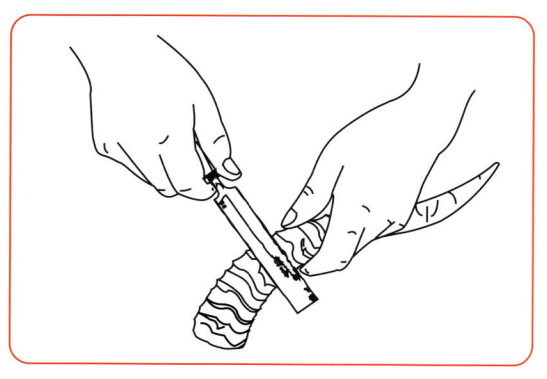
3.将角面打磨匀净

图二　苗族羊角酒杯制作流程图

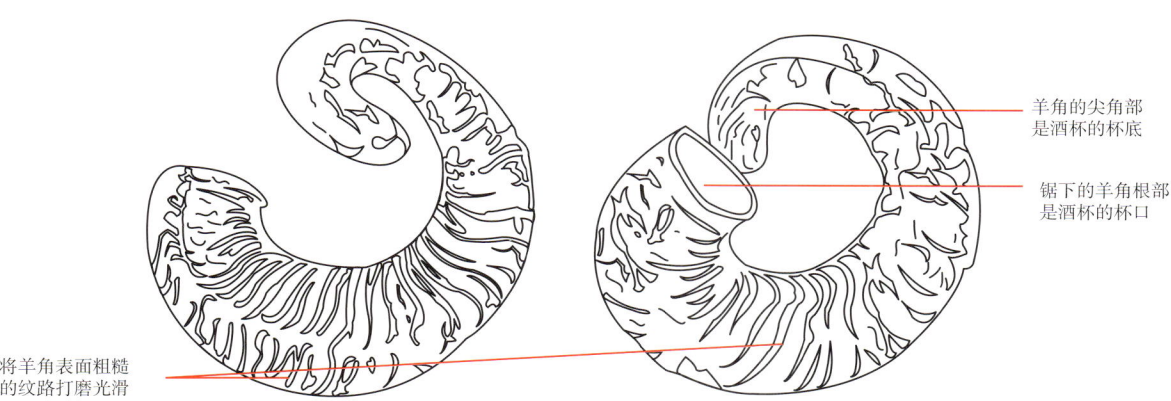

羊角的尖角部是酒杯的杯底

锯下的羊角根部是酒杯的杯口

将羊角表面粗糙的纹路打磨光滑

图三 苗族绵羊角酒杯结构示意图

自饮羊角酒

给客人饮羊角酒

图四 苗族羊角酒杯饮用方式示意图

第三章 苗族传统餐饮

苗族陶质提梁无盖酒壶

图一 苗族陶质提梁无盖酒壶主图

陶质提梁无盖酒壶是黔东南苗族地区特有的生活工具，主要用来盛装酒、水等液体，其整个形体看似不求细节，实则稚拙而大气，反映了苗族工匠过人的造型设计能力。在设计时，有意省略了顶面的壶盖，而在侧面制作了一个小巧而凸起的注口，避免了制作工艺复杂的口、盖，提高了使用效率。同时，由于大多数带口盖的陶壶经常需要开启口盖才能往壶中注入液体，在使用的过程中极易丢失或损坏壶盖，这种无盖的设计则能够提高陶壶的使用寿命。

本案例的壶体整体造型上粗下细，壶体底面为圆环底，直径约11.5厘米，往上逐渐变粗，最粗处约18厘米，到安装提梁处之后逐渐变细，最终在顶面围合成一个半圆球形。壶体顶端两侧安有一道粗壮的拱形提梁，高约8厘米，提梁的一侧还设有一个凸起的圆台形注口，高约2.5厘米，直径约3.5厘米，可以从中往壶体内部注入酒、水等液体。与提梁平齐的一侧下方安有一个造型流畅的"S"形三弯嘴，孔眼较粗，出水力度大。壶身通体为陶胎，采用轮制工艺制作而成，各个局部的造型，如壶嘴、提梁等，在制作完成之后分别连接在壶身上。壶体表面上有深褐色的土黄釉。

陶质提梁无盖酒壶在黔东南苗族聚居的集市上随处可见,其大小不一,部分壶体上还刻有二方连续龙纹,足见苗族人对陶质提梁无盖酒壶的喜爱程度,也体现了苗族人节俭、功能至上的造物思想。

图片来源

图一、图三至图六　张庆　摄影

图二　任婧媛　制图

图七　李小松　摄影

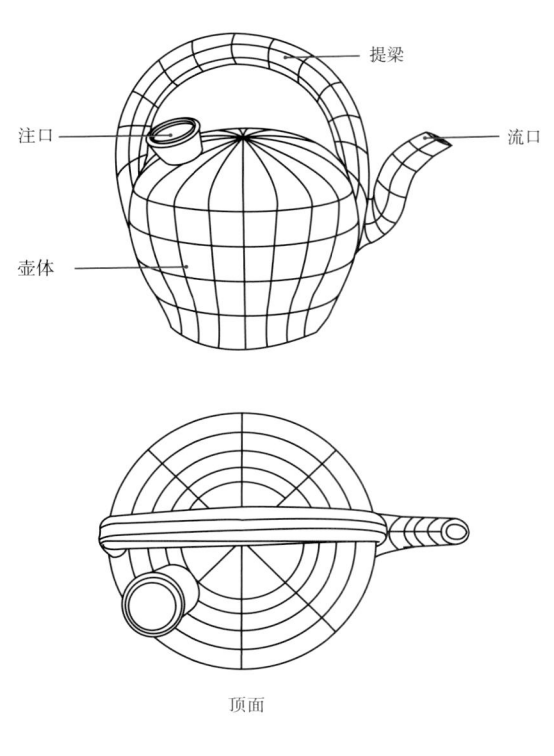

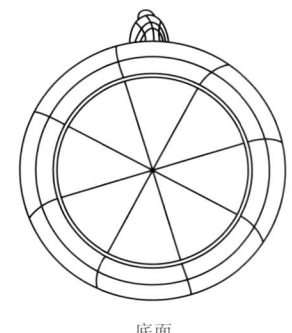

图二　苗族陶质提梁无盖酒壶结构示意图

图三　苗族陶质提梁无盖酒壶三视图

图四　苗族陶质提梁无盖酒壶龙纹图案

无盖陶质酒壶　　　　　　　　有盖陶质酒壶

图五　苗族无盖和有盖陶质酒壶图

图六　苗族不同造型无盖酒壶图

图七　延展图：苗族倒酒陶器——哈久

苗族调味罐

图一　苗族调味罐主图

调味罐，主要用来盛放盐、辣椒粉等调味品。此案例拍摄于贵州黔东南雷山县城集市，系瓷质，酱色，胎体粗糙，釉较薄。两联调味罐长19厘米，罐体高7厘米，罐口直径8厘米，提手部分高4厘米。该类成品中有双联和三联之分。

单体调味罐较为常见，而本案例选择的双联调味罐则是在单体罐基础上的进一步发展。两联调味罐为分体制作，并借助把手部位将两个罐体粘连在一起，施釉后烧造而成。该调味罐的突出特点是胎厚釉薄。较为厚重的胎体有受制于民间制瓷业对工艺原料的不甚讲究等因素的影响，同时我们也应看到，调味罐作为日常生活用具，使用过程中难免磕磕碰碰，而胎体较厚的调味罐则可以防止被碰坏，而且较重的体量也使之更容易放置平稳。另外很重要的一点，使用较薄的釉料也降低了成本。调味罐留有孔洞的提手部分，主要是为了使用、提携时的方便。三联调味罐即在双联基础上，加一个高度相同但体量略小的罐子（直径6厘米左右）。这样便可以多放一种调味品。苗族嗜辣，因此，调味罐中必有一个盛放辣椒粉。另外的罐子可以盛放盐、花椒等调味佐料。

作为满足民众盛放调味品需要的日常生活用品，调味罐如今在苗族地区依然销量很大。它体量适中，制作简易、清洗方便，结实耐用，多联的设计也进一步拓展了其使用功能。此设计不足之处是没有相应的盖子，若有与之匹配的小盖子，便可防止异物的进入，更为卫生；另外与之配套的挖取调味品的汤匙也可设计制作，可使之更为完善。

图片来源

图一、图三至图五　王兴业　摄影

图二　王兴业　制图

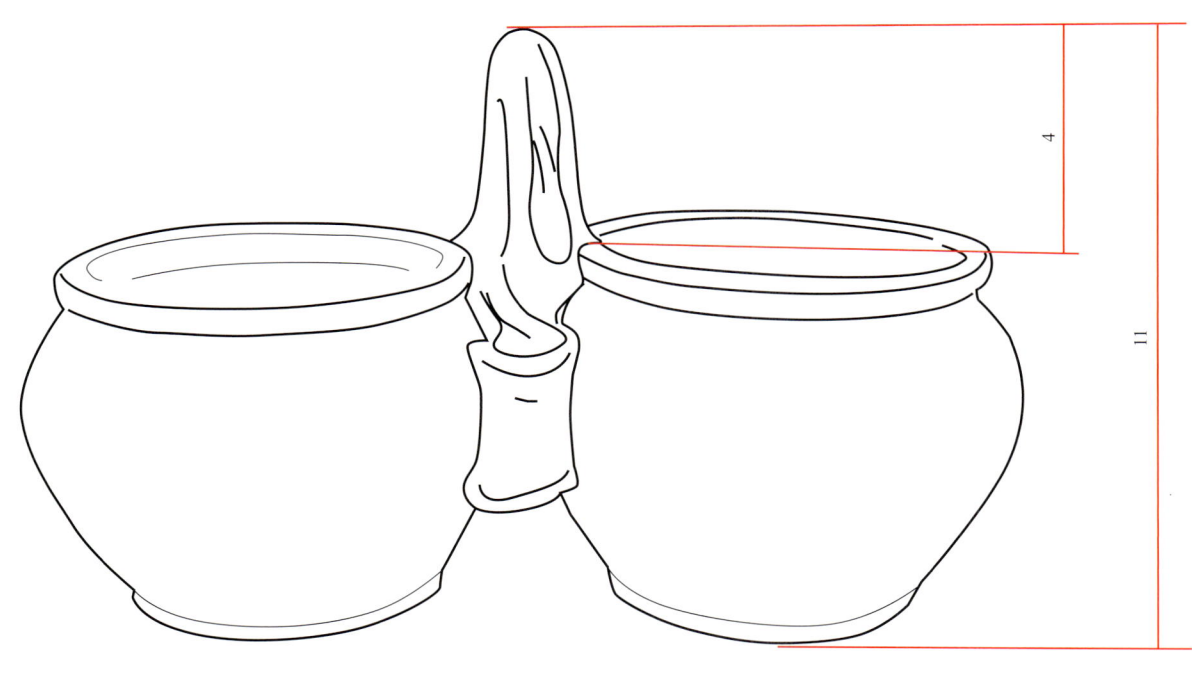

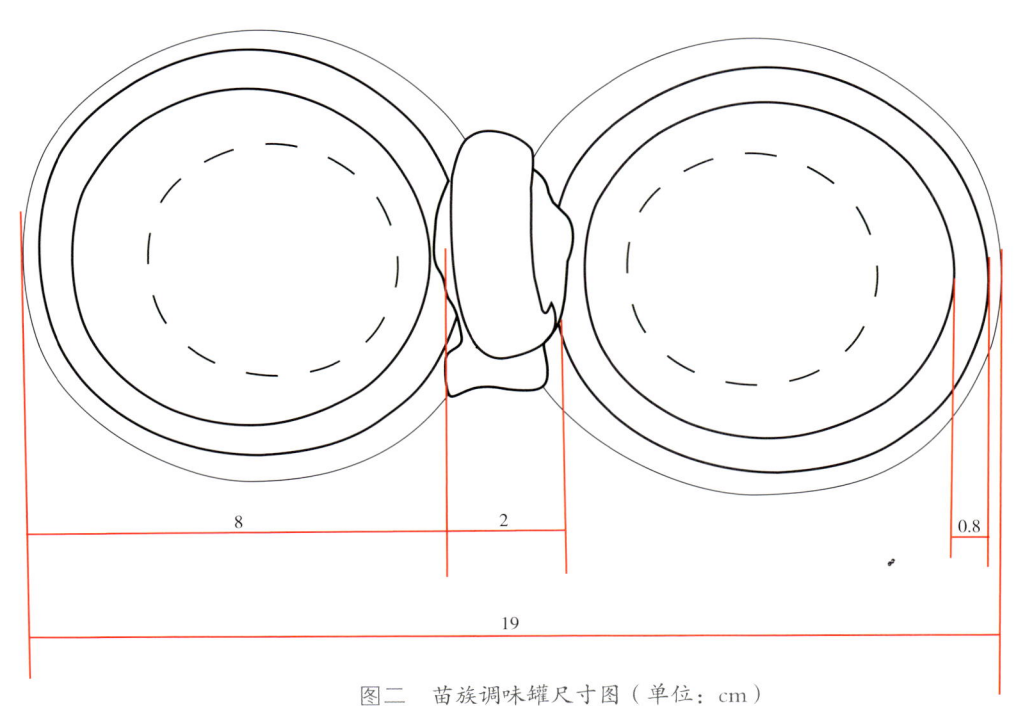

图二　苗族调味罐尺寸图（单位：cm）

图三　苗族双联调味罐使用图

图四　苗族三联调味罐图

图五 延展图：苗族制瓷烧造场景图

苗族陶碗

图一　苗族陶碗主图

陶碗是黔东南苗民日常生活中的日用器皿，也是苗区传统陶瓷制品中烧造量最大的一种器物，在苗族市场上随处可见成捆的待售陶碗。苗族陶碗主要用来饮酒或盛放各类食物，在苗区的一些小吃店、各类节日活动现场等均能发现其身影。

苗族陶碗的外形古朴，整体呈斗笠状，碗壁的边缘线整体呈略微向下的弧线，至碗口处微微上翘，最终形成了具有动感的"S"形边缘线，陶碗的平底下方安有矮圈足，口径约20厘米，底径约10厘米，高度约7厘米。在制作成形时采用了工作效率较高的注浆法，先将本地盛产的陶土制成泥浆，再将其批量地注入涂有脱模剂的石膏模具之中，从而形成大量的陶碗坯，待其干透之后采用浸釉法将陶碗坯的口部浸入单色的酱黄釉中，导致靠近碗口的碗壁内外形成了不规则的釉边，而圈足和碗壁底部均保留了陶土的本色。这种浸釉法的使用，导致制作出来的陶碗几乎没有完全一样的釉边。最后，将干透的陶碗装入土质柴窑中进行大批量烧制。由于陶碗边缘挂不住釉，釉料的颜色偏薄，而透出部分泥料的本色，从而在黄褐色的釉中形成了色彩上的变化。此外，陶碗口缘光滑的陶釉既避免了陶碗在烧制之后形成涩边，以免划伤使用者的嘴巴，又与底部所保留的陶土本色形成了材质上的差别，极好地丰富了陶碗的视觉形式。

苗族陶碗所用的材料大多就地取材，工序简单，采用了生产效率较高的注浆成形法和浸釉法，致使陶碗的价钱十分便宜，能够广泛地出现在千家万户苗民的生活中，体现了苗族人朴实的造物观念。

图片来源
图一、图三至图七　张庆　摄影
图二　和琪　制图

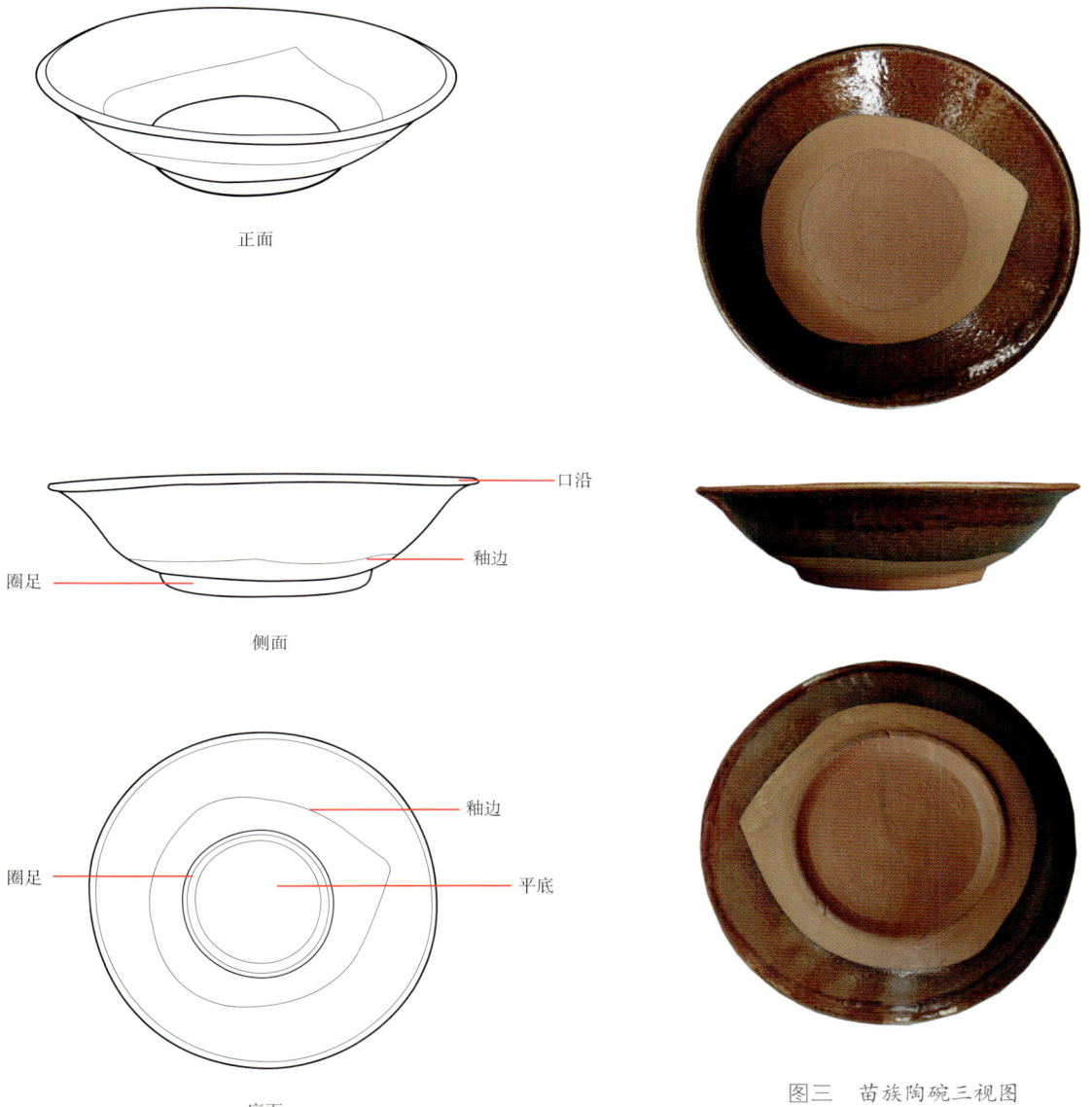

图二　苗族陶碗结构名称图

图三　苗族陶碗三视图

第三章　苗族传统餐饮

图四 苗族陶碗模具图

图五 苗族待烧陶碗图

图六　苗族陶碗成捆展示图

图七　苗族陶碗使用情境图

第三章　苗族传统餐饮

苗族竹编饭盒

图一　苗族竹编饭盒主图

贵州苗族聚居的山地盛产竹子，苗族先民们便充分利用这一物产，制作了数量众多的生产、生活用品，竹编饭盒便是其中的优秀代表。因苗族生活的区域，山高林密，主要是零星分布的山地农业，由于田地及狩猎区域距离居住地较远，人们便需要携带食物外出劳动、渔猎，竹制饭盒便是适应这种生活方式的设计产品。为方便携带，竹制饭盒一般体量不大，多为鼓腹设计，由盒体和盒盖两部分构成。根据具体需要，饭盒形态较为多样，但都符合轻便实用的设计原则。

饭盒的制作就地取材，利用当地盛产的竹子。因是盛装食物的功用，在制作上，竹制饭盒较为讲究，用细竹篾编制而成，竹篾事先刮去竹青和竹黄，做到宽细一致，这样编成的饭盒才致密美观。竹篾在饭盒的口沿向内收拢，以实现与盒盖扣起时的严丝合缝。另外，在饭盒的口沿处，编制的竹篾外加有一层保留较多竹黄色的细竹篾，以加固饭盒的口沿。在饭盒的四周边沿，安装有一圈宽竹篾（在弯折处以火烤来弯曲定型），目的为了加固盒体，防止其受到挤压而变形。加工过的宽竹篾富有韧性和强度，贴实盒沿后，用烧红的铁丝烧透竹篾，穿孔后以圆形竹篾做引线穿过，用以扎紧盒体与宽竹篾，二者贴实。圆竹篾最终从盒子的口沿引出，结成系绳，方便携带。经过数次工序后，原来由细竹篾编制而成的较为柔软饭盒便有了骨架，变得挺括坚固，更方便携带与放置。竹编饭盒编制密实、比例匀称，整体保留有竹制的天然纹理，显得亲切自然，给人以美的享受。在色彩上，外沿框与口沿处保留有较多竹黄色的竹篾，也起到了很好的装饰作用。

饭盒口沿较长，这样的设计，可以使得与盒盖的咬合更为牢固，以确保放置其中的食物在劳作或狩猎时不易脱出。同时，竹编饭盒通风透气，这样携带的食物便不容易变质。竹编饭盒作为轻便易携的食具，适应了苗族民众的生产生活方式，是一个不可多得的设计精品，也是立足生活需要的出色创造。时至今日，随着生产生活条件的改善，竹编饭盒慢慢从苗族民众的生活中隐退，很少使用，但其设计思想仍然值得我们去探究和学习。

图片来源
图一、图二、图六、图七　王兴业　摄影
图三至图五　王兴业　制图

图二　苗族竹编饭盒开启图

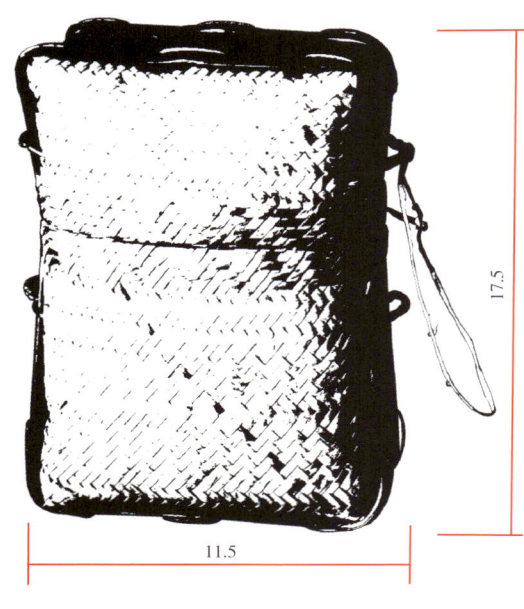

图三　苗族竹编饭盒尺寸图（单位：cm）

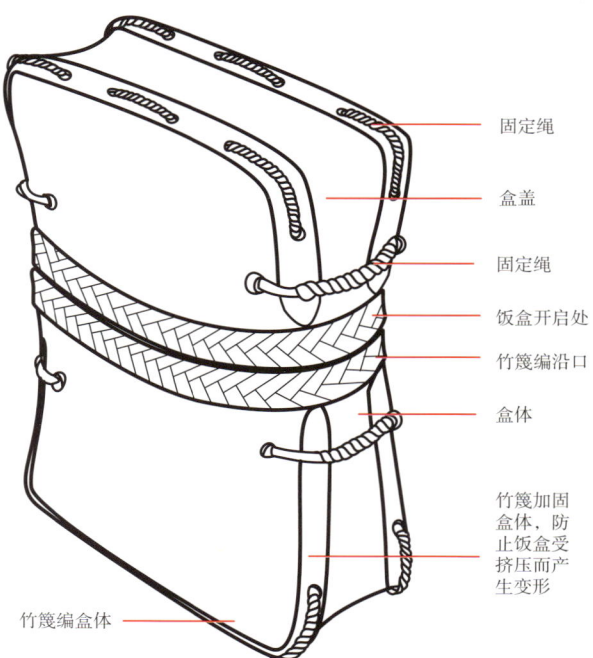

图四　苗族竹编饭盒结构示意图

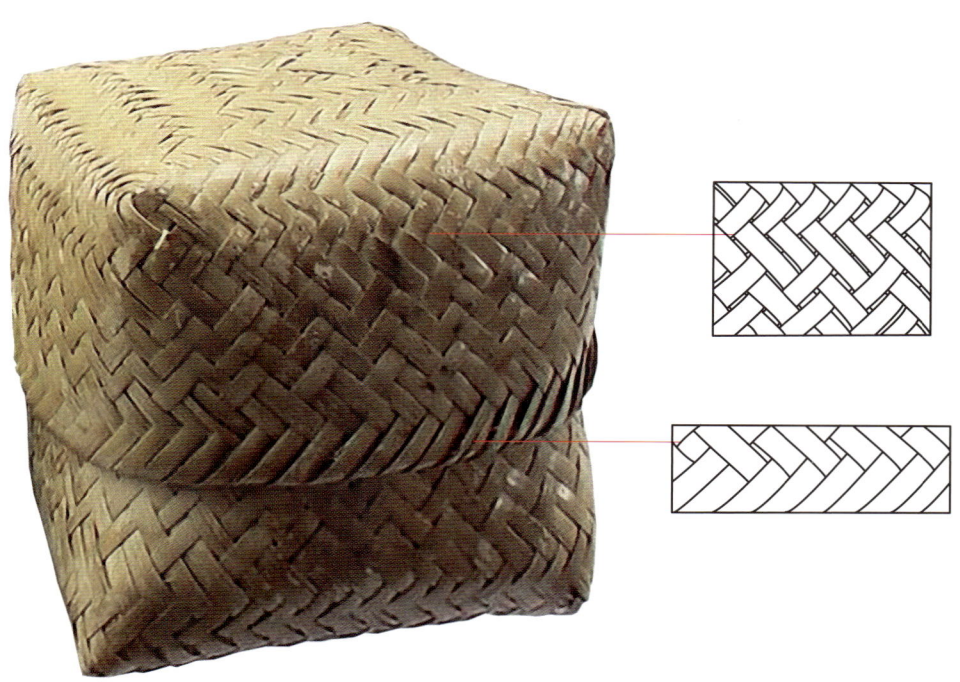

图五　苗族竹编饭盒编织方法示意图

图六 苗族各式竹编饭盒图

图七 苗族各式方形竹编饭盒图

第三章 苗族传统餐饮

苗族竹编筷篓

图一　苗族竹编筷篓主图

筷子作为中国独特的饮食用具，承载了丰富的饮食文化，而用以盛放筷子的筷篓也是值得关注的重要饮食器具。苗族筷篓多以竹篾编制，一般体量不大，且多为高脚设计，由于使用率高，筷篓属于易损耗的器具，因此，苗族竹编筷篓在造型设计上力求简洁，大多无装饰，合手适用。

筷篓整体呈桶状，口沿外张，高约17厘米，直径约9.5厘米，口沿宽约11厘米。编织筷篓的竹篾用的是细竹篾，宽度约为0.3厘米，做到厚薄均匀，大小一致，这样编织出来的筷篓才匀称美观。编织时，先将12根宽约1厘米的竹篾交叠为篓底的骨架，并向上折起，形成篓体的纵向骨架，再以宽约0.3厘米的细篾丝与之交叉累叠，形成篓底与篓壁。此外，口沿处的竹篾则采用三股叠压，以锁口加固。用竹篾编织的筷篓，轻便耐用，细腻的篾丝富有线条的美感，压实的细竹篾间仍留有细小的空隙，这样可以做到既通风沥水，又方便清洗。恰当的体量、合理的比例、敞口及三足的设计，都使得竹编筷篓能够良好地实现其功能。

苗族竹编筷篓虽然造型并不复杂，体量也较小，细节设计却非常讲究。如在筷篓的底部，做底足用的竹片，将嵌入部分的厚度被削去2/3，目的是为了与篓壁更加紧密地贴合，另一端则保留原来的厚度，以实现放置的稳固性。

还有另一类为筷筒，是用较粗的竹筒制成，取一段竹筒，底部留有竹节，以托住筷子，打通上部的竹节，沿口斜切以方便插取筷子。

无论是竹编筷篓还是筷筒，虽都是用最普通的竹子制作而成，却实现了粗料细作，以巧手造物来装点苗族民众的饮食生活。这种设计理念是值得我们学习的。

图片来源
图一　王兴业　摄影
图二至图四　王兴业　制图
图五　王兴业　摄影
图六　仲溪　摄影

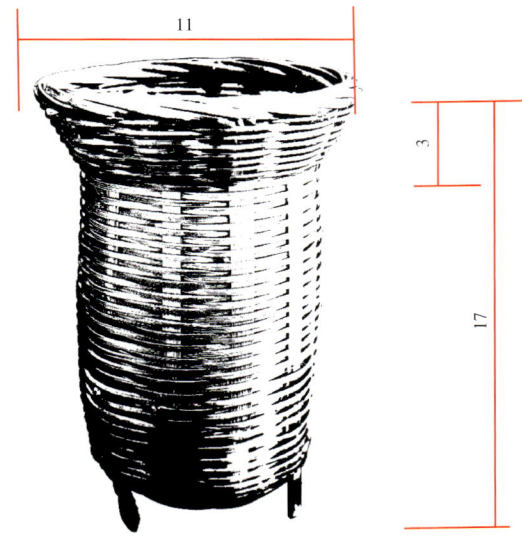

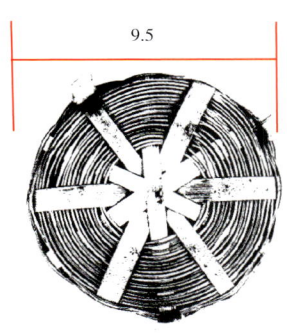

图二　苗族竹编筷篓尺寸图（单位：cm）

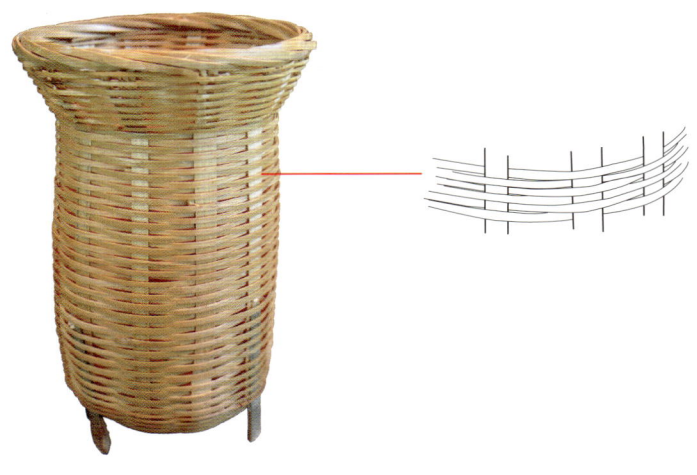

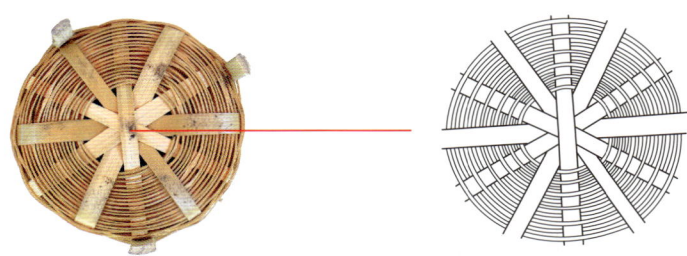

图三　苗族竹编筷篓编织方法示意图

图四　苗族竹编筷篓底面示意图

图五 苗族各式竹编筷篓图

图六 苗族竹质筷筒图

苗族葫芦水瓢

图一　苗族葫芦水瓢主图

葫芦水瓢，用于舀水的生活器具。以葫芦做舀水用具，包括苗族在内的各民族中都有。此一器具拍摄于贵州省雷山县掌坳村，由一个自然长成的葫芦，晒干后，削去上半部分后，制作而成，外形古朴，轻便适用。水瓢通长 31 厘米，口径宽 10 厘米。整个瓢体主要由舀水的头端和利于操持的手柄两部分构成。

水瓢的制作从材料来看，主要可分为木质、金属和现代较为常见的塑料水瓢。将葫芦晒干后对剖为二，去除其中的瓢体，即可作为水瓢来使用。因制作方法简便、材料易得，此类水瓢在许多地区都有使用。本案例所选的葫芦水瓢，实为以尚未完全成熟的葫芦制作而成。因为此葫芦体形较小，用它加工水瓢，就不能像一般的葫芦一样对剖为两半，而是仅仅刨去了一小部分。葫芦体形也不似特意挑选来制作水瓢的普通葫芦那般流畅齐整。如手柄的位置，便不是平滑流畅的，而是利用了弯曲的葫芦尾端。尾端虽上翘，但因不影响使用，便予以了保留。同时它保留了葫芦的自然本色，未做多余的表面装饰。

舀水用具作为生活必备，看似无关紧要，却与民众的日常生活紧密关联着。此一案例，便是因势利导地利用自然物来创造利人的生活造物，充分展现着民众的智慧。看似已是残次的葫芦胚体，也能在民众的巧手中"变废为宝"，被制成水瓢，实现造物利人的功能。

同时，若我们从更为宽阔的人类造物艺术视野来看，凡是适应了人类生活方式的经典造物形态，很少因为时间的久远而从人类的视野中消失，通常会具有极其顽强和旺盛的生命力。正基于此，葫芦水瓢使用至今。

图片来源
图一、图四至图七　王兴业　摄影
图二、图三　王兴业　制图
图八　钱孟尧　摄影

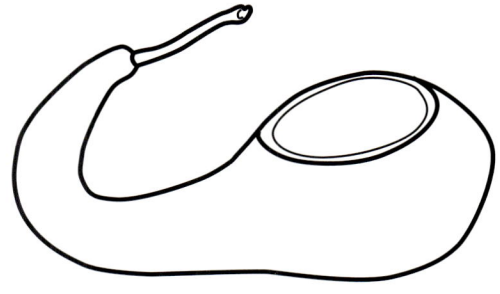

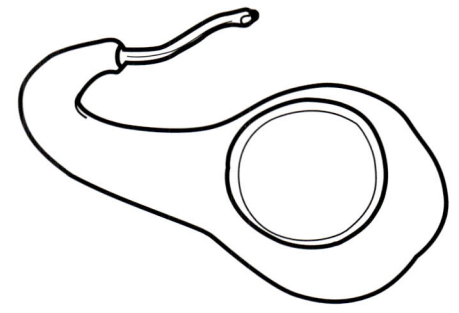

图三　苗族葫芦水瓢示意图

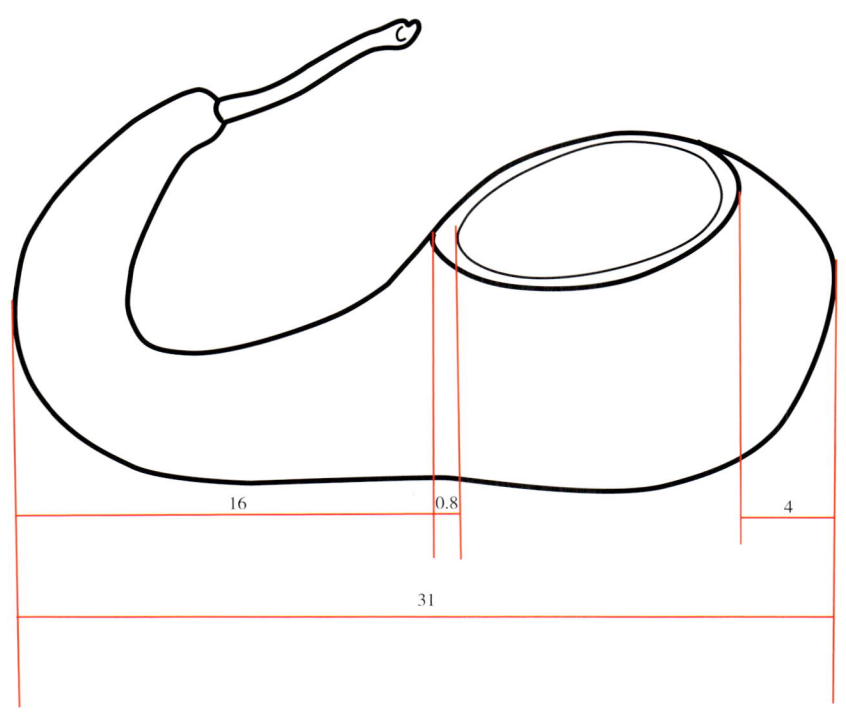

图二　苗族葫芦水瓢尺寸图（单位：cm）

图四 苗族葫芦水瓢俯视图

图五 苗族葫芦水瓢制作原料图

图六 不同苗族葫芦水瓢图

图七　苗族葫芦水瓢使用情境图

图八　延展图：苗族农家屋檐下挂着的葫芦

苗族酒水提篮

图一　苗族酒水提篮主图

酒水提篮，苗族生活用器具。因历史上苗族居住区域地貌山高水深、道路崎岖难行，许多物品在携带、搬运过程中需要考虑如何确保安全和携带方便。于是，酒水提篮这样的运输包装工具便应运而生了。该案例口径宽约20厘米，高约30厘米。鼓起的篮腹宽约22厘米，底足收紧，宽约16厘米。将陶瓷的酒壶、水罐等放入其中，携带行走时，鼓腹、束口的结构保证了放置其中物品的稳定，为了便于携带，提篮设计了竹质或绳带提手，即可用手提，又可用扁担挑。

提篮由竹篾编结而成，分底足和篮体两部分，分开编结。先将三个细的竹篾拧成一股，从中间圈起来，若干竹篾相互叠压编结为篮体，最后在底端盘结并编入提篮的结实底面，在底足部位再横向编几层更细的竹篾，以束紧构成整个篮体。这样，整个提篮便编结完成。编制提篮所用的竹篾需粗细均匀，由新鲜的竹子制作而成，这样的竹篾才挺括而富有韧性。从视觉上看，该酒水提篮形态优美，敞口、鼓腹、束足，富有韵律感。从功能上看，简便廉价的竹材、合理的结构设计，使其轻便耐用，真正实现了用与美的统一。使用时，将酒瓶或水罐放置其中，则既可以防止行走搬运过程时酒水的外溅，又可以防止磕碰对罐体造成的损坏，便于运输。

如今，这一类型的提篮已被众多传统土特产酒类作为便携用的外包装构件。这一样式，富有民族特色，又具有使用的功能，从材料到功能来看，是符合绿色设计原则的。

从中，我们也可以这样认为：民族的、传统的设计形式、设计形态，只要善于发掘并合理运用，它们仍可在现代生活中延续并实现其旺盛生命力，为现代人所用。

图片来源
图一、图五、图七　王兴业　摄影
图二至图四　王兴业　制图
图六　谢晋业　摄影

图二　苗族酒水提篮尺寸图（单位：cm）

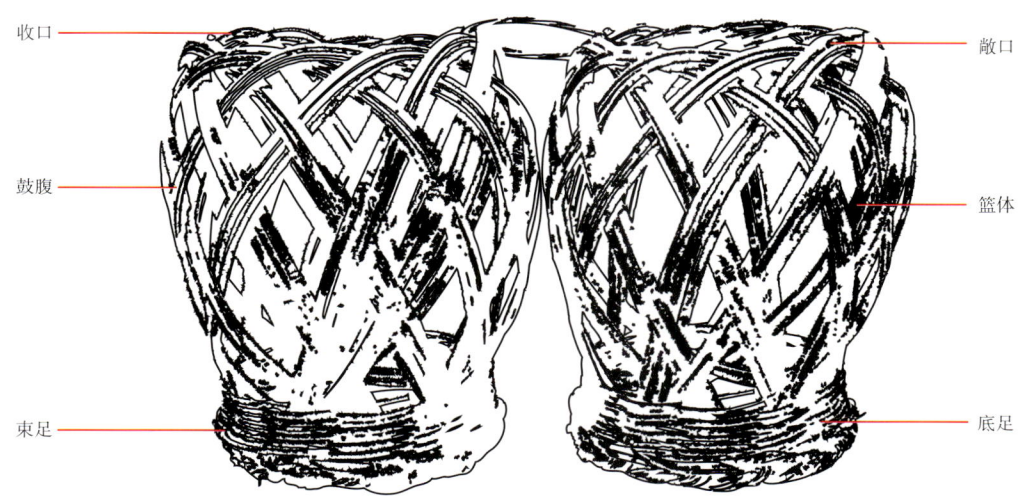

图三　苗族酒水提篮结构名称图

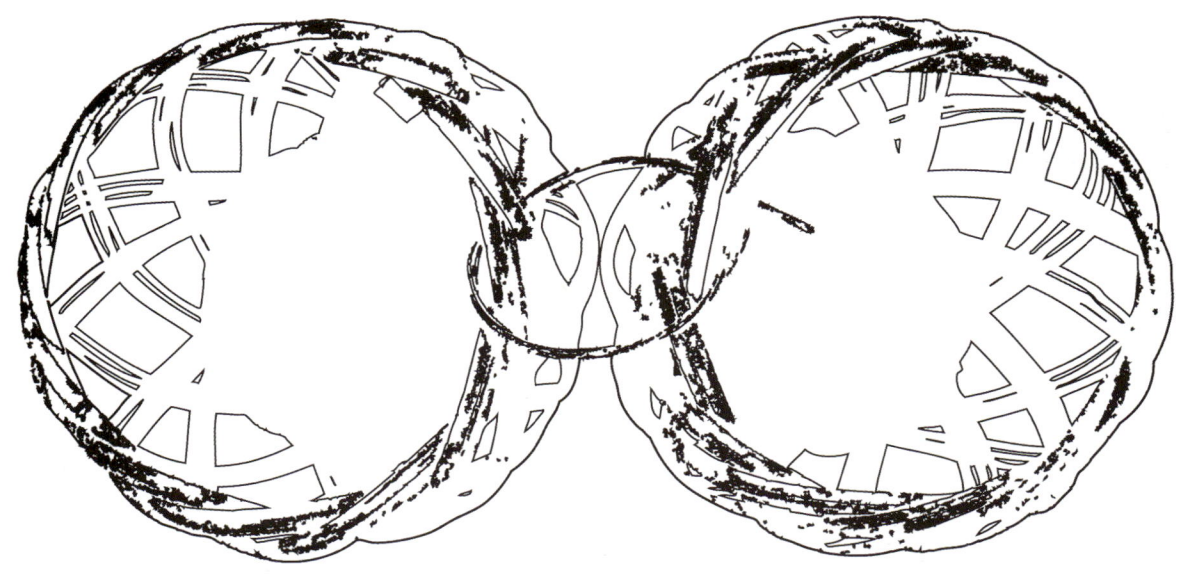

图四　苗族酒水提篮俯视图

图五　苗族酒水提篮效果图

图六 苗族酒水提篮使用情境图

图七 延展图：苗族酒水提篮现代设计应用

苗族长条桌

图一　苗族长条桌主图

　　长条桌，苗族生活家具，杉木制作，常用于宴席，苗族著名的"长桌宴"便是用此类桌子来摆席。本案长条桌拍摄于西江苗族博物馆，长约230厘米，桌面宽约40厘米，高约40厘米。与普通饭桌相比，苗族长条桌较为低矮，需配矮凳，然后宾主围桌列座。古时，此种长条桌并非普通苗家都有，多见于德高望重的寨老家，遇到家族活动时才抬出来使用。

　　本长条桌突出的设计特征是超常的长度，并不符合一般餐桌长宽的比例，这与苗族的饮食习俗和方式密不可分。古代苗族的传统饮食餐具一般都用各式碗具，很少用大的碟盘。如今苗寨民众摆席时，桌上要摆放锅、碗、壶、碟等各式餐具，桌子加长可放置更多的餐具，桌面狭长也更适合在纵向空间上延伸，以容纳更多的人就餐。黔东南地区的雷山、台江、剑河、丹寨一带的苗族村民在红白喜事、欢庆苗年时便会设宴待客，将各式饭菜、米酒放在此类长条桌上。每当举行"长桌宴"时，村民们便会将这种长条桌跟接长龙似的摆成一排，有些长度可达百米，蔚为壮观。长桌宴的摆放形式依各苗寨食用目的、地形特点和人数多少而各有不同，如用数百张长条桌摆成圆形阵，或沿苗寨小街摆成弯弯曲曲的长条阵，也有在家里用三五张长条桌摆成小长条阵的。

　　本案例桌面呈长条形，花式桌腿，清漆

罩面，构造虽不复杂，用料、制作却相当考究。杉木质地细致、轻便、耐腐蚀、纹理顺直，是苗族建房和制作家具的首选木材。长桌便是以厚杉木板制作而成，桌面下安装有波浪形牙条，与腿足上的波浪纹正好形成呼应，并与桌面的硬朗直线形成对比，使得整个长桌在视觉上具有灵动之美。长桌的桌腿与桌面以明榫组接，因苗族长桌在使用时经常需要搬动，这种明榫结构榫头深而实，更为牢固。该长桌虽经长时间使用，却基本完好，表面保留有杉木的天然纹理，透露着自然的气息。

现在苗族村寨设长桌宴所使用的长条桌，造型趋向简洁、轻便，多采用榫卯结构、直条无牙的样式。

长条桌作为具有鲜明特色的苗族造物，是符合苗族民众居住环境和生活方式的产物。历史上，苗族的住居较为狭促，这种居室空间特点要求家具用品与之相配套。此外，苗族各支系多聚族而居，集体意识很强。这种注重群体互助的民族意识也是促成长桌、长桌宴产生的重要社会原因。现今，因旅游业的兴盛，苗族长桌宴声名鹊起，长条桌也渐为人所熟识。

图片来源

图一　王兴业　摄影
图二　钱孟尧　摄影
图三　廖晨晨　制图
图四　王兴业　制图
图五　吴兴权　摄影

图二　苗族鼓藏节长桌宴图

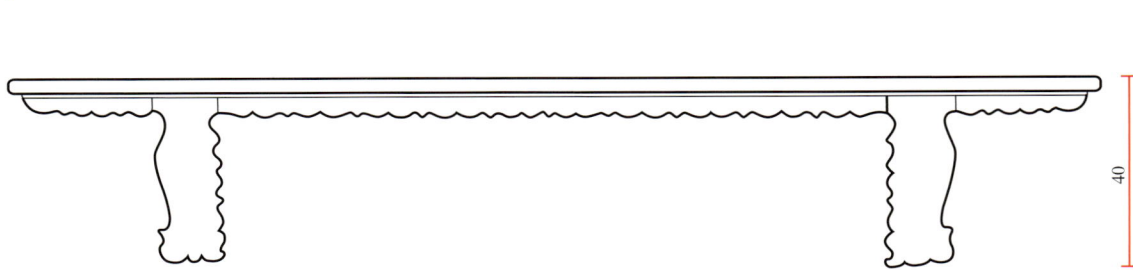

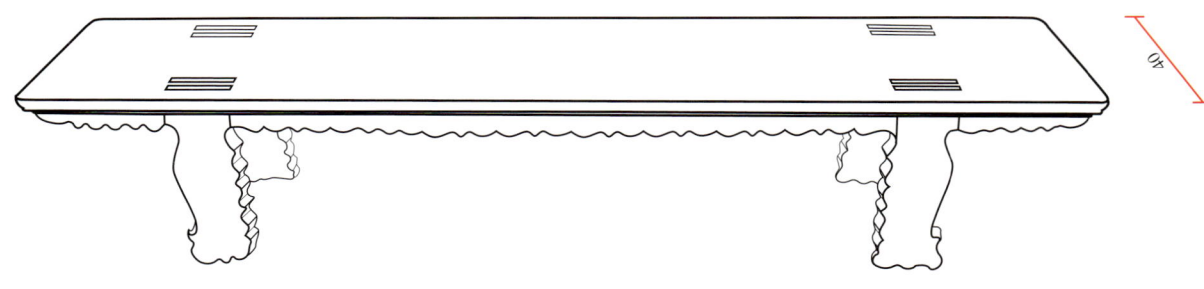

图三 苗族长条桌尺寸图（单位：cm）

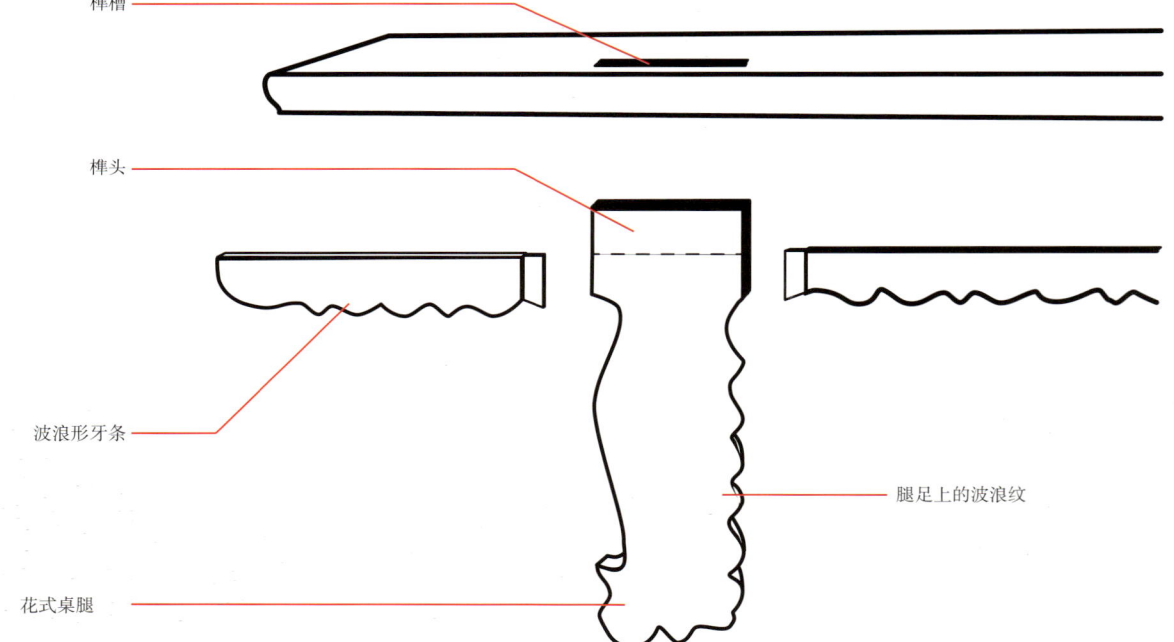

图四 苗族长条桌局部榫卯结构示意图

图五　苗族长桌宴图

苗族竹饭桌

图一　苗族竹饭桌主图

竹饭桌为苗族传统家具，曾流行于贵州惠水县王佑镇一带的苗寨。本图造物现藏于贵州省博物馆。该竹饭桌由竹篾片编制而成，高44厘米，桌面直径69厘米，腰径50厘米，底径76厘米，较为低矮，一般配矮凳使用。桌面与桌体一体编织，出沿设计，桌面呈圆盘状，桌体呈圆台形，底托不围合，中空、轻便，易搬动，适合一家人围坐用餐、烤火。

整体来看，竹饭桌通体由1.5~2厘米的细竹篾编制而成，不刷漆，不装饰，制作简单，经济实用。结构上，主要有桌面和桌壁两部分构成。构成桌面的细竹篾中编有数根较宽厚的篾条，并搭于凸起的桌沿之上，起到支撑桌面的作用。桌壁则由以一定斜度交叉的纵向竹篾与呈水平形态的横向竹篾相互叠压围合而成。其中，横向竹篾较宽，纵向竹篾较细。

编织时，先用带皮竹篾编织成平整的桌面，带皮一面向上，这样编出来的桌面就比较光滑，耐磨性更好，也方便清理。数层硬篾条编织圈成凸起的桌沿，这样的设计可以防止置于其上的食物滑落。而后，再将事先编好的桌面篾条逐个套入其中，再向下延伸编织桌壁，在桌壁中间有一圈用数根竹篾条编成的较厚的纬篾，主要起到支撑和加固桌壁，防止饭桌变形的作用。饭桌圆形底足的篾条被盘成辫状，篾丝间贴实紧密，在使用时不致散开，坚固耐磨。该饭桌只用到一种材料——即竹子。竹子这一物质材料与苗族民众的衣、食、住、用、行、娱等都有着极为密切的关系,被广泛用来制作各类器物,对促进苗族民众生产、生活水平的提高起到了重要的作用。

以设计的视角来看,其最大的优点在于轻便和多功能,制作成本较低。可用做饭桌,亦可做烤火用的烤桌(炕笼)。既适合夏日在院场内纳凉用餐,又可以冬天时桌内生火,一边吃饭一边烤火,这样,桌上的饮食也不会迅速冷却,有时甚至还被用作鸡笼,是苗族"一物多用"造物思想的生动体现。竹桌较之木质饭桌,轻便很多,易于搬动。但纯竹篾丝编制,也存在不能承受重物,用久了易变形,耐久性不足、可用空间狭促的缺点。

作为一种充分利用当地物产制作的简易家具,竹饭桌过去多个民族民众中都有广泛使用。随着生活条件的改善,现在苗族民众的饭桌多为木质,竹饭桌已少见。但采用现代工艺设计、制作的竹编家具却因其轻便、环保、质美的特性,成为都市人的新宠,展现着竹编这一传统工艺的现代魅力。

图片来源
图一、图五　许星　摄影
图二至图四　廖晨晨　制图

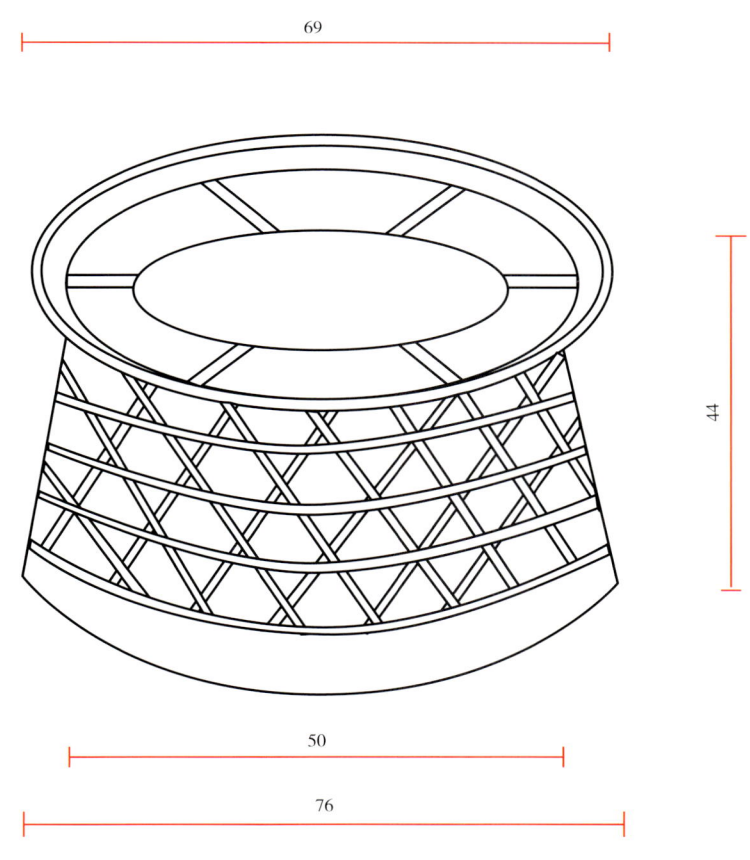

图二　苗族竹饭桌尺寸图(单位:cm)

  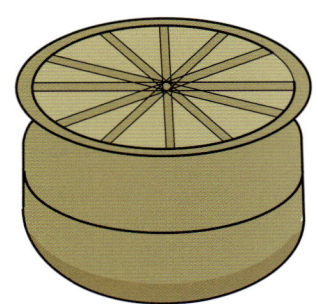

图三　不同形状苗族竹饭桌示意图

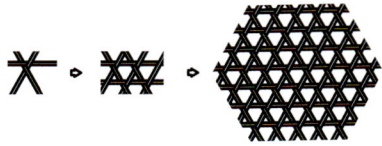 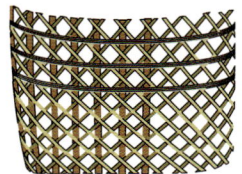 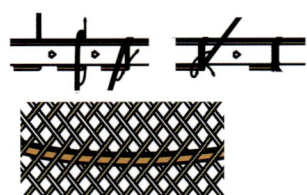

图四　苗族竹饭桌竹编方法示意图

图五　苗族竹饭桌兼做炕笼和鸡笼图

苗族八角饭桌

图一　苗族八角饭桌主图

八角桌是黔东南苗族一年四季均能使用的特色家具，是苗民们吃饭的餐桌，其功能强大，造型简洁大方，具有几何形所带来的现代感。八角桌的材质通体为实木，以杉木居多，其中没有多余的装饰细节，完美地体现了木材的纹理美。

桌面外形是正八边形，类似于八卦图的造型。桌面大多以八块相同的梯形杉木榫卯拼接而成，厚约1厘米，边长为36厘米，总长约90厘米，高度为25厘米。桌子底部装有四条5厘米宽的方腿，局部的线条方中有圆，既显得稳重，又丰富了人们的视觉感受。在桌面的正中心挖有一个正八边形的孔，边长为17厘米，并为此孔配有一块大小一致的正八边形盖子，可以将其严丝合缝地扣在八边形孔上，盖子的正中心开有一个2.5厘米的正圆形小孔，以方便在不用时将其挂于干燥、避光的墙壁之上。夏天在使用八角桌时，可以把八边形盖子合上，以增大桌子的使用面积。到了冬天，可以将盖子拿掉，把火盆置于八边形孔之下，并在上方放置火锅、热水壶等炊具。通常全家人围着温暖的火锅吃着丰盛的饭食，体现出民间生活之意趣。八角桌的八个方向上常各配一个木质小板凳，整体显得四平八稳，酷似八卦图的布局，具有形式美感。同时，宾客在就座时主宾分明，好客的苗族人将尊贵的客人安排在合适的座位上就餐。

八角桌是苗族人长期在生活中所总结出的造型，是苗族人集体智慧的结晶，反映了苗族人节用、功能至上的设计理念，体现了其非凡的创造力。

图片来源
图一、图四至图九　张庆　摄影
图二、图三　张庆　制图

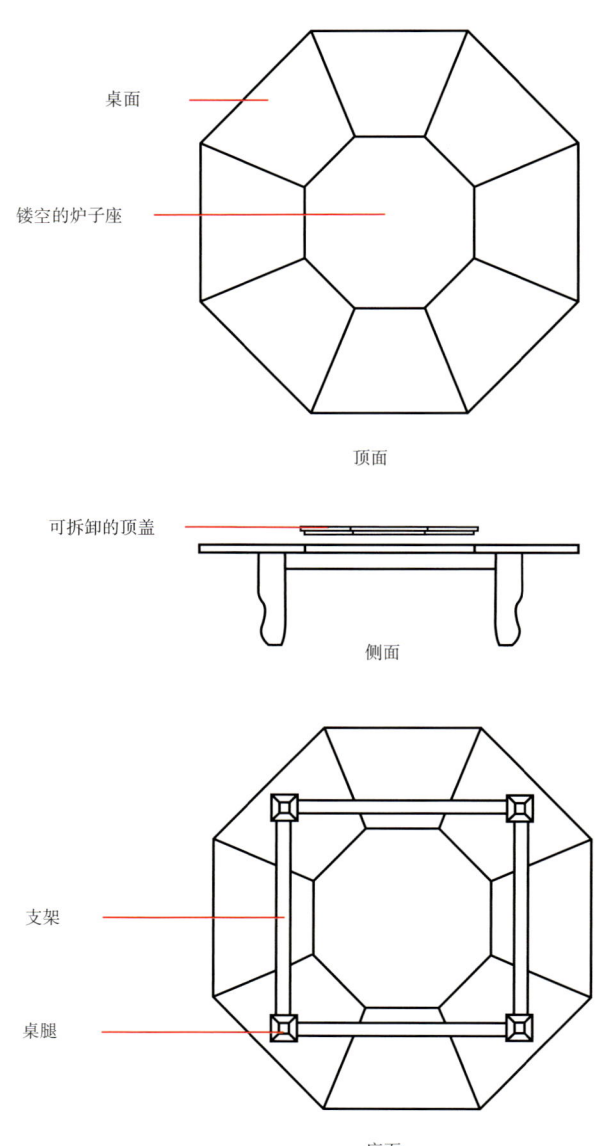

图二　苗族八角饭桌三视图

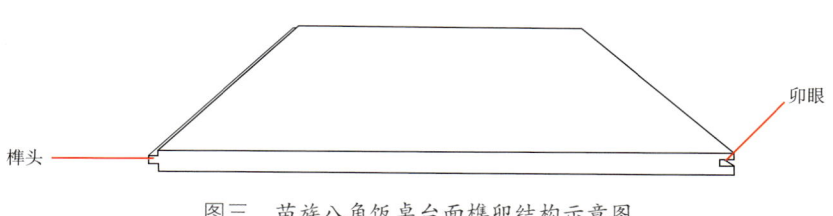

图三　苗族八角饭桌台面榫卯结构示意图

图四　苗族八角饭桌顶面

图五　苗族八角饭桌顶盖

图六　苗族八角饭桌顶盖背面

图七　苗族八角饭桌底座图

图八　苗族八角饭桌及板凳全套图

图九　火盆上的苗族八角饭桌图

第四章
苗族传统生活用具

苗族木质儿童椅

图一　苗族木质儿童椅主图

木质儿童椅是黔东南地区的苗族为 1~3 岁儿童专用的生活器具，其功能完善，既能够充分保护儿童的安全，又能为带孩子的苗族父母节省了大量时间，在孩子的周围可以同时从事一些力所能及的生产劳动，是苗族育儿家庭不可或缺的工具。

木质儿童椅整体呈方形，由座椅面、踏脚板、护栏、靠背等部分组成，主要结构由四根略呈弧状的方形立柱构成，前方两根立柱高约 50 厘米，后方两根高约 72 厘米，高度的落差使后面两根立柱形成靠背，靠背中间以两道横梁将其固定。木质儿童椅从下往上依次为前方的踏脚板、中间的座椅面、顶面的方形护栏。脚踏板安装在前方两根立柱之间，顶面呈梯形，距离地面约 15 厘米，长度与前方两根立柱之间的距离相等，厚约 1.5 厘米，宽约 6 厘米，小孩子能将双脚踩踏在其表面。中间的座椅面距离地面约 34 厘米，座椅面中间有一圆形透气孔，后方与左右两边形成了两个直角，前方的边被等分后制成两个内凹的弧形，以便更好地适应儿童的双腿，座椅面前方的双弧形中间和顶面护栏前方之间还安有一个细长的安全立柱，以保证儿童坐在座椅面时不会溜出。前方两个立柱顶端的水平面上安有一个中间挖有大圆孔的方形护栏，边长约 40 厘米，中间圆孔的直径约 20 厘米，坐在座椅面上的儿童会将整个身体从圆孔中露出。此外，顶面方形护栏与座椅面之间的后方及左右两边安有立板，既充分保证了儿童的安全，又对座椅产生了加固作用。

木质儿童椅通体采用实木材料，应用榫卯结构制作而成，其结构、尺寸等均符合现代人体工学原理，围合的立板和顶面的护栏充分地保证了坐在其中的儿童的安全，增加了舒适感，反映了苗族人民以实用为本的设计原则。

图片来源
图一、图三　张庆　摄影
图二　张庆　制图
图四　官君　制图

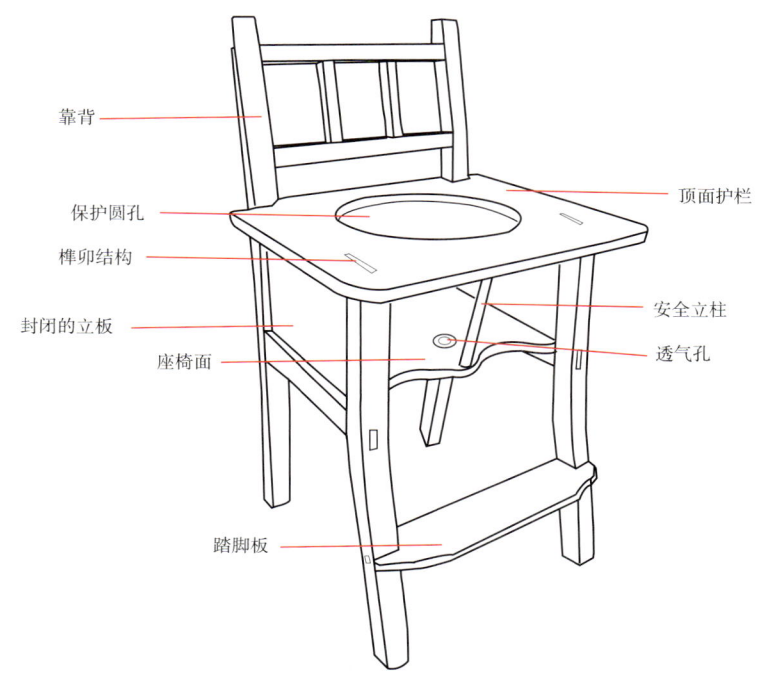

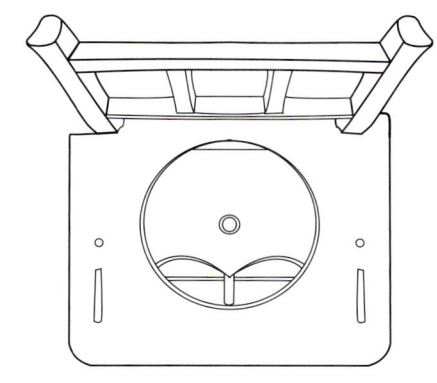

顶面

图二　苗族木质儿童椅结构名称图

图三　苗族木质儿童椅三视图

图四　苗族木质儿童椅使用情境图

苗族木质小板凳

图一　苗族木质小板凳主图

小板凳是苗族生活用具，木质。在苗族民众的日常生活中，到处都可看到小板凳的踪影。而小板凳的用途非常广泛，在家居生活、织锦纺纱、刺绣挑花和节庆宴席上，小板凳作为坐具，如苗族盛大的长桌宴，要使用成百上千张小板凳；当人们要从高处取物时，可用小板凳当作脚踏板；当苗寨里有山外的客人来访，人们拿起小板凳敲起来，就像报信的消息树；苗族板凳舞又称卡牛档，流传于贵州部分苗寨的一种风俗舞蹈，哪家生了孩子或过满月时，婆家要摆长桌宴，请宝宝的舅舅家等人前来赴宴，并宴请所有本家、亲朋好友及寨子里的人。欢送客人时，主人和客人跳板登舞，每人双手拿着两张小板凳，欢快地拍着板凳跳起板凳舞助兴，所使用的基本道具就是来源于生活中的木质小板凳。人们操着竹笛、二胡和木叶伴奏，大家边跳边唱。拍着板凳，右脚原地三步，转身；左脚原地三步，转身走三步；不断重复。另一种是节日庆典上所跳的板凳舞，舞者视内容而定，少则三五人，多则上百人，且不受场地的制约随处可跳，通常集中在较宽的坝子上，大家围在一起，手持板凳和着歌声边拍边舞，有正面拍、侧面拍以及反手拍，还可与同伴相互拍击，舞蹈欢快而奔放。

苗族的小板凳多用当地所产的杉木、松木或杂木制成，板凳的造型结构、制作工艺和大小尺寸略有差异。板凳的结构虽然简单，但设计合理，制作涉及木工锯、刨、凿等多项加工工艺方法，要经过设计、选料、开料、开榫、组装、打磨等程序。常用的传统工具是斧、锯、凿等手工工具。

选好木材，按长、宽、厚的尺寸锯切出凳面板，两根横档、四根凳脚，在凳面板上画出凳脚的位置和斜度记号；在凳脚上同样画出记号。要测算好凳脚与凳面的角度，下一步是用凿子给凳面板打榫眼，因为是斜榫，面板与面底的榫位是不一样的，所以要把握好榫眼双向斜度的角度，凳脚和横档的榫头为单肩斜榫，打好榫后再用锯截去榫肩。最后，将这些部件组装起来，把多余的部分切割掉，再进行打磨抛光，完成小板凳的制作。

图片来源

图一、图四至图六　沈建国　摄影

图二、图七　许漱文　制图

图三　廖晨晨　制图

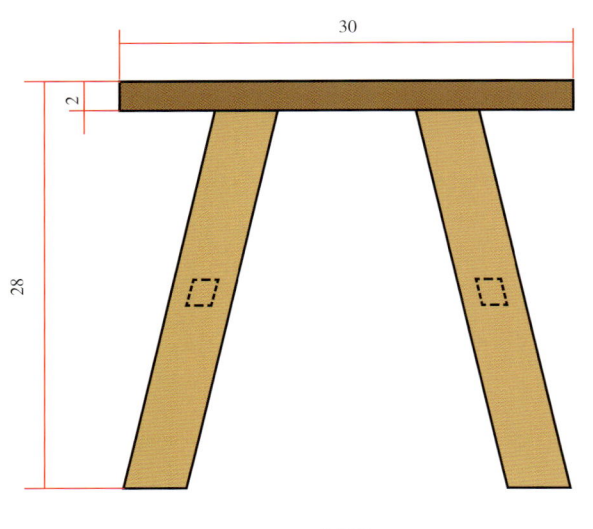

主视图

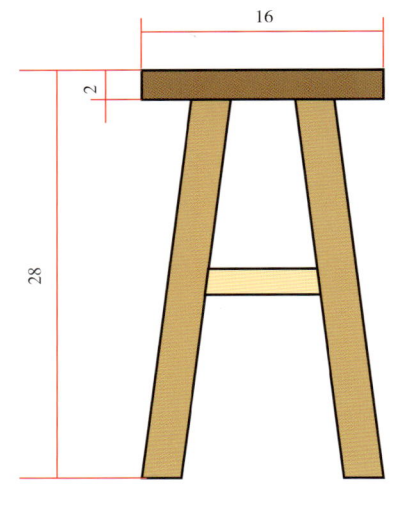

侧视图

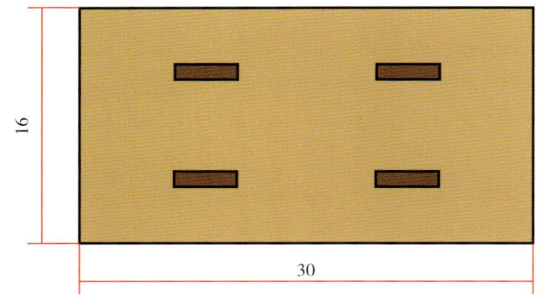

俯视图

图二　苗族木质小板凳尺寸图（单位：cm）

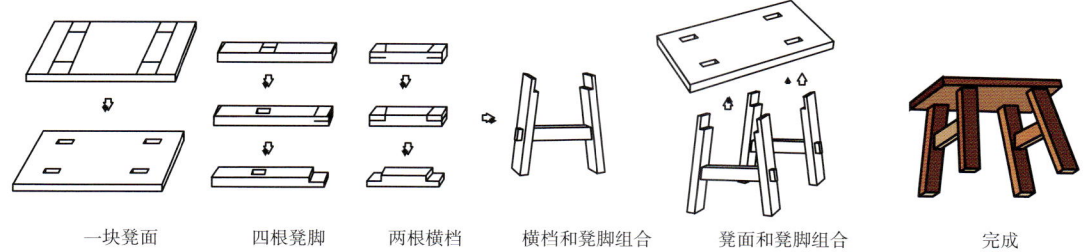

| 一块凳面 | 四根凳脚 | 两根横档 | 横档和凳脚组合 | 凳面和凳脚组合 | 完成 |

图三　苗族木质小板凳制作流程图

图四　苗族长桌宴用小板凳图

图五　苗族小板凳使用情境图　　　　　图六　苗族姑娘跳板凳舞图

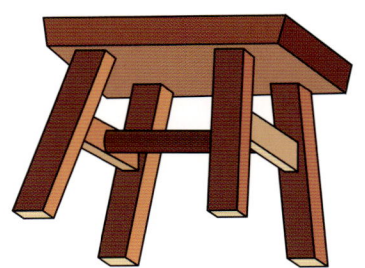

图七　不同形制苗族木质小板凳图

苗族竹编宝宝背篓

图一　苗族竹编宝宝背篓主图

宝宝背篓是湘西、黔东南等地区苗族民众常用的生活用具，又称"背篼"，当地的风俗中，娘家在女儿生孩子满月时，要送一个宝宝背篓作为礼品，等宝宝半岁以后，由妈妈或奶奶背着宝宝外出所用。由于湘西、黔东南地处山区，人们出门赶场或走亲戚时多使用背篓携带物品或背着宝宝。将背篓背在背上，用绳索系牢，一来背物省力，方便在山野里行走；二来可腾出双手，拿取别的东西。同时，宝宝在背篓里可站可坐，背篓里有一定的空间让宝宝自由活动。

宝宝背篓多用竹篾编织，有结实的竹条支撑，结实耐用，质量好的背篓，背过姐姐弟弟，当他们长大后，还可以继续使用，背下一代的宝宝。

宝宝背篓的造型多样，大多为长筒形，大口沿、收腰、窄底，口沿的造型有圆形、椭圆形和长方形。篓腰的部分或收座，或细腰，都设计有宝宝的座椅。篓底部空间较小，前部向上贯通，篓外部紧贴大人的背部，篓内可让宝宝自由地站立，宝宝站累了便可坐在篓后部的椅子上。背篓的设计既美观，又符合人体工学的特点，还兼顾了宝宝在篓中自由活动的空间。宝宝四周有背篓保护，有的背篓还设计了固定宝宝的系带，不用担心宝宝在背篓里跌倒或掉出来。苗族的宝宝背篓是用天然竹子编织的，竹篾处理得仔细，编结得精美，天热时背宝宝外出，竹篓透风凉快；冬天外出时，在背篓里用一张小毯子垫在里面，宝宝坐进去后，再将小毯子包住宝宝，这样宝宝不会受风寒。

宝宝背篓一般高60厘米左右，厚度40~50厘米，宽度30~40厘米。背篓采用天然竹子制作，用数根切削光洁的竹条作为纵向支撑，用削细的篾条斜向交叉细密地编出篾网，再横向交叉编结，形成密密的网格，将宝宝背篓的上部固定完成。背篓的底部则用篾条横向编结，紧凑而结实。有的背篓在腰座后部设计有支撑杆，将背篓放置在地上时，能够使背篓稳定而不致让宝宝跌倒。宝宝背篓编好后，还要编上背带，采用竹篾、布条或其他牢固的材料。最后，在背篓上面的口沿上包一圈光滑的边缘，或布条包边，以保护宝宝的小手不被竹刺弄伤。

宝宝背篓设计美观实用，编结工艺精湛独特，显示出苗族人民的聪明智慧，至今，宝宝背篓仍在广大苗族地区流行。

图片来源

图一　许星　摄影

图二、图三、图六　许漱文　制图

图四　廖晨晨　制图

图五　许星　制图

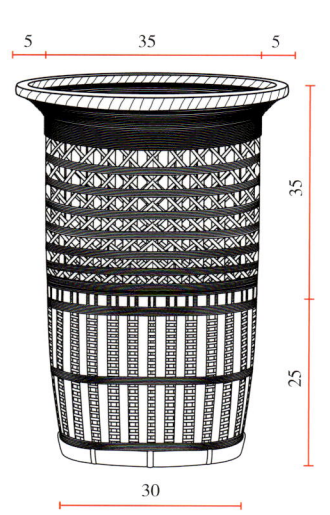
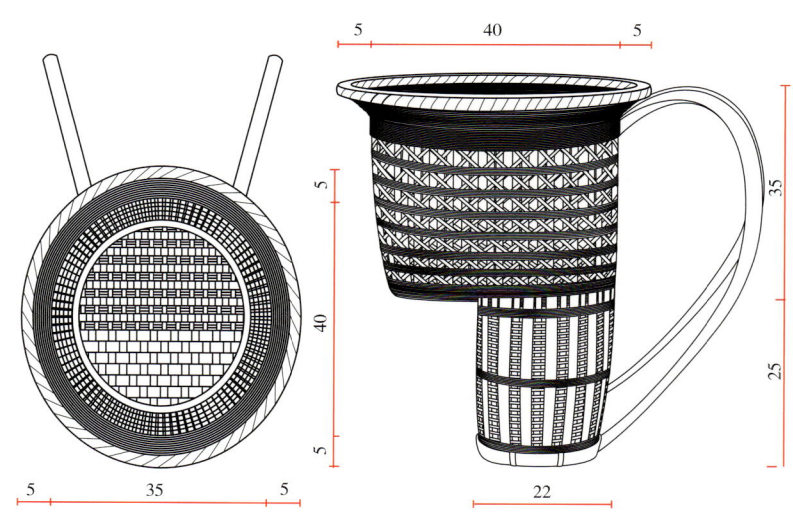

图二　苗族竹编宝宝背篓尺寸图（单位：cm）

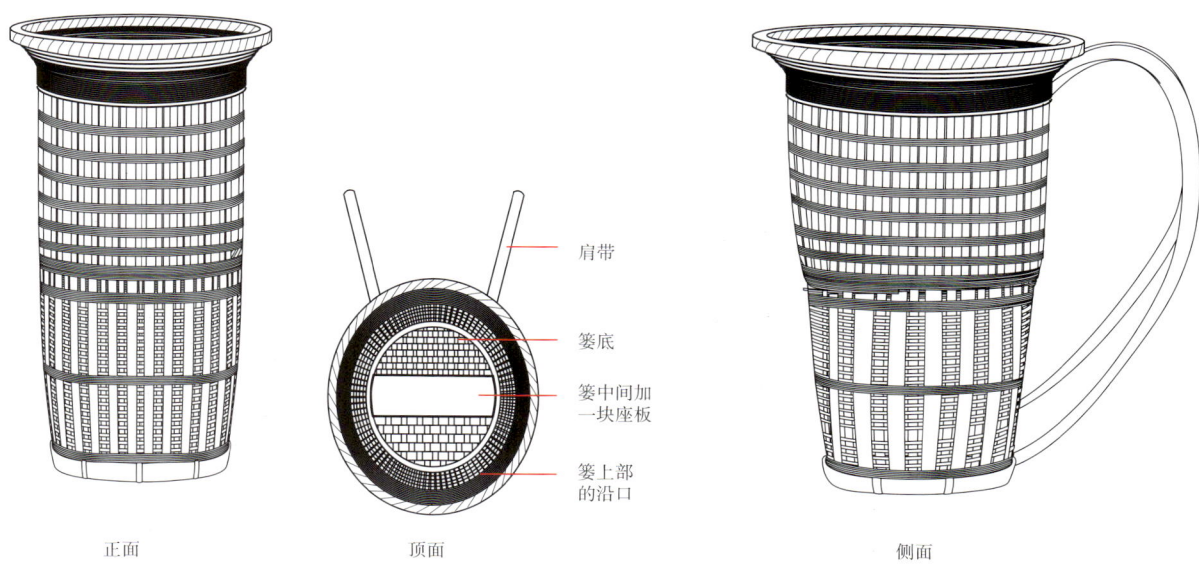

图三 苗族竹编宝宝背篓三视图

图四 苗族竹编宝宝背篓编法示意图

第四章 苗族传统生活用具

393

图五　苗族竹编宝宝背篓使用效果图

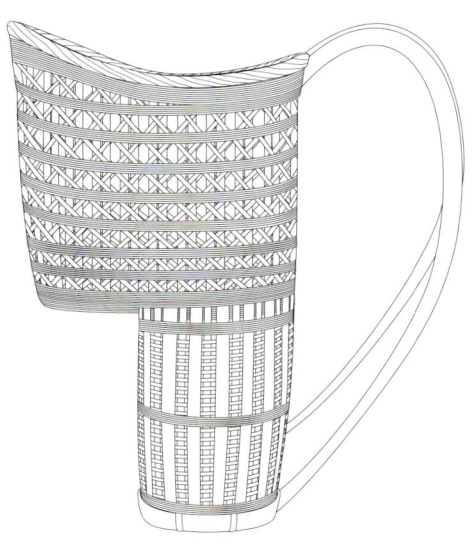 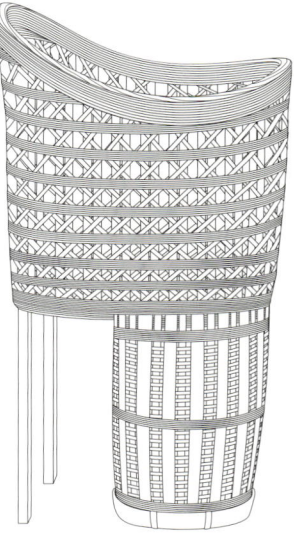

图六　不同形制苗族竹编宝宝背篓图

苗族小木盆

图一　苗族小木盆主图

木盆是苗族生活用具。本案例拍自黔东南雷山县报德乡上郎德村，该木盆圆形敞口，盆底稍稍内收，以杉木制作而成，素面，未上漆，保留木料的纹路。木桶通体由木板组合而成，各木板间组合致密，严丝合缝。口沿和底部以铁环箍紧，之前也有用竹篾或麻绳箍紧。盆壁由 18 块带有弧度的木板拼合而成，3 块木板构成盆底。盆口处宽处约 43.3 厘米，盆底面宽约 34 厘米，木盆深约 14.5 厘米。

构成盆壁的每一块杉木板厚度约为 1.5 厘米，由宽木条刨削成薄瓦片状进行拼接，这样制作出来的木盆，既可承担较重的内乘物，又不至于太笨重。木盆口沿部有一定弧度，以便于拿持。底面由 2 块杉木板拼合而成，木条两端削成薄片，卡入盆壁内槽，作为盆底托架，以增强盆底的荷载。制作木盆的杉木要先晾晒，以降低木材的含水率。因构成盆壁的木块是有弧度的，所以其制作对工匠的技艺要求颇高，要保证木板弧度的一致、接触面的平整，才能使得组合起来的木盆内壁光滑，咬合紧密，经久耐用。木盆经常要使用，用时也可注入少许清水，让木料吸水浸润，使其泡发膨胀，才能让壁板之间不留缝隙，使用时不漏水。木盆怕暴晒，长时间暴晒会导致木板脱水开裂，直接影响使用。另外，每次使用完，要将木盆清洗干净，以防污水使木质老化或滋生霉菌。若使用时，木桶有松动，就将固定用的铁环拧紧即可。木质生活用具在苗族各地随处可见，其中重要原因是材料的易得和加工技术的成熟精进。在相当长的历史时期内，苗族先民曾将木器作为他们的重要生活工具。

木盆的尺寸和造型类别丰富，大小不等、深浅不一，有圆形和椭圆形等多种，可用作为洗脸盆，也可用于洗菜洗衣、盛饭盛汤、染布接水，以及用作婴幼儿的洗澡盆。虽不及现代的塑料盆轻便，却因其经久耐用，依然被为数众多的苗族人家广泛使用。

图片来源
图一、图二、图八　王兴业　摄影
图三、图四　王兴业　制图
图五、图六　廖晨晨　制图
图七　王兴业、廖晨晨　制图

图二　苗族小木盆视角图

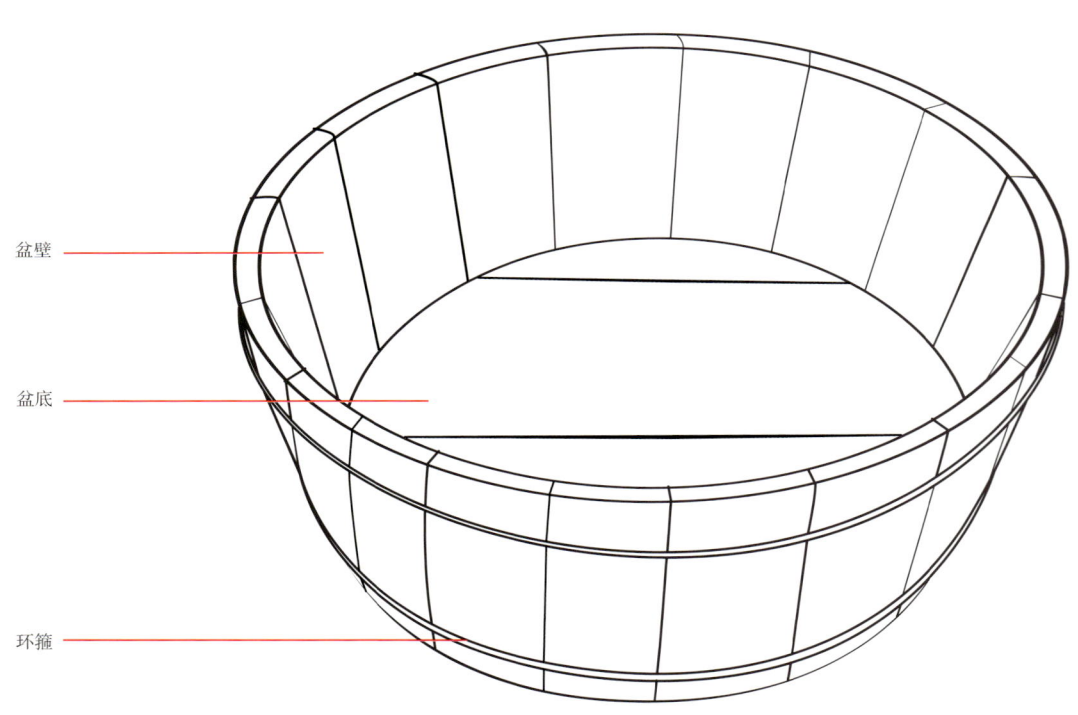

图三　苗族木盆结构名称图

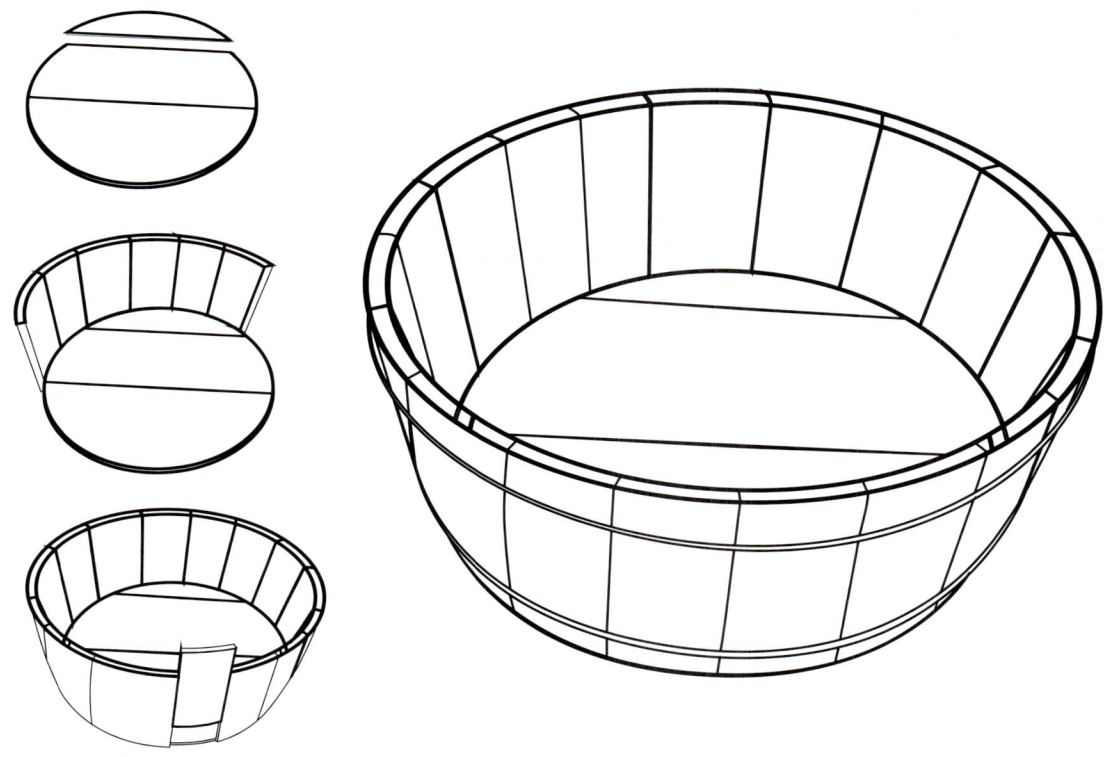

图四 苗族木盆结构组装图

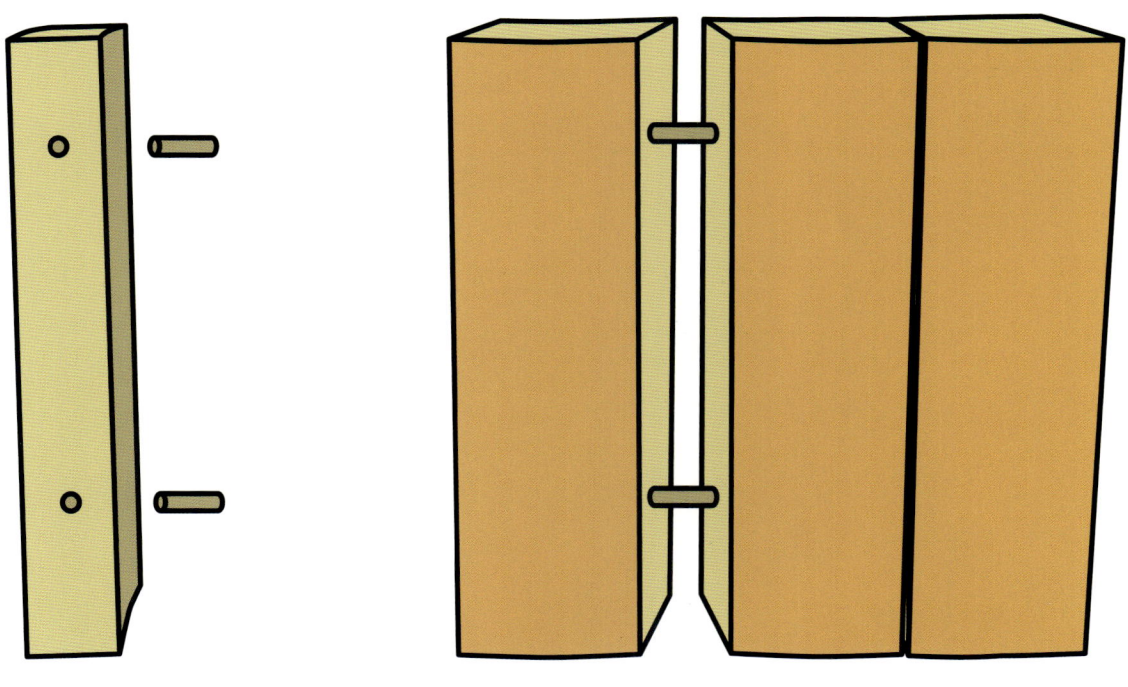

每块盆壁木片侧面打两个榫眼,用榫头连接起来

图五 苗族木盆壁组装结构分析图

第四章 苗族传统生活用具

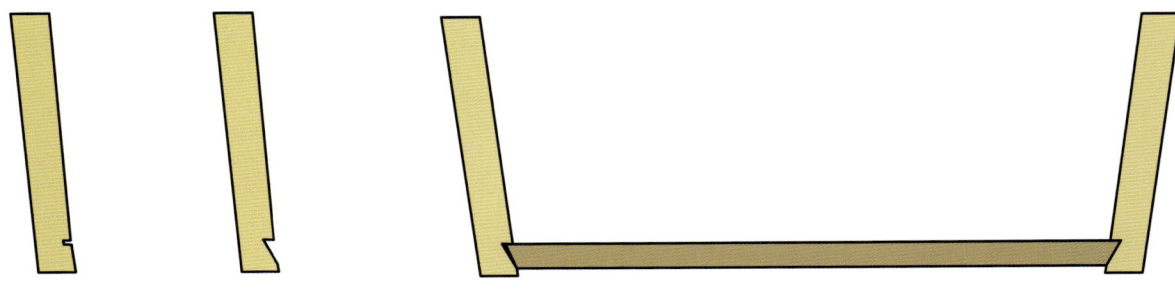

用锯子锯开一个槽口，再削出一个斜面　　　　　　　　　　　将木盆底板嵌进去

图六　苗族木盆壁与木盆底组装结构分析图

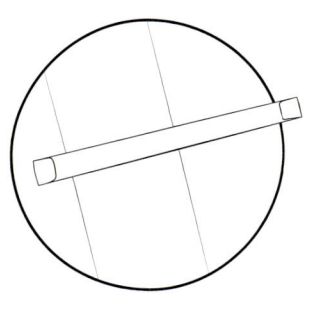
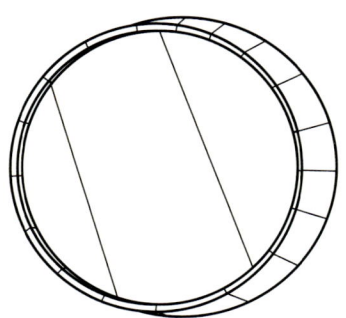
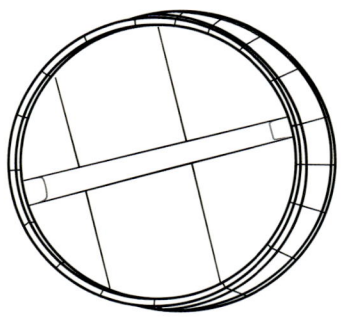

木盆底板与支撑木条　　　　　木盆底板与木盆壁组装起来　　　　装支撑木条并在木盆壁箍上铁丝

图七　苗族木盆底组装分析图

图八　延展图：不使用时要用水浸泡木盆

苗族陶质油灯

图一　苗族陶质油灯主图

陶质油灯曾经是苗族人日常生活中的照明器具，在使用时需要一定量的灯油和灯芯，具有轻便、耐用、成本低廉等特点，主要用来室内照明或举行一些仪式，曾经与苗族人的生活密不可分。其材质以陶土为主，外表通体上釉，造型与先期时期曾经流行的食器——豆极为相似，由底座、圆柄、把手、灯盘座、灯盘等几个部分构成。

不同地区的苗寨所使用的陶质油灯，造型非常丰富，其结构和尺寸均有变化，各有特色。如有放置在桌台上的油灯，也有吊挂在屋梁下的油灯。油灯的不同部位造型各异，如有的底座呈盘式，便于盛接滴漏的灯油，盘口有大有小，有深有浅；立柱有长短、粗细之别；灯盘有碗形、壶形、盘形等多种。

本案例中陶质油灯的底座为圆形，为油灯提供支撑力，确保油灯能够始终保持平衡；圆柄为柱状，立于底座之上，其直径约为底座的一半，并与底座连成一体；在圆柄的中间安有一个中空的耳形把手，一个成年人的手刚好能够通过把手握住油灯；圆柄的顶端有一个喇叭状的灯盘座，其尺寸略小于底座，上方放有一个与自身尺寸相当、外形近似圆碗的灯盘，用来存放灯油，并在此处放置灯芯，在灯盘的外沿处设有一个小流口，以方便不用时将灯盘中的油倒入灯盘座中存储起来。

陶质油灯的设计符合人体工学原理，能够有效地避免油灯在不用时混入其他杂质，以确保油灯中灯油的安全，这也是苗族人在长期生活实践中的经验总结。随着现代生活水平的提高，苗寨中基本上都已经铺设了电网，夜间几乎很少停电，因而，陶质油灯已经逐渐退出了苗族人的生活。

图片来源
图一、图三　仲溪　摄影
图二　张庆　制图
图四　廖晨晨　制图

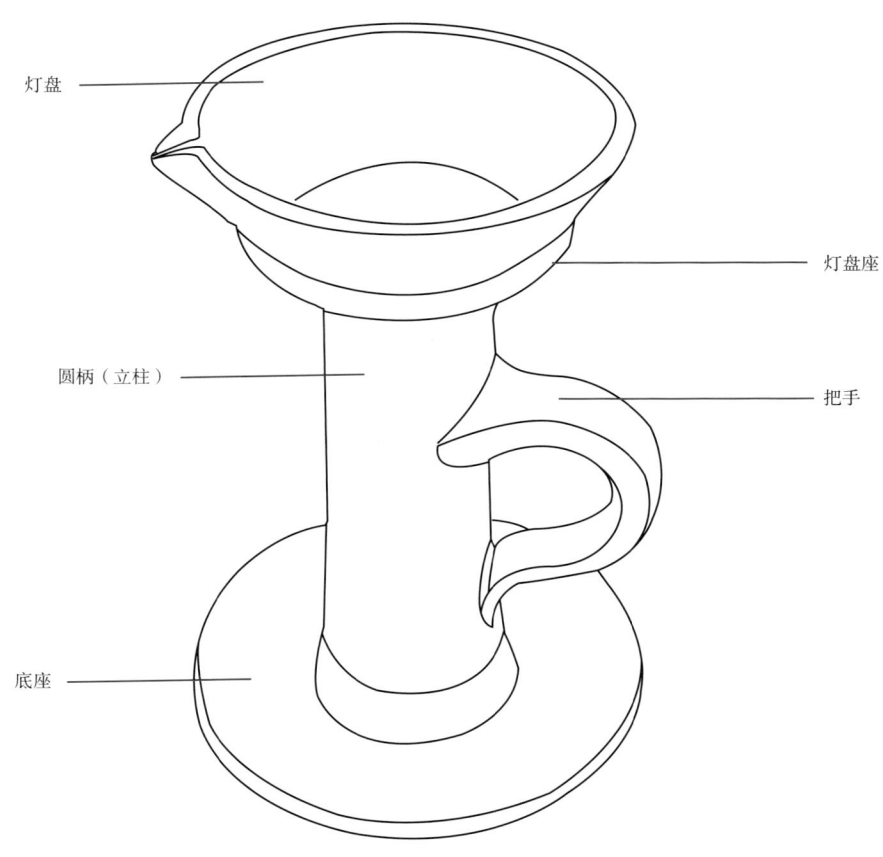

图二　苗族陶质油灯结构名称图

图三 苗族博物馆油灯等家庭用具图

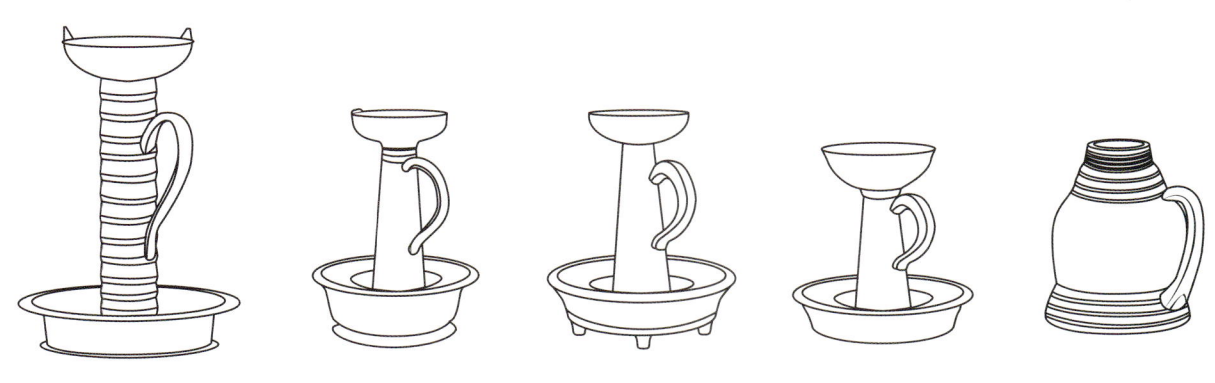

图四 不同造型苗族陶质油灯图

第四章 苗族传统生活用具

401

丹寨苗族鸟笼

图一　丹寨苗族鸟笼主图

竹篾编织是苗族传统的手工业，包括篾编饭盒、笆篓、斗笠等，而鸟笼制作是其中较为特殊的代表。苗族鸟笼以黔东南丹寨县卡拉村最为著名。丹寨卡拉竹编鸟笼制作可以追溯到清中晚期，其选材考究、制作精良、坚固耐用。

卡拉鸟笼以穹顶圆柱形最为常见，完整的鸟笼一般由笼抓（爪和提钩）、顶圈、中圈和底圈组成，中圈开有笼门，笼内设置栖木、食罐及水罐。由于丹寨海拔较高，本地竹子在低温条件下生长，质地过硬而不适于编制器物，故卡拉鸟笼多取材于邻近的三都和榕江两县。鸟笼各部分用料不同，以弯曲后不易变形的楠竹（毛竹）为纬做笼圈，以质韧色美、纹理直顺的白竹或水竹为经做篾丝，提砣使用本地的优质松木，而提手主体则由合金或黄铜制成。

制作鸟笼的工艺复杂，以楠竹做笼圈，需将楠竹片盘于钢圈内并置锅中煮沸，取出后于阴凉处晾干定型。笼圈竹片一般尺寸为 $3×0.9$ 厘米（高 × 厚）。拉制笼丝前需用刮刀刮去竹子表面蜡质使其光洁，后用破篾刀将其劈丝，再将竹丝穿过拉丝板孔以统一其粗细，笼丝的直径依鸟笼大小不同，一般为 3~4 毫米。普通的鸟笼大约需要 48 根笼丝，大型鸟笼则需要 52 根。笼门通常为四扇竹门片，精致的鸟笼还需在笼门上雕刻龙凤、蝴蝶等纹样。笼体组装完成需以清漆均匀涂刷，一来光亮美观，再者亦可防蛀。待配上挂钩、食罐等物件，一个完整的鸟笼便完成了。

鸟笼制作已成为卡拉村主要的经济来源，当地也逐渐形成了"鸟笼文化＋生态旅游"的产业模式。

图片来源
图一、图二、图五　王威多　摄影
图三　廖晨晨　制图
图四　王兴业、张庆　摄影
图六至图八　王兴业　摄影

图二　丹寨苗族鸟笼图

图三　丹寨苗族鸟笼结构名称图

1. 破篾

2. 制作篾丝

3. 将竹丝穿过拉丝板孔以统一其粗细

4. 编制笼体

5. 完成鸟笼制作

图四　丹寨苗族鸟笼制作流程图

图五 丹寨苗族鸟笼提砣图

图六 丹寨苗族鸟笼栖木图

图七 丹寨苗族鸟笼食罐及水罐图

图八 制作丹寨苗族鸟笼破篾刀和竹篾图

第四章 苗族传统生活用具

苗族竹质水烟筒

图一 苗族竹质水烟筒主图

水烟筒是云南、广西、海南等地苗族民众十分喜爱的一烟具,它源于中国古老的吸烟方式。水烟筒用粗大的竹筒制作,中部有一个小烟嘴,可以放入烟丝。向粗竹筒里面加入清水,用嘴吸时,使烟气通过水过滤而吸入口中。旧时,在云南、广西等地区的苗寨,大多是男人吸水烟筒,而在海南省的部分苗族村寨,男女都吸。时至今日,水烟筒的设计制作精美讲究,已不仅仅是人们吸烟的烟具,不少人将它作为艺术品来收藏。

水烟筒有很丰富的样式,有粗大而直挺的,也有顺应竹节自然形状的造型,长短、粗细和样式都有区别。水烟筒由烟斗、烟仓、插管等组成,长的水烟筒约70厘米,短的30~40厘米,口径5~15厘米不等。好的水烟筒选料和工艺都很讲究,首先要选择皮薄韧性好、竹节长且粗细合适的竹子,保留竹皮,干透后待用。制作水烟筒要将竹子劈成竹坯若干,逐片修整,再榫接成圆筒形,这种工艺使水烟筒不易开裂。在底部嵌入竹节需严丝合缝，为了不使竹筒漏水，还要用牛皮胶涂在接缝处。在水烟筒中间偏下的部位安装用小竹管或小铜管做成的烟嘴。小烟嘴里放上烟丝，就可以点烟了。

取一截粗竹筒，将竹筒的中部竹节打通，下部在竹节处切断并留住竹节，这种水烟筒被称为"独筒烟筒"。有的地方制作更为复杂一些，如要将竹坯劈成一两厘米宽的细条，用几十根这样的细条拼接成圆筒形；或在劈细条时，有意将两三根坯条竹身折断而竹皮不断，制成"连皮烟筒"，有的要分别在筒顶吸烟口处、烟嘴插入处和筒底箍上几道，藤篾、铁皮等都能用来打箍。讲究的在筒箍上雕刻凤鸟花草纹。烟嘴处包一圈铜片，顶端刻嵌2只V型小羊角，便于放火引。烟托处常被镂雕各种花纹图案，表现题材丰富，多为苗家传统纹饰。

与水烟筒配套使用的小物件还有烟钎、小镊子和连接水烟筒的各式链条。品种丰富多样，造型式样也很别致。尤其是作为艺术品收藏的水烟筒，配件更加讲究。

由于水烟筒的个头比较大，不能像普通烟卷那样拿在手上，一般吸烟者将水烟筒放在地上，自己蹲着或者坐着，一手扶着筒，一手拿着烟，嘴对着吸烟口，点着烟后开始吸烟。

图片来源
图一、图四　许星　摄影
图二、图三　廖晨晨　制图
图五　许星　制图

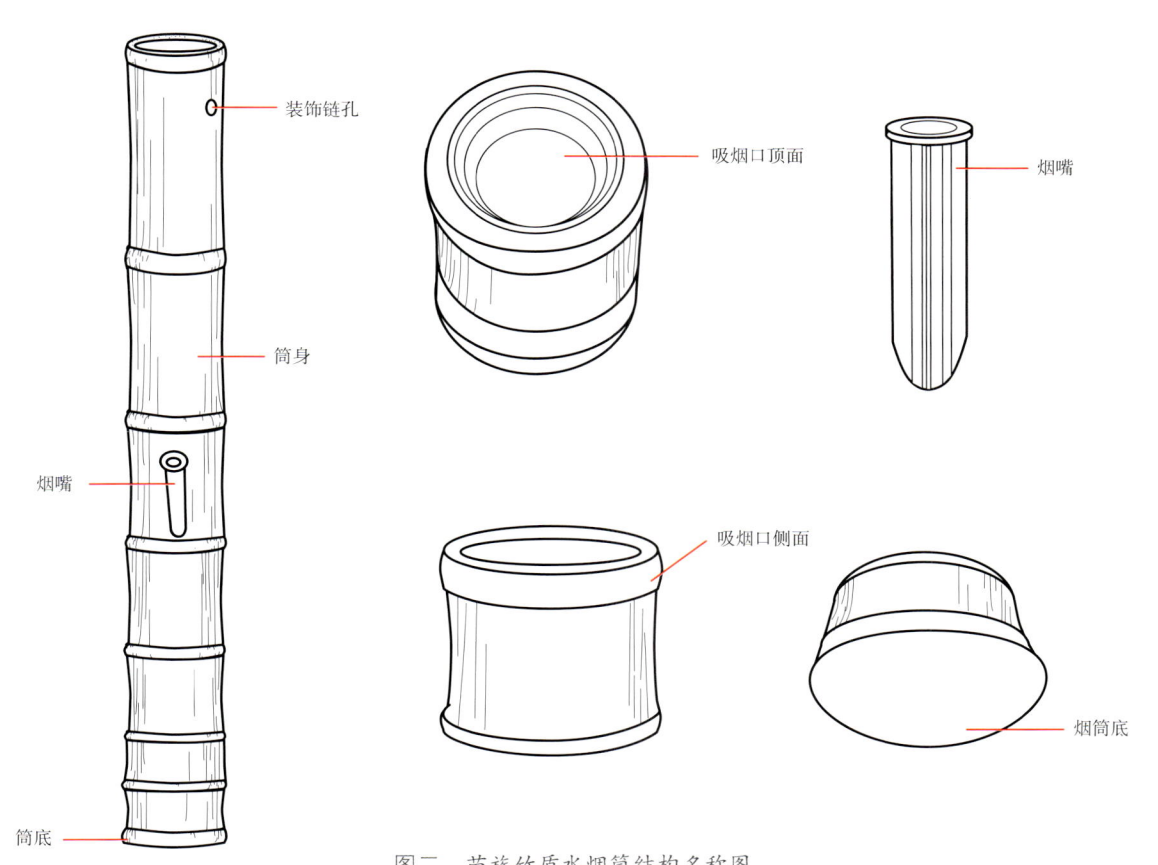

图二　苗族竹质水烟筒结构名称图

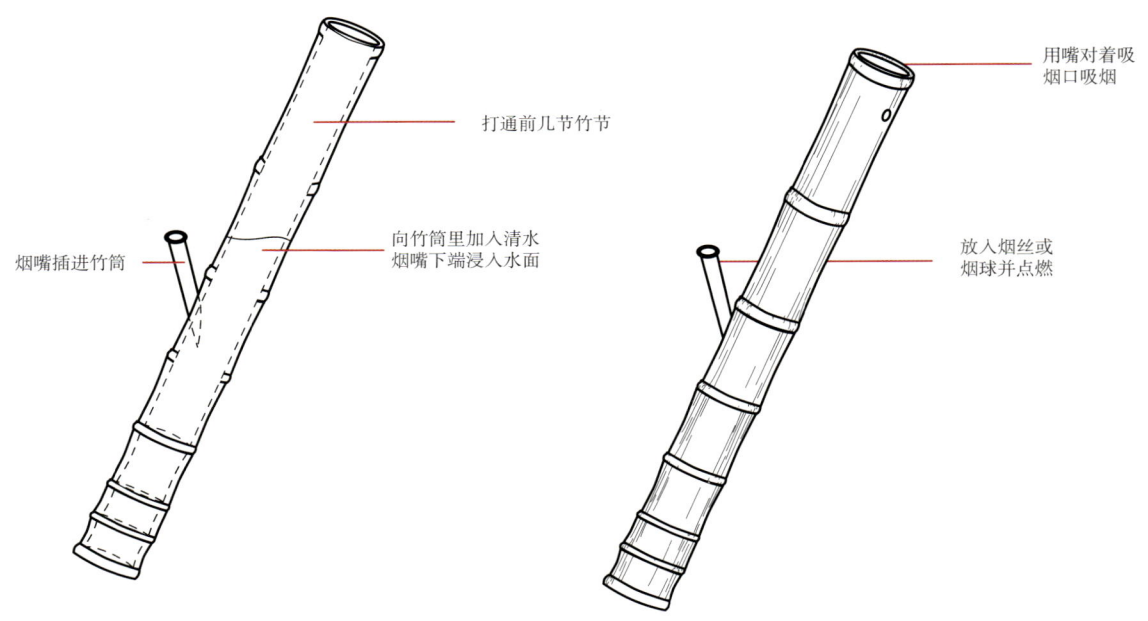

图三　苗族竹质水烟筒结构原理示意图

吸烟口　　　　　　　　烟筒底　　　　　　　　烟嘴

图四　苗族竹质水烟筒局部结构名称图

图五　苗族竹质水烟筒使用情境图

第四章　苗族传统生活用具

苗族陶质竹管烟斗

图一　苗族陶质竹管烟斗主图

陶质竹管烟斗是苗族人用来吸食自种烟叶的重要器具之一，其尺寸可长可短，可以根据人们的需求来定其长度。同时，在苗族的祭祖活动仪式正式开始之前，苗族男人都要一边用烟斗抽烟，一边向祖先述说家中的情况。

陶质竹管烟斗主要由三个部分构成，即陶质的空心烟嘴、烟斗和竹质的烟管。烟嘴和烟斗均用陶土成形，表面用蘸釉的工艺施以青釉。烟嘴长约5厘米，较粗的一端用来衔接竹管，较细的一端为吸口。烟斗整体呈柱状倒"L"形，长约4厘米，高约3.5厘米，粗约1.5厘米，较长的一端用来连接烟管，较短的一端用来安插卷好的烟叶，表面常有浅浮雕状的纹样。烟管选用苗区盛产的成熟细竹，竹子的粗细与烟斗和烟嘴的接口处应该相当，否则会出现无法安装的状况。在选定粗细、长短之后，先把表面的竹枝去除，并将外部进行打磨，以防划手，最后用尖锐的工具将中间的竹节全部打通，形成中空的管状，然后将首尾两端的粗细进行进一步调整，最后将其分别插入、固定在烟斗和烟嘴中，并保证两端接口处不漏空气。

陶质竹管烟斗的制作材料在苗区随处可见，具有价格低廉、制作原理简单、轻便实用等特点，它的出现代替了价钱昂贵的贵金属烟斗，人们在大小苗寨、集市中均能发现其身影，体现了苗族人的集体智慧。

图片来源

图一、图三至图五　张庆　摄影
图二　张庆　制图
图六、图八　沈建国　摄影
图七　许星　摄影

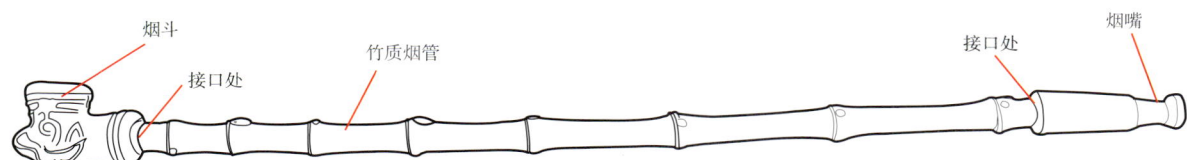

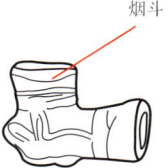
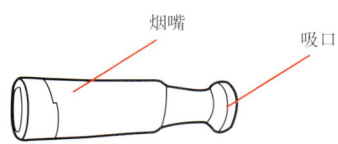

图二　苗族陶质竹管烟斗结构名称图

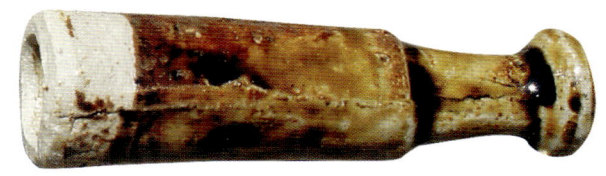

图三　苗族陶质烟斗图

图四　苗族短烟斗图

图五　雷山集市上待售的苗族陶质烟斗图

图六　抽旱烟的苗族老农图

图七　手持长烟杆的苗族老人图

图八　抽旱烟的苗族男子图

苗族信咚

图一 苗族信咚主图

信咚，又称为"嘎信"，"信"为绳索之意，"咚"是象声词，意为藤缠扎竹筒的乐器，是部分苗族地区常用的祭祀乐器。苗族人认为敲击信咚可以驱邪辟灾，保佑平安，所以在一些祭祀仪式中作为法器与其他道具一同使用。在苗族地区古老的传说中，当寨子遇到外来侵犯等情况时，苗老敲击信咚发出信号，召集民众进行抵御。信咚被敲击所发出的声音浑厚有力，音色变化多样，因而多用于各种祭祀的场合中。在不少支系的苗寨里，信咚作为圣物由寨中苗老管理，仅在苗族祭祀仪式中才能由苗族巫师使用。信咚盛行于贵州省松桃苗族自治县和湘西土家族苗族自治州部分苗寨里。如今，信咚还作为苗家各种节庆活动时的歌舞乐器来使用。

不同苗寨所用的信咚规格不一，大小粗细不等。大信咚长度70~120厘米，直径10~18厘米，3~5个竹节；小信咚长度40~70厘米，直径8~14厘米，1~3个竹节。

本案例是松桃苗族具有代表性的信咚。用直径12厘米左右粗大的竹筒制作，长90厘米，4段3个竹节，两头为空管口，这样中间的竹节成为共鸣箱。将3个竹节的中间用刀剜刻出两道约40厘米长、0.5厘米宽的槽，两条槽中间的竹条宽约2厘米，再用两个码子穿过竹条的两端支撑起来作为竹弦。用水牛蹄壳上方的腿皮条和青藤将两头竹节处箍紧，再系上绳子用以背挂信咚。最后，用一条细长直挺的竹竿或蓼叶杆做成敲击棍，敲打信咚竹弦处，发出响亮、清脆的声音。

信咚的具体使用方法有多种，其中常用的一种是做法事时所用。用一大木桌作为法坛，桌旁放一只大竹筛，占卜用的竹卦和信咚等法器放在竹筛里。巫师坐于木桌后面，面朝屋外，唱巫辞，敲信咚，做巫事，完成整个法事过程。在黔东北的一些苗寨里，一项"刨板颇果"的祭祀活动中，祭师坐在小凳子上，将信咚放在地上，一手用小棍子敲着信咚，一手摇着法铃，同时唱诵着神秘的祭辞，整个过程神秘肃穆。另外在一些苗族的傩事活动中，老傩师边行走边敲击信咚，在山寨里进行祭祀活动。

另外在苗家一些喜庆节日活动中，信咚成为苗家儿女进行歌舞表演的特色道具之一，信咚发出欢快、清亮的声音，受到大众的喜爱。

图片来源
图一　许星　摄影
图二、图三　廖晨晨　制图
图四至图六　许星　制图

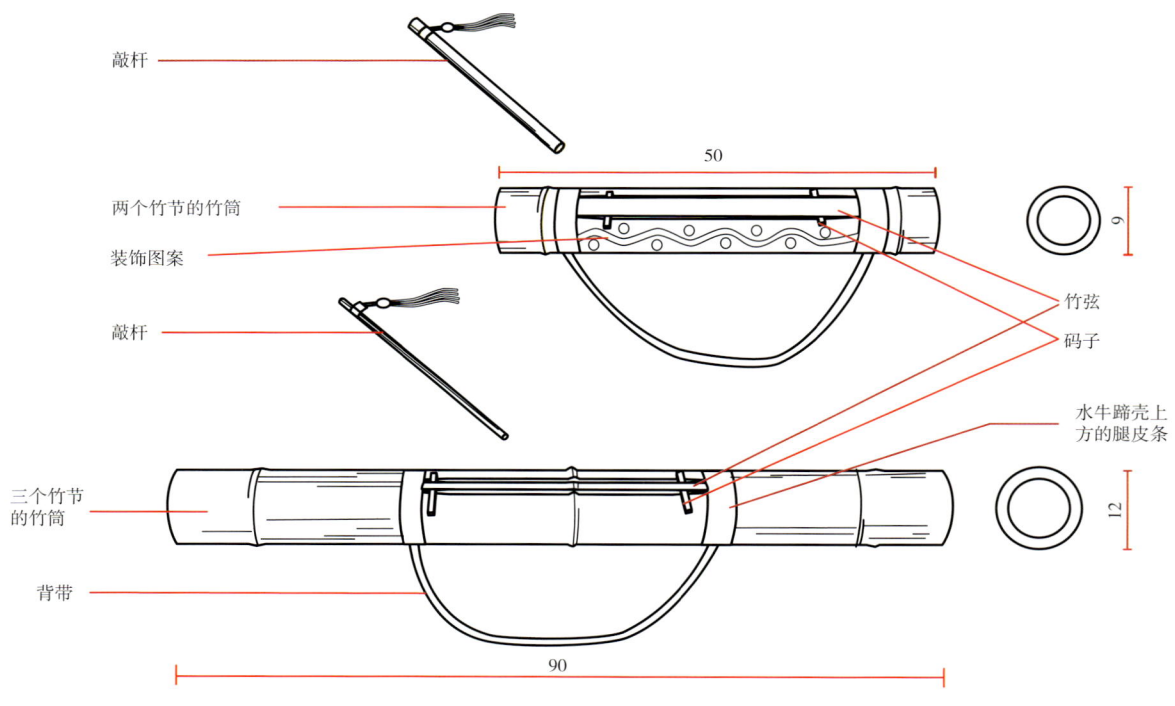

图二　苗族信咚结构名称与尺寸图（单位：cm）

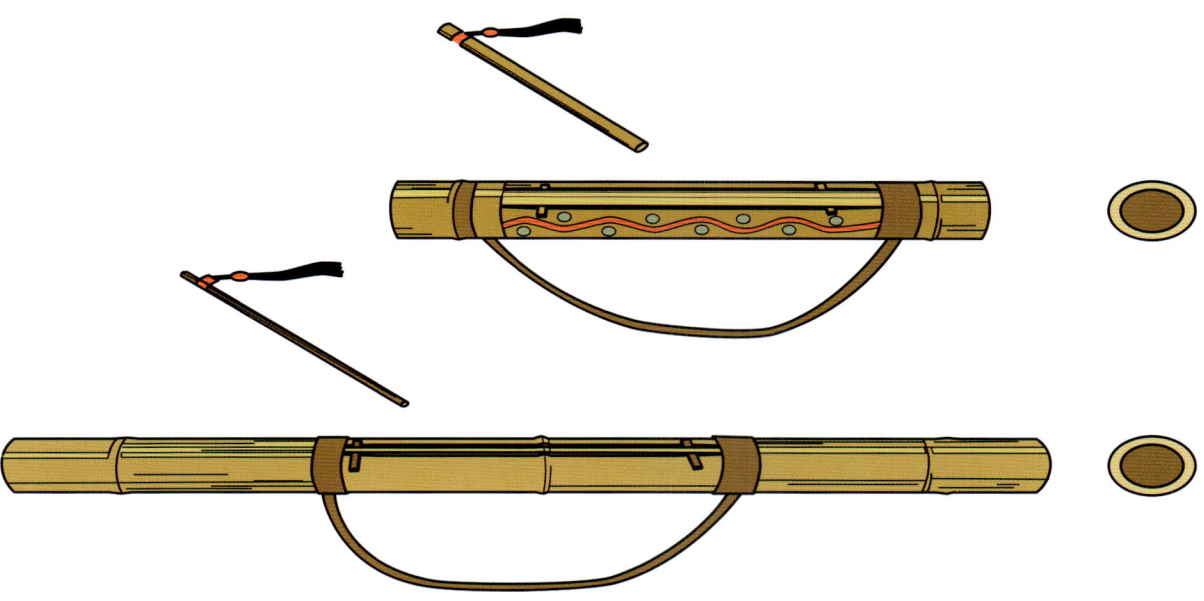

图三　不同苗族信咚示意图

图四　苗族老傩师敲信咚方法示意图

图五　松桃苗族法师做法事时敲击信咚和法铃示意图

图六　苗族傩师敲信咚坐姿示意图

苗族中音六管芦笙

图一　苗族中音六管芦笙主图

芦笙的历史悠久，在《诗经》中就有"吹笙鼓簧，吹笙吹笙，鼓簧鼓簧"的诗句，苗族人在不同的活动中会吹奏相对应的乐曲。芦笙与苗族人的风俗习惯密切相关，在应用的过程中亦有一些禁忌，如在撒种之后不吹芦笙，否则五谷不旺。芦笙的造型各异，类别繁多，其中，中音六管芦笙是我国黔东南地区苗族使用最为普遍的簧管乐器之一，是国家级非物质文化遗产，吹奏出的曲调富有变化，古朴而悠扬，柔和而悦耳，深受人们的钟爱。

中音六管芦笙由共鸣箱、竹管、共鸣竹筒、铜簧片四个部分构成。共鸣箱通常用木材制作，以杉木为佳，内部空心，外形为纺锤形。在制作时，先用工具掏空其内腔，然后将其外部打磨光滑，细长的一端连接吹口，短的一端密封，在最宽处的中间对凿挖出六个孔眼，与共鸣箱呈75°~90°角，在孔眼中分别装入预先做好的六根竹管，再用胶黏合密封。最后，用铜片或细篾固定共鸣箱与吹口之间的连接处，使共鸣箱内部形成封闭的空间。选用的六根竹管需要具备竹节修长、粗细均匀、壁薄等特点，直径约1.2厘米，每节长40~50厘米。其中，五根竹管的外部开有圆形小按孔，以便在吹奏时控制从吹口进入共鸣箱中的气流；竹管内部镶有薄片状的铜簧片，用含锡10%~20%的响铜制成，铜簧片受到强度不同的气流震动之后将会发出不同音色的声音，从而形成优美的音乐。最后一根竹管为叉管，苗语称其为"保险"，管上无按孔，不发音，仅做装饰。此外，每根竹管顶端各套有一个共鸣竹筒，能使芦笙所发出的音色深沉而洪亮。演奏时，竹管竖置，吹奏者双手捧持共鸣箱下部，拇指、食指、中指分别按左右两排竹管的音孔，嘴含吹口，吹、吸均可控制铜簧片发音，站、坐、走、跳均可吹奏，形式活泼多样，使用极为广泛。

中音六管芦笙具有独特的音乐规律，是

芦笙队中的骨干，苗族人常用其吹奏主旋律，并与舞蹈相结合，是黔东南地区苗族人民能歌善舞及其独特文化的反映。它是苗族人民在不断的迁徙过程中逐渐形成的，是苗族先民集体智慧的结晶，已经成为凝聚当今世界各地苗族人民的象征符号之一。

图片来源

图一、图五至图七　张庆　摄影
图二至图四　张庆　制图
图八　钱孟尧　摄影
图九　沈建国　摄影

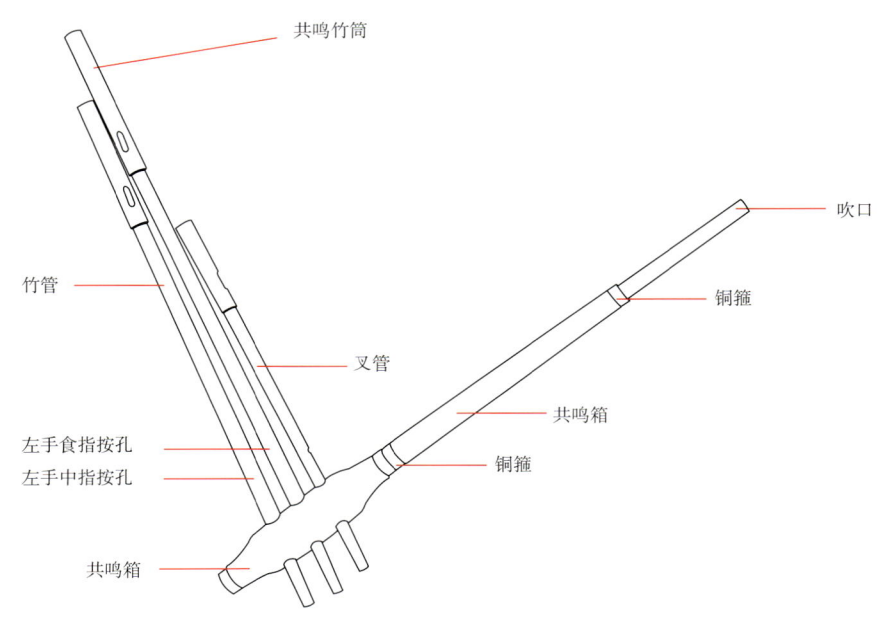

图二　苗族中音六管芦笙结构名称图

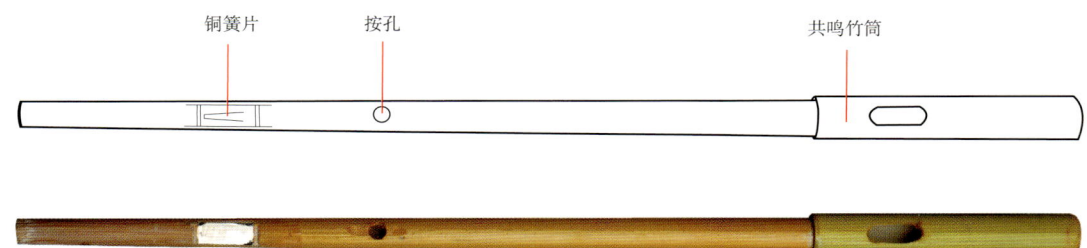

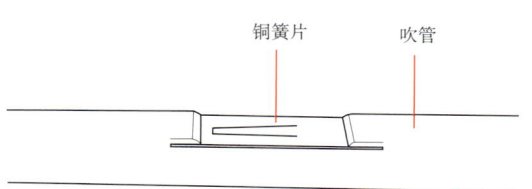

图三　苗族中音六管芦笙竹管及铜簧片结构示意图

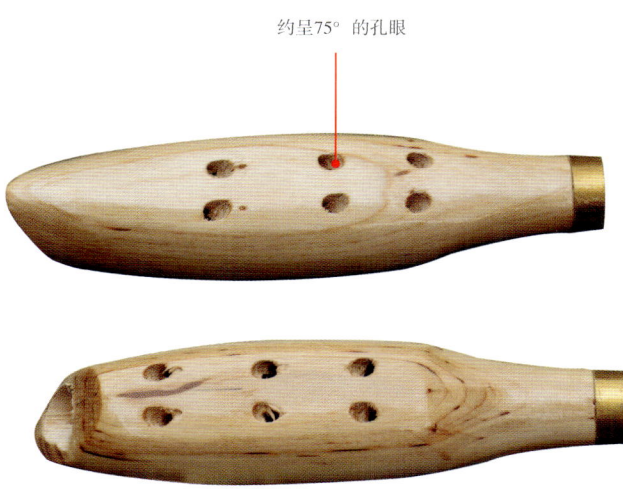

图四　苗族中音六管芦笙共鸣箱局部图

约呈75°的孔眼

图五　苗族芦笙艺人调音图

第四章　苗族传统生活用具

图六　苗族芦笙制作工具图

图七　苗族十六管芦笙图

图八　郎德上寨六管芦笙乐队图

图九　苗族女青年吹奏六管芦笙图

苗族中音芒筒

图一　苗族中音芒筒主图

芒筒是黔东南地区苗寨中常见的单簧气鸣乐器，大多与芦笙、木鼓等乐器联合组成乐队有组织地演奏乐曲，或者按照大小组合在一起为芦笙舞伴奏。芒筒大多只能发出一个单音，其音色浑厚，在数里之外都可以听到。同一个乐队中所用芒筒的大小、高矮不一，按照声音的高低可以分为高音、中音、次中音、低音和倍低音等若干类别，极好地丰富了乐队的音调。

中音芒筒的高度为70~100厘米，由共鸣竹筒和簧管两部分构成；其结构简单，造型挺拔。芒筒主体以竹筒制成，对于一些不符合标准的竹材料，还需要对竹节处进行烘烤，在高温的状态下将其加工得更加笔直，这也是一些芒筒在外观上具有烟熏火烤痕迹的原因。共鸣竹筒常选用当地所产的楠竹制作，直径8~15厘米，筒口至筒底之间的竹节全部被打通，筒口被削成45度的斜坡形，在此用红绸固定住细长的簧管；筒底大多保留原来的竹节，从而使共鸣筒中形成了封闭的空间。簧管常采用一根外形修长的竹管制作而成，大多数竹管产自广西，其长度比共鸣竹筒高30厘米左右，中间的竹节亦被打通，上端的管口作为吹口，下端与共鸣竹筒的筒底一样，保留原来的竹节，亦形成了封闭的空间；在下端竹节上方凿出一个长方形的孔口，将提前制作好的铜簧片嵌于孔口处，再用特制的胶水将其四周密封；最后，将簧管插入共鸣筒的底部。此时，吹奏者嘴中的气流将会振动铜簧片而发出声音，并通过共鸣筒将声音扩大，发出雄浑、深厚的声音。在吹奏中音芒筒时，常以左手提共鸣筒，右手持簧管吹奏，亦可以边舞边吹。

中音芒筒能够持续地发出长音，使整个乐队吹奏的曲调丰满而深沉，丰富了曲调的变化，具有鲜明的民族特色。时至今日，黔东南苗族人在过年、过节、婚丧、喜庆、盖新房及农闲时常常吹奏芒筒，体现了苗族儿女能歌善舞的民族特征。

图片来源
图一、图三、图五至图八　张庆　摄影
图二、图四　张庆　制图
图九　沈建国　摄影

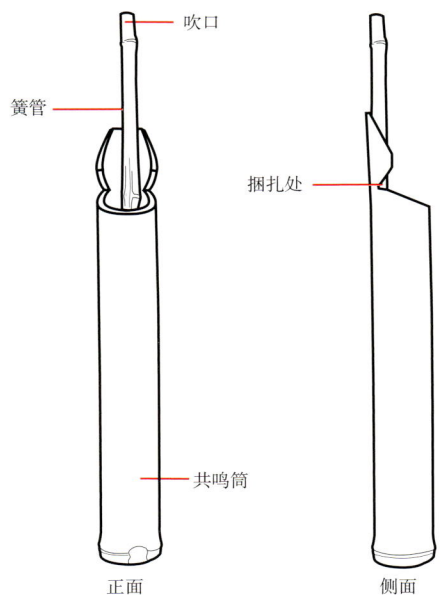

图二　苗族中音芒筒结构名称图

图三　苗族中音芒筒簧管图

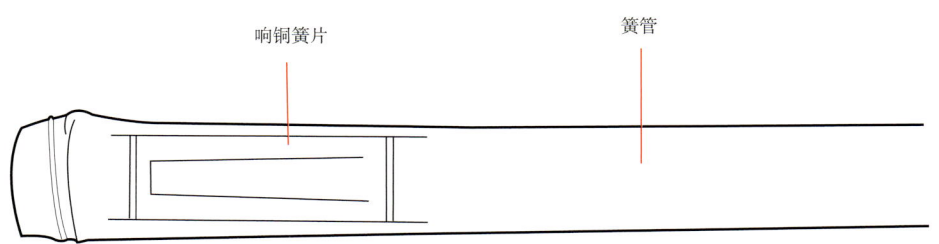

图四　苗族中音芒筒簧片结构示意图

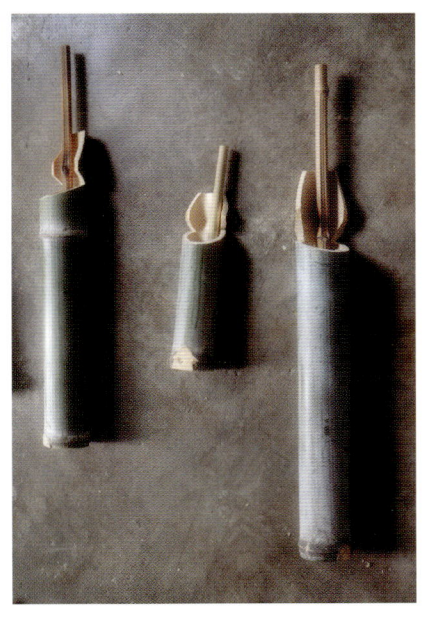

图五　各种苗族芒筒图

图六　民间艺人制作苗族芒筒图

图七　苗族儿童玩耍低音芒筒图

图八　苗族青年吹奏中音芒筒图

图九　苗族芒筒与芦笙合奏图

苗族木鼓

图一　苗族木鼓主图

木鼓是黔东南苗族常用的打击乐器之一，既能与芦笙、芒筒等联合组成乐队，合奏出优美的曲调；亦能边击边舞，成为木鼓舞的主要工具。苗族人认为祖宗的灵魂藏于木鼓之中，当敲响木鼓的时候，祖宗的灵魂就会苏醒，与子孙们共享丰收的盛宴，因此，作为一个家族的纽带，在各种苗族活动都要跳木鼓舞，以此表达对祖先的敬仰。

木鼓的样式较多，且大小不一。大型木鼓常选用整棵杉木，将其内部掏空之后制作木鼓，长度可达2米。本案例的黔东南苗族木鼓，由鼓框、鼓面、鼓槌等部件组成，呈鸭蛋形。鼓框由实木制作而成，内部空心，长度约为80厘米，表面有两个铁环，以便搬运及吊置在鼓架之上；鼓面为牛皮材质，直径30厘米左右，蒙于鼓框的两端，并用密集的金属钉子将其边沿固定在鼓框上，使鼓框内部形成封闭的空间；鼓槌大多用实木制作而成，长度约40厘米，槌法有握槌、卡槌、抓槌、松槌等，能敲出丰富的音色，尾端常系红色绸带，连续击打时还会形成十分优美的动态美感。常见的击打方式为打鼓面和打鼓边，这与其他民族的击鼓方式大体相同。击打鼓面常为主奏，击打鼓边是伴奏，极好地丰富了乐队的曲调。此外，还可以由木鼓的数量多少形成不同的表演形式，如单人木鼓舞、双人木鼓舞、四人木鼓舞、团圆木鼓舞。在与舞蹈动作的配合中，木鼓舞还能模仿锦鸡、雀等动物的动作，将苗族木鼓舞的叙事性表现得淋漓尽致。

木鼓敲击时的节奏快而不乱，鼓声激越雄浑，无论是在与芒筒、芦笙的合奏中，还是在木鼓独奏及木鼓舞中，都表现出极强的感染力。黔东南各地的苗族有大量以木鼓为核心的祭祀组织，被称为"鼓社祭"，程式化的木鼓舞正是诞生于此。

图片来源
图一、图三至图六　张庆　摄影
图二　张庆　制图

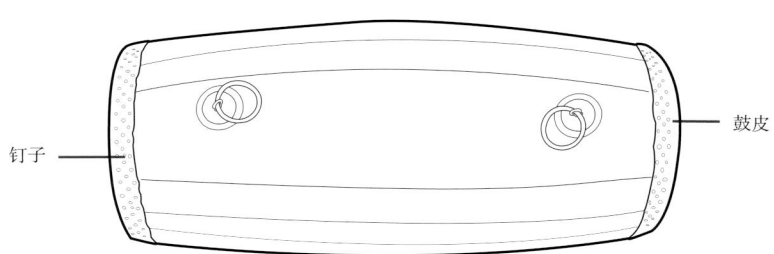

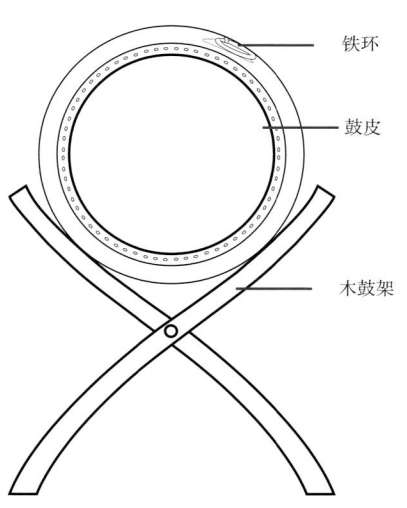

图二　苗族木鼓结构名称图

图三 苗族木鼓鼓槌图

图四 丹寨苗族长木鼓图

图五 苗族少女敲打木鼓图

图六 苗族木鼓与芦笙合奏图

第四章 苗族传统生活用具

427

苗族铜鼓

图一　苗族铜鼓主图

铜鼓不仅是我国西南民族典型的打击乐器代表，更被视为具有特殊意义的重器。在苗族文化里，铜鼓作为灵物、圣物，是不能随便敲击的，只能在祭祀祖先时祭供和使用。在苗族的传统节日"鼓藏节""祭鼓节"中，铜鼓都作为仪式的主角出现。

苗族铜鼓通体以铜铸就，呈中空的扁圆墩形，双侧有耳。其鼓面平圆，凸肩敛腹，下部敞口奢边。铜鼓直径多45~50厘米，鼓高40~45厘米。铜鼓鼓面鼓身皆有纹饰，鼓面的主要图形是凸起于中心、向外辐射的太阳纹，芒数6~16不等，但以12芒居多，象征一年有12月，其外侧又有同心圆9~12圈。同心圆环带内饰有凤鸟、兽面、"西"字、云雷、如意、乳钉等纹样。鼓身分层饰有云雷纹、窃曲纹、鸟面纹等。纹饰雕刻手法为平地浅浮雕与阴线刻相结合，个别的在鼓面边缘对称铸有四只凤鸟。在重大活动和节日里，有铜鼓的村寨都会敲击铜鼓和跳铜鼓舞。铜鼓鼓音具有雄浑奔放、古朴凝重的特点。敲击铜鼓的方法是：用绳系鼓耳，将铜鼓悬挂于院场中央的鼓柱，位置略高于击鼓者（多为寨老）腰部。鼓手右手执鼓槌击鼓面，左手持小木棒击鼓身，鼓便有节奏地发出两种和谐的音响，有时还需一名副手，提一只木桶大小的协音桶，桶口对着铜鼓的敞底并往复移动，以"接调"（或"迎调"）和"送调"，可增强鼓点的音量，使鼓音变得更加悠远。

铜鼓作为西南民族青铜工艺的重要代表，最早于春秋时期则已出现。苗族民间有天神赐老仙婆务侯乜铜鼓，并由她带到人间给百姓带来欢乐的起源传说。研究表明，铜鼓与錞于等青铜打击乐器或起源于铜釜一类的炊具。至今，苗乡依然保持制作铜鼓的传统。2011年，雷山县政府出资铸造了直径3.6米的巨型苗族铜鼓，以纪念先民的创造智慧与伟绩。

图片来源

图一、图二　张庆　摄影

图三至图五　廖晨晨　制图

图六、图七　王威多　摄影

图二　苗族铜鼓图

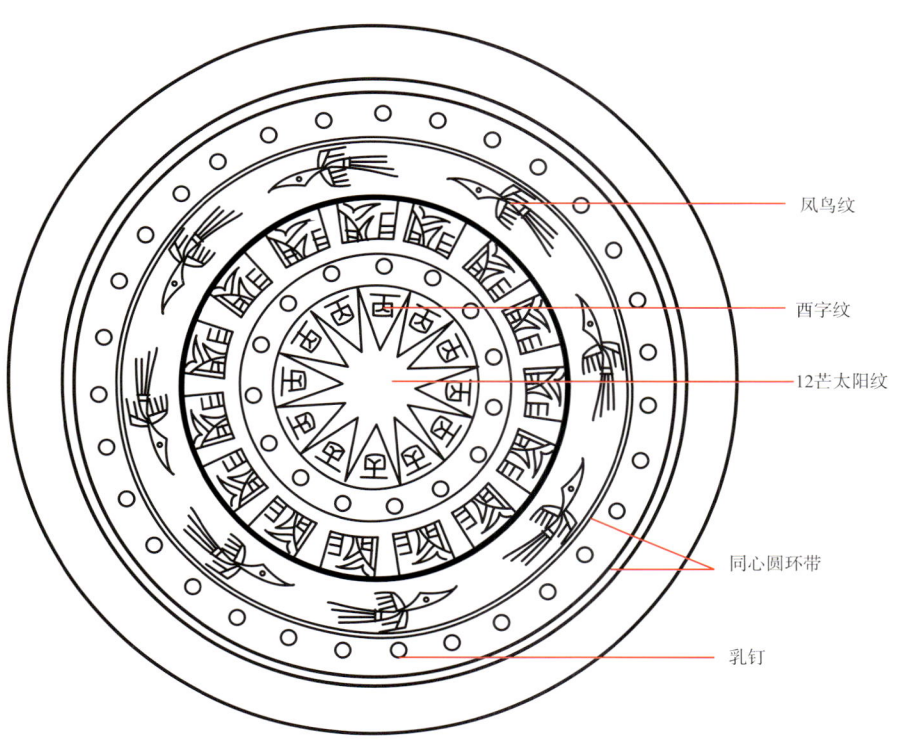

图三　苗族铜鼓鼓面纹样示意图

雷山巨型铜鼓鼓面纹样

鼓面纹样分层图

图四　雷山巨型苗族铜鼓鼓面纹样分层图

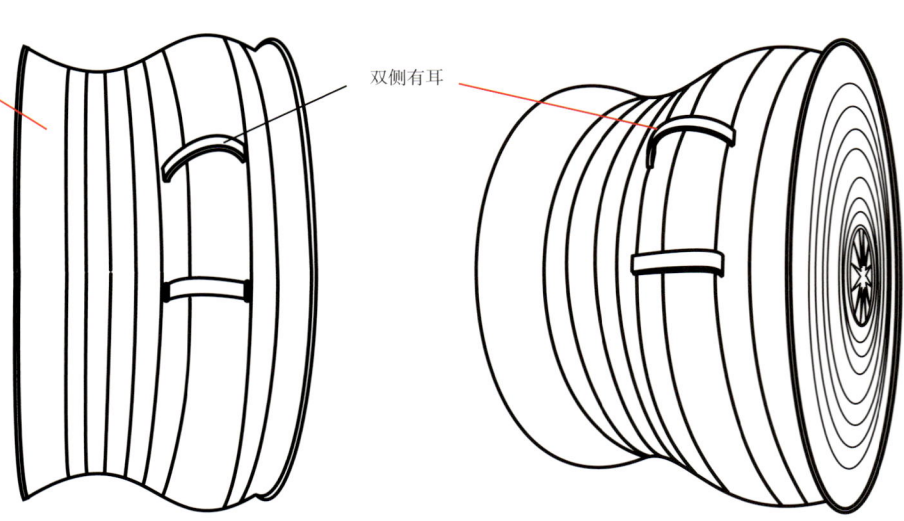

鼓身中空扁圆墩形，鼓面平圆，凸肩敛腹下部敞口奢边

双侧有耳

鼓面鼓身皆有纹饰，鼓面主要图形凸起于中心，平地浅浮雕与阴线刻相结合

图五　苗族铜鼓结构示意图

图六 苗族铜鼓迎调送调图

图七 苗族铜鼓舞图

苗族长顺皮鼓

图一　苗族长顺皮鼓主图

苗族长顺皮鼓流行于贵州中南部的长顺县，当地少数民族以布依族、苗族为主，皮鼓通体由牛皮包制而成，牛皮具有拉力大、出音清脆等特点。长顺皮鼓与苗族人的生存与发展有着极为密切的关系，它不单纯是一种乐器，更是一种鼓舞斗志、勇往直前的精神力量。鼓在少数民族中尤受欢迎，如云南地区拉祜族的木桶鼓，四川藏族自治州的长柄皮鼓、内蒙古满族的太平鼓等，都经历了几百年的历史，流传至今。

长顺皮鼓是打击乐器，鼓框用木头制成，两边蒙上牛皮，形状同现代鼓相似，有大小之分。大的鼓面直径约45厘米，高55厘米；小的鼓面直径约23厘米，高15厘米。演奏时可用长约20厘米的鼓槌敲打，也可直接用手掌击鼓。大的皮鼓声音宏大，能起到振奋人心的作用，因此，苗族人在远古时期的迁徙途中，用大鼓将各路人马联络在一起。

长顺皮鼓通过以下步骤制作而成：首先，将一段长约50厘米的圆木中间挖空；然后，将鞣制好的皮子剪裁成大于鼓面直径的圆形，放在容器中用水浸软后将皮面置于鼓口上并绷紧，用鼓钉将皮边钉牢；最后，再把多余的皮子裁掉，放置晾干后就可以使用了。

除了长顺皮鼓,海南省苗族地区使用的鼓称为猄皮鼓,此名源于其用黄猄皮制作而成,鼓身长约1米,宽约80厘米,形状像连接在一起的大喇叭。

鼓由古代军队发号施令的工具,演变到现代重大节日时烘托气氛作用的乐器,经历了几千年的历史。鼓在苗族人的生活中有更加特殊的意义,贵州雷山县的祭鼓节是以血缘宗族为单位的祭鼓活动,是苗族盛大的宗教祭典,规模最为隆重,内涵最为丰富。在这个节日中,仪式以"鼓"为核心展开,"鼓"作为祖先神灵的象征被用于各种环境之中。苗族长顺皮鼓是苗族社会文化发展的见证者,在丰富苗族人民娱乐生活的同时,促进了苗族文化的持续发展,但随着现代文化的冲击,皮鼓文化的继承人越来越少,使得这种特色文化面临着消失的危险。国家和政府应加强对民族文化传承人的保护,同时激发更多的人加入学习民族文化的队伍中来。

图片来源
图一、图六　苏州工艺美术职业技术学院老师　摄影
图二至图五　李瑛　制图

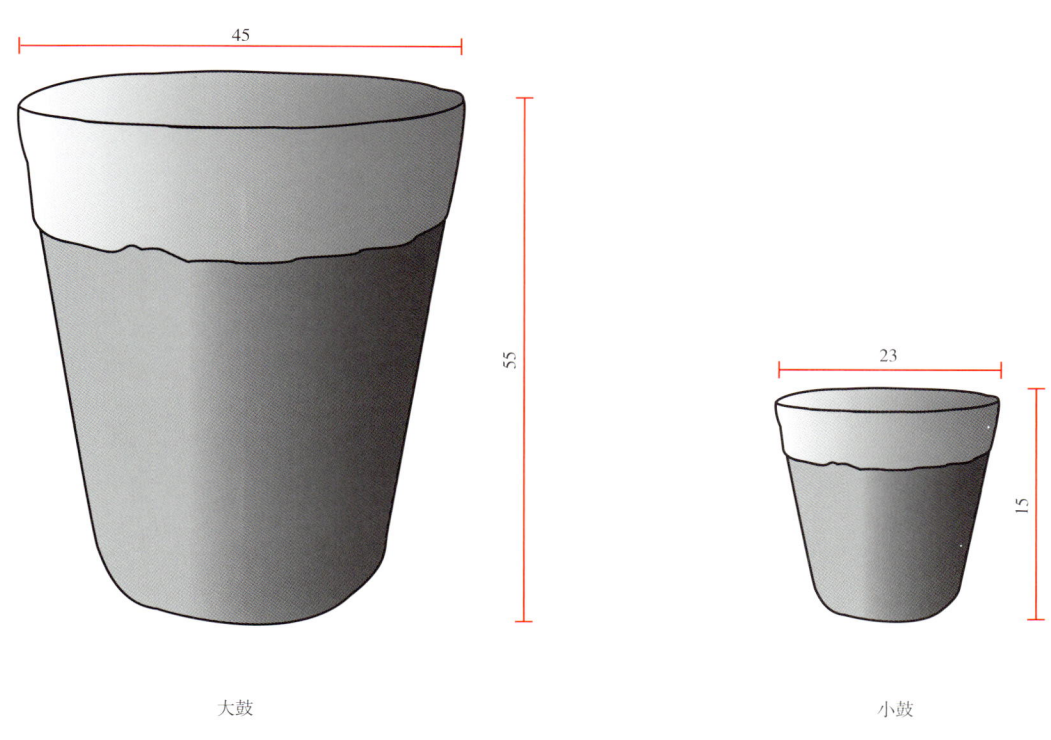

大鼓　　　　　　　　　　　　　小鼓

图二　苗族长顺皮鼓尺寸图(单位:cm)

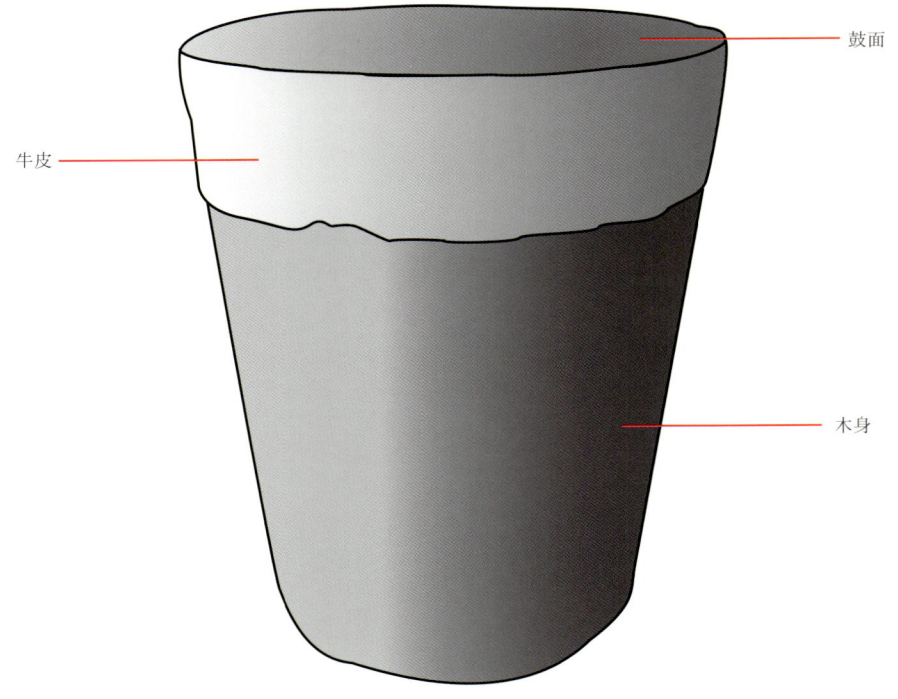

图三　苗族长顺皮鼓结构名称图

手掌演奏　　　　　　　　　　鼓槌演奏

图四　苗族长顺皮鼓演奏示意图

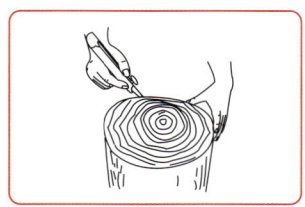
1.将圆木中间挖空

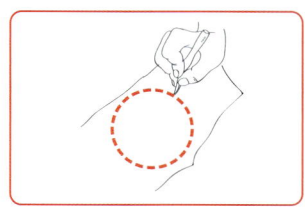
2.将牛皮剪裁成大于鼓面直径的圆形

3.将牛皮放在容器中用水浸软

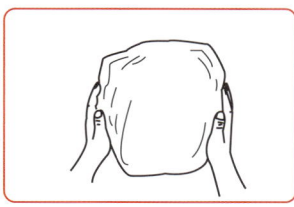
4.将皮面置于鼓口上并绷紧

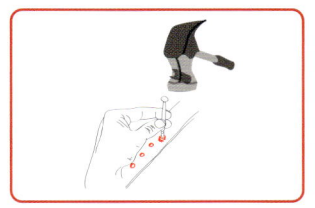
5.用鼓钉将皮边钉牢

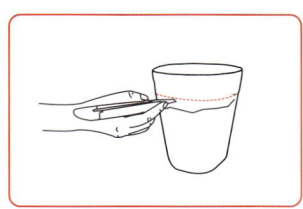
6.把多余的牛皮裁掉

正在绷紧牛皮并进行处理的过程

图五　苗族长顺皮鼓制作流程图

图六　不同苗族皮鼓图

435

黔东南苗族古瓢琴

图一　黔东南苗族古瓢琴主图

古瓢琴是苗族流行的一种十分古老的弓拉弦鸣乐器，声音厚重而低沉，抒情韵味浓郁。古瓢琴又称瓢琴，苗族人称其为"嘎哈"，苗语中"嘎"是乐器的总称，"哈"是瓢的意思，意为瓢形的乐器。在演奏前，因需要用唾液湿润棕制丝弓毛而被人们称作"口水琴"。古瓢琴的造型古朴，主要用作舞蹈伴奏，流行于贵州、广西的部分苗族聚居区中。

古瓢琴由琴体和弓弦两大部分组成。琴体的材料以杉木或桐木为佳，外形似长颈状的水瓢，上平下圆，内部被挖空。琴整体长约75厘米，宽约15厘米，厚约10厘米，分为共鸣箱、琴头、琴颈三个部分。共鸣箱在内部挖凿出长瓢形的腹腔，上面盖有一块桐木或松木质的面板，中下部安有一块木质的琴马，琴马上方设有三个呈三角形排列的圆形小出音孔，琴马右下方还开有一个稍大的圆孔，用来插入音柱，通过调整音柱来改变音量和音色。琴颈前平后圆、上窄下宽，上端连接琴头，下方紧接共鸣箱。琴头为方柱形，两侧各插有一个木质弦轴，下方设有弦枕，有两条特制的棕绳弦从此处穿过，最终系在共鸣箱下端的牛皮缚上，并固定在共鸣箱底部正面的弦槽上。弓弦以当地随处可见的梭竹作为弓杆，长约45厘米，两端用棕丝或马尾连成琴弦。

演奏时以站姿和坐姿为主，站姿将琴的尾端顶在左肩与左胸之间，面板朝上，左手托持琴颈按弦，右手执弓在弦上拉奏，也可拨弦弹奏；坐姿则将琴夹于两膝之间，左手持琴按弦，右手执弓在弦上拉奏。

此外，人们在演奏古瓢琴时，常会穿着美丽的百鸟衣伴跳着古瓢舞，让人如痴如醉，这或许是远古的苗族祖先遗留下来的某种仪式的遗风。

图片来源

图一、图三、图四　张庆　摄影

图二　张庆　制图

图五　张希成　摄影

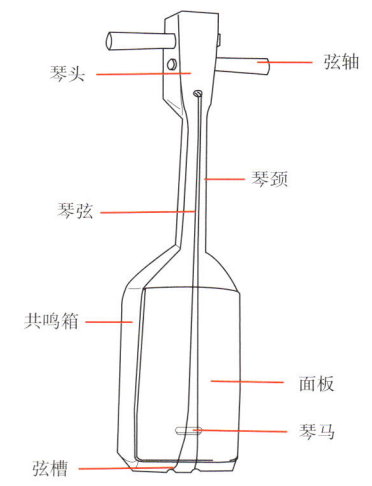

图二　黔东南苗族古瓢琴结构名称图

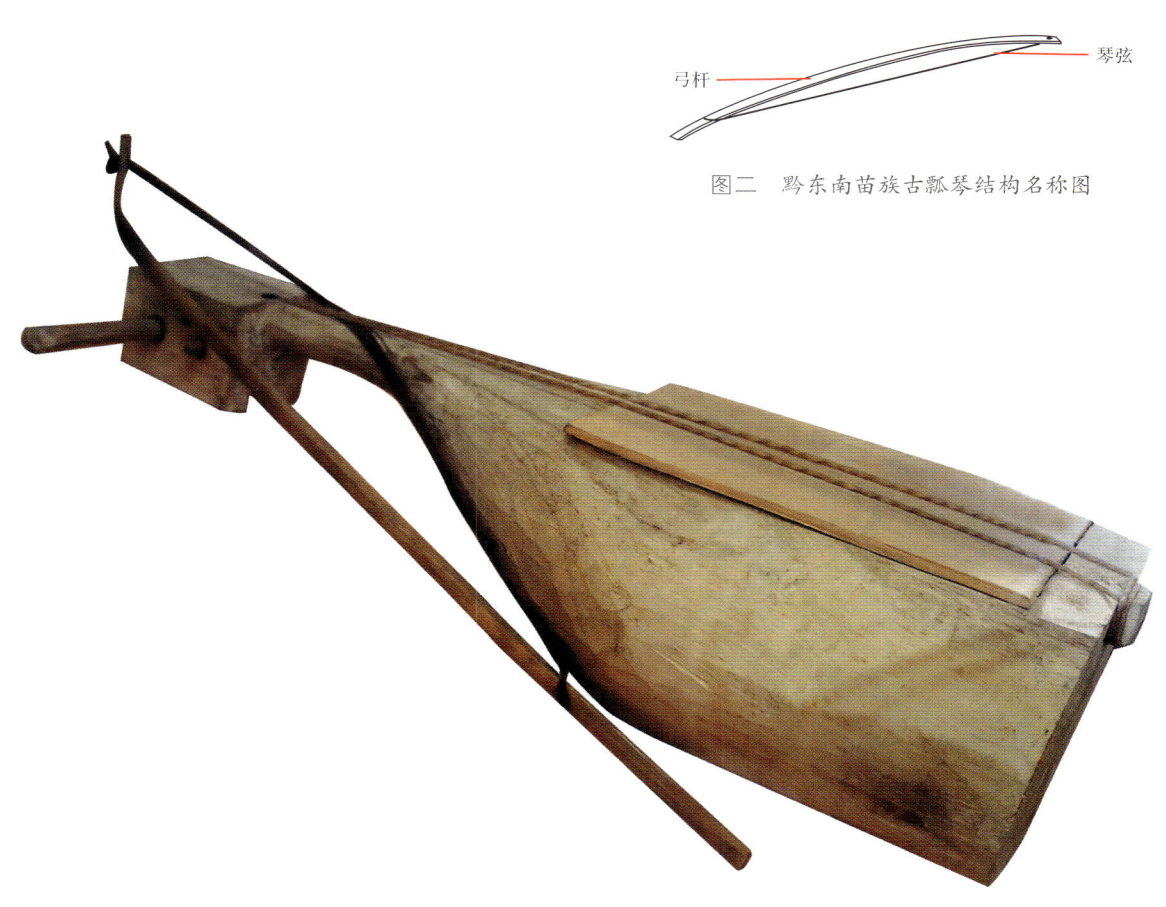

图三　黔东南苗族古瓢琴侧面图

图四 黔东南苗族古瓢琴底面局部图

图五 苗族男子演奏古瓢琴图

苗族大筒箫

图一　苗族大筒箫主图

　　大筒箫是黔西南盘县苗族中世代相传的一种古老的竹质直吹乐器，诞生的年代已不可考，苗语称其为"江不独"。其尺寸较大，吹奏方法十分特殊，需要用脚趾帮忙按孔，口、手、脚并用，对技艺的要求较高。音色低沉而迟缓，实际吹奏时只能发出四个音，即La、Do、Ra、Mi，既能独奏，又能与当地流行的直箫合奏，当地的苗族人称为"公母合乐"。

　　在制作时，先要选取当地盛产的直径约为10厘米的墨竹，将其锯成约130厘米的长度，经过火烤或长时间的自然风干后，用特制的工具将中间的竹节打通，筒底密封，在竹筒表面按一定的距离凿出6个大小一致的音孔；然后在顶端吹口附件挖出一个小槽，长约9厘米，宽约1厘米，用一条薄竹片嵌入其中而形成簧片，簧片与槽之间留有小缝，空气从小缝中流入竹筒产生共鸣而发出声音，经过反复的定音，方能最终完工。由于每个孔之间的距离较大且不在一条直线上，在吹奏时无法用两只手同时控制6个孔，因而需要用左脚拇指控制第一个音孔，右脚拇指控制第二个音孔，第一个音孔与第二音孔均起伴音的作用。用左手拇指控制第四个音孔，无名指控制第三个音孔，右手的无名指控制第五个音孔，大拇指控制第六个音孔，吹奏出的声色低沉浑厚，沉闷而沙哑，中音浑厚，高音深远，能让人闻音生情，极富感染力。当地青年男女在恋爱、迎娶婚嫁时也会用大筒箫来吹奏相关的曲目。

大筒箫独特而稀有，在世界民间乐器中亦属罕见，仅在盘县马场乡流行。由于吹奏难度较大，需要长时间的练习方能使手、脚、嘴完全协调，方能吹奏出迷人的乐曲，因此，其被喻为苗族乐器中的活化石。

图片来源
图一、图三、图四　官君　制图
图二　张庆　制图

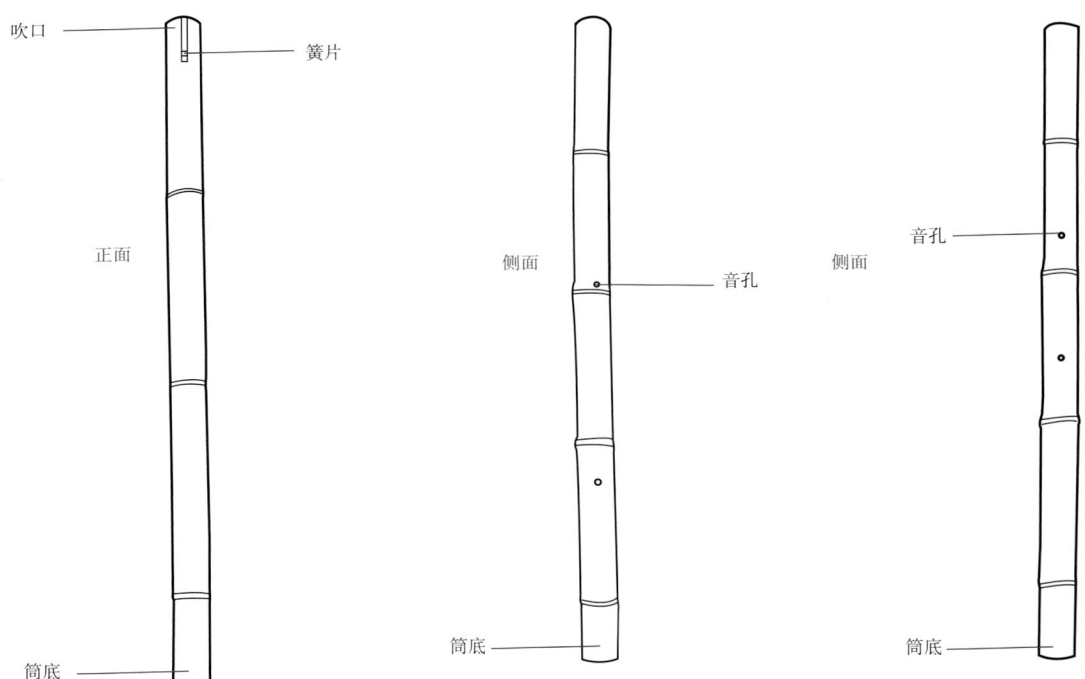

图二　苗族大筒箫结构名称图

图三　苗族女子吹奏大筒箫图

图四　苗族男子吹奏大筒箫图

惠水苗族长号

图一　惠水苗族长号主图

　　长号，古称长鸣、铜角，流行于全国各地，以贵州、云南、广西等少数民族地区最盛，通过滑管来改变号身长度和基音音高，是苗族、瑶族、壮族、哈尼族、布依族、汉族等的唇振气鸣乐器，各民族的长号略有不同，以惠水县的苗族长号最为典型。惠水县隶属于贵州省黔南布依族苗族自治州，是黔南州苗族人口最多的县，长号是苗族人民文化生活中的重要乐器，在民族节日和婚丧嫁娶的重要日子里，乐器都是不可缺少的一部分。

　　苗族乐器一般分为吹奏乐器和打击乐器，长号属于具有悠久历史的吹奏乐器。原始长号从汉代开始便用于鼓吹乐中，喇叭类型的气鸣乐器在古代都通称为角，苗族最初的吹奏乐器为天然牛角，后来使用竹子、木头、皮革和铜等材料来制作。惠水苗族长号通体使用薄铜片，由上中下三节铜管连接而成，上节为嘴节，插有一支铜质的锅底形号嘴，中节是伸缩节，下节为喇叭节，不使用时可以将上中两节缩入喇叭节内，有利于携带和保存。长号长约155厘米，上节长30厘米，号嘴直径约5厘米，深度为0.8厘米，下端连接的铜圆包直径为6厘米；中节伸缩节拉伸之后长约61厘米；下节长64厘米，喇叭口直径为22厘米。演奏时，左手伸直托中节位置，右手握上节，口吹号嘴，管体略往左侧倾斜，通常为两支或四支同时吹奏，声音低沉，令人肃然起敬，在民间鼓吹乐队中属于低音乐器。

除少数民族以外，长号也运用于汉族的各个地区，比如，苏浙等地民间的吹打音乐、鲁豫等地的京剧、河南地区的民间喜庆活动等，有时还需要数支长号齐奏。历史上苗族经过多次迁徙，与其他民族交错而居，彼此之间有较深的交往，你中有我，我中有你，今天的苗族乐器既保留了自己的特点，也留下了文化交叉的烙印。苗族人民热爱音乐，在漫长的发展历史和迁徙中慢慢形成了自己独特的精神文化，由于苗族没有自己的文字，因此，乐器在民族自身发展和民族认同感的形成过程中发挥了重要的作用，苗族乐器印证了民族过去的艰辛和现在的繁荣，为研究苗族文化提供了有利的佐证。

图片来源
图一　许星　摄影
图二至图五　李瑛　制图

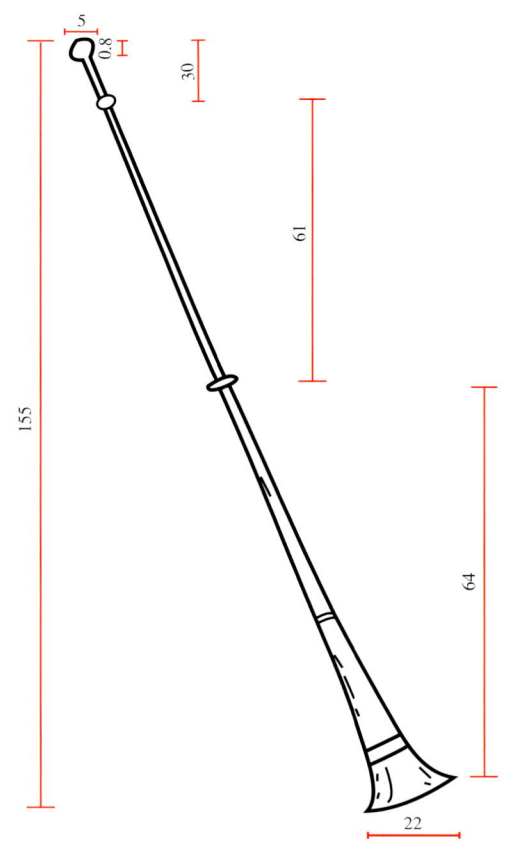

图二　惠水苗族长号尺寸图（单位：cm）

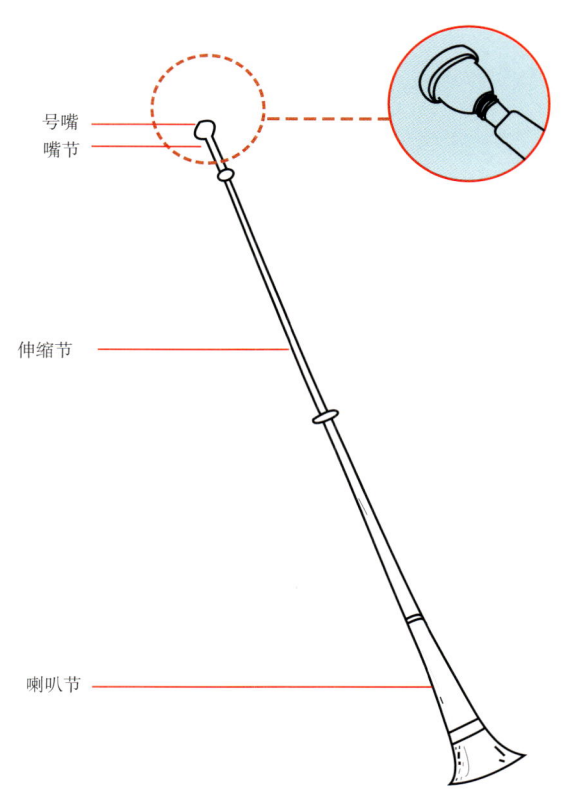

图三　惠水苗族长号结构名称图

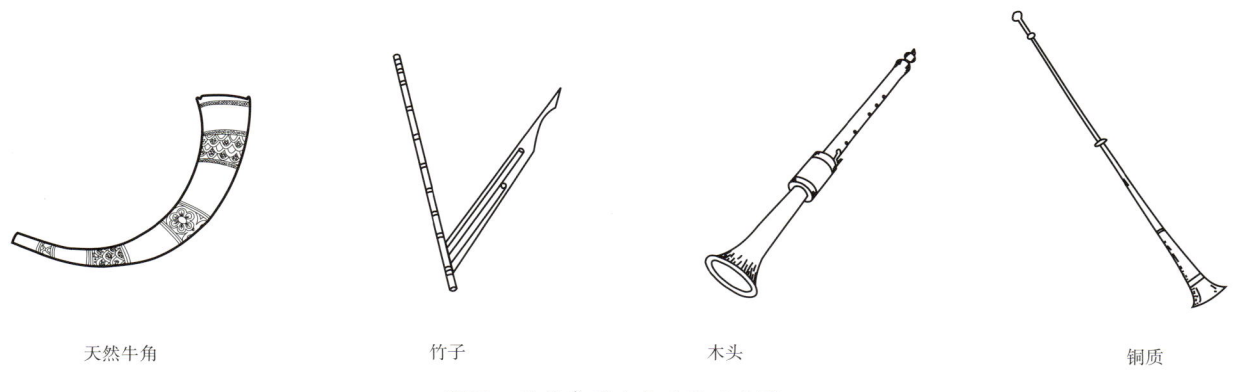

天然牛角　　　　　竹子　　　　　木头　　　　　铜质

图四　苗族常用吹奏乐器示意图

图五　苗族民众迎客迎亲时吹奏长号图

苗族唢呐

图一 苗寨唢呐主图

苗族唢呐是流行于苗族聚居地区的一种竖吹双簧乐器，其历史源远流长，原由阿拉伯地区传入我国。苗族唢呐相传是清代传入苗族地区，苗族人根据自身的需求不断改进发展而成的，其造型及原理均与汉族地区流行的各种唢呐相似。

苗族唢呐所用材料以木材和金属为主，上细下粗，上端为吹口，下端口部向外扩张而呈喇叭状。整体由哨子、颠子、堵气盘、琴杆、喇叭口五个部分组成。哨子又称"叫口"，在野麦子未扬花时，掐下一段长约1厘米且厚薄均匀、未让雨水淋湿的嫩麦秆筒，经过开水煮后晒干制成，吹奏时套在颠子上。颠子是用铜皮卷成的锥体，细端插入哨子，粗端与琴杆相连接。堵气盘是由金属片制成的直径约为5厘米的圆盘，安装在哨子与颠子的连接处，正中间挖有一个圆形的小孔，哨子从其中穿过，在吹奏时起到堵气、帮助嘴巴换气的作用。琴杆是一根空心的琴管，用杠木或泡桐木内部挖空制作而成，正面挖有7个大小相同的小圆孔，每孔的间隔相等，背面也挖一个控制音调的小圆孔。喇叭口用泡桐木雕琢而成，呈中空状，上小下大，上端的粗细正好套在琴杆上。唢呐中用木材制作的部件会刷油漆，起到防腐、防潮的作用。此外，还有的在喇叭口上加饰一圈薄铜片，以增强声音的共鸣，使音色变得更加浑厚。

苗族唢呐在吹奏时常与打击乐器相互配合，广泛应用于各种活动场合，尤其是在大型庆典活动时，苗族男子在寨门口吹奏唢呐迎接远方前来的客人。唢呐吹奏表演的场景，不仅具有强烈的视觉效果，营造出热闹的氛围，而且具有浑厚而低沉的音色，让人们享受到如痴如醉的感官盛宴。

图片来源
图一　官君　制图
图二　张庆　制图
图三　许星　摄影

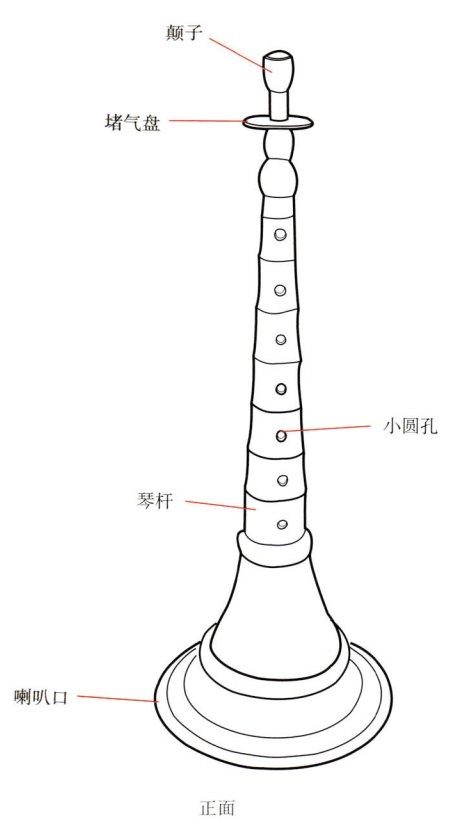

正面

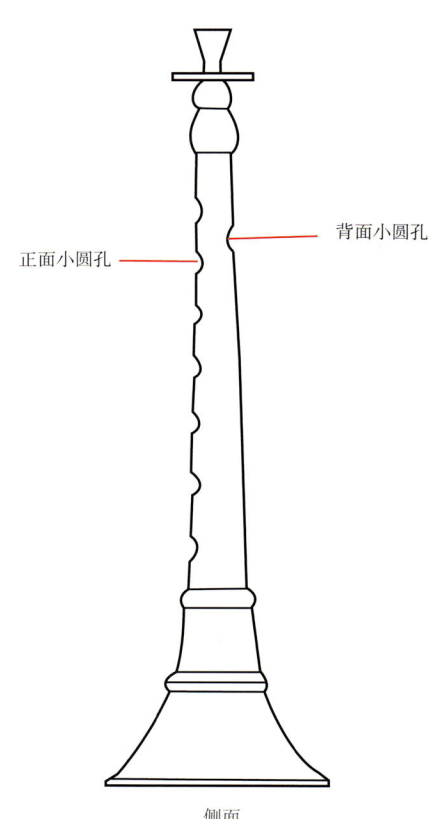

侧面

图二　苗族唢呐结构名称图

图三　苗寨男子吹唢呐迎接客人图

清镇腰岩苗族口弦

图一　清镇腰岩苗族口弦主图

口弦，又被称为土口琴，苗族语称之为"阿锵"，是一种世代传承的苗家乐器，流行于贵州、云南等地区的许多苗族村寨里。

本案例是贵州省清镇市腰岩苗寨的口弦，其造型小巧玲珑，纯铜或竹片制成，长约10厘米，宽约1厘米，形如一把袖珍宝剑。口弦的中央有一槽形簧片，一头微翘。其发音原理是：吹奏者一手执弦把，将口弦中部的簧片置于唇间，另一手拇指拨奏簧舌，在气流的作用下使铜片产生振动，发出音响。

口弦主要用纯铜来制作。纯铜制作出来的口弦可作为传家宝，苗族传统是传内不传外。使用竹片制作的口弦，需要选用韧性和硬度都较强的荆竹，但是竹片制作出来的口弦不易保存，音色会因为竹子水分的丢失而大受影响。

有些少数民族流传的口弦由1~5的薄簧片组成，分别被称为一弦、二弦、三弦、四弦、五弦。

口弦整体来看像一把锋利的宝剑，由弦柄、弦身、弦锋三部分组成。弦柄长约3厘米，宽约2毫米，弦锋长约4厘米，宽1~3毫米，横置于弦身中间。口弦放于竹筒中，竹筒一般长度为10厘米，直径2厘米。竹筒上刻有精美的图案，一般为八角花，在苗族文化中有辟邪的寓意，苗族人认为其对口弦有保护作用。竹筒的一端装饰有花线和绣工精致的香包，有些花线会直接绑在弦柄上，因为口弦很小，花线除了装饰之外还有使口弦易拿的作用，经过装饰之后的口弦除了是乐器之外，还是独特的工艺品，凝结了无数苗族女子的绵绵心思。

清镇腰岩口弦的制作方法主要分三个步骤：首先要熔铸铜板，铜锌以8∶2的比例熔铸出来的铜板硬度和韧性适中，制作出来的口弦音色较好；第二步，将铜板用小铁锤敲打成适度的厚度，用剪刀剪出口弦的形状；第三步，将口弦柄圈好后勾画音舌，音舌对口弦来说很重要，音舌的大小、长短、厚薄直接影响到口弦音色的高低、深浅和泛音，如果需后期调节音舌，通过刀片刮削或砂布打磨来控制簧片的厚薄。表演时，将口弦放于两唇之间，左手执弦柄，右手抚弦锋，以口腔做共鸣箱，口弦发出的声音像倾诉，更像歌唱，十分动人。

苗寨的年轻男女以前用口弦来传递感情，演奏者专为一人，听琴者专听一人，以口弦相赠为定情信物，因此，又被称为苗族爱情的信使。腰岩村作为口弦的发源地，因传统生产生活模式及环境的改变，口弦面临着消失的危险。近年来，非物质文化遗产受到了国家的重视，人们正在积极抢救和发掘它们，希望"口弦文化"可以薪火相传。

图片来源
图一、图七　许星　制图
图二至图六　李瑛　制图

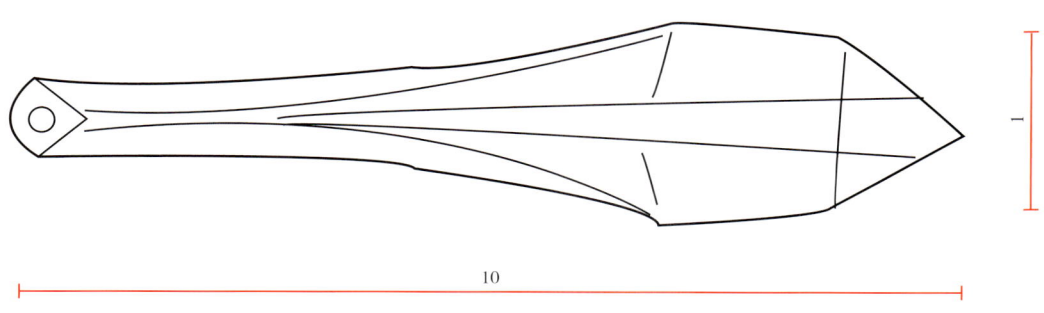

图二　清镇腰岩苗族口弦尺寸图（单位：cm）

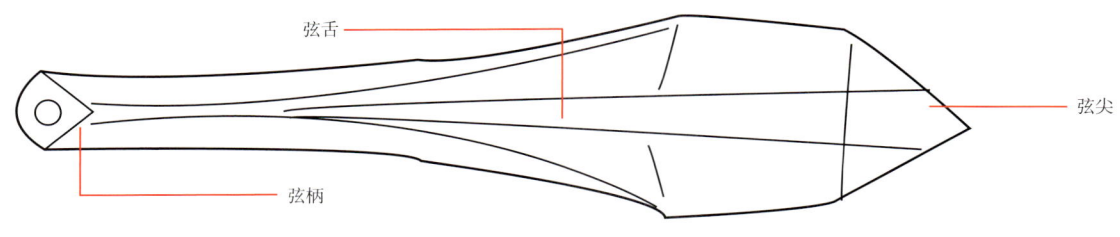

图三　清镇腰岩苗族口弦结构名称图

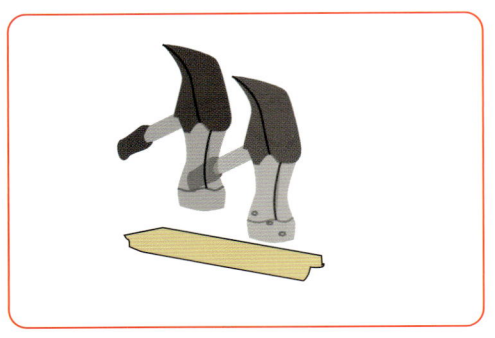

1. 将铜板用小铁锤敲打成适度的厚度

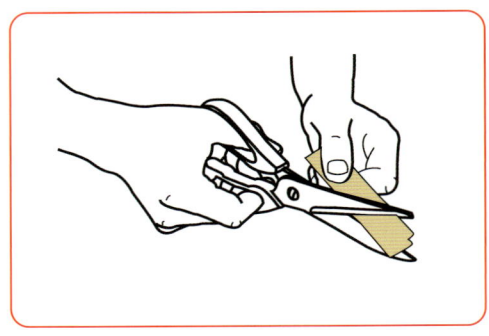

2. 用剪刀剪出口弦的形状

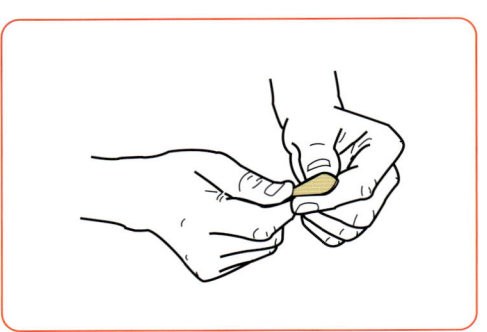

3. 将口弦柄圈好

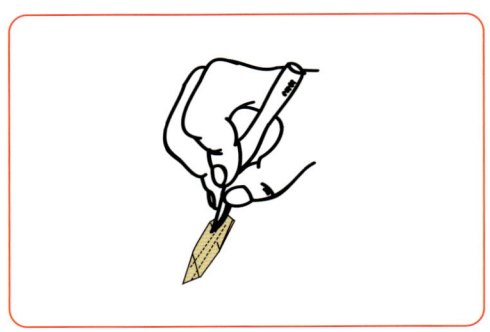

4. 勾画音舌

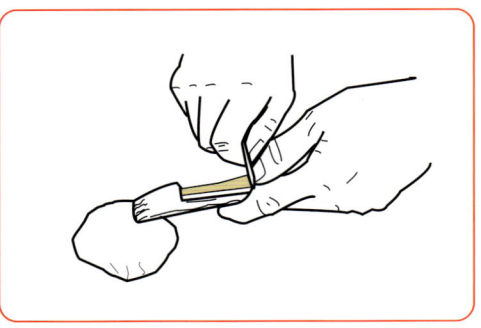

5. 后期调节音舌

图四　清镇腰岩苗族口弦制作流程图

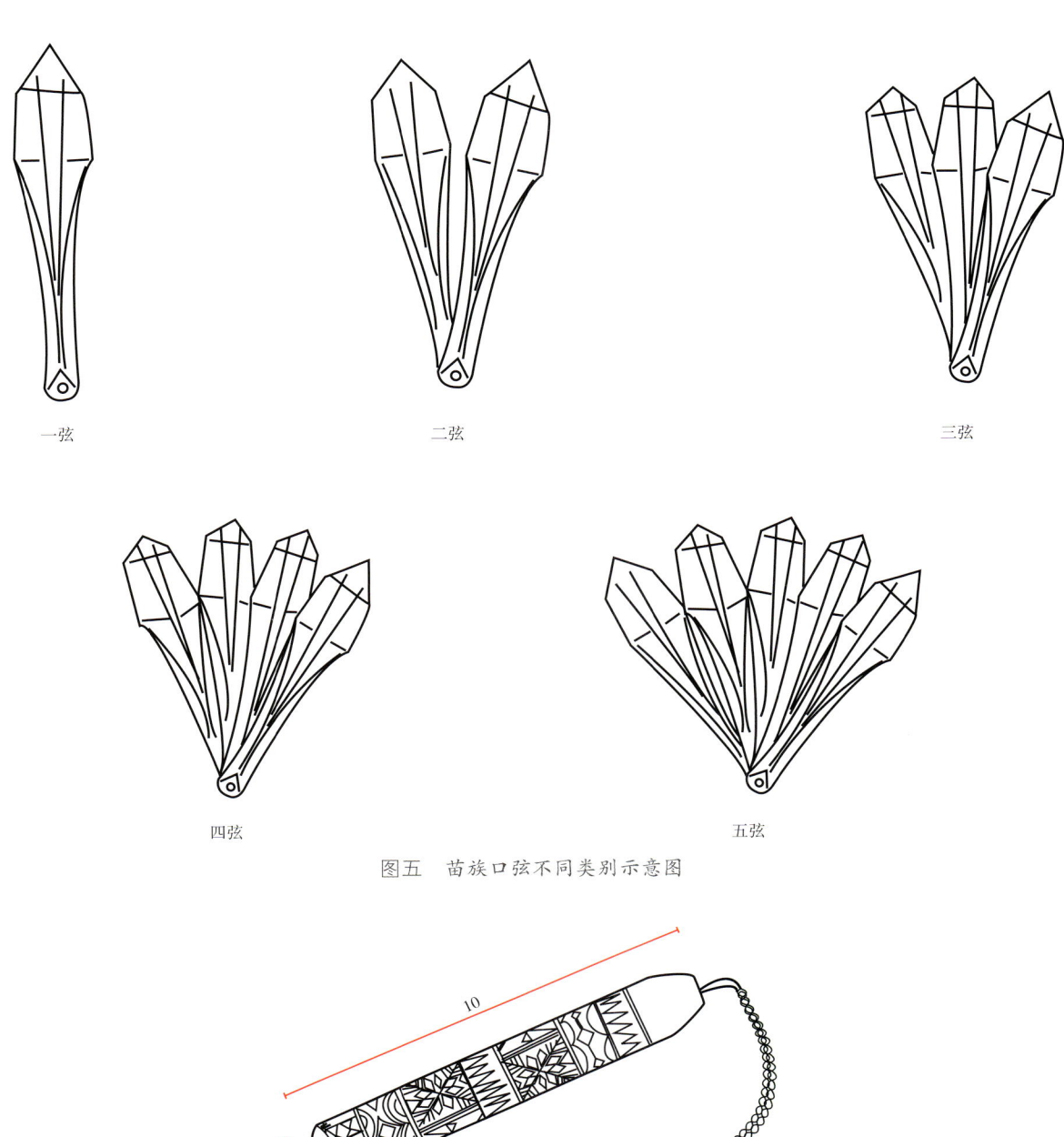

一弦　　　　　　　二弦　　　　　　　三弦

四弦　　　　　　　五弦

图五　苗族口弦不同类别示意图

口弦

图六　清镇腰岩苗族口弦竹筒尺寸图（单位：cm）

第四章　苗族传统生活用具

图七　清镇腰岩苗族口弦吹奏示意图

第五章 苗族传统生产工具

苗族纺纱机

图一　苗族纺纱机主图

纺纱机也称纺纱车，是广大苗族地区纺制纱线的常用工具。纺纱线的原材料多采用苗族各地种植的棉花、苎麻或动物的毛纤维。

纺纱的方法是将植物或动物的纤维进行加捻的方式，使其成为连贯不断的长纱线，用于后续织布。

早期的纺纱工具是纺锤和卷线棒，纺纱时，人们用手抓着松散的棉纤维，一头系在纺锤上，让纺锤不断地旋转使棉纤维加捻成纱线，再缠绕在卷线棒上即成。拈一段绕一段，如此反复，纺纱的速度较慢，每段纱上的拈回数也不均匀。

苗族人后来逐渐发明出木制的纺纱车，用绳索将大绳轮和纺轮连在一起。这样，手摇绳轮一圈，锭子可以转好多圈。苗族的纺纱车有手摇单锭的纺纱车和脚踏多锭纺纱车。在苗寨，手摇单锭纺车是最常见的一种纺纱工具，有锭子、手柄和绳轮组成。手摇纺车的结构多为一车一架，用木头做架子，木片或竹子做成绳轮，轮心穿一木轴，便于绳轮转动，轴的一端装上手柄，用铁钎做锭子，右手摇手柄转动绳轮带动锭子回转，左手牵纱，边纺边加捻进行纺纱，每纺出两三尺纱，则要倒旋卷纱一次，如此反复便可连续不断织出纱线。每段纱上的加拈回数也可由纺纱者控制，纱的质量也比之前用纺锤拈得更好。

另一种常用的是脚踏多锭纺纱车，有

3~5锭的。其基本结构是底架为T字形（或工字形）木架，使纺车较为稳定。在上面安装纺轮，纺轮是用铁环或木环做成两个圈，用木片横向固定，用粗方木做成轮径骨架，轮心穿孔固定在木柱上，能够来回转动。在纺轮的上方安装锭子，用绳将纺轮与锭子连接，还要在基架左侧加一托架连接踏杆，双脚踏在两侧的踏杆上用力踏，转动纺轮带动锭子，便可以加捻纺纱。操作这种纺纱车，由脚踏、手纺交替进行。如果由两个机构分别承担加拈和卷绕，则两个动作便可同时进行。

苗族有的纺纱车还装有竹筒，也称锭杯，将经过开松的棉卷放在竹筒内，从中抽出的线头，通过控纱器绕到纱框上，纱框和锭子同时由大绳轮传动，锭子一回转便被加拈成纱。纺纱时，人们要不断往竹筒中添加棉卷，以保证连续纺纱。

图片来源
图一　许星　摄影
图二　钱孟尧　摄影
图三　许星　制图
图四　廖晨晨　制图
图五、图六　张庆　摄影
图七、图八　侯格格　摄影

图二　苗族（手摇）纺纱机图

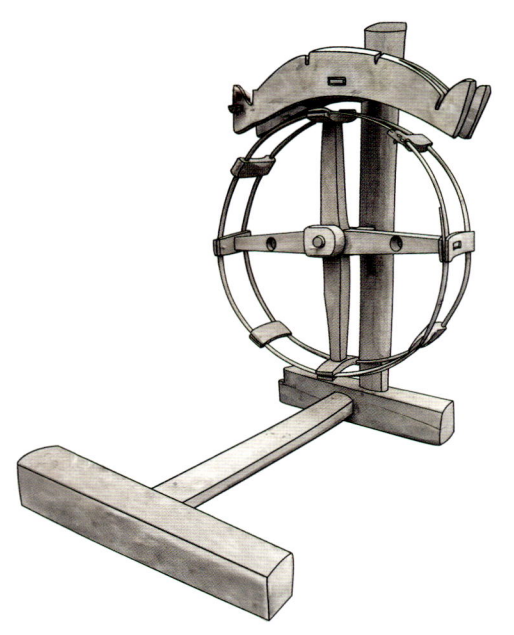

图三　苗族（云南镇雄林口）纺纱机示意图

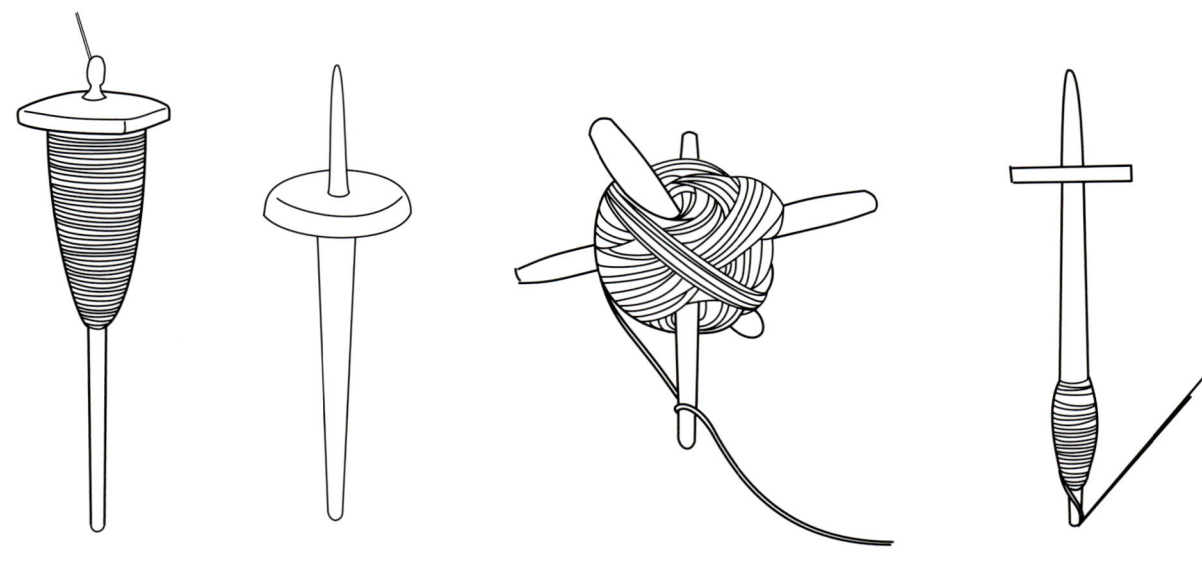

图四 苗族纺纱机不同纺锤图

图五 苗族纺纱竹筒图

图六 苗族纺纱纱丝图

图七 苗族（手摇）纺纱机图

图八 苗族（脚踏）纺纱机图

苗族织机

图一　苗族（卧式）织机主图

织机曾是每个苗族家庭必备的生产工具。考古发现表明，上古苗族先民早就掌握了种麻养蚕和纺织的技术。织锦与刺绣、挑花、蜡染并称苗族服装四大工艺。今天仍有许多苗族妇女从事织布织锦。

苗族织机大致可分为腰机、斜织机和卧式机三大类。腰机，又称踞织机，大致有两类，一类是简单的几根木条或竹条，而没有机架和机台，事先经过牵经、分经、穿综和穿筘等程序，将经纱的一端系在树干或木桩上，有的直接用双脚撑住，另一端用绳带绑住木条系在腰间。织布时利用腰劲和脚力绷直经纱，便可分手提综，用杼刀穿纬紧纬，进行织布。另一类腰机有机架，要先在机架上固定好经纱卷轴，经纱的另一端固定在布轴上，再将布轴绑在腰上，织者利用腰力撑紧经纱，一手提综分开经口织纬，一手持杼刀紧经。

卧式机应用较广，它与汉族地区旧式脚踏提综织机类似，一般由机架、架臂、卷经纱轴、卷布轴、拉筘及其木架、提综木鸟（飞鸽）和踏板（蹑）组成，配以梭子。机架为杉木条制成的四足床架，长约150厘米，宽约60厘米，架上立矩尺形架，臂高约90厘米，横臂长约40厘米，伸向纺者。机床两条竖梁远离纺者一端开龙口放置卷经纱轴，轴两端装木条呈"十"字形，以便在卷经纱时挡幅和安放分纱竹片。另一端在两足之上，高出机架约20厘米处开龙口，以安放卷布轴。架臂上设有横轴，横轴上立有用以提综吊线的一双木鸟与踏板相连，踏板时可使综片随鸟身上下运动，以便于投梭。安设拉筘的木架也悬挂在架臂上，木架长50余厘米，宽12厘米左右，借助一定的自重前后摆动用以打纬。经过分经打纬往复操作，便可织就幅宽约40厘米的布料。织机既可织布亦可织锦，舟溪、丹寨锦之精细者可达到每平方厘米经纱60根、纬纱90根的密度。

湘西苗族古歌中就有"勒归发明织布机，勒保教女人织布"的故事。可见织机的历史之悠久。苗家的织机和纺织程序都较简单，尚不使用提花机等设备。但正是通过在实践中不断改进技艺，提高效率，苗家妇女使用简单的织机便创造出了绚丽夺目的花布和彩锦。

图片来源

图一　沈建国　摄影
图二　仲溪　摄影
图三、图六　许星　制图
图四、图七　许星　摄影
图五　王威多　摄影

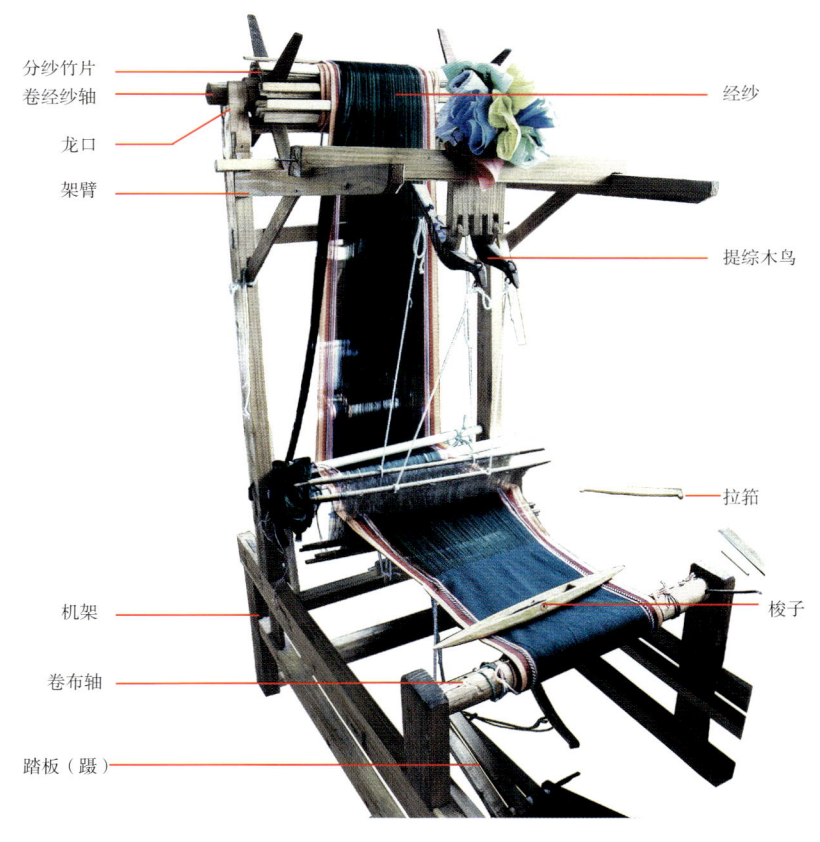

图二　苗族织机结构名称图

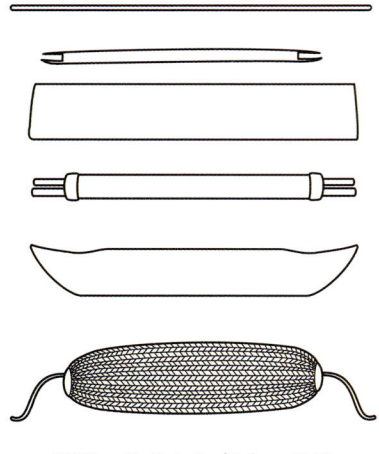

图三　苗族织机部分工具图

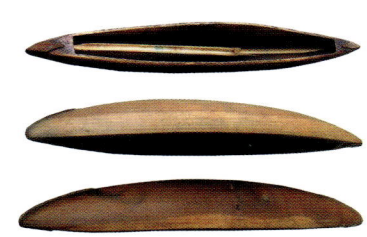

图四　苗族织布用梭子图

卷经纱轴

提综木鸟

竹质拉筘

踏板（蹑）

图五　苗族织机部件名称示意图

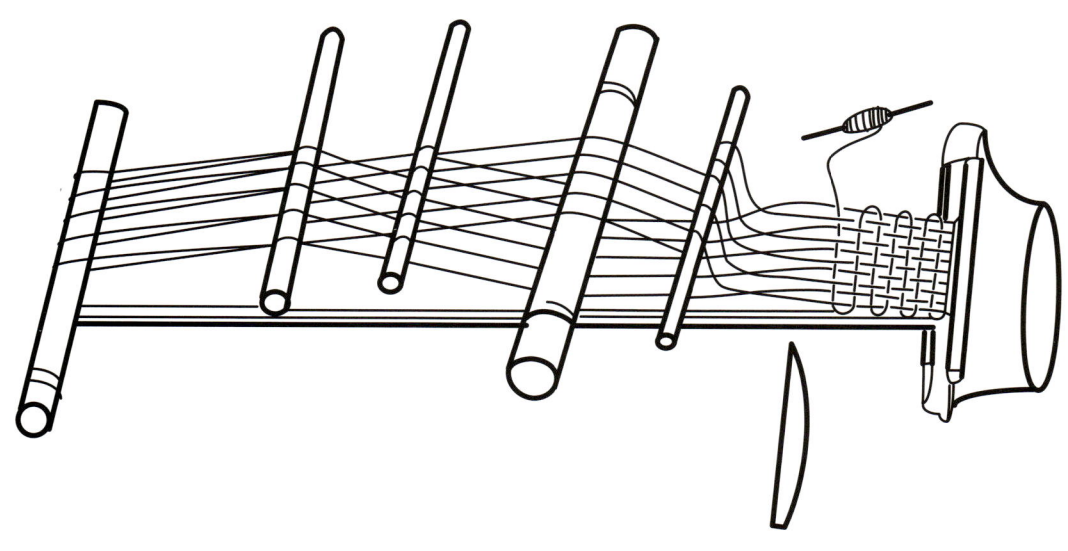

图六　苗族古老腰机示意图

图七　金平苗族竹质织布机图

苗族手编花带凳

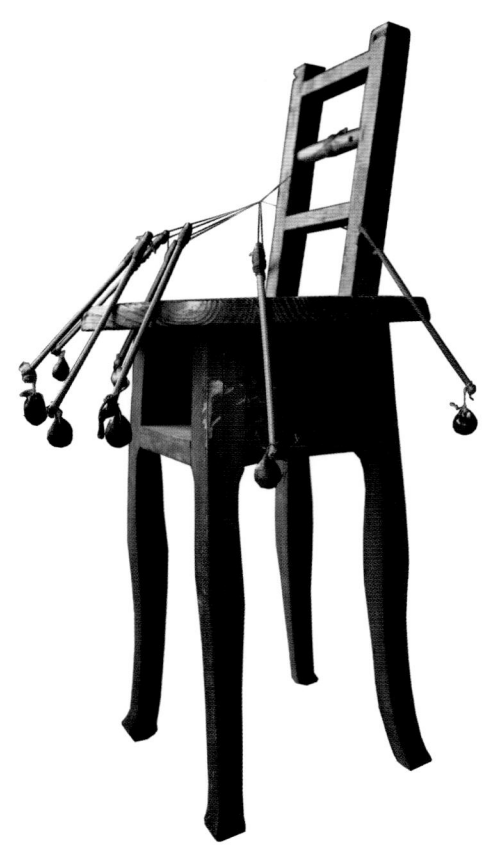

图一　苗族手编花带凳主图1

手编花带，也称"打花"，是广大苗族妇女常用的编织技术，编花带与织花带在工艺上有所区别，织花带的方法是先梳理好纵向的经线，再用纬线来回穿梭，打紧后成形，而编花带的方法是用数根纱线左右穿绕而成的。

编花带工具为手编花带凳，简单易携带，姑娘媳妇们常常聚在一起，边打花带边聊天，其乐融融。花带小巧精致，色彩鲜艳，对苗族姑娘们来说也是非常重要的物件，苗族地区有"讨花带"习俗，在芦笙会上，男青年边舞边吹着芦笙，姑娘也边舞边把自己织绣的精美花带结在中意小伙子的芦笙上。

苗族许多地区采用的编花带工具，是凳式编带机，也称编带凳，凳背上装有卷带轴，将数根彩色丝线分别缠绕在挂有重物的带钩子的竹管上，每根丝线的另一头排列整齐后固定在卷带轴上。编花带时，将每根丝线有规律地左右对绕，根据不同的编法可编出扁平的花带，也可编出圆柱状的花带。

在贵州施洞地区的苗寨，有一种用竹篮编花带的方法，取一只圆口竹篮，提手处固定竹线钩,在线钩下系着较重的砂轮。编花带时,将线卷绕在线钩上,另一端固定在卷纱杠上,根据所要编花带的样式,双手依次变换线钩交叉走线。花带通常由几根为一组进行编绕,常用的有6根到16根不等,超过18根的就要用编织机来编织了。不同颜色的纱线经过有规律的编绕,形成了特定的花样。苗家女儿心灵手巧,采用这样的编法,可以随心编出各种不同花样的花带。

还有一种编带方法是把纱线轴卷好后,挂在高处,将垂下的相邻纱线逐根按一定的规律左右甩动,使纱线相互绞缠,形成各种花纹的花带。

有的苗族村寨用木桶作为编带的工具,将五彩丝线绕在竹质的绕线卡子上,竹卡下面穿绳系一个小铜钱或其他重物,再将要编的丝线集中绕在小木桶的横梁上,绕线卡子分别挂在小木桶的外壁上。按照编带图案的具体要求,进行丝线组合编带。花带的图案花纹,多为二方连续的几何图形,经苗族姑娘媳妇们巧手编结,编出的彩带丰富精美,独具特色。

图片来源

图一、图六、图七　吴兴权　摄影
图二、图三　张庆　摄影
图四　廖晨晨　制图
图五　许星　制图

图二　苗族手编花带凳主图2

图三　苗族手编花带方法示意图

图四　苗族编辫带和辫绣方法示意图

图五　苗族不同编带纹样图

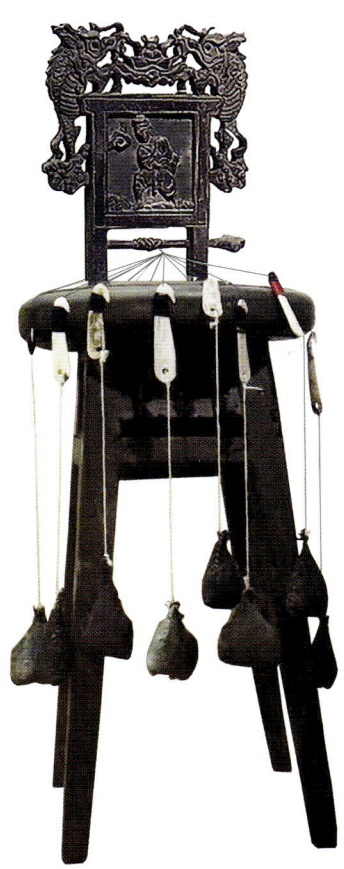

图六　丹寨苗族手编花带凳图

图七　延尾图：篮子也是编花带工具

苗族木钻

图一　苗族木钻主图

　　木钻是苗族人在建房、制作木质工具、竹质工具时经常使用的钻孔工具，其结构简单，携带时可以拆卸，十分方便，并具有省时省力的特征，曾经是千万个苗族家庭中不可或缺的日常器具。

　　木钻由木质钻杆、金属钻头、横木、惯性轮、绳子等部件构成，其尺寸不一，所钻的孔与钻头的粗细、长短有关。钻杆由一根细长的圆形直木制成，下端依次安有惯性轮和金属钻头，上端钻有一个圆形小孔，惯性轮呈亚腰状，由硬木所制，其密度明显高于钻杆和横木，既增加了对钻头的压力，又能够增强钻杆旋转时的惯性；横木为一根细长的方形直木，所用木材与钻杆相同，中间挖有一个直径大于钻杆直径的大圆孔，钻杆从中穿过并能在其中灵活地转动，两端亦各钻有一个圆形小孔，绳子从钻杆上端的小孔穿过之后，分别系在横木两端的小孔上，绳子的总长度恰好能保证横木处于水平状态而距离下方惯性轮约2~5厘米的距离。在使用时，先将钻头置于钻孔的位置，使钻杆与之垂直，然后把横木上所系的绳子围绕钻杆绕上多圈，直到绕完，此时横木会随着钻杆上升，紧接着用双手向下拉动横木直至其位于最低点，钻杆在绳子的拉动下必然会带着钻头旋转。当横木位于最低点时，由于惯性轮的作用，再加上手部的上下提、按，可以瞬间让绳子继续带动钻杆旋转。如此周而复始，直到最后将孔钻好。

苗族人聚居的地区大多为密集的山区，树木、竹材等资源极为丰富，因而苗民的房子大多就地取材，以木质结构为主，生活工具中亦多为竹质工具，因此，作为钻孔工具的木钻曾经是苗族人生活中不可或缺的用具。

图片来源

图一、图三、图六、图七　张庆　摄影
图二、图四、图五　张庆　制图

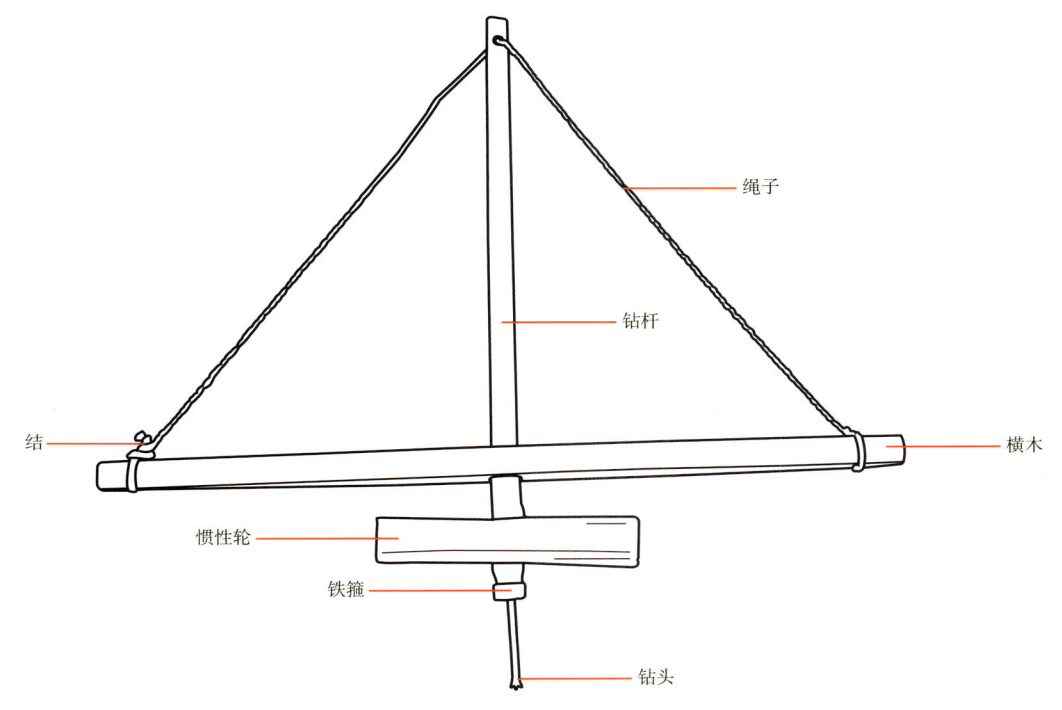

图二　苗族木钻结构名称图

图三　苗族木钻顶面图

第五章　苗族传统生产工具

467

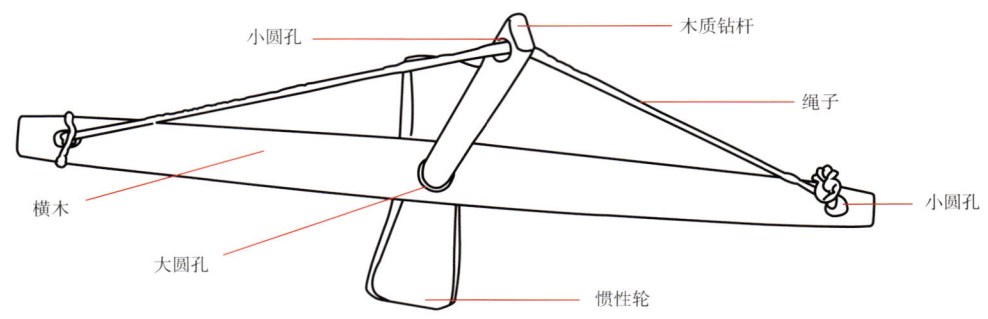

图四　苗族木钻顶面结构名称图

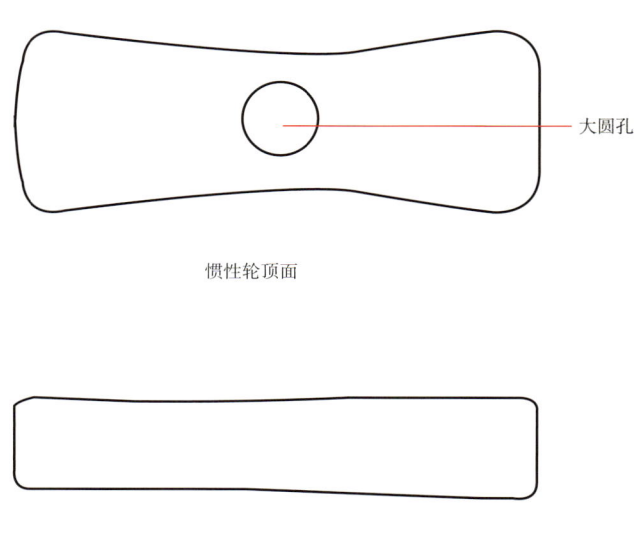

惯性轮顶面

惯性轮侧面

图五　苗族木钻惯性轮示意图

图六　苗族木钻使用情境图

图七　西江苗族博物馆木钻图

第五章　苗族传统生产工具

苗族猪仔篓

图一　苗族猪仔篓主图

　　猪仔篓，主要为运送猪仔之用。本案例拍摄于贵州省雷山县大塘乡掌拗村，篓体通长94厘米，宽32厘米，呈扁形柱状，两段平滑，用每根宽约1.5厘米的竹篾编结而成。

　　猪仔篓形态简洁，通体无饰。篓体一端封闭，一端留一开口，且开口处口径较小，内腔较大。为增加强度，开口处的竹篾为两层（其余部位为单层）。这样的设计可以防止猪仔在搬动、运输途中脱出。放置其中的猪仔头部朝下，尾部正对开口处，以便于取出。猪仔篓在制作上选用有韧性的竹篾条交叉编织而成，径向骨架的竹篾呈水平角度，横向的竹篾则以45度角从左右两个方向与径向骨架交叉压叠，共同来构成极具韧性的篓体。篓体中间两根横向的竹篾至开口处交叠为两层，形成口沿，并稍稍内收，形成较强的咬合力，故开口处一般不再需要用其他绳索等来捆绑加固。篓体表面呈正六边形和正三角形，这样的结构既坚固耐冲击，又节省了材料，节约了成本。猪仔好动，以此种篓子盛之，便较好地解决了猪仔运输中的问题：既防止猪仔乱跑，又为猪仔的活动提供了较多空间，而不至于造成窒息和伤害。

　　猪是苗族地区常见的家畜，农村地区几乎家家户户都养猪。猪仔篓的制作及使用正是这种生产方式的见证。如今，随着交通条件的改善，猪仔的运输也有了更多的选择，但当地依然有许多民众选择采用这种篓子，将在集市上亲自挑选购买的猪仔运回家。由此可见，一个优良的造物设计，若以廉价、省力、便捷的方式满足了人们的生产、生活需要，便会具有旺盛的生命力，经久不衰。

图片来源

图一、图二、图五至图七　王兴业　摄影

图三、图四　王兴业　制图

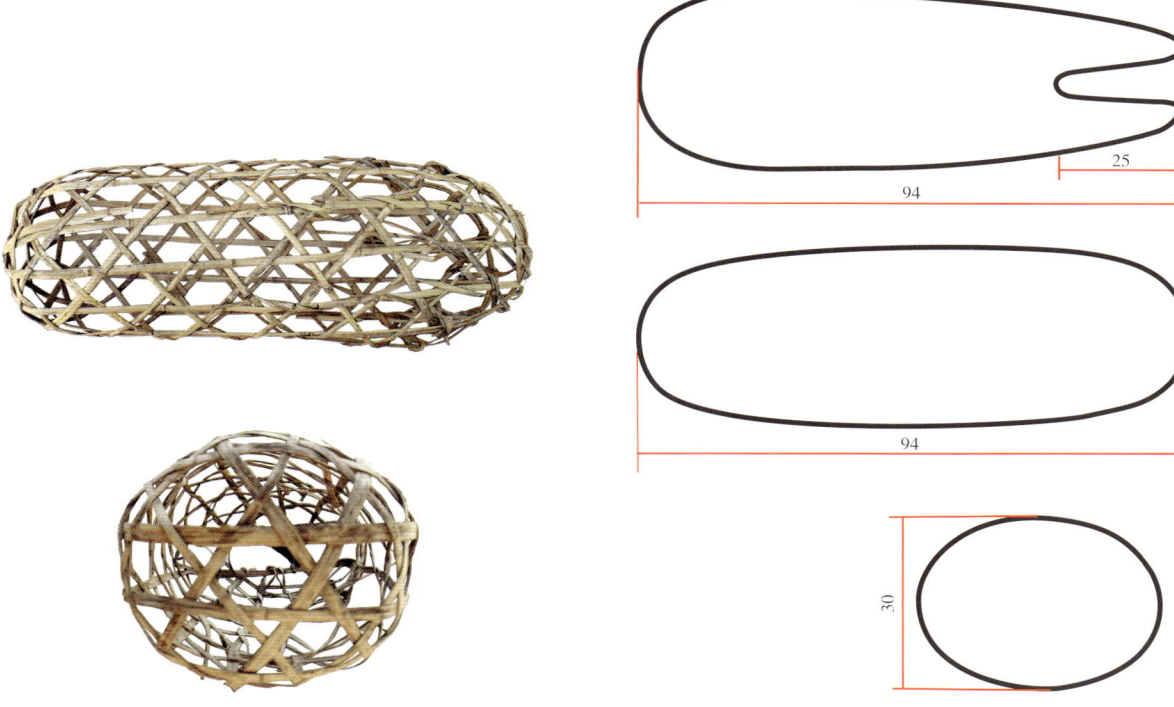

图二　苗族猪仔篓视角图　　　　　　　　　图三　苗族猪仔篓尺寸图（单位：cm）

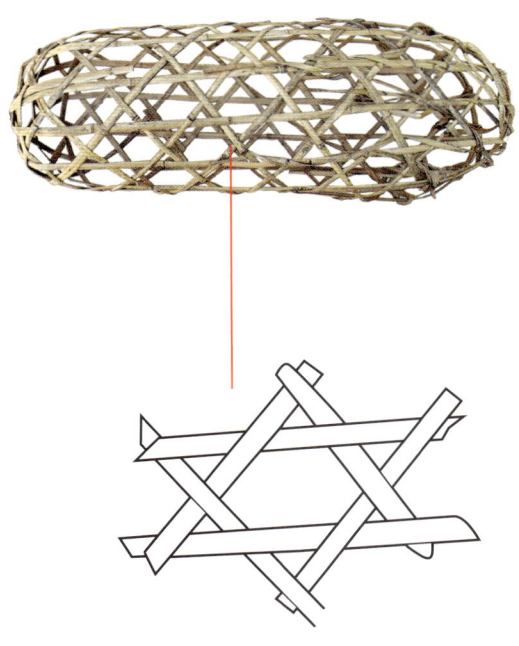

图四　苗族猪仔篓编结方法示意图

图五　苗民编织猪仔篓图

图六　苗族猪仔篓使用效果图

图七　苗族猪仔篓使用情境图

苗族捕鱼篓

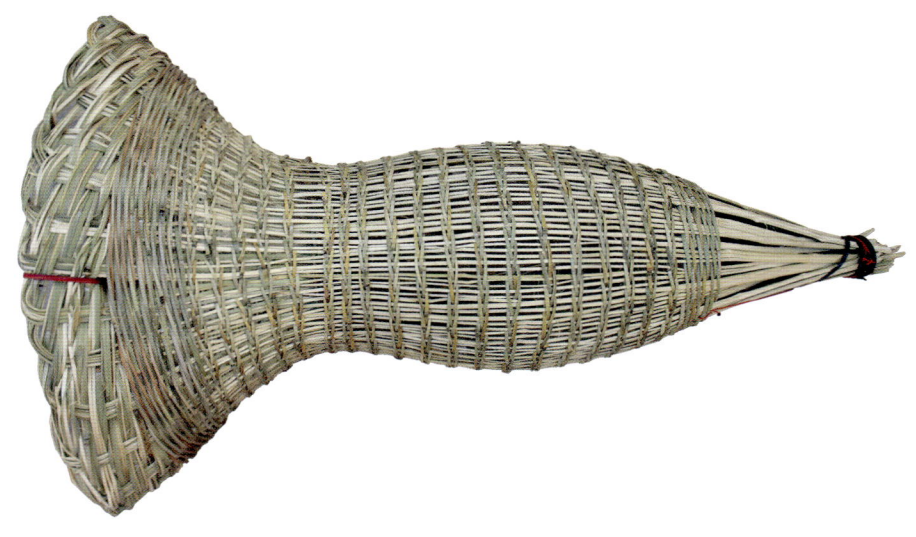

图一 苗族捕鱼篓主图

捕鱼篓，苗族捕鱼用具。苗族聚居地区河流密布，可供捕食的鱼类众多。因此，苗族民众自古便有养鱼、捕鱼的习俗。捕鱼篓便是这种生活方式的重要见证。本案例捕鱼篓长约80厘米，广口部直径约40~60厘米，篓颈最窄处约17厘米，篓身最宽处约20厘米，拍摄于黔东南雷山县城集市。安放时，篓口要与水流相逆（防止鱼篓被水流冲走），篓中一般还需放置蚯蚓、炒面等诱饵，鱼虾等闻香而来，闯进篓内，却因篓子独特的内部结构无法逃脱而被捕获。

本案例选用的捕鱼篓，篓体由细竹篾编织而成，外形呈喇叭形态，沿口处为扁椭圆形，为整个篓体最宽处。腰内收，篓腹略鼓，至尾部再收紧。捕鱼篓编织时，敞口向腰间收缩处留一圈尖状竹篾不编实，长出的竹片向篓底方向伸出，称作倒须，这样的设计是为了阻止游进觅食的鱼虾溜出。鱼篓尾端也不编实，而是将长竹篾聚拢后，绑紧即可，以方便倒取篓内的鱼虾。整个鱼篓在形态上呈现开、收、再开、再收的节奏，通体无任何多余的装饰性元素。开的部位是篓口和篓腹，收的部位是布置倒须的颈部和方便倒取的尾部。最为出色的设计即是篓颈部分的倒须，它以一个极其简单的结构设计，创造出了优异的性能。即使不用人看守，也可以完成捕鱼的功能。而流线型的篓体设计也利于流水的通过，保持篓子在流水中的稳定和平衡。捕鱼篓所用的材料主要是苗族聚居区内常见的竹子，当地民众善于就地取材，并在长期的造物实践过程中，熟练地掌握了竹料的特性，擅长用竹子编织包括捕鱼篓在内的各式竹制品。捕鱼篓在选材和制作的工序上，都较为省时省力，造价低廉，且轻便易用。

第五章 苗族传统生产工具

此一类型的捕鱼篓是苗族渔具的典型代表，在我国苗族聚居区许多地方都能看到。以今天的标准来看，该设计也是极其高明的，它以非常普通的材料，借助人之独特创造，实现了卓越的功能，彰显了民众的智慧。捕鱼篓的制作含有民众对材料、力学等科学知识的理性认知，其实用风格和理性智慧值得现代设计借鉴和学习。

图片来源
图一、图二、图六　王兴业　摄影
图三至图五　王兴业　制图

图二　苗族捕鱼篓广口部位示意图

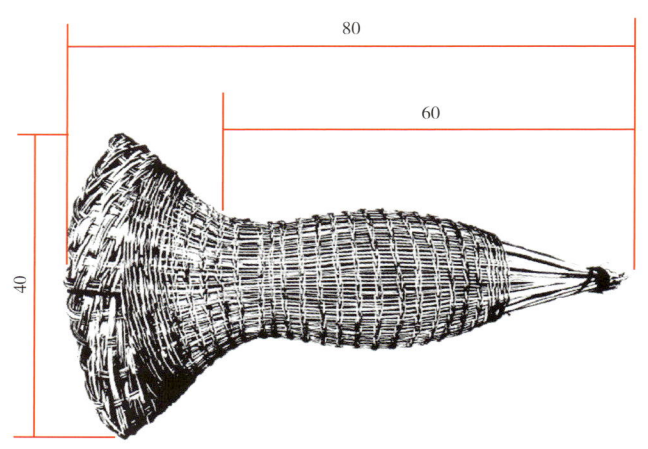

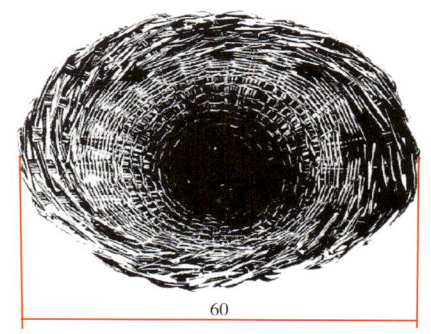

图三　苗族捕鱼篓尺寸图（单位：cm）

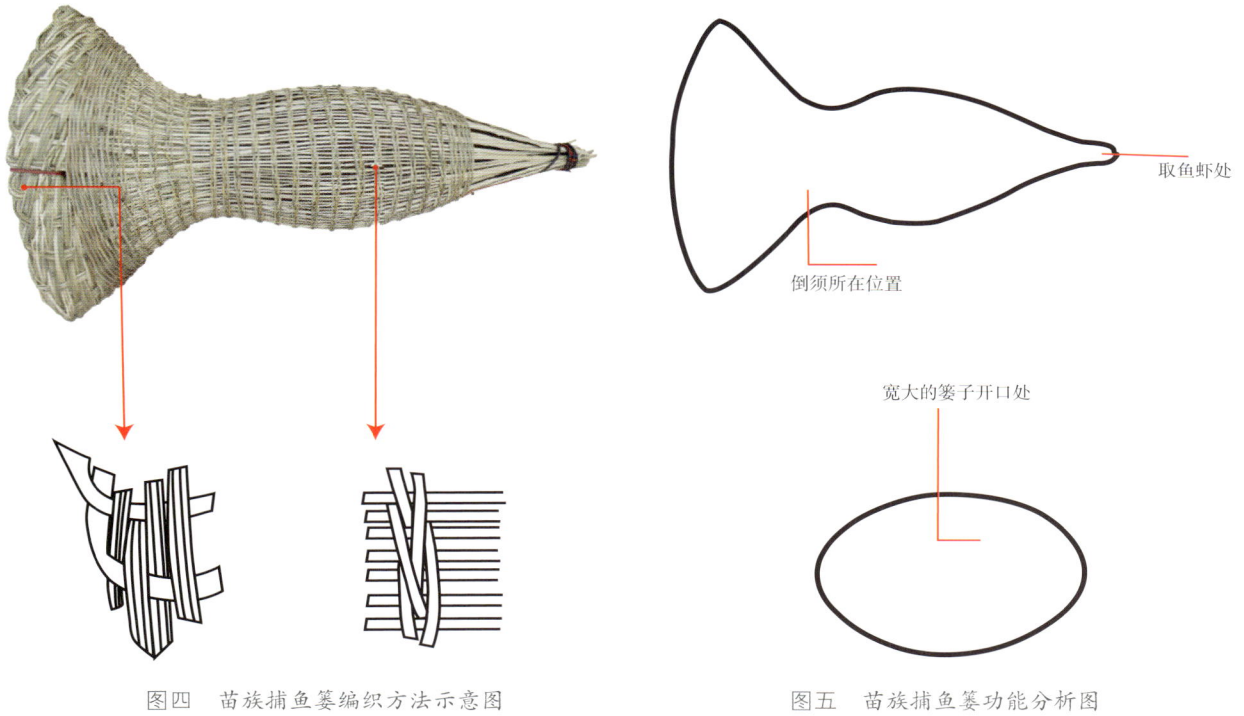

图四 苗族捕鱼篓编织方法示意图　　　　　图五 苗族捕鱼篓功能分析图

图六 苗族捕鱼篓使用情境图

第五章 苗族传统生产工具

苗族小竹篓

图一　苗族小竹篓（鱼虾篓）主图

苗岭山区盛产竹子，当地民众素来有以竹篾编织生产生活用具的习俗。捕捞鱼虾、置放砍柴刀所用的小竹篓是常见的品种。鱼虾篓用竹篾编织而成，形状各异，但多为细口鼓腹的形态，肩部可穿系带，使用时，口沿向上，系在腰部，捕获的鱼虾随手放入，非常方便。柴刀篓的造型像一只靴子，篓口较广，篓腰处向一边延展，整个篓子呈粗壮的"L"形，放置柴刀时，将刀尖向下插入篓底，刀柄朝上，便于拿取。

本案例选用的小竹篓为鱼虾篓，口部呈圆形，底面为圆角长方形，篓身扁圆，肩部外张。篓深约 30 厘米，肩部最宽处约为 28 厘米，篓颈约为 15 厘米。该鱼篓配有一个同样用竹篾片编织而成的篓盖，以防止放入其中的鱼虾脱逃。从竹篾看，横向编织的竹篾都是保留竹青的细纬篾，这也是苗族竹编中用量最大的竹篾材料。一般将整根竹剖分、匀整后备用，做到大小厚度一致。纵向的经篾，是竹篓的骨架，可以确保鱼篓的牢固，造型挺括，耐压不变形。鱼虾篓在结构上的一个特点就是带有一个直径与篓口大小一致，并有倒须的竹编盖子，呈漏斗状。所谓的倒须，实际上是一圈用较为细软的尖状竹篾片，向竹篓内部伸出，可阻止进入其中的鱼虾溜出。这种结构在笆篓等苗族渔具中都有使用，鱼虾、黄鳝等可进不可出。苗民腰系这种鱼虾篓，进入水中捕鱼，捕到鱼虾后，将其塞入篓中，因有带倒须的盖子拦住，鱼虾便无法逃脱。

因制作不费材不费力，且结构设计巧妙，这种鱼虾篓在苗族民众中一直被广为使用。值得一提的是，该案例的竹篾在色彩上非常讲究，两根保留竹青的细竹篾中间夹一根显露竹黄的宽竹片，共同构成经篾，而肩口处的则是用经过烟熏黑的竹篾丝编织而成，具有很好的装饰效果。该竹篓并未使用描绘、雕琢等装饰手法，而用同一种材料，通过合理的搭配，以其丰富的表面质感和纹理色泽实现了良好的视觉效果，可谓独具匠心。

整体上看，各种小竹篓凭借良好的结构实现了功能，也因巧妙的装饰，使得这种普通的生产用具具有丰富的情趣和生活气息，最终实现了用与美的统一。

图片来源
图一、图五、图七　王兴业　摄影
图二、图三　王兴业　制图
图四　和琪、胡小燕　制图
图六　马路　摄影
图八　仲溪　摄影

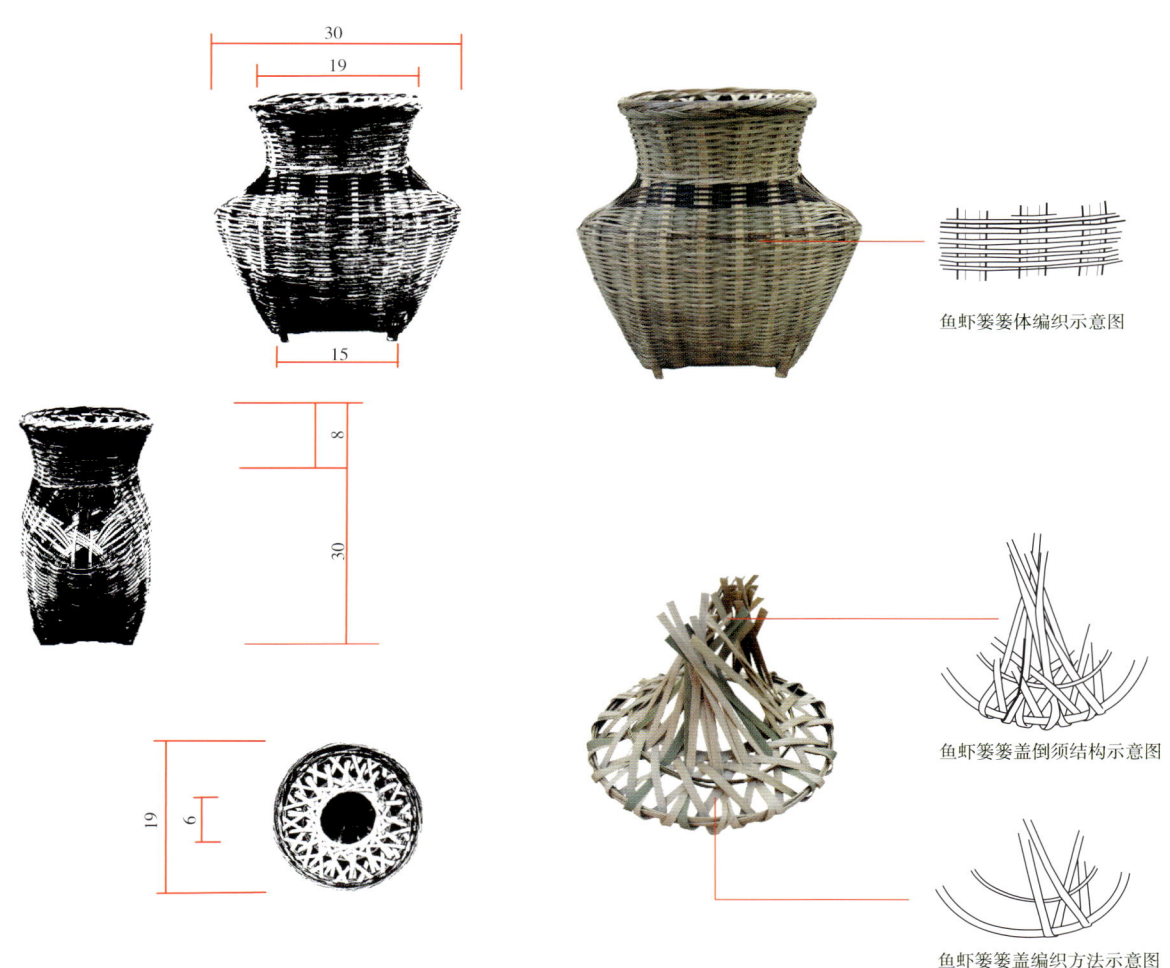

图二　苗族小竹篓（鱼虾篓）尺寸图（单位：cm）　　图三　苗族小竹篓（鱼虾篓）编织方法示意图

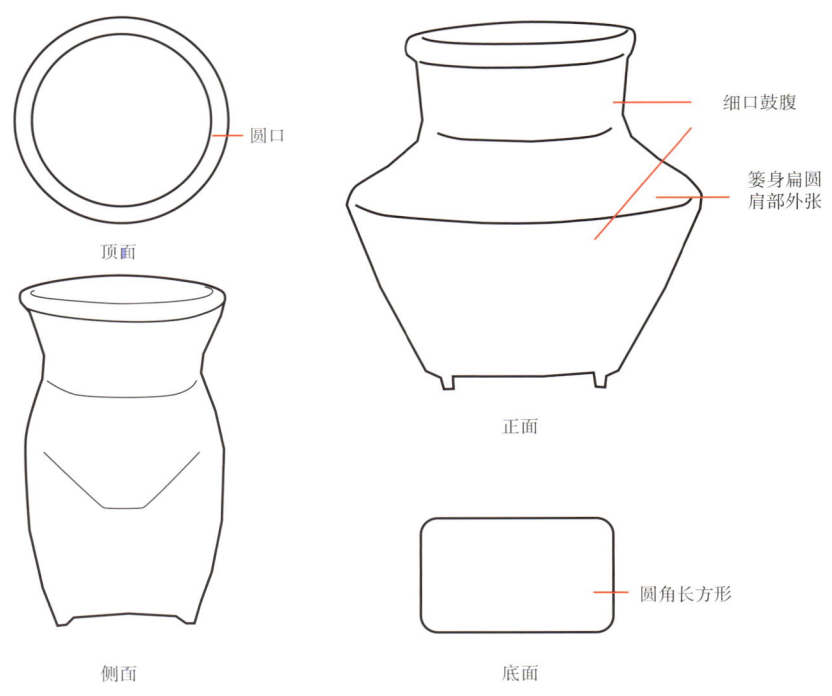

图四　苗族小竹篓（鱼虾篓）结构名称图

图五　苗族装柴刀的小腰篓图

图六　腰挎柴刀篓的岜沙苗族男子图

图七 苗族小竹篓使用情境图

图八 其他形制苗族小竹篓图

苗族背篓

图一　苗族背篓主图

背篓，山地居民常用的荷重生产生活用具。此案例拍摄于贵州省雷山县城集市，背篓通高约 40 厘米，篓体最宽处约 35 厘米，以竹篾编制而成，通体遍涂清漆，以防虫蛀和变形。苗族聚居的我国西南地区，山高林密，道路崎岖。人们劳作、行走、运输时，如何在负重的同时，保持自身的平衡和安全，这是制作生产工具必须考虑的问题。背篓便是苗族民众适应这种自然条件，在生产生活实践过程中的出色创造。

此案例所选用的背篓篓口方正，剖面形态呈梯形，上宽下窄。主要以竹篾制成，篓子口沿处则以弯曲的宽竹片为骨架，其上再覆编一层竹篾，以保证篓口不变形；篓体四角也选用粗细适中的竹管为框架，而竹管着地部分恰巧是坚硬耐磨的竹节处，这样的结构确保了篓体的平稳、坚固、耐用。底端以辫形编结的密实宽竹篾为底盘，再用细竹篾纵横交错编实，以利承重。两条以竹编织的背袋自篓体之间穿过，并向外微微伸张，方便双臂伸入。在背带上还套了一层塑料软管，这也增大了背带的受力面积，以减轻荷重时背袋对人的下勒力和摩擦力。为防止变形及防潮防蛀，编好的背篓阴干后还需要涂刷油漆。背篓的设计充分考虑了器物的结构与着力点、使用者与背篓的接触面，以及平衡与匀称美观等众多设计因素。

相对于平原地区的车行、马拖，背篓虽一次运量少，但却最大限度地保护了劳作中人的安全。而相对于其他适应山地传统生活的负重、运输方式，如手提、肩挑、拖拽，背背篓也是最不易致人疲劳的，因为它最大限度地调动人的整个身体机能来荷载重量。时至今日，现代化运输工具已在苗疆大地普及，但背篓这类造物艺术依然被广大城乡居民所广泛使用，究其原因，是背篓这类造物艺术以较小的成本，极大地拓展了人类生产劳作的便利，满足了人们生产生活中的迫切需求。

图片来源
图一、图二、图五　王兴业　摄影
图三、图四　王兴业　制图
图六　蒋莼淳　摄影

图二　苗族背篓三视图

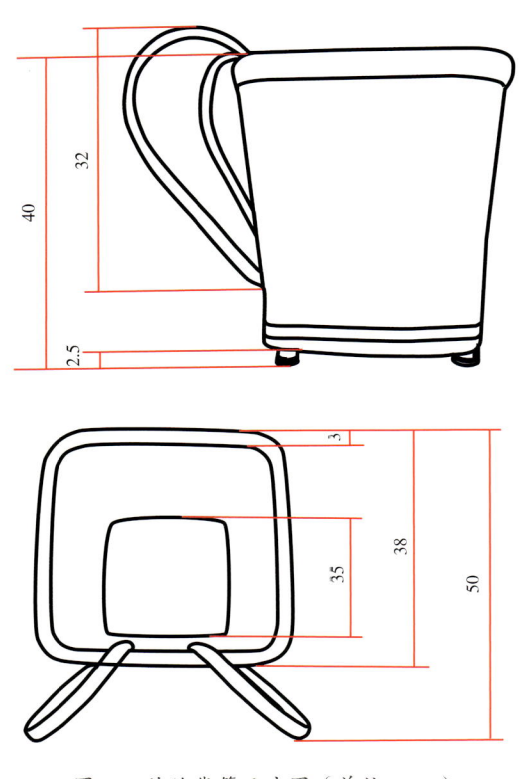

图三　苗族背篓尺寸图（单位：cm）

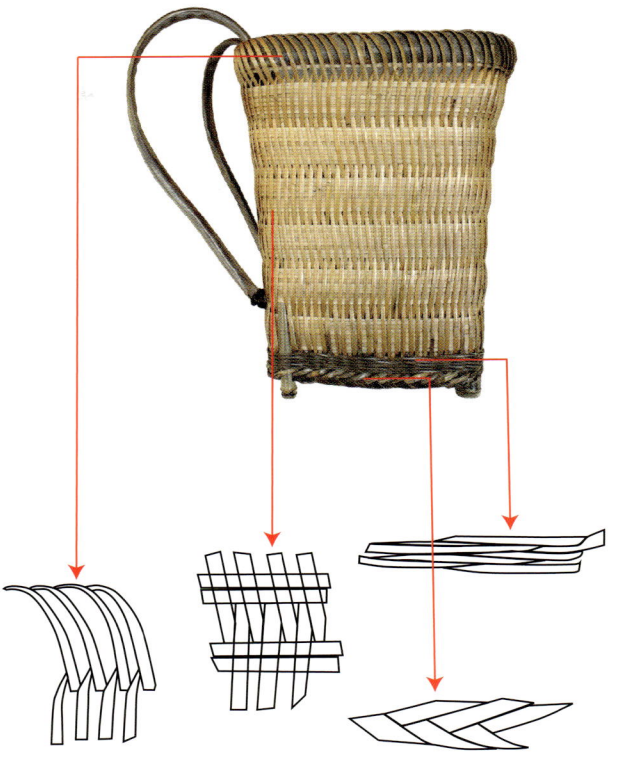

图四　苗族背篓编织方法示意图

图五　各式苗族背篓图

图六　苗族背篓使用情境图

苗族竹编鸡篓

图一　苗族竹编鸡篓主图

竹编鸡篓是黔东南苗族山寨居民用以养鸡、运输鸡的专门工具，所用的竹材料在苗区随处可见，通体应用竹编工艺制作而成。竹编鸡篓的外形呈蒙古包形，顶面设有圆形的开口，底面闭合，口径约 23 厘米，通高约 32 厘米，底面直径约 45 厘米。

在制作竹编鸡篓时，首先要将竹子剖开，然后经过切丝、刮削、磨光等步骤制成粗细均匀的竹篾丝，随后应用相应的编结工艺编成鸡篓的外形，整个过程大体可分起底、编织、锁口三道工序。在编织过程中，各个局部所应用的编织方法不尽相同。底部先用较粗的宽竹篾片制成封闭的圆圈形，形成结实的骨架，然后应用三角孔编法编出底部的结构，从而完成鸡篓的起底，并开始编织，即以三片篾起编，第一片在下方，第二片在中间，第三片在上方，交叉散开之后各自形成 60 度的夹角；然后再以 6 片竹篾在其中分别穿插形成三角孔，此后依次逐渐增加，直到在圆底上形成均匀的三角孔形结构，最后在底部依次用 3 根直接剖开的硬竹片加固，各自形成 60 度的夹角，长度与底面的直径相同。鸡篓的侧面仍然依托底部的圆形骨架，应用三角孔编法先完成下半部分的编织，侧面上方则使用菱形编织法，随后在侧面的腰部将上、下两部分使用收口编法将二者合成一体，并在收口处增加了一个与腰部口径相同的圆形骨架，以此增强鸡篓腰部的强度。最后，在鸡篓的口部应用圆口编织法锁口，以4根竹篾为一个单位，依序围绕口部的直径重叠，随后逐渐增加竹篾的单位，直到最终围合成预先想要的口径。此时，鸡篓的编织基本完成。

苗族竹编鸡篓经久耐用，透气性好，并富有弹性和韧性，既能方便长途运输，又能长期在家中放置，为苗族人民提供了丰富的生活资料，亦是苗族人民在长期生活中的集体创造。

图片来源
图一、图二、图六　张庆　摄影
图三至图五　张庆　制图
图七　沈建国　摄影

图二　苗族竹编鸡篓三视图

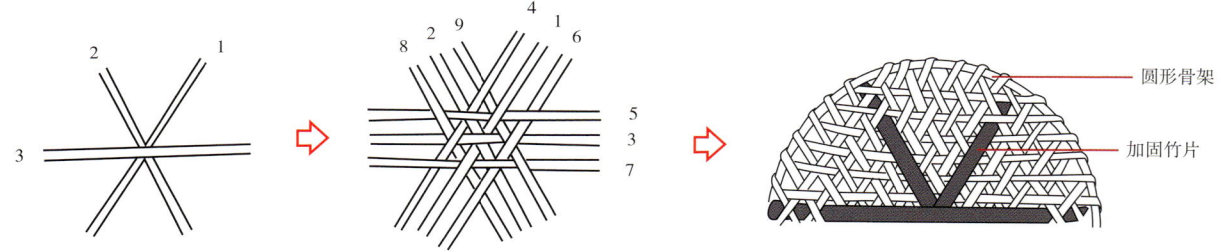

图三　苗族竹编鸡篓底部局部结构示意图

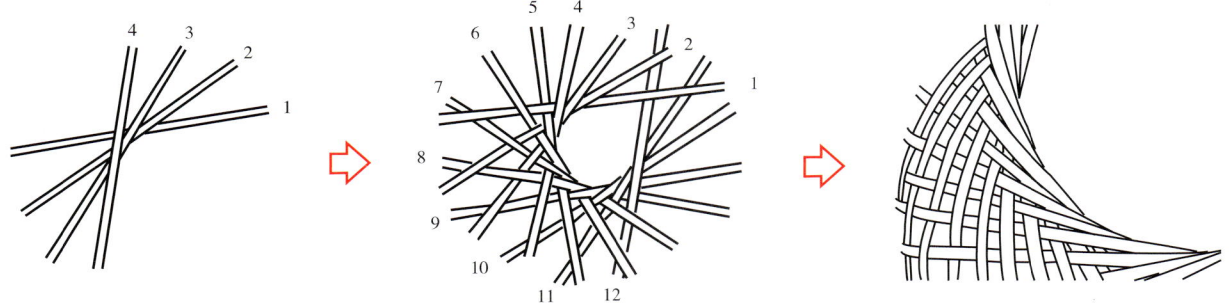

图四 苗族竹编鸡篓开口局部结构示意图

鸡篓肩部结构示意图

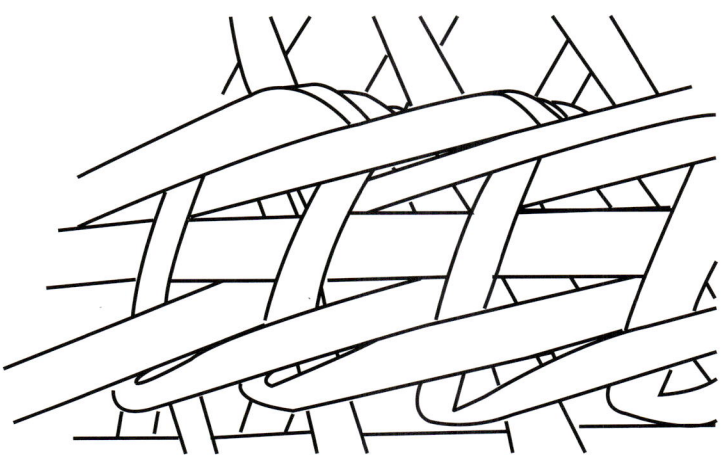

鸡篓腰部收口编法结构示意图

图五 苗族竹编鸡篓侧面局部结构示意图

第五章 苗族传统生产工具

图六　苗族竹编鸡篓使用情境图

图七　苗家女子肩挑竹编鸡篓图

苗族柴刀

图一　苗族柴刀主图

　　柴刀是黔东南地区苗寨中常见的农具，轻便而锋利，用途十分广泛，能砍能割，常用于砍柴、割草等农活中。柴刀的刀鞘设计得十分巧妙，既保证了携带过程中的安全，又有效地节省了材料，反映了黔东南苗族劳动人民的聪明才智。

　　柴刀的刀体长约30厘米，最宽处约3.5厘米，造型呈月牙形，刀刃在内侧，刀尖之处弯曲较大，形成钩状，以便在使用的过程中勾住柴草。刀柄为圆形空心状，中间可以安装木柄，木柄的长度可以根据实际的需要而定，常见的长度为20厘米左右。刀鞘由一块完整的实木材料制作而成，底面为圆角梯形，厚度为1厘米、上底8厘米、下底9厘米，底面横向的正中间有一个宽约3厘米的圆弧状拱形，拱形与底面相接之处开有长5.5厘米、宽0.2厘米的鞘口，在此将刀体插入其中；底面与拱形相接的两端正中间还各钉有一个钢丝材料的穿孔，拱形的顶面正中挖有一个1厘米宽的凹槽，以便将棉绳固定在凹槽之内；捻合的棉绳从左边的穿孔穿入，在穿孔上打死结，越过凹槽之后在右边穿孔上打结，最后从右边的穿孔穿出，左右两个穿孔之外棉绳的长度大致相当，总长度120~150厘米；绳棉的末端均打有死结，以防止棉绳在长期使用的过程中捻度降低而丧失拉力。最后，使用者将棉绳系于前腹，使刀鞘紧贴后背，柴刀可以十分轻松地插入其中，既避免了刀刃割伤使用者的身体，又能方便使用者快速地将刀从鞘中抽出。

通常来说，异形的刀具很难制作刀鞘，但苗族的使用者根据长期积累的生活经验，将柴刀及刀鞘挂于后背，此处几乎不会碰到人体其他的活动关节，有效地避免了使用者在劳动中所带来的意外伤害。同时，这种轻便的刀鞘大大减轻了使用者在劳动中身体所承载的重量，不得不为苗族人民的聪明才智叫好。

图片来源
图一至图三、图六、图七　张庆　摄影
图四、图五　张庆　制图

图二　苗族柴刀（带刀鞘）图

图三 苗族柴刀木质刀鞘图

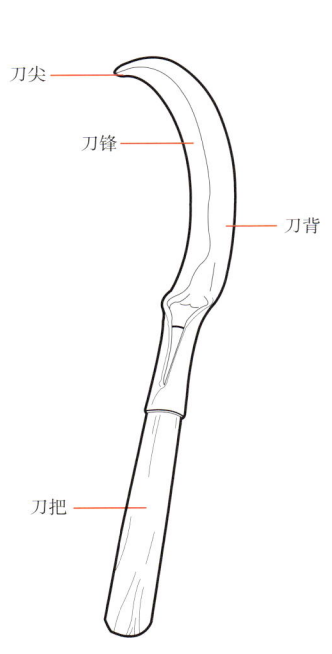

图四 苗族柴刀结构名称图

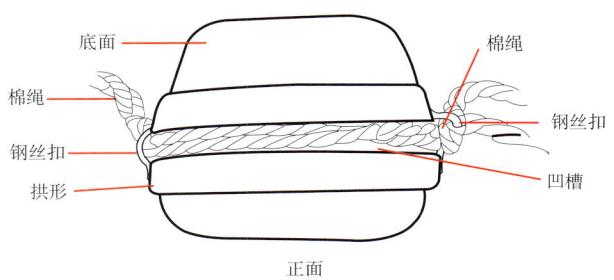

正面

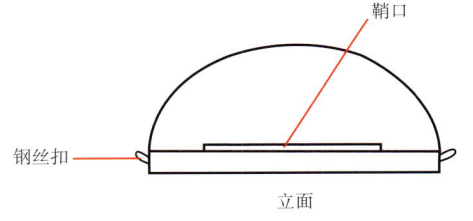

立面

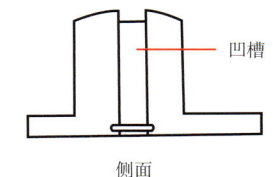

侧面

图五 苗族柴刀刀鞘结构名称图

图六　带着柴刀的苗族老汉图

图七　苗族雷山集市上待售刀鞘图

苗族轧药材刀具

图一　苗族轧药材刀具主图

轧药材刀具是苗族医生后期加工各类苗药所使用的工具，在黔东南地区的苗医家中均可发现。由于采制的苗药大多数为植物的茎或根，需要将其切碎，才能获得最佳的药效。因此，用轧药材刀具来切制苗药，可以极大地提高工作效率，减低劳动成本，为苗民节省宝贵的医药资源。

本案例描述的轧药材刀具由三大部分组成，即木质底座、钢质的深槽架和带木柄的刀体。底座常由整块的实木制作而成，呈长方体，厚度较薄，顶面的面积较大。底座上方钉有一个钢质的、中空的深槽架，呈长方形，两端均为与底座相垂直、高度相等的方形钢柱，顶面的方形钢柱由两块钢柱焊接而成，中间留有相等的缝隙，形成了一道狭长的深槽架，其长度远大于垂直的方形钢柱。深槽架中间安有一把带木柄的钢质刀体，刀尖被特制的钢铆钉固定在深槽中间，刀的另一端安有圆形的长刀把。轧药材刀具可以围绕固定刀尖的铆钉切割大多数硬质的苗药，十分锋利，且将苗药切得又快又齐。在切完苗药之后，可以将刀体搁置在深槽架之上，安全而方便。

由于大多数苗药是由各个苗寨中的苗医亲自采摘并加工而成，因而轧药材刀具在苗族人生活中具有重要的地位。轧药材刀具采用杠杆原理，省时又省力，深受苗族人的欢迎。在黔东南苗族地区的苗医家中，均可见到大小不一的轧药材刀具，其中凝聚了苗族人民的智慧，展现了苗族儿女的创造力。

图片来源
图一、图四、图五　张庆　摄影
图二、图三　张庆　制图
图六　仲溪　摄影

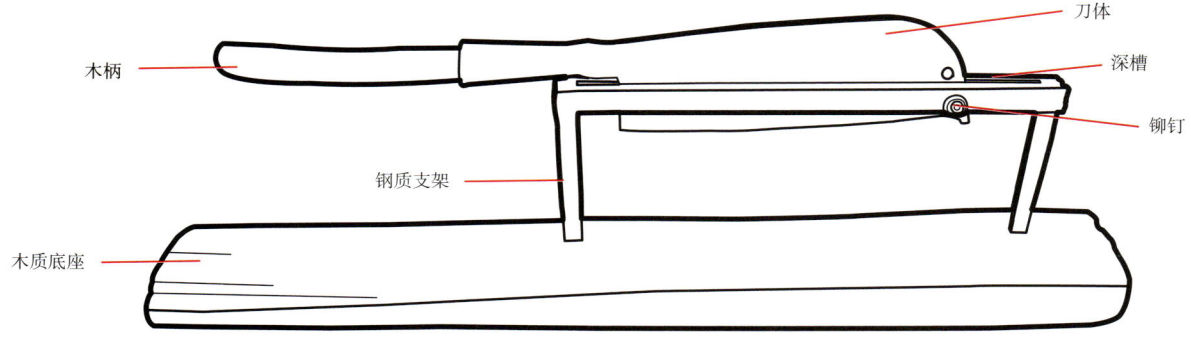

图二　苗族轧药材刀具结构名称图

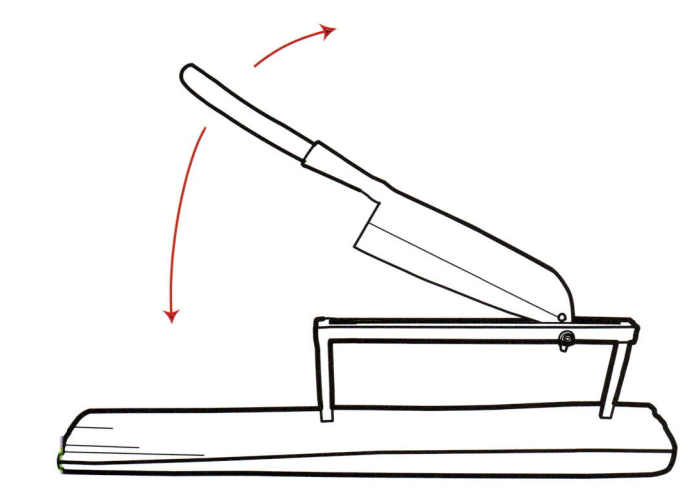

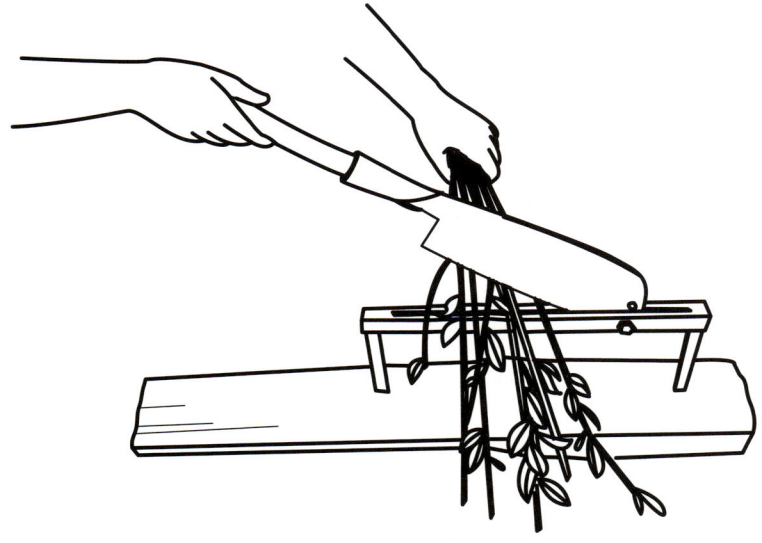

图三　苗族轧药材刀具使用方法示意图

图四 苗族轧药材刀具视角图

图五 苗族轧药材刀具使用情境图

图六　苗医使用苗族轧药材刀具图

苗族牛毛梳子

图一 苗族牛毛梳子主图

苗族是以农耕为主的民族，而水牛是苗民在生产劳动中的重要帮手，既能满足苗区大量的田地耕种，又能负重拉车，还能在闲暇之时举办斗牛活动，因此，大多数苗民家中都饲养牛，对牛有着特殊的感情。由于水牛毛较为稀疏，汗腺不发达，易受蚊虫叮咬，需要经常在水中散热或在稀泥地里打滚，牛毛梳子正是黔东南地区的苗民为水牛专门制作的帮助水牛整理仪容、缓解水牛痛苦的专门工具。

牛毛梳子由梳子体、木柄共同组成，通高约12厘米，其外形类似日常生活中使用的带柄瓜刨。梳子体由铸铁锻造而成，正中间有一条略微凸起的脊线，顶面的外形呈长橄榄形，两端变细并向下方合拢，围合成一个近似三角形的造型，最终插入圆形的木柄中间，显得十分牢固。长橄榄形的梳子体长约11.5厘米，厚约0.2厘米，正中间宽约3.5厘米，梳子齿位于梳子体的正中间，其中一侧为粗齿，约有32个齿，主要起到梳理牛毛、帮水牛挠痒等作用，另外一侧是较为细密的长齿，约有46个齿，其作用类似于篦子，用来清理牛毛中的寄生虫、杂物等。下方的木柄为圆柱形，高约7厘米，直径约2.5厘米，其长度刚好被人手完全握住，符合人体工学原理。

牛毛梳子既能避免水牛遭受蚊虫叮咬之苦，又能帮助水牛保持干净、健美的形象，可谓一举多得。总之，牛毛梳子虽小，但其功能却不弱，完美地表现了苗族人以实用为主的设计理念，进一步体现了水牛在苗族人心目中的重要地位。

图片来源
图一至图三、图五至图七　张庆　摄影
图四　张庆　制图

图二　苗族牛毛梳子视角图

图三　苗族牛毛梳子齿面图

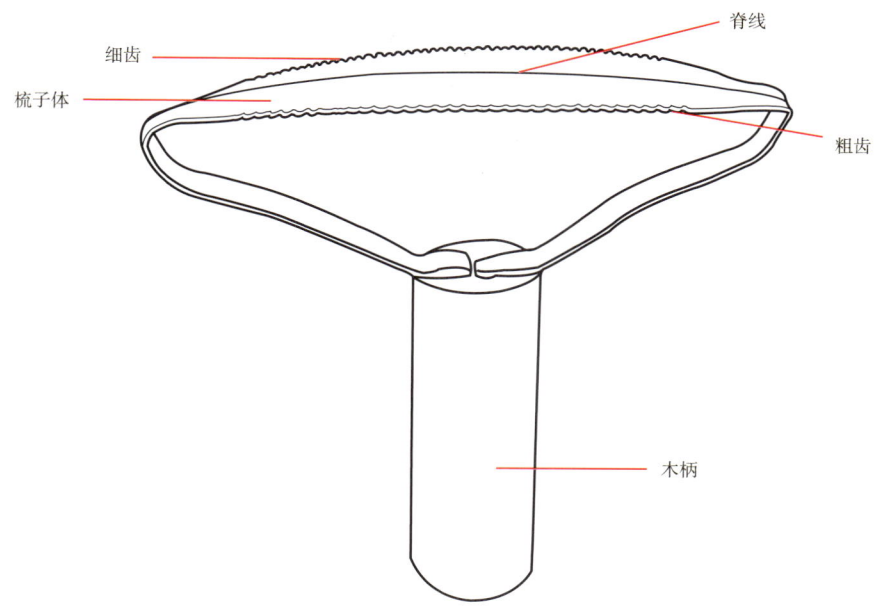

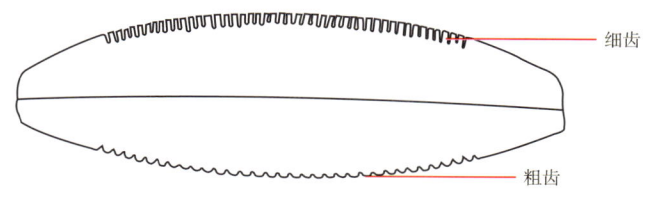

图四 苗族牛毛梳子结构名称图

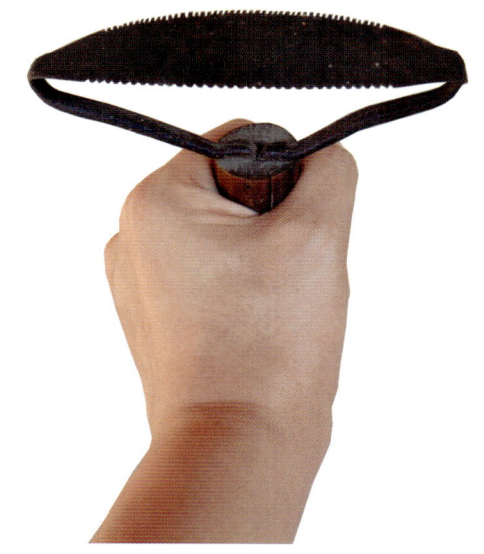

图五 苗族牛毛梳子使用示意图

图六　苗族水牛图

图七　苗族牛毛梳子使用情境图

苗族竹篾簸箕

图一 苗族竹篾簸箕主图

簸箕是苗族最常用的生活用具，也称撮箕和簸箩。簸箕的用途非常广泛，在生活中常被农家用来扬米去糠、筛选粮食或晾晒农作物等，起着簸、筛、晒等作用，有的苗家还用扁担簸箕上山挑货。在贵州省丹寨县南皋乡石桥村大簸箕苗寨，每当节日庆典活动时，女人们抄起了簸箕、空箕、撮箕等生活用具，在男子木鼓声的伴奏下，围着圆圈，跳起簸箕舞，用节奏欢快的簸米、筛米、晒米等动作，表现苗家粮食丰收的喜悦心情。

簸箕的种类丰富，有大簸箕、小簸箕，有的还设计了提手和拉杆。簸箕的形状似铲，三面向上立起，前面敞口，形状方中带圆，有的呈窝形，有的底平口窄，有的箕口如扇形张开；簸箕的立身也深浅不一，视用途而定。

编制簸箕的工序有十余道，通常采用竹子、藤条或柳条编织而成。以竹篾簸箕为例，要先将砍好的竹子按簸箕的规格锯成小段，破成青篾后，放在自家的灶台上放一两天，自然烘烤去青，再取下浸泡在冷水中让竹篾舒展。经编织、烘烤、捶紧等程序，将夹边用的竹条在明火上进行烧烤，增强竹子的韧度，使之经久耐用。

簸箕的编织做工精细，用料考究，要用铁镰、方锥、簸箕刀、槽锥、钩针、绳锤、捋篾刀、量舌、尺子等十多种工具。铁镰用来刮平簸箕舌头；用方锥在簸箕舌头上钻眼；用槽锥缠簸箕的沿边；缠绳时用绳锤等。每个制作环节都有特定的小工具，整个编织簸箕的过程全部都是手工完成。

随着社会的发展，不少民众已经使用便于清洗的塑料簸箕，但手工编织的竹篾簸箕以其设计简洁明快、造型丰富、结实耐用、天然环保的特点，仍受到苗族民众的喜爱，在生活中广泛使用。

图片来源
图一　仲溪　摄影
图二、图四　许星　摄影
图三　廖晨晨　制图
图五　沈建国　摄影

图二　苗族竹篾簸箕视角图

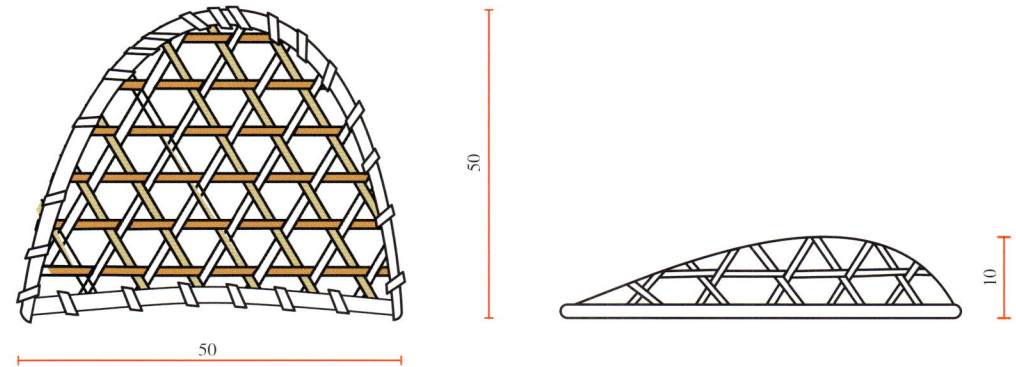

图三 苗族竹篾簸箕尺寸图（单位：cm）

图四 不同苗族竹篾簸箕图

图五　苗族竹篾簸箕使用情境图

苗族竹晒簟

图一　苗族竹晒簟主图

苗族竹晒簟也称竹晒席,是苗寨民众用来晾晒稻谷、花生、辣椒等农作物的竹编日常用具,在许多支系的苗寨都有使用。其造型多为长方形,约3米宽,五六米长,简洁整齐,两头用竹卷轴固定以防风将其掀起。虽然在精美程度方面,晒簟不如睡席编织要求高,但由于晒簟是苗族民众生活中不可缺少的用品,其编织技艺历经数百年传承至今,积累了苗族艺人的聪明智慧和独特的工艺技法,有些工艺仍不能用机器取代,所以,竹晒簟的编织手工艺在苗寨师傅的手中各具特色。

编织晒簟的材料是云、贵、湘、桂等地盛产的竹子,有山竹、水竹、楠竹和桂竹等多种。竹编晒簟的工具主要有用于截断竹竿的锯子,破竹、启篾、分丝的篾刀,刮篾、浑丝的刮刀,使竹片、篾丝宽窄一致的匀刀,量尺寸、挑经穿纬的篾尺,挑松绞丝、编丝的篾锹和卷刨等。

编织竹晒簟之前先要将竹条的竹节削平,用篾刀剖开,再剖成细篾,一般头青竹(竹子外表的一层)比较坚韧,编织的竹器较光滑而结实;二青(竹的第二层)或竹黄层比较松脆,编织的竹器不太结实,还会带有小毛刺。通常要将竹劈两三层篾用来编席。剖好篾后要用刮刀将篾条表层刮均匀,编竹晒簟之前，如果竹篾过硬，还要将干篾条放在水中浸泡。接下来要开始编席，因晒簟面积较大，编的方法是一次编一条，而编睡席则可以纵向编后用剪子剪开再锁边结束。

编晒簟的篾条稍宽厚，编出的花纹较宽大，编法的变化也较少，席面较粗，但结实耐用。编织的时候，可选用一色的篾条，也可用两三种颜色深浅不一的篾条，编席心时要根据不同的花纹，采用不同的编法，通常有人字纹、斜纹等，如挑一压一、隔二挑一压一等方法。编织的过程中，要注意随时用工具挤紧席花，使晒簟紧密平整。编好席心后，将四边用挑一压三的方法编一圈人字纹，再用挑一压五法编一圈，最后用挑一压二法编一圈进行收边，也称为锁边。有的地方人们再用竹筒将席的两边固定。

图片来源
图一、图七　沈建国　摄影
图二　许星　摄影
图三至图六　廖晨晨　制图

图二　围在挞斗边上作为护栏的苗族竹晒簟图

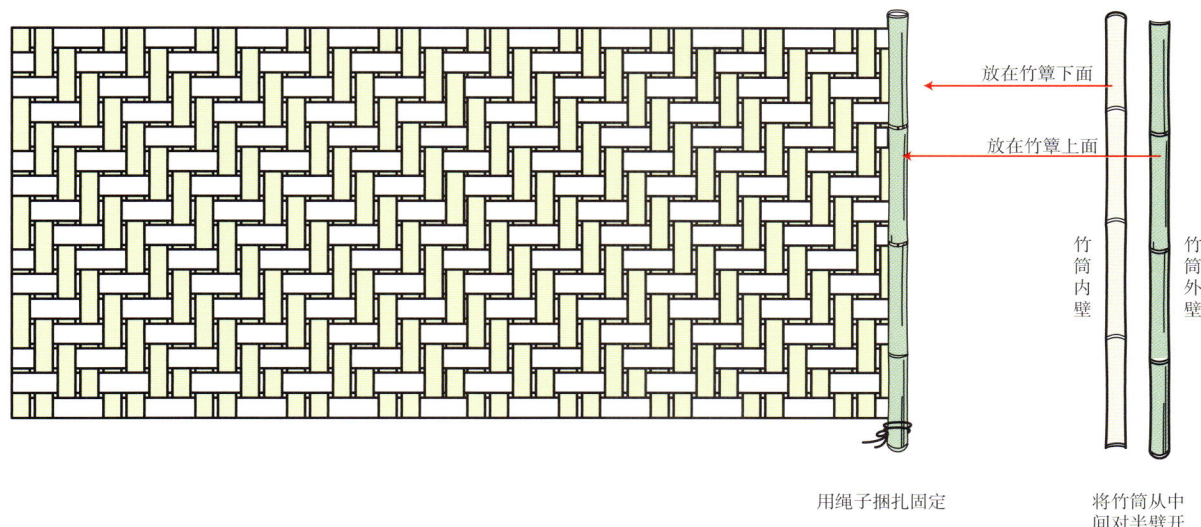

图三 苗族竹晒簟制作示意图

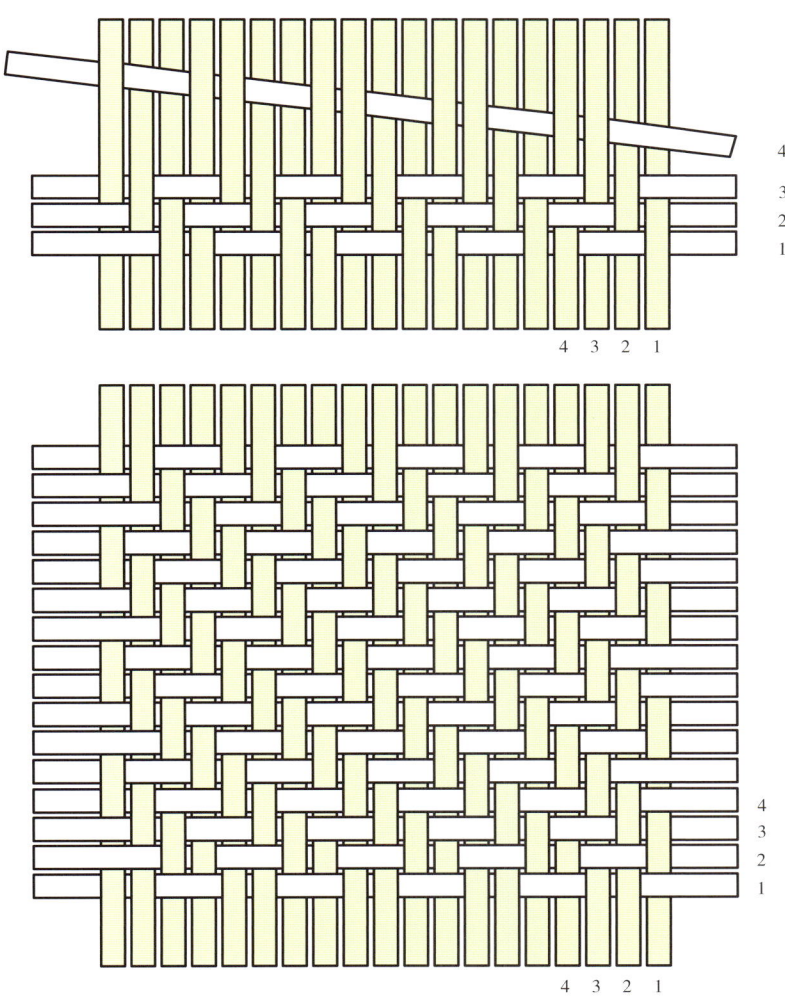

图四 苗族竹晒簟编法示意图

第五章 苗族传统生产工具

505

图五 苗竹晒簟编织纹理图

平铺晾晒　　　　　　　在田间作围栏之用　　　　　　卷起收藏放置

图六 苗族竹晒簟用途示意图

图七　苗族竹晒簟使用情境图

苗族竹筛

图一　苗族竹筛主图

本案例拍自贵州黔东南雷山县城集市，苗族生活器具，主要用于筛米及其他谷物。整个筛子以优质细竹篾编结而成，制作工艺精细，整体呈圆盘装，宽约40厘米。制作时，先以较宽的竹篾制成框架，筛子的底面则以较细的竹篾纵横交叠而成。中间较细的竹篾交叉叠压构成筛孔，筛口每个宽度约为0.3厘米，致密匀整。竹筛轻便易用，容易清洗。

竹筛底部有许多细细密密的网状小孔，孔大者为粗筛，孔小者为细筛。孔隙大小不同，用处也不一样。筛农作物时，要将其倒在筛子上，用双手端起筛子来回晃动，这样颗粒细小的顺孔漏下，颗粒较大的留在了筛子上，苗家常用这种方法筛滤粮食。同时，因竹筛透气性好，也可用来晾晒食物等，在苗族农家使用广泛。

从形态看，竹筛四周卷起，手抓握的地方以粗竹篾为骨架，再以细竹篾缠绕编织而成，挺括坚固，可以确保筛子在使用时不变形，较粗的口沿也便于抓持和用力筛物。筛底的竹篾则细薄，这样，整个筛子便较为轻便，更为实用。口沿与筛底之间的竹篾较宽，起着有力的支撑作用。从细节看，竹篾的光滑一面是竹筛的正面部分，这样，保留有竹黄色彩的竹篾会更为耐磨，有时在揉搓谷物时，手掌也不会被划伤。竹筛形态有大小，筛孔数目也不同，人们可以根据具体的需要来选取和购买。可以说，小小的器物中包含有造物利人的匠心。

随着生活方式的转变，新型的塑料、金

属生产生活用具逐渐为苗族民众大量使用。但历经久远的竹筛之类竹质生产生活用品并未消亡,反而得到拓展与传播,逐渐走进都市人的视野,实现着它们的现代价值。

图片来源

图一、图二、图七　王兴业　摄影
图三　廖晨晨、方敏　制图
图四、图六　王兴业　制图
图五　廖晨晨　制图

图二　苗族竹筛视角图

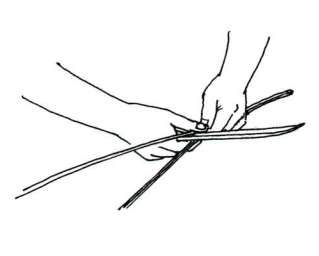
劈篾

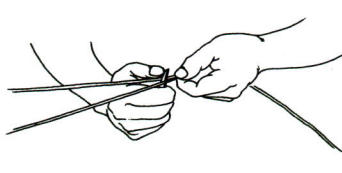
劈丝

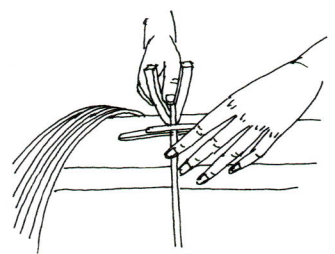
抽篾

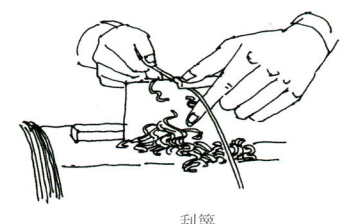
刮篾

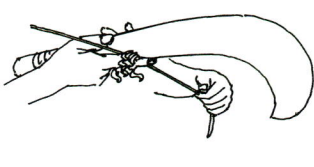
拉花

图三　苗族编竹筛前期处理篾条流程图

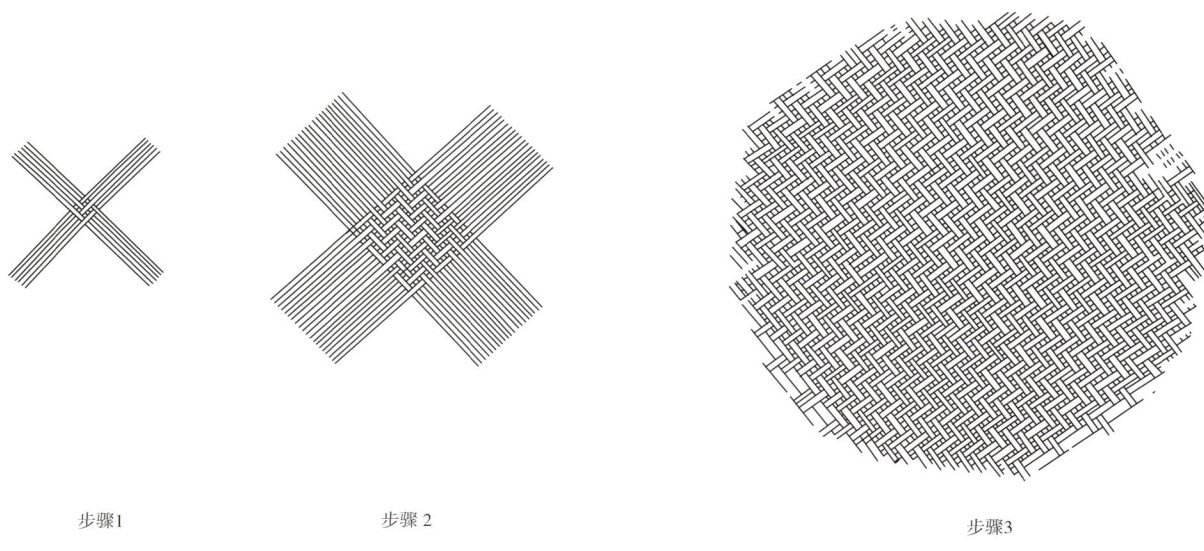

步骤1　　　　　　步骤2　　　　　　　　　　步骤3

图四　苗族竹筛编织步骤示意图

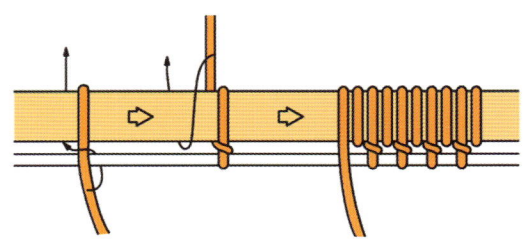

图五　苗族竹筛边框收口编法图

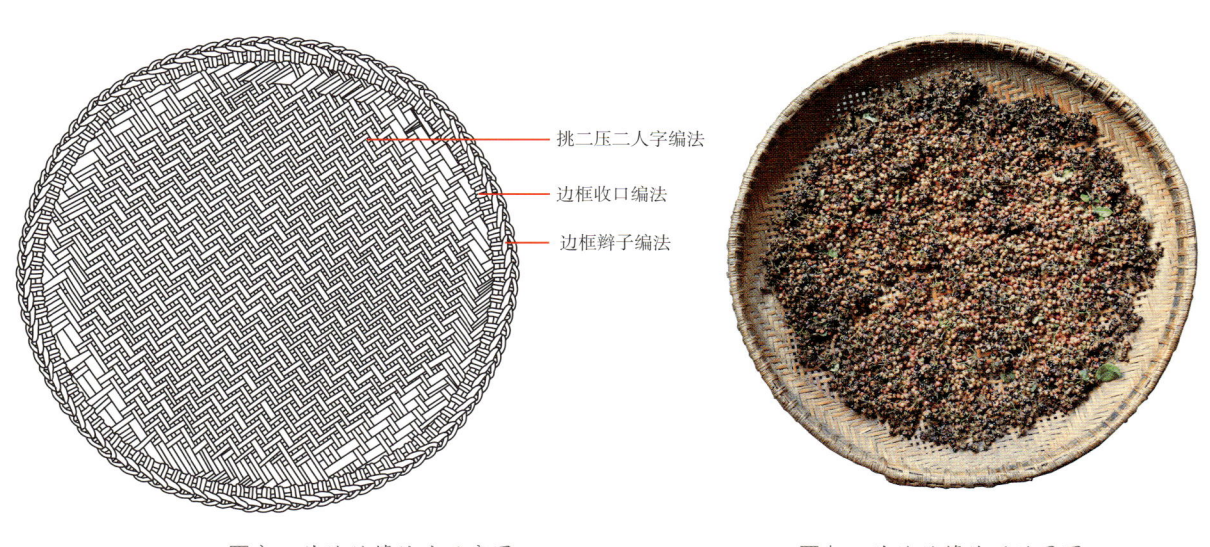

图六　苗族竹筛编法示意图　　　　　图七　苗族竹筛使用效果图

苗族竹匾

图一　苗族竹匾主图

竹匾是苗族传统的竹编生产工具，苗族人家祖祖辈辈居家必备的日常生活用品，平时用来筛选和晾晒农产品，如谷类、辣椒、花椒、花生和茶叶等。苗家民众将竹篾编织得较松而留有小孔的称为筛子，将竹篾编织得较紧密且无孔的称为竹匾或簸箕。通常人们会购买一对（筛子和竹匾各一只）或大小全套（筛子和竹匾由大到小各四只）。竹匾则是用来晾晒或临时存放各种农作物。

苗族竹匾的品种非常丰富，各地区苗寨编织的竹匾造型有所不同，但大致比较接近，基本以圆形为主，尺寸从大到小，有各种规格。一般的品种有竹匾或花匾，其区别在于编织的方法和编织出来的外观效果，竹匾的外观花纹在于编织时纵横交织后的自然编纹的呈现；花匾是在编织过程中，经过图案设计，再用不同颜色的竹篾纵横交织呈现出花形纹样，通常有象征喜庆吉祥的福、禄、寿、喜、如意、顺风等字样，也有各种几何纹样。

竹匾的制作工序有十多道，要经过选竹、破篾、匀篾、煮篾、编篾、剪边、捆边、压平和锁口。其中每道工序都各有讲究，单是制篾这一项，就要经锯竹、剖竹、开竹、削磨等多个步骤；制篾片要粗细均匀；竹匾的基本形状和编织方法为底面采用细篾条纵横交错编织成紧凑的网状。编篾时多有讲究，如果是编花匾，用篾要精细，可用单色篾编出，再加入青篾编制，用不同颜色的篾片呈现出特定的字样或花纹。编字或编花还要求编出的字体方正，花形浑厚，平整美观。四周则用较粗较宽的篾条编成圆口并用篾条缠绕固定。有的竹匾还要加一层用双根较宽竹片编出的竹网，以加强底部的强度。所编的竹匾以外形美观周正、编织饱满精巧而倍受人们喜爱。

图片来源
图一、图五　钱孟尧　摄影
图二、图四　廖晨晨　制图
图三　廖晨晨、方敏　制图

图二　苗族竹匾底面双层竹网结构示意图

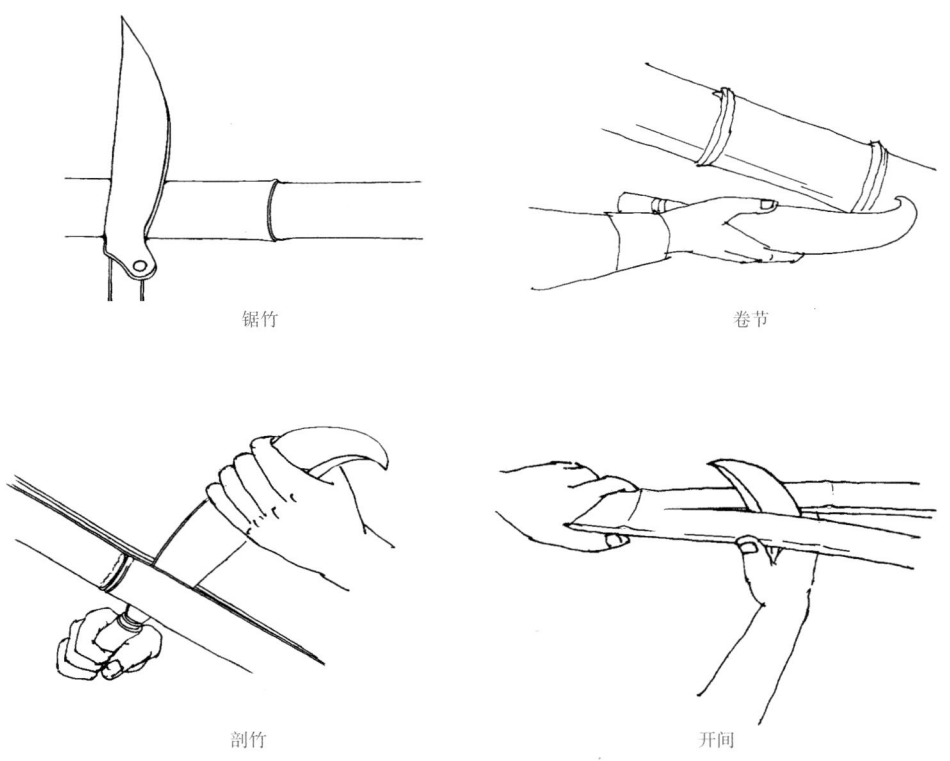

锯竹　　　　　　　卷节

剖竹　　　　　　　开间

图三　苗族竹匾制作前期处理竹子流程图

图四　苗族竹區编法示意图

图五　苗族竹區使用情境图

第五章　苗族传统生产工具

苗族石舂

图一　苗族石舂主图1

苗族石舂是一种古老的农业产品加工工具，也称舂臼、脚碓，部分地方的苗族民众称其为"菊朵彩"。在苗寨几乎家家户户必备，或在屋内柴房边，或在屋外小院旁。石舂是舂米的主要工具，还可加工苗家人常用的玉米、小麦、荞类和花生等其他食物。

各地苗寨所使用的石舂在工作原理、使用方法等方面基本相同，而在石舂的材料、结构组成等方面略有变化。如做石臼的石材，各地苗寨都会选用当地常见的石料制作，有青石、花岗岩石等；做木杵和撑架的木料也因地而异。

本案例为黔东南从江县丙妹镇岜沙苗寨一个农家的石舂。石舂由石臼、木碓杆、木杵、石碓、支撑架等几部分组成。选择一块1米见方、约60厘米高的大青石，把表面打磨平滑，从石面中心处向四周逐渐凿刻出凹臼，臼底呈半圆的窝形。一般臼身呈上宽下窄形，也有上下直身的筒形，台面和内壁都较光滑。为了使石舂在工作时保持稳定，人们多将石臼半埋在地下，也有立在地面或臼面与地面平齐的。石臼口径约50厘米，臼深20~40厘米。取2米多长的粗大圆木料做木碓杆，伸向石臼一头约20厘米的地方，凿一个洞，插一根长约40厘米的木杵，杵头镶一个石头凿出的碓头，杵头与木碓杆形成直角形，便于舂谷物。有的木碓杆与杵头合二而一，直接在木碓杆的头上镶一个石杵。木碓杆的后部被固定在木质的支撑架上（亦有用石头凿的支撑架），架后留有踏脚的长度。在支撑架的上方，通常设计有木质扶手架或从房梁上垂下的扶手绳，便于踩踏木碓时稳定身体，本案例则利用侧面的板壁作为支撑物。

石舂的工作原理是：先将谷物放入石臼里，人们站在石舂支架的后部，握紧扶手架，一只脚立于地面，另一只脚踩在木碓杆的踏脚处用力向下踩，借助石舂的杠杆原理，木碓头一上一下地运动，每向下砸落一次，就会形成强大的冲击力，使谷物外皮与谷粒剥离，或将谷粒砸碎。为此还要辅以相应的用具，以完善谷物的加工，如舂谷物时，要用小扫帚或拨米棍拨弄正在加工的谷物，此时为了防止杵头砸到手，还设计了支撑杵头的支架；舂好的谷物要用细筛过滤等。

苗族石舂的设计，一方面在材料的使用上因地制宜，就地取材；另一方面充分合理地利用了力学原理，使繁重的劳动能够简便、轻松一些。

图片来源

图一、图二　钱孟尧　摄影
图三至图七　廖晨晨　制图

图二　苗族石舂主图2

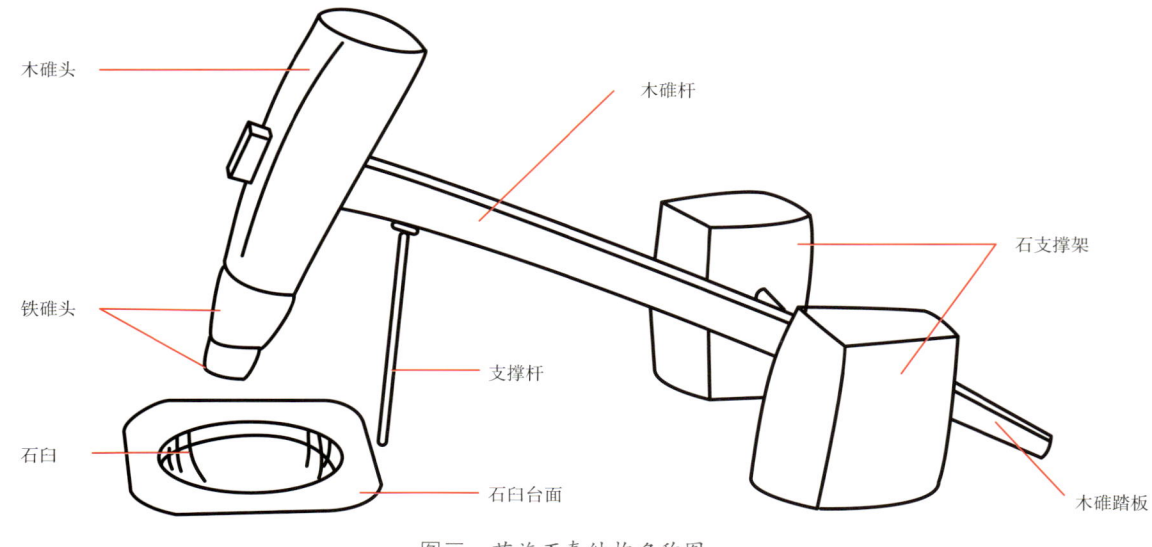

图三 苗族石舂结构名称图

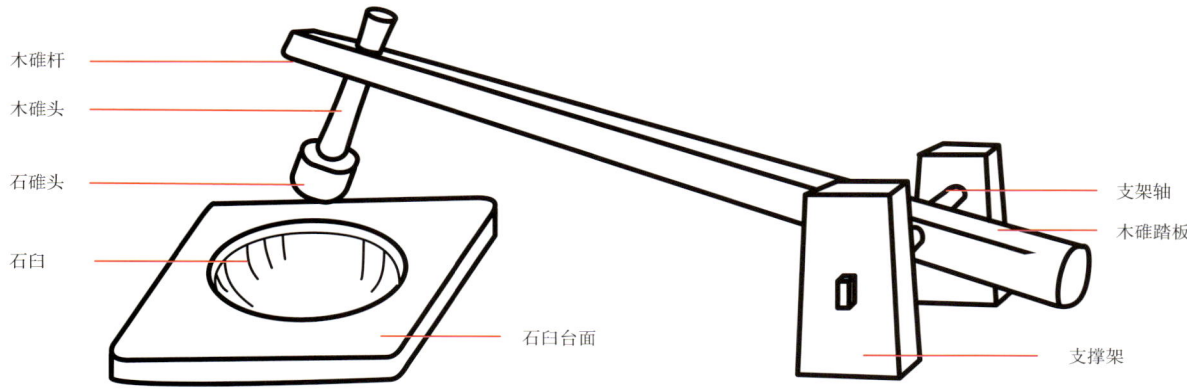

图四 苗族石舂（分体）结构名称图

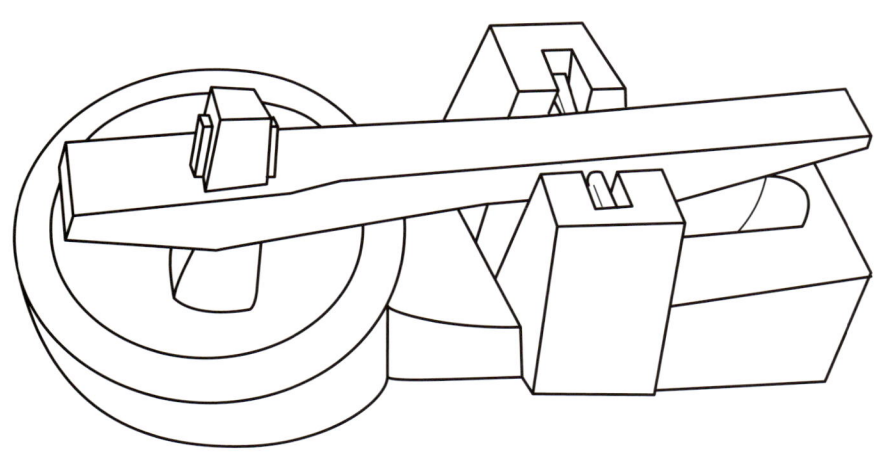

图五 苗族石舂（连体）结构示意图

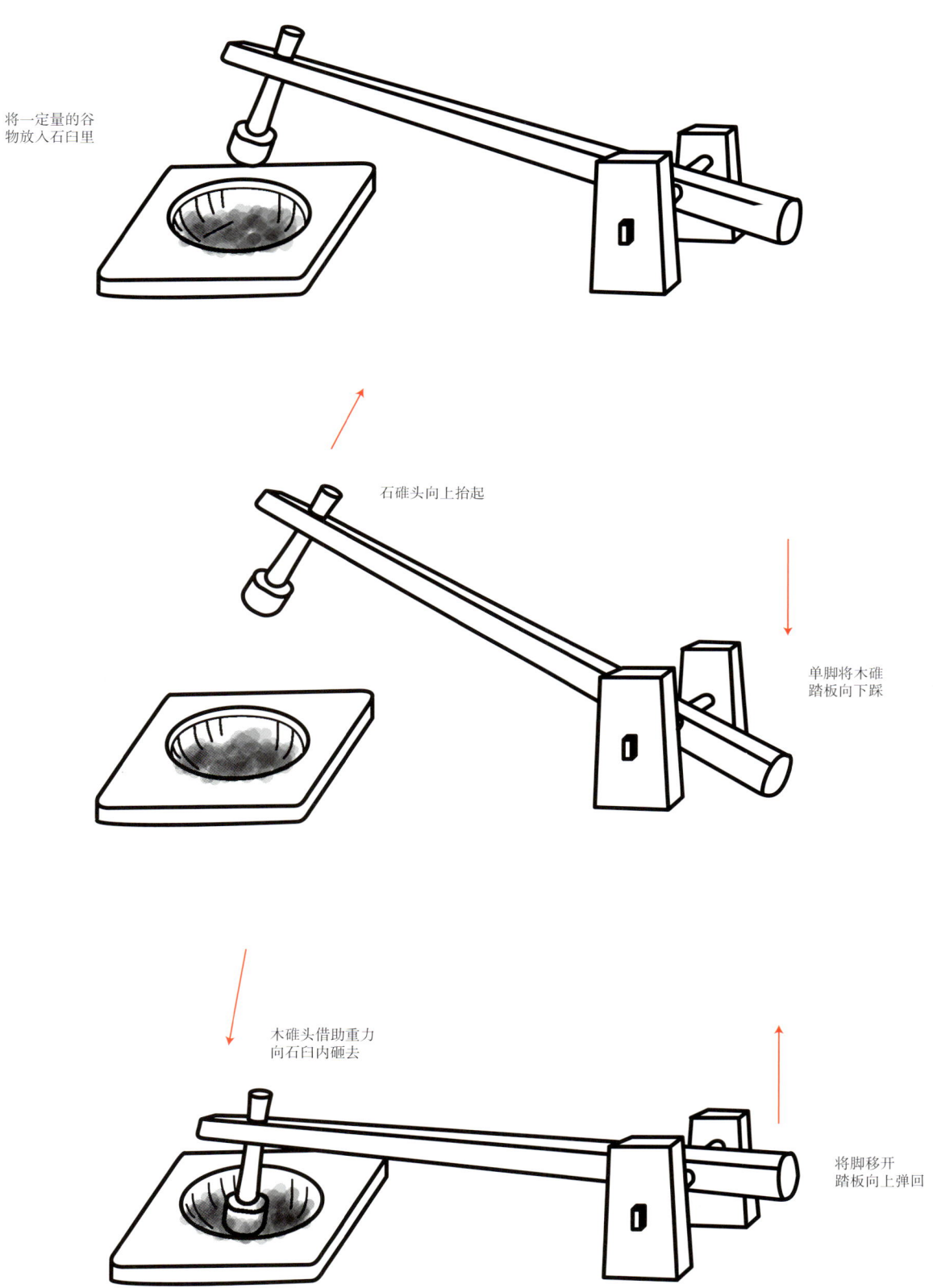

图六　苗族石舂工作原理分析图

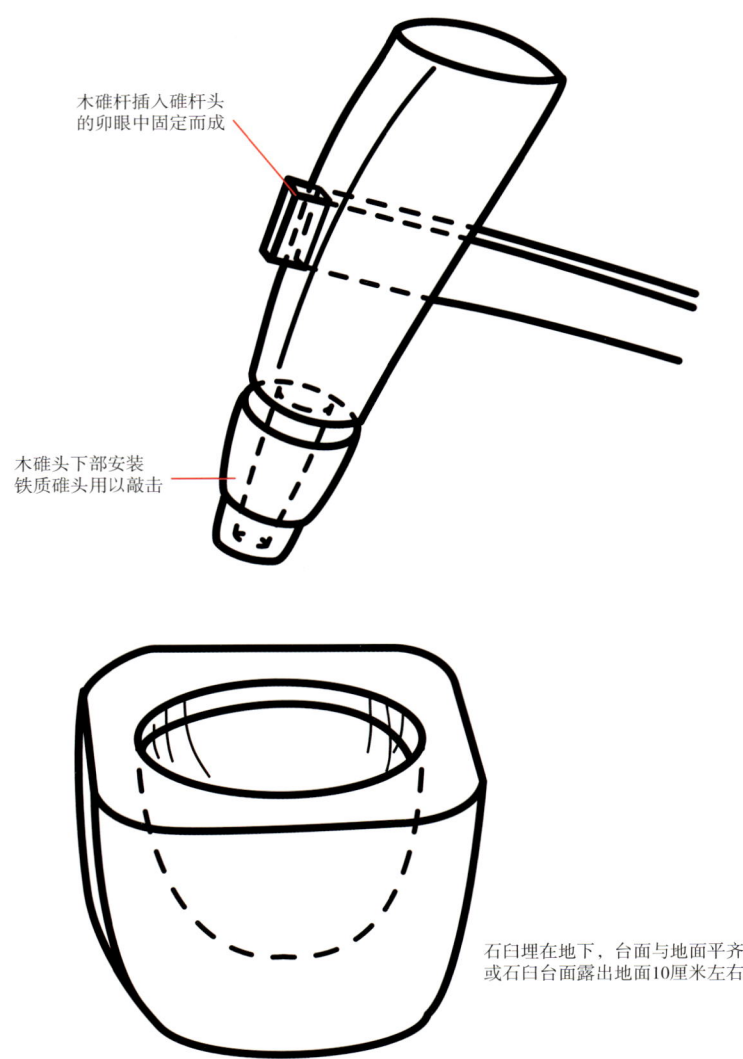

图七　苗族石舂局部分析图

苗族石磨

图一　苗族石磨主图

　　石磨是苗族重要的粮食加工工具，石质材料，形态多样。凭借它，人们可以实现对谷物的精磨细研，让加工的食物更为多样，也更易被人消化和吸收。

　　本案例体量较小，不适合用来干磨粮食，属于片状水磨，由上下磨扇、磨盘、磨杆等结构组成。磨扇呈扁圆柱形，由两块具有一定厚度、耐磨的整块麻石凿制而成，下磨扇固定，圆心处凿出垂直的深孔，孔内嵌有耐磨的硬木，高出地面磨盘，形成磨轴，上磨扇中间凿一垂直圆孔，其内装有中空的钢套，正好与凸起的磨心相对。安装好后，上磨扇便可以绕磨轴转动。安装时，要确保下扇磨芯的长度要大于套在钢套中上扇磨芯的长度，以确保磨子扇转动起来不会脱轴。上下磨扇之间事先凿好的预留空隙称为磨膛，磨膛外周两扇相对的磨面间凿有相互咬合的条棱状磨齿，用以磨碎谷物。上磨扇上部凿有直通磨膛的圆形磨眼，用以注入粮食，侧面中间部位凿有方孔，称作磨栓，用于安装推拉磨扇的把手。通常小型的石磨由人力推拉转动，大型的石磨由畜力或其他动力推拉转动。

　　磨制前，需要事先将谷物泡发，而后，取适量谷物通过磨眼注入磨膛，还可注入适量清水，以人力或畜力推拉磨杆，牵引上磨扇转动,通过上下磨盘的磨齿相交摩擦,将谷物磨成水浆,并从磨扇夹缝中流到下磨扇的凹槽中,顺着磨盘的流口流入盆。推磨是力气活,需要耐久的体力;添磨(向磨眼添加谷物和水)却是需要经验的,谷物添多了,磨推不动;添少了,会磨损扇叶,劳动效率低下。使用后要用清水彻底清洗石磨,防止遗留在磨内的谷物残渣滋生细菌,影响下次使用。石磨用久了,要对磨损的磨齿进行整修,顺着磨齿顺序凿深,让磨齿凸显,即可再次使用。

以石磨磨制粮食,应用了重力、摩擦力、杠杆等科学原理。它是较为复杂的粮食加工工具,制作工艺也比较复杂,根据具体需要,有干磨、水磨、拐磨之分。作为中国农具造物的杰出代表,在中国饮食文化中地位突出,在众多民族中都有广泛使用。现代科学研究也证明,石磨低温、低速研磨,保证了加工过程中谷物纤维和各类营养元素的留存,所以,制成的食物口感更好,也更为营养。

现今,苗族民众聚居的地区仍在使用此类石磨来磨豆子、玉米和谷物,反映出石磨作为传统民间工巧造物的旺盛生命力。

图片来源
图一、图五　许星　摄影
图二至图四　廖晨晨　制图

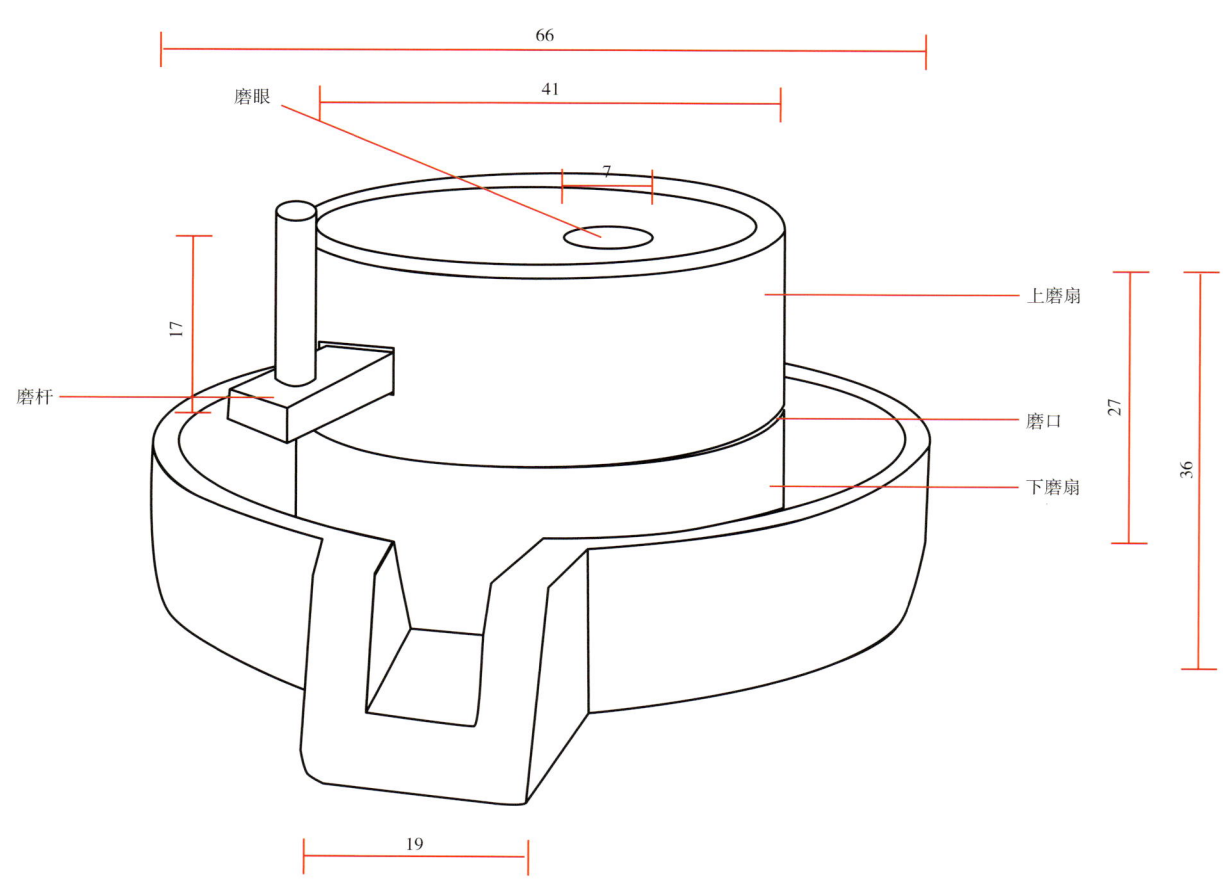

图二　苗族石磨尺寸图(单位:cm)

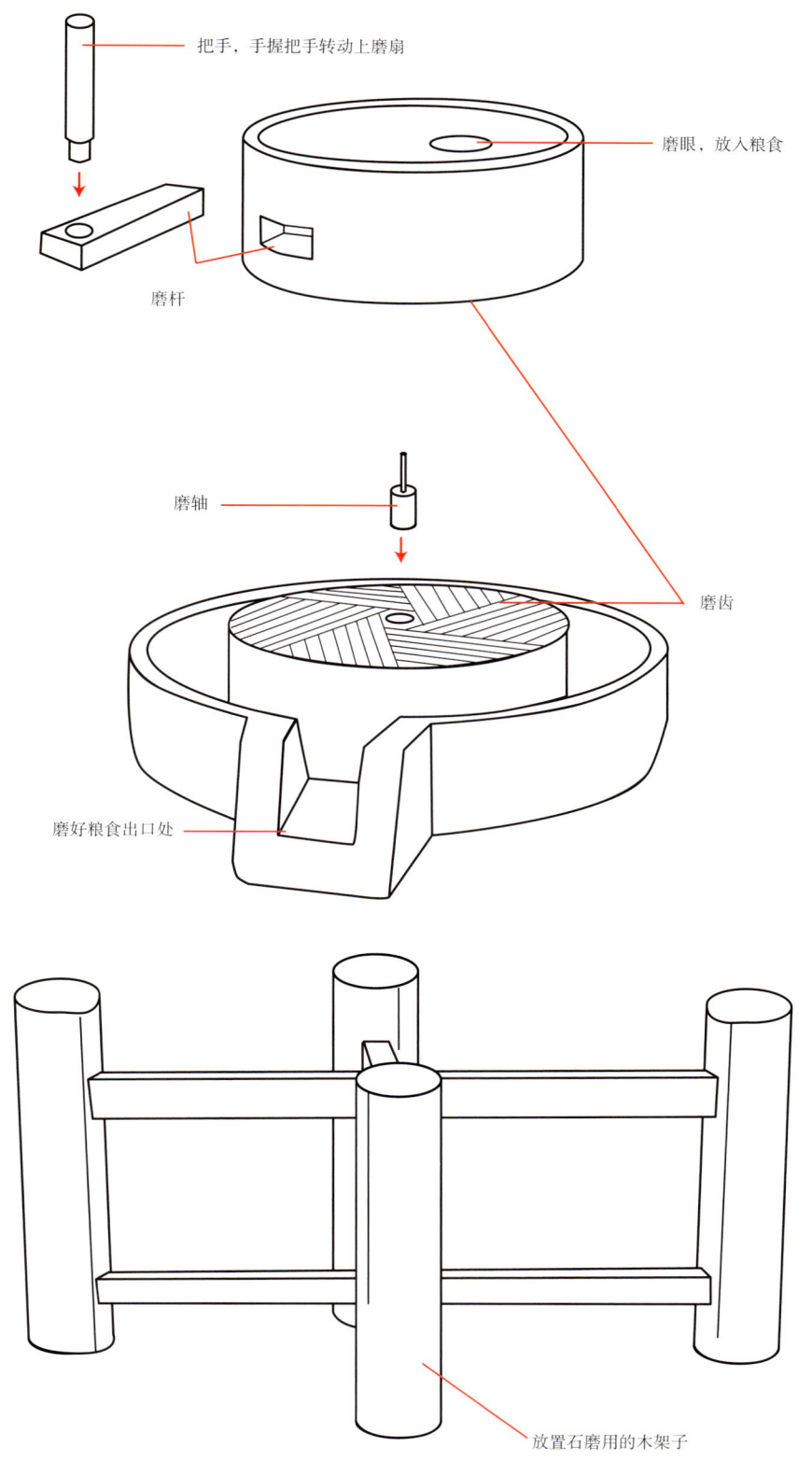

图三　苗族石磨部件和用途示意图

图四　苗族石磨使用方法示意图

图五　不同形制苗族石磨图

苗族耖

图一　苗族耖主图

耖是一种农田用具，经过耕地、耙地后的水田、土壤吃水不均匀，还有大小不一的土圪垯块，用耖在水田里耖梳泥浆，使泥土松软细碎，均匀吃水，洁净平整。按当地农家人的话，是将泥土耖熟，下一步便可插秧播种了。

苗族生活的地区多环山绕水，以稻谷为主食。苗族人依山开田，水田随山势地形的变化而造就了梯田的大小和形态。为了方便将农具运送到山上田间，苗族的农具制作得相对轻便灵巧，便于搬运，所以耖的设计按不同苗寨、环境地域和用途的需求，有19齿、16齿、9齿和7齿等多种。元代王祯《农书·农器图谱》载：耖，"高可三尺许，广可四尺。上有横柄，下有列齿，以两手按之，前用畜力挽行。耕耙而后用此，泥壤始熟矣"。

本案例为苗族传统的耖，其器型基本沿袭了古老的制式，高约1米，宽约1.9米，上面有2根手握的横柄，左右各有2根用于支撑的耖架，下面用粗大的刺柏树杆做成耖轴，在轴上面插进19根花栎木做的木钉，被称为列齿。现在多使用粗铁钉，更加耐磨耐用。因为耖田时要使用畜力拉动木耖前行，苗家人多使用牛来耖田，耖与牛之间要用绳索连接起来，牛肩部背着一个用木料做成的牛轭，被打磨得光洁圆润，让牛劳动时皮肤尽量少地受到磨损。

各苗寨所用耖的形制也有所不同，除了大小的区别、耖齿的多少以外，在造型设计上变化多样，如单排横柄、直条支撑杆或弯条支撑杆等，多为适应各种农田环境而设计。

耖田平土的方法是，将木耖插入水田，用绳索与牛轭相连，挂在牛身上，赶耖人一手持耖把，一手拉绳控制牛。牛拉木耖在田里按指定方向行走，赶耖人用手将木耖向下压，在牛拉耖前行的时候，将泥块搅碎，同时把高处的泥土赶向低处，使田块平整，还能把一些草根或不易弄碎的垃圾耖出来，既便于日后插秧，提高秧苗的成活率。

由于苗寨人民多生活在山地，水田很少有大片的，形状也不规整，现代的一些大型农业机器不能够适应山区苗寨所需，因此，这种流传了千百年的传统农具仍被苗族民众喜爱，使用至今。

图片来源
图一　沈建国　摄影
图二至图六　廖晨晨　制图
图七　许星　摄影
图八　侯兴明　摄影

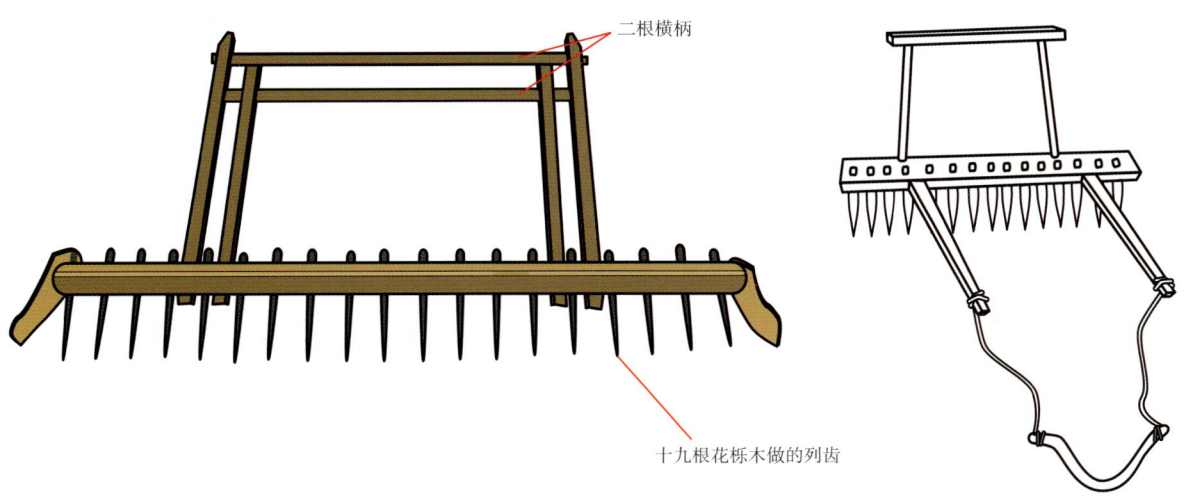

图二　苗族（十九齿）耖结构示意图

图三　苗族（十六齿）耖结构示意图

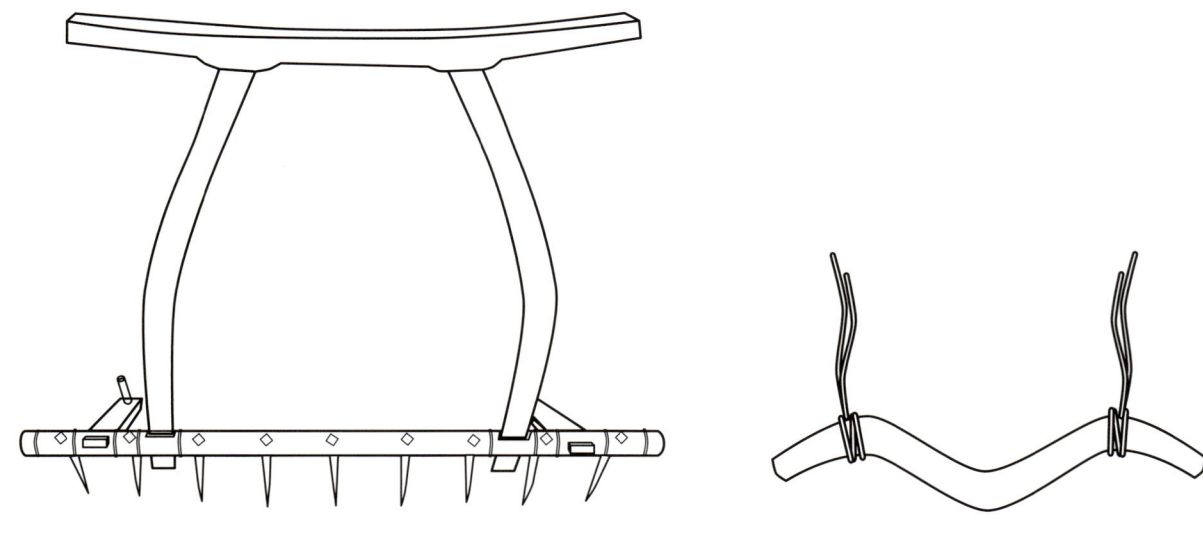

图四　苗族（九齿）耖结构示意图

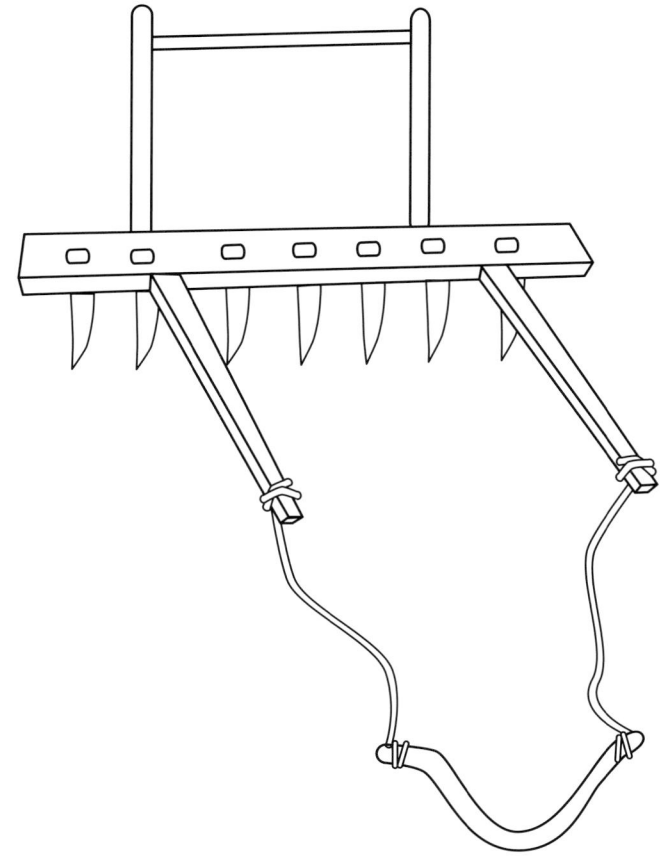

图五　苗族（七齿水田）耙结构示意图

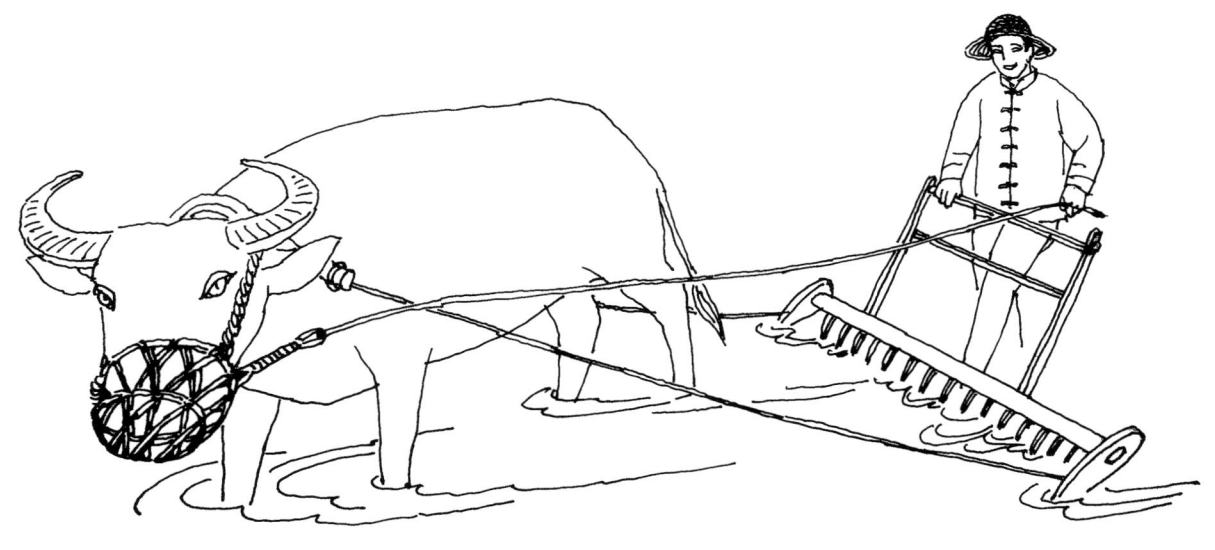

图六　苗族赶耙图

图七　苗族耖使用情境图

图八　延展图：云贵高原苗寨梯田

苗族脚耙和方耙

图一　苗族方耙主图1

耙是平整和粉碎水田泥块的一种农具，主要功能是将已经耕过的土地，灌入水后形成水田，用耙将水田里的粗土圪垯耙碎，并把残留在泥土里的草根、藤蔓或其他杂物耙出，使水田干净，土质细腻，便于插秧播种。

苗族山寨用于耙田的耙，有古老的脚耙和牛拉的方耙等。

脚耙是从江县加勉乡部分苗寨农民常用的古老农具，是完全依赖人力劳动的农具。脚耙的结构简单，由两块长方形木条踏板加一副弓形扶手组成，脚耙的高60~80厘米，木条踏板长50~70厘米，宽15~25厘米。使用脚耙的方法是，农民两脚分别站在脚耙的两个踏板上，双手抓着扶手，用脚带着踏板分别向前挪动，利用脚耙的面积和形状，加上人的重量，将水田里的泥块踩碎、整平。

由于这种脚耙体积小，易携带，操作简单，适合在山区不规则的田地里使用，所以至今居住在山区里的苗族人仍在使用着。

方耙的结构比脚耙要复杂，使用的功能也相对多一些。方耙的耙地方法是，由牛在前面拉，农民在后面扶着耙跟着行走，耙齿向前，一边搅碎泥块，一边带出草茎等杂物，再将泥土整平。

方耙采用优质的杉木制作框架，整体高70~90厘米，把手长90~120厘米，前后耙挺长120~160厘米，宽约10厘米，厚约4厘米，两横头耙杠长60~70厘米，宽8~10厘米，厚约4厘米。耙齿（也称耙刺）用生铁制作，有的地方用木头制作，耙齿长16~25厘米。前后有两排耙齿，耙齿的多少与耙的大小有关，多者有23齿（前11后12），少者有15齿（前7后8），一般前排为单数，后排为双数，后排的齿要正好对准前排齿间

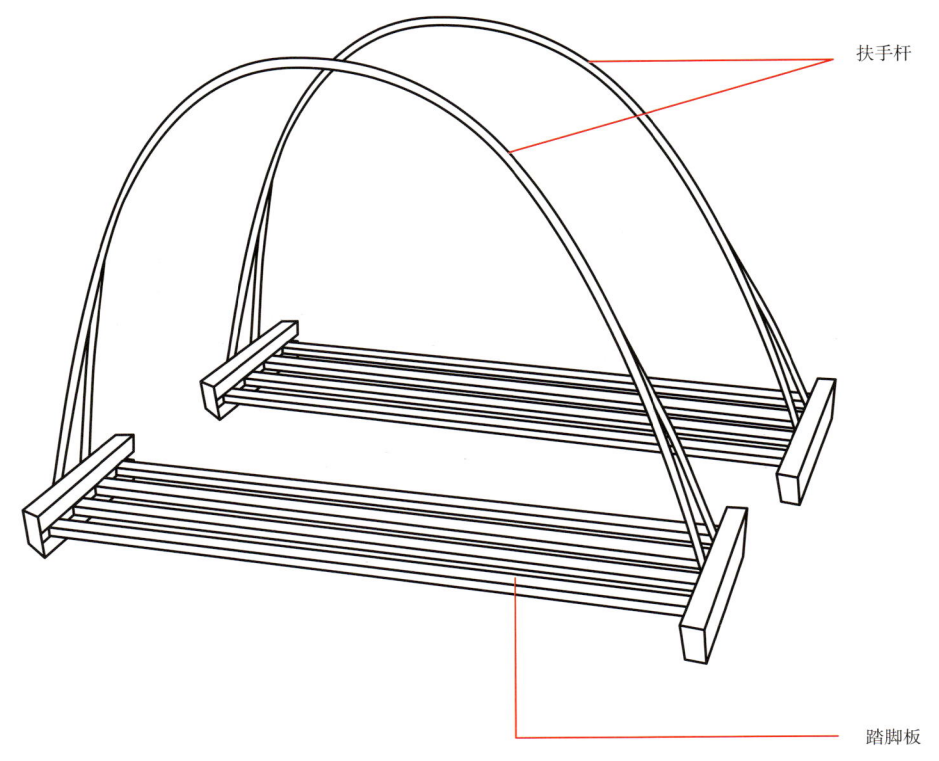

图二　苗族脚耙主图2

的空隙处，这样前排比后排的齿数要少1根。有的耙在横头耙杠的4个角上也安上耙齿，耙田时能起到辅助作用。方耙的框架各部位都是榫卯结构组装，有的地方加楔紧固。每一只耙齿都用小木楔紧固，使其坚固耐用。

与方耙相配套的还有牛轭与绳索，在前耙挺上安装两个挂环，用以穿绳与牛轭相连。

图片来源
图一、图六、图七　沈建图　摄影
图二至图五　廖晨晨　制图

图三　苗族脚耙使用方法示意图

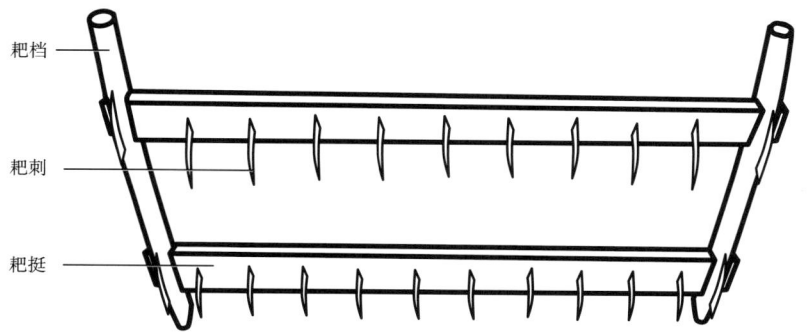

图四　苗族铁齿木耙结构名称图

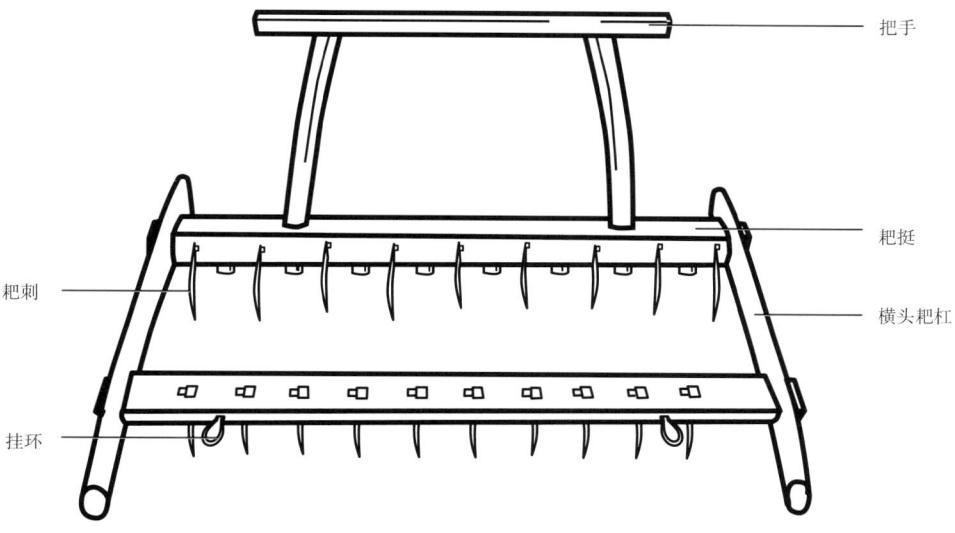

图五　苗族铁齿方耙结构名称图

图六　苗族十一木齿方耙和牛轭图

图七　农闲时放置在屋后的苗族木耙图

苗族锄头和镢头

图一　苗族锄头主图1

锄头和镢头，是苗族地区的常用农具，主要用于中耕、除草、疏松植株周围的土壤、刨土、挖坑等农田劳动中。锄和镢等铁质农具的大范围使用是苗族农业生产力水平不断提高的见证。

锄头和镢头的形状比较相似，都是由木质的把手和铁质的锄头（或镢头）组成。根据用途不同，锄头和镢头大致的区别在于刃面的角度和宽窄变化，锄头的刃面略宽，镢头的刃面偏窄。但锄头也分别有较宽的板锄和薅锄，较窄的条锄。镢头有较宽的榜镢（由于刃面较宽，也被称为锄镢），较窄的蛮镢和条镢。

锄头和镢头的刃面采用熟铁锻打制成（现也有用更为坚硬、耐磨的钢材），手柄多以柏木制成，粗细适中，以方便握持。使用镢头时，双手握柄，主要是由上而下用力，意在挖掘；使用锄头多是前后推拉用力，刮擦地皮。锄和镢一般体量不大，携带和使用方便。

本案例为苗家常用的锄镢。锄镢前段为中空的圆形铆口，用以安装圆形镢柄，镢柄内侧还需另加木楔，用以固定。锄镢刃部较宽，弧肩，自镢体到刃口逐渐变宽，略像锄。

镢板上段厚，下端薄，总体较厚实，主要起到提高强度的作用。镢头刃口较钝，适合在石块杂质较多的土地中挖掘。镢头与镢柄的安装角度因地势、土质而略有不同，山坡陡地、土质较硬时，角度则较小；平地松土，角度则较大，镢头与手柄几乎垂直。这样的设计，主要是考虑方便用力。在使用过程中，若镢头深嵌入硬土中时，不可用蛮力拖拽，而是要向前段倾斜，慢慢掀起，以防镢头脱落。使用前，可事先将镢头部位用水浸一下，让木质锄柄和木楔遇水膨胀，与铁质镢头结合得更为紧密，使用时便不易脱落。长久不用时，应将锄镢头上的湿土、杂草去除，打磨干净，以防其生锈。此外，不用的锄镢应放置于阴凉干燥处，不可暴晒、雨淋，防止镢头生锈、镢柄干裂，影响下次使用。

农具大都具有一物多用的设计思想，即一种器具往往会承担着多种功能用途。民众往往可以用一种农具来实现多种不同的劳作。锄镢亦体现出这种设计思想，锄头适合较为轻便的农活，蛮镢则适合做重活。而锄镢兼具锄头和镢头的功能，应用极广，除了松土、开沟、翻地、清理杂草外，还可以用于收获薯类、花生、药材，以及用来砍伐柴禾等。

镢头有多种，形状虽大同小异，却各具特性，如蛮镢较重，适合壮劳力使用；小镢灵巧，可以单手操作，人们可以根据不同农活的具体需要来选用合适的镢具。而锄镢因其轻巧方便，适合了苗族民众生活的自然地理条件和农业生产实际，至今仍广泛使用。

图片来源

图一、图四、图六　王兴业　摄影

图二、图三、图五　廖晨晨　制图

图七　王艳晖　摄影

图二　苗族镢头主图2

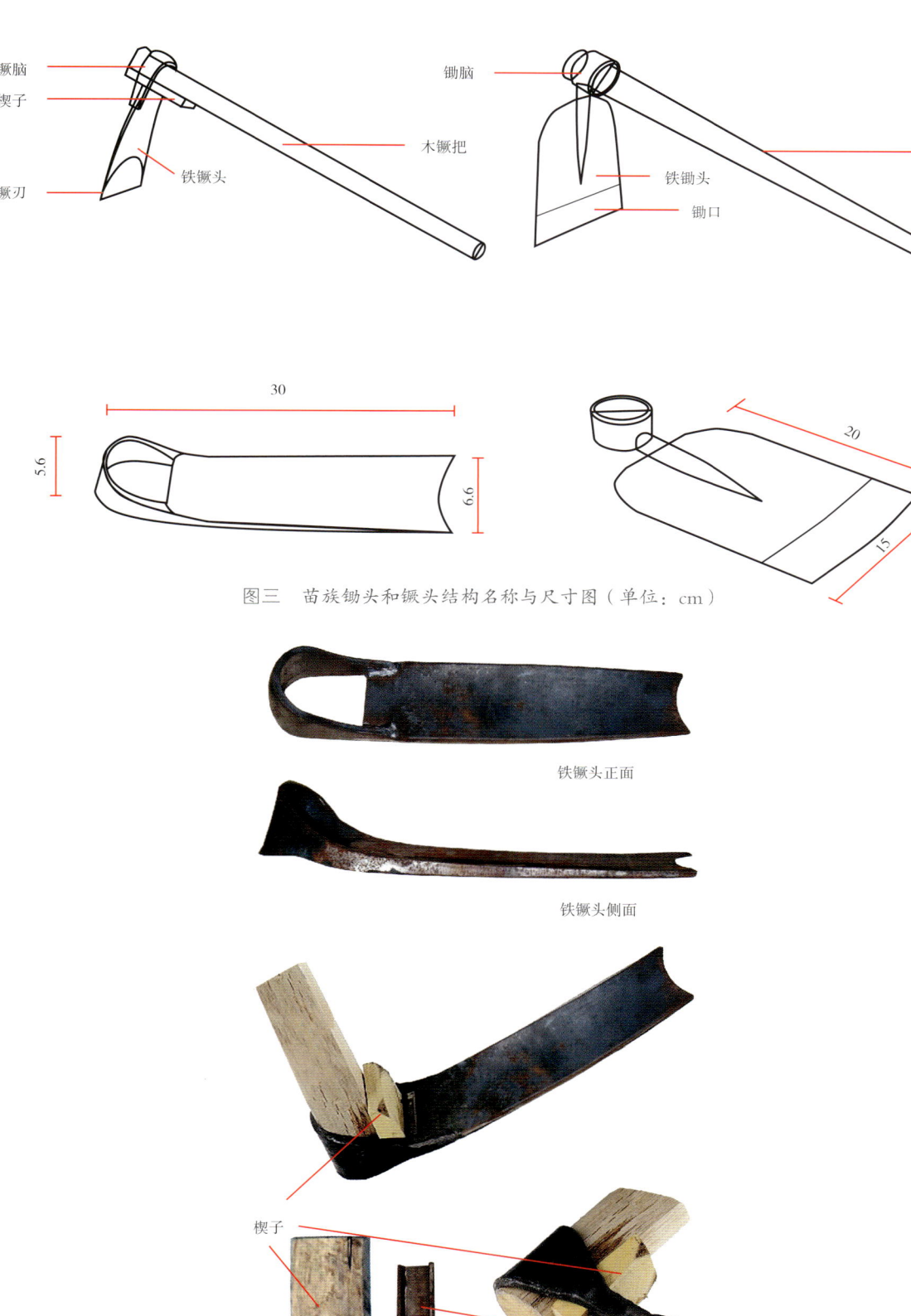

图三 苗族锄头和镢头结构名称与尺寸图（单位：cm）

图四 苗族镢头榫卯结构示意图

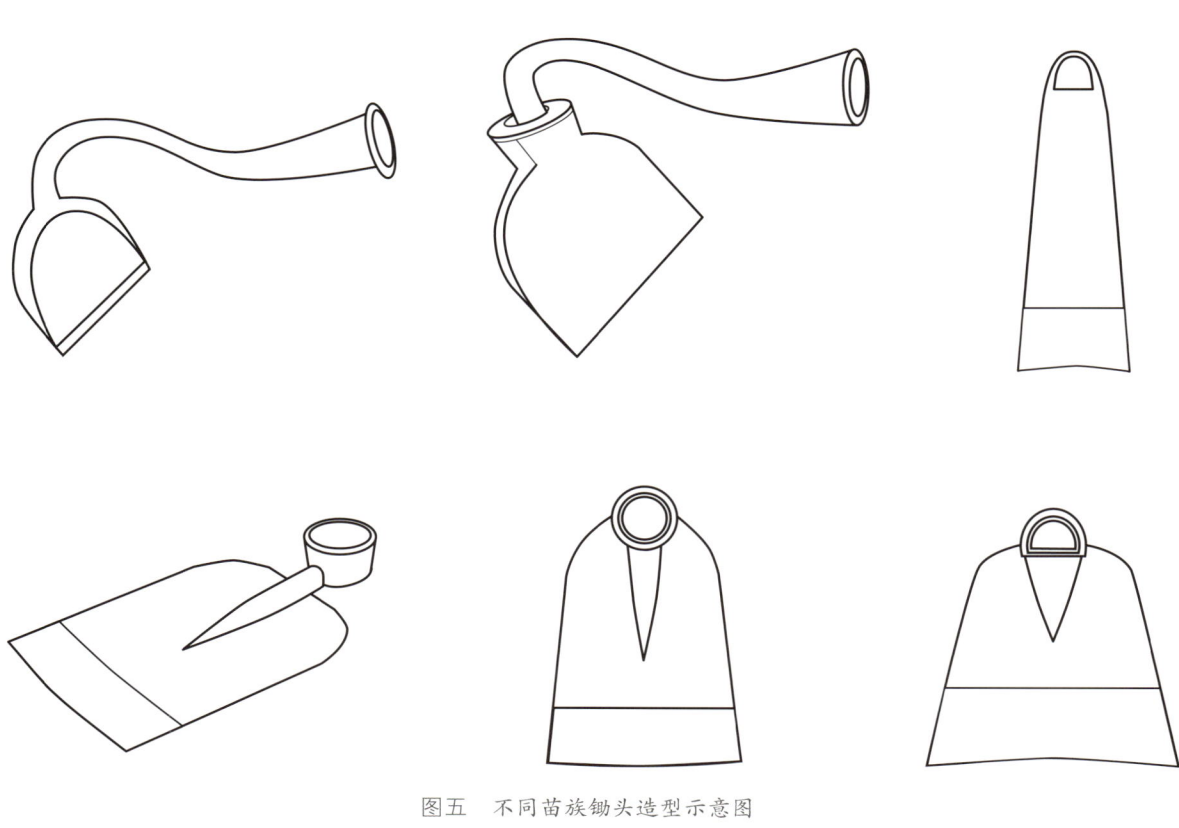

图五　不同苗族锄头造型示意图

月牙薅锄头　　　　条锄头

图六　苗族月牙薅锄头和条锄头图

图七　肩扛小锄头的苗家妇女图

苗族扬场农具

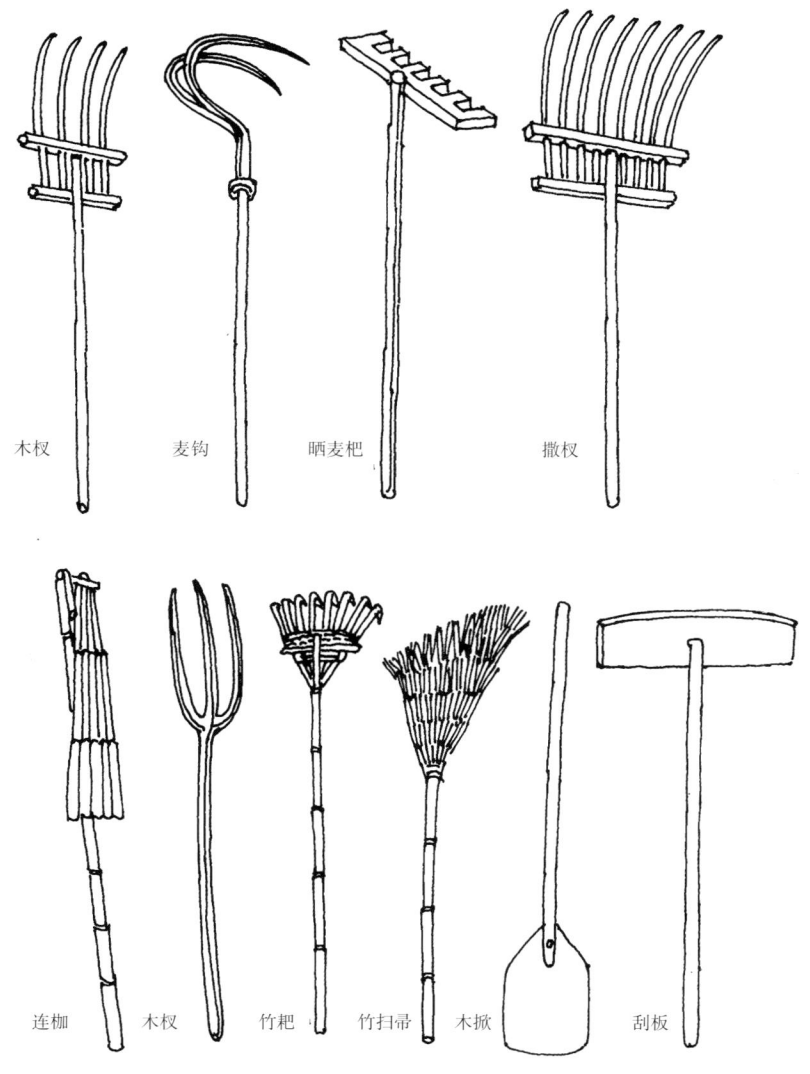

图一　苗族扬场农具主图

苗族扬场用的农具有木杈、撒杈、刮板、连枷、竹耙、扫帚和麦钩等多种，形态多样，用途各异，主要是在收获时节，场地翻晒粮食谷物时所用的各种用具。如木钗可用来翻抖碾压过的小麦、大豆等农作物，还可以用来翻晒秸秆、柴草等；刮板是在翻晒农作物时将其翻面刮平之用；连枷的作用是手工脱粒，由手柄和敲杆组成，脱粒时上下挥动手柄，敲打谷物使其表皮脱落；扫帚用来翻扫谷物并方便收存。

扬场农具多就地取材，利用自然生长、粗细均匀的带权树干，去掉小枝丫，削掉表皮，削尖定型后晒干而成；也可以用解好的木料专门组合制作，或用粗细适当的竹竿制作。这些农具通常结构简单，方便实用，适应范围广泛。

本案例所选的木权是扬场时用来挑起碾过的秸秆，使粮食颗粒与秸秆分离的专用农具。它主要有纵向的木齿、操作柄，以及横向的前梁、后档几部分构成。权头由4根等距的方形木条构成，木条前段削成圆尖状，用火烤将其向上稍稍弯曲，木条后端方直，直接插入木权的前梁和后档之中，前梁、后档主要起到固定木齿，确保其齐整的作用。用于操握的长木柄前段榫卯装于前梁的中间，并以长钉固定在后档之上。

该木权结构简单，系全木构制成，权齿用坚硬耐磨且具有较强韧性的木料（多用柏树）削制打磨而成，木权齿尖端稍稍向上弯曲，前段光滑，这样的设计可以减少插挑秸秆时权齿与地面的摩擦力，方便挑起更多的秸秆，以提高工作效率。木权使用时，要求堆放秸秆的地面较为平整，凹凸不平的地面会影响其使用，甚至会折断权齿。

木权扬场是技术活，需掌握好木权的扬起角度，确保谷物落在上风位置，秸糠则被风吹到下风位置，这样，借助风力，较重的谷物便可与尘灰、麦糠分离。扬场时，要用双手紧握木权，手臂和腰部需要同时用力以扬起秸秆，这样的动作要不断重复，是非常辛苦的。所以，用木权，而不是铁权一类，就是其轻便省力的特性适合了扬场，可以延

图二　苗族部分扬场农具图

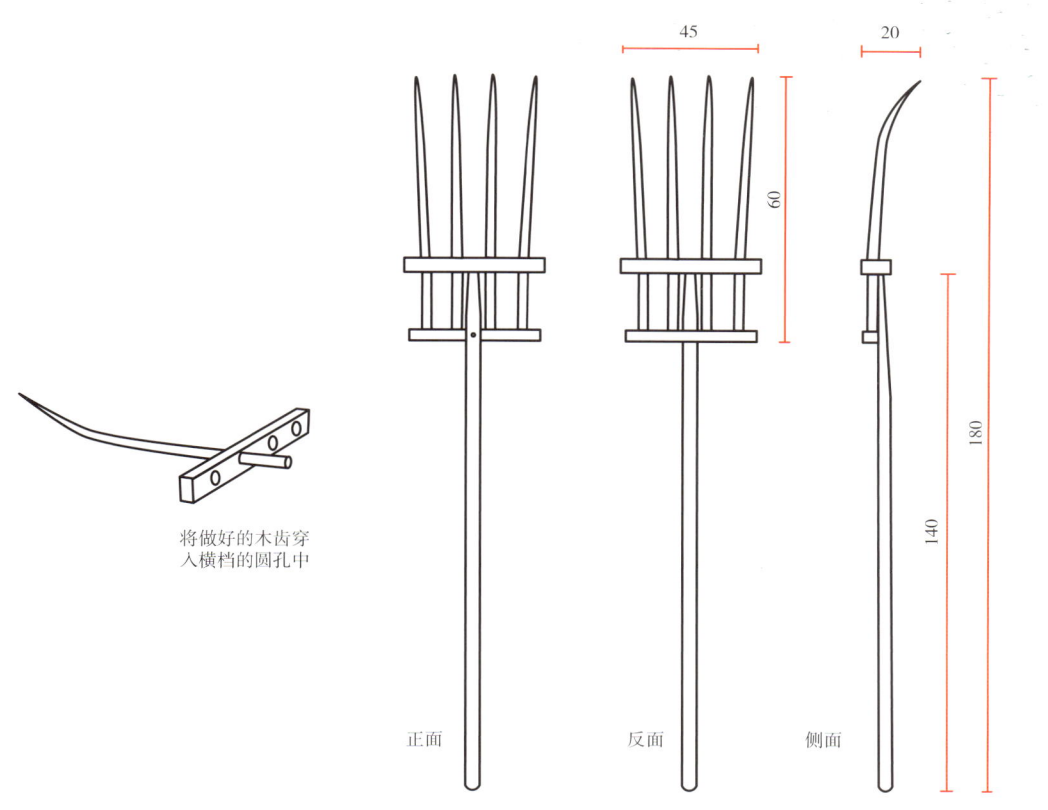

将做好的木齿穿入横档的圆孔中

图三　苗族木杈结构名称与尺寸图（单位：cm）

缓劳作者的疲劳。

木杈需轻拿轻放，不可用来翻挑重物，以防木齿折断。一般而言，木杈仅在扬场时使用，平时多收起来，避免受潮变形，这体现出农具中"专物专用"的设计意识，如扬场农具中除了木杈，还有刮板、晒麦耙等系列专用农具。而此类专业化农具的出现和使用，正是农业生产力水平不断提高的表现。现在，在苗族聚居地区，脱粒机也已经大量普及，人们已不再需要亲自碾压、捶打谷物，这种扬场用的木杈也就很少再被使用。

图片来源

图一、图三　廖晨晨　制图

图二、图五至图七　沈建国　摄影

图四　仲溪　摄影

图四　苗族竹耙头图

图五　苗族妇女用刮板平整谷物图

图六　苗族妇女使用撒权图

图七　延展图：苗寨丰收景象

苗族铁铧木犁

图一　苗族铁铧木犁主图

犁是苗族农家常用的耕田农具，成熟的农作物被收割后，空闲下来的土地要重新经过翻耕、松土，并提高土壤的肥力，才能适合下一季农作物的种植。

用犁耕田的方法是，将犁辕前端的挂钩挂在牛身上披挂的牛套上，耕地时，牛拉着犁往前走，人在后面一手扶犁一手持鞭，跟着牛走，既要掌控好牛的前进路线，又要把握好犁的走向和犁铧入土的深浅，保证翻耕土壤的质量。有经验的农民掌控犁的技术好，犁出的田垄笔直、均匀，土壤的松度适宜。

犁由犁具和牛具两大部分组成，犁具有木质的犁辕、犁柱、犁梢、犁床等和铁质的犁铧、犁壁、犁钩等部件。牛具是耕牛拉犁的用具，有牛轭、牛套、抛杆、拉绳和挂钩等。不同的木犁在设计造型、结构和制作工艺上也略有所不同。

犁辕是一根粗而弯曲的长木杆，后部连接犁梢，中部开一个卯眼，犁柱的上端从这个卯眼中穿过。前部插有一个木销子，作为连接牛具的部位。犁辕是牛力牵引和木犁受力的主要部件。

犁柱，也称犁箭，是连接犁辕和犁床的部分，上端穿过犁辕后部的卯眼，下端插入犁底部的犁床。

犁梢也称犁柄，是犁后端连接犁辕和犁床的木杆，也是人们手持掌控的重要部位。犁梢上端向后倾斜，梢头打磨光洁，适合手握粗细。有的在犁梢的下部设计了一只木质提手，方便使用者提起犁身。

犁床是木犁下部连接犁梢、犁柱和犁铧的部位，有的犁梢与犁床是用弯曲的整木制作，大多数是利用榫卯方法连接而成。犁床的前底端削出后宽前窄、两侧厚薄不一的形状，在榫根的部位开有一个深约4厘米的斜向槽口，犁铧的后部可插进榫头并卡进槽口，使犁铧稳定而牢固。

犁铧多由铸铁制造，形状为细而长的三角形，铧口薄而尖利。犁地时，牛拉着犁向前行进，犁铧便将土块切开，土块移至犁壁上端后再卷落地面。铧的制作采用铸铁工艺，主要有打铧模、铸铧、打磨等环节，制铧的技术直接影响到犁铧的质量。

牛轭也称木革头，是由一根弯曲的木棍做成，根据牛的背部结构，木棍弯曲的弧度在140度左右，能够更好地贴在牛身上并能相对固定。牛轭的两端向外翘起，便于将拉犁的绳索捆绑结实。牛轭两边还钻眼结绳，拴住一块扁木系于牛脖子的下部。

苗寨广泛使用的木犁多为曲辕犁，这种类型的犁在田间操作灵便，转弯自如，人们借助牛的拉力和自己的灵活掌控，可以在山区面积较少的田地里高效地犁地耕种，因此，至今还被山区广大苗族民众所使用。

图片来源
图一　许星　摄影
图二、图四至图六　廖晨晨　制图
图三　许漱文　制图
图七　廖晨晨　制图

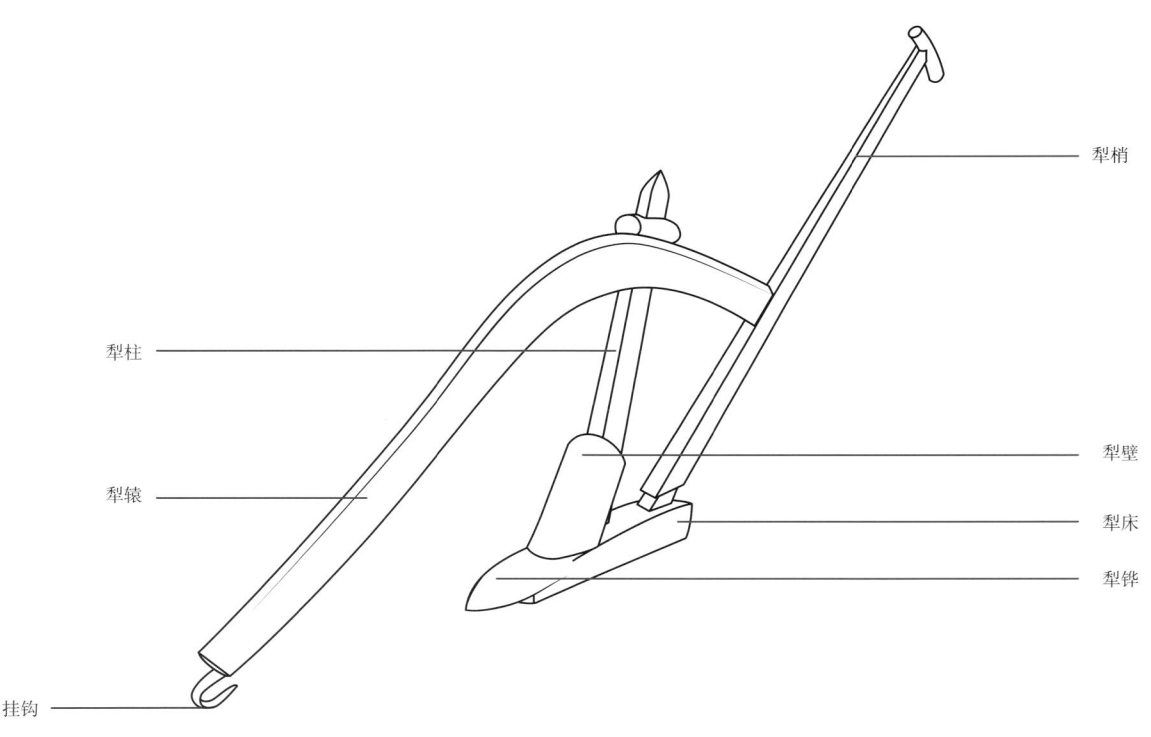

图二　苗族铁铧木犁结构名称图

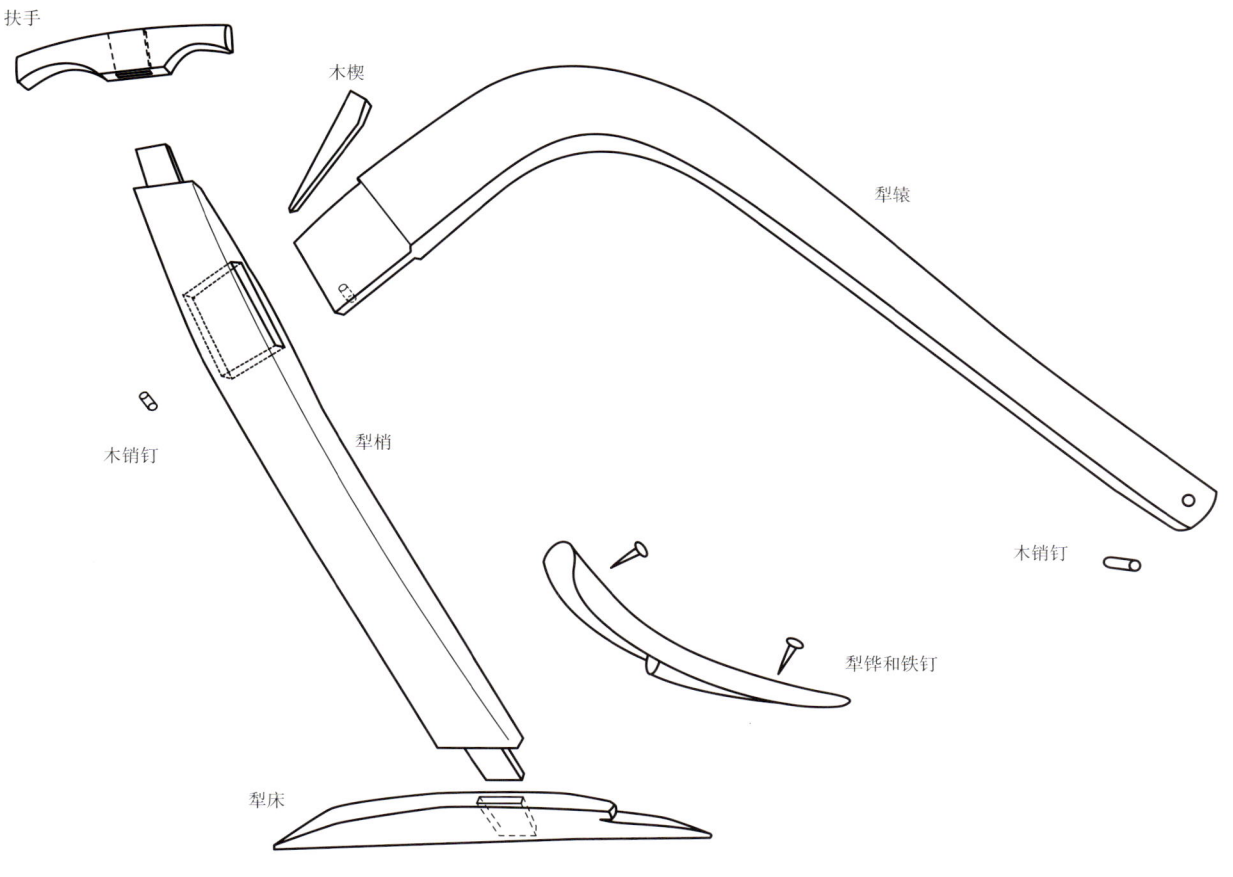

图三 苗族铁铧木犁结构分解示意图

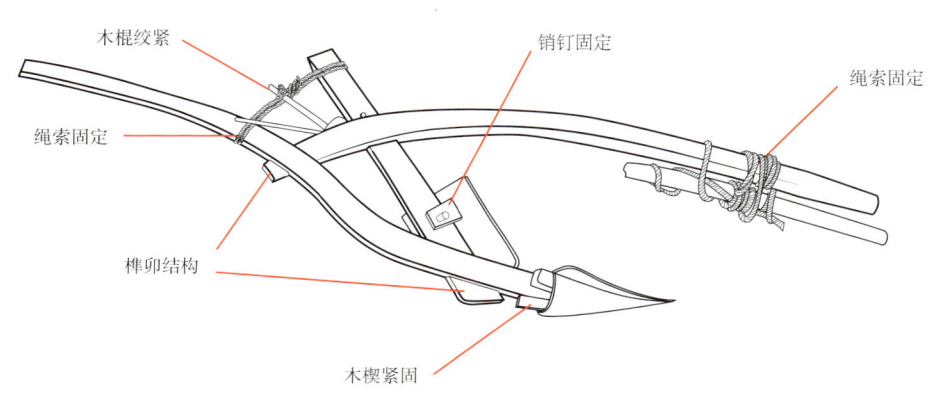

图四 苗族铁铧木犁组装工艺示意图

第五章 苗族传统生产工具

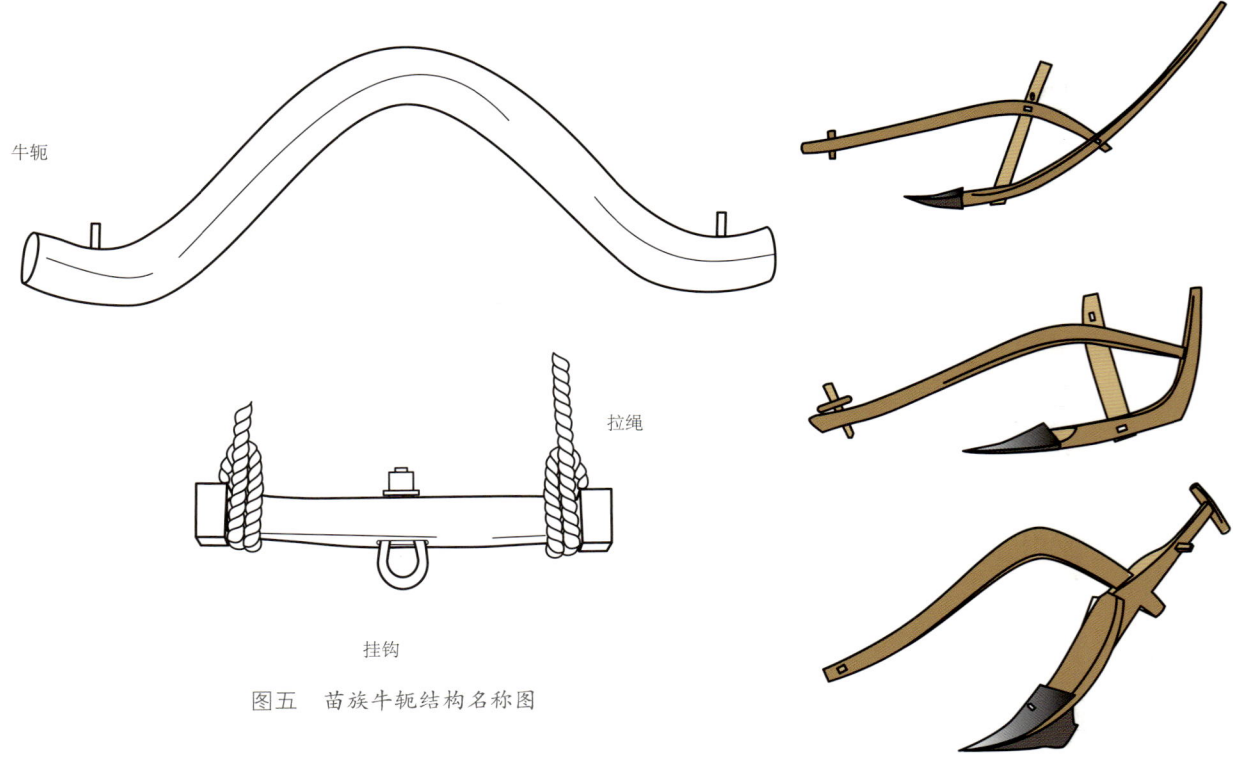

图五　苗族牛轭结构名称图

图六　苗族不同犁具图

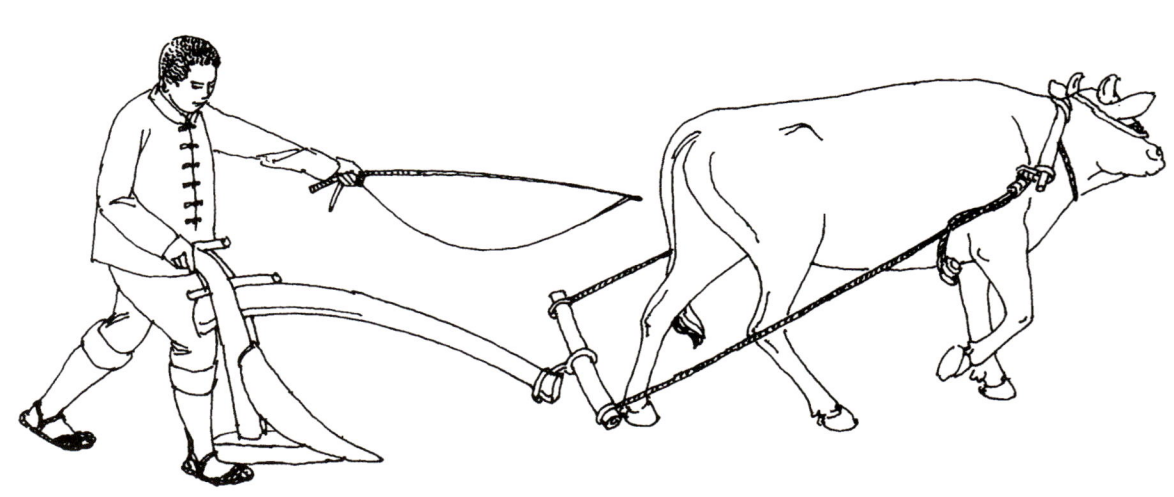

图七　苗族农民使用铁铧木犁耕田图

苗族耧车

图一　苗族耧车主图

　　耧车，苗族农具，系条播器械，由人力或畜力牵引，一人扶耧播种，有一腿至多腿之分。苗族聚居区多山地，可供耕种的农田较狭窄，因此，所用耧车一般较小，多为两足或三足耧车。

　　耧车作为农业社会最为重要的农具之一，早在汉代就已发明。但在相当长的历史时期内，耧车的应用地域主要集中在农耕较为发达的中原地区，适合于旱作农业。生活在我国西南腹地的苗族民众多种植水田，使用耧车作为主要播种工具的时间并不长。

　　耧车的结构部件主要有：耧斗、耧架、耧腿、耧铧、耧把、耧辕等，各部件之间通过榫卯结构套装组合。整个耧车的主要制作材料是木质，取材方便，仅在耧足的部位安装有铁质铁铧，以尽可能地节约金属材料，降低造价，也减轻重量。铸铁虽柔韧性不佳，却硬度高，耐磨性强，经久耐用，适合用来制造农具。耧车多采用质轻的木料制成，以减轻耧车的整体重量，使之可以容易搬动和在使用过程中及时调整方向，适合了人力、畜力较弱的客观条件。

播种时，事先将种子置入耧斗之中，一人挽耧，同时左右匀速摇动耧柄，以畜力或人力拉动耧车，耧脚便在已平整好的土地上开沟行进，种子因重力经由耧斗与耧腿间的中空通道，透过耧腿底端的孔眼均匀地播入铁铧所开沟内的泥土之中。扶耧之人可以通过抬高或压低耧柄来控制播种的深浅，并控制速度。这样的播种方式，大大提高了播种效率。耧车播种，还实现了种子的深埋和作物的分行栽培，保证了作物的行距、株距的齐整有序，有利于农作物的生长和提高粮食产量，也便于后期的田间管理和收割搬运。

耧斗的漏眼处装有可活动的挡板，可以上下调节，以控制种子下滑的速度。在使用过程中，可以根据播种的具体作物来调整漏眼的大小，使之既可以用来播种大豆、玉米等颗粒较大的作物，也可以播种小麦、芝麻、谷物等颗粒较小的作物。还可以将种子与筛过的细粪、蚕沙等肥料按一定比例混合，随种播下，这样，在播种的同时也完成了施肥的过程。

作为传统农业社会中较为复杂的农具，耧车的广泛使用是苗族地区民众吸收先进农业技术，应用先进农业器具，提高农业生产效率的见证。

图片来源

图一　许星　摄影

图二、图三、图五、图六　廖晨晨　制图

图四　许漱文　制图

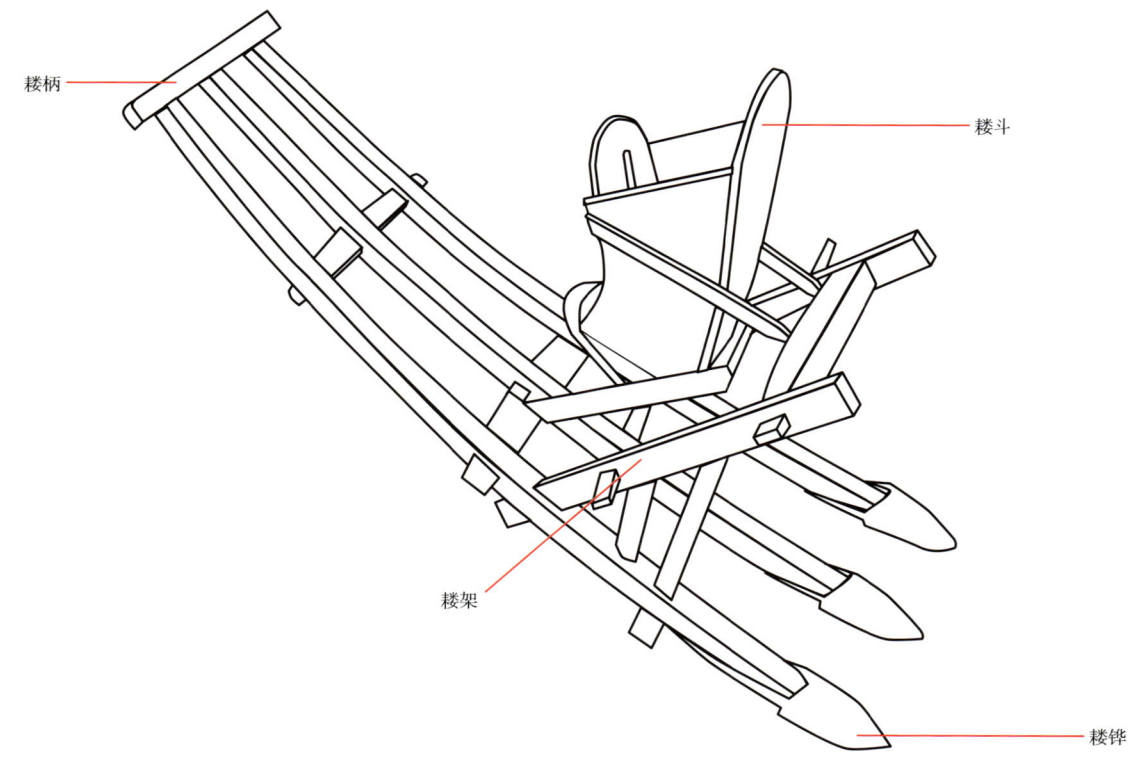

图二　苗族（三足）耧车结构名称图

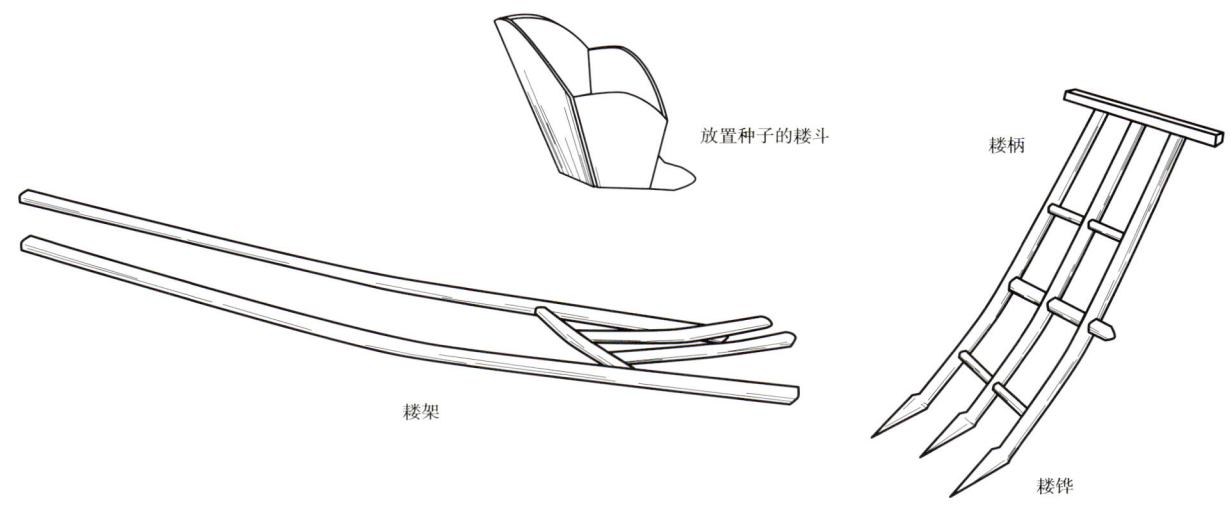

图三　苗族（三足）耧车部件分解图

图四　苗族（三足）耧车示意图

545

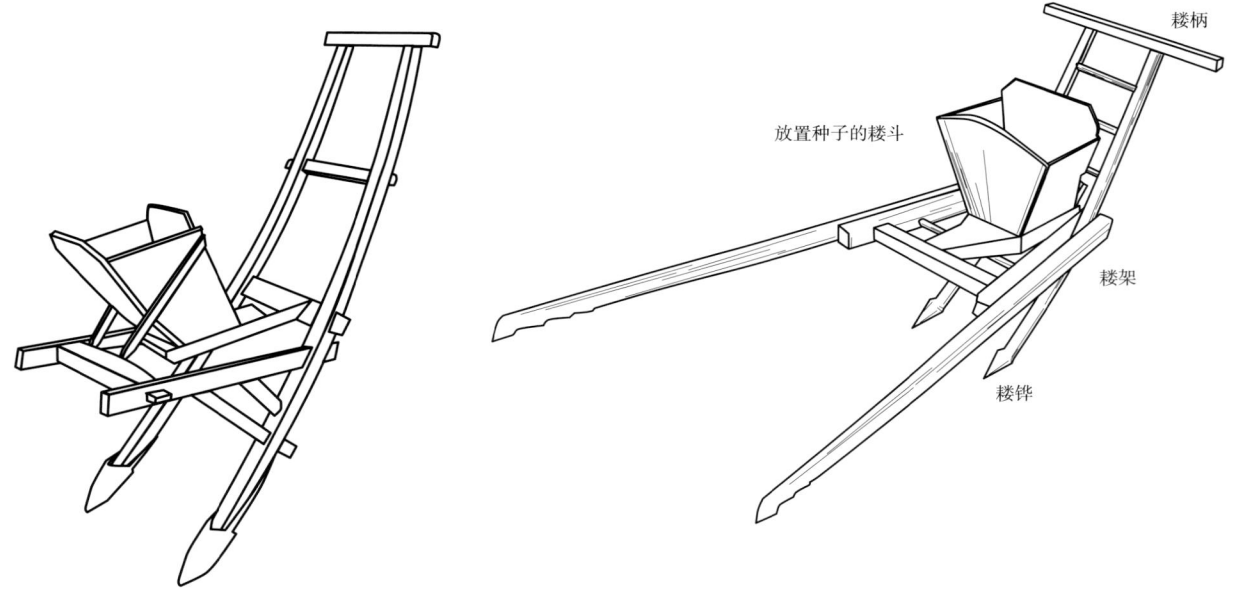

图五 苗族（两足）耧车结构名称图

耧柄
放置种子的耧斗
耧架
耧铧

图六 苗寨农民耕种图

苗族挞斗

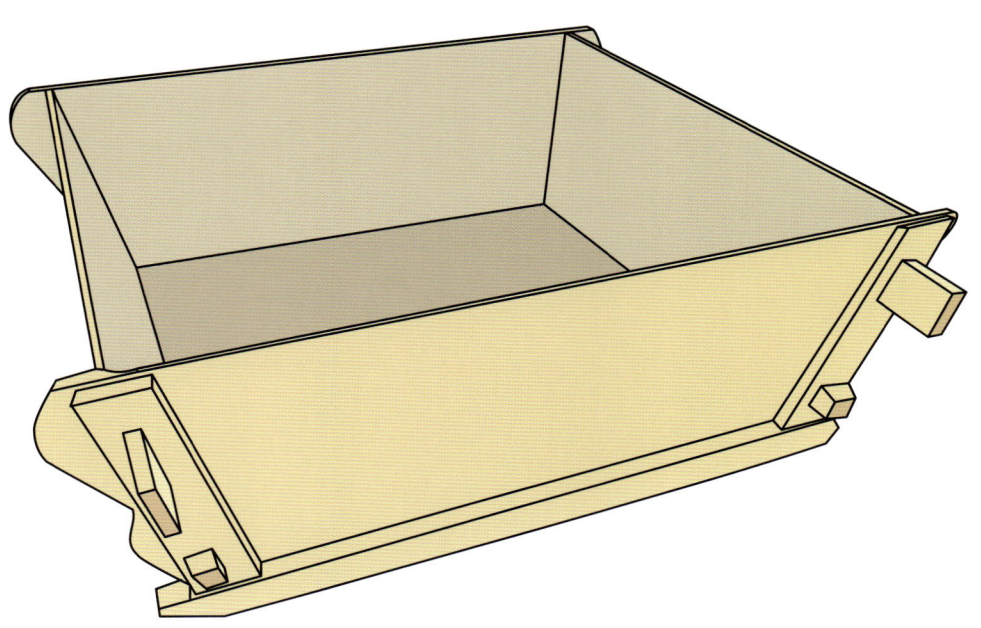

图一　苗族挞斗主图

挞斗是苗族民众在农作物收割季节用来加工稻谷、麦子的农具，又称犀桶、犀箱或合桶；在贵州省思南县的苗族地区也称为复斗，其主要功能是打谷脱粒，或在农闲时候贮存粮食之用；随着社会的进步，人们对传统的挞斗进行了改良，增加了脱粒的滚筒和踏脚板，使打谷的方法更加快捷省力，这类改良的挞斗也被称为挞谷机。每逢年节或喜庆之日，有的苗寨民众还用作祭祀用具。挞斗的使用历史悠久，在贵州黄平苗族古歌里就有"八月稻挞斗，九月谷钻家"的描述。

打谷的具体操作方法是，打谷者手持禾稻的尾端，将穗头部分向着挞斗，双手向上将禾稻举起，用力向挞斗的边栏甩打，在惯性作用下，谷粒掉落在挞斗中。甩打几下之后，将这把禾稻翻转过来继续打，再顺势抖几下，使夹带在禾稻把中间的谷粒都落在桶里。可一人单独打谷，也可两三人同时操作。

挞斗是流传了千百年的传统农具之一，在重峦叠嶂的山区，这种农具展示出其优势，体积不大且分量也不重，一个人就可以扛起它运到田间。由于其造型结构的特点，放在田里拖抬或滑行都不太费力。挞斗虽然不及现在使用的电动脱粒机快捷便利，但比起老式的棍棒脱粒，效率要高得多了，所以，适合在山区以及小面积的梯田里使用。因此，在电动脱粒机大规模使用的今天，云贵高原山区的众多苗寨仍在沿用这种轻便而简单的脱粒农具。

挞斗的形状有正方形和长方形，上口大，

斗底略小，类似斗状。不同地方的挞斗，在设计形式、大小尺寸、造型结构等方面都有所区别。常见的挞斗，高 50~60 厘米，上口边长 100~150 厘米，底边长 80~120 厘米，斗壁的四块围板用榫卯结构固定，并在两边出榫作为提手；两边的底边设计了两条拖条，拖条的底部呈弧形，中间粗两头细，两边向上翘起，在田里时便于农民随时移动挞斗。

做挞斗的材料较多，主要是苗族当地出产的树木板材。如常用材质较轻、不透湿气、耐磨而又耐腐的桐木制作，挞斗的造型虽然简单，但却有着材质细腻光亮、纹理自然优美的特点，同时比较适合偏远的山区收割农作物时使用，所以，至今还受到广大苗族民众的喜爱。

图片来源

图一、图二　廖晨晨　制图
图三　许星　摄影
图四、图五　许星　制图
图六　廖军　制图

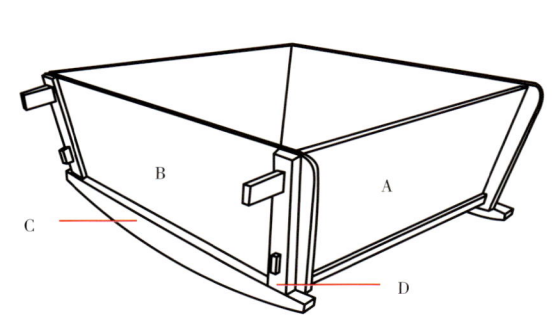

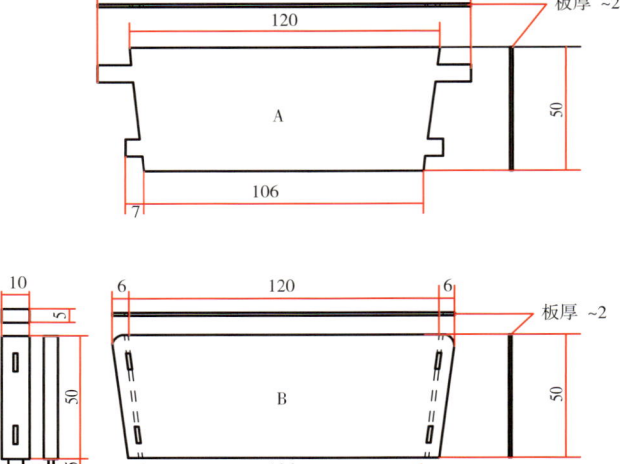

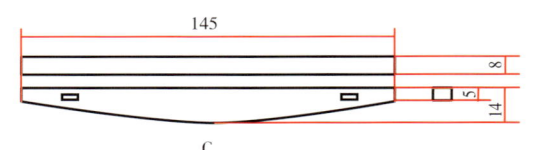

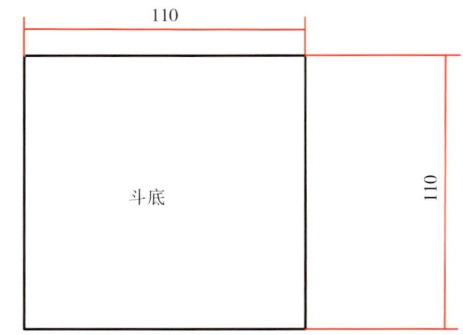

A	前围板 2 片
B	侧围板 2 片
C	拖条 2 根
D	固定挡板 4 根

斗底一块，用多块木片拼接而成

图二　苗族挞斗结构名称与尺寸图（单位：cm）

图三　苗族挞斗视角图

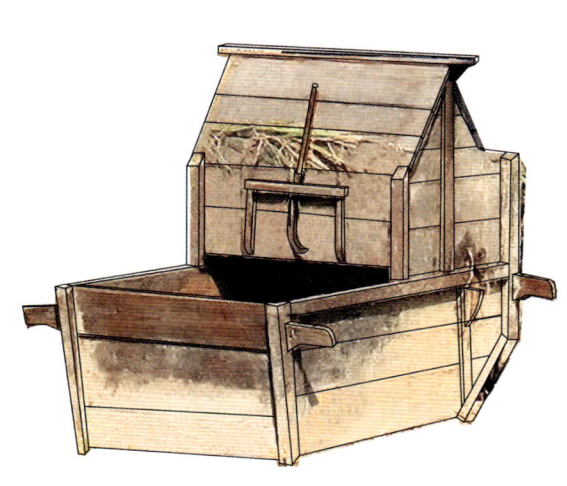

图四　苗族挞谷机（改进版）图

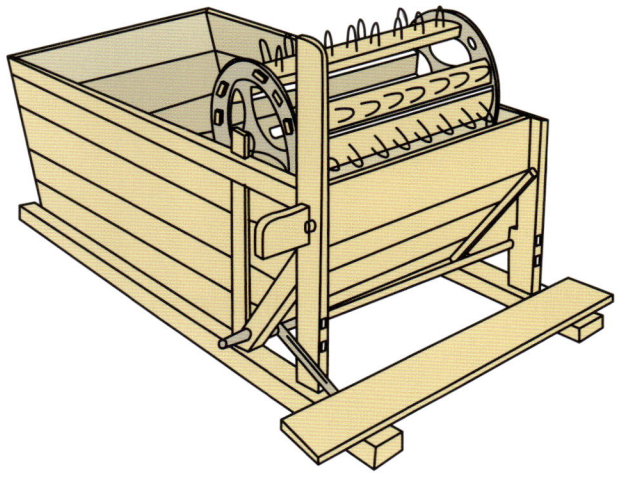

图五　苗族挞谷机（滚筒式）图

第五章　苗族传统生产工具

549

图六 苗族挞斗使用情境图

苗族风谷机

图一　苗族风谷机主图

风谷机，又称"风扇机""风扇车""风谷车"等，是利用扬谷扇旋转使空气流动，从而清除谷物中杂物的机器。这种农业机具在种植稻谷的苗族村寨里，几乎家家都具备。

谷物在自然生长过程中，受各种因素的影响，成熟度不一致，或粒大饱满，或粒小干瘪，在收割脱粒等过程中，还会混杂谷壳碎秆等。风谷机就是用来清除谷物中的杂物。其基本工作原理是：将谷物倒入加料斗中，由一人摇动风谷机的手柄转动风扇，从而产生一股冲击气流；开启加料斗下面的调节门，让谷物缓缓地落下，风力集中吹向风谷机的另一侧时，把较轻的杂物和谷壳吹到出糠口外，谷粒、米粒和秕谷等分别顺势从净谷出口和秕谷出口滑出，落入下面接放谷物的箩筐里。

风谷机主要有以下几个部分组成：谷物的加料斗、调节门、风床（风扇护板）、风扇、车架、外壳、净谷出口、秕谷出口、出糠口和车足等。与风谷机相配的辅助小工具有加料用的簸箕或舀勺、接谷物用的大小箩筐数只，还有扫把、麻袋等。

加料斗通常安装在风谷机的上部，上口为正方形，向下呈斗形，主要用于盛放毛谷。斗由4块梯形木板和4条木边组成。加料斗的下面安装了一个调节门，由一根金属长杆连接，在木撑架上纵向刻有数个木齿，可根据所需出谷量来调节木杆，并将其固定在相应的木齿上，以控制出谷量的大小。出谷量决定谷物筛选是否干净。

斗的下部是车身，一侧为出糠口，另一侧是一个由薄木板拼接成的两块圆形木板，中间留有一个圆形孔，与外圈形成同心圆，上面罩一圈护板，成为闭合的风床。里面安装木风扇，方法是从架的一端穿过圆形孔至另一端，横向固定一根木轴，木轴上设置了4片板式扇叶，木轴的一端安装一根铁质的手摇柄，当摇转风扇时，带动木轴上的扇叶转动，便会产生风力，顺着车身扇向出糠口。

净谷出口和秕谷出口的设计呈斗状，进谷的部位较宽大，出谷的部位口略小，整体呈向下倾斜的形状，在风谷机工作的时候，人们通常会准备数只箩筐放在下面，接满净谷和秕谷后，再置换空箩筐。

车架是固定风谷机的装置，风谷机转动时会产生反作用力，车架设置合理，会使其稳定。风谷机车架的一端设有扶手把，便于将风谷机从家里到田间的往返搬运。

风谷机的结构安装总体上以榫卯工艺为主，在一些关键部位辅以木钉或铁钉加强结构上的牢固性，使风谷机在转动时不致出问题，也便于修理维护。

图片来源
图一、图五　马路　摄影
图二　许漱文、廖晨晨　制图
图三　许漱文　制图
图四　廖晨晨　制图
图六　沈建国　摄影

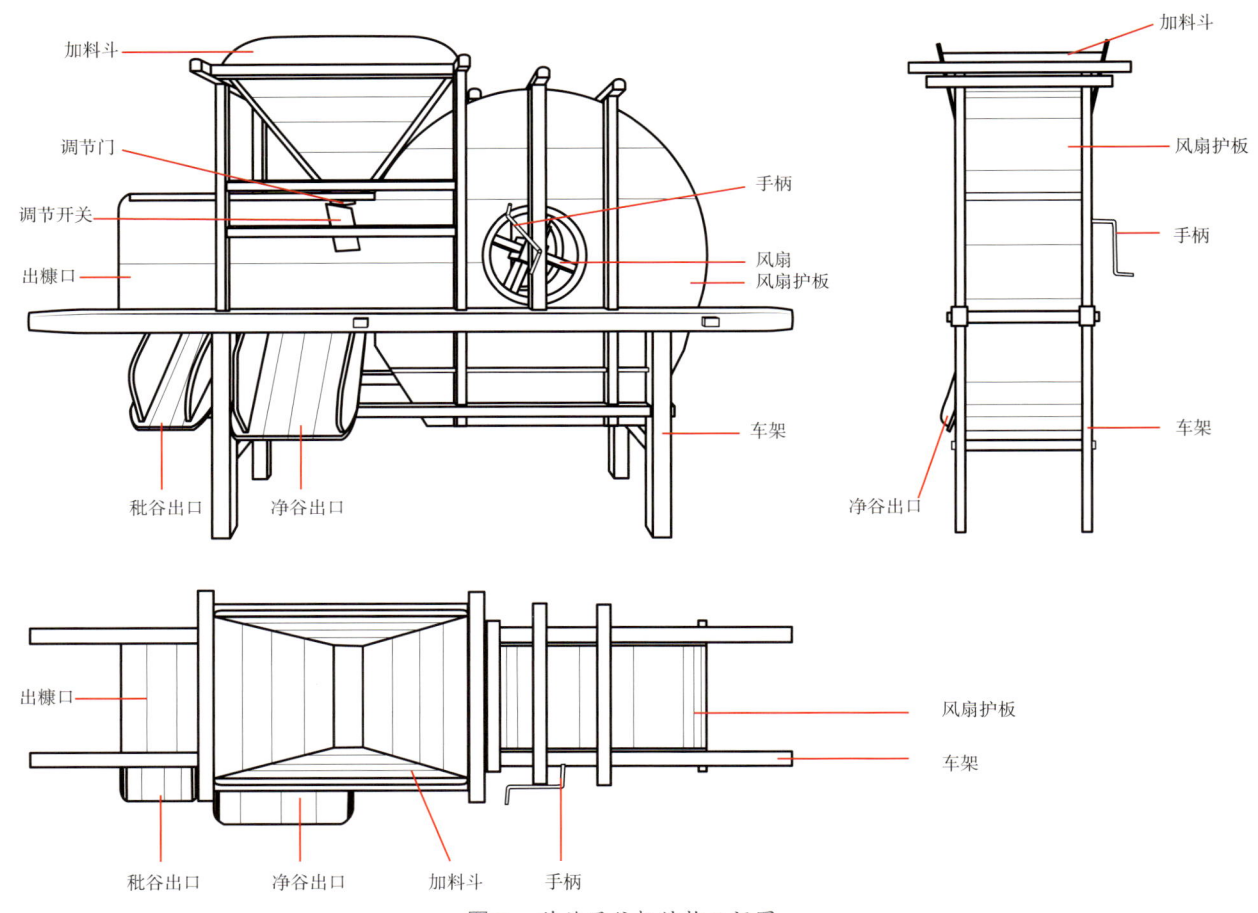

图二　苗族风谷机结构三视图

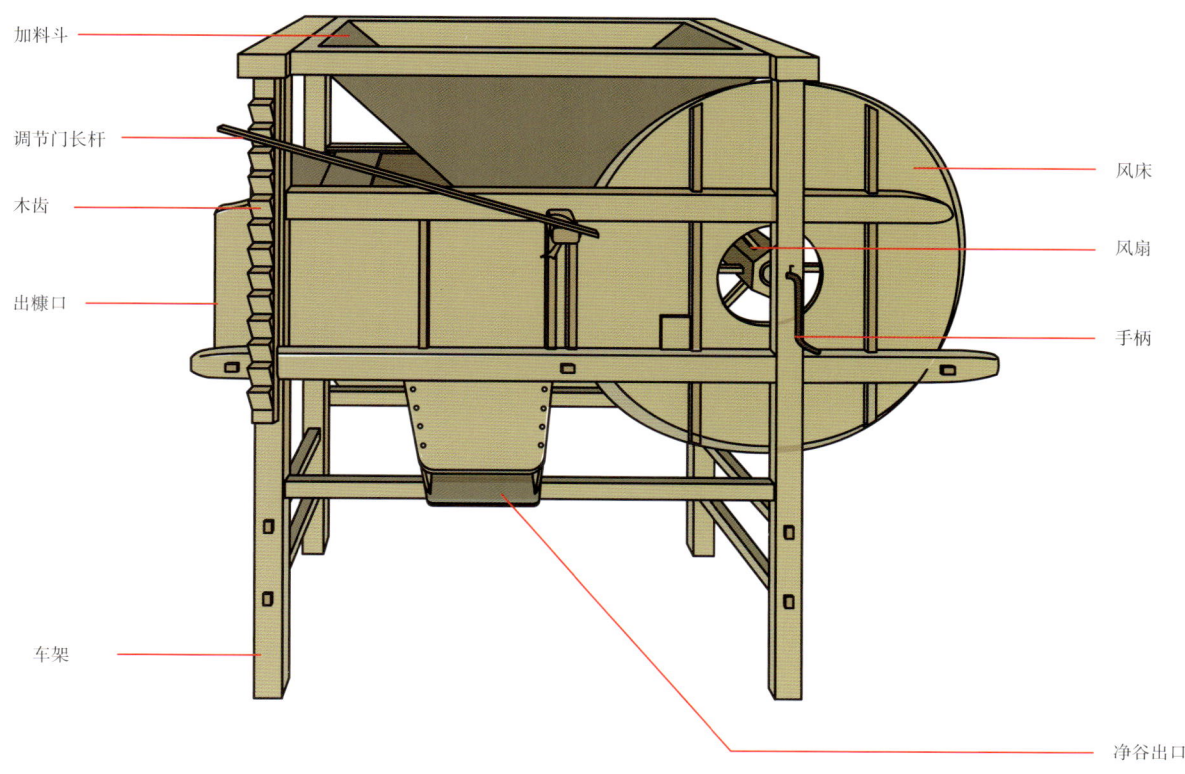

图三 苗族风谷机基本结构示意图

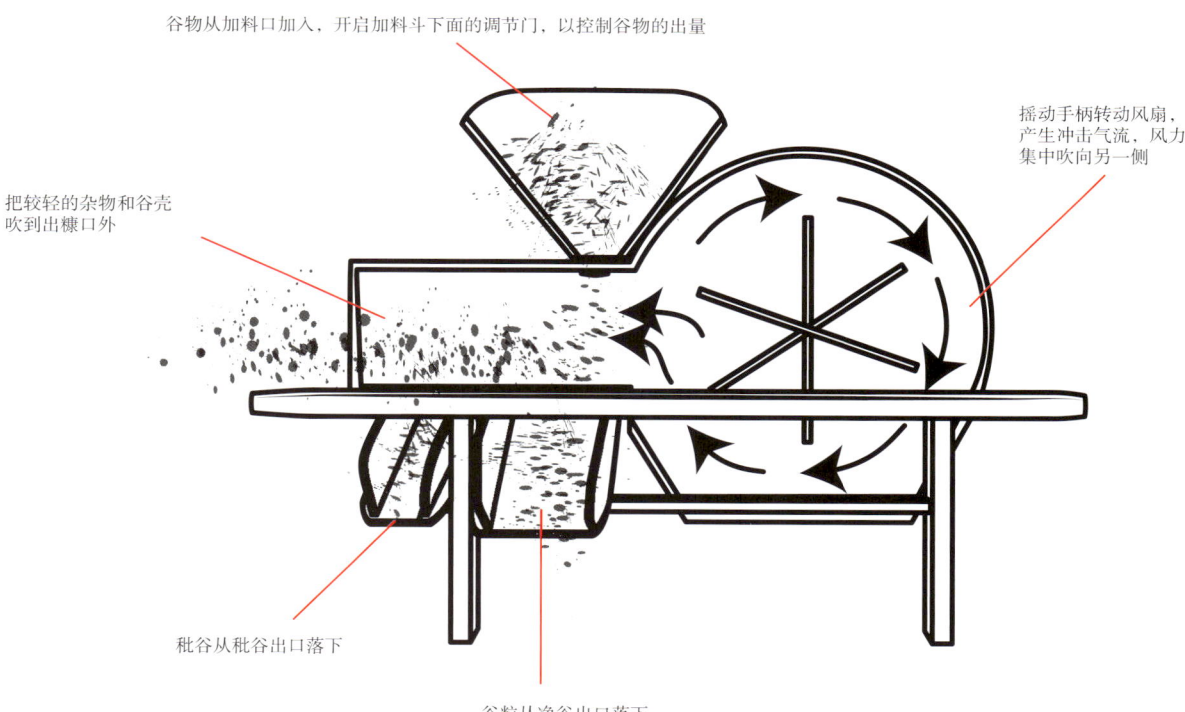

图四 苗族风谷机工作原理示意图

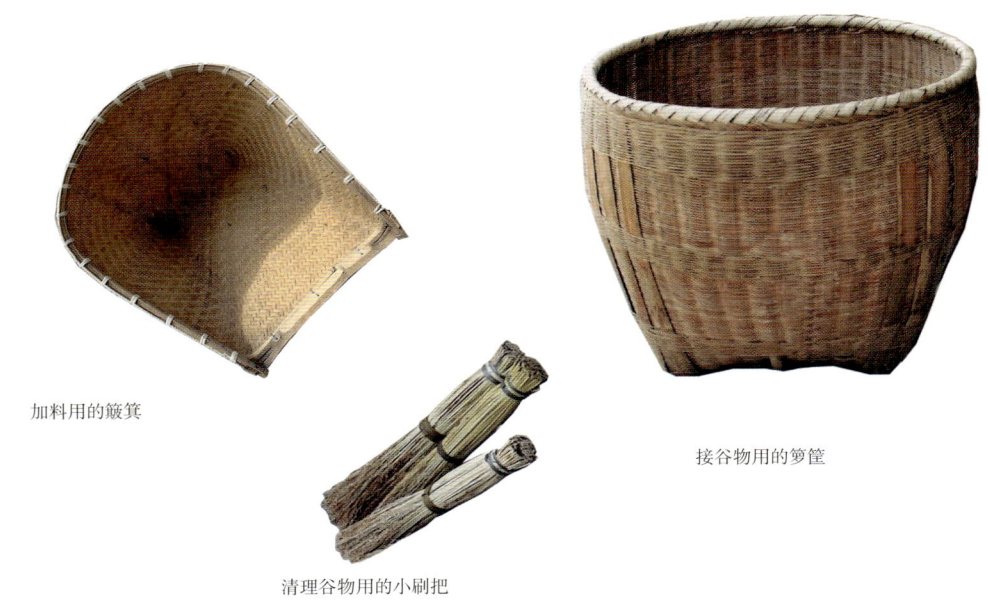

加料用的簸箕

清理谷物用的小刷把

接谷物用的箩筐

图五　与苗族风谷机配套的辅助小工具图

图六　苗族风谷机使用情境图

苗族高挑担

图一　苗族高挑担主图

高挑担是生产在黔东南山地的苗族民众所用的挑运类农具，是人以肩荷物的常用工具，为一根木质或竹质扁担横穿两只竹箩或竹筐，也有少数只有扁担而不用箩筐，直接将扁担插入柴捆里挑担的方式。通常扁担长约 2 米，箩筐大小不等，以竹篾编织而成，主要用于挑运柴草、从田地里收割粮食等物，或将食品、物品挑运到集市上去交易。

与普通挑担不同的是，常用的挑担也是扁担与箩筐组合，但箩筐多用绳索系住，挂在扁担的两头，装上沉重的农产品。当人们起肩挑起担子时，前后两只箩筐距离地面较近，便于随时停担休息。高挑担的前后两只箩筐是直接挂在扁担的两头，距离地面很高，这种挑担方式是山区特有的，便于在山野里行走。挑高挑担比挑普通的担子要困难一些，上肩则更难，要使一把力才能将前后筐一齐挑上肩；由于担子重心高，挑上放下不方便，即使挑累了也不便随时放下担子休息，所以，人们会在行走时担着担子左右换肩，并保持重心平衡稳定。

高挑用的扁担有木质和竹质，宽约 10 厘米，长 1.8~2 米，中间宽两头窄，韧性好，结实耐用。

高挑用的箩筐造型并不固定，有长方形、椭圆形和圆形等，筐高 25~35 厘米，筐长和宽为 50×40 厘米左右，总体呈扁形，横担、竖担都可以。制作箩筐要选择老竹子，老竹韧性好，承重力强，是编织竹筐的良好材料。选好竹料后，先劈竹，要劈出带皮的长竹片做筐骨，再劈出细长的竹条编筐身，还要准备编筐口的竹皮。

一种竹筐是编织密实的，可盛放细小的谷物类物品，其自重较重一些，但编法简单，筐底和筐身用多根竹片通常采用挑一压一的编法，从筐底开始编，等编到大小合适时就向上编，编好筐身再用篾条收边口。

另一种竹筐是六角空心孔的编法，其自重较轻一些。编织的方法也是先编出筐底，再逐渐向上编筐身，在编织时还可将两条细竹片拧扭在一起，这样是为了加强竹片的结实性和韧性，最后收边口，完成编筐。

图片来源

图一　沈建国　摄影

图二、图六至图八　张希成　摄影

图三、图五　廖晨晨　制图

图四　潘姝雯　制图

图二　苗族高挑担（实心竹筐）图

图三　苗族高挑担竹筐挑一压一编法示意图

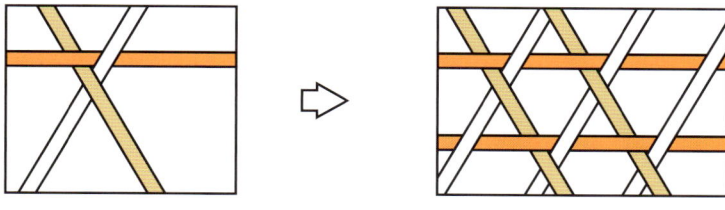

图四 苗族高挑担竹筐六角孔编法示意图

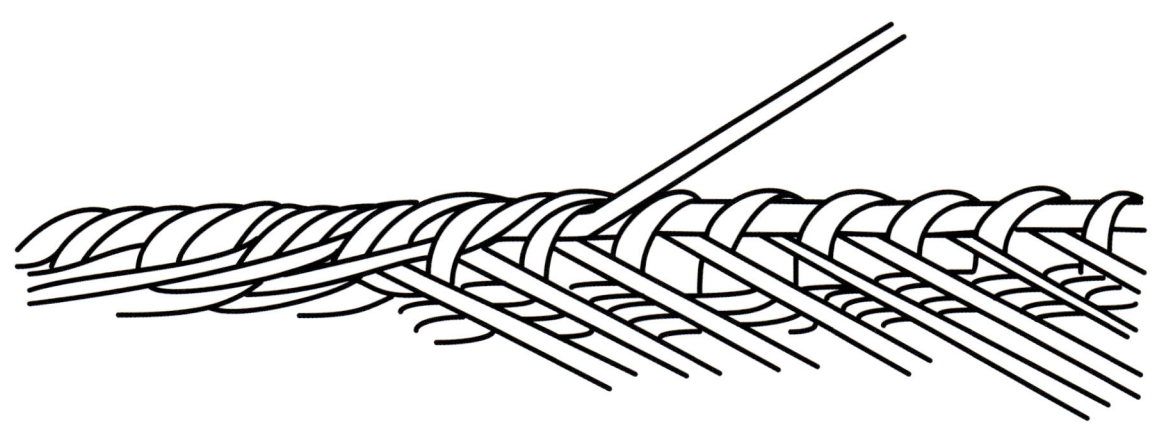

图五 苗族高挑担竹筐收口编法示意图

图六 苗族高挑担不同挑筐图

图七　苗族高挑担悬挂图

图八　苗族高挑担使用情境图

苗族手推独轮车

图一　苗族手推独轮车主图

独轮车又称鸡公车，是贵州、湖南、四川等苗族地区常用的运输工具。苗族村寨多分布在偏远的山区，那里的运输工具多靠畜力和人力搬运，除骡马和驴子驮运外，还要靠人背肩扛。但在地势较为平坦的山寨里，除了上述运输工具，这种独轮的鸡公车就起到了重要的作用。早期独轮车的轮子是木质材料做成的，20世纪五六十年代，部分车子改成了金属传动和橡胶轮胎。由于木质的独轮车造型结构合理，载重量大，实用性强，轻便灵活，能在狭窄的田间小路上行驶，符合山区道路条件使用，并且造价低廉，受到苗族民众的欢迎，所以，至今还被广泛使用。

独轮车的结构特点较为简单，木质，由车轮、车辕和车架等部分组成。车长一般为1~1.3米不等，车轮安在车子的前部，车辕由前直通至后端，尾部作为手杆，两杆之间由四五根横木条连接，前略窄后略宽，车子的主要部件都是由榫卯结构组装完成，人在后面扶着把手向前推；车后部有2只木撑脚，与车轮形成3个支撑点，人们装货卸货的时候，木撑脚落地可支撑住车子保持平衡。

车轮有实心轮和辐轮之别，实心轮由厚木板做成圆形，中心位置开孔以安装支承轮轴，轮轴用较粗的横木制作。在轮的周缘包一圈用火烤弯后再拼接起来的几块木片组成的轮辋，可使轮在地面上滚动时不致太颠簸，轮边的磨损较为均匀。

辐轮由车毂、辐条、木辋等组成。车毂用上等榆木制作，两头细中间粗，横向凿出框眼，两头镶上生铁铸成的铁圈，穿入木轴，穿 2 个销子防止车轮脱轴。

在车毂外圆安装 18 根辐条，车轮由 9 块弧形榆木辋连接辐条，完成轮子的组装。

根据不同苗寨地理环境的特点，独轮车在造型结构上也有所区别，主要有以下几种类型：一是平架独轮车，二是窄架独轮车，三是高架独轮车。平架独轮车轮子在车架板的下面，车架与扶手基本水平，或扶手略向上翘起；窄架独轮车的车架前窄后宽，轮子在车架的中间部位，架上有木档护住轮子；高架独轮车的轮子高出车架，用木条做成凸形驮架梁护住车轮，轮架两边设计了宽出的车架，便于堆装货物。

制作独轮车的木料，一般以当地出产的质地结实的硬木类如榆木、槐木等为主。

图片来源
图一　许星　摄影
图二　许星　制图
图三至图七　廖晨晨　制图

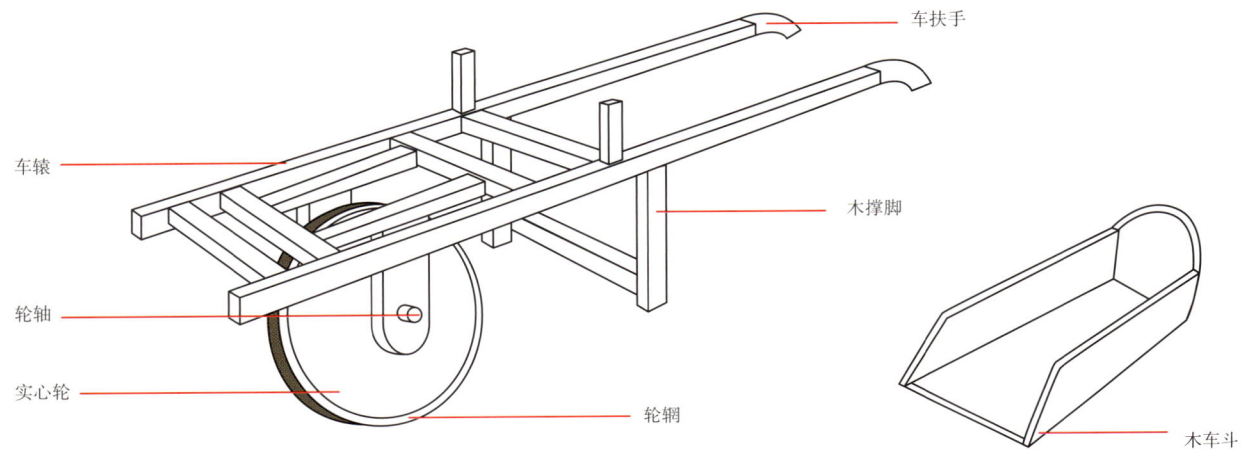

图二　苗族（平架）手推独轮车结构名称图

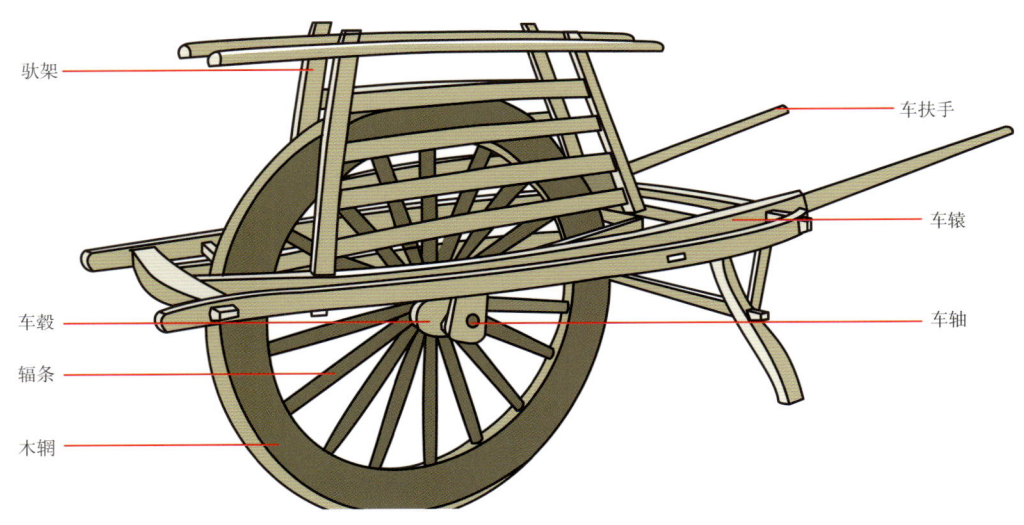

图三　苗族（驮架）手推独轮车结构名称图

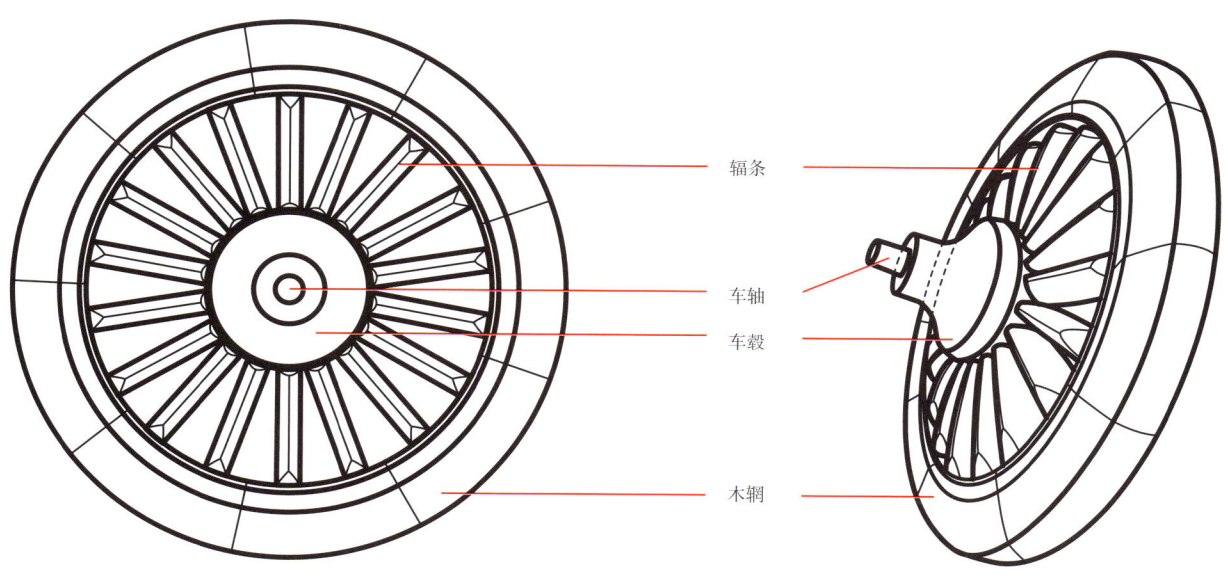

图四　苗族手推独轮车辐轮结构名称图

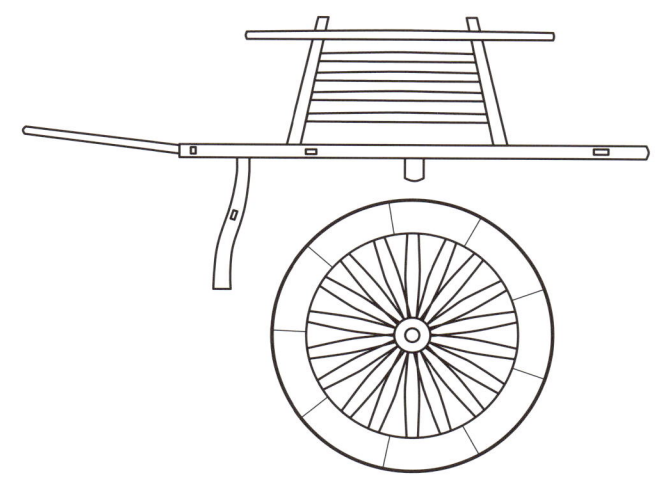
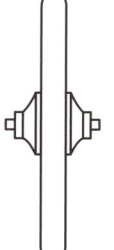
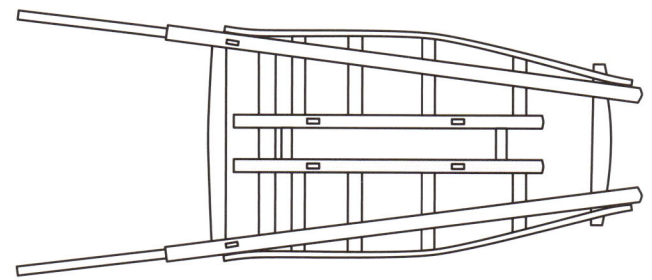
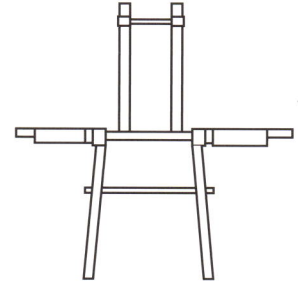

图五　苗族手推独轮车视角图

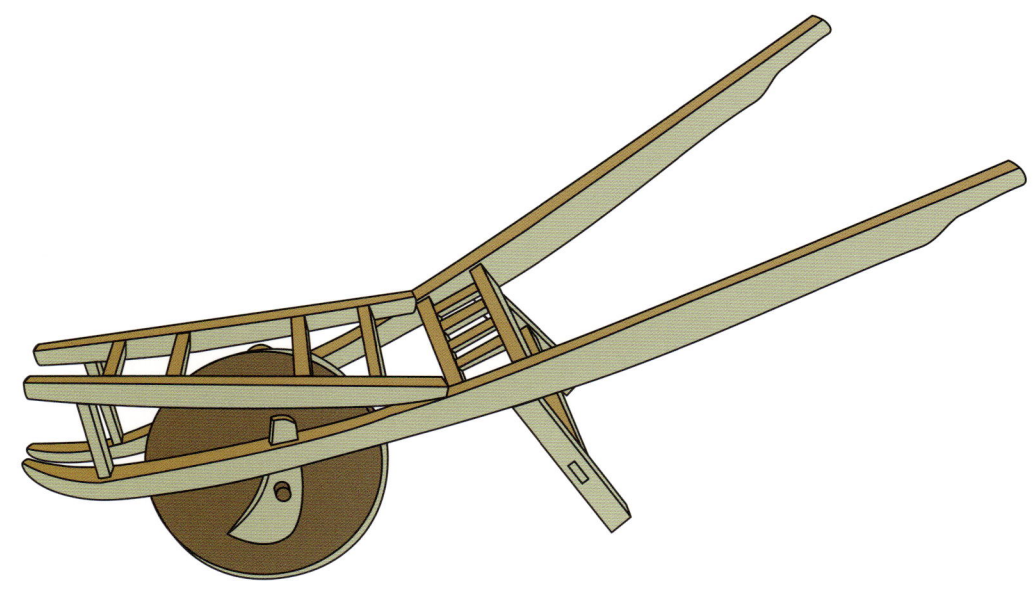

图六　苗族（窄架）手推独轮车示意图

图七　苗族手推独轮车使用情境图

苗族马驮鞍

图一　苗族马驮鞍主图

驮鞍是指马、骡或驴所装备的驮运工具，在许多依靠骡马等进行运输的山岭地区，驮鞍是必备的用具。

马驮鞍由鞍鞒、驮笼等组成。主要部件有木质的鞍鞒、皮质的垫板、棉质的絮垫，以及鞶胸、盖尾和绊棍等。

驮鞍上有两根30~40厘米长、5~7厘米高的鞒梁，中间用两根30~40厘米长、3~4厘米高的驮梁垂直安装在鞒梁的内侧，两根驮梁相距约10厘米。两侧各安装两根30~40厘米长、宽和高4~5厘米的弧形鞍腿，上边缘与鞒梁下部连接。鞍腿中间各用4~6片木板连接固定。整个驮鞍呈八字半圆形，像一座桥梁，所以也被称为鞍鞒。其制作都以榫卯结构加少量楔钉的方法完成，牢固结实且美观耐用。

驮鞍放在马背上时，还要隔一层皮垫板，防止木驮鞍磨损马匹的皮肤。皮垫板用多层皮革缝制成30~40厘米宽、1米多长的长方形，使用时将其铺垫在鞍鞒的下面，用绳在鞍鞒的中下部系紧。有的还要在皮垫板内侧加上一块厚厚的棉絮垫，其目的也是为了保护马匹的皮肤，同时还可防滑。

在马匹的头颈下面，配备一条与马背驮鞍接合的皮带，其前部的皮带部分称为鞶胸带，长130~160厘米，宽约10厘米，采用牛皮对折成带，一头向后穿套在鞍腿前侧的上部，再回转固定在自身皮带上；另一端打有扣眼，穿套于另一侧鞍腿前侧上部后，回转穿入皮带扣内扣牢。讲究一些的，还在皮带上钉几只铜响铃，一方面作为装饰，另一方面作为马帮的标志。

在马匹的后部，连接一片三角形的牛皮盖尾，内衬绵毡片，两边各用30~40厘米长的皮带固定，下部用25~35厘米长的尾揪带连接纣棍，纣棍是系在马尾下的一段横木，用绳子绑其两端，另一端连着鞍腿，目的是防止马驮鞍往前面滑。

与驮鞍相匹配的工具还有驮笼，驮笼多为两只筐笼固定在过梁架上，用荆条或竹条编织成扁圆形的筐笼，固定在木架的两边，笼底的圈梁各横穿一小木棍，用以支撑笼头。由于苗家山地运输多要依靠马、骡等驮运，驮笼也根据所运送物品的不同采用不同的形式，如竹编的驮笼，木制的驮架等。

现在苗家普遍使用铁质的驮架，牢固而方便使用。其结构简单，用较粗的铁条弯出过梁、架脑、架腿等，驮架底部有一横向支架，外缘有一活动的架钩，可挂住架环固定货物，同时还可用绳索加以辅助。

图片来源

图一、图二、图六　沈建国　摄影

图三至图五　廖晨晨　制图

图二　苗族马驮鞍视角图

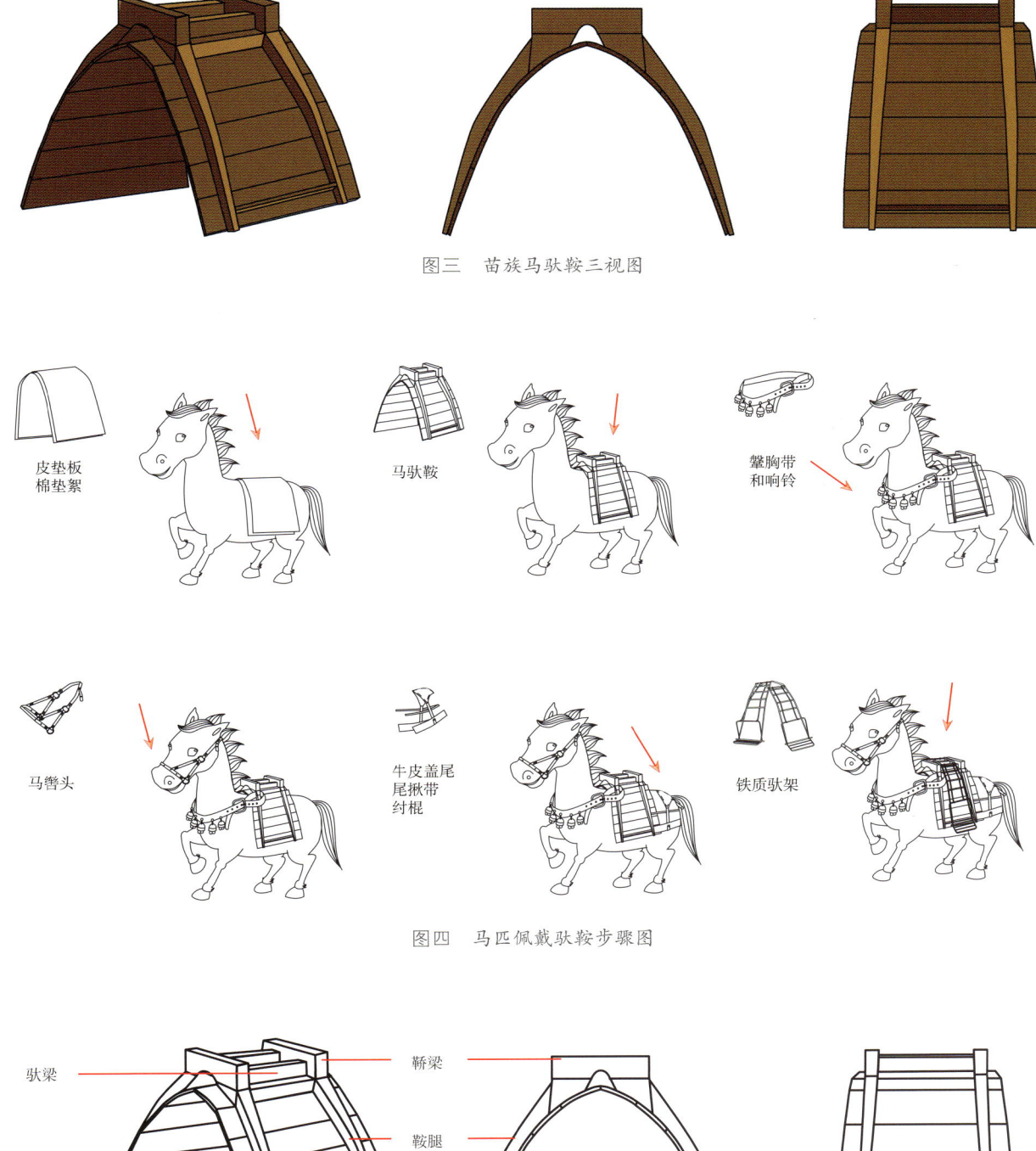

图三 苗族马驮鞍三视图

图四 马匹佩戴驮鞍步骤图

图五 苗族马驮鞍结构名称图

第五章 苗族传统生产工具

图六 苗寨马驮鞍使用情境图

苗族水车

图一　苗族水车主图

水车，又称水转筒车，是一种由来已久的农业灌溉工具，其工作原理是以水流作为动力，将低处的水抽取灌溉高处和远处田地的汲水工具。水车是古代劳动人民在年复一年的劳动过程中产生的智慧结晶。在有史可考的时候，出现了最早利用简单的杠杆原理汲水的灌溉工具"桔槔"，使人类在生产劳作中节省了劳力，"桔槔"大抵是水车最初的原型。随着生产力的发展，水车的结构也得到了发展，更多的推动力得到了利用，譬如，水力、畜力、风力，到现在的电力。水车的建造材料也十分的丰富，例如有竹质水车、木质水车。水车的种类也分为翻车、筒车、井车和刮车，大都是由链条连接叶片或筒形的器具，经水力推动运行的。

在苗族村寨聚居的地区，大多是贵州、湖南、陕西、云南等地，这些地方大都是处在雨水丰富、土地肥沃的亚热带、热带地区。而且，苗族村寨大多处于山地之中，这些是我国梯田集中出现的区域，对于梯田的灌溉，水车起了很大的作用。

水车的构造为，用粗大的木架支撑起圆形立轮，立轮的圆周装有若干木叶轮和中空的竹筒，用轮带连接水轮，以水流带动水轮旋转，装满水的竹筒便可转到高处将水倒出，流入接水的竹槽中，流向各处的田地里。

水车的建造材料，多就地取材，苗族聚居地，竹类和树木的生长都很好。在建造水车时，多采用竹子、木头，如用粗大的木头做支撑架，

一头留节一头斜切的竹筒起到了叶轮的作用，用竹篾捆绑竹筒和木叶轮。将粗竹筒横向劈开，去除中间的竹隔，一根一根地接成长长的竹水槽，通向庄稼地。

当然，也有一些水车是人力和畜力推动的。苗族人大多生活在高山峡谷、水流湍急的地区，利用水力的机械原理是因地制宜的产物。而且，牛作为苗人最主要的生产劳动工具之一，在推动转盘带动水车运转上也是一项省工、省人力的重要手段。

我们在很多地方都能看到，水车的推动不仅可以灌溉田地，还可以利用水车带动石磨磨面，带动石舂舂米。在水车的发展高级阶段，还有比较复杂的结构，出现了"齿轮组"，这样的水车还分为"水转翻车""牛转翻车"和"驴转翻车"等各种类型，此时，水车还具备了排涝防洪的作用。时至今日，也许村寨的用水可能不再完全依靠水车运送了，但是它依然是苗寨一道独特的风景线。

图片来源
图一、图五　沈建国　摄影
图二　周红卫团队　制图
图三、图四　廖晨晨　制图

图二　苗族水车结构示意图

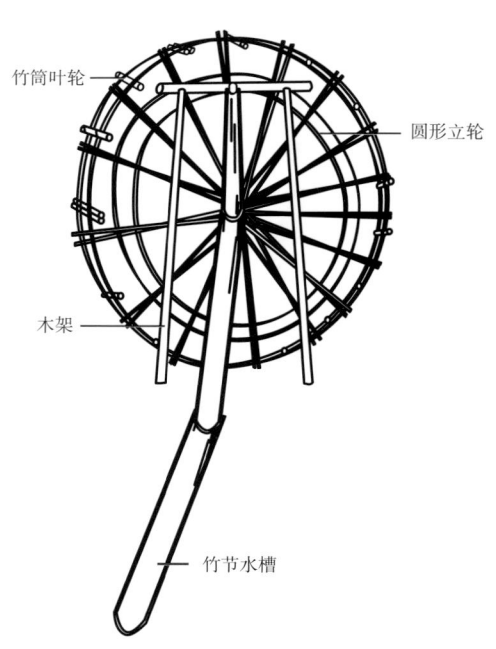

图三　苗族水车水槽示意图

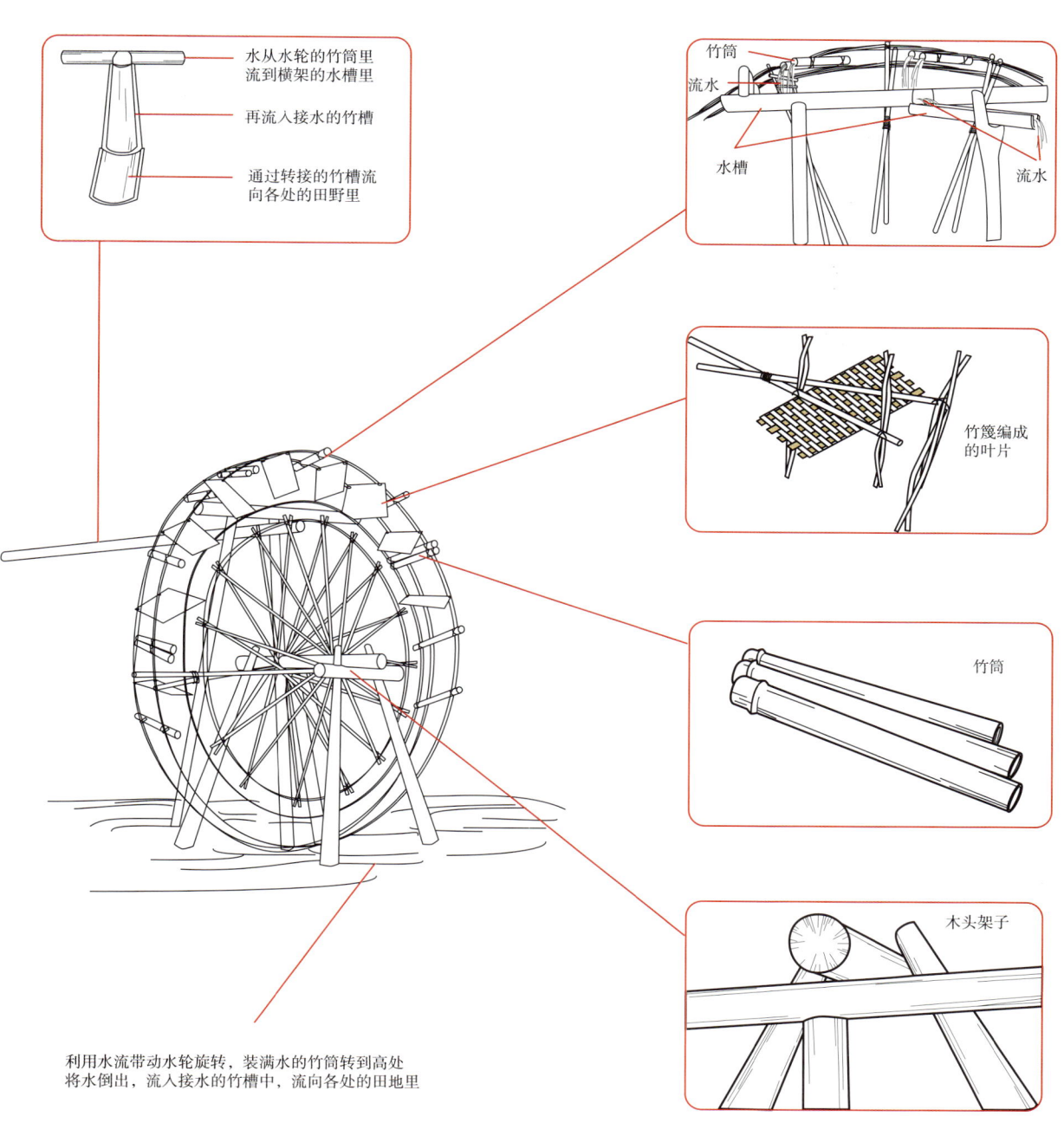

图四　苗族水车基本结构分析图

图五　贵州雷山西江苗寨水车群图

苗族木质榨油机

图一　苗族木质榨油机主图

木质榨油机是苗族地区常用的油料加工机具。苗族日常生活中，除了动物油外，主要以茶籽油和菜油作为食用油，而木质榨油机是重要的榨油机具。

苗族的木质榨油机有楔式、压杠式等多种，主要是各地传承下来的古老形式，多因地而异，但工作原理基本相似。

榨油机大多要采用粗大的木料制作，有的木料直径达到1米以上。其中一种榨油机被称为立式楔子榨油机或卧式榨油机，其基本结构是由粗大的圆木做构架，形成圆槽形榨床，将中间挖出一个空腔，称为榨膛，用于装填准备压榨的油饼；在榨膛的另一侧要放入多个方形、圆形或三角形的木楔，有行楔和退楔。这些木楔通常一头略粗一头略细，摆放时要不断调整木楔的粗细和位置。当调整好最后一根木楔，再用悬挂在架子上的木撞杆撞击榨油机身上的木楔。随着木楔被打入榨膛，横向摆放的木块对中间夹着的油饼产生挤压力，将油饼中的油液压榨出来。在榨床放置油饼的下面，放着一个接油的油桶。

另一种榨油机是采用杠杆原理制成的，其基本结构是，先用粗圆木做成木架，下层安装两根圆木，在圆木上安放两块厚木板，上板小于下板，放置需压榨的油饼。在其上方设置一根粗圆木，一头固定在一侧的架子上，用木榫固定。圆木的另一端压过中间的厚木板，用粗绳套上，并与下方的木架绑牢。绳索的中间穿一根木棒，压榨油时，工人要双手抓住木棒不断地转动，从而挤压两板之间的油饼，使油液缓缓溢出。

木榨的榨油方法有十多道工序，其基本

的工艺流程有筛籽、车籽、炒籽、磨粉、蒸粉、踩饼、上榨、插楔、撞榨到接油等。木榨榨熟油，榨出的油可以直接食用，所以，收来的油菜籽要先用风车筛去杂质，再炒熟，冷却后，进行两至三次碾磨，磨过的粉越细出油率相对越高。然后做成油饼，放在蒸锅上蒸，蒸好后用包袱提起，倒进放了稻草的铁圈中踩压，成为油菜籽粉饼，也称油饼。榨油前，先将油饼按顺序放进榨膛，根据榨油机的大小，一次可放置10~50块不等的油饼。放好油饼后开始在其一侧塞进木楔，直到填满木楔。随后由工人用木撞杆一遍遍地撞击行楔，并不断更换或添加楔子，行楔慢慢嵌入榨膛，给油饼加压，茶籽油缓缓地溢出，流进油桶。

完成榨油后，油饼由原来的7~8厘米厚压至3~4厘米厚。这时油饼可以出榨膛，先取出木榫、木块，再取出油饼渣，将榨出的油聚集在一起密封保存，至此整个手工榨油的过程完成了。

图片来源
图一　许星　摄影
图二至图六　廖晨晨　制图

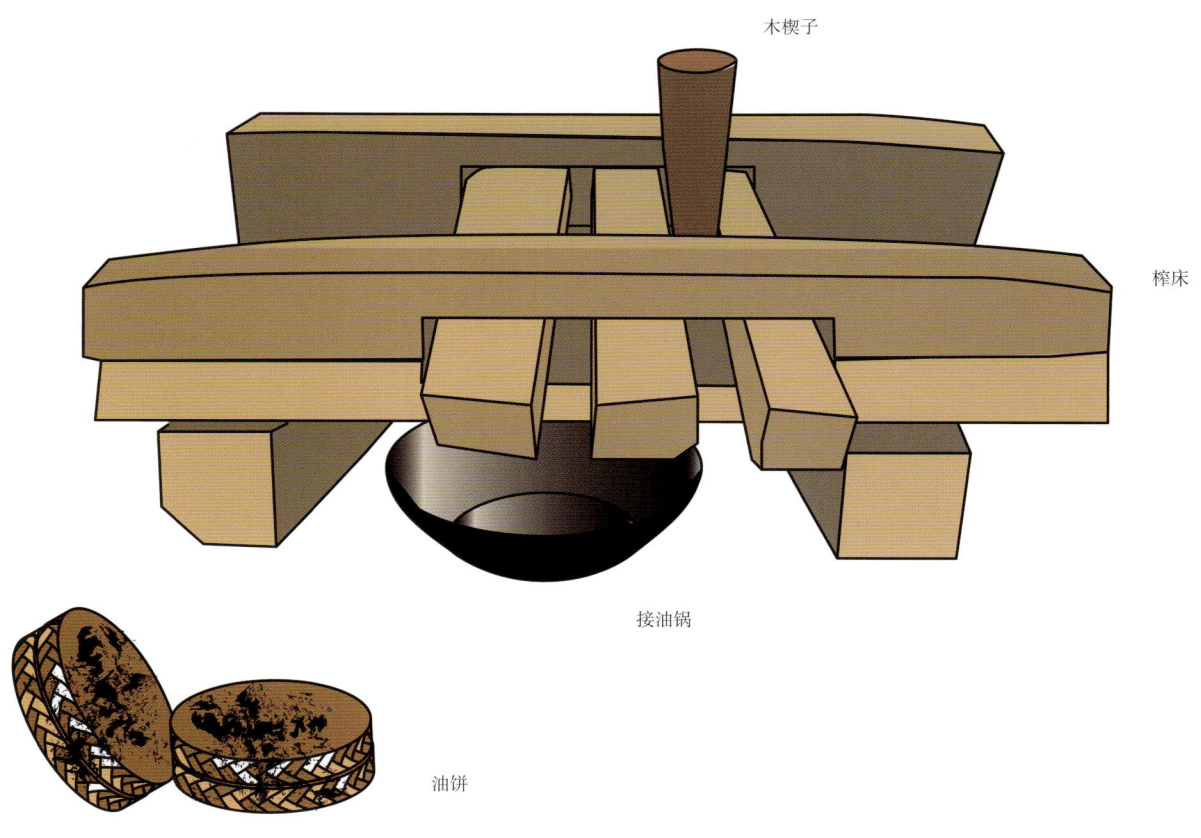

图二　苗族（卧式）木质榨油机结构名称图

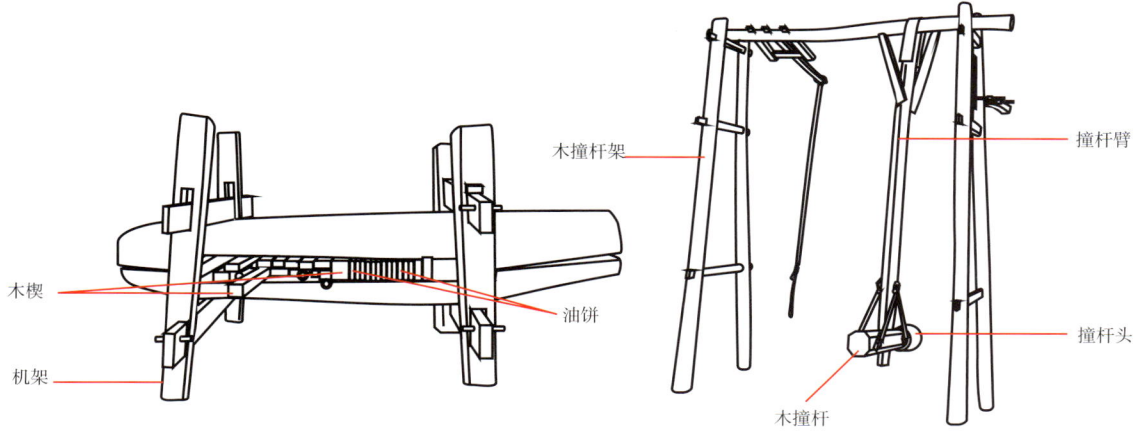

图三　苗族（楔式）木质榨油机结构名称图

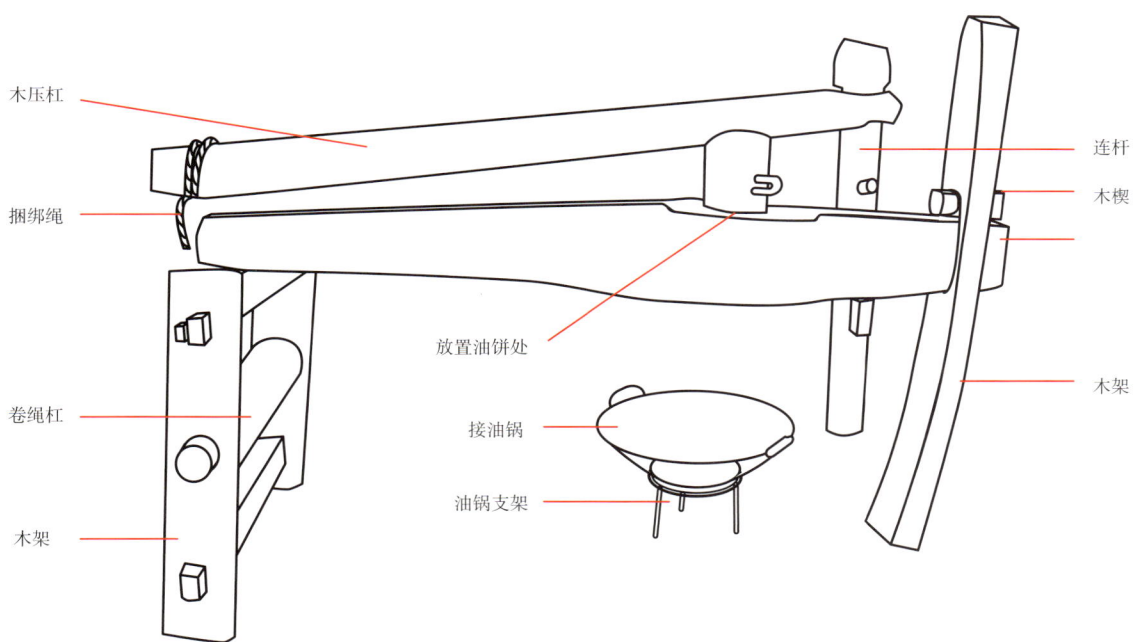

图四　苗族（杠杆式）木质榨油机结构名称图

木桶

铁锅

垫锅石块

柴火

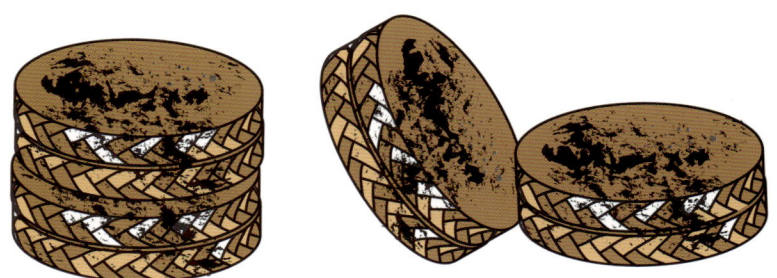

将蒸好的茶籽粉做成油饼

图五　苗族蒸茶籽粉、做油饼示意图

图六　贵州榕江苗族民众榨油示意图

黔东南岜沙苗族火枪

图一　黔东南岜沙苗族火枪主图

　　火枪是黔东南地区岜沙苗族生产生活中十分重要的工具，既能狩猎，帮助人们解决温饱问题，又能防止外族入侵，捍卫家园。每一个岜沙苗族男儿从小就有属于自己的火枪，每一支火枪上都有岜沙人亲自绘制的图腾。岜沙人在从事农耕及打猎等活动中，几乎是枪不离身的状态，个个枪法娴熟。如今的岜沙苗族被人们称为"中国最后一个配枪的部落"。

　　火枪整体呈"L"形，长度为80~150厘米，主要由金属制的枪管、枪机、枪机弹片、扳机、扳机弹片、护机、保险垫、底火和木质枪身等组成。其中的金属部件大多交由黔东南地区黎平县的师傅们加工，木质的枪身则由岜沙人自己制造，枪管用三道枪箍固定在枪身之上，细的一端为枪眼，粗的一端靠近枪柄，枪机、枪机弹片、扳机、扳机弹片、护机、保险垫、底火和木质枪等用金属钉固定在靠近枪柄的一端，紧接较粗一端的枪管，最后组合成完整的火枪。在使用时，先从牛角筒中倒出一定量的火药，将其从枪管前端装入，用铳子装紧，让火药从鱼嘴中露出，再从葫芦中倒出一定量的铁砂，将其混入火药并包上一层薄纸以防弹药脱落，一手托住枪管，另一只手扣动扳机，通过枪机弹片使火药发生爆炸产生强烈的推力将铁砂从枪眼中快速地射出，从而形成一定的杀伤力。

　　火枪是岜沙苗族在长期的迁徙过程中为了解决生活中的困难而制造的重要工具，体现了岜沙人勇猛果敢、不畏艰险的民族性格。可以说，火枪已经成为岜沙苗族人文精神的一种象征符号。

图片来源
图一、图四至图六　仲溪　摄影
图二　张庆　制图
图三　马路　摄影

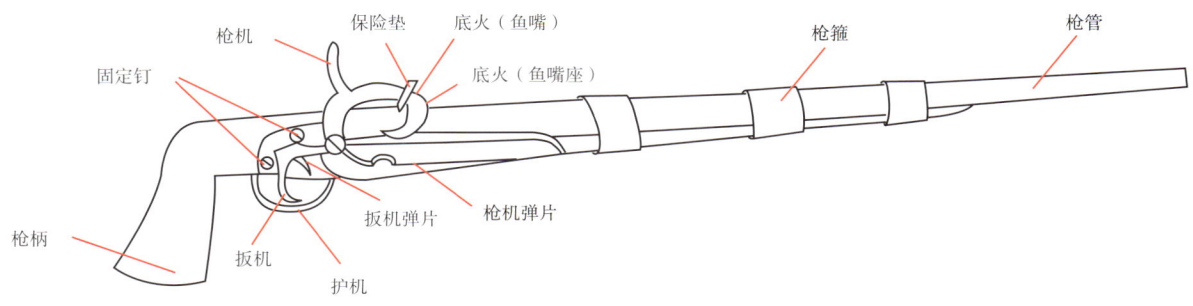

图二　黔东南岜沙苗族火枪结构名称图

图三　蓄势待发的岜沙苗族持枪男子图

图四　集体向天鸣枪的岜沙苗族男子图

图五　扛枪的岜沙苗族男子图

图六　持枪举行仪式的岜沙苗族男子图

第六章 苗族传统手工艺

苗族挑花·数纱绣

图一　苗族挑花（围腰）主图

　　苗族刺绣中，挑花和数纱绣是许多苗族支系中普遍应用的刺绣方法，由于两者的工艺技法有些相近，有的苗寨将其归并为同一种说法。在贵州黄平、贞丰、剑河、花溪、雷山大塘，黎平尚重，安顺高寨、普定等地，挑花、数纱绣的绣制非常精细美观。尤其是花溪一带的挑花，以做工精细、色彩明艳、清新秀丽、结构严谨的特点著称。

　　由于挑花所采用的是经纬分明的平纹布，挑绣时不用画稿，而是依经纱或纬纱的走向行针，当地绣娘们说如同是数着纱来绣制的，所以有的地方称之为数纱绣；还有的称为织锦法或纳锦法。挑花的方法有反面挑花正面看花和正面挑花正面看花的形式。反挑正看的方法是在布的背面挑花，正面看花。这样挑花能掌握好力度，使线松紧均匀不起皱，反面打结正面光洁且干净、平整。行针的走向以十字针为主，还用直线、斜线、锯齿和折线等形成几何形的图案。

　　挑花工艺有平挑和十字挑等，平挑是按平纹布的经纱走向竖向行针，或按纬纱走向横向行针，行针时要根据图案的需要，数着纱挑针，即隔几根纱挑一针，有规律地挑纱，若要挑得细密一些，往往隔两三根纱挑一针；

挑得粗一些，隔四五根纱挑针也是常用的手法。

十字挑是按经纬纱交叉点为基点，交叉成十字行针，两针为一个单位，有横竖十字交叉针和斜向十字交叉针。

花溪挑花的纹样非常丰富，有蝴蝶花、鱼刺花、猫脚叉、狗脚印、蜘蛛花、马脚印、螺丝花、狮子纹、捕鱼纹、神器纹、灯笼吊、乔子花、麦须花、鸡冠花、菊花、刺藜咀、辣椒花、葫芦花、狼鸡叶、冰花、绣球花等，也有呈抽象的几何图形，如对称、二方连续、角花、四方连续、四方放射、八方放射和独

图三　苗族数纱绣图案局部图

立纹样等多种形式。挑花的色彩明艳亮丽，白线为骨，粉红、大红、中黄、翠绿、蓝紫、橙色等满挑，点缀其他多种色彩，最终形成既靓丽鲜艳又和谐统一的整体色调。

苗族挑花不用绣稿，也不用贴纸样，而是绣女们将传承下来的绣谱牢记在心，再根据要挑绣的服饰类别、布幅的宽窄和所绣的内容来确定。如贵州花溪等地区的苗族挑花，多采用自制的染色布或有蜡花的蜡染布，先用白丝线挑好花样的大轮廓，然后从中心起针，向两边或四方发展，形成整齐对称的几何图形。

挑花的装饰部位，常用于服饰的衣袖、衣襟、缘边、腰带、衣背，以及头巾、背带和挂包等，所采用的色彩有单色挑花、彩色挑花等多种形式。挑花图案的纹饰明快规整，精致典雅。

图片来源
图一、图二、图八　陈中贵　摄影
图三　王和平　摄影
图四、图六、图七　廖晨晨　制图
图五　许星　摄影

图二　苗族挑花服饰图

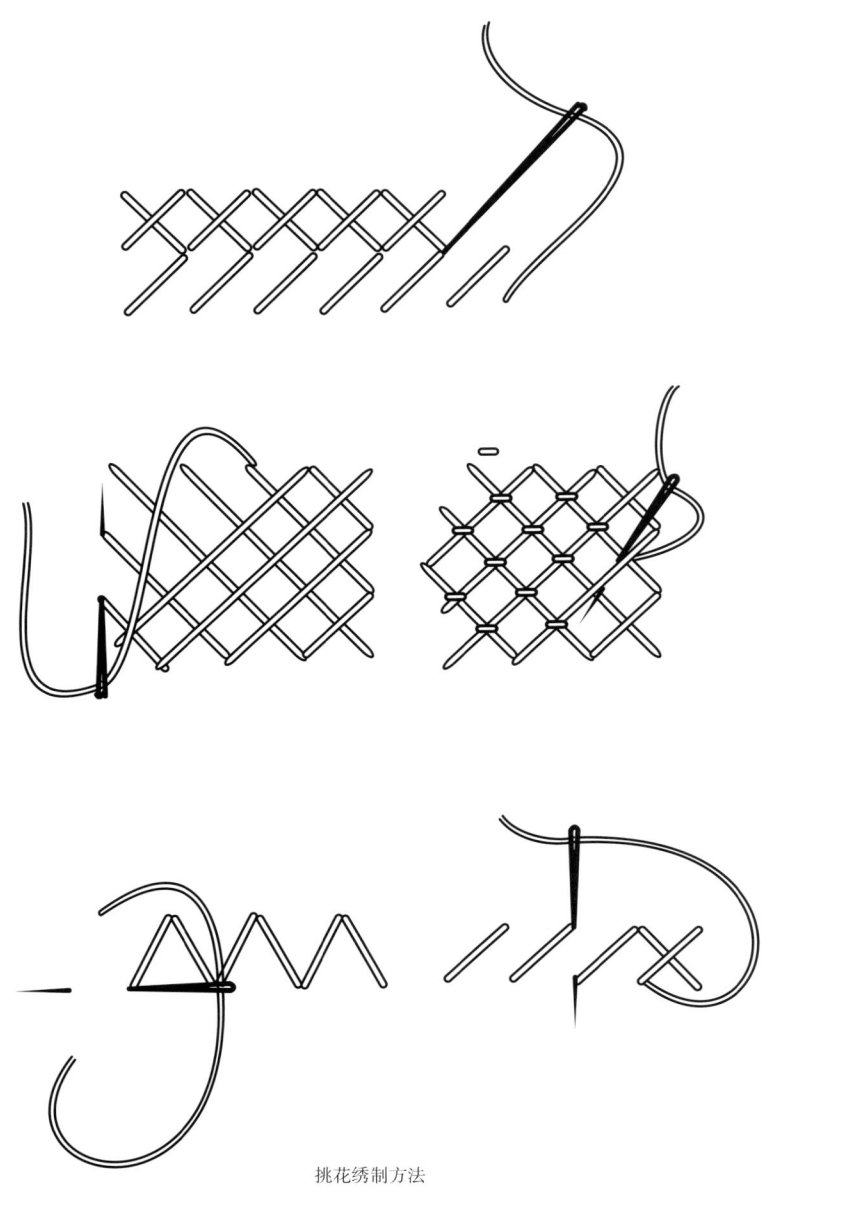

挑花绣制方法

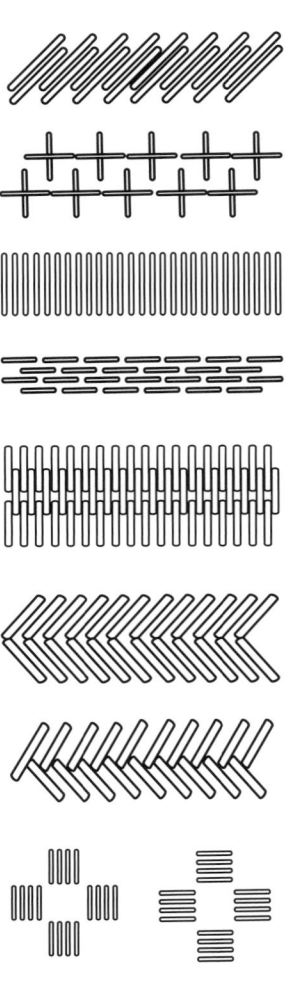

部分挑花针法

图四　不同苗族挑花针法图

图五　苗族服饰挑花图案

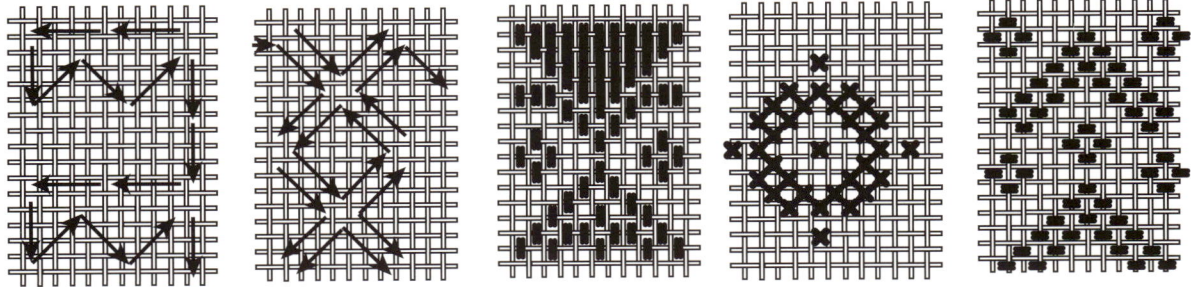

图六 苗族挑花局部图案结构示意图

图七 苗族挑花纹样局部图

图八 苗族挑花刺绣情境图

苗族平绣·破线绣·锁绣

图一 苗族平绣主图1

刺绣是苗族地区普遍运用的衣被装饰手法之一，无论是节日盛装、日常生活衣装、头巾头帕、包袋鞋帽、育儿背带，还是居室布品如床单被面、门帘布罩等，都有精美的刺绣花纹。苗家女儿打小就从妈妈外婆、姑嫂姐妹那学会了刺绣这门手工技艺，平时一有时间，便三三两两地聚在一起，绣制自己的嫁衣或送给心上人的荷包等物。大型刺绣品可以用绣框或绣架绷好布料进行绣制，小件的绣品大多不用绷架，而是用魔芋汁或大米熬制的黏汁在绣布反面粘一层布作为衬，使绣布稍硬一些便可拿在手上进行刺绣。

刺绣的纹样非常丰富，主要是苗家传承下来的各种题材，常用的有人物、龙凤、蝴蝶、游鱼、狮虎、牛马等，还有民间神话传说故事题材和几何纹样。

苗族刺绣中，平绣是运用广泛的一种绣法，为单针单线在布面上来回行针形成平整均匀的线迹。平绣的针法变化丰富，有横平、竖平和斜平的绣法，还有纳针、进针、退针、补针等。湘西一带苗族刺绣中采用的平绣，有跨针、退针、套针、圈针和偷针等针法。平绣的特点是，绣面平整光洁，色彩丰富艳丽，还常与剪纸相结合，即先将剪纸贴在绣布上，再用线缝绣，有较强的立体感和厚实感。

破线绣又称剖线绣，是将普通的绣线破成数根，然后一根一根地刺绣。这种绣法绣面光洁，适合绣精致的花纹。其针法主要有纳针、散针、补针和套针等。有的地方人们还用皂角泥来滤线，使丝线更具光泽，绣出的图案具有光亮感。施洞地区苗族的破线绣

第六章 苗族传统手工艺

585

独具特色。

锁绣是在刺绣时，先用绣线做扣，再将扣套入固定的一种方法，有双针绣和单针绣等方法。双针绣采用双针双线同时绣制，粗的绣线作扣，细的绣线固定粗线扣，如此反复形成花纹。单针绣是一针一线缝制，先缝一针作扣，下一针从扣中穿入系紧，形成一扣套一扣的线纹。还有一种是套环式锁绣，其针法是进两扣退一扣，扣扣相连成线状。这种绣法可绣衣料图案中的枝蔓、云水纹等，还可为平绣锁边，其特点是纹样连贯流畅，如行云流水一般。

图片来源
图一、图三、图七　李伟林　摄影
图二　王和平　摄影
图四至图六　廖晨晨　制图
图八　许星　摄影

图二　苗族破线绣主图2

图三　苗族破线绣和锁绣图案主图3

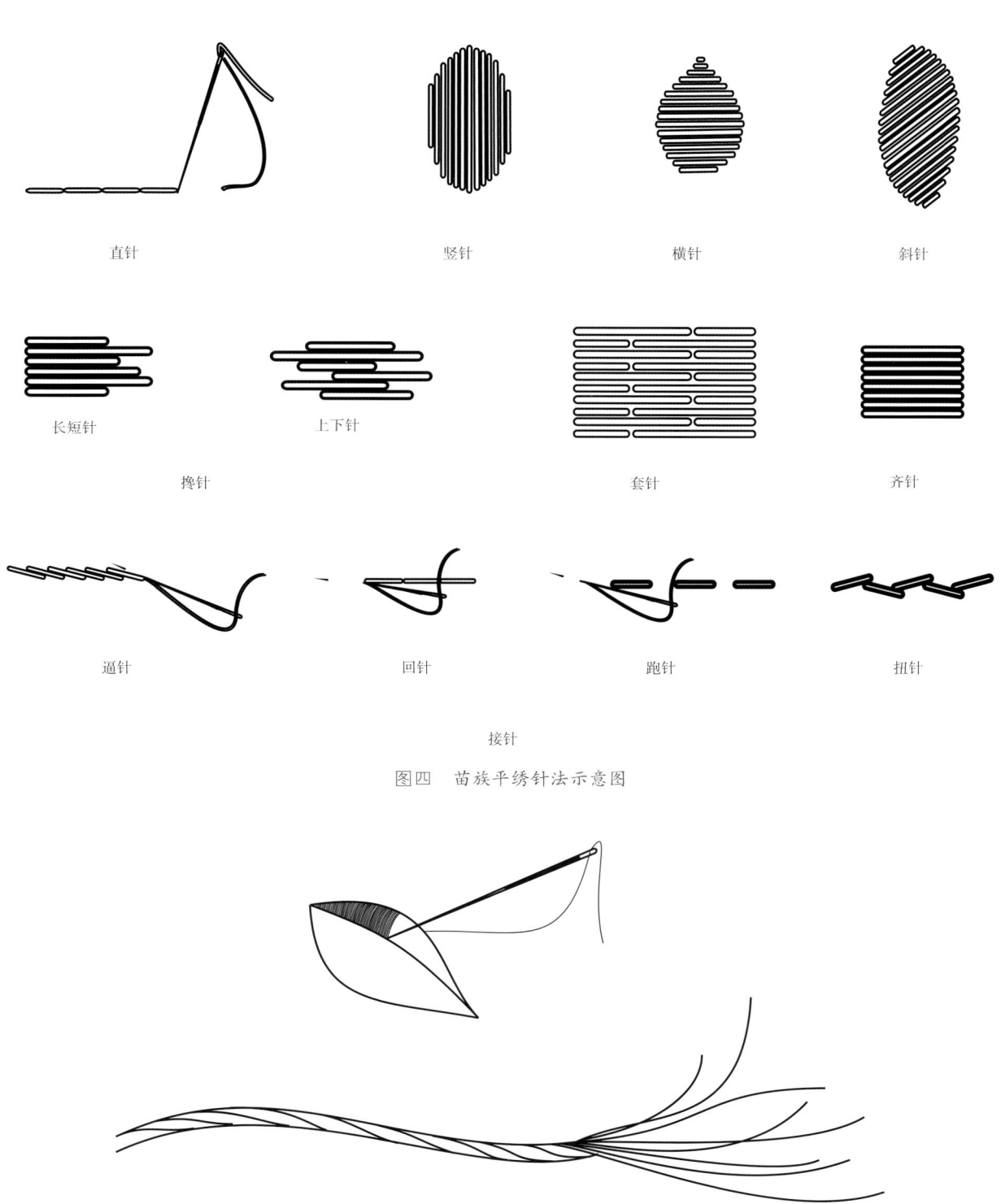

| 直针 | 竖针 | 横针 | 斜针 |

| 长短针 | 上下针 | 套针 | 齐针 |
| 搀针 | | | |

| 逼针 | 回针 | 跑针 | 扭针 |

接针

图四　苗族平绣针法示意图

图五　苗族破线绣方法示意图

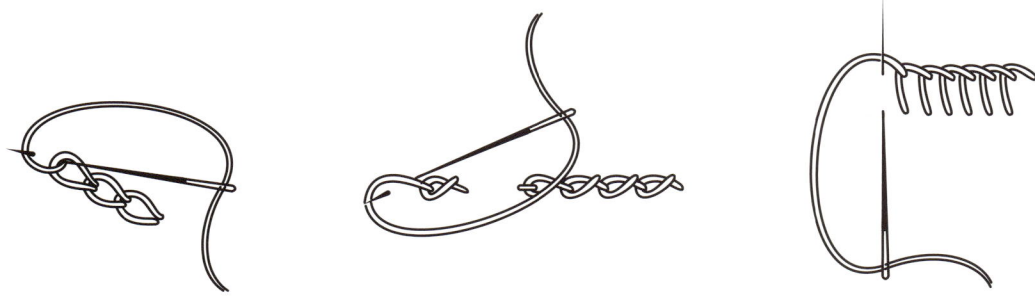

图六　苗族锁绣针法示意图

图七　苗族平绣龙凤图案

图八　苗族破线绣图案

苗族辫绣·绉绣·打籽绣

图一　苗族辫绣主图1

辫绣，也称编带绣，其工艺方法是，先按照图案的需要，将数根丝线编成辫带，辫带有宽有窄，宽者需十多根丝线编结，窄者也需6~8根丝线编结。用编好的辫带平铺在布面上缝钉出图案，称作平辫绣；将辫带按一定方向旋转成圈再加以固定的方法称为绞籽绣。

编辫带要用编带架进行加工，以九根线辫带为例，编带时，先将不同颜色的丝线分别缠在9个带钩子的竹管上，竹管要垂一重物，使线坨能够垂下。线的另一头拢成一束，固定在编带架的上方横梁上，丝线坨中间垂1根，其他8根分别垂在两边，按编带的纹样所需，编者左右两手持丝线坨依次交织缠绕，即编出所需的辫带。

贵州雷山、台江一带的苗族妇女们，在辫绣技法的基础上，又发展出绉绣的方法。绉绣是在缝制的过程中，将已经编好的辫带按图案的形状一边皱起一边缝制，形成凸起的立体状花纹。由于这种绣法可以绣花边、图案轮廓，也可绣满花朵，其特点是立体厚实，色彩艳丽，视觉效果强烈，常用于盛装的绣制。雷山苗族地区采用的绉绣，常常先以辫绣做花朵或花瓣的边缘，再用绉绣方法填满花朵的中间，有的花瓣采用两三种颜色组合，使图案变化更加丰富。

打籽绣是苗族常用的一种刺绣方法，一般是在缠丝线钉好的花朵轮廓里运针刺绣，每入一针的同时将针回到布面上，用绣线在针尖上绕几圈，钉入布里再回到布面上抽紧，刚才绕的线呈现出立体的结籽，反复行针，缝满花瓣形成凸起的立体造型。打籽绣的另一种针法是，入针前先用绣线在针上紧绕几圈，直插入布面抽紧，每一针形成一个结籽，一粒一粒打满花瓣后形成厚厚的一层，密实而有质感。还有一种打籽绣法，与前两种略有不同，其方法是先用绣线在布面上绕一个小圈，用针将小圈的交叉点缝合固定，针从布下向上穿出后，再绕一个小圈，用针缝合固定，如此反复形成图案。

图片来源

图一至图三、图七　许星　摄影
图四、图五　廖晨晨　制图
图六、图八　谢晋业　摄影
图九　张庆　摄影

图二　苗族绉绣主图2

图三　苗族打籽绣主图3

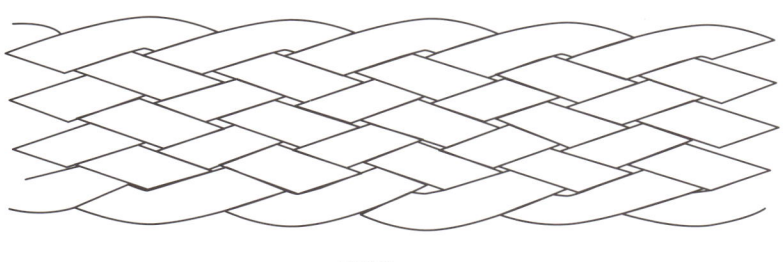

编辫带

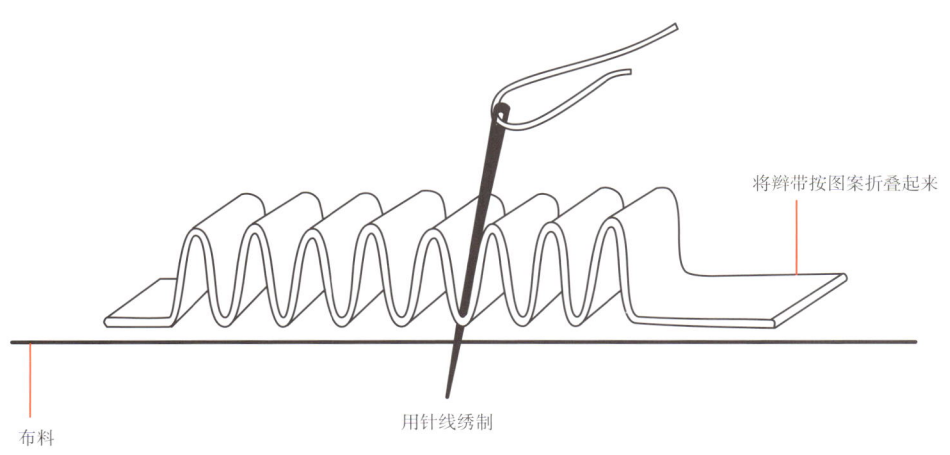

将辫带按图案折叠起来

布料　　用针线绣制

图四　苗族绉绣缝制示意图

第六章　苗族传统手工艺

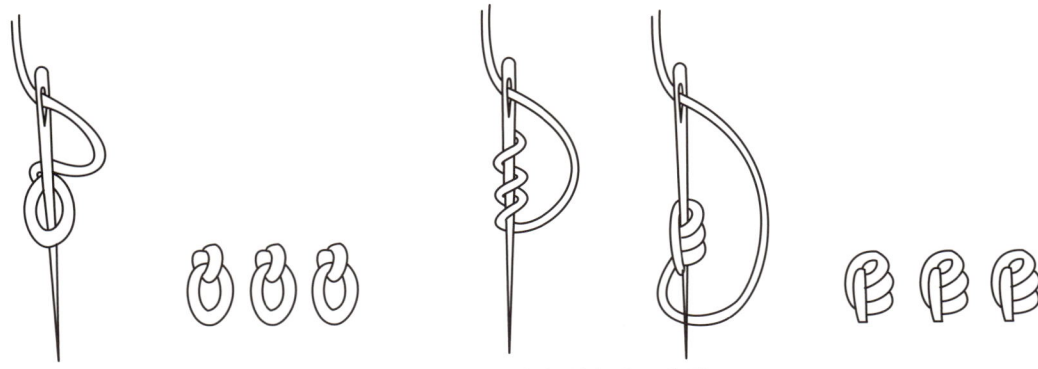

图五　苗族不同打籽绣针法示意图

图六　雷山苗族辫绣绣片图

图七　苗族绉绣衣袖花局部图

图八 苗族绉绣缝制图

图九 苗族妇女编辫带图

苗族钉线绣·锡绣

图一　苗族钉线绣主图1

钉线绣也称缠线绣，用马尾作线芯的称为马尾绣。在苗族刺绣中，钉线绣的方法运用得非常普遍，在节日盛装、绣袋、背儿带及一些日常装束上，常用这种刺绣方法。钉线绣的具体绣制方法是，先将一根作为线芯的棉线、麻线或马尾丝用不同颜色的丝线包缠起来，形成较圆润的线，再按所绣的图案，将包缠好的线钉在布面上。这种包缠起来的线段圆润密实，绣制出的花纹密实、饱满，线条流畅美观，并富有立体感，在贵州的织金、大方、普定一带的苗族地区，钉线绣品最为著名。如织金地区苗族的钉线绣，采用棉线为线芯，人们将线包缠得很细，绣上布面时排列得很密集，彩色的绣线钉在红色的布料上，色彩靓丽，层次分明，线条排列规整，针法精致细密，具有高超精湛的刺绣技艺和视觉表现力。

锡绣是苗族刺绣中一种方法独特的刺绣种类，在贵州省剑河县清水江沿岸的50多个苗族村寨采用这种绣法，主要用在盛装的背褡和前后裙片或围腰上。先准备好锡绣的布料、锡条等材料，剪刀和绣花针也是锡绣的基本工具。具体绣制的方法有：一种是将挑花的白布染色、捶打成亮布后再嵌锡条；

第二种是在手工织出的条纹布上面挑花，再嵌锡条；还有一种是直接在粗布上嵌锡条。做锡绣时，还要准备一块中间开有一个小口子的垫布铺在绣布上，小口子对准要嵌锡条的部位，边做边移，这可以保持绣品的清洁。

将薄薄的锡片剪成细细的锡丝条，在已经绣上图案的面料上，挑出一根绣线，把锡条的一头穿过挑出的绣线并卷住，剪断锡条后，将余下的部分卷紧绣线，这个过程称为扣锡（没有挑花的则直接挑出经纬纱扣锡）。如此重复使全部纹样都扣上锡条，在青黑的布料上，锡绣呈现出银白色的耀眼光泽，有非常独特的视觉效果。

锡绣的图案主要有勾连、卍字、王字、牛鞍花、秤钩、小人头、耙纹和尺纹等纹样，其布局以二方连续、四方连续为主要形式。通常都是在挑花纹样的基础上，再嵌锡条形成立体、连续的花纹，工艺技法独特，是苗家独有的工艺技法。

锡绣技艺是苗家祖辈传承下来的，一代代口耳相传，由母亲传给女儿、婆婆传给媳妇。苗寨人家还留存着学习绣花的绣模，由上辈传给孩子，使锡绣技艺可以很好地传承下去。

图片来源
图一、图二、图六至图八　许星　摄影
图三至图五　廖晨晨　制图
图九　吴兴权　摄影

图二　苗族锡绣主图2

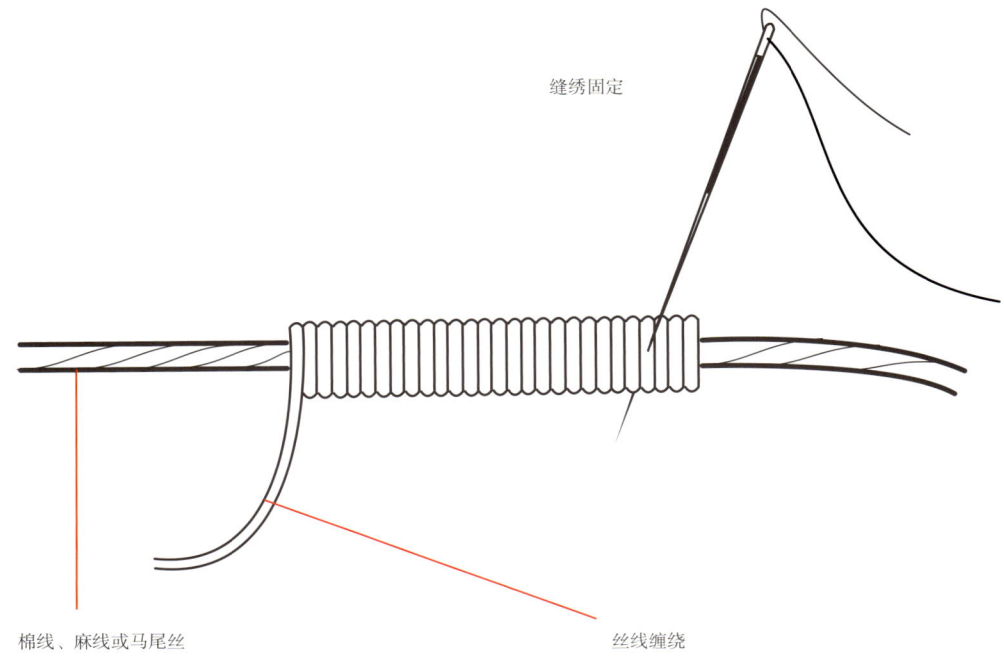

图三　苗族钉线绣针法示意图

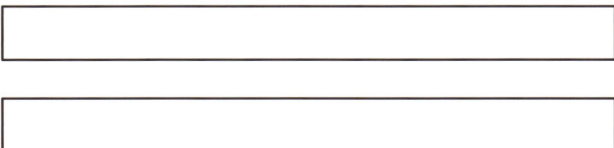

将锡片剪成细长条

将锡条的一头卷住布料上挑出的绣线，再剪断锡条的另一头，卷进线套，压平小锡卷

图四　苗族锡绣方法解析图

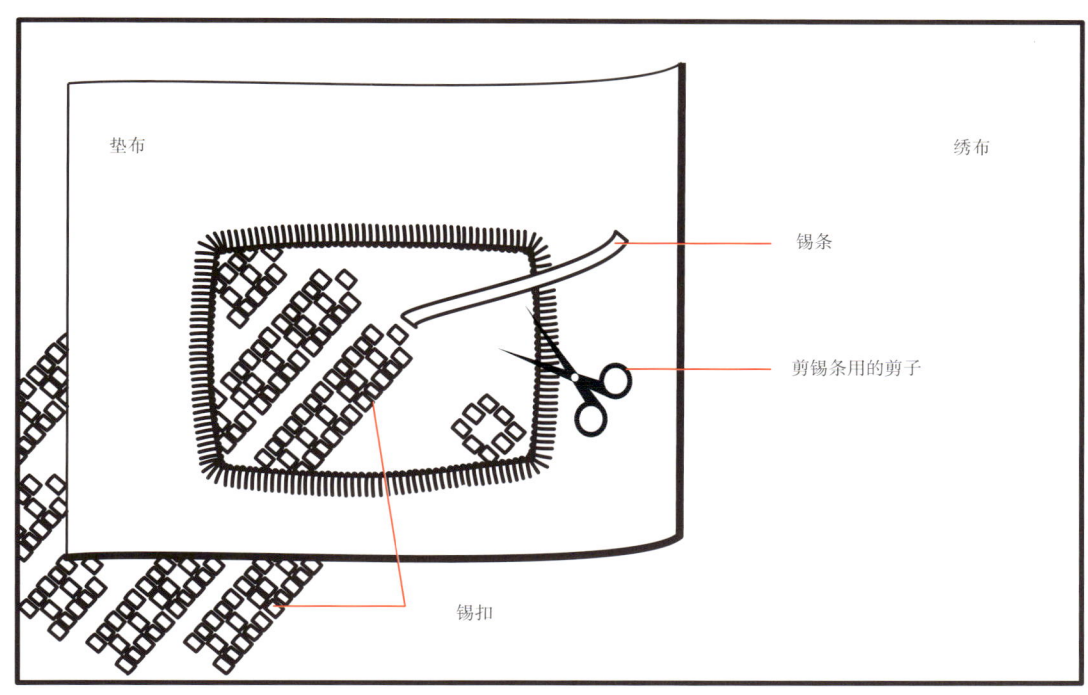

图五　苗族锡绣缝制示意图

图六　苗族锡绣用锡条图

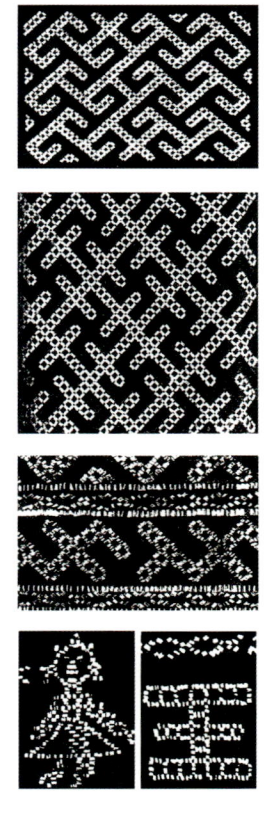

图七　不同苗族锡绣图案

第六章　苗族传统手工艺

图八　苗族钉线绣绣片图

图九　苗族锡绣裙片图

苗族堆花绣·贴布绣

苗族堆花绣,又称堆锈,是贵州凯里市的凯棠、洗马河、翁项、板溪及台江县的革东、施洞、革一等30多个村寨苗族服装上的主要绣花方法,与打籽绣和两针绣等绣法相结合,形成独具一格的堆花绣服饰。

堆花绣大多以织锦为绣料,染成藏青、大红、紫红、绿或黑色后,在上面绣上花纹,即可按照剪纸模本开始做堆花绣了。剪纸模本有老一辈传下来的古本,也有当代人自己创作的新样。

堆花绣有几种不同的方法,一是选好堆花绣的剪纸图案和色彩后,先将剪纸钉在布料上,用彩色的细棉布或丝绸剪成细长的条形,再剪成一条条的小布条,将一边的两角向中心对折成三角形,这是堆绣的基本元素,将一个个的三角形有规律地叠压起来,用针线固定即可。一道或两道三角形绣出的缘边,苗族民众称之为"狗牙瓣",在很多绣品中都可使用。还可以将布料对折成立体的三角形,排列成锯齿般的条状图案,也多在衣服的边缘做装饰。用不同颜色的布料折出大小不一的三角形,按图案堆叠起来,显出如鱼鳞或鸟羽般的层次,同时还有一定的厚度,常常作为龙鱼鸟兽的部分。不同的折法、叠法和不同的组合排列,形成了丰富的堆花图案,再结合平行排列的排绣、结圪垯的打籽绣等针法,使堆花有浮雕般的立体感和绣面的装饰感。

传统堆花绣的图案多选用鱼、鸟、河流、田园、花卉等,这些图案具有一定的象征意义,记载着苗族的历史变迁。

 — 堆绣

 — 堆绣

 — 堆绣

 — 堆绣

图一　苗族堆花绣主图1

施洞地区的苗族女装衣领、后背上，用红、白、黑三色的小三角、方形布堆叠起来，构成直、斜线条和几何色块的图案，别具特色。贵阳、乌当等地区的苗族服饰，后摆处用鲜艳的色布拼堆成花，每层色块呈立体组合，重叠交错，立体感强。

贴布绣也称贴花绣，其方法是将色布剪成一定的花纹，再缝钉在绣布上形成装饰图案，贵州的凯里、麻江、丹寨等苗族地区常用这种绣法。贴布绣的绣法也很丰富，如将布料浆一下使其硬实，再按剪纸图样剪好，用线在洞眼边缘缝绣；也可剪出不同大小的花瓣重叠多层，一层层地绣制，使其具有立体厚实的质感；还有一种是将各种颜色的布料剪成细细的长条形，再一条一条按颜色绣制，呈现出条形的花纹或边饰，工艺复杂而精致，具有独特的艺术效果。

图片来源
图一、图二、图六、图七　许星　摄影
图三、图四　廖晨晨　制图
图五、图八　李伟林　摄影

图二　苗族贴布绣主图2

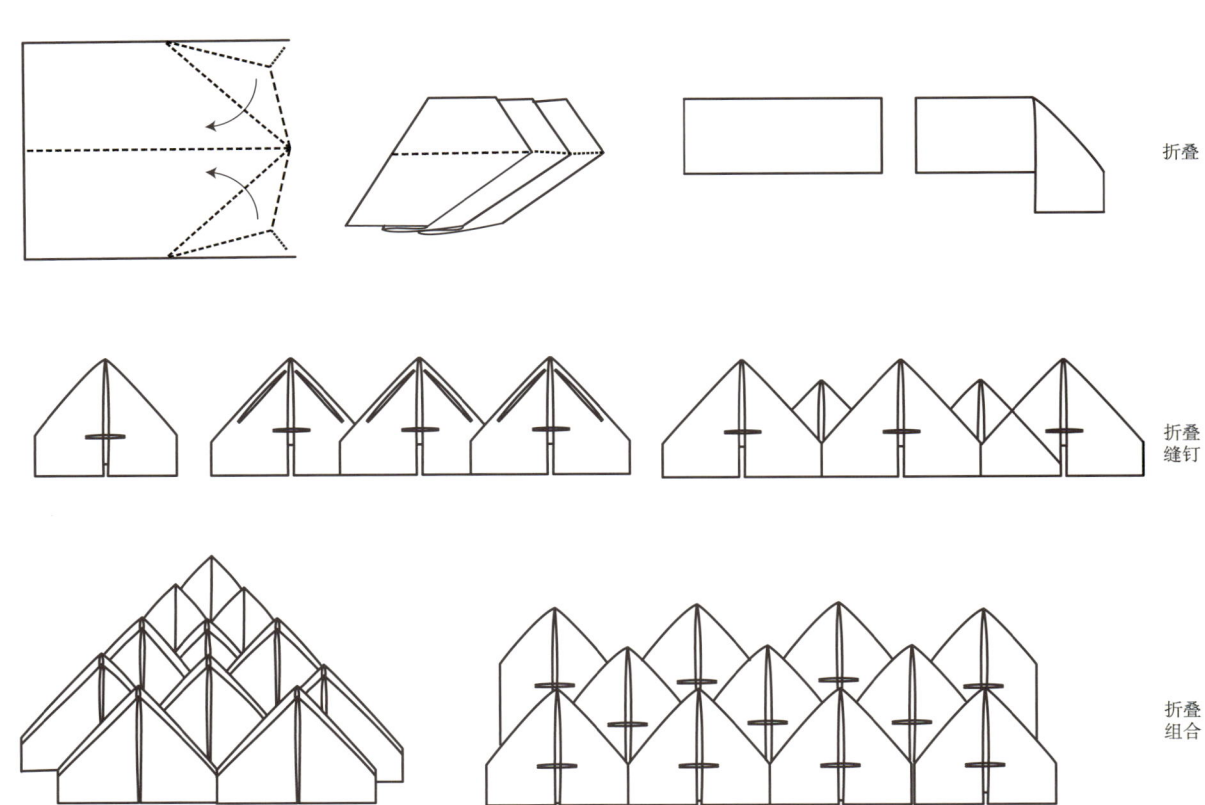

图三　苗族堆花绣方法示意图

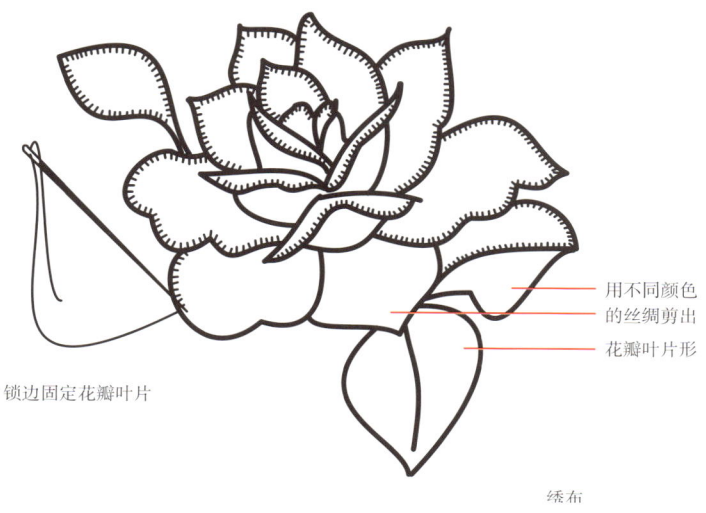

用不同颜色的丝绸剪出
花瓣叶片形
锁边固定花瓣叶片
绣布

图四 苗族贴布绣方法示意图

图五 苗族堆花绣绣片图

图六 苗族贴布绣绣片图

第六章 苗族传统手工艺

图七　小花苗贴布绣图案

图八　苗族贴布绣制作情境图

苗族板丝绣

图一　苗族板丝绣主图

　　苗族板丝绣，又称蚕丝绣或蚕片绣，是贵州丹寨、三都、雷山、榕江、凯里和麻江等苗寨常用的刺绣底布和贴花用布。尤其是丹寨古嫁妆衣以及榕江苗族首领于 13 年一度的牯脏节穿着的牯脏衣，就用板丝为底布刺绣出漂亮的图案。

　　与用彩线直接在棉布或丝绸面料缝绣图案的刺绣方法不同，板丝绣是从采桑养蚕开始，当蚕宝宝即将吐丝时，把它们放置在一块宽大而平展的板上，这样蚕只能在板上摇着头来回爬着吐丝，吐出来的丝附着在平板上，形成一层薄薄的丝片。也可根据需要，多放一些蚕宝宝，形成的丝片会厚实一些。做成的丝片称为板丝，在刺绣之前，要把丝片压实压平，再采用植物果叶等染料将丝片染成所需的颜色，这种丝片光泽柔和，柔软有韧性，做好丝片便可开始进行刺绣了。

　　板丝绣有两种不同的绣法，一是直接在板丝上以平针和锁针等针法绣出各种图案，称为"都柳江上游"形，流行于丹寨、三都、雷山、榕江等地的部分苗寨。如丹寨、榕江等苗寨的牯脏衣，通身都在板丝片上绣满了各式花纹，如用红、黄、绿、黑、紫和灰等色丝线刺绣出变形的龙、凤、鸟、鱼、蝴蝶和各色花草、几何纹样。摆贝一带的百鸟羽衣也是直接用板丝做刺绣的衬布，再以平绣或锁绣等针法进行刺绣。

　　还有一种是根据图案将板丝片剪出不同的形状，贴在底布上，再沿边缝绣而成。这种板丝绣被称为"舟溪"形，主要流行于凯里、麻江、丹寨、雷山等地的部分苗寨。如贵州丹寨八寨苗的一件祭鼓服古嫁妆衣，为丹寨县国家级非物质文化遗产，其采用贴布绣、堆绣和板丝绣的方法，绣出各种图案。其中有迁徙路过的"三条江"、用布块拼贴的"火镰花"、衣袖蜡染"铜鼓花"和袖口挑花"马蹄花"等图案，这些图案寓意着苗族后辈对祖先的崇拜和对生活的热爱。在衣服领子、袖肘、袖口和下摆处，用剪成长三角形和长条形的板丝条密密地排列缝绣起来，色彩和谐，精致细密。

板丝绣是苗族刺绣中独具特色的绣种之一，绣品具有厚实、华丽的特点，各色鲜艳绣线绣出的图案被朴实的板丝底衬协调起来，形成既华丽又和谐统一的艺术特色。

图片来源
图一、图六、图七　张希成　摄影
图二、图三　许星　摄影
图四、图五　廖晨晨　制图

图二　苗族板丝条图

图三　苗族板丝绣（摆贝一带）百鸟羽衣局部图案

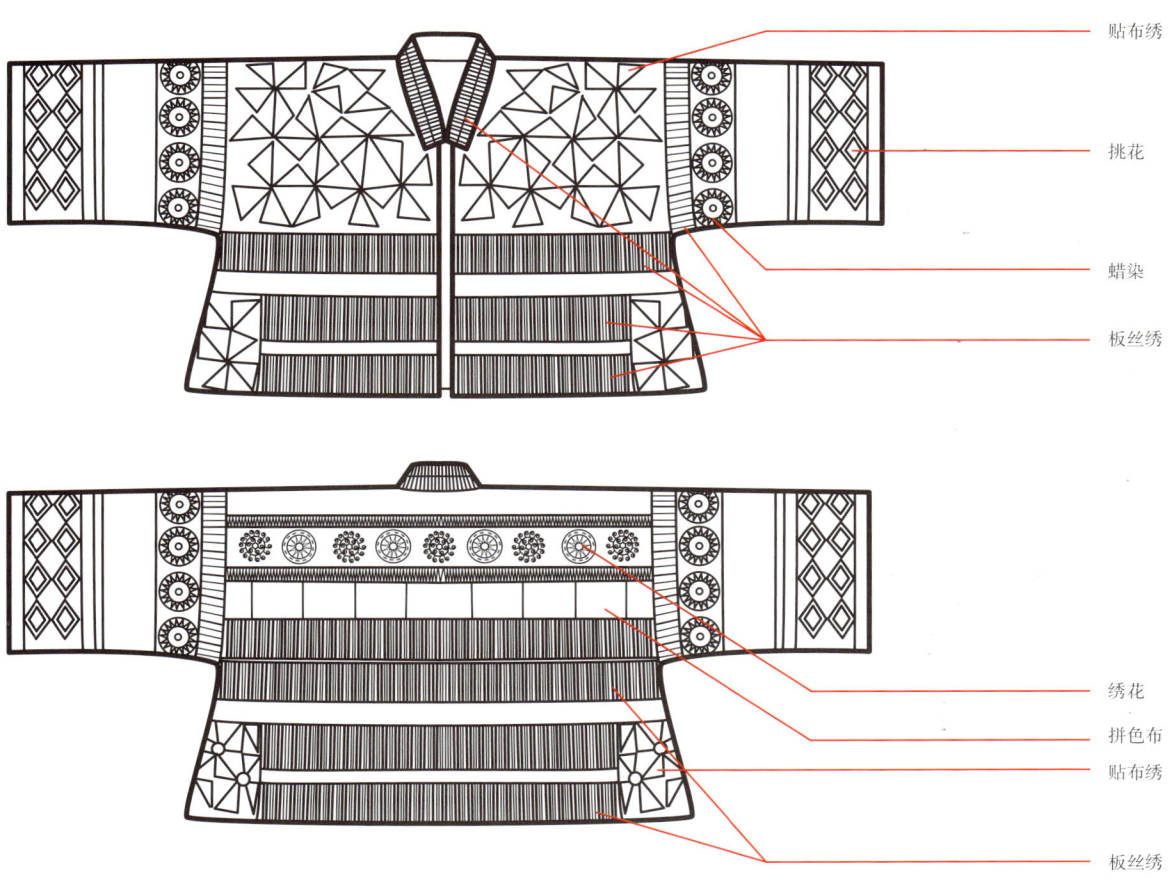

图四　苗族板丝绣盛装上衣刺绣布局示意图

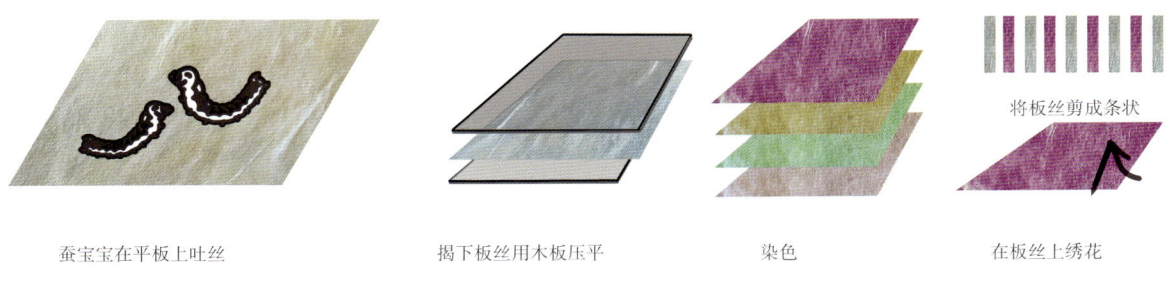

图五　苗族板丝绣步骤示意图

第六章　苗族传统手工艺

605

图六　苗族板丝绣凤鸟蝶图案　　　　　　　　图七　苗族板丝绣局部图案

苗族剪纸绣样

图一　苗族剪纸绣样主图

在苗族的刺绣工艺中，一种是不用绣样而直接在布料上绣花的方法，另一种是采用绣样作为底稿进行刺绣的方法。

刺绣时，绣面要求整洁、干净，直接在布面上画图案容易弄脏画面，同样的图案还要一遍遍地重复绘画，采用剪纸绣样可弥补这些缺陷。刺绣样本中还分为绘画绣样和剪纸绣样两种。

剪纸绣样俗称"苗花纸""剪花"或"绣花纸"，也称剪纸绣稿，是刺绣的底样和蓝本，作为图案纸稿贴在布料上，直接将丝线在纸质绣样上行针刺绣。约有十余个苗族支系都使用剪纸绣样作为刺绣的蓝本，如贵州台江县施洞、老屯的苗族地区都使用剪纸绣样，具有代表性。在《苗族古歌·跋山涉水》中就传唱道："姑姑叫嫂嫂，莫忘带针线，嫂嫂叫姑姑，莫忘带剪花。"这里所说的剪花则是指剪纸绣样。

苗族剪纸绣样多用当地生产的竹纤维浆制作白皮纸或黄草纸，有些用苗家自制的丝绵纸，这类纸薄而有韧性，经搓揉。

剪花的小剪刀刀口较尖细，一次可剪几层。也可用刻刀刻，一次可多刻几层。

剪纸绣样多为苗族祖先传承下来的老谱样本，具有浓郁的苗家特色，记录着缅怀祖先的创世、祭祀图案，记载了先民悲壮历史的战争迁徙图案，更多的是对生活中自然景物的描绘。龙图腾、蝴蝶妈妈、江河田原、水漩、枫叶、凤鸟、牛、狮子、麒麟、鱼等图案，都是剪纸绣样的常用主题。每种图形还有丰富的变化，比如龙的形象，就变化出牛龙、蛇龙、猫龙、蜈蚣龙、水龙、鸟龙、象龙和人龙等多样的苗龙形态。蝴蝶妈妈是苗家人的母祖大神和万物之祖。苗族传说中记有："蝴蝶妈妈是枫树所变，它生了十二个蛋，孵了十二个春秋，孵出雷公、姜央、龙、象、水牛、虎、蛇、蜈蚣等十二个兄弟。因此，苗族把蝴蝶妈妈看成是人类与动物的共同祖先。"在苗族的剪纸绣样中，表现蝴蝶妈妈神祖象征的形象非常丰富。许多图案具有吉祥寓意，如喜上眉（梅）梢、金玉（鱼）满堂等，又如鸳鸯、并蒂莲寓意夫妻恩爱；石榴、葫芦等寓意多子多福。

苗族剪纸绣样的题材有着相应的部落徽记的作用，同一支系的刺绣纹样有着相对固定或程式化的特征，按各自支系的传承谱系一代代传下来，通过刺绣的图案就可辨识该支系的特征，也是一种精神象征的符号。

苗族剪纸绣样讲究对称协调，根据所刺绣的部位，图案有中心式、对称式、米字式、放射式、球心式和二方连续等形式。图案多生动美观，疏密有致。

苗族剪纸绣样按装饰衣物的部位有袖花、衣背花、衣襟、缘边、裙腰、裙边、头巾、裤脚边、腿围花和胸兜花等等。

图片来源
图一、图四至图六　李小松　摄影
图二　许星　摄影
图三、图七、图八　张庆、王兴业　摄影

图二　苗族艺人用小刀刻纸花图

图三　苗族剪纸绣样龙鱼图案

图四　湘西苗族剪纸刺绣图案

图五　施洞地区苗族剪纸袖花图案

图六　苗族围幔刺绣图

图七 苗族剪纸绣样样本图

图八 贴绣样绣花的苗族妇女图

苗族踏虎凿花

图一　苗族踏虎凿花（艺人黄靠天刻凿场景）主图

踏虎凿花因起源于湖南湘西踏虎村而得名。凿花，又称扎花、锉花，是用刻刀在纸上刻画出图样的剪纸艺术类别，被称为"不用剪刀的剪纸艺术"，是湘西"民艺三绝"之一。踏虎凿花以传承人黄靠天的作品最负盛名，他出生于凿花世家，具有代表性的作品有生肖系列、傩面系列、鱼系列、蝴蝶系列等。踏虎凿花多用于服饰品的绣花底样、祭祀和庆典活动的装饰等，如围裙花、衣襟花、裤边花、袖口花、围脖花、帽花、鞋花、帐檐花、被盖堂心花、枕头花、腰包花、荷包花、门帘花、背带花等。它以其独特的地域特色、鲜明的艺术风格和精湛的技艺技巧而驰名中外。

制作踏虎凿花的工具主要有刻板、刻刀、磨刀石、纸张（白纸或宣纸）、锤子、锥子、纸钉、剪刀、粉袋、石膏粉。首先，进行图样的草稿绘制；其次，在草稿的基础上进行墨线稿的绘制；再次，根据纸张的厚度来确定刻凿的层数，将纸张与墨线稿用事先准备好的纸钉订在一起，纸张之间涂以石膏粉墨便于作品完成后进行剥离；然后，用刻刀沿墨线稿进行刻制；刻制完成后进行图样的剥离即可。在整个制作过程中，刻制是技术性最强的一个环节，也是刻凿技艺的关键，它分为阳刻、阴刻、阴阳混合刻、锥针扎刻等。刻凿技艺的选择在绘制墨线稿的时候就应考虑清楚，如采用阳刻法，则要使墨线稿保持线线相连，以保留造型线条而刻去多余部分，阴刻法反之。刻凿通常由内到外、由繁到简，对刻刀的掌握要求"掌刀如握笔，腕力要均匀，断连刀要准，心细缓缓行"，可见刻凿技艺不仅在技术上有较高的要求，更是对匠人艺术态度的诠释。

踏虎凿花的纹样题材广泛，有吉祥喜庆纹样、巫傩祭祀纹样、日常生活纹样、装饰美化纹样等。在构图上常采用适合形式，或对称或均衡，通过图底关系的处理和刻画表现出优美的节奏感和韵律感，体现出强烈的装饰意味。它体现了湘西特有文化背景，更是苗族劳动人民对美好生活的追求，对自然物象的感知和对传统技艺的传承。

图片来源

图一　左汉中主编.湖南民间美术全集·民间剪纸木版画.长沙：湖南美术出版社，1995.

图二至图七　杨娟　制图

虎头帽花

袖边花

图二　苗族踏虎凿花图样——服饰类

开山傩面　　　　　　　　　　三鱼戏莲　　　　　　　　　　石榴蝴蝶

图三　苗族踏虎凿花图样——装饰类（黄靠天作品）

鞋帮花　　　　　　　鞋跟花　　　　　　　鞋头花　　　　　　　鞋垫花

图四　苗族踏虎凿花图样——鞋类

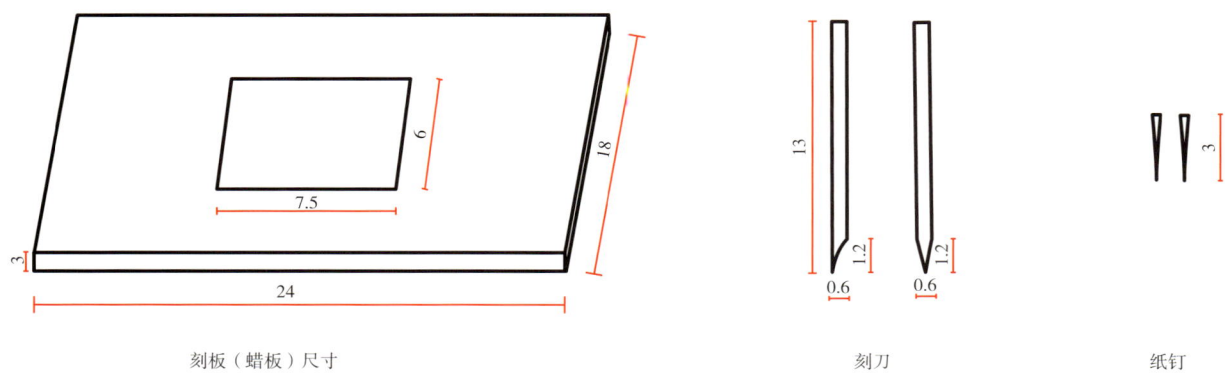

图五 苗族踏虎凿花工具尺寸图（单位：cm）

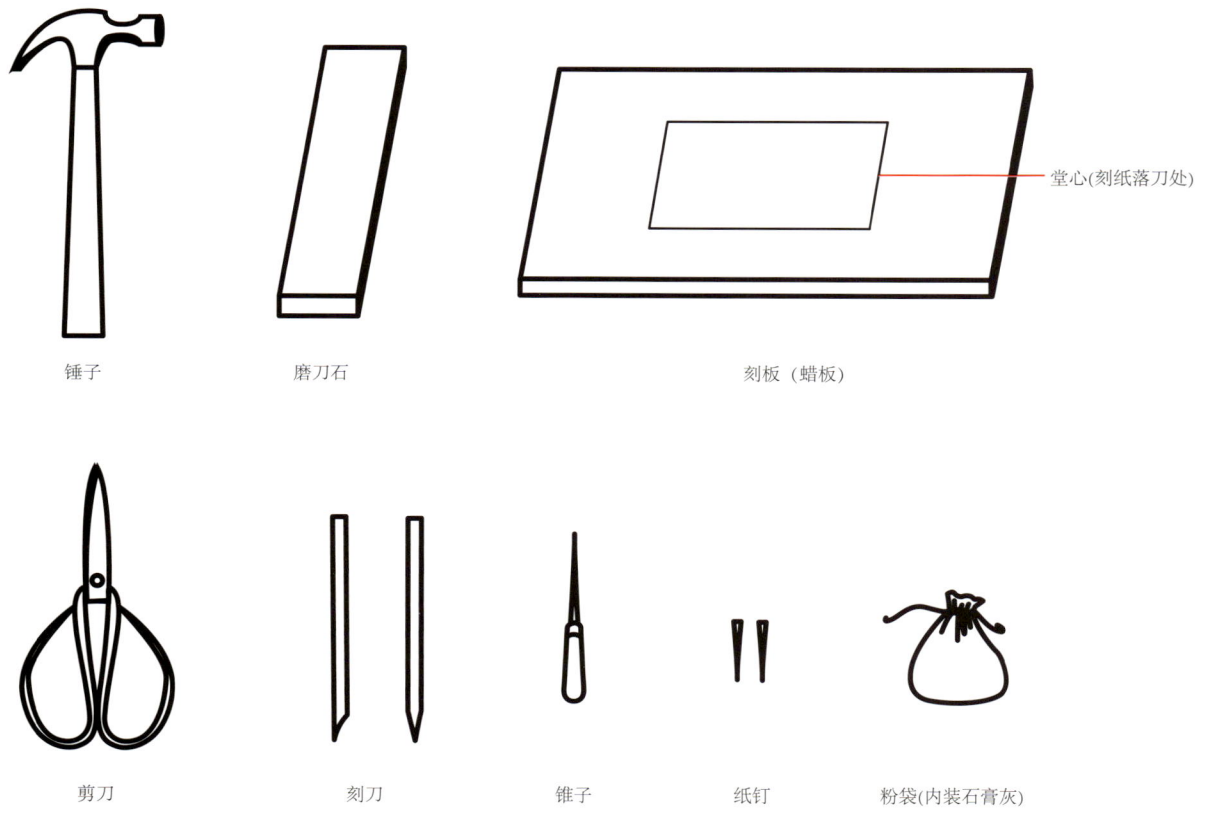

图六 苗族踏虎凿花工具示意图

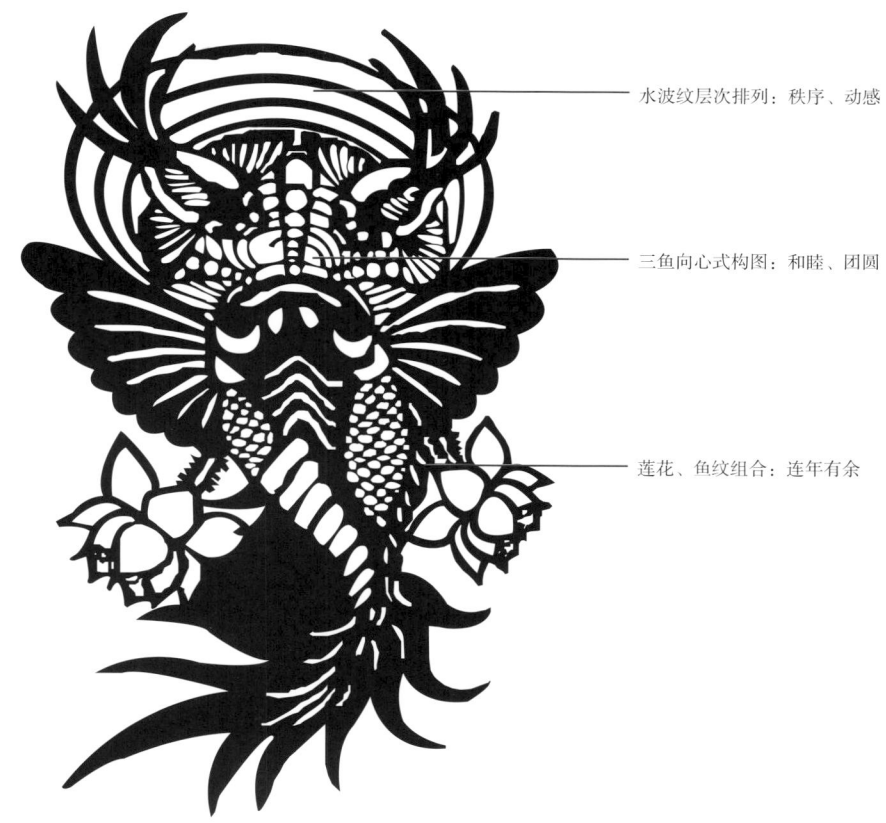

均衡构图

对称构图

图七　苗族踏虎凿花图样构图与寓意示意图

苗族贴布绣被面

图一　苗族贴布绣被面主图1

贴布绣也称为剪贴绣，是将布按照预先设计好的图样剪成独立的布片，将其贴在整体布面上，并用线在所贴图样周围用钉线绣、锁绣、绞绣等方式进行装饰的一种刺绣方法。它在不同的地区呈现出不同的地域特色，常见的贴布绣物品多为儿童背扇、围涎、童帽、装饰布等小物件为主，而苗族贴布绣被面以其大面积的贴布装饰效果和富于变化的内部图形结构在苗族刺绣手工艺品中独具特色，是人们日常生活中集实用与审美于一体的代表之作。

本案例以贵州雷山西江苗寨为样本。苗族贴布绣被面以长方形居多，本案例的被面长约154厘米，宽约110厘米，中心贴布图样长约130厘米，宽约82厘米，以土黄色的粗布为底布，将剪出图形的蓝、红、黑色粗布和少量其他颜色的布块按设计的骨骼布局缝在底布上，所用的缝线与底布颜色相近，除了沿边缝钉花样布块外，还要按纹样的特点缝绣出装饰花纹，如龙、虎、鱼等图形纹饰，花卉上的经络纹，蝴蝶身上的装饰纹等。中心贴布缝绣完成后，再用蓝色或黑色面料将两头或四周镶一圈宽边，将被面整合为一个完整的图形。在构图上通过贴布的合理设计呈现出方形四方连续的骨骼，整体布局齐整规则，有着强烈的视觉统一感。但每个骨骼中的图样布局又各不相同，基本呈现向心式的构图方法，骨骼和骨骼之间大多以对角线对称的形式加以表现，也会通过图样的连接与穿插形成相对独立而又相互关联的形式美感。与苗族传统堆绣的色彩斑斓不同，苗族贴布绣被面的贴布通常套色较少，在不同色彩贴布的布局上强调韵律感的表现，并通过同色线在贴布周围的钉针处理使得整体统一，繁而不乱、丰富多变。

苗族贴布绣的纹样题材承袭了苗族一贯的传统，多以动物纹、植物纹、几何纹及自然物象的纹样为主，通过纹样来表达图腾崇拜、祈福纳福、驱邪降魔以及对生活的美好愿望等。由于贴布独特的工艺特点，一般只能取物象的外轮廓，而对于物象的细部特征通常用线条通过钉线绣的形式来描绘。因此，物象的造型较为概括，简约稚拙，重在传神。传统劳动妇女大多是在没有底稿的情况下，凭借生活的体验和自身的感悟进行即兴创作，它体现了苗族劳动人们高超的技艺和淳朴的创作思维。

图片来源
图一　许星　摄影
图二至图七　杨娟　制图

图二　苗族贴布绣被面主图2

图三 苗族贴布绣被面尺寸图（单位：cm）

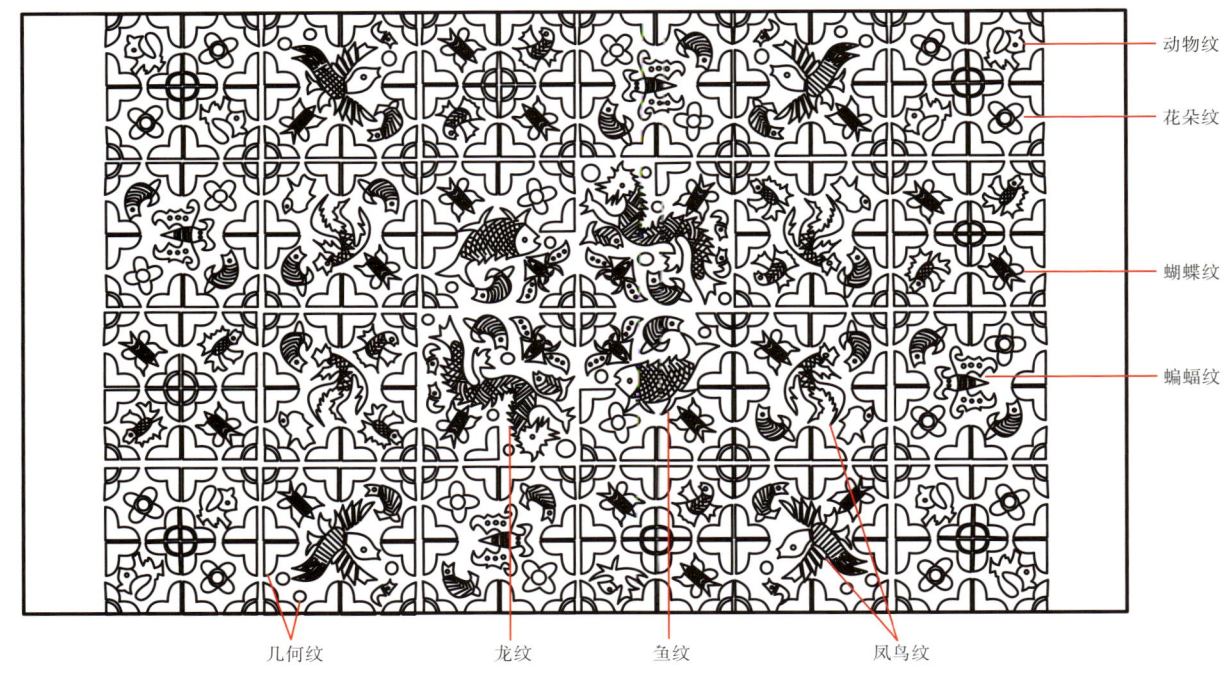

图四 苗族贴布绣被面形制与纹样示意图1

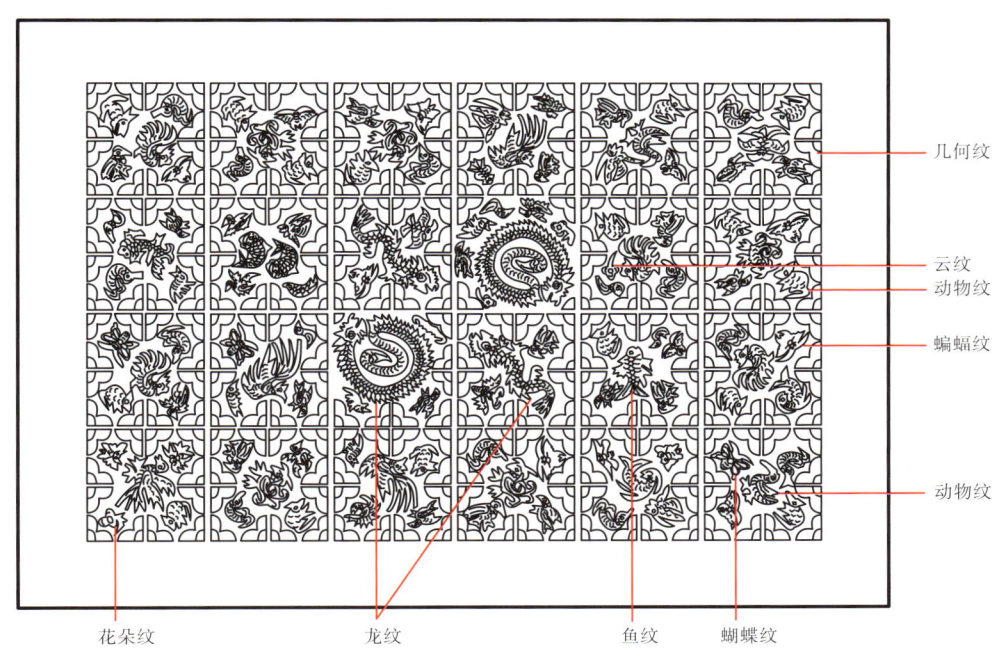

图五　苗族贴布绣被面形制与纹样示意图2

图六　苗族贴布绣绣制流程示意图

图七　苗族贴布绣被面配色布局示意图

苗族蜡染被面

图一　苗族蜡染被面主图1

蜡染被面是苗族传统手工蜡染的特色日用品，广泛流行于白领苗族，根据用途不同，可分为日常家用蜡染被面和丧葬仪式用蜡染被面（寿被）。日常家用蜡染被面主要是女子出嫁前亲手进行织布、绘蜡、印染，为自己准备嫁妆，以展现其灵巧的手艺和表达对未来美好生活的向往；也有母亲在女儿接近成年的时候表达对女儿将来婚姻生活的期许和祝福而亲手制作准备。丧葬用蜡染被面则是在进行丧葬礼仪时盖于棺木之上所用，葬礼后由家人收入衣柜进行存放。

苗族蜡染被面以长方形居多，也有正方形。其构图呈现一定的程式化，是苗族人集体审美意识和智慧的结晶，具有强烈的民族传承性。构图方式大多由主体纹样和边框纹样组成，根据不同的地域和用途而各具特色，如丹寨苗族蜡染被面基本呈现或对称或均衡或散落的构图形式，有些通过局部变化使构图丰富多变；而安顺苗族的构图则较为严谨，以多层次构图配合中心式构图为主。

在苗族蜡染被面的纹样上，日常家用被面多以动物、植物纹为主，而丧葬用被面则以铜鼓纹、涡旋纹等几何纹样居多。纹样均有其特定的寓意，如日常家用被面中的桃子寓意长寿；果木寓意活力；鱼、石榴寓意多子；莲花寓意爱情；鸟纹寓意人们对美的追求和自由的向往；"万""寿"纹寓意对吉祥幸福的企盼，等等。丧葬用被面则通过铜鼓纹的运用寓意权威和亡者的尊贵，表达对亡者的悼念；涡旋纹代表水波，寓意亡者灵魂渡水回归祖源，等等。苗族人借助蜡染被面图案表达自身对生活的体验，对生命的领悟、情感的追求和吉祥美好幸福的向往，充分体现了他们的主观能动性。

图片来源

图一　杨文斌，杨策著.苗族传统蜡染.贵阳：贵州民族出版社，2002：33—36.

图二　吴元新,吴灵姝,彭颖编著.中国传统民间印染技艺.北京：中国纺织出版社，2011：140.

图三至图七　杨娟　制图

图二　苗族蜡染被面主图2

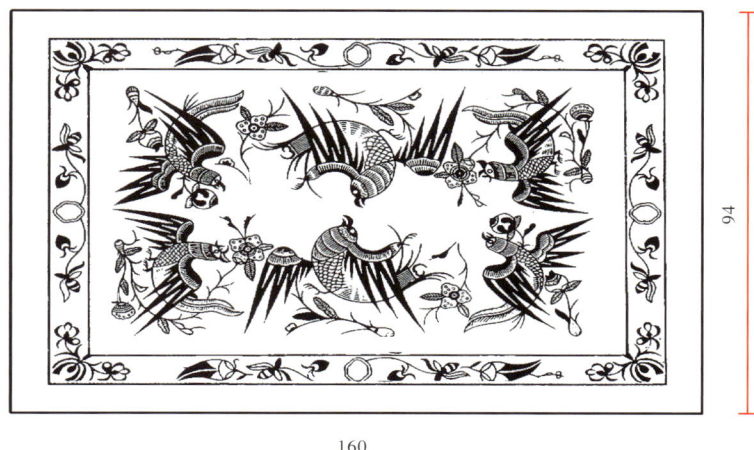

图三　苗族蜡染被面尺寸图（单位：cm）

情势联想造型（鱼戏莲"追求爱情"）
意义联想造型（石榴花果"多子"）
谐音联想造型（鱼"有余"）
性质联想造型（花朵"美丽"）
意象联想造型（并蒂莲花"成双成对"）
意象联想造型（寿桃、双钱"福寿双全"）
意象联想造型（凤鸟"美好、自由"）
意象联想造型（云朵转角花"长寿、繁衍"）
意象联想造型（寿"长寿"）

图四　苗族蜡染被面纹样示意图

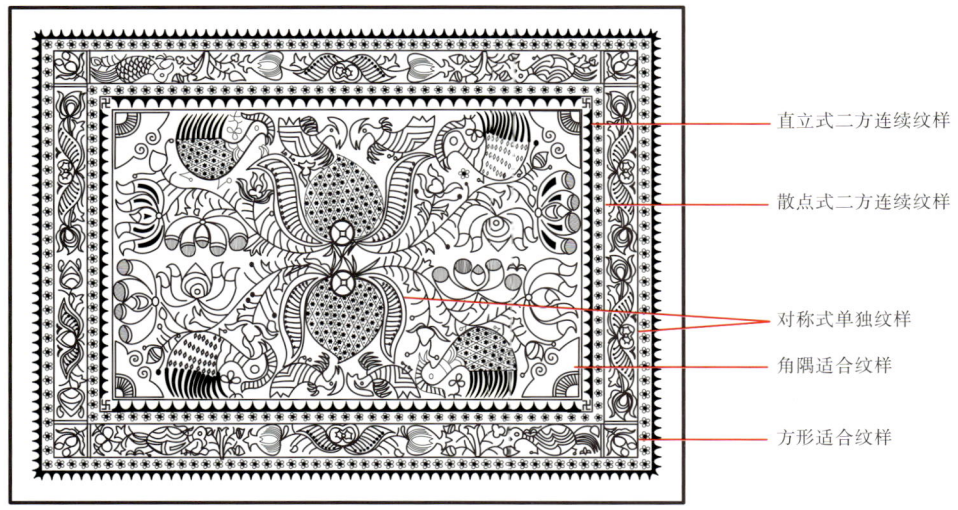

直立式二方连续纹样
散点式二方连续纹样
对称式单独纹样
角隅适合纹样
方形适合纹样

图五　苗族蜡染被面纹样组织形式图1

图六　苗族蜡染被面纹样组织形式图2

图七　苗族蜡染被面纹样组织形式图3

苗族蜡染包袱布

图一　苗族蜡染包袱布主图

包袱布是苗族蜡染特色常用物件之一，是用来包裹东西的布，呈正方形或近似正方形，边长 80~100 厘米，使用时采用对角扎系的方式。蜡染是贵州丹寨、安顺和织金等地许多苗寨悠久的传统手工技艺之一。其具体的制作工艺方法是将蜡加热至一定的温度熔化，用蜡刀或竹笔蘸蜡液在布面上绘画，再用蓝靛溶液浸染画布，去蜡固色后，布面呈现出蓝白相间的图案纹样。同时，在浸染过程中，蜡块会随着翻动布料自然龟裂，形成特殊的"冰裂纹"，使布面纹样更具独特的艺术魅力。由于蜡染图案丰富，色调素雅，风格独特，苗族蜡染技艺已于 2006 年入选国家级非物质文化遗产名录。

苗族蜡染包袱布在图案的构图、布局、题材和图案造型等方面具有鲜明的特色。苗族蜡染包袱布的图案组织常采用米字格式适合纹样的形式，图案布局方圆兼顾、方中有圆、疏密有致，整体呈现对称和均衡的特征，但在局部加以变化，形成初看工整规矩，细看变化多姿的特色。构图常采用单独纹样的散点、适合、对列等方式，以达到视觉效果的丰富。图案题材广泛，物象并置，不受时空限制。图案以繁为美、以密为美、以满为美、以盛为美，但繁而不乱、密中有疏。

包袱布图案造型在自然物象的基础上充分发挥创作者的聪明才智，用概括、提炼、联想、重组等手法，加上创作者自身对生活的理解和大胆猜想，对客观物象进行加工和再创造，形成写实和写意、真实和虚幻、具象和抽象的完美组合，达到意形结合、以形达意、以意传神的目的。同时，造型注重点、线、面等要素的运用，表现出强烈的装饰性、节奏感和韵律美。如在线条周围施以规则的点排列，使图案虚实搭配，富有层次和律动感。而点的密集排列则使所形成的花形等纹样活泼、跳跃，再通过一定程式化的排列方式，使整幅图案主次分明、形散神聚、美轮美奂；再如，通过线条的长短、粗细、疏密、形状、组合形式及排列方式的变化，生动而自然地展现出包袱布纹样或规整或变幻或灵动的视觉美感。苗族包袱布充分表现了苗族人民的聪明才智和心灵手巧。

图片来源

图一 吴元新，吴灵姝，彭颖编著.中国传统民间印染技艺.北京：中国纺织出版社，2011：128—146.

图二至图六 杨娟 制图

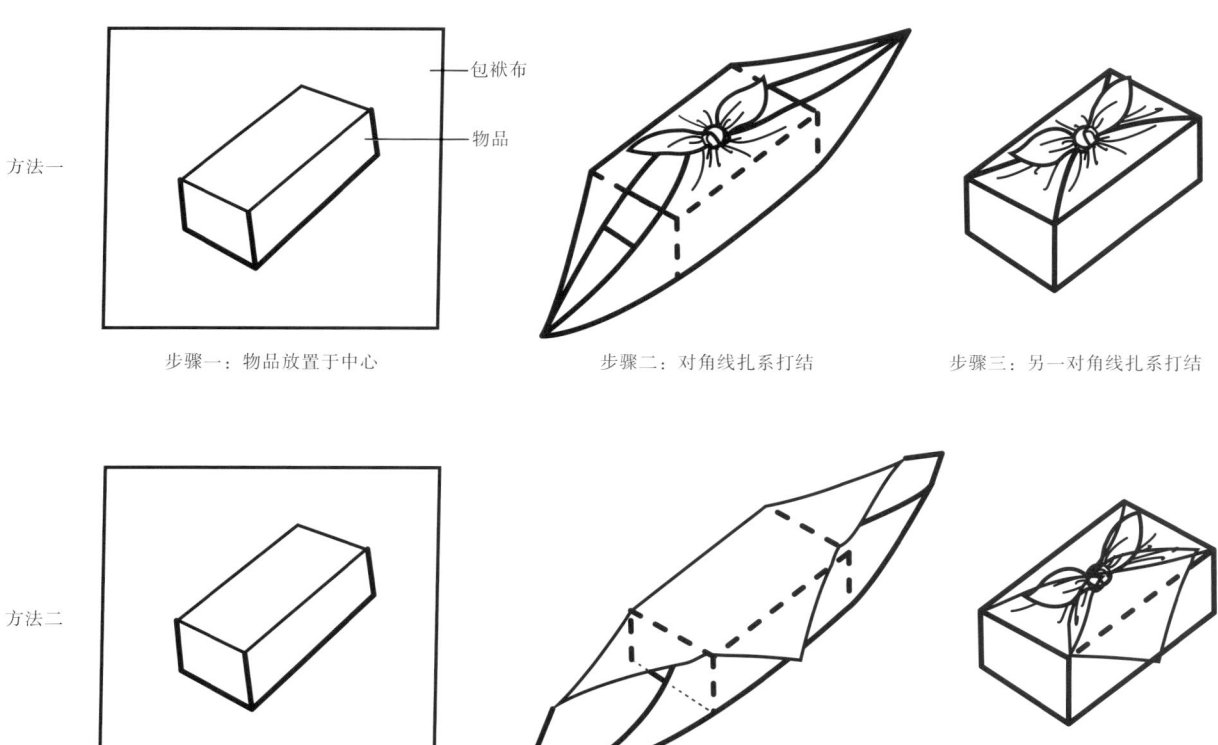

图二 苗族蜡染包袱布折叠方法示意图

图三　苗族蜡染包袱布纹样图——点的表现

图四　苗族蜡染包袱布纹样图——线的表现

向心式适合纹样

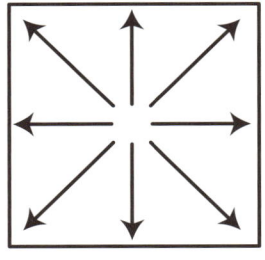

离心式适合纹样

向心离心结合式适合纹样

图五　苗族蜡染包袱布纹样组织形式示意图

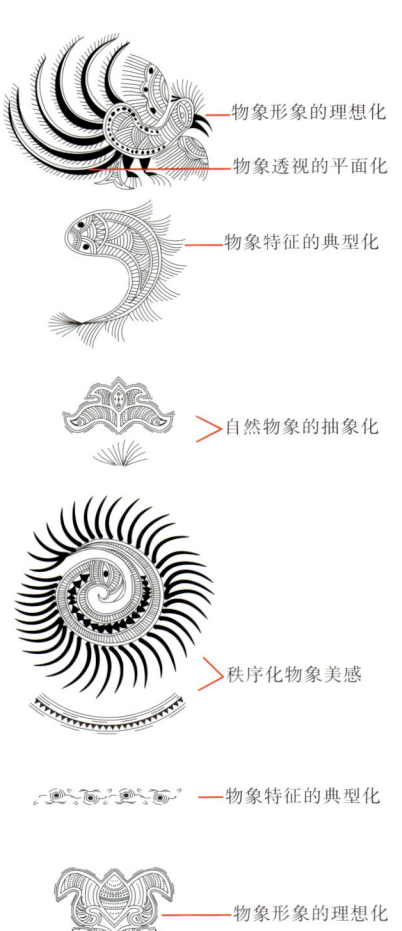

物象形象的理想化

物象透视的平面化

物象特征的典型化

自然物象的抽象化

秩序化物象美感

物象特征的典型化

物象形象的理想化

图六　苗族蜡染纹样程式化表现形式示意图

苗族蜡染鼓藏幡

图一　苗族蜡染鼓藏幡主图

苗族蜡染历史悠久，《后汉书·西南夷传》有"知染采绣纹"的记载，这表明西南少数民族至少在汉代就具备织布、染色和绣花的技能。在云南、贵州和广西等苗族村寨中，蜡染织物作为生活中的必需品，广泛运用于日常生活和民俗活动中。鼓藏节，即牯脏节，又称"吃牯藏""刺牛""吃牯脏"，是苗族祭祖的传统节日，每13年举行一次，通过祭鼓、杀牯牛等仪式来祭祀和缅怀先祖，以祈求子孙平安、富裕安康。在鼓藏节上最具特色的物品之一就是鼓藏幡，它是苗族人祭祀时用来向祖宗招魂所用的蜡染布，长度5~7米，宽0.3~0.4米。在牯脏仪式上，人们以姓氏为单位，举幡走在仪仗队的前面，高耸的长幡随风飘荡，声势浩大，庄严肃穆，透露着神圣且神秘的色彩。在牯脏仪式结束后，通常将幡旗焚烧献祭，这也是早期鼓藏幡鲜有流传后世的原因。

苗族蜡染鼓藏幡的工艺繁复，从布料织造到成品形成，要经过若干道工序，凝聚了苗族人的智慧和汗水。蜡染工具主要有蜂蜡、石蜡、松脂等防染材料，靛蓝染料，各种蜡刀、竹签笔等绘蜡工具，浸染容器等。主要工艺流程为：坯布洗练——图案布局——绘蜡——浸染——去蜡——清洗——晾干。

苗族鼓藏幡的图案造型丰富多彩。通常以龙纹、蝴蝶纹、铜鼓纹、鸟纹、人物纹、鱼纹、植物纹、几何纹等夸张、变形、联想、组合，形成独特的艺术表现形式。鼓藏幡由于其召唤先祖的特殊内涵，在图案的造型上表现出极强的图腾崇拜和宗教文化等象征意义。苗龙纹在鼓藏幡中大量运用，其形体如蛇，头部似鸟，或伸展或蜷曲。在苗族，龙是诸神的集合体，能够主宰世间万物。各种动物与龙头、龙身的组合便可以异化成龙，因此，在幡旗上常见鸟龙、蜈蚣龙、牛龙、人头龙、鱼龙等。苗族神话中描述蛙具有超自然的本领，因此，在鼓藏幡中常见蛙纹。出于对生殖崇拜、多子多福、美好自由等的憧憬，幡旗上多见鱼纹、蝴蝶纹、鸟纹。古时在征战、祭祀等活动中经常使用铜鼓，幡旗上大量铜鼓纹的运用，则表现出苗人对祖先的尊崇和缅怀。

鼓藏幡的图案整体工整精美，呈现一定的程式化特色。布局以对称为主，纹样排列疏密有致、亦放亦收，紧凑而不杂乱、规整却又舒展。在造型手法上，夸张、变形、提炼和融合，无论是图案的构图还是造型本身都表现出饱满、求全、象征等造型理念。图案的表现方式上，根据蜡刀的大小和粗细、线条的曲直走向及长短疏密、图案的动静对比等，通过点、线、面的合理布局表现出画面的灵动、韵律之美。很难想象这样工整、繁复、构思缜密的图案是出自制作者的脱手绘制，技艺之纯熟让人叹为观止。

图片来源
图一　吴元新，吴灵姝，彭颖编著.中国传统民间印染技艺.北京：中国纺织出版社，2011：129.
图二　许星　摄影
图三至图七　杨娟　制图

图二　苗族蜡染鼓藏幡实例图

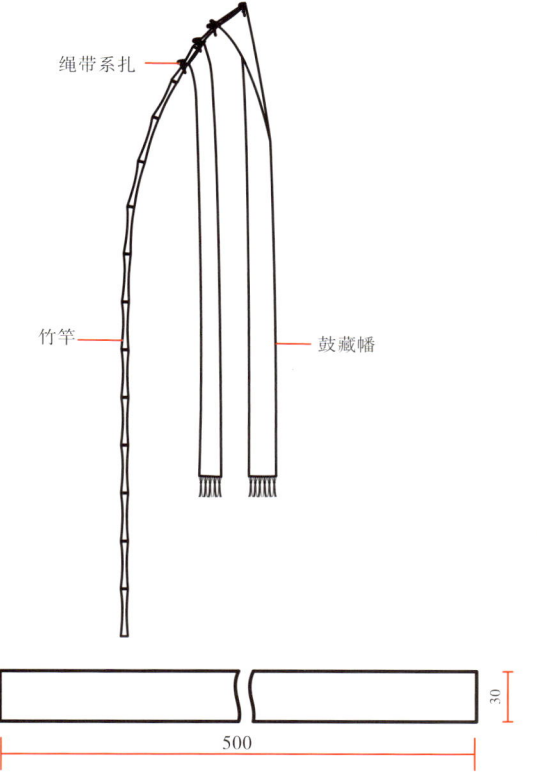

图三　苗族蜡染鼓藏幡形制与尺寸图（单位：cm）

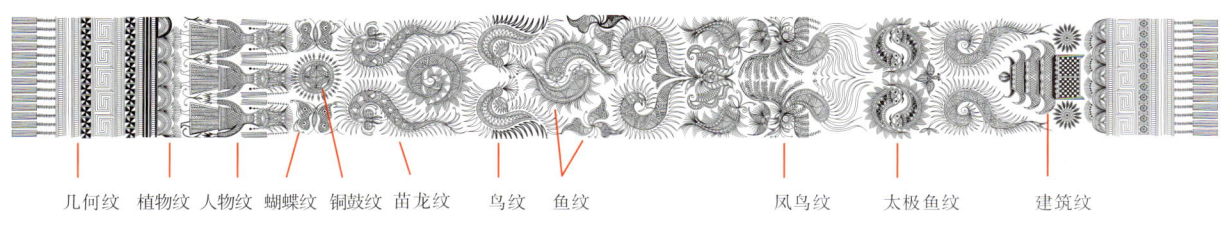

图四　苗族鼓藏幡纹样分析示意图1

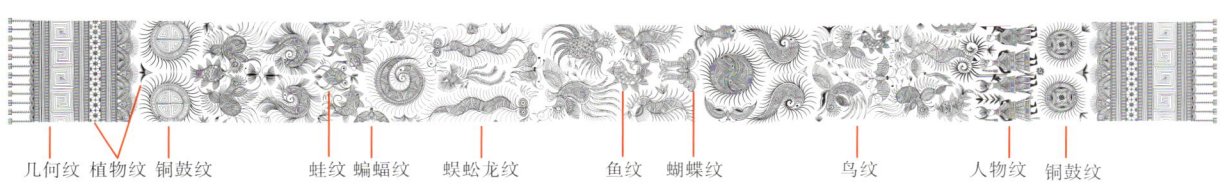

图五　苗族鼓藏幡纹样分析示意图2

图六　苗族蜡染鼓藏幡图案示意图　　　　图七　苗族蜡染鼓藏幡图案特点示意图

苗族蛋浆亮布

图一　苗族蛋浆亮布主图

亮布又称苗布，有的地方称为蛋浆亮布，是广大苗族地区男女制作服饰的布匹，其特点是苗族民众自织自染的家织布，经反复捶打后呈现出光亮的色泽，常作为节日盛装的布料。苗族服装分为盛装和便装，盛装大都用亮布制作，在节庆日子里穿着，后用木甑蒸去黏附在衣物上杂物，晒干后收拾存放。有的地区在日常生活中也穿着用亮布做的服装。

制作亮布的过程较为复杂，要经过十余道工序，纺纱织布、染布、洗晒、上浆、捶打，以及反复捶打、晾干、高温蒸煮等，漂亮的苗族亮布即做成。

不同的苗族支系，加工蛋浆亮布的方法有所区别，一般的方法是，先将染好颜色的布匹用加入蛋清和牛胶的液体复染，如果布料不多，便采用涂刷蛋清的方法。晒干后将布料整整齐齐地叠成几层，布面向外放在石板上，从布的一端用木槌轻捶，渐渐加重捶打的力度，如此反复。再取加入了辣椒粉的蛋清，均匀地涂刷在布上，复染、刷蛋清和捶布这个过程要反复两三次，直至布匹手感硬挺，隐隐地泛着深蓝紫色的金属光泽。有的地方还要将品莲入水煮汁，待水冷却后均匀地刷在布面上，把布卷成筒形放进粗的竹筒里蒸约30分钟，取出后展开，晾一会即可拿出去晒，晒干后即完成了亮布的制作。好的亮布要平整、光亮、色泽鲜艳。

贵州月亮山和雷山一带的短裙苗，制作亮布时，用猪、牛等动物血，加上牛胶、豆浆搅拌成糊状，均匀地刷在布面上，捶打成防雨耐磨的亮布。

在台江和施洞地区，做亮布的程序也较为复杂，一般要20多天才能制作完成。自织的棉布经染色后，便要清洗、捶打、晒干。之后要用牛皮或牛蹄熬成的牛胶把布浆一下，再复染一遍。第二天，用野生红刺子根熬成的红色水加染，晒干后捶打一遍。用红刺子根水反复加染并捶打三四次，再用牛胶水涂抹，捶打，反复多次以后蒸熏固色。在剑河地区，人们还要反复多次在布上涂动物的血、蛋清、红辣椒等，经高温蒸煮后，布已呈紫褐色，布面硬挺并平滑光亮。

图片来源
图一、图四　钱孟尧　摄影
图二、图五　许星　摄影
图三、图六　李雪　摄影

图二　苗族蛋浆亮布蛋清涂抹图

图三 苗族蛋浆亮布捶打制作图

图四 苗族蛋浆亮布捶打定型图

图五　苗族蛋浆亮布晾晒图

图六　苗族蛋浆亮布服饰图

苗族蜡染

图一　苗族蜡染主图1

蜡染工艺是以蜂蜡、石蜡或枫树汁等作为阻染剂绘制在家织布上，经过染色、去蜡漂洗、晾晒等工序，使原本白色的布料上呈现出漂亮的花纹。由于在染制的过程中蜡迹折断、破裂而出现了自然随意的冰裂纹，制成的蜡染布呈现出丰富而独特的色彩变化。苗族各支系几乎都做蜡染布，用来做衣裙、头帕、提包、背带、被面、被单、帐檐和门帘等。

苗族的蜡染工艺历史悠久，《后汉书·西南夷传》中提到的阑干斑布、唐代印染中的蜡缬、宋人笔记中记载的"点蜡幔"和清代《皇清职贡图》中记载的"衣以蜡绘花于布面染之，既染，去蜡，则花纹似锦"等，都是对西南苗族先民蜡染技术的描述。

制作蜡染的工具主要有绘蜡铜刀、蜡笔、

温蜡盆和碗、针、染缸等。制作的工艺流程是，先把装有蜡块的碗置于热木灰上，待蜡受热熔化成液体，即可用蜡铜刀蘸蜡液绘于布上。用温水浸泡绘好蜡花的布，放入蓝靛染缸，反复染多次，取出后到河边漂洗，冲去浮色，再入锅蒸煮褪蜡，之后还要反复漂洗，除去残蜡，制作单色的蜡染布就基本完成了。若还要绘上其他颜色，可加绘相应的红、黄、绿等颜色，也可待蜡染制品做成后再上色。

传统的苗族蜡染在纹样造型、印染取材和工艺染制方法上多种多样，根据不同苗族支系的服饰特点及当地所取的蜡材，各有不同的变化。

如安顺苗族的蜡染有蜡画和蜡染两种形式。蜡画是用蜡铜刀蘸上蜂蜡，在白布上绘蜡填色即成。

岜沙苗族用枫树脂（枫香）作为防染剂染花布。枫树脂的黏性较大，熔点也较低，可以用它绘出很精致的纹样。具体的制作方法是，用细竹片蘸上枫树脂在本白色的家织布上画长线条，用鸡毛（鹅毛）管前的毛丝搓捻后蘸取枫树脂画短线或弧线，画出的纹样线条流畅，疏密有致。画好后还要进行染色和除去树脂等工序。

湖南湘西苗族的传统蜡染方法是，先雕刻出一副（两块）空心花孔的软木花模，将布夹在两块花模间，对准花纹并扣紧。用熔化的高温蜡液浇灌在花模的空心处，待蜡液冷却解开花模，将布放入染缸染色。最后漂洗，煮布除蜡，清洗蜡布，蜡染完成。

图二　苗族（百鸟图）蜡染主图2

从纹样的造型风格上看，苗族蜡染多取材于大自然中的飞禽走兽、花蝶鱼虫、水漩云彩等纹样，也有从远古传承下来的铜鼓纹、龙纹等图腾纹样。线条流畅、色彩丰富，除靛蓝外，还有橘黄、红、紫和绿色等。布局多对称而夸张，线条灵动而自然。苗族蜡染工艺经过千百年的传承与发展，更加丰富美观，用蜡染纹样这种文化符号记录了苗族悠久的历史、民族图腾的崇拜和苗族民众对自己祖先的纪念。

图片来源
图一至图三、图十　张庆　摄影
图五至图七、图九　王兴业　摄影
图八　王兴业　制图

图三　苗族蜡染布人物图案

图四　苗族蜡染布龙凤图案

图五　苗族（现代彩绘鸟蝶）蜡染稿图

第六章　苗族传统手工艺

图六　苗族蜡染制作工具蜡刀图

图七　苗族蜡染熔蜡炭盆和蘸蜡方法示意图

第一次染色　第二次染色　第三次染色　第四次染色　第五次染色　第六次染色　第七次染色　第八次染色　第九次染色　第十次染色　第十一次染色

图八　苗族蜡染显色过程示意图

图九 苗族蜡染绘蜡稿图

图十 延展图：贵州丹寨苗族蜡染百鸟衣

第六章 苗族传统手工艺

苗族土法染布

图一　苗族土法染布主图

　　苗族民众自古以来就有纺纱织布、自染布料的习俗。土法染布指用野生或自己种的植物制成染料，染制自织的布料。土法染布的方法在苗族地区普遍流行，历史悠久，早在东汉应劭的《风俗通》和范晔的《后汉书》里，都对"盘瓠"之后编织的"木皮"布"染以草实"的记载。时至近代，仍有数种古老的手工染布方法沿用下来，成为独特的印染工艺种类。

　　苗族土法染布的方法有多种，依不同的地区，染布的染料和方法有所区别，根据所采用的染色原材料和所染的颜色进行区分，如用土靛染蓝色、青色，用绿布叶染绿色、紫色，用柳木球叶染黑色，用比榈和槐花染黄色，等等。

　　种植蓝草并用以染色在我国已有悠久的历史，清代杨书魁《黎平府志》就记有蓝靛的制作方法："蓝靛名蓝草，黎郡有两种，大叶者如芥，细叶者如槐。九月、十月间割叶入靛地，水浸三日，蓝色尽出，投入生石灰，则满地颜色皆收入灰内，以带紫色者为上"。

　　家靛的染布方法是，将种植的细叶蓝靛草割下放入靛池，加入一定比例的石灰水混合浸泡，每天要翻动一次。待靛叶呈现出深绿色时，就要除去靛渣，再进行打靛，使石灰水与池内的蓝靛水发生反应，让分离出的蓝草素沉淀,成为可以染色的蓝靛染料。等蓝靛凝结成靛泥后,除去上面的清水,将靛泥取出放在大染缸里待用。染布前先将靛泥加温煮溶,放白布入染缸,边煮染边翻动,让布匹能够煮染均匀。有时还需将布匹反复煮染三四次,后洗净晒干。用这种方法染出的青色、蓝色布料色泽均匀自然。

野靛的染布方法与家靛染法基本相同,所采用的材料是一种长在山野、苗语称"涂恩"的植物枝叶,浸泡在缸里,待叶子泡脱落,除去枝干,留下靛液用灰碱兑合搅拌均匀,沉淀后除去清水留下靛泥。染布的过程与家靛染法相同。

比榈（苗语）、黄栀子、姜黄和槐花染黄色布,将这些分别捣碎泡在染缸里,放入白布,翻动染色。比榈染出的黄色偏深一些,槐花染出的颜色偏淡一些。染好的布还需放入蒸锅蒸煮固色。

算母和图晴（苗语）染红色布,将这两种野生植物适量,劈成小块放在锅里加水煮沸,放入布料染色,取出布料阴干即成。色汁浓者染出的布料红色鲜艳,色汁淡者染出的布料呈淡红色。用藏红花还能染出大红色的布。

还有一种是用绿布叶染绿色和紫色,将绿布叶放在锅里加水煮,放入布料,泡到第二天清晨,取出晾干,经晨霜浸透,渐渐显出或绿或紫的颜色。

苗寨山林中不少野生植物被人们用来染出不用颜色的布料,人们就地取材,充分发掘和利用植物的特性,经过适合的工艺逐步染出各种颜色的布料,展现出苗族民众的聪明才智。

图片来源
图一　吴兴权　摄影
图二至图五　钱孟尧　摄影
图六　沈建国　摄影

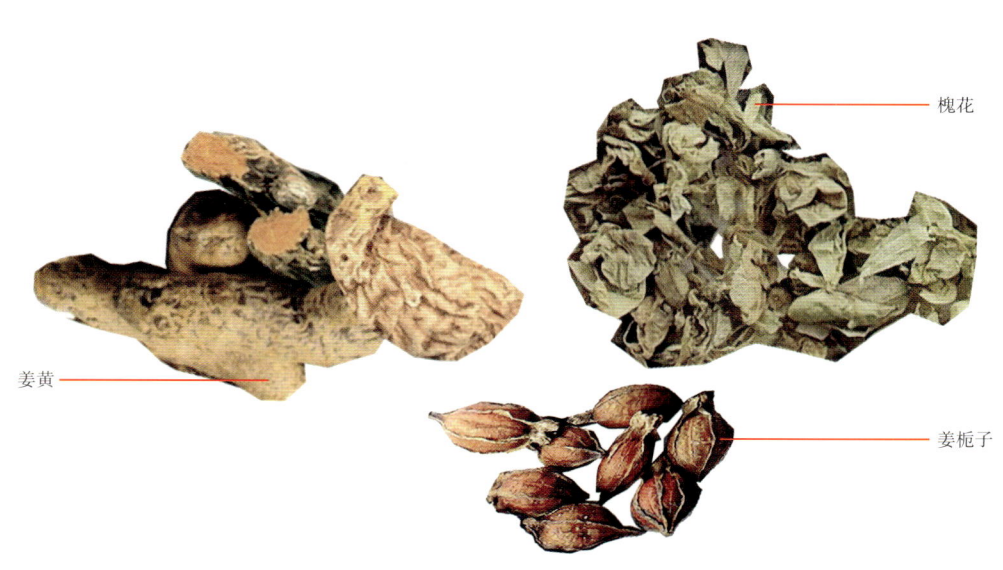

图二　苗族土法染黄色布原料图

图三　苗族土法染布图——浸泡蓝靛草

图四　苗族土法染布图——分离蓝草素

图五　苗族土法染布图——晾晒

图六　苗族土法染布服饰效果图

苗族织锦

图一 苗族织锦主图

苗族织锦是苗族地区常用的纺织工艺品之一。其织造工艺有通经通纬和通经断纬（《黔书》称为"通经回纬"）两种方法，一般经纱较细，彩色纬纱较粗，显纬而不露经，以木棉、棉纱、毛、蚕丝和苎麻等作为主要织锦材料。在贵州台江、黄平、剑河、榕江、三都、丹寨、从江，湘西、广西融水一带多以通经断纬法织造。

苗锦织造工艺历史久远，据史料记载，乾隆初年《永顺府志·卷一〇》："苗民性喜彩衣，能织纫，有苗巾、苗锦之属"。《皇清职贡录·云南》记载，清初，云南昭通、东川、曲靖等地"花苗……能织苗锦，常携竹筐入市贸易"。当时苗锦的花纹丰富美丽，清光绪《湖南通志·杂志十二》记载："有梅花十二度，三串柳，回文格，云驭花等名，斑纹陆离，文彩溢目"。其中一些花纹老谱的织造方法今天已不复存在，另有一些经苗族民众口耳相传，至今还在苗族的寨子里流传。苗锦中的粗锦主要用作被面和包袋，通经通纬法织出的细彩锦用作头巾、帕子。贵州台江县施洞、革东、五河一带织出的彩锦最为精致，用作妇女的衣缘、领袖、裙子、围腰、背儿带和衣背等。贵州黎平、从江等地织出的黑白锦用作被单。黔西北的威宁及云南昭通、楚雄"大花苗"用细麻纱和彩色毛线织出的菱形花纹织锦披肩，色彩明快，粗犷大方。

苗锦的门幅有宽窄之分，宽者可达40厘米左右，窄者5~15厘米不等。织锦机通常有五块蹑板，每根综线都连着一块，织锦前先要整理好经纱，织锦的经纱多用自纺的棉纱线，纬纱是根据织锦的需要把彩色丝线装入舟形小梭。牵好经纱后，苗家妇女坐在织锦机前，双脚踏着蹑板，以控制经纱的上下走向，手上拿着一块用骨角或竹子制成的薄片，按需要织的纹样花谱数纱挑纱，再随所挑线路织进彩色丝线小梭，拉筘拍紧。织造的特点是经细、纬粗，以纬克经。彩纬显在织物表面，其正面显出生动的花纹和艳丽

图二　系结银头饰的苗族织锦带图

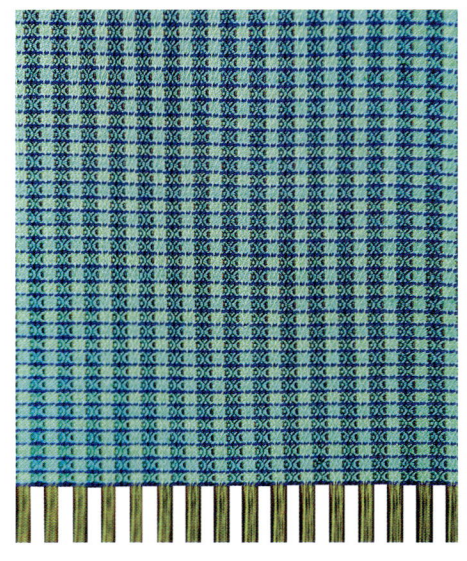

图三　苗族织锦局部图

图四　苗族织锦图案纹样图

第六章　苗族传统手工艺

的色彩，反面的花纹则不规整。一般花纹与底纹交接的部分留有"水路"，图底显出凹凸效果，仔细观赏可见有些雕镂的立体感。

苗锦的花纹可按传承的老花谱织出，也可在织制过程中加入自己的构思。苗锦细腻有光泽，色彩典雅，做工精细，具有苗家传统工艺特色的纺织精品。

苗锦的图案非常丰富，有飞鸟龙凤，花草虫鱼、日月山川、舞人、寿字和各种几何纹。其构架形式也很丰富，有古老而有规律性的方形、菱形、条形和圆形组合，也有几何纹与自然纹的组合，布局均衡，结构严谨。

图片来源
图一至图三、图五至图九　侯格格　摄影
图四　许星　制图

图五　苗族织锦穿筘分纱木条图

图六　苗族织锦清梳经纱图

图七　苗族织锦细节示意图

图八　苗族织锦机侧面图

第六章　苗族传统手工艺

图九　苗族女子织锦图

苗族马尾斗笠

图一　苗族马尾斗笠主图

苗族马尾斗笠是流传在凯里市湾水镇和松桃苗族自治县的一种造型独特、编织技艺高超的日常生活用品。所用的马尾材料实际是马后颈的鬃毛。马尾斗笠的外观呈圆形，直径约60厘米，顶尖高约20厘米。早期做斗笠的材料通常采用当地的箬叶、棕片编织，逐渐改良成用水竹和马尾为原料。

苗族马尾斗笠编织工艺非常复杂，首先要选出优质的水竹，用专用的铁刀将竹破开成条状，再将条破为三层，用刀或长指甲将第一层和第二层竹片破成如头发丝般均匀的细丝，作为编笠的原料。根据祖先传承下来的斗笠模式，选360根第三层竹篾编织好上、中、下三层斗笠的骨架；再用第一层和第二层的竹丝约4500根进行编织；从锥顶开始用10根较粗竹丝向下固定延展，用手指分出上下各两股，编出交错叠加的六角几何形状，随着编织的扩展，不断加入更多的竹丝，一圈圈的六角几何形便整齐地排列形成。编好笠身后，用最精细的竹篾编成三条辫子环圈进行收边，三个辫圈分别代表黄河、长江和清水江，意在使苗族后人记住祖先迁徙的路线。

斗笠编成后，用蛋清上色，金光闪亮。然后在上层斗笠架的每个竹篾空隙中，大致按每格点缀5根马尾的数量，将马尾镶嵌在斗笠上，约用3600根。在马尾斗笠的五星尖头用磨轴固紧，使之耐用。接下来选择优质桐油，用文火烧制，精心沥在斗笠上，这样马尾斗笠不易变色，更有良好的防水性能。还要将编好的外层斗笠与骨架层合并起来，用细竹篾扎结实；进行7天左右的晒干固色，晒少了色不够，晒多了则失色泽。再用竹篾编出与人的头围相称的斗笠圈，经细竹篾将其固定在马尾斗笠的内层中间部位。

经过数十道工序编织的马尾斗笠，笠面平整美观，形状规整细致，内外合体，手感柔润，小小的马尾斗笠，处处透出苗族民众的聪明智慧和精湛的工艺技巧。

现如今在苗寨，编织马尾斗笠是人们传承技艺、发展经济的重要途径之一，多受"传内不传外，传男不传女"的影响，由家庭中男性继承和学习这门手艺。当地民众嫁女，一定要有精美的马尾斗笠做嫁妆，否则新媳妇没脸去夫家。在日常生活中，苗族男女戴马尾斗笠遮阳挡雨。另外，"划龙舟、赛龙船，没有马尾斗笠不上船"，每当独木龙舟节时，参赛的苗族男子都佩戴着金黄色、插有3根凤冠银片的马尾斗笠，大家齐心协力，同舟共济，活动场景热闹非凡。

苗族人将马尾斗笠视作神圣之物，这门编织手艺也成为当地苗族民众传承古老技艺、发展经济的重要支柱产业，形成了"代代传技艺，户户编斗笠"的情景。

图片来源

图一、图二　许星　摄影
图三　潘姝雯　制图
图四至图六　廖晨晨　制图
图七　沈建国　摄影

图二　苗族马尾斗笠视角图

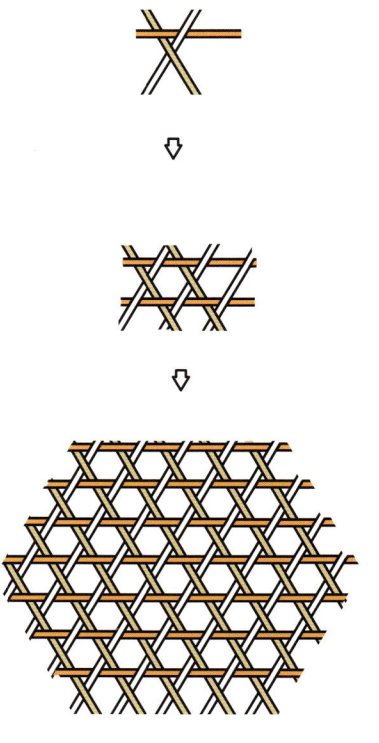

六角孔编法

图三　苗族马尾斗笠六角孔编法示意图

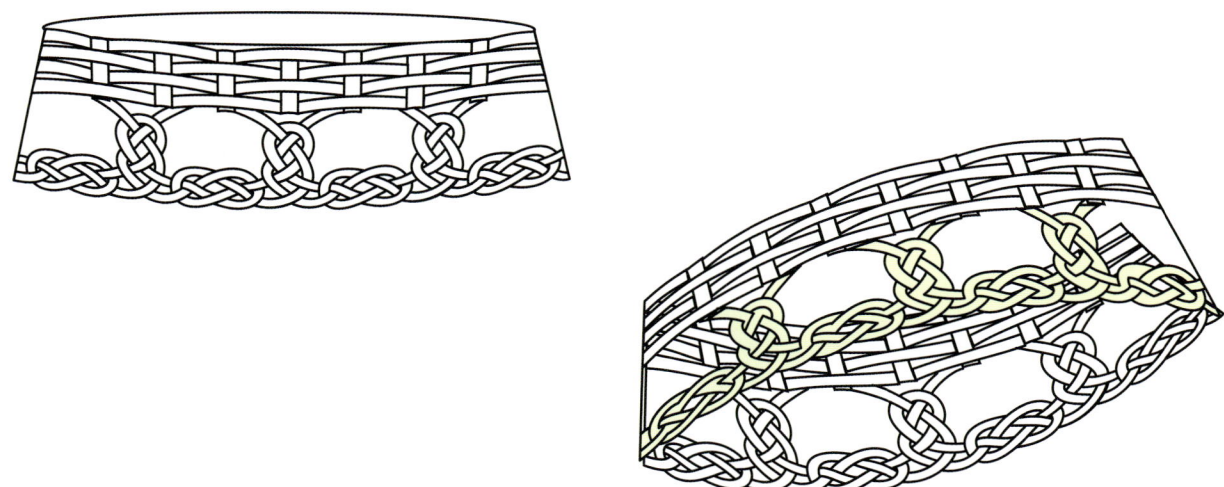

图四 苗族马尾斗笠内圈结构示意图

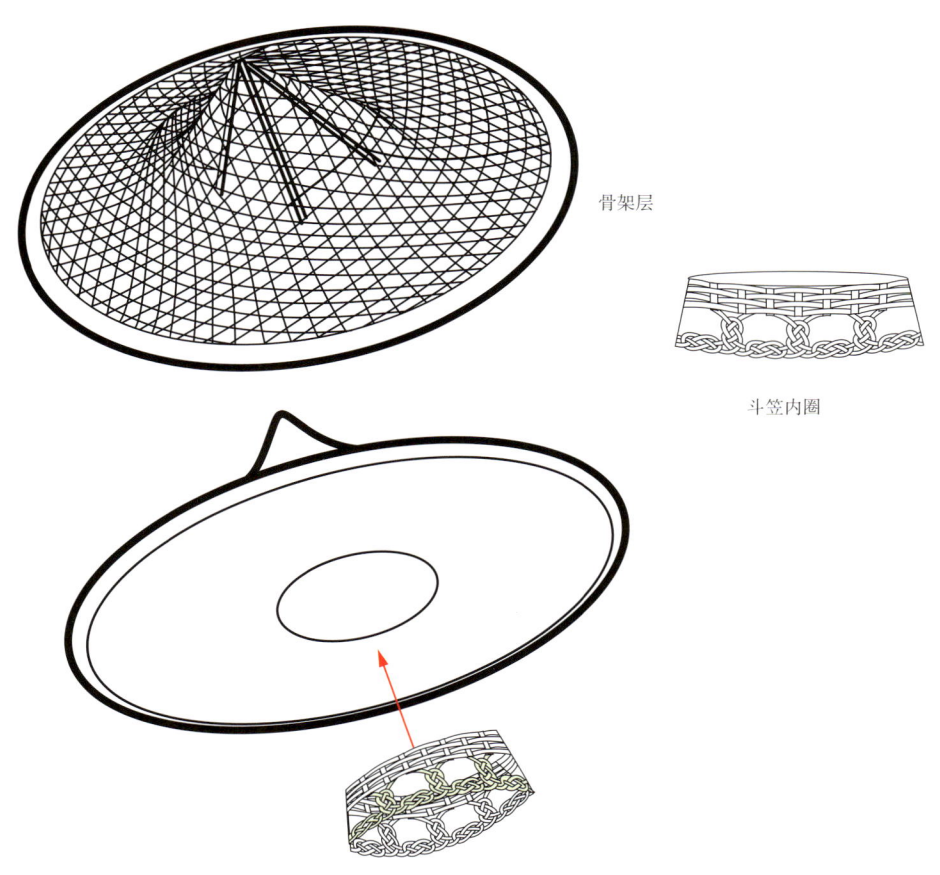

骨架层

斗笠内圈

将斗笠内圈安装在斗笠内层的中间

图五 苗族马尾斗笠结构示意图

第六章 苗族传统手工艺

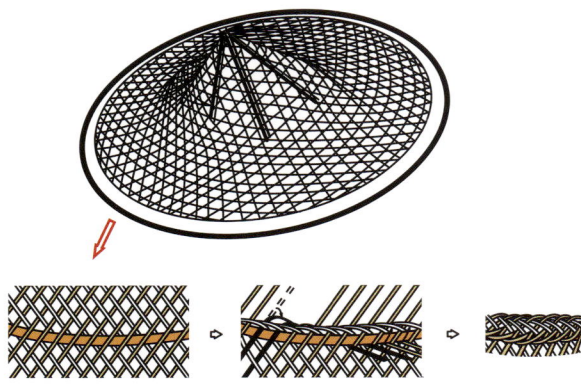

斗笠收口编法

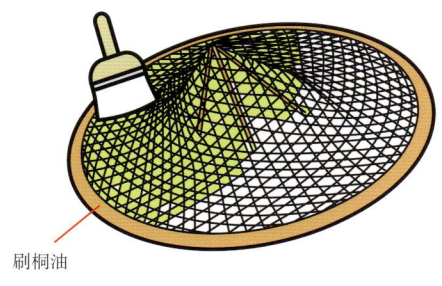

刷桐油

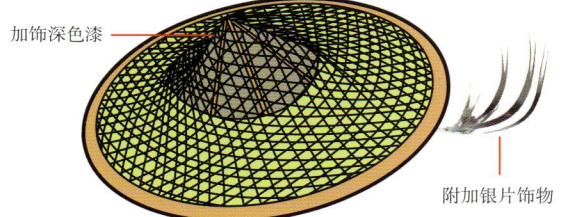

加饰深色漆　　　　　　　　　　　附加银片饰物

图六　苗族马尾斗笠制作流程图

图七　背着马尾斗笠跳舞的苗族姑娘图

丹寨苗族手工造纸

图一　丹寨苗族手工造纸主图

黔东南丹寨县石桥村以古法手工造纸闻名于世,这种造纸工艺几乎延续了明代宋应星所著《天工开物》中记载的工序,当地目前以造纸为生的家庭或作坊达40多户,是远近闻名的造纸村寨,涌现了造纸能人王兴武、潘老三等代表。产品以白皮纸和彩色手工纸为主,是全国民间手工造纸产品中质量最好、视觉效果最好的类型之一。其中,彩色纸的类型最为丰富,可以分为云龙纸、皱褶纸、凹凸纸、压平纸、花草纸、麻丝纸等六种类型。

整个造纸工艺一共需要经过十多道工序,每道工艺均十分讲究,需要多年的实践方能掌握其中的要领。首先,要采集大量的构树皮作为主要原料,通常每年农历三至五月采集,因为这个阶段构树皮的质量最好;然后,要将树皮剥下,再用刮刀去掉构树皮外部的硬物,将其晒干备用;紧接着要将原料装入料槽,用河水对原料进行水沤,历经浆灰、煮料、河沤、地灰蒸、漂洗、选料、堆料、袋洗等工序，使原料变成棉絮状，并添加一定比例的被称为滑药的辅助材料，滑药由岩杉树根、野棉花根、猕猴桃藤、滑树等制作而成，若制作彩色纸，则在此步骤中需要加入一定比例的有色染料。最后，将棉絮状纸浆兑水并搅拌均匀，经过抄纸、压纸、晒纸、揭纸、包装等诸道工序之后，最终获得理想的纸张。若想制作皱褶纸、凹凸纸、花草纸、麻丝纸等具有特殊纹理的纸张，则需要在最后几道工序中运用一些特殊的材料和工具。

苗族手工造纸工艺具有绿色、环保的特征，与污染严重的现代造纸企业完全不同。其产品具有较强的柔韧性、光泽度和吸水性，深受书画家的青睐。随着现代科技的发展，质量优良的苗族手工纸已经被制作成贺卡、手提包、店面装饰纸、灯具等，相关的产品远销海内外，为苗族儿女带来了一笔可观的经济收入，也为苗族手工造纸的传承提供了一定的帮助。

图片来源
图一、图七、图八　张庆　摄影
图二至图六　廖晨晨　制图

图二　丹寨苗族手工造纸工序图——整理构树皮纤维

图三　丹寨苗族手工造纸工序图——捣构树皮纸浆

图四　丹寨苗族手工造纸工序图——抄纸

图五　丹寨苗族手工造纸工序图——贴花

图六　丹寨苗族手工造纸工序图——贴纸

图七　丹寨苗族手工造纸图

图八　丹寨苗族手工造纸灯罩图

苗族木梳

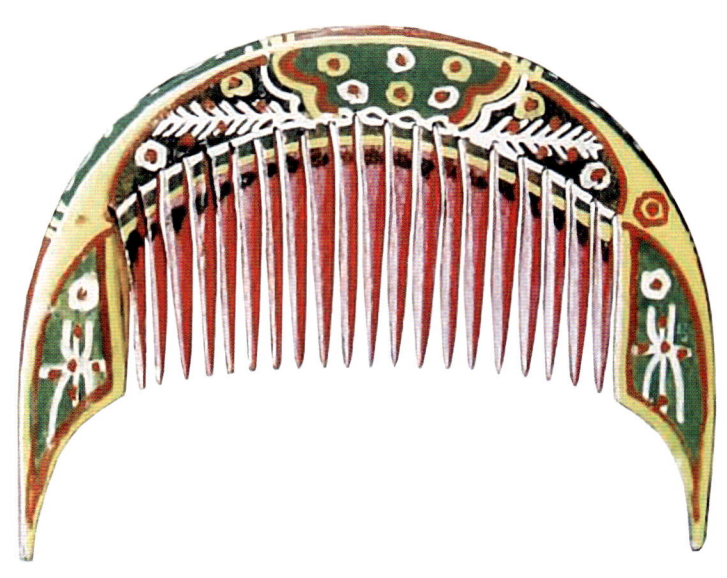

图一　苗族木梳主图

木梳是大部分苗家妇女日常服饰的必要构件，盘起的发髻上插着木梳是苗族妇女的典型发式。木梳除做平日梳理头发之用外，还起到固定和装饰"盘头"的作用。精美的手工木梳是实用性和装饰性的完美结合。在部分苗寨，梳子和镜子都是男方赠予女方，寓意白首偕老、相看不厌的定情之物。

苗族木梳有牛角形，或曰牛角造型，源自苗族对牛的崇拜，也有月牙、飞鸟和云朵形，梳背较宽，少数苗寨的木梳有手柄。

不同地区木梳的形制、尺寸和工艺有所区别，一般木梳的长度为10~15厘米，台江施洞地区流行7厘米左右的小木梳，需用绳线辅助固定发髻。木咱苗族的木梳呈弯月形，梳背和两侧绘有彩色花纹。另有部分地区如安顺紫云县部分苗寨妇女固定头发的梳子长约尺余。而最为特别的则是六枝地区梭戛山长角苗妇女的牛角形大木梳，足有3尺长，以亡故祖先的头发加之黑麻毛线盘绕其上。此装束极为古老独特，究其缘由或曰为纪念始祖——头顶牛角的蚩尤，或曰古时狩猎迷惑猎物之用。雷山一带、都柳江流域等多地还流行包银木梳，搭配盛装佩戴。木梳背部多有刻绘图案，主要题材有象征祥瑞的铜鼓纹和苗龙（蚕龙、水牛龙、蜈蚣龙等），象征人丁兴旺的鱼和蟾蜍，视为苗族祖先的枫树、蝴蝶妈妈、鹎鹋鸟，以及表现苗族迁徙历史的"江河纹"等。有些图案综合以上题材，形成特有的"双龙戏珠""双鸟朝蝶"等固定组合，体现了苗家特有的丰富民俗意蕴。

以木梳作为妇女头饰在古代中国普遍流行。苗族木梳及其之上的图案蕴涵着丰富的民族特点，承载着久远的历史记忆。作为苗族妇女传统服饰的一部分，其重要性越来越被人们所认知。

图片来源

图一　吴仕忠等编著.中国苗族服饰图志.贵阳：贵州人民出版社，2000：342.

图二、图五　许星　制图
图三　许星　摄影
图四　王威多　摄影
图六　张庆　摄影
图七　沈建国　摄影

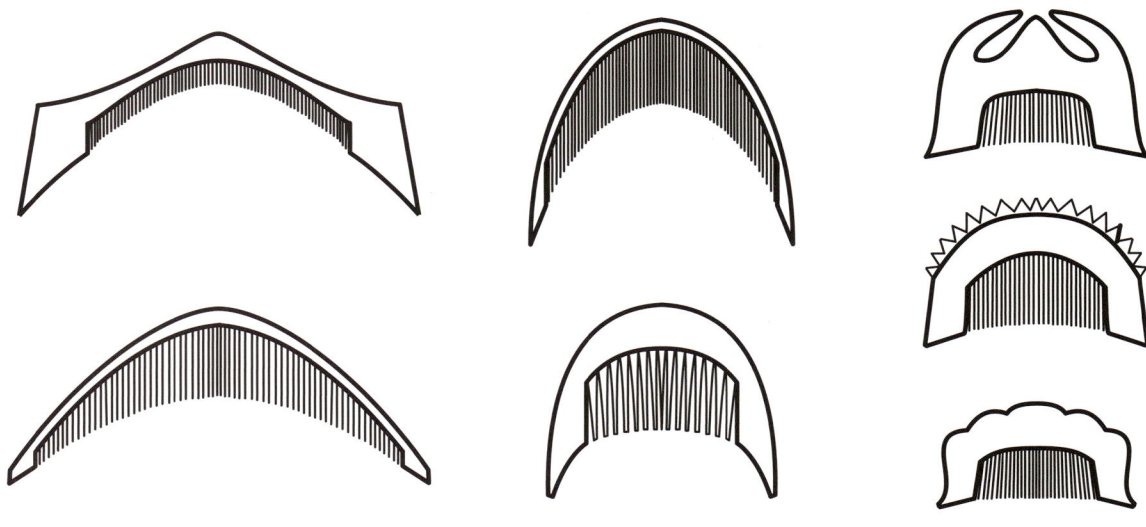

图二　苗族木梳不同造型示意图

图三　普定苗族红木梳图

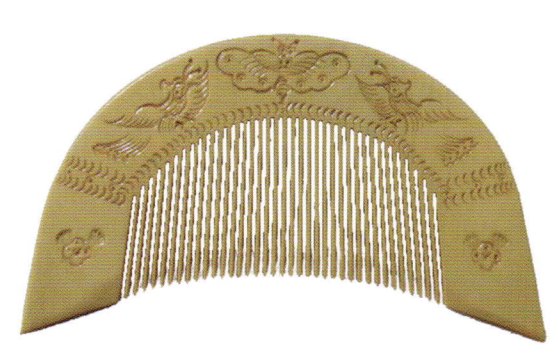

图四　苗族双鸟朝蝶纹木梳图

图五 梭戛长角苗发髻和牛角形长木梳图

图六 头插双鸟朝蝶纹木梳的苗族绣花女图

图七 头戴大木梳的苗家女子图

苗族银饰锻制技艺

图一　苗族银饰锻制技艺主图

银饰是苗族服饰中重要的组成部分。在苗族喜庆节日和祭祀活动中，各地苗寨的妇女们穿上精美的盛装，从头到脚佩戴各种银饰品，品种多样，如银凤冠、花帽、插花、银牛角、银簪、银梳、耳环、银项圈、银披肩、银压领、银铃、银镯和银衣片、银衣泡等。每当苗族年节、婚嫁等喜庆的日子，盛装的苗族妇女，全身银饰可重达二三十斤。大家穿着盛装，跳着芦笙舞，满身精美的银饰随着舞步叮当作响。银饰不仅象征着苗族人的审美情趣，还展示其富足的生活，兼有辟邪的含义。银饰的装扮形成了苗家独特的"银饰文化"特色。

几乎所有苗族的服饰中都装饰有银饰品，不同支系的银饰品有所区别和变化。贵州雷山县西江的控拜村、台江县施洞的塘坝村等，都是闻名全国的苗族银匠村。其中已获得国家级非物质文化遗产名录的银饰锻制技艺是以贵州省雷山县和湖南省凤凰县最具有代表性。

以贵州省雷山县西江苗寨为例，西江镇的控拜村、麻料村和乌高村等村落的银饰制作技艺历史非常悠久，据史料记载已有400多年。贵州省不是白银产区，在历史上，苗族民众加工银饰的银料主要采用当时流通的银币或银锭。中华人民共和国成立以后，党和政府特以低价拨给苗族专用银，保证苗族用来打造各色银饰品的用银量，充分尊重苗族的民族习俗。

银饰品的锻制是苗族特有的技艺，是以家庭作坊中男性工匠手工制作、父子或师徒相授的形式传承下来的。银饰锻制的工具主要有火炉、风箱、坩埚、铁砧、牛角锤、冲具、刻具、拉丝眼板、钳子、铜锅、镊子、油灯吹管、硼砂、剪子、纹样铅坯模具、松脂板等。苗族银饰多由圆条、方条、银片或细丝组成，其制作工艺分粗件和细件，粗件并非粗糙，而是指用银条制成的实心项圈和手镯等，其表面无纹饰或较少纹饰；细件的做工讲究精细，方法众多，有的是用极细的银丝编盘而成的。但无论粗细件，都要精心地设计和制作，再经铸炼、吹烧、锻打、拉丝、焊接、编结、镶嵌、擦洗和抛光等多道工序得以完成。

苗族银饰手工制作有30多道工序，形成铸炼、锤打、焊接、编结、洗涤等一整套工艺过程。设计好饰品的具体样式后，首先要将银料放在坩埚里架在炉子上加热。当银料熔化成液体后，把它倒在卡条状的糠槽内。约半个小时后，待银料凝固，再取出趁热锤打，先捶打成方形银条，再打制成银片，如需制银丝便将其捶成细条，再用丝眼板拉丝。

许多银饰是由银片錾花后组合而成的，将银片按需要剪成小块，放在模子内压出花纹的轮廓，再贴在松脂板上錾刻出精细的花纹。银丝制作是要用一个特制的拉丝眼板，板上有粗、细、方、圆等不同的眼孔，由孔入银条抽出所需的银丝。将各种做好的银组件，辅以焊接等工艺，并将其合成固定在一起，则称为编结过程。

最后给银饰涂上硼砂水，用木炭火烧，将银饰上的氧化层去除，再放入明矾水中烧煮，用清水清洗后再用铜刷清理，做好的银饰立即清新光亮。

苗族银饰的设计制作体现了苗族文化艺术的传承和银匠艺人聪明智慧的结晶，同时也是非常宝贵的民族历史文化遗产。

图片来源

图一至图四　吴中文　摄影

1.苗族银饰锻制技艺工序图——银料熔化

2.苗族银饰锻制技艺工序图——捶打银条

3. 苗族银饰锻制技艺工序图——锉银条

4. 苗族银饰锻制技艺工序图——拉丝

5. 苗族银饰锻制技艺工序图——錾刻银片花纹

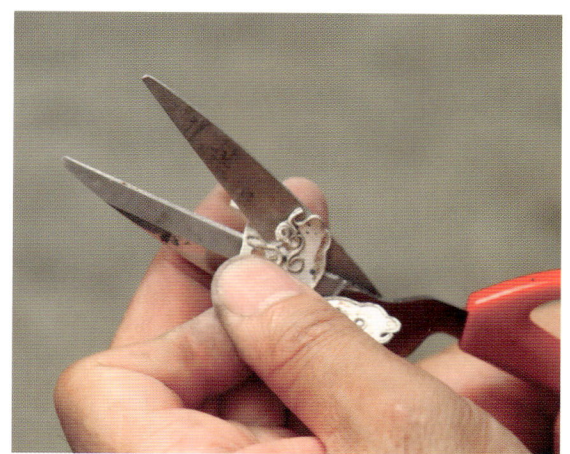

6. 苗族银饰锻制技艺工序图——剪花

7. 苗族银饰锻制技艺工序图——做花

8. 苗族银饰锻制技艺工序图——焊接银花

图二 苗族银饰锻制技艺工序流程图

图三　苗族部分錾刻银饰工具图

图四　穿戴盛装银饰的苗族小姑娘图

苗族银角

图一 苗族银角主图

银角是苗族银饰中形体最大的一件重要头饰，是西江、雅灰苗寨主要的银饰之一。银角用薄银片制成，其整体外形轮廓呈"⌣"形，因似牛角而得名。苗人佩戴银牛角体现了苗族的图腾崇拜，对苗族人来说，银角的地位是崇高的；银角具有神性和灵气，在节日或娶亲等重大场合才会被穿戴使用。以前，只有鼓藏头家、巫师家、寨老家才能佩戴银角。

银角的造型在不同区域、不同支系之间有所变化，但都基于"⌣"形基础上，按区域可将银角造型划分为西江形、施洞形、排调形三种。西江形银角造型单纯简朴，线条明快。施洞形银角造型精致华美，线条多变。施洞银角是苗族银角造型中最为繁复奢华，制作也是最为精细的。排调形银角造型似角似羽，线条简洁却富有变化。

银角正面装饰有精细的图案，其主纹图案通常以二龙戏珠纹为主，装饰以双凤鸟、双狮纹、双蝶纹等图案，可谓纹样繁多，充分体现苗族的图腾崇拜。佩戴时银角两端角尖用白色鸡羽或彩绸装饰，各个寨子略有不同，给奢华壮美的银角带来一种飘逸之美。

本案例为西江形银角。西江形银角因体积大而颇具特色，是苗族银角中体积最大的，高度为70～80厘米。本案例银角两角分叉呈"⌣"型，主体银角高60.5厘米，宽80厘米，两角相距75厘米。银角整体构图左右对称，正面主纹为二龙戏珠纹，四爪龙纹，两龙龙首相向，正中为宝珠，龙尾沿银角角尖方向上翘；宝珠纹外圈由24颗小圆珠构成，宝珠内錾刻网纹，正中刻有"福"字纹；龙尾紧跟凤鸟，头朝下向中，凤尾指向银角角尖。银角背面两角尖顶部各焊接一圆柱形插孔，用于固定角尖装饰鸡羽或彩绸。正中下部焊接2条剑形银片，两银片尖点相距2.3厘米，外露7.5厘米，作为银角插针，佩戴时，银角依靠插针插入银围帕顶部插座上起到固定作用。银角背面正中拼接一宽23厘米、高11厘米的扇形银片，扇形上端轮廓与银角正中轮廓相切，下端中部延伸出一条矩形银片，固定住2条银角插针，起到支撑作用。扇形银片纹样左右对称，以凤鸟为主，双凤相对，喙顶花束，下依宝瓶纹，辅以蝴蝶纹。银角与背部扇形银片之间延伸出11片约2厘米宽的银片，呈放射状扇形排列，相接部位宽度正中压花，从正面望去好似光芒四射。有繁复者，在银角正中上方增加一形似半圆造型，并在其上方加以放射状银片，象征初升的太阳与光芒。

图片来源

图一、图七　许星　摄影

图二至图六　潘姝雯　制图

图八　吴中文　摄影

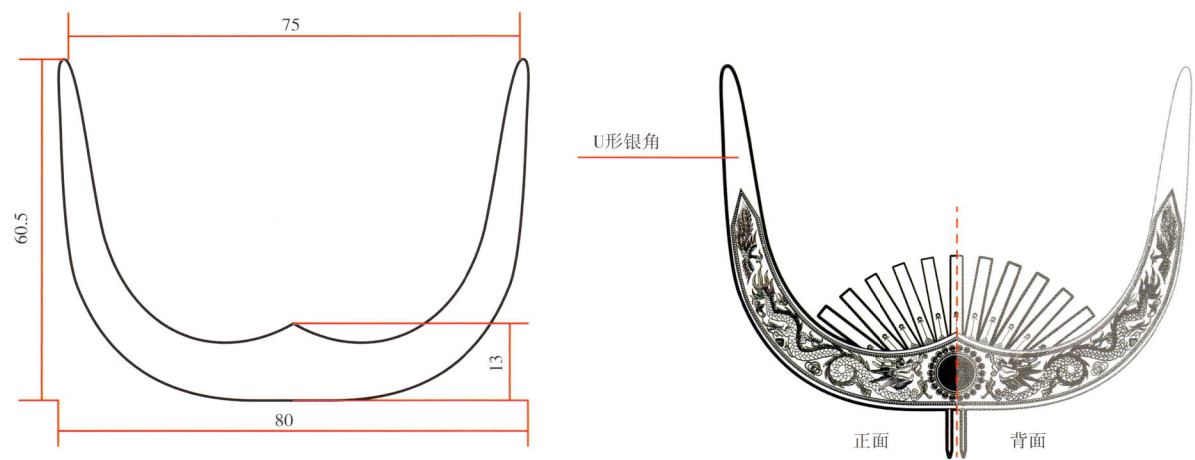

图二　苗族银角尺寸图（单位：cm）

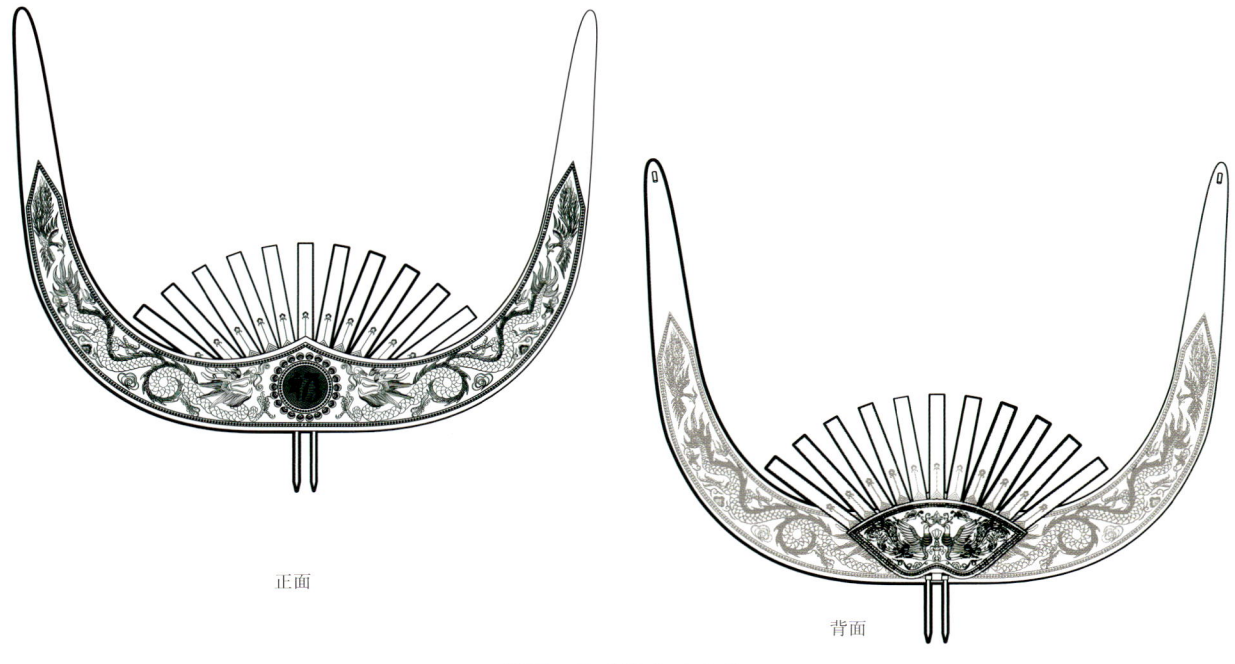

图三 苗族银角示意图

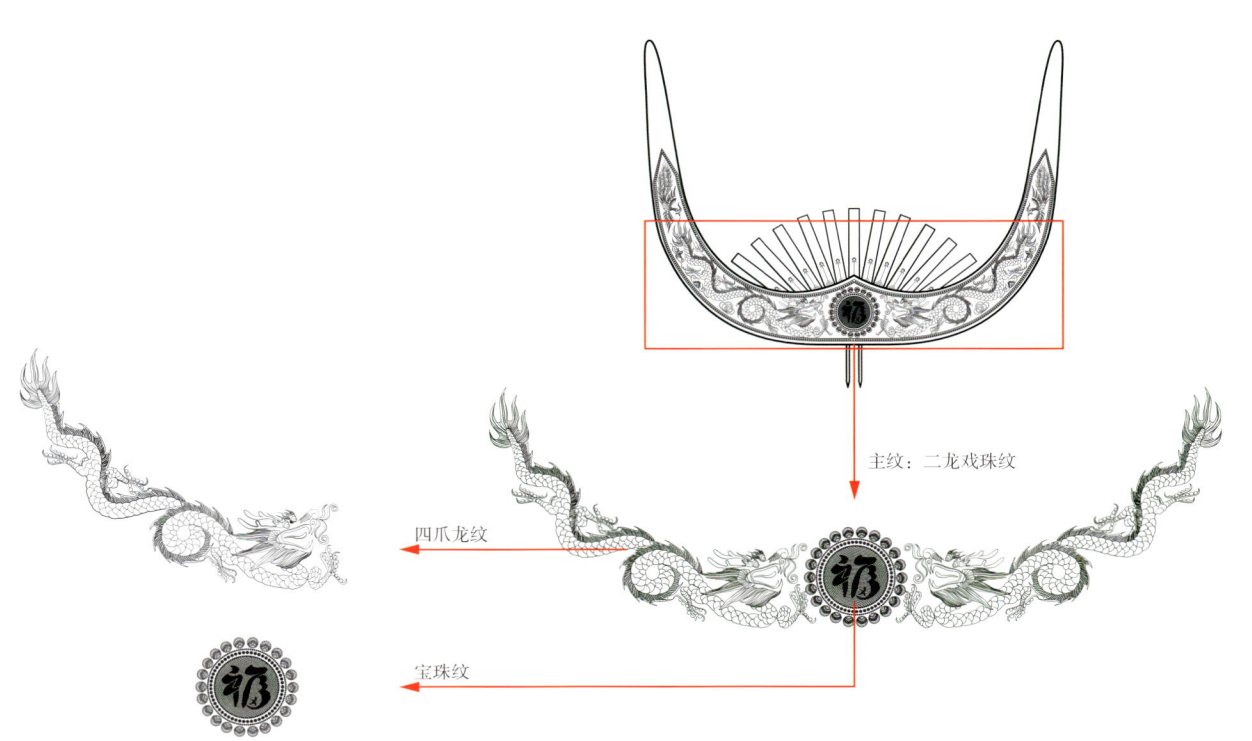

图四 苗族银角主纹分析图

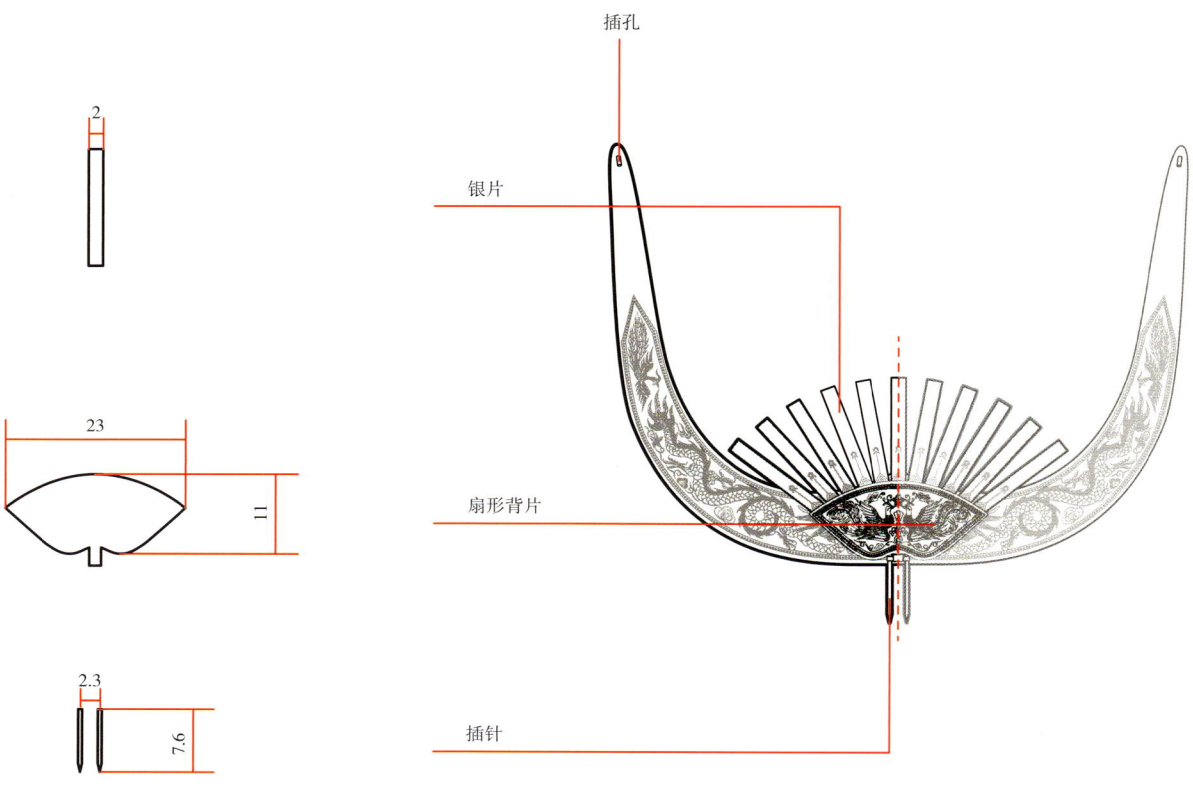

图五 苗族银角细节分析与尺寸图（单位：cm）

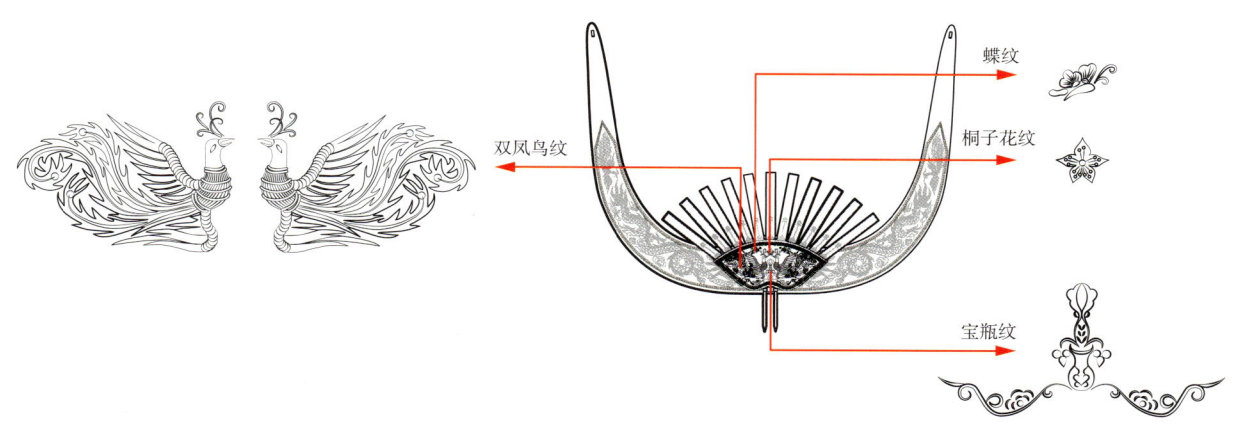

图六 苗族银角背面辅纹分析图

图七　苗族银角初升太阳造型图

图八　盛大庆典中的苗族银角图

第六章　苗族传统手工艺

苗族龙凤纹银围帕

图一　苗族龙凤纹银围帕主图

　　银围帕也称为银头箍，常与银角配套使用。以施洞银围帕最为精致。本案例为龙凤纹银围帕，由内、外围两个部分构成，内围部分由一条高 4.5 厘米、宽 46.5 厘米的矩形银片构成，弯曲呈半围合状；外围为三层式结构，花叶层与内围连接部位的插孔共 11 个，位于内围银片外侧，独立银片焊接而成。银围帕外围部分主纹层通常以骑马人物纹作为核心，左右对称，相向而驰。本案例由宽 5 厘米、高 5.5 厘米的银片压模并錾刻骑马人物纹，分左右两侧各 5 位，从中向后依次叠加排列，骑马人物相向而驰，面向叠压于正中宽 6 厘米、高 5 厘米的凤鸟纹样银片。骑马人物头挽高髻，双手高举过头顶，右手持花束，欢欣雀跃，一派喜庆、吉祥之气。银围帕上的主纹图案——骑马人物纹，是苗族银饰中所体现的独特迁徙文化的重要承载者之一，该纹样铭记着苗族祖先迁徙和征战的千难万险，表现了苗族人对祖先勇敢、顽强精神的崇拜，以及对先祖的缅怀与纪念。

　　花叶层从上至下，从内到外依次由顶花、叶片、辅纹三个部分构成，均为单体银片制成，以银丝焊接，与主纹层纹样交相辉映，逐层递进，富有很强的层次感。辅纹，相对于主纹层图案而言，属于装饰纹。辅纹品类繁多，主要以动物纹、花草纹为主。从造型上来看，辅纹主要以平面装饰纹如龙、雀鸟、蝴蝶，以及立体装饰纹如苦菜花纹等，相互搭配而成。其图案的多样化体现着苗族图腾崇拜的多元化，随处可见的蝴蝶纹、龙纹、凤鸟纹是苗族始祖有关的图腾文化的体现和最直接的表达，也是苗族人的心灵寄托。

银围帕花叶层，以五层立体花纹为中，蝶、龙、两层立体花朵、雀鸟按序依次向后排列，呈左右对称分布。叶片分别由尖形叶片（上）和圆形叶片（下）构成，藏于辅纹之下，若隐若现。顶花为桐子花纹，银枝采用缠枝处理，即用银丝缠绕呈弹簧状，稍有晃动，整层顶花前后舞动，摇曳生辉。花叶层的各独立纹样银片按照一定规则与内围插孔连接。

花叶层纹样银片与插孔对应关系为：一个插孔对应4支顶花、2支叶片、1支辅纹共7支银枝，其中，每插孔对应尖形叶片、圆形叶片各1支。此外，因龙纹银片长度较长，故而占两个插孔位。

坠穗层一般由"8"字形银链垂吊锥形银坠组成，有复杂者以花、草、蝶、鱼等纹样银片作为中介，通过"8"字形银链将锥形银坠与主纹层下缘圆孔串联。本案例坠穗层由高2厘米、宽0.6厘米的中空锥形银坠组成，佩戴时形成流苏垂于眉间，走动时中空锥型银坠相互碰撞，发出悦耳声音的同时，与花叶层颤枝顶花相呼应，呈生机蓬勃态势。

银围帕不仅仅是成年苗女的重要头饰，也是苗族女童的重要头饰，与成年苗女银围帕不同的是，女童银围帕除了在尺寸上有所缩小外，花叶层的复杂装饰也进行大幅缩减，以减轻女童头部负担，但整体外围结构仍遵循三层式排列。综上所述，整体式银围帕在结构形制上保持一致，但根据支系、区域的不同，纹样图案各有不同。此外，不同的主纹图案，所配套的顶部装饰也不同，如主纹为龙纹的银围帕方可与银角搭配，其搭配亦体现着苗族独特的银饰文化内涵。

图片来源

图一　许星　摄影
图二至图六　潘姝雯　制图
图七　马路　摄影

图二　苗族龙凤纹银围帕平面展开图

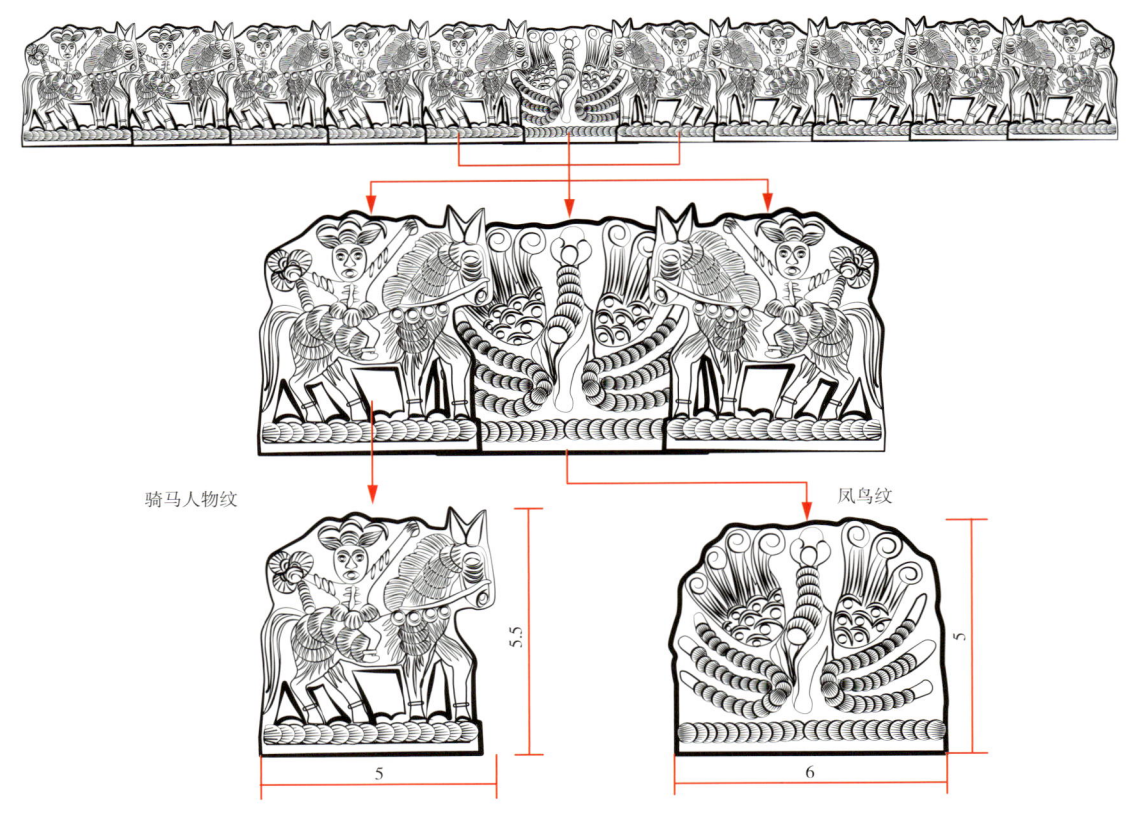

图三　苗族龙凤纹银围帕图案与尺寸图（单位：cm）

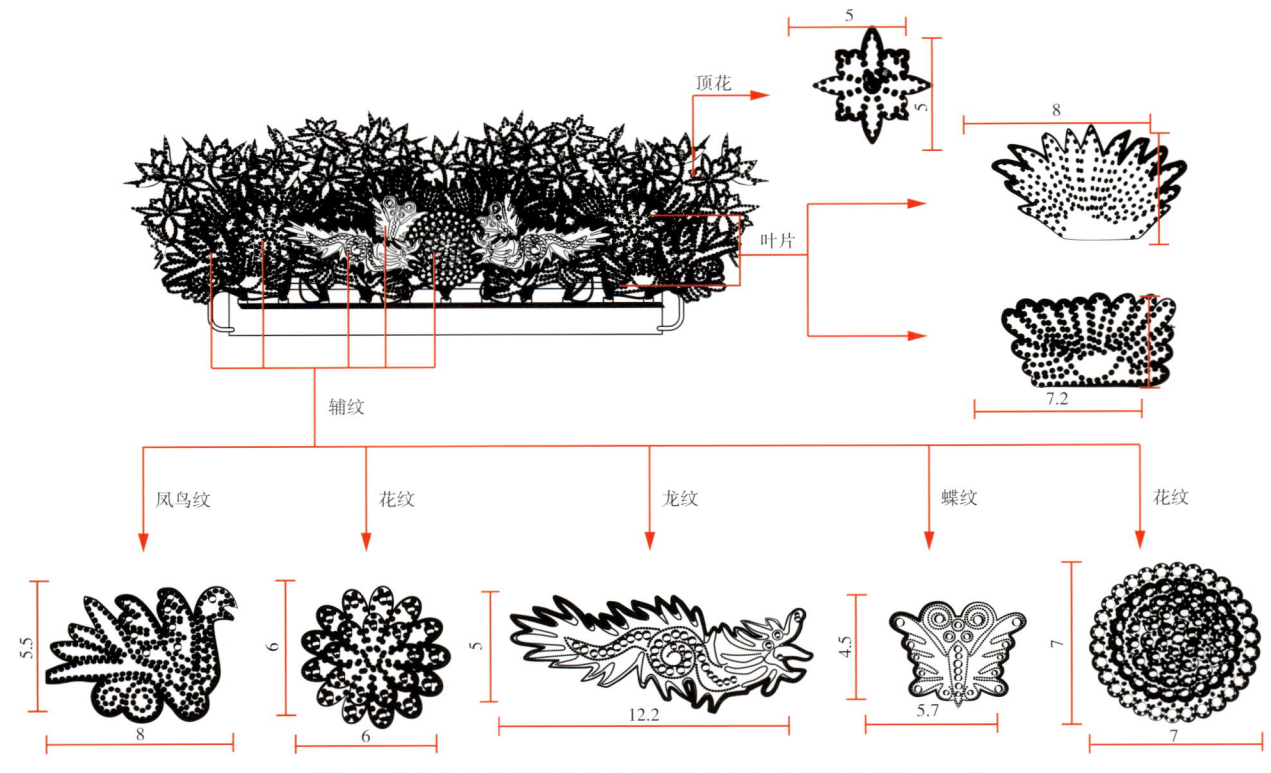

图四　苗族龙凤纹银围帕花叶层结构名称与尺寸图（单位：cm）

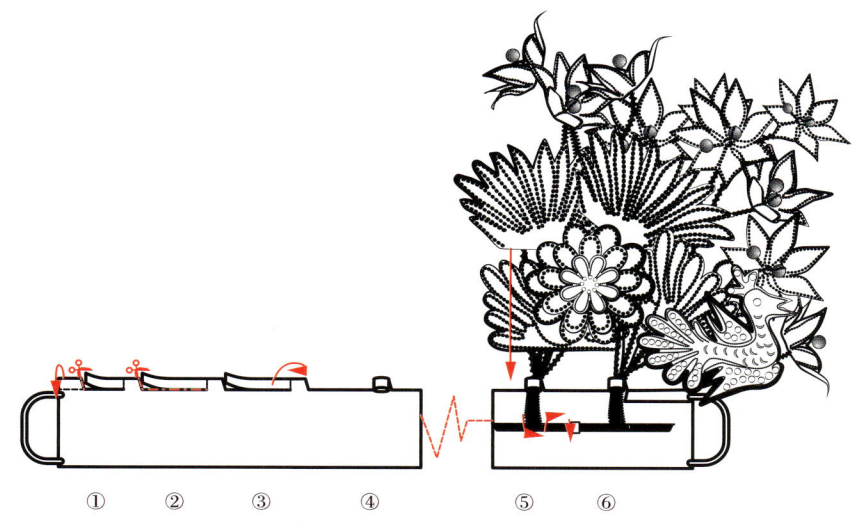

图五 苗族龙凤纹银围帕内外连接示意图

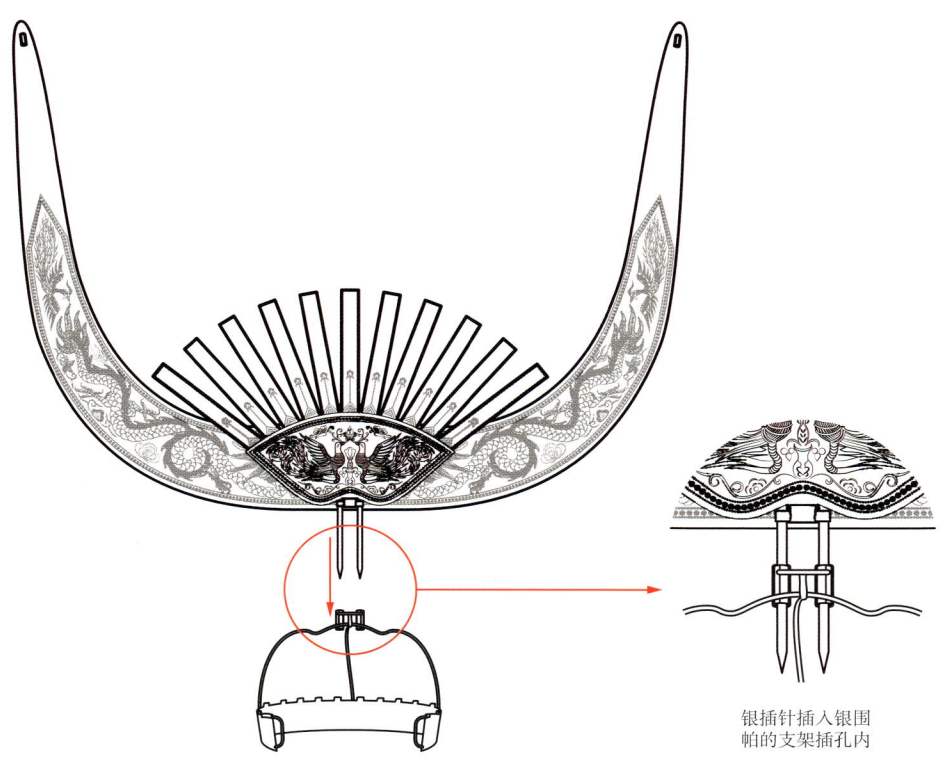

银插针插入银围帕的支架插孔内

图六 苗族银围帕、银角组合示意图

第六章 苗族传统手工艺

图七　苗族银围帕穿戴效果图

苗族银顶花

图一　苗族银顶花主图

银顶花的造型多变，装饰手法多样，是苗族盛装中常用的银饰品。以丹江式为代表的银顶花造型主要有喜鹊登梅、凤凰栖式两种。

本案例银顶花为凤凰栖式，即用银方条制成枝头，立体凤鸟站立于其中，口衔银穗，凤尾拖曳，银花簇拥。枝头正下方焊接一条门形银方条插针，插入银围帕的插孔中，常与凤纹银围帕搭配使用。本案例中银顶花的枝头使用宽0.3厘米、厚0.2厘米的细银方条做一横枝，枝长24.2厘米，横枝两端各焊接一圆柱形插孔，在横枝约三等分点处下部各焊接一条纵向银枝，长12.8厘米，纵向银枝两端同样也各焊接一圆柱形插孔。

银顶花主体为三组立体造型凤鸟，分别站立于横枝中间位及横、纵枝相交位外侧。每组凤鸟造型均由1只大凤鸟、6柱银花片、1只小凤鸟及3柱小型银花片构成。开花模后，将凤鸟头身制成立体造型，翅膀银片通过连接银丝从凤鸟鸟身内部纵向穿至底部与枝头固定，银羽尾则通过尾根银片与鸟身尾部捏合后打孔，银丝穿孔扭合将银羽尾与鸟身尾部固定。站立于枝头的大凤鸟立体头身高度为7厘米，宽长8.5厘米；中空锥形银坠通过"8"字环与凤鸟鸟嘴圆孔相连，银坠长度2.1厘米，最宽处0.7厘米；翘起的羽尾由一长一短两条银片构成，实长分别为25.2厘米、12.6厘米，宽度均为2厘米，其中短银羽尾根部压花，花纹长6.6厘米。飞翔在上方的小凤鸟立体头身高度为4.1厘米，宽长5.7厘米；中空锥形银坠与大凤鸟银坠相同；翘起的羽尾同样由一长一短两条银片构成，实长分别为14.1厘米、7.9厘米，宽度为2厘米，其中短银羽尾根部压花，花纹高2.5厘米。三柱银花片通过颤枝纵向穿入小凤鸟内部与其下方银枝缠绕固定，银花片长1.9厘米，宽1.7厘米。同组大、小凤鸟之间有6柱银花片，分别由两类花形银片构成，其中，圆角的银花片长4.2厘米、宽4.5厘米，凸角的银花片长、高同为4.4厘米。此外，立于枝头两侧凤鸟间的银花片分别由3柱圆角和3柱凸角的银花片构成，而位于正中的一组凤鸟间银花片则由4柱圆角和2柱凸角的银花片构成。

银方条枝头两端圆柱形插孔均插满银花片，使三组凤鸟造型犹立于花丛之间，美不胜收。横枝两端插孔各插7柱银花片并悬吊一蝶形银片坠穗：7柱银花中包含4柱圆角银花片、2柱凸角银花片及1柱双层银花片；蝶形银片坠穗总长4.2厘米，其中蝶形银片长2.2厘米，宽1.7厘米，锥形中空坠穗高2.1厘米，下口最宽处0.7厘米。纵向枝头两端插孔各插6柱银花片，包含4柱圆角银花片和2柱凸角银花片。

苗族银饰常以大、重、多称美，它以独特繁复的造型、奢华精致的装饰、精湛高超的技艺，给世人呈现了一个丰富多彩的银饰世界。

图片来源

图一　许星　摄影
图二至图九　潘姝雯　制图

正面

侧面

图二　苗族银顶花造型示意图

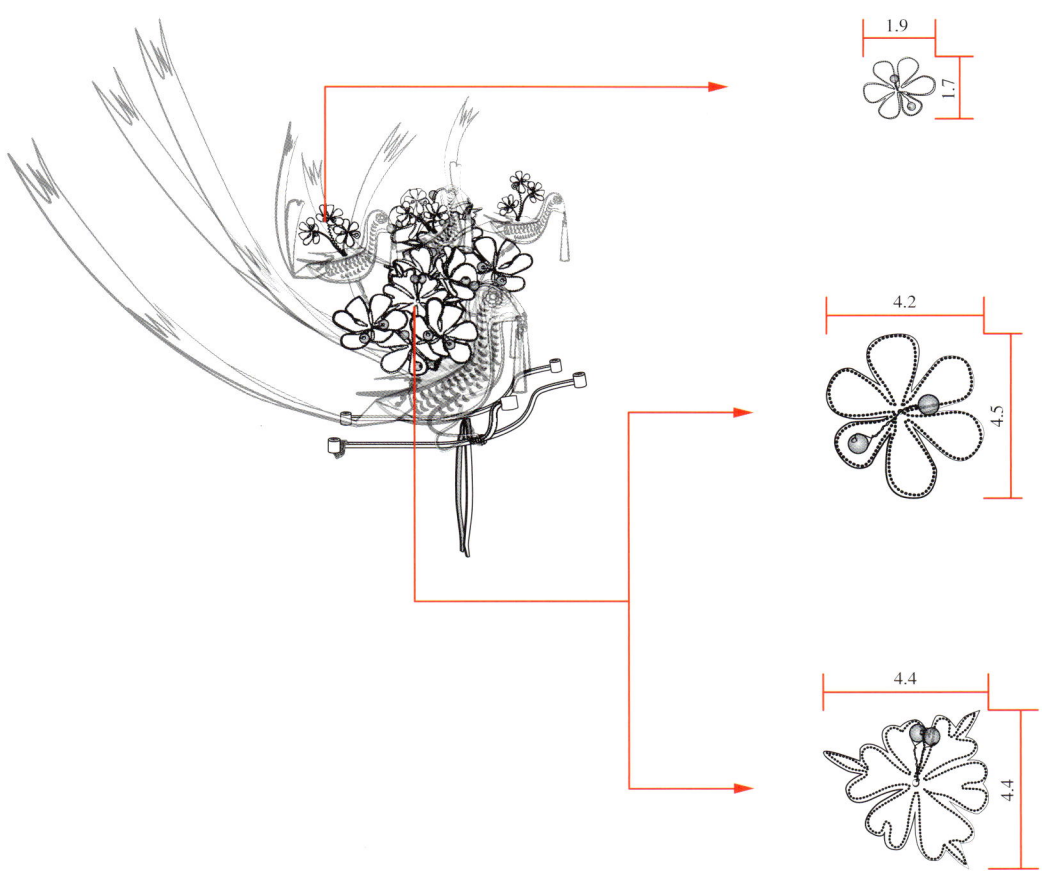

图三 苗族银顶花尺寸图（单位：cm）

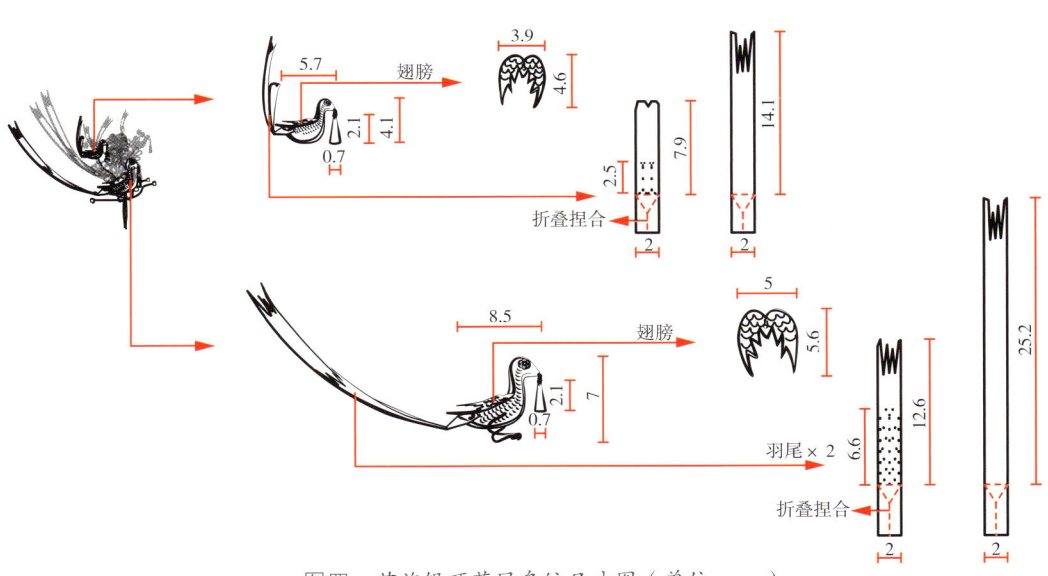

图四 苗族银顶花凤鸟纹尺寸图（单位：cm）

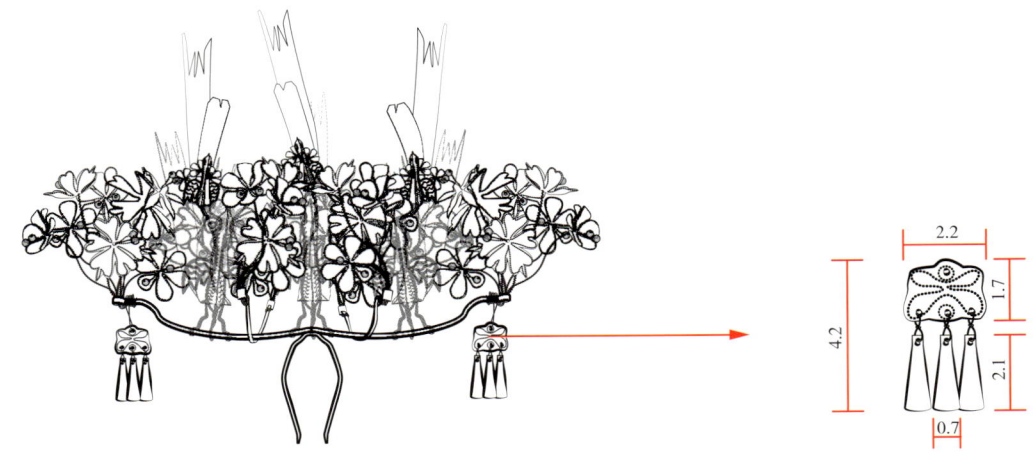

图五　苗族银顶花蝶纹坠穗尺寸图（单位：cm）

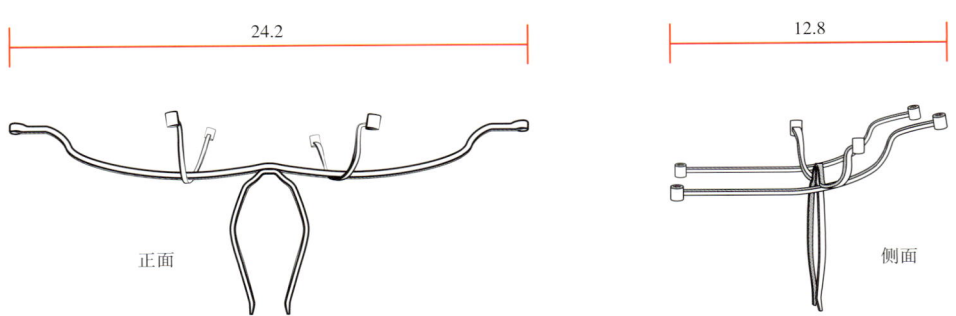

图六　苗族银顶花银枝尺寸图（单位：cm）

图七　苗族银顶花主体造型分解图

图八　苗族银顶花枝头银花片组合配置示意图

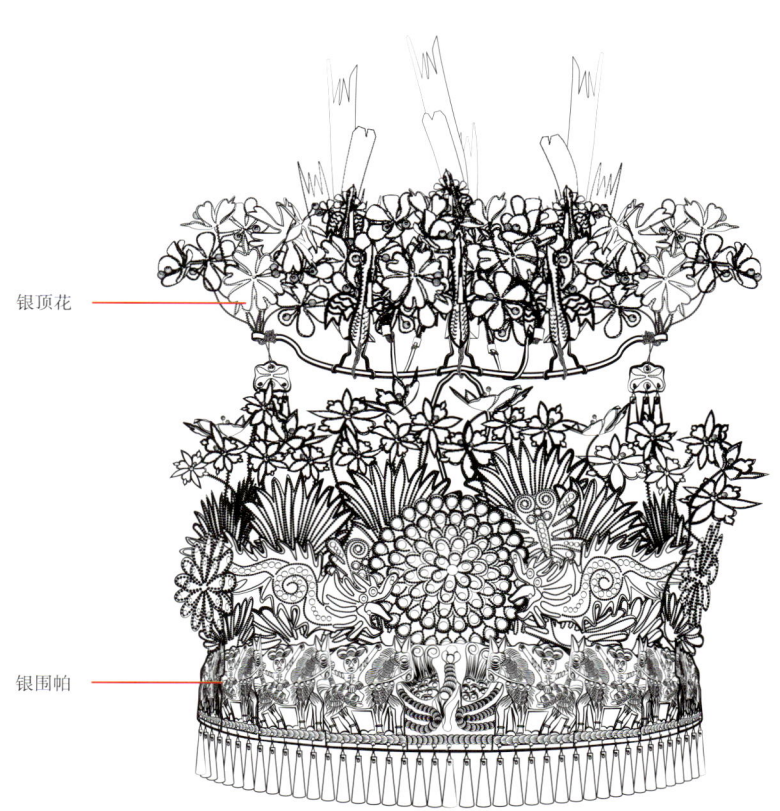

图九　苗族银顶花与银围帕搭配图

第六章　苗族传统手工艺

苗族银簪钗

图一　苗族（凤鸟）银发簪主图1

苗族服饰装扮中，银饰是必不可少的饰品之一。银簪钗主要指装饰在发髻之上、用于固定发髻和装饰之用的银饰品，无论在日常生活中还是在节日庆典活动中，许多苗族女性都会在发髻上装饰各种银簪钗，既固定发髻、保持发髻的完整造型，又显示了苗族女性美观大方的装饰，同时还能够通过银簪钗的款式、花形辨识出不同的苗族支系特点。在节日庆典活动中，人们穿着盛装时所佩戴的银簪钗更加华丽丰富。

苗族银簪钗样式繁多，造型丰富，有银花簪、银插针、银花钗和银网链等多种。从形态来看，有圆锥状、扁平状、钎状、钩状、花束状和网状等；从图案纹样来看，有花叶、凤鸟、鱼虫、蝶和龙等，还有几何纹、钱纹、鼓纹、"寿"字纹等。这些不同特色的簪钗，有的纤巧精细，有的古拙质朴，有的宽大粗犷。

苗族银簪和银插针的形式非常丰富，银插针也是发簪的一种，造型较银簪更为简单一些，其结构是由簪头、簪挺（也称簪杆，俗称插针）组成。本案例中的一枚银凤发簪，簪头为一只振翅欲飞的凤鸟，凤头上仰，凤目圆睁，凤颈用银丝编织盘绕而成，凤嘴衔银铃吊坠，四条展开的凤尾由螺旋状银丝连接，银簪戴在发髻上，随着人们歌舞转动身体时，凤尾和银铃吊饰都会随着节奏摆动，表现出苗族民众的创意和智慧。

另一款龙头银发簪，龙头立体昂首，形象栩栩如生，龙目呈球形，龙须用细银丝卷绕盘成，龙舌尖挂有银铃垂坠，生动美观。

花、鸟、蝶等是苗族银发簪中最常见的题材，式样多，用途广，深受苗族女性的喜爱。发簪形状单支、束簇、单瓣、复瓣的花式皆有，造型灵秀纤巧。多数银发簪为15~25厘米，便于插入发髻，有的银发簪长达30~40厘米，簪头饰有重叠的复瓣银花，顶端垂吊银铃，簪杆后圆前尖，便于插入发髻。由于花簪长大，插入发髻后，两头的银花和簪杆都露在髻外，颇有风采。

钗与簪的区别在于，簪为单杆，钗为双杆，钗杆的形状有圆有扁，钗头多装饰有丰富的花纹，并饰以垂挂银铃或银片。丹寨雅灰、达地等苗寨的盛装服饰中，装饰有大型的银发钗，钗的总长40~50厘米，钗头由两片凤纹银板、一块圆板和流苏银片组成，钗杆由两根长银片组成。长钗从右向左穿过发髻，钗头和杆尖外露，与银梳、银角、围帕和银泡等组成丰富美丽的头饰，醒目而和谐。

银发簪中还有一种网链式的造型，流行于都柳江流域的一些苗寨，通常由多股银链组成网状，与发簪相连，佩戴时将网链两头的银簪分别插入发髻，中间连着的网链顺势垂下形成网状，非常别致。常见的有毛虫形银网链、坠鱼五股网链等。

银簪钗的佩戴方式有横向贯穿、斜插、竖插顶髻等多种，也有十支、五支一套，围绕发髻穿插以及一支独插等方式。

图片来源
图一至图三、图七　仲溪　摄影
图四至图六　廖晨晨　制图

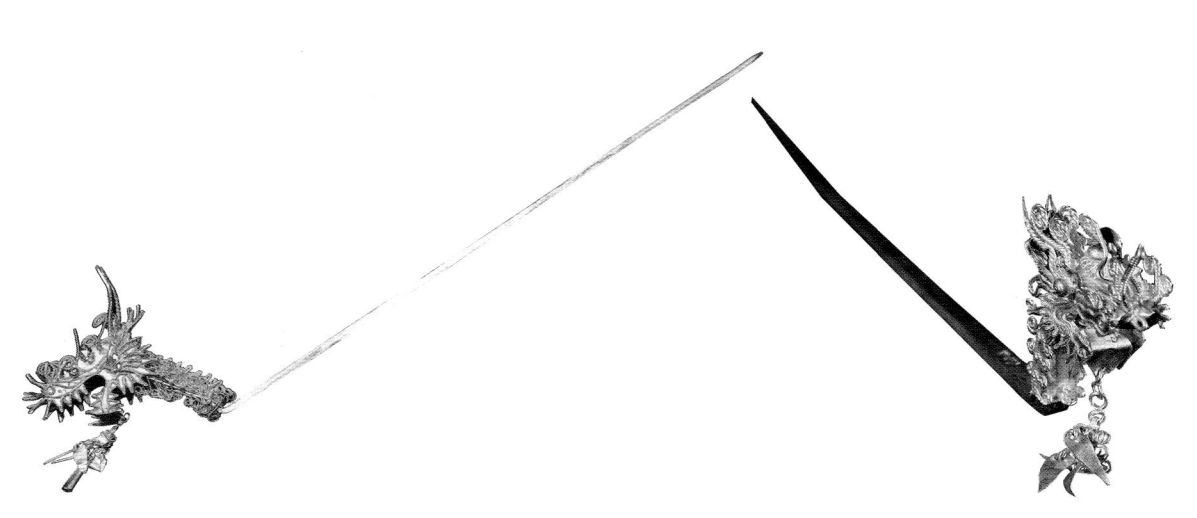

图二　苗族（龙头）银发簪图

图三　丹寨雅灰苗族大银钗主图2

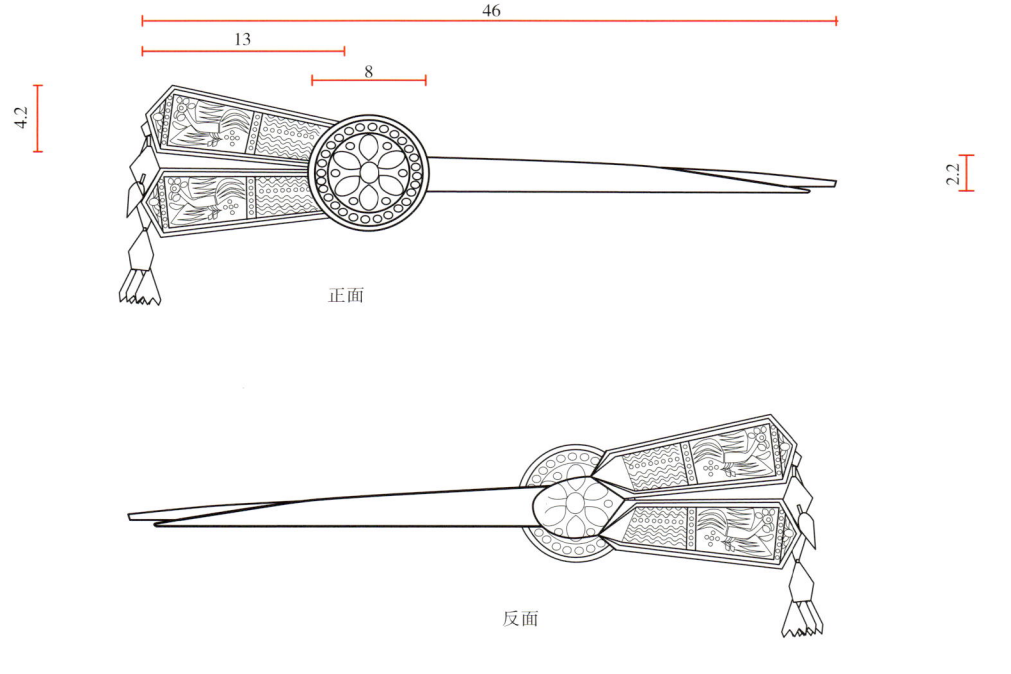

图四　丹寨雅灰苗寨大银钗尺寸图（单位：cm）

图五 苗族银簪钗不同式样图

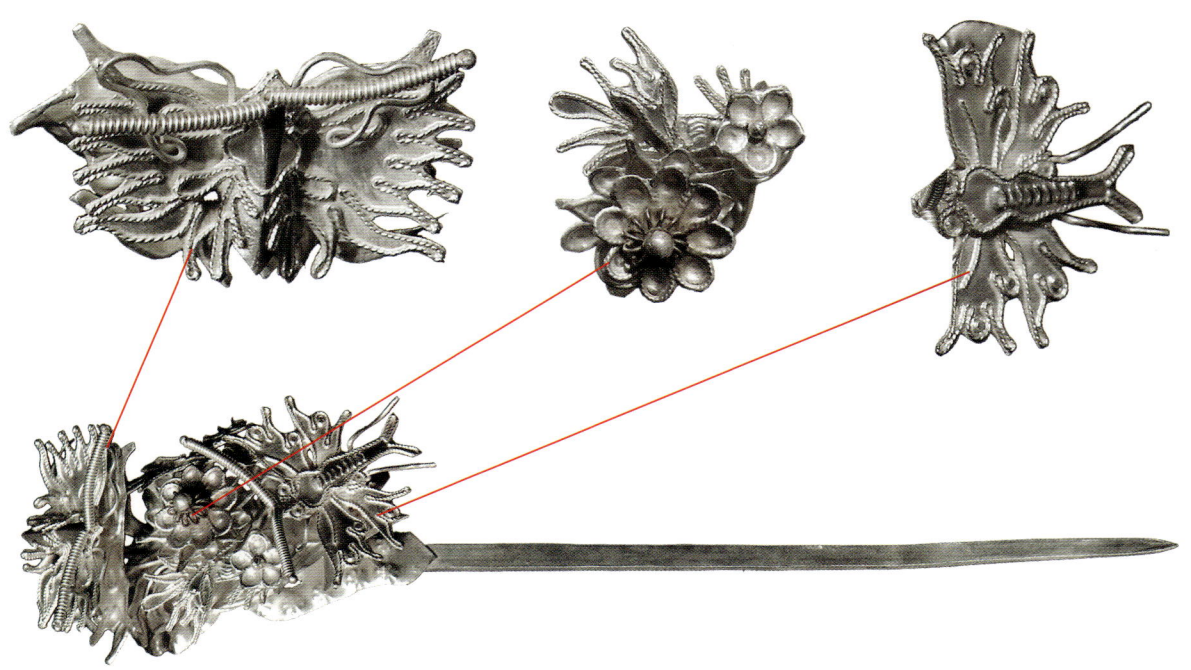

图六 苗族银发簪图案分析图

图七 不同苗族银发簪装饰图

苗族银质发髻梳

图一　苗族银质发髻梳主图

苗族银质发髻梳是苗族女性梳理头发、固定并装饰发髻的头饰，在苗族的许多支系中都较为盛行，尤其是在黔东南苗族地区，人们将银梳插在发髻处，既能固定发髻、梳发压发，又起到了装饰作用。

银质发髻梳又称银梳、银插梳和银花梳等。其造型丰富，款式多样，花形装饰繁简不一。材质以银为主，分全银质梳和木质外包银皮梳，后者露出木质的梳齿。银梳的造型也富于变化，有月牙形、半月形、牛角形、有柄梳、无柄梳等。如贵州凯里炉山银花梳较为素雅，在木梳外包上一层压花银片，少有其他装饰物。丹寨孔庆一带的苗族银梳为月牙形，长约 20 厘米，梳脊的厚度约为 2 厘米，银梳的梳脊和梳面饰有 7~9 颗高约 3 厘米的尖尖的锥形饰，梳面有模压出来的蝴蝶、花鸟纹饰，在梳背上还用银链垂吊着数串银花叶、鸟和喇叭形的银铃等饰物，大多有三五层呈梯形展开，当银梳插在发髻上时，垂下的银铃随人的走动相互碰撞，发出叮当悦耳的响声。雷山大塘、桃江地区的苗族银质发髻梳为半圆形，木梳外包着银皮，梳背上饰有双龙戏珠、飞鸟、蝴蝶等图案，梳背处用银丝串十多束银花，银梳两侧缀两条银

第六章　苗族传统手工艺

链，连接两根银插头针，在佩戴银梳时，银梳插入发髻，再将两支插头针分别从两边插进髻内固定银梳。银梳后面的银花在髻后展开形成盛开的花丛，具有独特的艺术效果。西江苗寨银花梳的梳背上饰满了花卉、凤鸟、蝴蝶和龙等图案；都柳江流域的苗族银花梳，通常会在梳背上装饰十多位菩萨形象或圆锥形的银角，有的还缀有几条长长的银链垂在脑后，别有一番韵味。苗族民众认为带有尖角的东西有驱邪功能，能够带来吉祥。

银梳的图案主要来源于苗家常用的题材，如蝴蝶妈妈、龙鱼、凤鸟、水漩、佛螺和各种几何纹等，梳背镶缀有圆锥形或各种花卉、蝴蝶和凤鸟纹样的银片，平面与立体的纹样相互呼应，浑然一体。

银梳的制作工艺有银錾刻、模压、雕刻、拉银丝等方法，有祖辈传下来各种花形的蜡模，也有与时俱进的新式花模。制作时，银匠将银锭放入熔银锅，加热熔成银水后倒入各种蜡模中，做成银条、银花或其他银片，再按照银梳所需的造型进行精加工，钻花、雕刻、镶边、镶花饰，最后修边，放入明矾水煮开上光，洗刷一两次，银梳便可闪闪发亮，银光灿灿。

图片来源
图一、图四　许星　摄影
图二、图三、图五　廖晨晨　制图
图六至图八　杨玄清　摄影

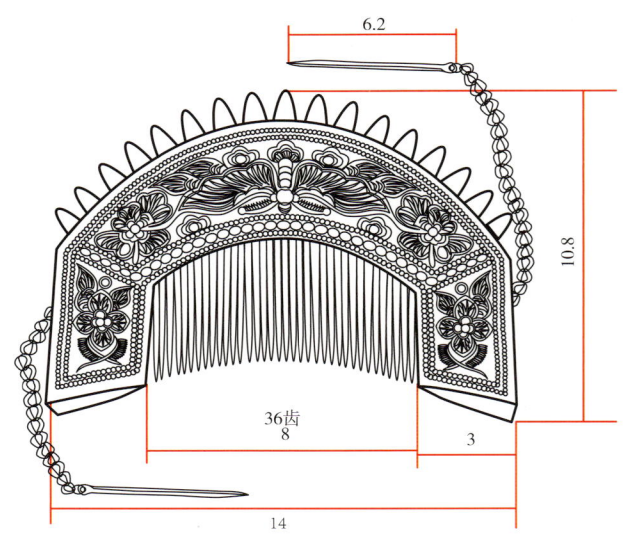

图二　苗族银质发髻梳尺寸图1（单位：cm）

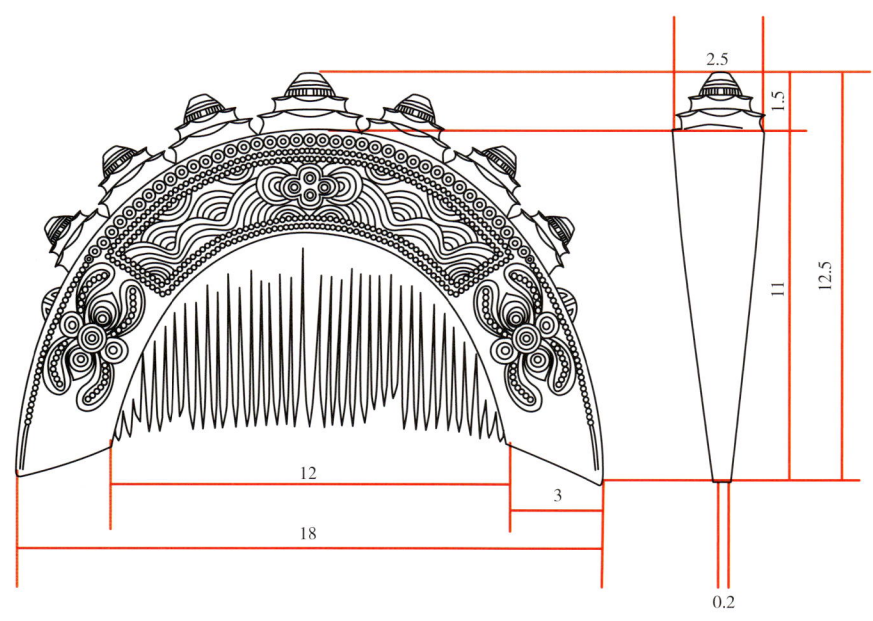

图三　苗族银质发髻梳尺寸图2（单位：cm）

凤纹银梳

龙凤银梳

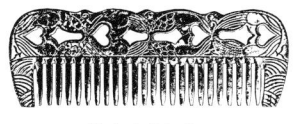
游鱼戏水银梳

双鸟朝蝶银梳

花卉银梳

图四　苗族银质发髻梳不同款式图

图六　苗族花式银质发髻梳图

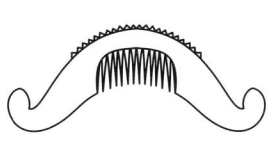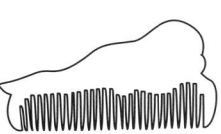

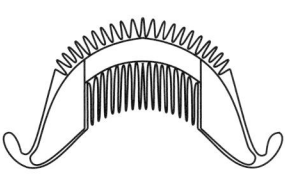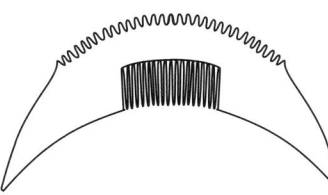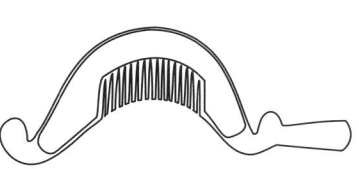

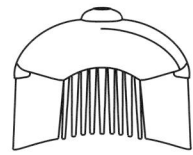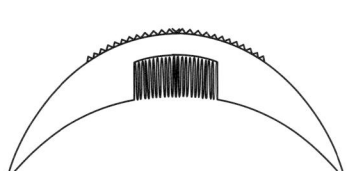

图五　苗族银质发髻梳不同造型图

图七　苗族银质发髻梳插戴方式示意图

图八　苗族银质发髻梳插戴效果图

苗族银耳坠

图一　苗族（悬挂式蝴蝶）银耳坠主图1

苗族银耳饰中，耳环、耳坠等是常用的传统饰物。耳坠是耳环的一种，其式样是包括耳钩、耳钉、耳扣以及挂在这些钩环下的坠饰。耳钩、耳钉等功能主要是将耳饰固定在耳垂上，坠饰是钩挂在其上的主要装饰物，根据悬垂的造型设计可有多层挂饰，长短不一，整体呈悬挂或可活动的形式，造型和花式尤其丰富。

从结构类型来看，银耳坠可分为悬吊式和挂钩式等。悬吊式耳饰是指悬吊在面颊两侧，贴附于耳郭上端或穿过耳洞而非紧贴耳垂。这种悬吊式的耳饰往往有很多层次，有一定的厚重感和多种纹样缀配的垂吊挂件，造型也比较夸张，有些耳饰长垂至胸前，为苗族女性参加盛大活动时搭配盛装而穿戴的。

挂钩式耳坠是通过银钩穿于耳洞，挂坠连接银钩的造型。其形式多样，工艺多变，简约朴素的如银丝盘花式耳坠、蝴蝶响铃银耳坠等；别具特色的如两汪式菊花银吊坠，层层相叠，无论是菊花整体造型的把握，还是花瓣、花蒂等细节的刻画都力求逼真，生动有趣；凸显精湛技艺的焊花龙纹式、花溪地区的银丝灯笼式，以及常规式样的铜鼓纹、蝴蝶纹等耳坠。

图一耳饰的造型与普通的相比更加粗大、沉重，通过围帕两耳侧处悬垂梅花形银链至耳边，其钩挂三层耳饰，从内到外依次为双牛角錾花银耳环、叶片式银耳坠及蝴蝶银耳坠。蝶形耳坠下垂银链，链缀吊穗与叶片交相呼应，长及肩头，别具特色。图二为两汪式菊花银耳坠，耳钩呈粗壮的卷草环形，下部垂吊的菊花纹样从上到下有三个层次，第一层是向上的多瓣小雏菊，花心是三束银丝将耳钩包住，自然地将上下部分连接起来；

第二层是四面圆柱形，每面一朵小雏菊，四角共用 4 个阔瓣球芯的小菊花，造型自然而饱满；第三层在银坠的最下面，是两组相对、由小到大三层组合、共 6 朵小雏菊的造型，整体造型精致而厚重，凸显苗家粗犷豪放的风格。图三银丝盘花耳坠，与前二者在风格和形式上相比，耳坠由精细的银丝盘绕焊接而成，尤其是中心部位，由 4 个同心圆组成，从外到里分别是粗光圈、辫子圈、8 字圈和锁口圈，中心由三组共 6 个涡旋纹组成。在下面吊坠了 6 根银条流苏。这些不同风格的银耳坠，是苗族银饰中常见并具有代表性的作品，反映了不同的制银技艺，更是将苗族的审美特征发挥得淋漓尽致。

图片来源
图一　许星　摄影
图二、图三、图六至图九　吴兴权　摄影
图四、图五　廖晨晨　制图

图二　苗族（两汪式菊花）银耳坠主图2

图三　苗族（银丝盘花）银耳坠主图3

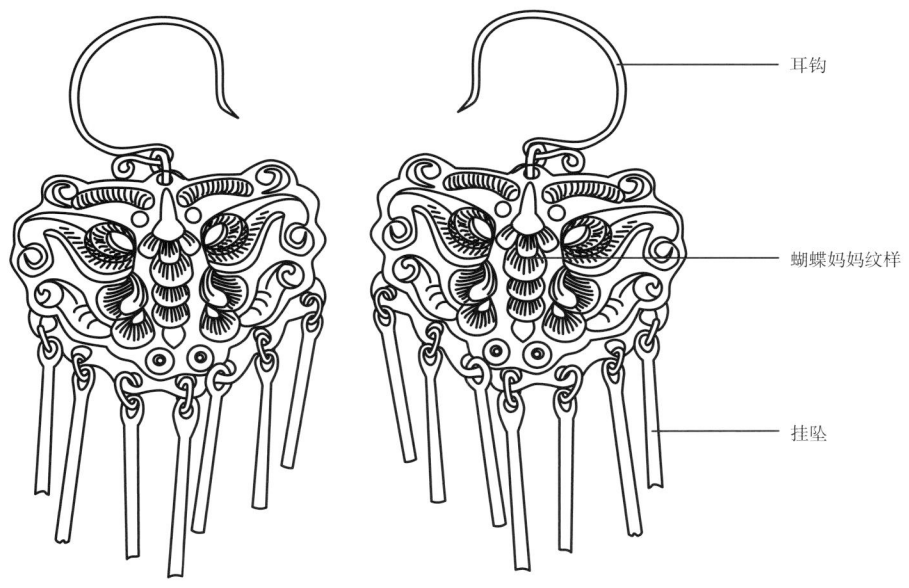

图四　苗族（蝴蝶）银耳坠结构示意图

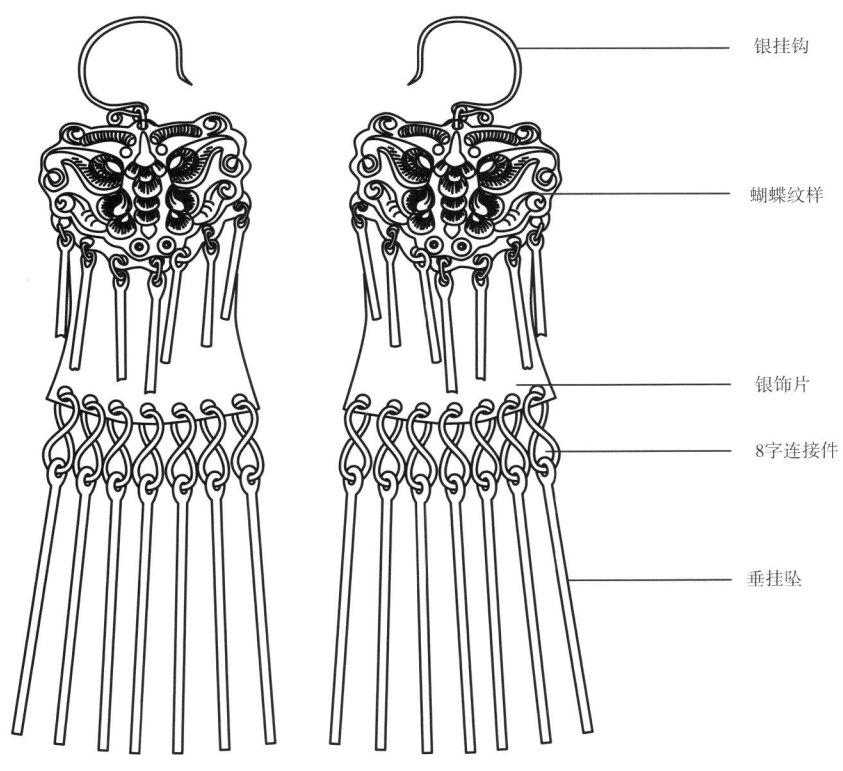

图五　苗族（多层）银耳坠示意图

图六　苗族灯笼吊穗银耳坠图　　　　　　　　图七　苗族蝴蝶响铃银耳坠图

图八　着盛装戴耳坠的苗族姑娘图　　　　　　图九　造型醒目的苗族悬吊式大耳坠图

苗族银耳环和银耳柱

图一　苗族（涡纹盘坠）银耳环主图

苗族妇女重视耳饰，多数苗族支系的银饰中，都有耳环、耳坠等，少部分苗族男性亦有佩戴。不仅在节日庆典等活动中，人们穿着盛装要佩戴银耳饰，在日常生活中，人们也都佩戴着各种形状的耳饰。同时，耳饰用银相比其他饰品较少，成本相对较低，更少受经济条件的限制，成为苗乡妇女使用最为广泛的装饰物品之一。

苗族银耳饰的款式非常丰富，按结构类型可分为环状形、悬吊形、钩状形、圆轮形四种，其中以悬吊形、环状形较多；从造型形式来看，除常见的花、鸟、龙、蝶、蜻蜓等，还有蚕虫式、叶片式、灯笼式、银钩式、圆柱式等其他形式，这主要得益于苗族人民从生产生活中汲取的灵感、大胆的创新精神以及精湛的制银技术。

耳环，广义的概念指所有佩戴在耳朵上的装饰物，而一般民间通常则指环形开口、钩形等能够钩挂在耳洞里，并有一定花式造型的装饰物。耳环的前身为耳玦，是指有缺口的环状造型，通过环状上的缺口夹于耳垂或穿过耳洞。苗族环状银耳环形式多样，从造型和纹样上看，有素面环式，如秤钩式、钉螺式、泡钉弯钩、涡纹盘坠等；有模仿动物、昆虫等设计形式，如錾花双牛角形、蚕虫纹、蝴蝶纹等；有模仿植物花叶等设计形式，如花苞形、叶子形、茄子形等；还有来自苗族古老传说的"榜香由"等，这些造型充分体现了苗族人民丰富的想象力和创造力。

银耳柱，也称圆轮耳柱，其前身为珰，是一种直接塞入耳洞的银饰物。历史上，苗族女性就以佩戴大而重的银耳柱闻名，重的

第六章　苗族传统手工艺

一对大耳柱可达200~250克。银耳柱的造型主要为圆轮形，即由两个同心圆环构成，中心连通呈"工"字形。有的柱面部分无花纹，呈素面，透出银饰的光泽；有的柱面饰有精致的银丝盘花，有一定的厚重感。苗家女儿自幼穿耳洞后，即用逐次加粗的圆轮银耳柱扩张耳洞，等耳洞适应后再戴上更粗的耳柱，直到戴上最大号的为止。苗族妇女利用银耳饰的重量拉长耳垂，行走时两耳随步摆动为美，同时耳洞越大表明家庭越富裕，彰显了苗族银饰以重为美的艺术特征及文化内涵。

图片来源

图一、图三至图五、图十、图十一　李伟林　摄影
图二、图六至图九　潘姝雯　制图

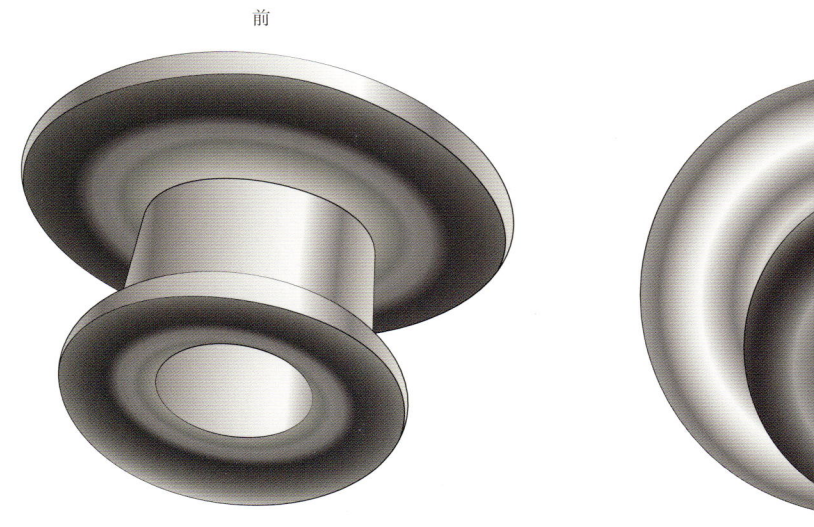

图二　苗族（车轴式鼓形）银耳柱主图2

图三　苗族茄子形银耳环图

图四 苗龙乳钉银耳环图

图五 苗族环形银耳饰图

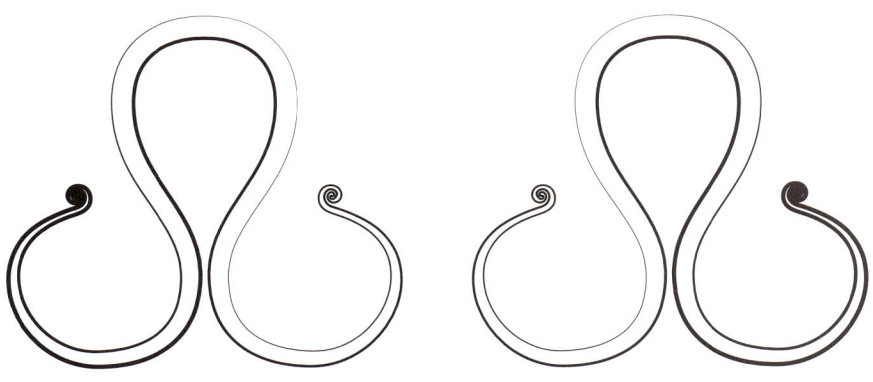

图六 苗族秤钩式银耳环图

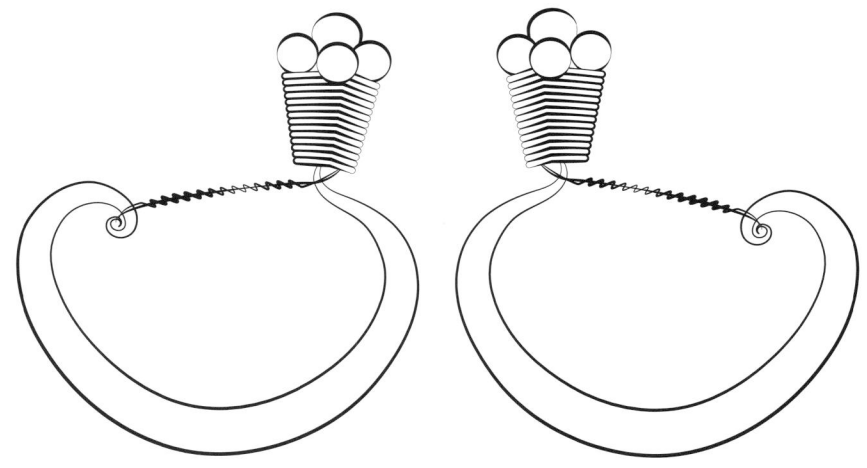

图七　苗族钉螺坠银耳饰图

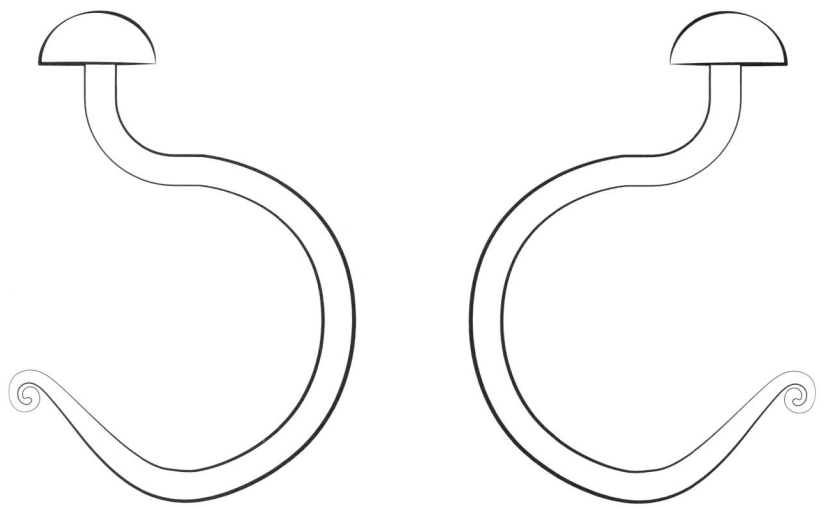

图八　苗族泡钉弯钩银耳环图

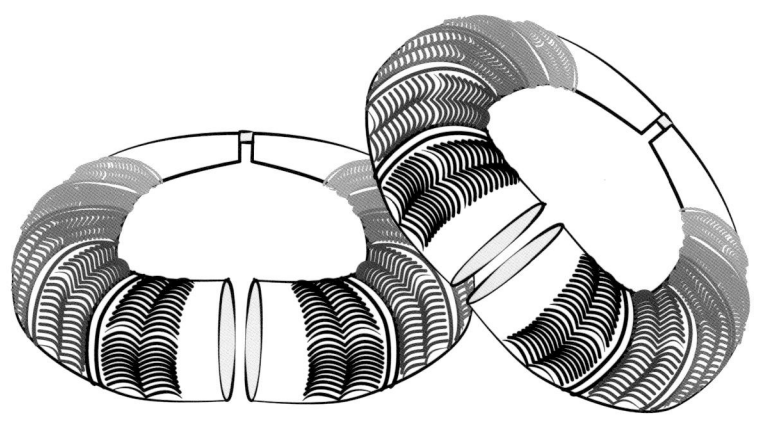

图九　苗族双牛角錾花银耳饰图

图十　不同苗族银耳柱图

图十一　戴圆轮形银耳柱的苗族阿婆图

第六章　苗族传统手工艺

苗族银压领

图一　苗族银压领主图

银压领是流行于湘西、云南及贵州清水江流域等苗族地区的银饰。银压领因佩戴后可平贴衣襟，使衣襟贴合人体，因而得名。其造型源于长命锁，而长命锁前身为始于汉代的"长命缕"，发展至明代，演变成儿童专用颈饰，后形成长命锁。正因为如此，苗族少女从小就佩戴银压领，旨在祈求平安吉祥，辟邪除灾。仅黔中和清水江流域的部分苗族地区，其银压领造型仍保持原始长命锁的长方形形态，并刻有"长命富贵"等字样，与项圈连体或配套使用。现今的银压领多脱离原有造型，形态变异较大，主要表现为半圆形或如意锁形，不仅体积增大数倍，而且纹样丰富多变，工艺复杂多样。苗族银压领制作工艺主要采用錾刻和焊接，辅以花丝。其纹样以龙、狮、鱼、蝴蝶等为主。如雷公山脚的银压领造型繁复，制作工艺兼用浮雕、圆雕、透雕技术，纹样除常规图形外，还出现寿星人物纹等，可见其纹样之多变，工艺之精美。

本案例为黔东南地区苗族银压领，其主体造型为如意锁形，长度为 24 厘米，宽度为14.6厘米，厚度为1.7厘米（如图六主体造型数据图）。主体造型与银项链通过蝶形银片上下两端银条折叠勾合，其中蝶形银片长6.2厘米，宽3.4厘米，银项链展开总长74.6厘米。主体下垂穗长银吊，银吊通过"8"字环链与主体下缘小银耳连接，吊分两级：一级银吊平均长度约为7.5厘米，连接银吊主体蝶形吊穗的"8"字环链数量由4个向2个逐次递减，总体上看，一级银吊主体银件随如意锁造型下端轮廓呈扇形起伏；二级银吊平均长度为17厘米，两端最长为20厘米，中间最短为14厘米，链长从两侧向中间逐次递减，总体来看，二级银吊主体银件基本保持水平排列。两级银吊相互呼应，错落有致，精巧灵动。

银压领如意锁形主体表面为单面浮雕式纹样：三条圆珠环绕成线，随主体造型轮廓浮于该轮廓内缘；主纹为二龙戏珠纹，位于主体造型下方，花形修边，凸起宝珠居中，宝珠采用网状花丝工艺装饰，两龙首相向，龙尾随主体造型轮廓上翘，鱼纹居中围于宝珠之下，首尾上翘；辅纹为双狮戏球，位于主纹之上，采用漩涡线形花丝工艺装饰的凸起宝珠居中，尺寸和凸起度皆略小于主纹宝

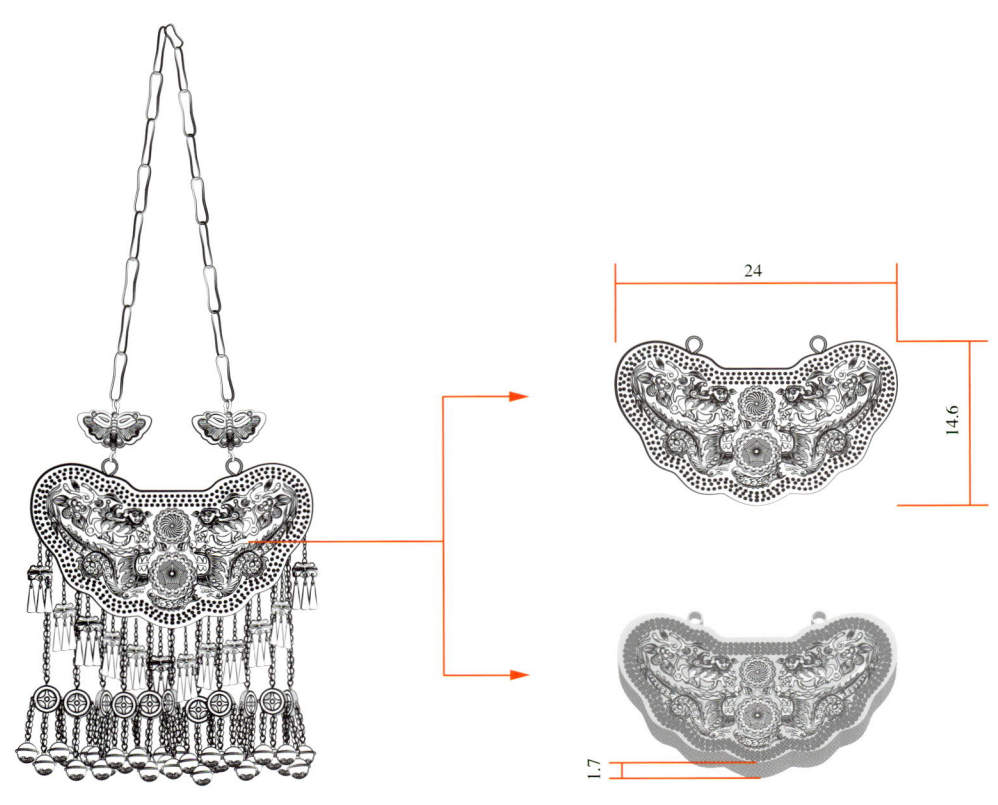

图二　苗族银压领主体造型尺寸图（单位：cm）

珠。主体造型下端悬垂银吊共23条：一级银吊为12条，由"8"字环链穿套蝴蝶纹银片，该蝶纹银片长2.6厘米，宽1.6厘米，每蝶纹银片下垂3根中空锥形银链吊坠；二级银吊为11条扭索环套古钱纹圆雕，该古钱纹长、宽为2.5厘米，厚0.8厘米，下挂三耳环套开口錾刻花纹银响铃，响铃长、宽均为2厘米。

图片来源
图一　许星　摄影
图二至图六　潘姝雯　制图
图七、图八　仲溪　摄影
图九　沈建国　摄影

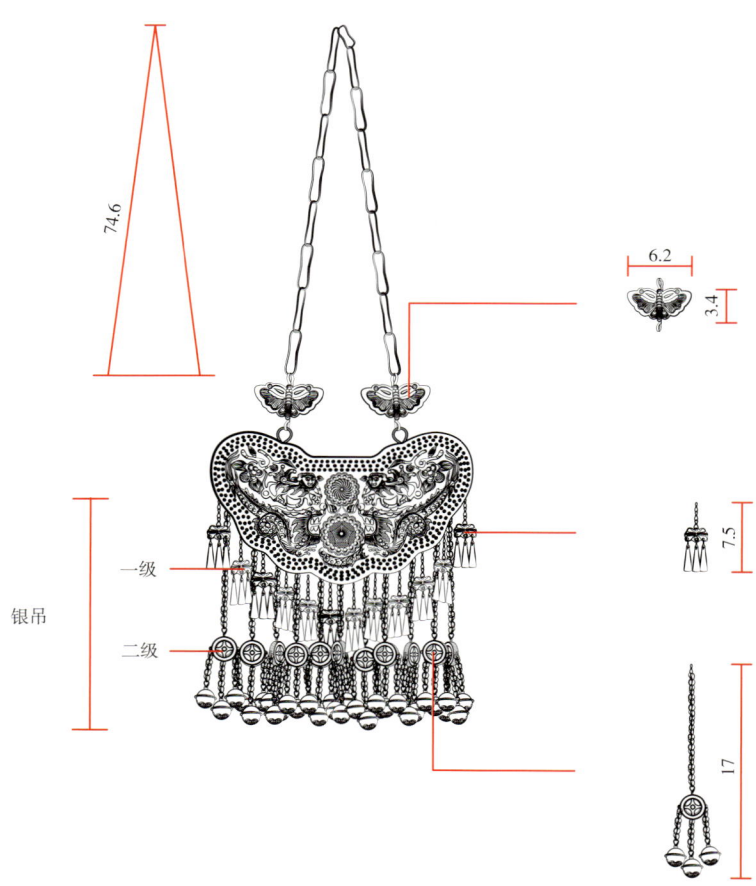

图三　苗族银压顶其他部位尺寸图（单位：cm）

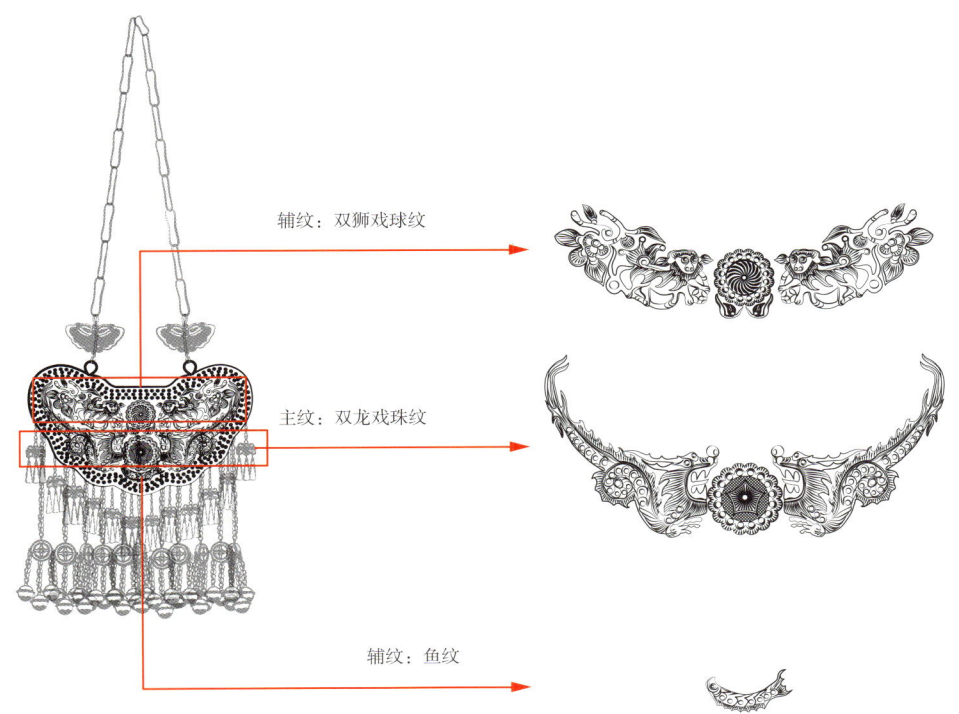

图四　苗族银压顶主体浮雕纹样示意图

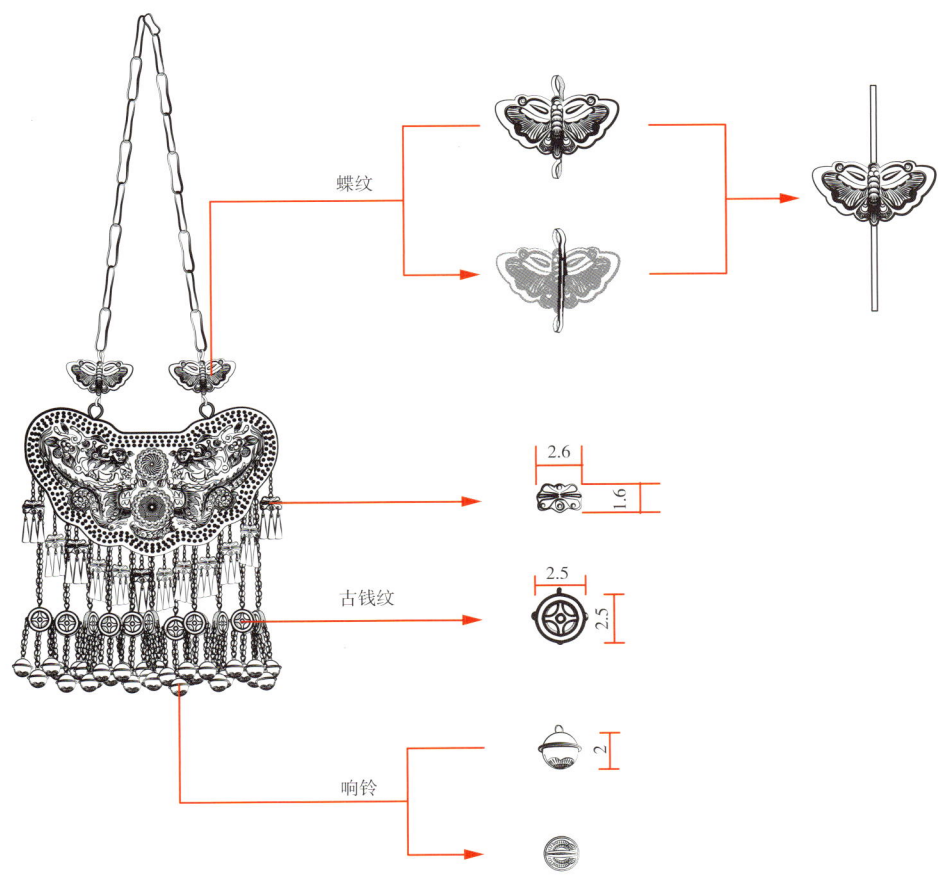

图五　苗族银压顶其他部位纹样与尺寸图（单位：cm）

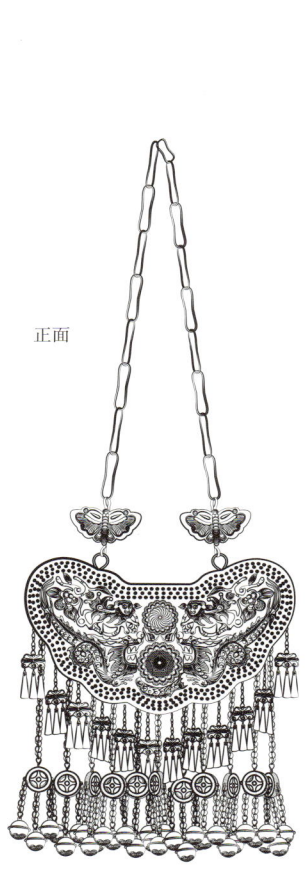
正面

背面

图六　苗族银压领视角图　　　　　　　图七　苗族龙戏珠银压领图

图八　苗族双狮滚绣球银压领图　　　　图九　戴银压领的苗族女孩图

苗族银项链和银项圈

图一　苗族银项圈主图1

在苗族服饰中，银饰是非常重要的装饰形式，在各个苗族支系的盛装服饰以及部分便装服饰中，有各种不同的造型、样式和花纹。银项链和银项圈是银饰中不可或缺的饰品之一。

银项链和银项圈主要有链形和圈形两大类。链形的被称为项链，是以银丝绞成环状，一环扣一环形成长链，并可活动变化。制作银项链的银丝有粗细、长短和形状之别，弯绞成8字、环状、金瓜、卷筒连接、圆角方形和串响铃等不同的形状，串结成款式丰富的银项链，讲究的在较粗的银丝上还錾刻精美的花纹，做成镶花银链、细银项链等。如镶花银链的制作工艺，是将多块1厘米见方、两面都錾有花纹的小银块，用银丝串起来，两头用细银丝缠紧，焊上钩环即成。

圈形的被称为项圈，其制作方法是用银片或银条做成较大的圈形，有薄片状、银条缠绕式、银条绕圈式等，其特征是体积大、形式固定，多有錾刻花纹，有挂环以装饰各种挂坠、响铃等。根据不同的造型和工艺方法，这些项圈分别被称为藤项圈、绞丝项圈、扭索项圈、轮圈、扁圈、百叶项圈、泡花项圈、吊铃錾花项圈、银龙项圈等，还有项链与项圈合一的形式。藤项圈的制作方法是：先将银条锻打成直径约 0.7 厘米的粗丝，以两条为一组，用力缠绕在木棍上，成绞丝麻花状，银条中间绕圈大，两头绕圈小。再将两组四根绕成麻花状的银条组合在一起，中间粗两头细，把两头的银条整齐、敲打紧实后，用银片做成一头大一头小的银管套在两头，包住零散的银条，同时焊上项圈头上的连接钩环，最后经过退火、清洗、刷亮和烘干等环节，完成藤项圈的制作。藤圈的佩戴，从佩戴单只到五六只不等。

錾花银龙项圈是用两层银片拼合而成的一种项圈，有一定的厚度，里层呈扁平状，表面一层呈半圆凸起状，上面錾刻有二龙戏珠等丰富的花纹，项圈外缘垂有蝴蝶妈妈、菩萨和花叶等各式银吊、银铃，造型美观、工艺细致复杂。

扁圈是由银皮打造出的扁盘状项圈，圈的中间宽两头窄，由连接钩环接头，项圈上刻有苗家常用的纹饰。不同支系的苗家依各自传承谱系有着不同的佩戴方法，有单个佩戴，也有三个一组或五个一组，由小到大，互相不遮盖，同时还辅助其他的银饰形成银饰系列。

轮圈，有的地方叫银串或扭丝项圈，是用单根较粗的银条先捶打成方柱形，再扭转呈螺旋状打造而成的。另外在凯里有一种串戒指银项圈，以粗银条为项圈，在其上装饰 14 枚戒指，戒面向外，环圈向里，用银丝等距固定戒指，使戒指依次向圈外放射展开，

图二　苗族银项链主图2

图三　苗族錾花银排圈图

也不会重叠起来。每个戒指戒面下都垂有蝴蝶、瓜米等垂穗。

图片来源

图一、图二、图八、图九　仲溪　摄影

图三、图七、图十　张庆　摄影

图四、图六　廖晨晨　制图

图五　许星　摄影

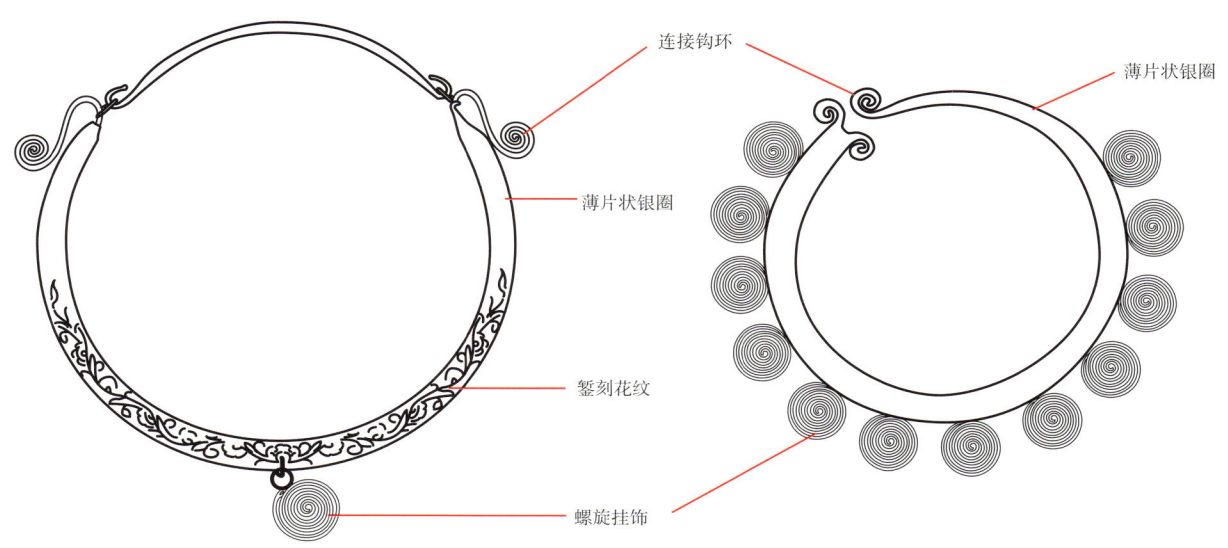

图四　苗族（錾花和盘丝）银项圈结构示意图

图五　苗族藤形银项圈图

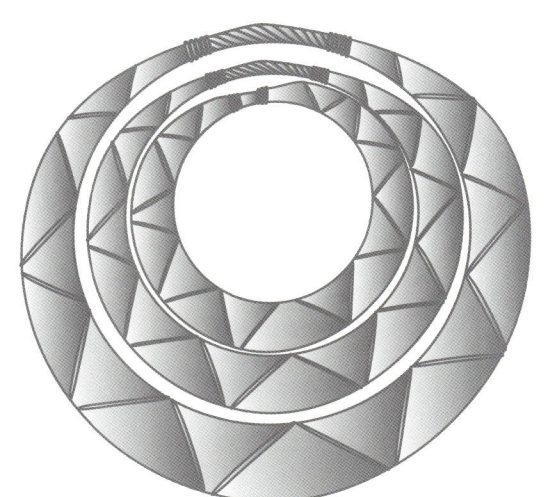

图六　剑河苗族百叶项圈图

图七　苗族方柱扭索银项圈图

图八　苗族挂锁银项圈图

图九　贵阳市花溪区高坡苗寨银项圈图

图十　苗族藤纹银项圈图

苗族银胸吊饰

图一　苗族银胸吊饰主图

苗族银胸吊饰也称银吊饰、银串或银牙签，是黔东南、湘西苗族妇女盛装中常用的佩戴在胸前的串状银饰。其造型特点是由银链吊挂着各种不同形状的银片、银坠，分成多层垂挂下来，每一层有银片及银铃等吊坠物，一般分为三层，多的有五层，佩戴在身上后，下垂长40~85厘米。

银胸吊饰的纹样造型非常丰富，常见的银胸吊饰纹样有苗族多用的蝴蝶妈妈、凤鸟、游鱼、花叶、铜钱、笆篓形、飞蛾花及骑马人物等，与其相串的有锁扣链、金瓜链、小圈链等，单条或双条皆用。在每层银花片的下缘，垂有不同花纹的小银铃、小挂件或喇叭形饰片。佩戴时，随着人们的行走或舞动，这些小挂件或小银铃会叮当作响。有一种"五兵佩"的银胸吊饰，是在吊饰的最下缘悬挂有一串兵器造型的小挂件，有小刀、长枪、盾、棍、剑、矛等，后又加入了民间常用的生活物品牙签、大铲、挖耳勺、镊子等坠饰，这种银胸吊饰也被人们称为"牙签吊"。

银胸吊饰，一方面是苗族民众作为避邪护身、祈福求吉的图腾或吉祥之物。另一方面，其银饰纹样凝结着苗族古老文化习俗的历史记忆。如银胸吊饰中大量使用蝴蝶妈妈的神话传说，虽然有各种不同的说法，但蝴蝶妈妈被尊为苗族的始祖，已在苗族民众中成为幸福、吉祥的象征。在各类银饰中蝴蝶纹样运用得非常普遍，其造型生动、灵巧，与花朵、龙凤、石榴等纹样组合，从不同的角度看上去，可呈现出不同的形态，如正看是蝴蝶，侧看为花果等，富有神韵，广受喜爱。

银饰片上骑马武士、各种兵器造型的吊饰，也表现了苗族民众对祖先征战、迁徙的历史记忆。

银胸吊饰的佩戴，常与其他银饰组合，如与银项圈、银压领等组合在一起，配上头饰、手饰、腕饰等。银牙签饰常常装饰在大襟衣右上方的纽扣上。

图片来源
图一、图二、图五至图七　王艳晖　摄影
图三、图四　吴文中　摄影

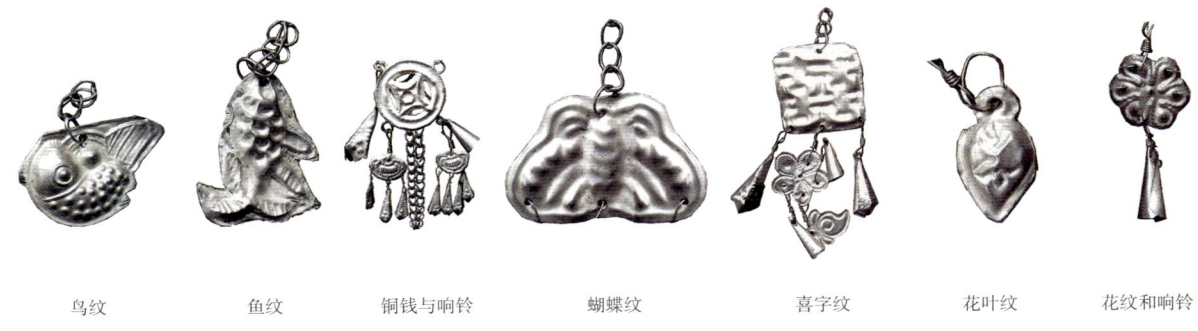

| 鸟纹 | 鱼纹 | 铜钱与响铃 | 蝴蝶纹 | 喜字纹 | 花叶纹 | 花纹和响铃 |

图二　苗族银吊饰纹样示意图

图三　苗族马形银吊饰图

图四　黔东南苗族服装银吊饰图

图五　苗族蝴蝶形和三角形银吊饰图

图六　苗族寿字纹银串图

图七　湖南靖州花苗银胸吊饰佩戴效果图

苗族银手镯

图一　苗族银手镯主图1

银手镯是苗族银饰中的一个重要组成部分，各个苗族支系都有使用，日常生活中所佩戴的银镯子较为简练，而在节日盛装时人们所佩戴的银镯则丰富多样。其造型多变，形式复杂，工艺繁复。从造型形式上，其大致可分为环形和链形，环形镯有合口和开口之分，链形镯为环环相扣的结构。银手镯造型大致有圆柱形、方柱形、扁平形、螺旋形、扭丝形等；按主要工艺构成可分为空心圆柱形、绞丝形、编丝形、浮雕形、镂空形、篓花形、焊花形等。

不同类型及风格的手镯反映了苗族不同支系的审美差异：风格粗犷的手镯，或镯面宽阔光亮，或窄细扭索，纹样简单或无纹样；风格细腻的手镯式样繁多，工艺复杂，纹饰多变。

以焊花形手镯为例，这类手镯多网状银丝为面，在上面焊接花纹或乳钉作为主纹。本案例焊花形手镯为单排梅花手镯。镯面纵向分为三个区域，镯尾两边各一矩形凹面；镯面正中区域以银方柱横向划分三个镂空部分，扁银丝呈波纹状焊于其中，以中间区域最大。中心部位波纹状镂空银丝上等距焊接14枚小型梅花立体造型，与上下组镂空波纹银丝形成对比；镯尾两个矩形凹面正中各焊接一朵双层花瓣立体蕊芯的大梅花，造型精美，动感十足，与镯面正中的 14 枚成组小梅花交相呼应，形成鲜明对比。

另一件手镯为宽排乳钉手镯，由三横排立体造型纹样构成，其中 10 枚乳钉等距排成一排，焊于镯面宽度前段正中位置，上、下各焊接一组梅花立体造型。乳钉纹焊花形手镯以雷山独南苗族筒状手镯造型最为特殊，其镯面宽阔，类似于古代与盔甲配套的护腕，粗犷又不失细致。

绞丝形银手镯主要由两组方柱银条相互穿合，连续编圈呈绞花状，两端用细银丝扭索缠成圆柱形，其造型华丽多变，富有动感。

编丝形手镯图案丰富多彩，制作精致细腻，集合了苗族银饰掐丝、填丝、花丝等主要制作工艺，这些工艺相辅相成，浑然一体。

制作时首先使用掐丝工艺用镊子将银细丝掐成宽扁丝来构造纹样基本框架轮廓，使用填丝工艺将花丝堆叠而成的图案填入框架轮廓中并焊于其中，从而塑造镯面变化多样的图案纹样，并且打造主花造型的立体装饰效果。

浮雕形银手镯主要以连续花枝纹或龙纹居多，主要制作工艺为錾花，即通过捶击錾子，使银镯表面呈现出凹凸花纹。

此外，苗族手镯的佩戴方式也极具特色，平时一般只戴一只，节庆集会则会增加，两手需对称佩戴，且不同区域、不同支系的佩戴方式各有差别，如施洞苗族饰镯不以一对为限，实际佩戴时多达四五对，而从江苗族则以五对为一套，排列于腕肘之间。

图片来源
图一至图四、图七至图十　许星　摄影
图五、图六　潘姝雯　制图

图二　苗族（绞丝形）银手镯主图2

编丝形手镯　　　　　　　花丝　　　　　　　掐丝

图三　苗族（编丝形）银手镯主图3

图四　苗族（浮雕形）银手镯主图4

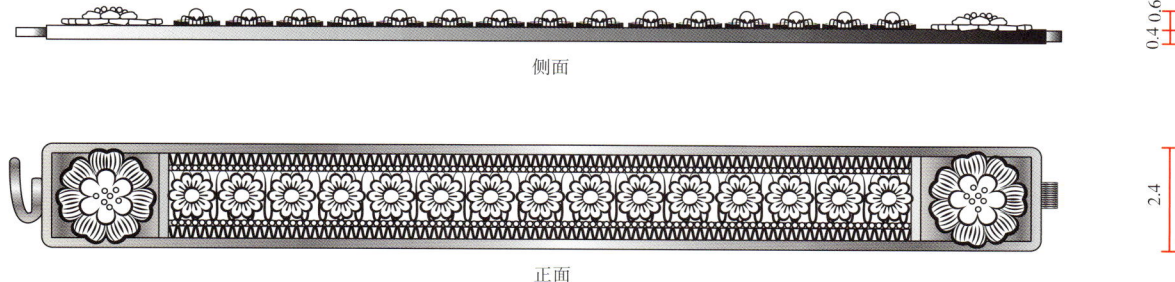

图五 苗族（焊花形）银手镯平面展开尺寸图（单位：cm）

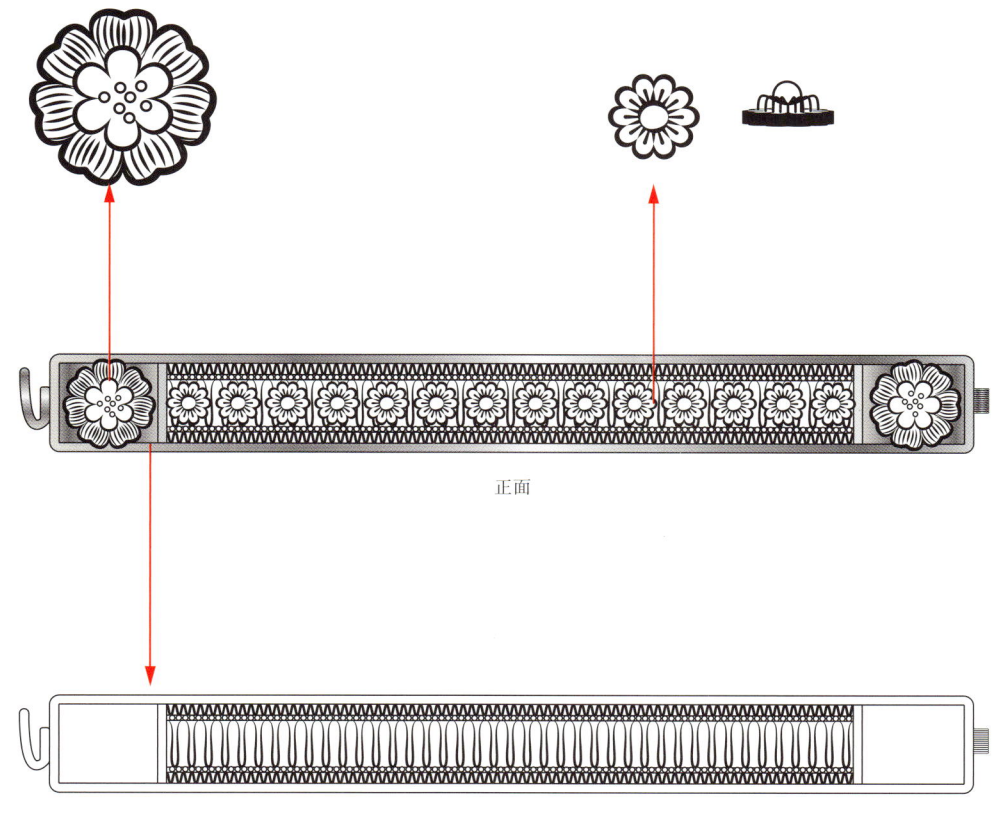

图六 苗族（焊花形）银手镯纹样分析图

图七 苗族焊花形宽排乳钉手镯图

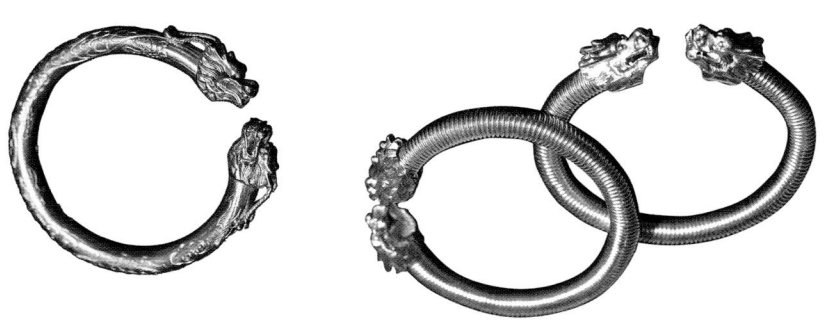

图八 苗族龙头银手镯图

图九 不同苗族银手镯图

图十　苗族银手镯佩戴效果图

黄平苗族泥哨

图一　黄平苗族泥哨（马形）主图

苗族泥哨，又称"泥叫叫""泥咕咕"，产自黔东南苗族侗族自治州黄平县，系该县石牛寨知名苗族泥塑艺人吴国清（苗名贵乜，1910—1994）在传统泥俑、陶俑基础上，创新发展而来的小型泥质彩塑民间玩具，至今已有70多年的历史。

黄平泥哨使用当地高岭土（苗族称之为白善泥）或黑泥为原料，和水反复捶打至韧性适度的熟泥后，以纯手工捏塑造型。用特有的一头尖一头圆的竹质工具开哨口后抹上菜油定型，待捏塑出口鼻并以陶模印压花纹后阴干，再经覆盖木屑或谷壳沤烧24小时，此时泥哨黝黑坚硬，可用毛笔点涂水彩施色，最后再罩上清漆制作完成。泥哨一般长约4厘米，也有大型泥哨长至10余厘米。其题材以牛、虎、锦鸡等鸟兽禽畜为主，尤以十二生肖形象最受人喜爱。动物造型以头面部为重点，有"十分狮子七分头"之说，讲究神似形略。虽然造型简洁朴拙，但表情生动传神、夸张怪诞。兽畜造型皆变四足为三足，显得更为敦厚可爱。泥哨一般以黑底施五彩。配色上多应用红与绿、黄与紫这类对比色，与当地苗族妇女衣裙的深紫底色搭配五彩刺绣的民族色调相契合，从而呈现出质朴粗犷、五彩斑斓的艺术风格，具有浓郁的民族气息。黄平泥哨尾部下端留有吹气孔和回气孔，两口约呈35度角，哨音清脆悦耳。

经过多年的发展，黄平泥哨已开发出150多个品种——如虎哨就有卧虎、跳涧虎、下山虎、怒吼虎、扫尾虎等多种形式——它也成为颇具知名度的苗族特色工艺品，远销海外。2008年，黄平泥哨入选国家级第二批非物质文化遗产名录。可以说，它是传统工艺再设计再创新的成功案例。

图片来源
图一、图四、图五、图七、图八　王威多　摄影
图二、图三　廖晨晨　制图
图六　贵州省政协文史与学习委员会主编.贵州旅游文史精编东部卷（铜仁　黔东南）.贵阳：贵州人民出版社，2013.

捏出虎形泥模并烧制　　　　绘制底色　　　　描绘花纹　　　　虎形泥哨完成

图二　黄平苗族泥哨（虎形）绘制流程图

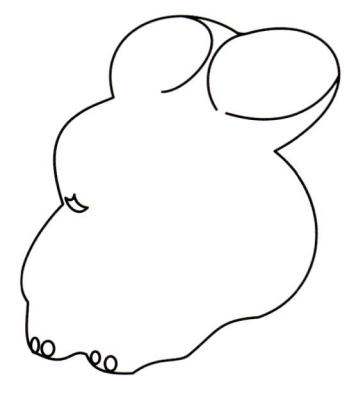  

捏出兔形泥模并烧制　　　　描绘花纹　　　　绘上底色完成泥哨制作

图三　黄平苗族泥哨（兔形）绘制流程图

图四　黄平苗族泥哨（猪形）图

图五　黄平苗族泥哨泥胎图

图六 非物质文化遗产项目代表性传承人王登书给泥哨绘彩图

图七 黄平苗族泥哨施彩图

图八 吹黄平苗族泥哨图

第七章 苗族传统民俗和宗教造像

苗族鼓藏节

图一　苗族鼓藏节（祭鼓仪式）主图

鼓藏节又名"祭鼓节""牯脏节"，是黔东南、桂西北苗族以血缘宗族为单位的祭祖活动，为苗族同胞缅怀先人的一种最独特、最隆重的形式，充满了浓厚的民族文化特色，是苗族人的最高礼仪。据苗族经典《苗族古歌》记载，鼓藏节在夏王朝时期的古三苗国就已经出现，起源于苗族先祖姜央祭祀其母蝴蝶妈妈，传说中蝴蝶妈妈是枫树生出来的，所以枫树是先祖的老家，用枫树做成的木鼓也就成了先祖的灵魂安息之地，只有敲击木鼓才能唤起祖宗的灵魂。

鼓藏节有小鼓和大鼓之分，小鼓每年都举办一次，时间为秋后或初春农闲季节，杀猪宰牛邀请亲友团聚，同时还举办斗牛和吹芦笙活动，持续时间为五至九天；大鼓13年举办一次（有的地区为12年一次），每届连续举办四年的仪式活动，由各寨轮流承办。鼓藏节由"鼓藏头"领导，完成接鼓、醒鼓、制单鼓的工作。接鼓是指将双鼓从上一届鼓藏头家搬迁至新的鼓藏头家，接鼓仪式庄严而隆重，鼓藏头要带领群众一起出动，一路高歌；醒鼓是指到山上的石窟中将上一届鼓藏节珍藏的单鼓翻动一下，以告诉祖先要杀牛祭祖了，杀牛祭祖是鼓藏节最重要的内容；制单鼓即每次祭鼓前都要制作一个新的单鼓，鼓藏头会安排人到山上挑选合适的树木，举行完敬祭仪式后将树砍倒，截取其中一段做单鼓用，节日结束后要将单鼓珍藏于石窟中，有藏鼓之意。第三年是鼓藏节的正式举行，各家的男性为家里准备好足够的粮食，女性准备节日期间的服饰、配饰等，鼓藏节仪式要进行15天，比较重要的仪式有斗牛、杀牛祭祖等,四月吉日,举办"审牛"仪式,"审牛"是寨民共唱"赞牛歌",用茅草将牛打扫干净,意为驱除牛身上的邪气,鼓藏头带头宰杀自家的牯牛,杀完后放鞭炮,村里的其他人听到鞭炮声才动刀宰杀自己家的牛,以内脏来祭天地、祖先,祈求五谷丰登,平安吉祥。

鼓藏节场面宏大,富有神秘的民族色彩,形式奇特,寓意丰富,是苗族人敬祖继宗、祭祀上苍、祈求人丁兴旺、保佑风调雨顺的节日,在中国乃至世界都实属罕见,2006年被列为第一批国家级非物质文化遗产名录。苗族各支族祭祖的年份、内容、过程不完全相同,比较有代表性的是贵州雷山县、台江县等,过节程序、仪式等方面是固定的,且有专门的"鼓藏语言",这在苗族的节日中

图二 苗族鼓藏节起源示意图

显得尤为珍贵，它同苗年、吃新节一样，日益成为充分展示苗族风俗和历史的窗口，成为苗族向国内外传播优秀文化精髓的桥梁，鼓藏节中所展示的苗族服饰、歌舞和习俗具有很高的历史学、民族学和美学价值，是研究苗族历史和文化的百科全书。如今，鼓藏节不仅是传统的祭祀祖先的活动，更发展成为苗族人的大联欢，大家一起共享盛世华年。

图片来源
图一、图五、图七至图九　李小松　摄影
图二至图四、图六　李瑛　制图

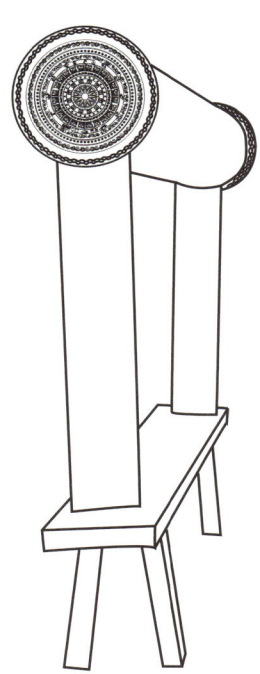
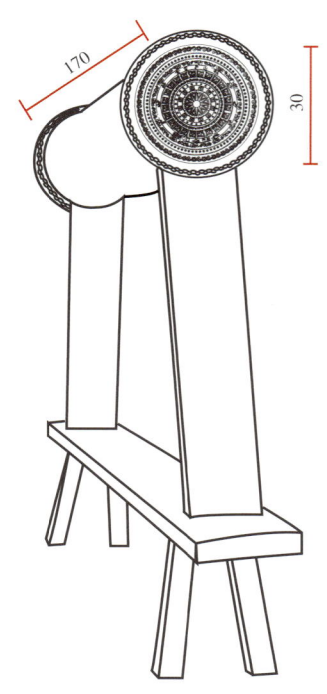

图三　苗族双鼓尺寸图（单位：cm）

鼓纹

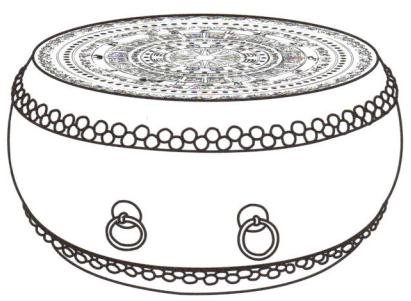

图四　苗族单木鼓结构示意图

图五　苗族鼓藏节击鼓示意图

图六 雷山苗族大鼓示意图

牛内脏

图七 苗族鼓藏节祭祀示意图

第七章 苗族传统民俗和宗教造像

725

图八　苗族鼓藏节敬祖继宗、祭祀上苍图

图九　苗族鼓藏节女子盛装庆典图

苗族苗年

图一　苗族苗年（开幕式场景）主图

苗年是苗族最隆重、活动内容最为丰富的传统节日之一，盛行于黔东南苗族侗族自治州和广西融水苗族自治县，相当于汉族的春节。苗族人借苗年庆贺丰收，并祈求来年五谷丰登、人丁兴旺，至今已有数千年的历史，已被列入国家级非物质文化遗产名录。不同的地区苗年时间也略有差别，但大多在秋收结束的农历九月到正月之间，如黔东南的村寨苗年为农历十月下旬的卯日，苗年历时大约为三五天到十五天，是一年劳作的结束和欢乐的开始，苗年过后就是苗族春耕的开始。同汉族过新年一样，苗年前夕，各家都要将房屋、庭院打扫干净，缝制新衣、购买新的生活用品，每家都要准备丰盛的年货，要杀猪、宰牛羊、做香肠和腊肠，还要做糯米酒，年夜饭讲究"五味俱全""七色皆备"，家家都要用最好的糯米打"糍粑"来招待远方来的客人。

苗年民俗活动丰富多样，主要有祭祀祖先、串村走寨"吃同年"，吹芦笙踩堂。苗年前一天晚上全家要吃年夜饭，守岁到午夜打开大门放鞭炮，表示迎接龙进家门，天蒙蒙亮时,在长辈的主持下,在自家神龛插香烧纸,以猪、鸡、鸭、鱼等肉品以及糯米饭、糍粑和酒为祭供品,站在"香火"前祭祀祖宗和图腾神物,苗年当天还要敬牛、敬田,因为苗族以农耕为生,对耕牛和耕地的感情很深,期望来年大丰收。苗族人喜爱交朋友,苗年就是一个很好的时机,各家互相宴请馈赠,苗寨称之为"吃同年",互相到对方家吃饭喝酒,互为客主,各家用最好的酒菜招待对方,不醉不归;寨与寨之间也互结同年,村寨男女几十或上百人,专门组织芦笙队,穿上节日的盛装,到同年村进行联欢活动。跳芦笙、跳铜鼓一般为五至七天。寨子中央设有鼓笙场,保管铜鼓的鼓藏头要用鞭炮、米酒、鲤鱼等"醒鼓",到鼓坪上跳几圈,当鼓主家人跳过后,全寨男女老少和寨外来客在铜鼓、芦笙伴奏下踏着铜鼓的节拍跟着跳起舞来。芦笙踩堂通常在寨子里的芦笙堂举行,男吹女踩,年轻英俊小伙子做芦笙手,吹奏出美妙的芦笙曲,姑娘们着色彩鲜艳、风格各样的绣衣,佩戴漂亮的耳环、手镯等银饰品,围着芦笙队跳起踩堂舞,姑娘银器的清脆声和着芦笙曲,其乐融融,享受苗年的欢乐气氛。苗年不仅存在于苗族人的现实生活中,更渗透到他们的精神世界里。这项集祭祀、交际、娱乐活动于一体的节日,是苗族经济和文化生活的综合反映,加深了苗族个体和群体之间的互动交流,增强了民族凝聚力,丰富了人们的业余文化生活。

图片来源
图一、图二、图五、图七　李小松　摄影
图三、图四　李瑛　制图
图六　钱孟尧　摄影
图八　周东华　摄影

图二　苗族苗年祭祀祖先图

把酒淋在牛的鼻子上,让牛用舌头舔着尝一下酒的香醇,体会新年的气息

图三　苗族苗年敬牛示意图

敬田方式一

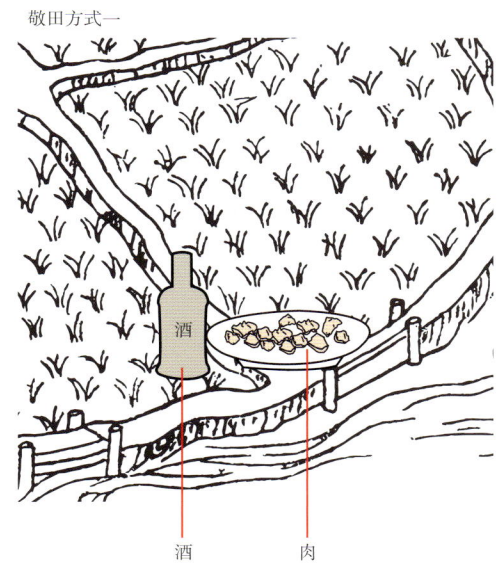

酒　肉

敬田方式二

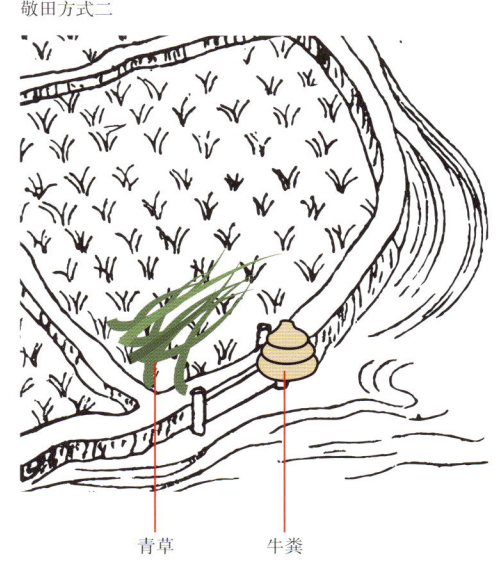

青草　牛粪

敬田的方式多种多样,有的把酒和肉拿到田里洒祭,表示对田地一年收获的感谢,有些地方将三五根青草和牛粪放到田地里,以示期望明年收获更多粮食

图四　苗族苗年敬田示意图

第七章　苗族传统民俗和宗教造像

图五　苗族苗年"醒鼓"图

图六　苗族苗年芦笙踩堂图

图七 苗家打糍粑过苗年图

图八 苗族姑娘穿新衣过苗年图

第七章 苗族传统民俗和宗教造像

丹寨苗族蚩尤祠

图一　丹寨苗族蚩尤祠主图

苗族人自认为是蚩尤的后人，每年农历十月的第二个丑日（牛场天）会定期举行祭祀蚩尤的公祭活动。祭尤节是苗族尤支系的一个重大节日。《苗族贾理》记载："'十月尤人过熙节'。我们敲木鼓，我们奏铜鼓，请你来……跟我们过祭鼓祭祖节。"到了十月间，"那天尤人过熙节，那天尤人过桂节，敲起了木鼓，奏起了铜鼓"，这个节日，就是丹寨县扬颂村等地苗家人所过的祭尤节。根据尤人迁徙史分析，在丹寨地区，苗族民众祭尤节公祭和家祭的活动已传承了千余年。

蚩尤祠是黔东南丹寨县苗族人祭祀蚩尤的专用场所，他们自称所居之地为"方尤"，意为"蚩尤的地方"。蚩尤祠位于丹寨县长青乡扬颂村扬颂寨的正西面，在一个苗语称为"波离颂"的山头上，占地面积约300平方米，南北朝向，主要由祭坛、宫殿、蚩尤真身像构建而成。如今的蚩尤祠和祭坛是在原址上重建的。

祭坛采用土筑石砌的结构制作而成，外形近似梯形，前略宽后略窄，前部呈弧形，前边长和宽约2000毫米，后边长约1700毫米，高约800毫米，紧贴祭坛的南边还砌有8级台阶。祭坛的顶面为平面，主要用来放置9碗甜酒、9条鲤鱼、9张青菜叶、9张枸树叶和直径约50厘米的"牯子粑"（糍粑）等祭品，当地民众认为这些是先祖生活在黄河边所用的食物。祭祀时面北而祭，祭祀开始，宰杀祭牛，要焚香烧纸，用火石和打火镰碰擦出火星来引燃火草以点燃圣火，鸣铁炮和大号，奏芒筒芦笙，摆祭品，请祭师念诵祭词，饮酒9轮，并分发各式供品，以告慰自北而来的祖先。

宫殿位于祭坛的北边，是一间具有宝顶、翘檐、青瓦特征的木屋，左右两边开有中式花窗，中间所开的大门朝南，其宽度与祭坛的宽度基本一样，门的两边及窗的外边沿处的立柱上各写有一副对联，以颂扬蚩尤对苗族人所做出的丰功伟绩；入口处上方悬挂着一块黑色的匾额，其中写有"蚩尤祠"三个黄色的大字，沿着门框的结构往里，在上方依次悬挂着三道黄色的帷幔，帷幔的尽头即为蚩尤塑像。蚩尤像采用泥塑而成，尺寸与真人近似，为坐姿，左手捧玉琮，右手持战斧，双目炯炯有神，整个神态极为威严。

图二　苗族蚩尤祠结构名称图

祭祀蚩尤的活动承载了苗族祖先自北向南的迁徙历史过程，表现了苗族人对祖先的追思。苗族人在祭祀蚩尤时不仅要宴请宾客，而且还会举办唱歌、跳舞、赛唢呐、斗鸟等活动，附近的人们大都会借此机会赶来交流、学习，展示了苗族文化的魅力。

图片来源
图一、图四　仲溪　摄影
图二　张庆　制图
图三　仲溪　摄影　许星　制图
图五　许星　制图
图六　廖晨晨　制图
图七　许星　摄影

图三　丹寨苗族蚩尤祠蚩尤像解析图

（标注：三道黄色的帷幔；蚩尤背后悬挂的牛角；右手持战斧；左手捧玉琮；焚香）

图四　丹寨苗族蚩尤祠祭坛正面图

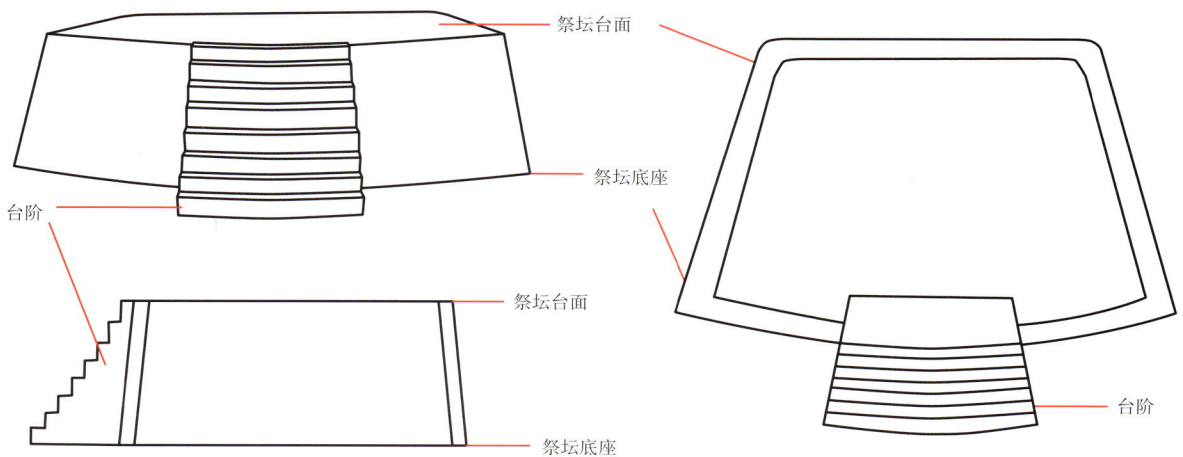

图五　丹寨苗族蚩尤祠祭坛不同视角结构示意图

图六　苗族祭祀蚩尤时打火镰取圣火仪式图

图七　丹寨苗族蚩尤祠祭坛祭品陈列图

雷山掌坳村苗族土地庙

图一 雷山掌坳村苗族土地庙主图

土地庙是苗族民众自发修建的民间祭祀场所，也是苗族农耕文化和民间信仰的重要实物载体。本案例拍摄于雷山县大塘乡掌坳村，位于村寨的中心，当地村民对土地神十分尊敬。古时，人们骑马经过土地庙，都须下马躬行。如今逢年过节，当地村民都会到土地庙焚香、烧纸、敬奉供品。

掌坳村土地庙，木构搭建，木板为壁，顶覆青瓦。一面开敞为门，内置以红绸包裹的石块，象征土地神。土地庙长约为1800毫米，屋脊最高处约为1550毫米，进深约1600毫米，所用材料为石块与木料，与周围环境十分协调。地生五谷，无地则无人。据了解，700多口人的掌坳村可供耕种的土地不足500亩。因此，对自古依靠农耕维持生计、靠天吃饭的苗族民众来说，风调雨顺、五谷丰登的祈盼，就直接与土地庙联系起来。土地庙成为百姓的精神寄托所在，人们在此祭祀土地，祈愿丰年。事实上，从土地庙门板上张贴的文字内容来看，土地神信仰不仅仅是含有祈愿丰收的愿望，更有众多涉及求子嗣、保平安，甚至处理家长里短矛盾的内容。在民间，包括土地神在内的众多神祇被赋予一神多职的功能，充分展现出民间信仰的世俗性、混杂性特征。

以建筑设计来看，掌坳村土地庙的造型简洁明快，石块为基，木质榫卯连接，顶部覆瓦。在这里，人们以土地庙及放置其中的"偶像"（土石作为象征物）来凝聚共同的信仰，对它景仰，祈求风调雨顺，努力实现与大自然的和谐相处。设计造物不单单是为满足人的物质需求，人的精神需求同样重要。土地庙的形式多样，分布广泛，甚至影响远至越南等东南亚国家。它的盛行，并非是设计形态的优良，而是农耕文明的产物，满足了信民们精神的需求，为他们的内心平静找寻到了合适的场所。

图片来源
图一、图四　王兴业、马路　摄影
图二　　　曹雪明　摄影　许星　制图
图三　　　廖晨晨、李志毅　制图
图五　　　曹雪明、马路　摄影

图二　苗寨土地庙结构示意图

- 土地庙利用山壁而建
- 顶覆青瓦
- 木构搭建　木板为壁
- 象征土地神的石块
- 采集山上的石头为地基

| 正面 | 背面 | 侧面 |

图三 掌坳村苗族土地庙三视图

图四 雷山掌拗村苗族土地庙不同视角图

雷山苗寨路边土地庙　　　　　　　岜沙苗寨一处土地庙

图五 延展图：黔东南不同苗寨土地庙

苗族芦笙节

图一　苗族芦笙节主图

芦笙节是苗族主要节日之一，以庆祝丰收、祭祀祖先和男女青年"游方"活动等为主要节庆目的。各地举行芦笙节的时间不一，多按各苗族支系或苗寨祖制传承而来，多由各支系或各苗寨先期举行小规模的芦笙会，再到某寨参加大型芦笙节。届时，十里八乡苗寨的群众都成群结队地前往参加，人们随芦笙声的节奏翩翩起舞，规模蔚为壮观。

芦笙舞是广泛流传在苗族各支系的一种歌舞形式，明代倪辂《南昭野史会证》中记载："每孟岁跳月，男吹芦笙、女振铃合唱，并肩舞蹈，终日不倦"，说明芦笙舞已在苗族村寨流传了数百年之久。芦笙舞是苗族民众在苗年、鼓藏节、婚礼、丧葬、新屋落成、欢庆丰收等大型活动时进行的歌舞形式。

芦笙是芦笙舞的主要乐器，其种类多样，造型丰富，长的有10余米，短的仅三四十厘米。吹笙跳舞也有不同的形式，有自己吹自己跳的"跳芦笙"，别人吹自己跳的"踩芦笙"，自己吹别人跳的"吹芦笙"等多种。芦笙舞的名目也多种多样，有表现苗族先祖征战迁徙的《迁徙舞》，有寄托于神龙祈祷、期盼风调雨顺、人丁兴旺的芦笙舞《长衫龙》，有模仿自然界中动物习性、神态的芦笙舞《锦鸡舞》《滚山珠》《牛打架》《猴上树》,也有青年男女交往、谈情说爱时跳的芦笙舞,等等。

苗族男子从小就开始学习吹奏芦笙、跳芦笙舞。每当寨子里举行盛大活动时,人们载歌载舞,吹起芦笙跳起舞,欢歌笑语,热闹非凡。

跳芦笙舞多为集体歌舞形式,每当盛大活动之日,苗寨里的男女老少举家出动,在芦笙堂、踩鼓坪或寨边草坪、河坝等宽阔之处,大家围着图腾柱转圆圈,中间为一群吹奏大芦笙的男子,外围一两圈为吹小芦笙的男性,最外圈为穿着盛装佩戴银饰的女性,大家随着乐曲的节奏,边舞边转着圈向前走。通常都有木鼓或铜鼓、芒筒以及其他乐器伴奏。另外一种是由数位男性吹着芦笙领舞,女性在领舞者后面边走边舞。现在许多大型芦笙舞的活动中,都是由男女共同吹奏芦笙,边吹边舞的形式。芦笙舞的动作有以两膝微屈、踏着节奏向前移行的"踩",有以足踹地带动上身自然摆动的"跳",还有腾跃、翻滚、矮步、倒立、叠罗汉、旋转、蹲踢等多种舞步,不同的舞步和舞姿表现出独特的舞蹈风格。

在祭祀活动中所跳的芦笙舞,舞者多为中老年人,他们吹奏高达10多米的大芦笙,所跳舞蹈动作较为稳重、肃穆,以表达对祖先的敬仰和追思。

不少苗寨都有"讨花带"的习俗,在踩花节等活动中,青年小伙吹起芦笙找姑娘"讨花带"。"讨花带"是男青年吹着芦笙跳着舞,以"讨花带"曲调向所爱慕的姑娘表达情意,

图二　羊排苗寨芦笙盛会图

如果姑娘中意这个小伙子，会把自己的围腰或编织的花带系在男方芦笙中间的竹管上，小伙子再吹芦笙以示道谢。芦笙吹奏得好、舞也跳得好的小伙子，有时会同时得到几位姑娘的花带或信物。

苗族芦笙节与芦笙舞一直传演不衰，反映了苗族人丰富的情感世界和与大自然做斗争的精神风貌，传承、弘扬、发展芦笙舞对研究苗族历史文化的发具有重要价值。

图片来源
图一、图二、图五　李雪　摄影
图三　李玉贵　摄影
图四、图六　仲溪　摄影

图三　苗族苗年芦笙盛会图

图四　郎德上寨芦笙舞图

图五　苗族高排芦笙吹奏图

图六　苗族芦笙节姑娘吹奏芦笙图

苗族吃新节

图一　苗族吃新节（排长队迎接宾客）主图

吃新，即吃新收获的农作物，因此吃新节又名"尝新节"，中国的少数民族苗族、侗族、仡佬族和基诺族等都有吃新节的风俗。苗族吃新节主要流行于贵州黔东南苗族侗族自治州和广西融水苗族自治县，是苗族庆祝丰收的重要节日，同时也是亲朋好友相聚的好时机，热闹程度不亚于苗年，吃新节的祭献是各家分别进行的，并且允许外族人参加，有的村寨在村口排长队迎接宾客。吃新有两方面内涵：一是新粮祭祖，纪念祖先开疆拓土的功绩；二是祈求上天护佑风调雨顺，粮食获得大丰收。每个苗寨过节的时间略有不同，一般在每年农历六月至八月卯日的早上或上午，苗族吃新节于2008年入选为贵州省非物质文化遗产名录。

吃新节期间，男女老少都要着重彩密绣的花衣，特别是姑娘们要把除银角外所有的银饰都戴上，项圈、耳环、手镯等银饰在行动中发出清脆的响声，有些姑娘在百褶裙外套上条裙，颜色光彩夺目。不同地区的苗寨过节方式略有不同，雷山地区苗族"吃新"之前先要"采新"，节日这天，天刚蒙蒙亮，各家媳妇和女儿便到田地里采摘粒满穗长的谷穗和新鲜的瓜果蔬豆，将稻穗捆扎成稻束悬挂于农舍门厅两旁，瓜果蔬豆等供奉在中堂桌案上，预祝今年五谷丰登、家人安康，然后，全家人按照长幼顺序就座进餐；在清水江和都柳江地区，各家带上新谷做的米饭、酒、鸡、鸭、鱼、肉等来到田间，找一块稻谷长势最好的田地，摆放好祭品进行祭祀，再围成一个圆圈，开始欢庆"吃新节"。吃新节持续时间为2天，第一天进行祭祀活动，第二天开始对歌、吹芦笙、踩堂舞等文体活动。斗牛和游方是两项主要的活动，参加斗牛的家庭在节日前会精心把自己的牛养得膘肥体壮，斗牛有斗黄牛和水牛之分，斗黄牛随意一些，但斗水牛需谨慎认真，双方首先要测算水牛角的年轮，然后确定两头牛的角尖距离相符后，才会允许两牛决斗。斗牛开始，人群中不断发出欢呼声，声势浩大，热闹非凡。除了斗牛之外，游方也是青年男女喜爱的活动，男子吹着芦笙，姑娘穿着美丽的衣裙翩翩起舞，白天晚上都可以互对情歌，通过对歌互相表达爱慕，或约定下次相会的日子，或互换信物作为定情见证，晚上游方人数众多，通宵达旦，气氛异常活跃。

苗族吃新节文化源远流长，承袭了众多古风遗俗，是苗族文化的博览会和民俗活动的大展示，包含了众多的历史记忆和民族文化，对苗家人而言，吃新节增强了自身的民族认同感和自豪感，促进了民族内部团结，对其他民族而言，吃新节可使人们体验到苗族人民的热情奔放，为苗族文化艺术的传播提供了体验的场所。

图片来源
图一　仲溪　摄影
图二　沈建国　摄影
图三、图四、图六、图七　李瑛　制图
图五　廖晨晨　制图
图八　黄连忠　摄影

图二　苗族吃新节载歌载舞图

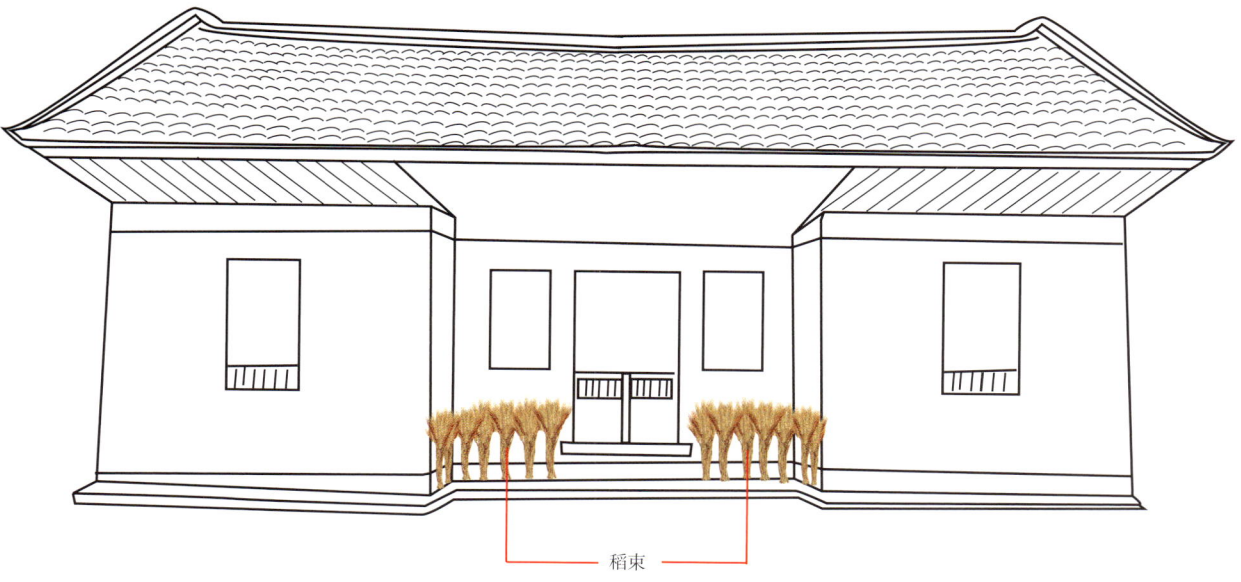

图三　苗族吃新节稻束摆放示意图

图四　苗族吃新节桌案供品示意图

第七章　苗族传统民俗和宗教造像

745

图五　苗族吃新节田间祭祀图

酒　　鸡鸭鱼肉　　糯米饭

图六　苗族吃新节田间祭祀食物示意图

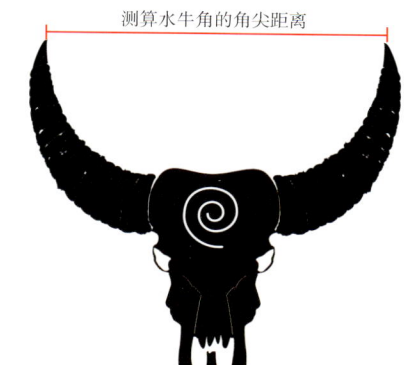

测算水牛角的角尖距离

测算水牛角的年轮

斗水牛前,首先要测算水牛角的年轮,然后确定两头牛角尖距离相符后,才允许两牛决斗

图七　苗族吃新节斗牛示意图

图八　苗族吃新节少女游方图

第七章　苗族传统民俗和宗教造像

747

苗族跳花节

图一　苗族跳花节主图

跳花场又称"跳花""跳月",在不同方言区的苗族民众对跳花的说法也不尽相同,如有的地方称为"爬坡""赶坡""踩花""游方"和"坐寨"等。跳花场一般选设在寨中或固定在一座山坡较为开阔的空地上,花场中心所竖立的花杆实为一棵丈余长的花树,以顶端枝繁叶茂为佳,蕴涵丰产之灵力。跳花的日期根据不同地区的苗族风俗有所差异,有农历正月、二月、三月、五月举行的,时间三至十几天不等。《百苗图》中记载"花苗"的跳花节:"每岁孟春,择平壤之所为月场,未婚男子吹笙,女子振响铃,歌舞戏谑以终日。暮,则约所爱者而归,送私焉。"《中华风物志·湖南志》中记载:"湘西苗族,每逢佳节良宵,有跳月之风,童男处女,纷至森林山巅,唱歌跳舞,此唱彼和,至情投意合,虽不相识,可相约订婚。"从古至今,跳花的习俗意义大致相同,但具体的表现形式和跳花内容依苗寨的各自情况有不同的传承特色。

跳花节是苗族中最为隆重的节日之一,历史悠久。苗族谚语说"苗人不跳花,谷子不扬花",跳花节发展至今,已演变为喜庆集会、经济交往、感情交流、聚会娱乐、相互结识、相亲择偶等多形式多内容的节日,也是重要的年度祈丰仪式。所以每当节日期间,成千上万的苗族人尤其是男女青年,穿上节日盛装,从乡邻的各个苗寨汇集而来,甚至还会吸引附近其他民族和汉族民众前来,与苗族民众共度节日。一般会事先在花坡的中央栽种一棵大树(也有的苗寨是在场地中央立一根粗木头),枝头挂着红鸡蛋,表示红在头上、抬头见喜等喜庆的含义。树腰拴着许多红头绳,意在保佑子孙健康、长命富贵。

跳花时,男子吹笙舞蹈,女子摇铃执帕,围绕花树翩翩起舞。与此同时,还有爬花杆、射弩、针线手艺、武术表演、斗牛等比赛活动,跳花场已经成为苗族的一道文化仪式景观。

跳花节最令人欢快的是年轻的小伙子和穿着盛装的姑娘们,他们在悠扬的芦笙声中,一队队、一排排边走边舞,姑娘们衣裙上和头上戴的银围帕、银角和银铃铛随着歌舞节拍发出清亮的响声,整个场面热闹而欢快。苗族的未婚青年男女在这里相识、交往,通过跳花、对歌,互相寻找情投意合的对象。姑娘们将亲手织绣的花帕、花帽或荷包作为定情的信物,赠给意中人。在跳花场上,女孩子们要穿上自己绣的花衣花裙,展示其漂亮的衣服、精美的针线活,跳花场成为女孩们女红活计比赛的场所。

图片来源
图一、图二 仲溪 摄影
图三 李雪 摄影
图四 陈中贵 摄影

图二 苗族跳花节女子盛装图

图三　岜沙苗族跳花节欢歌跳舞图

图四　贵州安顺苗寨原生态跳花坡图

苗族婚俗

图一　西江苗寨苗家婚礼壁画主图

婚俗是民俗活动中重要的组成部分，不仅表达了人们对现实生活的美好追求，还有对未来生活的更多期盼，苗族婚俗礼仪庄重又诙谐幽默，充满浪漫色彩，完整的礼仪包含提亲、定亲、催婚、交礼、接亲、送亲、入门、拜堂、回门等程序。苗族非常重视男女婚姻大事，为了结婚时给女方送彩礼，从男孩出生的那天起，父亲就砍下一根竹子，锯下其中一截三尺多长的竹筒，自此之后，家里有收入都要往竹筒里放点钱，直到孩子长大要结婚时才将竹筒破开，取出十几年二十几年攒的钱作为彩礼钱，由此可以看出苗族人对婚姻的重视。

苗族婚俗分为选亲、定亲、结婚三个阶段。第一，选亲。在苗族地区，每个寨子都留有一个供年轻男女恋爱和择偶的场所，年轻男女在社交场所通过对唱山歌来自由选择配偶，这种社交活动在黔东南地区被称为"游方"。通过朗朗的歌声来洞察对方的品德和才智，以此来确定终身伴侣，清代《粤西丛载》中就有关于苗族男女择偶的描述，"男女未婚者，以诗歌相应和，自择配偶"。海南省苗族流传着一种独特的表达爱情方式——"咬手"，流传着这样的一首歌谣："伸手给哥咬个印，越咬越见妹深情，青山不老存痕迹，见那牙痕如见人"。第二，定亲。当男女双方产生爱慕之情，有了要结为夫妻、组成家庭的意愿之后，双方便互送信物，互表情谊，女方一般送男方绣花带、银手圈，男方回送女方的有方巾、手表等。第三，结婚。在婚礼的前一天，男方要派出接亲队伍去女方家迎娶新娘。黔南格多苗寨流传的婚俗是"哭嫁"，父母含辛茹苦地将女儿抚养长大，新娘在出嫁的那一刻想起便会忍不住哭泣，

第七章　苗族传统民俗和宗教造像

只有这样才会得到人们的夸赞,"哭嫁"后来改良为新娘子出门时在手中拿着手帕,过去用于擦拭泪水。婚礼当天,新娘便在"接亲客"和娘家人的陪同下,一路欢声笑语走向新郎家,新娘出门时须由陪娘撑伞,有时在上路后要骑马。

图片来源
图一　许星　摄影
图二至图五　李瑛　制图
图六　杨玄清　陈中贵　摄影

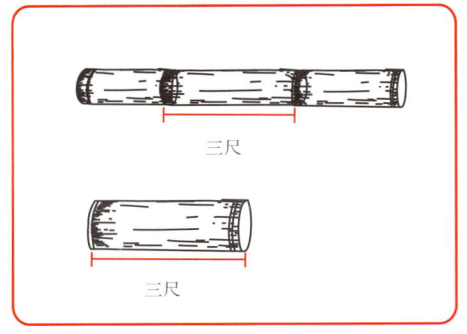

1.锯下其中一截三尺多长的竹筒

2.家里有任何收入都要往竹筒里放钱

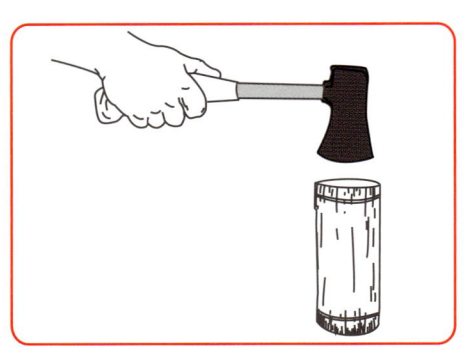

3.直到孩子长大要结婚时才将竹筒破开

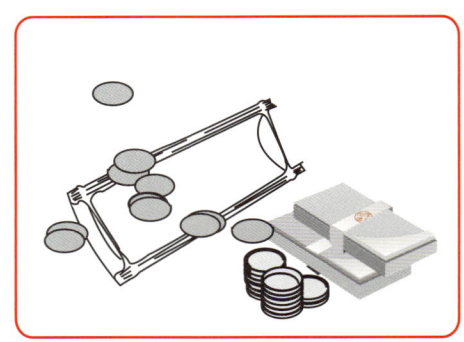

4.将钱取出作为彩礼钱

图二　苗族婚俗——竹筒存钱示意图

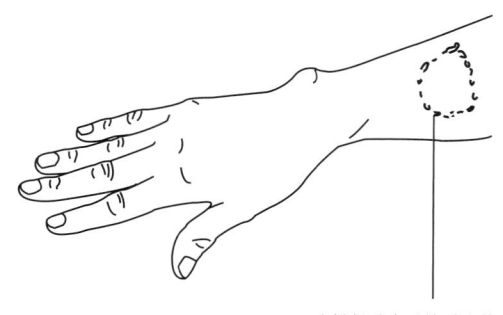
咬得很重表示接受小伙子的爱

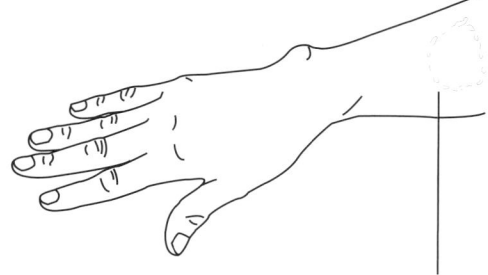
咬得很轻代表姑娘拒绝求爱

每逢节假日，青年男女唱起美妙动听的歌曲，寻找意中人。姑娘听了小伙子求爱歌后，便羞答答地拉起小伙子的手咬一口，如果咬得很轻便代表者姑娘拒绝求爱；如果姑娘咬得很重则表示接受小伙子的爱。"咬手"定情之后，双方互赠信物，表示相伴终身

图三　苗族婚俗——"咬手"定情示意图

接亲客

伞　　　　　　　　　娘家人

图四　苗族婚俗——迎亲队伍示意图

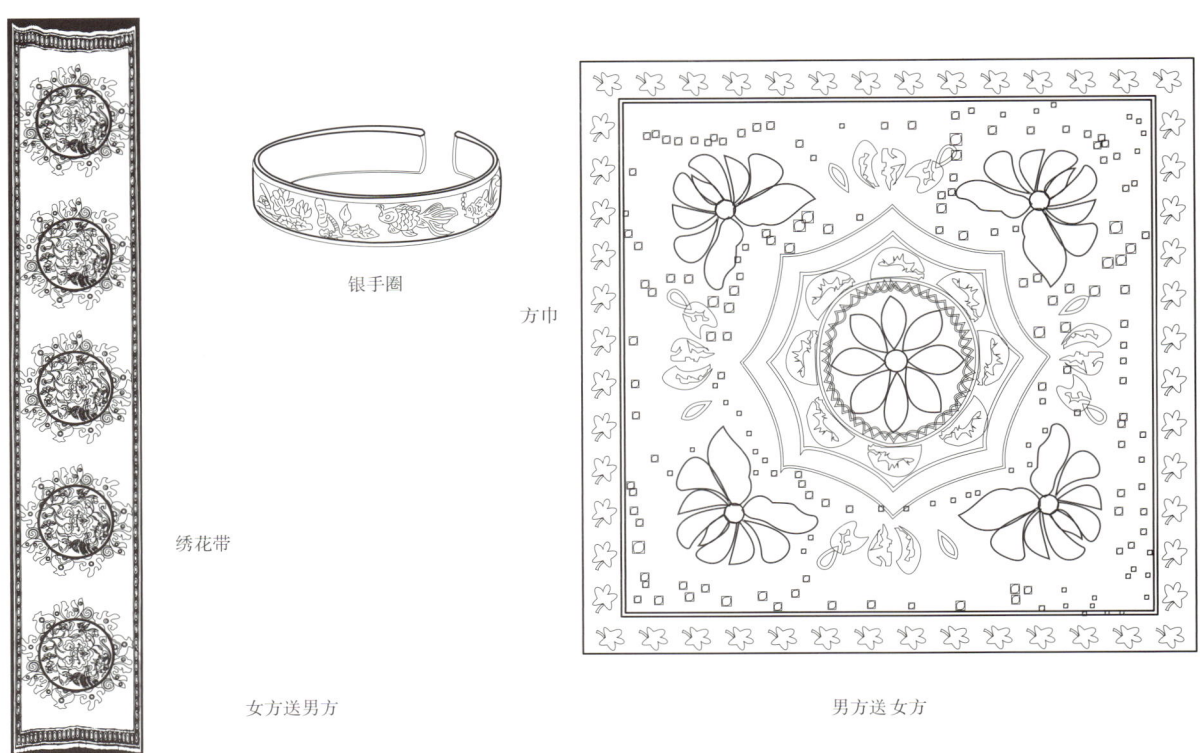

图五　苗族定情信物示意图

图六　苗族男女青年"游方"唱情歌图

苗族鼓舞

图一　苗寨鼓舞主图

鼓是苗族人生活中不可缺少的一种用品，散居在湖南、贵州、云南等地的苗族民众，在祭祖、祈神、娱神等活动时，都要举行各种形式的仪式和祭礼，其中击鼓而舞不可或缺。据各苗寨习俗、服饰和节庆活动的不同，"鼓舞"的形式、内容和用具的特点也有所差异。就鼓舞的形式而言，湘西一些苗寨多跳"花鼓舞""猴儿鼓舞"；黔东南一些苗寨在年节时有"跳年鼓舞""踩鼓舞"和"团圆鼓舞"等。

在一些祭祀或丧葬仪式中如"鼓社祭"要跳"木鼓舞"和"调鼓"等，多为笙鼓合乐，男子击鼓、族人共舞的形式。以鼓舞表现祖先披荆斩棘、战争迁徙、耕耘丰收和欢庆胜利等历史场景。现在这些不同的鼓舞除仍用于祭祀等，大都演变为节庆活动和娱乐表演的节目，比较著名的有反排木鼓舞，施洞、革东木鼓舞等。

"花鼓舞"是苗族民众在一些民族传统节日如春节、六月六、跳花节等常跳的舞蹈形式，由两位舞者持鼓槌在鼓的两面同时击鼓，中间有单棒鼓手击鼓伴奏，"花鼓舞"的击鼓表演动作源于苗族日常生活劳动的场景，如田间插秧、晒场打谷、狩猎和庆典等，男子击鼓强健有力，女子击鼓潇洒奔放。

表达苗族青年男女劳动和爱情生活的

"团圆鼓舞"是许多苗寨欢庆盛典时常用的鼓舞形式，其特点是在场地中间由鼓手击鼓，人们围着鼓，和着鼓声高低、鼓点的节奏变化，边歌边舞，晃手摆腰，歌舞的风格独特。

"猴儿鼓舞"在苗族鼓舞中约有几千年的历史。其击鼓的方法很有特色，可以槌击，也可采用拳击，故击鼓者要受到较系统的训练才能上场表演。击鼓表演者模仿野外猴子在林间活动、跳跃、挠痒、受惊吓、上树等滑稽可乐的情景，边舞边击鼓，场地上一片欢声笑语、喜庆吉祥的景象。

鼓舞中最主要的器具就是各种各样的鼓，木鼓是最普遍使用的，形状有大有小，粗细长短不一，所用木料和皮质也多以不同地区苗寨可取之材为主要用料。跳铜鼓舞时使用的是两头大、中间略细并且一头空、青铜铸成的铜鼓，鼓面有较复杂的花纹，一般鼓心处为太阳纹和晨昏线，向外再有几圈同心圆圈及不同的花纹围绕，这些纹饰记载了苗族的历史传说故事。跳铜鼓舞不受场地的限制，当苗寨有大事时，人们聚焦在铜鼓坪、寨边晒场或山坡上，用绳将鼓拴在立架下，由长者担任鼓手执棒击鼓，此时人们按鼓点围成圆圈，载歌载舞，舞姿奔放洒脱。

图片来源

图一、图二、图五、图六　黄连忠　摄影

图三　马路　摄影

图四　李玉贵　摄影

图二　苗族铜鼓舞击鼓图

图三　郎德上寨铜鼓舞图

图四　雷山苗族木鼓舞图

图五　苗族铜鼓和木鼓图

图六　敲击铜鼓的苗族妇女图

苗族图腾柱

图一　苗族图腾柱主图

图腾信仰普遍存在于民族文化中，苗族的图腾有牛、龙、凤、蝴蝶、枫树等多种，图腾来源的说法也是多元的，每一种图腾都有相应的图腾神话，其形象则通过服饰、刺绣、立神位、图腾歌舞、图腾柱等多种形式表现出来。在许多苗寨中就有立图腾柱的习俗，如西江千户苗寨芦笙场中间竖立着一根粗圆木雕刻的图腾柱，上有牛头牛角和木鼓的造型，而图腾柱对于苗族民众来说，象征着人们特殊的精神世界。

位于黔东南雷山县方祥乡水寨村，有一对砾石质的苗族图腾柱，其形态朴拙。石柱所在的地方被称作"也甘你"（苗语音），意为"水牛角梁"。该村保存有丰富的苗族历史文化遗存，2014年11月成功入选第三批中国传统村落名录。石柱通高约1.75米，两根石柱相距约2米，由两根原石加工而成，轮廓基本呈平行四边形，顶面平滑，周长约为1.1米，下端埋入土中，并用较大碎石围砌，使之牢固。石柱上端都凿有孔洞，分别插有水牛角形的弯石。两根石柱上的牛角造型原为一对同样的，其中一组被毁坏了，人们暂时将一长条石插入石孔替代。图腾柱为清晚期所立，意在祈求子孙绵延、万古不朽。

图腾柱的最大特征是其上端的牛角形态，体现了苗族的水牛崇拜。苗族民众认为水牛力大无穷，可用来守寨安民；另一方面，水牛与苗族人的生产、生活息息相关，特别是农耕生产离不开水牛。于是，水牛被赋予神性，被当成苗族的图腾崇拜物。苗疆各地都有在秧田中立牛角形木桩，祈愿丰收的习俗；放置、悬挂铜鼓的支架也多呈牛角状，神圣不容侵犯，亦是苗族水牛崇拜的表现。

竖立石柱还是苗族民众岩石崇拜的表现。苗族有"栽岩"的习惯，岩石象征不朽，凡与法规、誓言、信义等相关的事宜，苗家人皆"栽岩为凭"，以示真诚和权威。至今仍有苗族民众把岩石作为图腾来崇拜，如把男孩子取名为"耶"（苗语意为"岩石"），又如让自己的儿女认某个大岩石为岩爹、岩妈来供奉和祭拜。

图腾柱所安放之地，是该村寨的开阔地带，石柱耸立于旷野，取其通天的功能来实现天、地、人的沟通，这是自然崇拜的一种表现。这里也是进行宗教活动和社会交际等民族文化活动的场所，成为凝聚寨内民众向心力的神圣区域。

近年来，政府大力发展旅游文化，修复或新建了一批特色浓郁的风雨桥、芦笙堂和图腾柱。比如，南花苗寨的芦笙场中间，竖立了一根用红砂岩塑造的图腾柱，约7米高，柱顶有一对牛角造型上托着太阳，柱身浮雕为云水纹、日、月、枫树、蝴蝶妈妈等苗族崇拜的图腾，粗壮而高大，成为南花苗寨一个新的旅游景点。

图片来源
图一至图四　廖晨晨　制图
图五　沈建国　摄影
图六　李雪　摄影

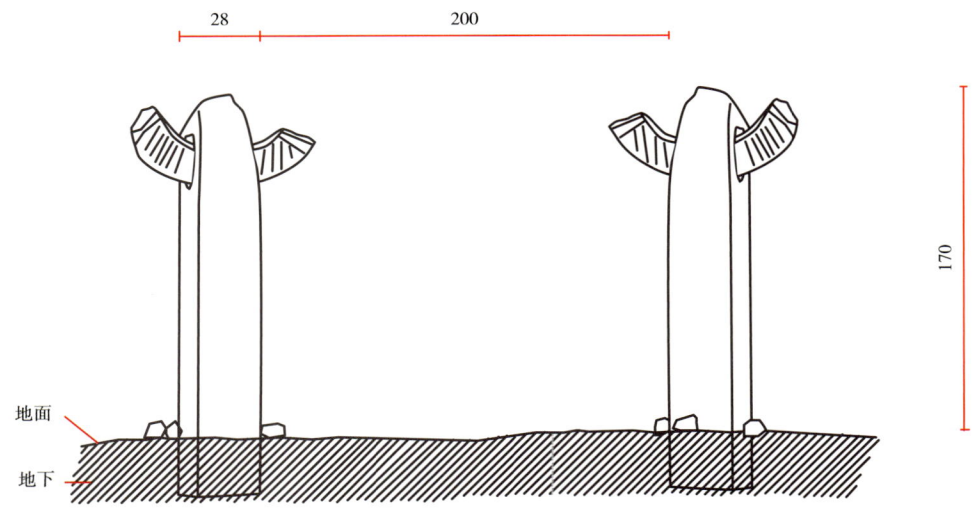

图二　苗族图腾石柱尺寸图（单位：cm）

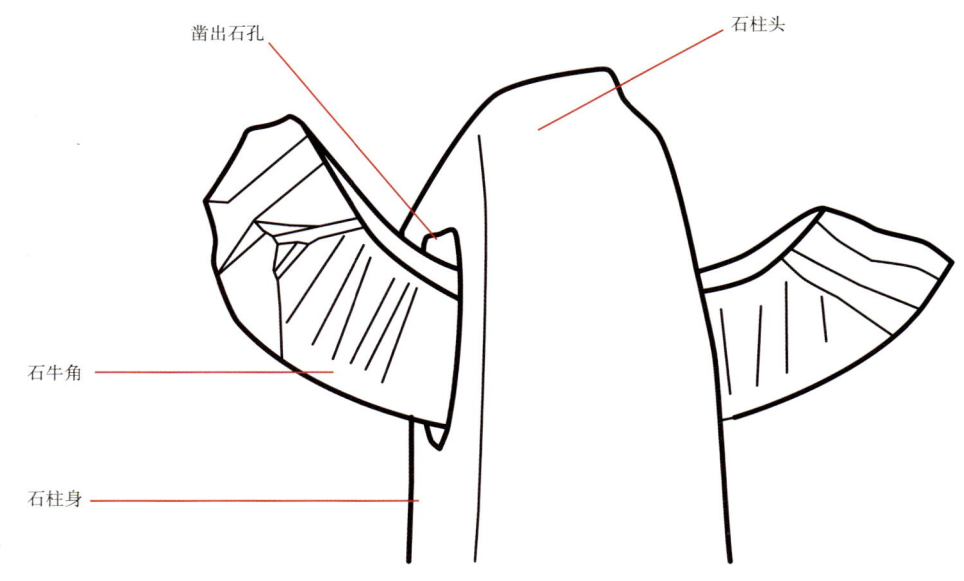

图三　苗族图腾石柱牛角结构名称图

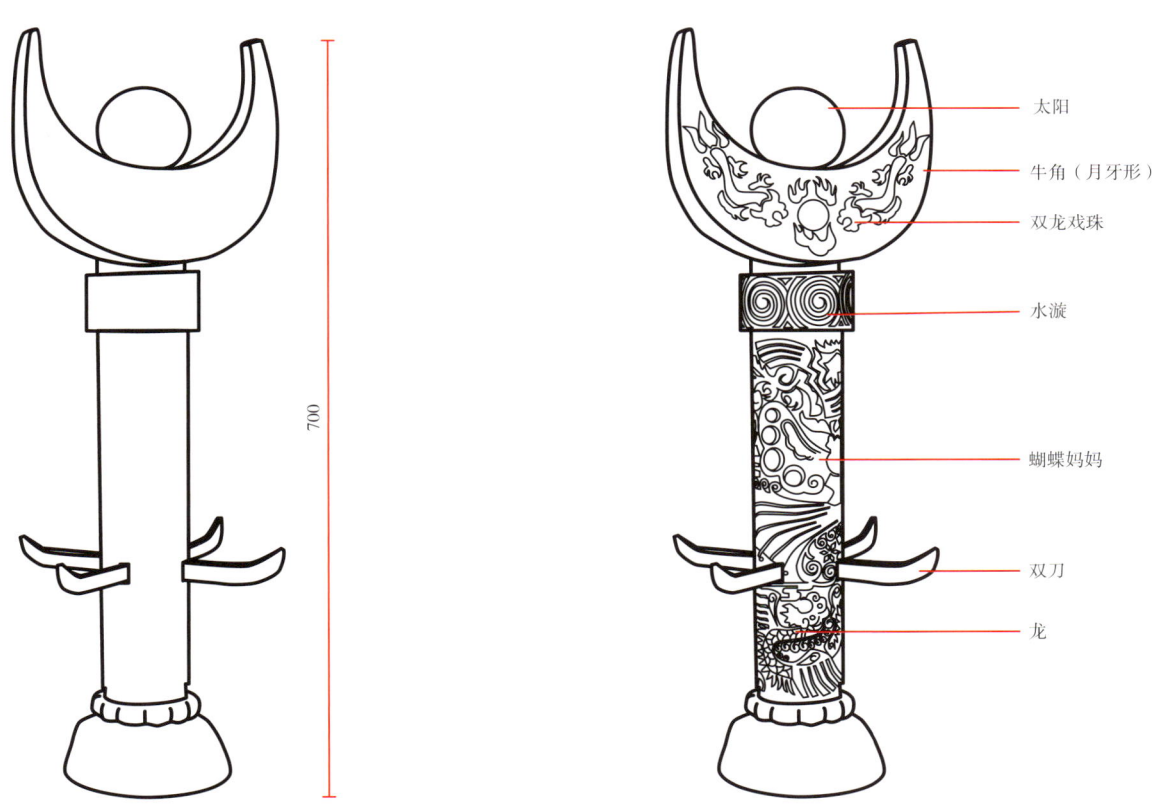

图四　南花苗寨图腾柱纹样与尺寸图（单位：cm）

第七章　苗族传统民俗和宗教造像

图五　苗寨芦笙场图腾木柱图

图六　西江苗寨民众围着图腾柱欢跳过苗年图

苗族傩堂戏面具

图一　清中期贵州思南苗族判官面具主图

傩是远古时期苗族先民进行驱邪逐疫及祭祀祖先的巫术仪式活动。苗族先民认为其祖先去世后，他们的灵魂可以保佑后代，并给子孙带来吉福，所以每年都要择日祭祀祖先，举行"还傩愿"的傩仪。后来，人们将其中的部分内容编排成傩戏在一些苗族支系流传，即后来人们所说的"傩堂戏"，又称为"傩愿戏"。经过一代又一代苗族宗教习俗的传承与发展，傩堂戏形成了特定的形式，有文戏、武戏，有特定的剧本和剧情，集法事、说唱、舞蹈及武打为一体的、具有神秘的苗族风习的艺术形式，流传在贵州、湘西、广西、云南的部分苗岭村寨中，受到大众的喜爱。

傩面具多为武戏之装扮，是用木料做成的各式戴在脸部的"脸壳"。不管是做法事还是还愿，人们在表演"傩堂戏"时，分别戴着象征不同人物的面具，巫师戴上面具则作为神的象征，可以通神，进行人、神互动，如将人的愿望传递给"神"，同时代"神"传达旨意给人，面具在苗人的心目中能够通神避邪、驱鬼降魔、祛病保平安等。

苗族的傩面具常用木或竹制作，在其上镶有金、银、玉等装饰。不同的面具按其角色刻画出不同的造型，或威严肃穆，或狰狞怪诞，或凸睛竖眉，或青面獠牙，总之是将人们心目中神、鬼的不同性格、形象展露无遗，同时以此寄托人们的情感和信仰。

在贵州松桃一带流行的傩堂戏中，一些

古老的面具有程式化的特征，如戏文中常见的有开山猛将、开路先锋、判官、土地、甘生八郎、山王天子、先锋小姐、五猖等不同的角色，这些角色在造型设计、色彩和装饰形式等方面各有特色，使人一见便知是何等人物。如"开山猛将"也称"开山"或"开山莽将"，是傩堂戏中手执钺斧、镇妖、开路的神祇，还兼具追魂的任务。其面具雕刻造型，头上有一对粗大的角，眼睛大而眼珠凸出，口中一对獠牙外露，双耳高耸，烈焰浓眉，表现出疾恶如仇、正气凛然的威猛性格。

"判官"，又称"勾簿判官"或"勾愿判官"，是傩堂戏中正神，为人们勾还良愿，惩治坏人与邪神。其面具造型特点为头戴礼冠、怒目圆睁、面色暗红，獠牙外露，注重表现判官疾恶如仇、稳重断案的特质。

"灵官"，也称"王灵官"，相传是专攻火术的民间方士，道教护法神，在傩堂戏中专司搜捕混入的邪魔妖鬼。其面具特征为头戴道冠，面目红赤，额际有一只称为"纵目"的混赤眼，造型凶猛强悍。

"土地爷"的职司众多，有引兵、当坊、桥梁、村寨等土地爷，分别主管着一方。在傩堂戏中，土地小神慈祥风趣，造型和蔼可亲，为愿主纳吉添福。

苗族古傩面具多以剧目设堂，少则12面一堂，常规有24面、36面，多则有81面的。由于傩面是祭器面具，被视为具有超自然的力量，所以，制作、敬奉和保存面具都尤为肃穆慎重。

古面具的制作工艺，讲究选取材料和雕刻工艺。面具的造型由苗家祖先的谱系传承下来，按照不同的角色有一定的程式。选好木料并开料后，将面具的形象画在木料上，再用工具抠瓢、雕刻，经粗雕和精雕后，进行打磨、上色、加蜡、涂油等工序。面具制作完成后一项重要的工序是"请神开光"，只有开光后的面具才具有法力，成为苗师所戴、能与神鬼对话沟通的灵物。

图片来源

图一　郑俊秀主编.中国少数民族面具.北京：朝华出版社，1999：88．

图二至图五　廖晨晨　制图

图六　郑俊秀主编.中国少数民族面具.北京：朝华出版社，1999：86．

图七、图八　郑俊秀主编.中国少数民族面具.北京：朝华出版社，1999：90．

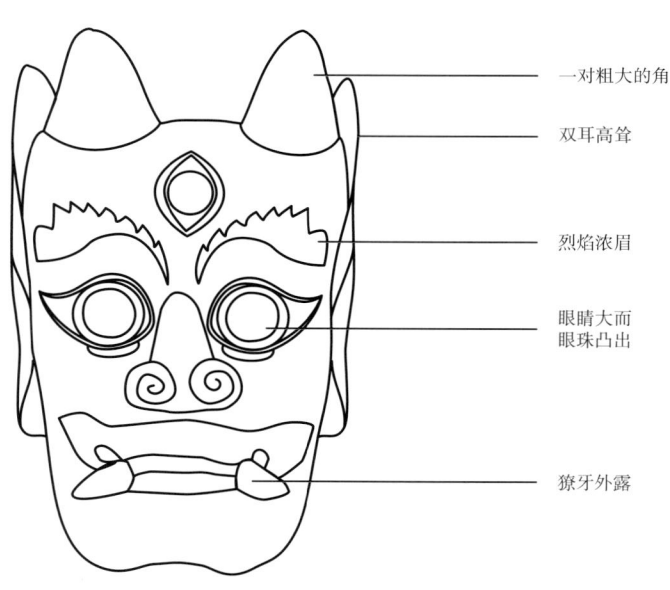

图二　苗族开山猛将面具结构示意图

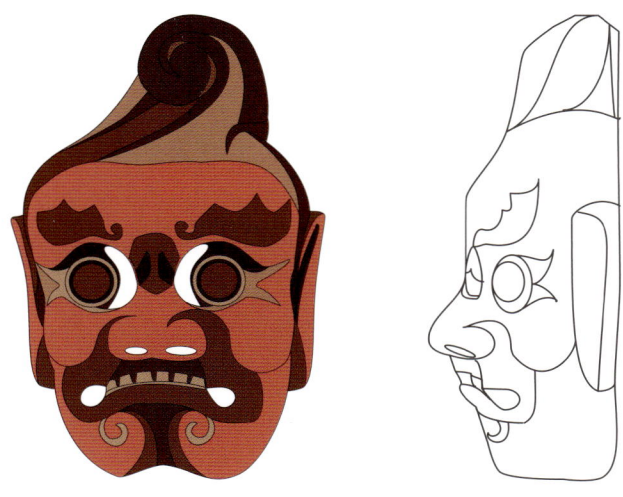

图三 苗族五猖面具视角图

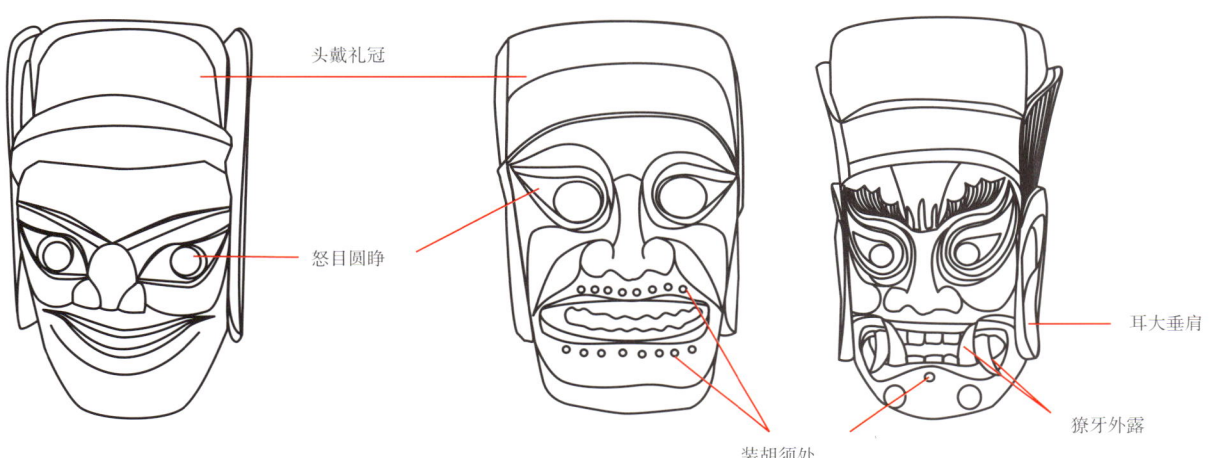

图四 苗族勾簿判官面具造型和结构示意图

土地　　　　　　　灵官　　　　　　甘生八郎

图五 苗族傩堂戏面具不同造型示意图

图六　清中期贵州思南苗族开山大将面具图

图七　清中期贵州思南苗族先锋面具图

图八　清中期贵州江口苗族红脸先锋面具图

广西融水苗族芒蒿面具

图一　广西融水苗族公芒蒿面具主图1

广西融水苗族自治县有一种古老的民间活动——扮芒蒿，最早始于融水县安陲乡吉曼村，后向南推广遍及安陲乡的苗族村寨。"芒蒿"是苗语古老的汉译音，被当地人奉为"村寨之神"。"芒"是古老的意思，"蒿"为旧的意思。相传芒蒿是一种怪物，每年正月初九会在苗寨中游荡，把福气带给苗胞，不过同时会抢走他们的女人。所以当芒蒿把福气送到，人们就及时放鞭炮敲锣鼓赶走芒蒿，留下福气。扮芒蒿作为一种古老的祭祀习俗，有祈福驱邪的目的，也有缅怀祖先创业之艰难、报答祖先养育之恩的含义。

扮芒蒿者一般由寨老商定，多为寨中青年壮汉，由三、五、七、九及更多单数人员组成，若为三人，则意指父、母、子；若五人，则为父母、子媳及孙子，依此类推。他们赤身裸体，用山上的一种芒草或蔓藤缠绑全身，戴着用杉木雕刻的面具，面具用红花粉、黄珠子、薯食、锅墨等涂上红、黄、黑等颜色，手脚也涂上锅墨。芒蒿有公母之别，公芒蒿的面具以墨色为底色，加以粗线条的粉白勾线，神情凶恶；母芒蒿则在墨色中杂以黄、红等颜色，神态较为温和。每年正月十七的前一夜，芒蒿集中到附近山上的一个岩洞里，由寨老授予面具，相互装扮、结好草衣。一般公芒蒿手拿棍棒，老者则多持长烟管；母芒蒿背一个捞鱼虾用的篷，模仿古代的渔猎生活。次日听到芦笙声响，芒蒿们簇拥下山到村寨中参加活动。芒蒿要在村寨的主要路口绕圈行走，意为驱邪捉鬼；经过各家各户的竹楼时，户主放鞭炮相迎，并争先恐后与芒蒿拥抱，据说凡与"芒蒿"拥抱过的人，可涤除一年之中的晦气，保一年吉祥平安；芒蒿还是苗民们生殖崇拜的偶像，最有意思的是公芒蒿用稻草扎成阳根，沾上泥浆挂在腰前四处有意识地撞人，姑娘沾上泥浆认为是多子的兆头，老人沾上泥浆则是健康的象征，男子沾上泥浆就会强壮有力，孩童沾上泥浆就会聪明伶俐，反映出苗族人祈求人丁兴旺、民族繁荣的美好愿望。一般活动由正午（中午一时左右）到太阳将要落山（下午四时左右）为止，这时芒蒿的青藤衣也快烂了，得赶快收场，否则就要暴露是谁扮演的

"秘密"了。按传统习俗，他们相继回到山上原来隐蔽的山洞里，换好衣服，然后各自若无其事地回到原处，而对芒蒿一事，则绝口不谈。

扮芒蒿与苗族人传统的芦笙踩堂相结合，已经成为当地一项重要的民俗文化活动。人们在怀念祖先、祈福驱邪的同时，也具有一定自娱自乐的作用。随着时代的发展，扮"芒蒿"活动的形式、内容及其内涵也更为丰富，由祈福驱邪的民间祭祀活动逐渐演变成苗民们对丰收、吉祥、富裕的祈祷。

图片来源
图一、图二　余大喜编著.中国傩神谱.南宁：广西民族出版社，2000.
图三至图五　许漱文　制图
图六　廖晨晨　制图
图七　许漱文、廖晨晨　制图

图二　广西融水苗族母芒蒿面具主图2

图三　苗族公芒蒿图　　　　　　　图四　苗族母芒蒿图

图五　不同造型苗族母芒蒿图

第七章　苗族传统民俗和宗教造像

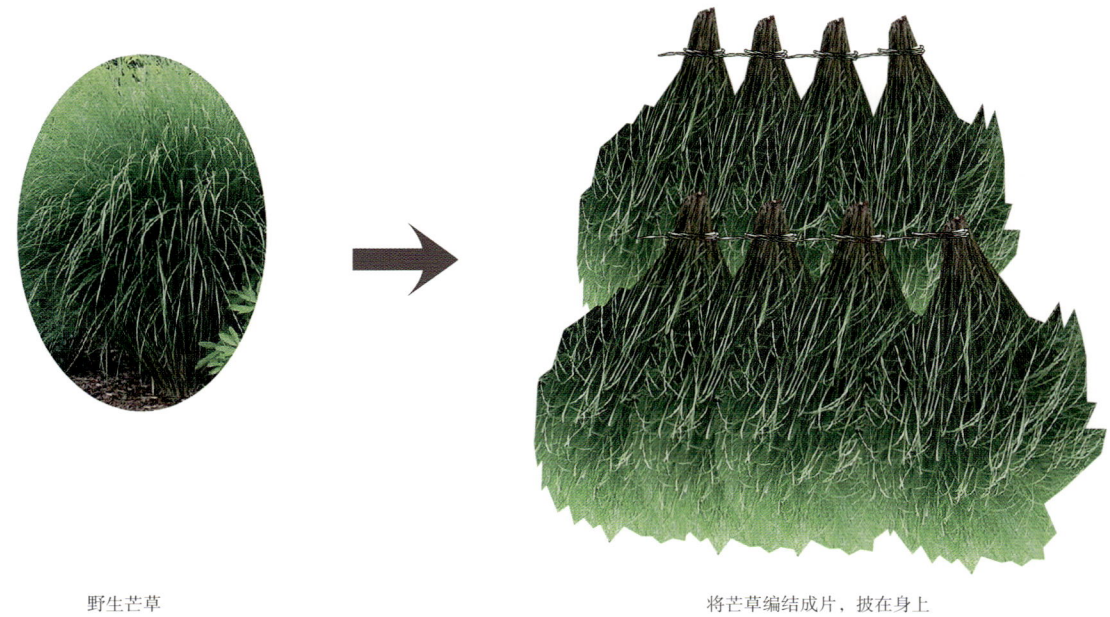

野生芒草　　　　　　　　　　　将芒草编结成片，披在身上

图六　苗族扮芒蒿草衣示意图

图七　苗族民众扮芒蒿图

苗族独木龙舟

图一　苗族独木龙舟主图

独木龙舟，是流传在贵州省清水江流域苗族最为隆重的节日之一——独木龙舟节中所使用的船具。苗族独木龙舟竞赛民俗活动有着悠久的历史，据施洞苗寨家传记载已传承了1000多年。明清时期已有文字方面的记载，如清代徐家干撰《苗疆闻见录》："苗人好斗龙舟，岁以五月二十日为端节，竞渡于清江宽深之处。其舟以大整木刳成，长五六丈，前安龙头，后置凤尾，中能容二三十人。短桡激水，行走如飞"。

以贵州台江县施洞镇为中心的清水江沿岸，每年农历五月二十四至二十七日，是苗族同胞一年一度的独木龙舟节，数万民众身着节日盛装，集结在清水江两岸，举行独木龙舟竞技，同时还要斗牛斗鸡，备好酒菜食品，接待亲朋好友。龙舟节要热热闹闹地持续5天时间。

独木龙舟的制作有许多方法，最为古老的是用中间掏空的杉木制作的，由一长两短3根独木捆绑而成，中间一根直径约70厘米，长20~24米，称为母舟；两边的独木直径约50厘米，长15~17米，称为子舟；三舟捆绑固定后成为独特的子母龙舟。平时三只独木舟分开放置，人们在节前择日将舟体抬至水边，用绳索将两只子舟绑在母舟两旁，在母舟的前面还要装饰一个硕大的、用柳树雕刻而成的龙首，船尾插着象征凤尾的芭茅草。龙首的制作最为讲究，先要选取自然弯曲的粗大树干，用斧砍出龙首的大致形状，再精雕细琢出须眉、龙眼、耳鼻、牙齿等。其口中含珠，颈背刻有龙鳞，头上有两只大大的水牛角形状的龙角。雕刻完成后还要进行彩绘，漆上红、黄、青、绿、黑、白等颜色。最后在龙角上分别写上"国泰民安"和"风调雨顺"等字样。

制作这样的独木舟，所用的树木直径要大于1米，高30米以上，树干质地匀称、挺直，这样造出的龙舟才表面光滑，外形比较窄长，可以减少水中行进的阻力。为求行船时平稳，有的龙舟在船底部加有穿过船底的龙骨。与龙舟相配的物品还有竹篙、桡（船桨）等物。

每只龙舟乘坐约40人，由鼓头、篙头、炮手、锣手和桡手等人组成。鼓头是由全苗寨推选的最有威望的人担任，担任龙舟上的指挥者，负责发布号令。篙头的任务是大声呐喊，如果两船靠近或靠近岸边时，要用竹篙撑开。炮手是负责鸣放铳炮，壮大声势。另有一位锣手，由10岁男扮女装的孩子担任，其穿着银装，戴银帽，负责敲锣。船尾有一位负责账目的管账和一位艄公。另有32名桡手，都是青壮年人，穿着紫色蛋浆亮布上衣和士林布裤子，腰系锦带，头戴斗笠，以示祈雨。鼓头、篙头、炮手和锣手的位置在母舟的龙头后面，管账和艄公在母舟的尾部。桡手站在两边的子舟上，和着锣声步调一致地用力划桨。

整个独木龙舟节期间，苗族民众欢欣鼓舞，奋勇争先。苗族独木龙舟，从材料、造型、制作、工艺到相关的仪规仪式、竞赛规则等都表现出独特的意义，散发出古老而神秘的苗族文化意趣。

图片来源

图一、图四、图五　许星　摄影
图二、图三、图七　廖晨晨　制图
图六、图八　许漱文　制图

参考文献

徐家干.苗疆闻见录（影印本）.上海：上海书店出版社，1994.

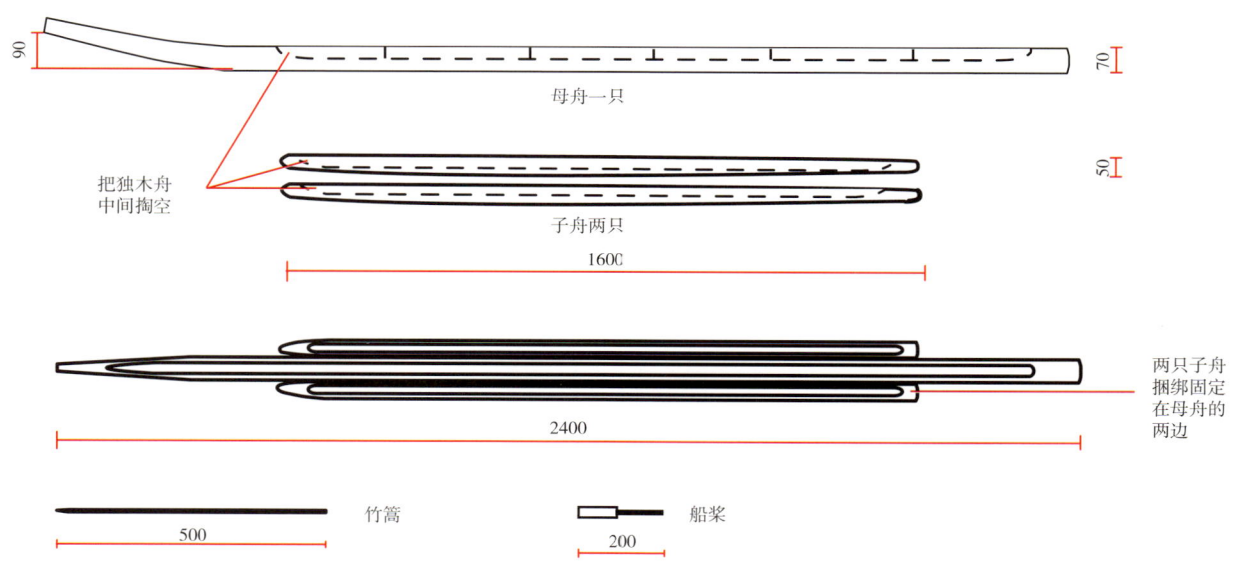

图二　苗族独木龙舟结构名称与尺寸图（单位：cm）

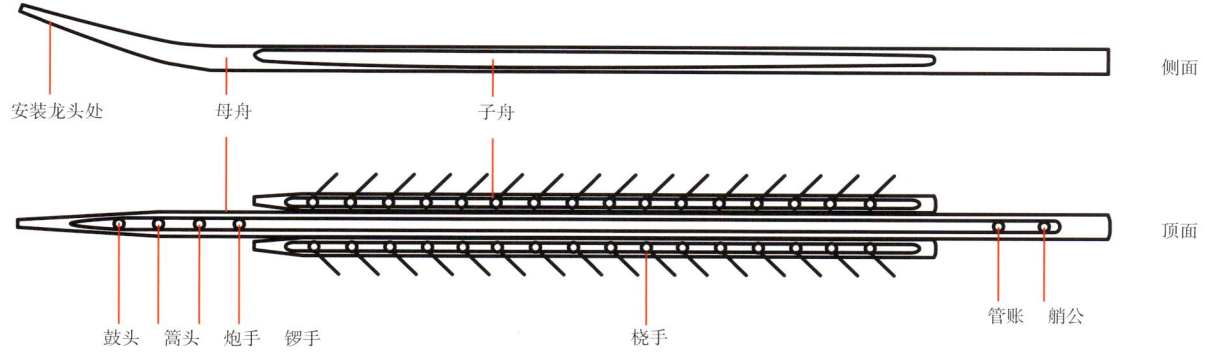

图三 苗族独木龙舟（子母舟）布局示意图

图四 苗族独木龙舟局部组装示意图

图五　苗族独木龙舟龙头上的彩绸和家禽局部图

图六　苗族独木龙舟龙头局部结构名称图

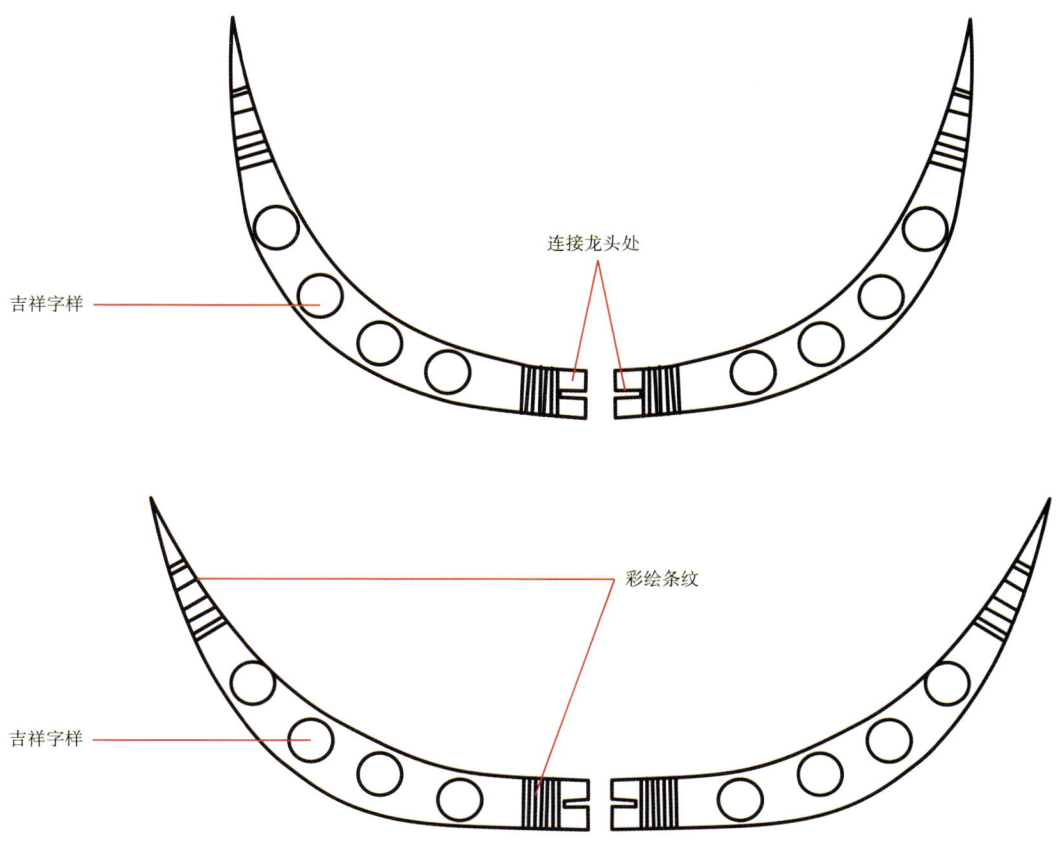

图七 苗族独木龙舟龙角造型分析图

图八 苗族独木龙舟龙头示意图

苗族铁炮

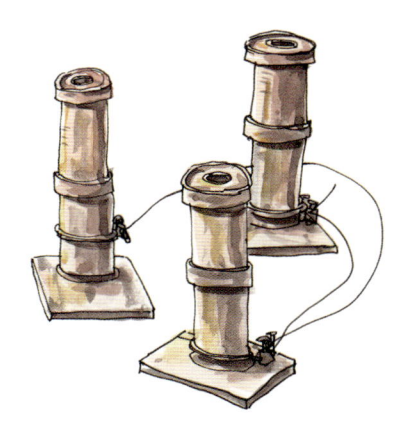

图一 苗族铁炮主图

铁炮是黔东南地区的苗族人在举办各类节日、庆祝活动、迎宾以及丧葬祭礼时经常使用的器具，如从江大塘苗寨的斗牛、岜沙苗寨的迎宾仪式、丹寨苗族祭尤节等活动中，就有鸣放铁炮的仪式。其功能类似于现在流行的礼炮。铁炮产生的声音巨大，往往会产生震耳欲聋的听觉感受，让人们打起十分的精神来准备参与下一步要举行的重要仪式。在组织各类活动时，主办方会安排一个胆大心细的男人专门在现场负责放铁炮。

铁炮的材质为纯铁，主要由炮筒、底座构建而成。炮筒为圆柱形，口部开有小孔，筒身内部中空，用以填充火药，腰部与口部比整个圆柱略粗且向外凸起，底部与底座焊接在一起，从而形成一个半封闭的空间。底座以方形或圆形为主，是一块厚度约为1厘米铁板，与炮筒焊接在一起，能够有效地缓解放炮时铁炮产生的强大冲击力，避免铁炮倒下伤人。此外，还会使用一些其他的辅助工具，如细长的铁棍、木槌等。铁棍的直径比炮筒口部的小孔略细，用来装载火药，或者清除炮筒内部的火药残渣，木槌则通过敲打放入炮筒中的铁棍从而夯实炮筒内部的火药。在使用时，还会在炮筒身上的引线孔中埋入一根一定长度的引线，经点火之后，充足的火药会在炮筒中狭小的空间内瞬间燃烧，释放出大量的能量，从而发出响彻云霄的声响，以此吸引过往宾客的注意力。不同苗寨所使用的铁炮，其大小、粗细和形状都有区别，有的底座较阔，也有的铁炮无底座。

在麻山苗族的葬礼仪式上，也要放三轮三响铁炮，以送别故去的亲人。

苗族铁炮在苗族人举办的各类活动中常与芦笙等苗族乐器相配合，其使用亦有一定的规则，如大年初一"赶鬼驱邪"时会放三轮铁炮，节日迎宾时则会放十八响铁炮，反映了苗族地区独特的风土人情。

图片来源

图一　许星　摄影　官君　制图
图二　许星　制图
图三　张庆　制图
图四、图五　官君　制图
图六　许星　摄影
图七　马路　摄影

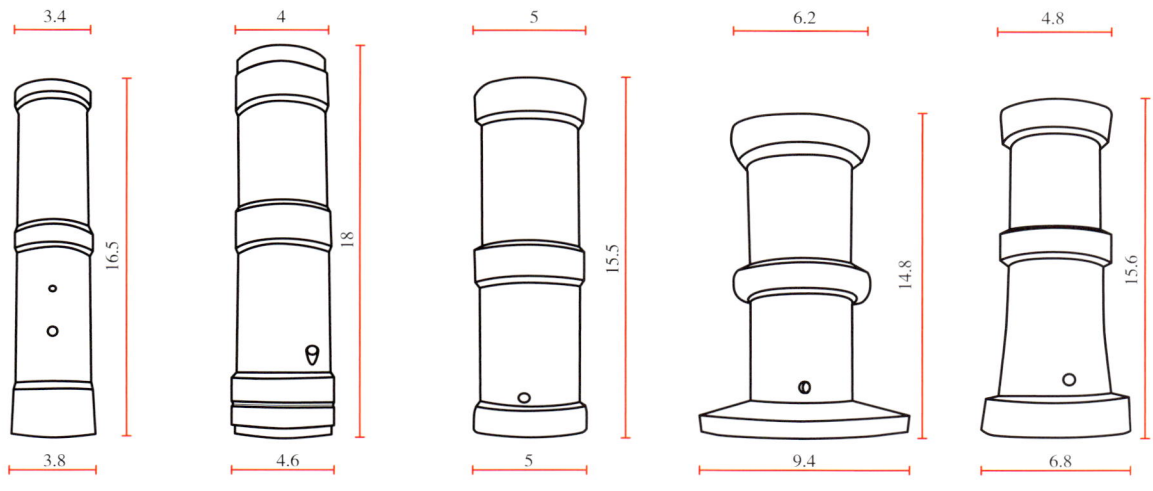

图二　苗族不同铁炮尺寸图（单位：cm）

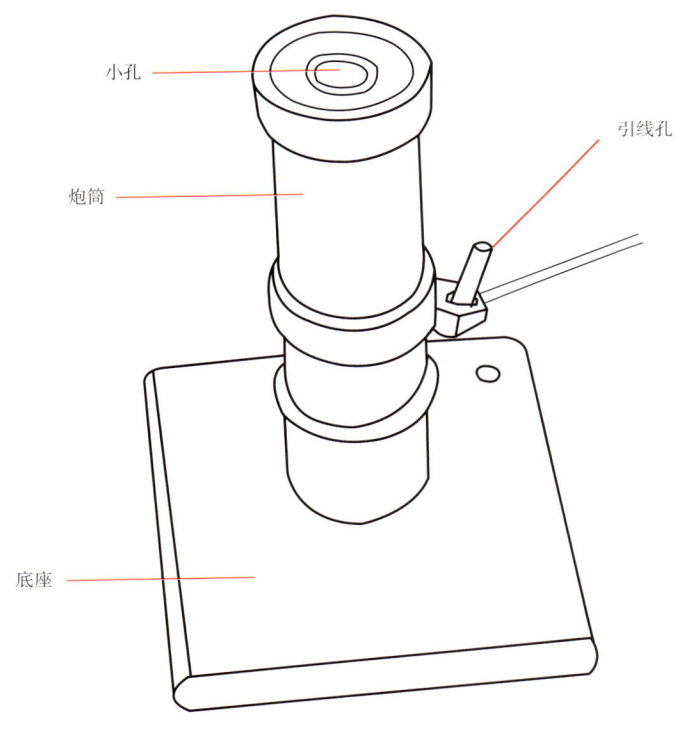

图三　苗族铁炮结构名称图

图四　装火药的苗族男子图

图五　给铁炮点火的苗族男子图

图六　苗族铁炮火药图

图七　岜沙苗寨佩戴火药葫芦和牛角的男子图

苗族八人秋千

图一　苗族八人秋千主图

　　八人秋千是湘西苗族、贵州松桃苗族的传统体育器械和民俗活动项目，顾名思义是八个人一起玩的秋千。由于这种秋千形似大风车，也称"风车秋千""转秋""纺车秋"或"秋台"。苗族地区的秋千有四人秋和八人秋，其中以"八人秋"最为流行。

　　"八人秋"一般使用木头搭成，形似双排纺车，各有4个吊座，可同时坐8个人。另外还有一种单排的"八人秋"，在横梁转轴上设计了4对八翼平行的撑杆，杆头系2根粗绳，连接一块座板，也可同时坐8个人。

　　在活动时，由四男四女分别坐在八人秋台上，秋台下站着两位名为"秋公""秋婆"的老人，负责保护人们上下秋千、转动秋千。秋公、秋婆先念几句诗，再唱"开秋歌"，然后转动秋千，使秋台旋转，称为"开秋"。俗语说："竖秋千，八人坐，谁转上面就唱歌"，当快速旋转的秋千停下来以后，由停留在最上面的两个人与下面的人对歌，对赢或让大家满意才能继续转动秋台。

　　八人秋千的造型结构主要由支架、秋梁（中间的转轴）和秋千座组成。首先要选用粗大、结实、耐用的木料，作为支架的木柱，约4.5米（埋入地下的基脚约70厘米），作为秋梁的木轴直径约40厘米，在木轴上以榫卯结构装上两组交叉的撑杆，顶端系上绳索，下方各固定一块座板。当4对男女青年坐在秋千上，随着秋千转动，人们便会由下方转到上方，再受重力的影响回转到下方。在设计上，八人秋千的造型略有不同，如支撑的木架有塔式结构、框架结构，还有立式支架，再用木柱斜向固定。总之都是以秋千转动时保持稳定、安全为目的。在秋千制作材料选用上体现了因地制宜的原则，如撑杆有用绳索连接座板，也有用竹条连接座板。

我国一直保护和普及秋千活动，并将其列为全国少数民族传统体育运动会的正式比赛项目。因此，它不仅仅作为一种娱乐项目存在于苗人的生活之中，更像是一种载体，承启着民俗多元文化的历史与未来，将美好的民间艺术在祖国旷达的沃土中荡漾开来。

图片来源

图一　许星　摄影
图二至图五　周红卫团队　制图
图六　许星　制图

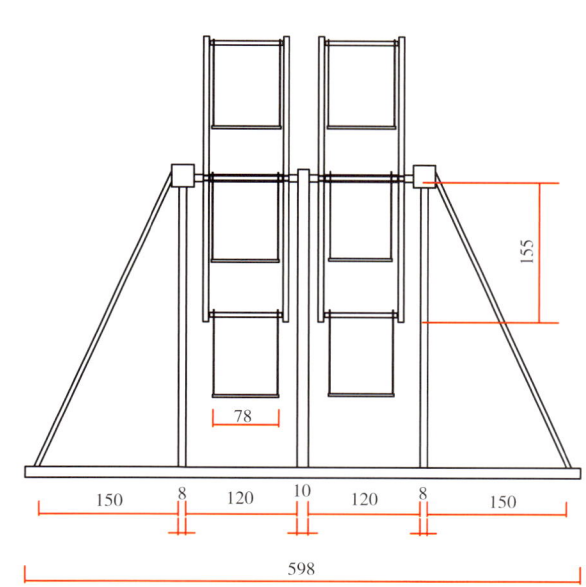
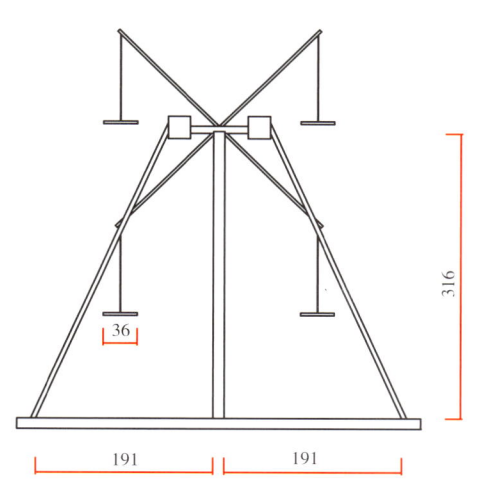

图二　苗族八人秋千尺寸图（单位：cm）

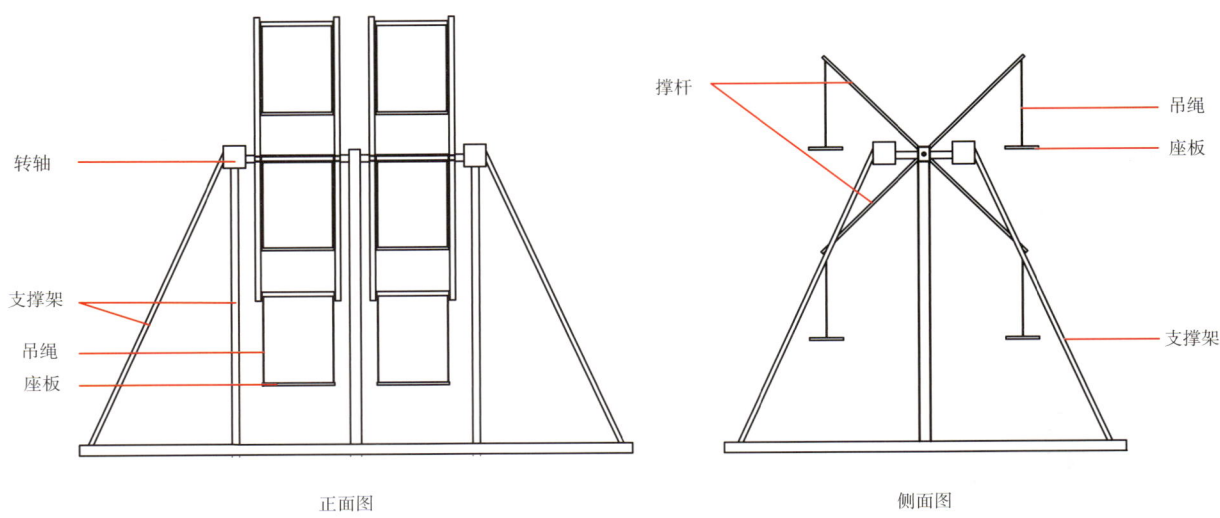

正面图　　　　　　　　　　　　侧面图

图三　苗族八人秋千结构名称图

秋千架结构示意图　　　　　　　局部结构示意图

图四　苗族八人秋千架与局部结构示意图

图五　苗族姑娘坐八人秋千图

图六　苗族八人秋千使用情境图

苗族上刀梯

图一　苗族上刀梯主图

　　上刀梯又称踩刀梯，源自傩事或祭祀仪式的程序，在沿袭巫技传袭和仪式的神秘形式下，伴随着浓厚的民族乐曲而展示的武术动作，逐渐由娱神祛病转变为纯粹的"娱人"演出。表演者以赤手赤足的方式攀爬在高耸且锋利刀梯上，给人以无限的神秘感和强烈的观赏性。上刀梯的流传范围甚为广泛，主要流行于各地的苗族、土家族、侗族、彝族、羌族等少数民族之中。上刀梯既可作为体育竞技方式，也可作为民俗和戏剧方式，在许多少数民族中得以流传。

　　在刀梯会这一天，每一个苗家人，都会兴高采烈地穿上节日的民族特色服装，并在身上佩戴上各种金银配饰，从四面八方纷纷赶来。刀梯会的场所就选择在一块开阔的平地上举行，将一根木柱竖立在平地上，形状又粗又直，长度6~7米，安装24把锋利的飞刀，或竖起10~22米不等的木柱，安装36把锋利的飞刀，每把刀的刀刃都朝向天空，寒光凛凛。顺着木杆和刀朝上看，只有一面随风飘扬的旗子,气派十分昂扬。

在上刀梯之前,为了保持神秘感和对苗族文化的尊重,所用的刀都用布条包裹好。法事主持带领老司,围着木柱做法事,念咒语。然后,年青的苗老司身穿登梯衣裤,光着脚开始上刀梯,从第一把刀开始,踩着锋利的刀刃一步一步勇敢地不断向上攀爬。登至梯顶后吹动三番牛角号,表示登梯成功。除此以外,登梯者还要在刀梯上表演各种动作来显示自身高超的技艺和精湛的武术技巧。有的苗寨观者与登梯者互动呼应,登梯者登上刀梯最顶端后,便向下面的人群里"撒谷种"或"撒筷子",接到谷种表示今后有五谷丰登的好运,接到筷子寓意着一年到头有饭吃。

刀梯上所用的刀大都为铁质或钢刀,刀口锋利。在竖立的木柱上,凿开 24 或 36 个卯眼,每个卯眼插上一把钢刀,一般刀长 40~70 厘米不等,刀背厚 0.5~1 厘米,安装时,间距三四十厘米插一把刀,加榫紧固,以防摇动。木柱顶上放置一面黄色旗,柱杆四周牵绳固定,刀柄手环上缠系彩布小旗,象征着希望和胜利。

上刀梯既展示了苗族人民的高超技艺,也表现了苗族人不畏艰险、不怕困难、迎难而上的勇敢精神,以及对美好事业的不懈追求。这既是一种体育表演项目,也可以看作是宗教文化的一部分,从某种程度上也可以解释为是一种气功现象。随着时代的发展与民族文化的进步,其表演形式所传达出的神秘感,正逐渐以新颖而充满活力的姿态展示在世人面前。

图片来源

图一、图四至图六　廖晨晨　制图

图二　周红卫团队　制图

图三、图七、图八　沈建国　摄影

图二　苗族上刀梯表演示意图

图三　苗族刀梯图

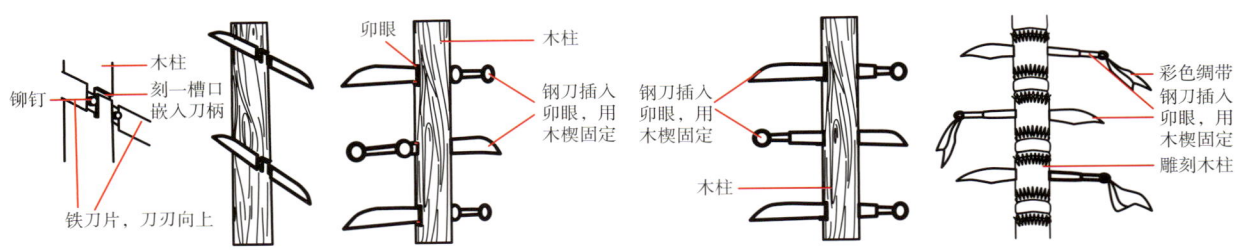

图四 苗族刀梯结构示意图

图五 苗族刀梯轮廓示意图

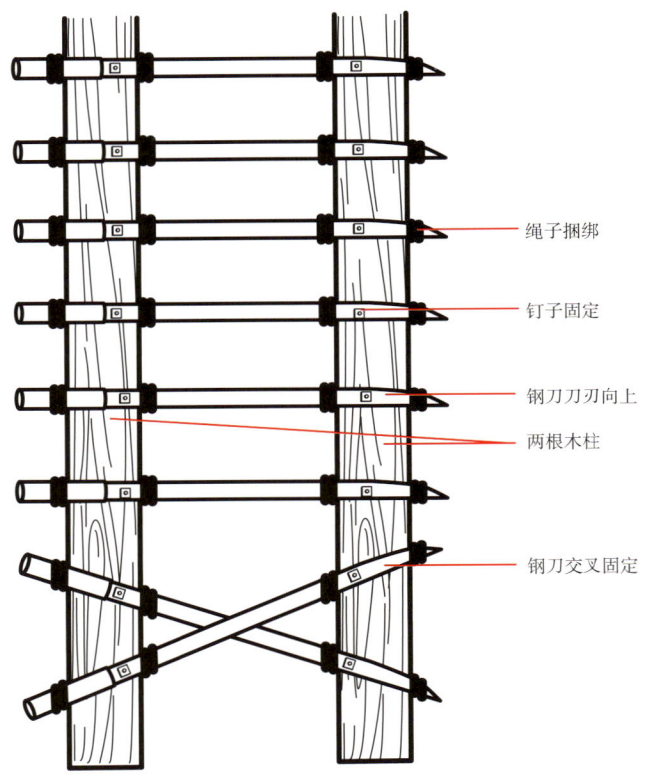

图六 苗族双柱刀梯结构分析图

图七　苗族刀梯会载歌载舞图

图八　苗族刀梯会情境图

苗族射弩比赛

立姿　　　　　　　跪姿

图一　苗族射弩比赛主图

弩箭在南方的苗族、瑶族等少数民族中具有悠久的历史。射弩是苗族一项富有民族特色的民间竞技活动，也是各民族之间交流的一种不可缺少的载体。弩分为两种，一种是民族弩，又称土弩；另一种是标准弩，又称为洋弩。民族弩用木头和竹竿手工制作而成，不使用任何金属物件，但是因为木头和竹竿受气候影响会产生弯曲变形，使得民族弩的精确度、稳定性较差，现在比赛一般使用标准弩。标准弩是经过精确测量利用机械加工制成的弩，属于金属制品，稳定性较强，因此有利于射弩运动向国际标准化发展。

制作苗族弩箭多用岩桑树，这种树生长在岩石上，质地坚硬，不易折断，因此是制作弩箭的好材料。苗族弩制作步骤精细，首先制作弩扁担，将岩桑削成形，中部略宽两头窄，两头有可以穿绳子的孔或浅槽，用绳子将弩扁担绷成弧形，然后用火烘烤5分钟，以防岩桑变形；第二步，制作弩的主体部分弩柄，用岩桑树削制而成，在柄的前部横向凿孔，弩扁担要从中穿过至扁担最宽处固定；第三步，制作弩绳，两人用手搓麻绳，搓好后用石蜡将麻绳打光滑，将麻绳固定于扁担上；第四步，根据弩的力量调节准星，弩的力量决定了准星离弩身的垂直距离；第五步，制作弩箭，主要材料为野刺竹，箭头用铁皮打制而成，箭尾制作材料是鸡毛、牛皮或塑料；第六步，调试弩箭，将弩箭放于弩上，观察长短是否协调，如不协调需要调整。弩箭的使用一般有三种方式：一是跪姿，单膝下跪，另一膝半蹲，上身直立，双手托平弩身射击；二是立姿，身体直立，双腿一前一后，双手托平弩身射击；三是自动发射，主要用于捕捉猛兽或射杀敌人。

弩是用机械力量射箭的弓，在古代是战争中使用的武器。进入近代社会，弩在苗族村寨中得到传承，最初作为防身工具使用，用于抵御猛兽袭击，后来弩主要用于射猎，因为在用弩射击时没有声音且精度较高，可以用来打猎和射鱼。进入现代社会，苗族人生活水平有了很大的提升，弩不再被用于防身和狩猎，但其仍保留着射弩的习惯，作为一种强身健体的运动长期练习，射弩已经逐渐发展成为一种民族体育运动，深受云南、贵州等地少数民族和各地游客的喜爱。射弩于1982年第一次在国内正规比赛上亮相之后，为了使射弩活动长期传承下去，国家制定了《民族射弩竞赛规则》。射弩于1986年乌鲁木齐第三届全国民族运动会上被列为正式竞赛项目，并将选手分为民族弩和民族标准弩两个组，公平合理地进行比赛。

图片来源
图一、图三　李瑛　制图
图二　许星　摄影
图四、图五　廖晨晨　制图

图二　苗族弩箭图

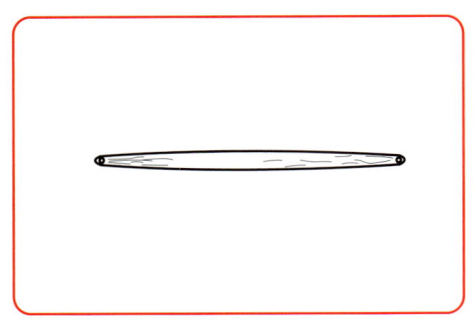

1. 制作弩扁担

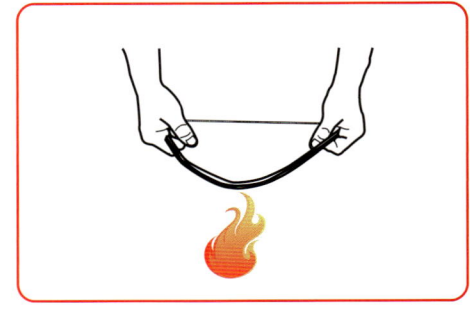

2. 用绳子将弩扁担绷成弧形用火烘烤

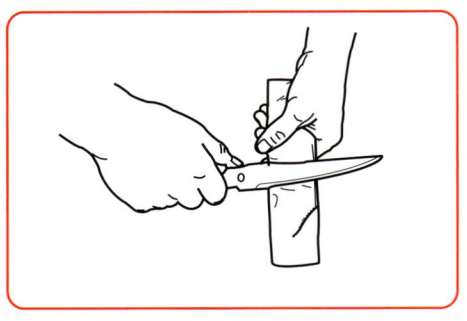

3. 制作弩柄

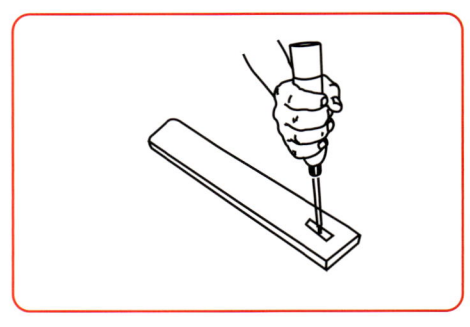

4. 在弩柄的前部横向凿孔

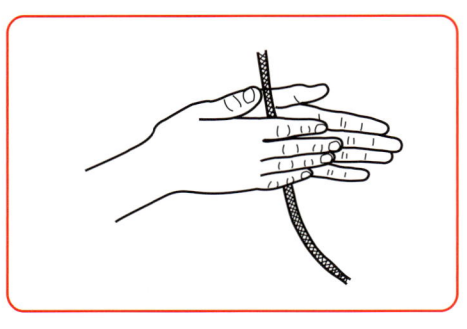

5. 制作弩绳

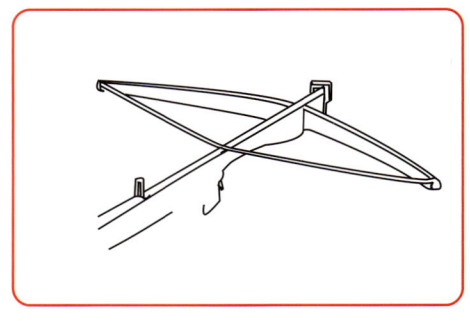

6. 调节准星

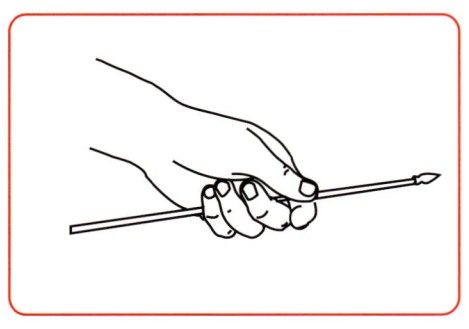

7. 制作弩箭

图三　苗族弩箭制作流程图

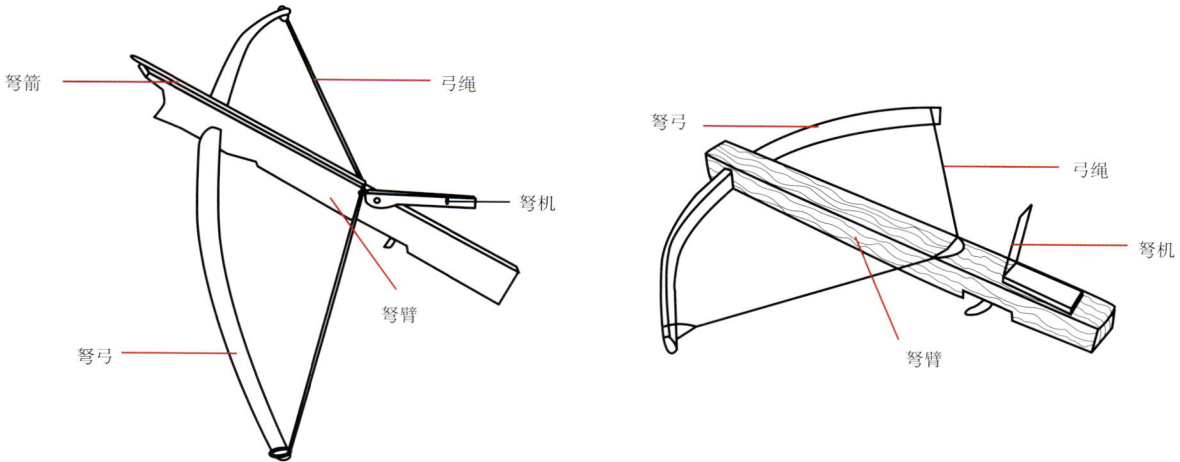

图四 苗族标准弩结构名称图

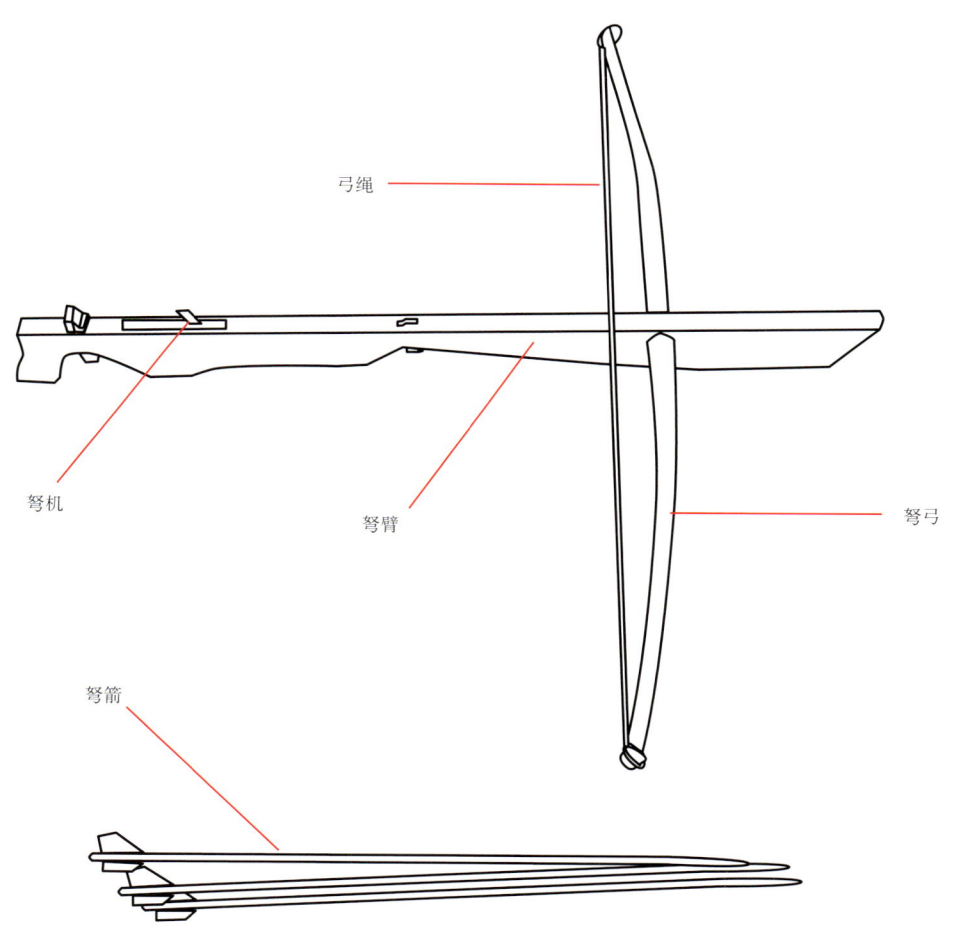

图五 苗族民族弩结构名称图

云南苗族吹枪比赛

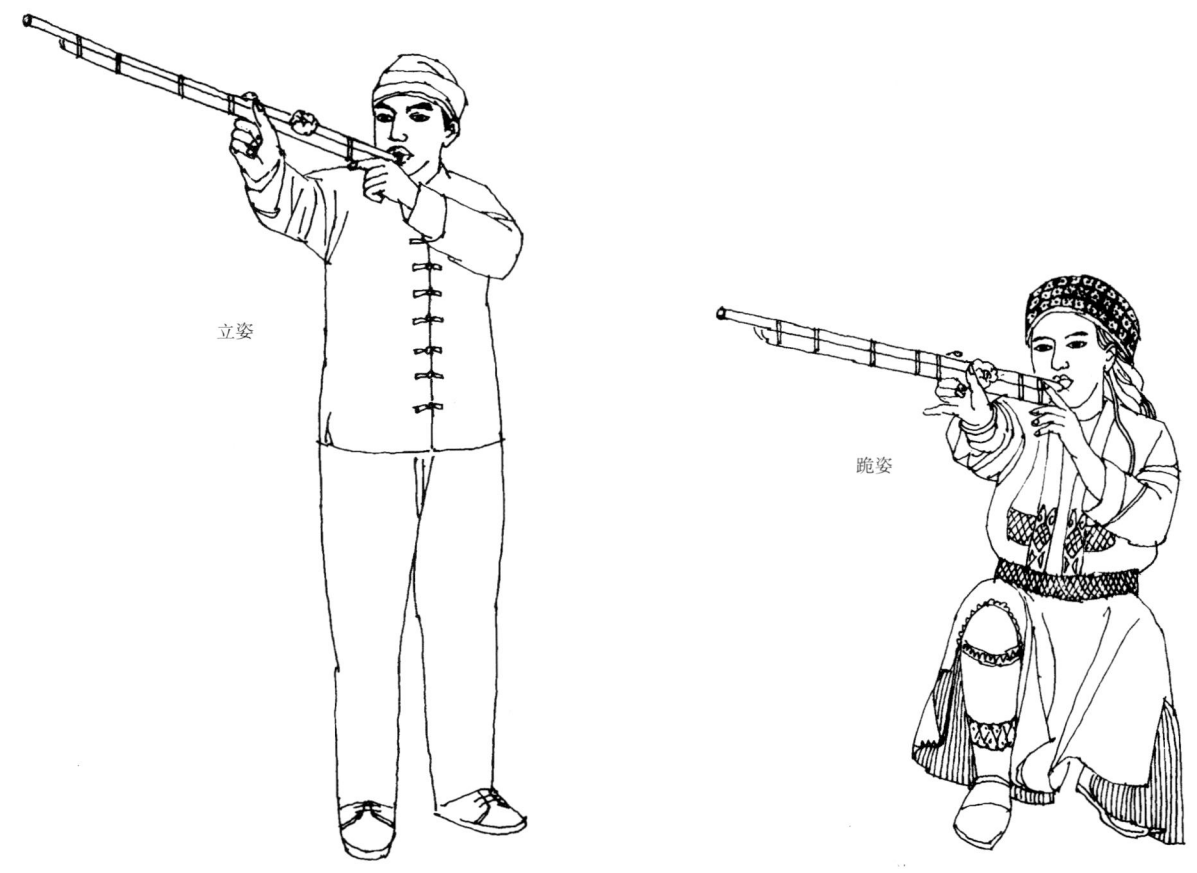

图一 云南苗族吹枪比赛主图

吹枪是流传于云南省文山州麻栗坡县董干镇的马林、马崩、麻栗堡等地苗寨中的一项古老的生活、生产和竞技娱乐的用具。据当地专家考证，吹枪的历史发展距今已有300多年，从早期的儿童游戏活动或生产劳动和节日庆典中所用，到近几年作为民族传统体育活动的竞赛项目，吹枪的名称、基本构造和吹枪的方法等方面都有了变化。

吹枪，又称吹箭，早期的吹枪是儿童在田间地头游乐的用具，枪管长5~10厘米，管径1~3厘米，枪管采用当地常见的通花秆或竹管制作，管中通顺便可；做子弹的材料则用植物的种子或将黄泥搓成泥丸子。作为生产劳动中狩猎所用的吹枪，是由通花秆吹枪改进而成的，枪管长100~150厘米，管径2~3厘米。为了驱赶前来糟蹋庄稼的鸟类或老鼠，苗族人将黏泥捏成小弹丸，将其塞入枪管，再用嘴将泥丸吹出枪管，从而击中鸟兽。

每当农闲时节或喜庆节日里，苗族人会自发地组织到田间地头举行吹枪的表演，或作为一项娱乐竞技性的活动，大家通常比谁吹得远、吹得准，优胜者还能得到一定的奖励；青年男子通过吹枪比赛来展示自己的高超技艺，从而引起年轻姑娘的关注。苗族传统吹枪的游戏，一般兼具狩猎和娱乐的功能，而不用于攻击他人。

现在苗族所用的是改良后的吹枪，一般由竹、木材料制成，其结构主要其由枪管和枪套组成，枪管长约 120 厘米，外管径 2~3 厘米，内管径约 1 厘米。枪套多用木料制作，比枪管略短一些，用树皮将枪管与枪套捆绑固定，起托手的作用。吹枪的子弹采用泥丸弹，采用当地处处都有的黄泥，加水搅拌后，用手搓制而成，子弹的直径依据枪管的内径略细一些，可凭借枪手的经验随手灵活制作。将泥丸塞入吹枪的枪管，用嘴对着枪管吹气，使泥弹飞出枪管数米，从而击中目标。

有学者对苗族的吹枪方式进行了研究，发现吹枪时使用腹式呼吸和胸式呼吸相结合的方法，可以达到改善体能、强身健体的作用。

图片来源
图一、图四　许星　制图
图二、图三　廖晨晨　制图
图五　许星　摄影

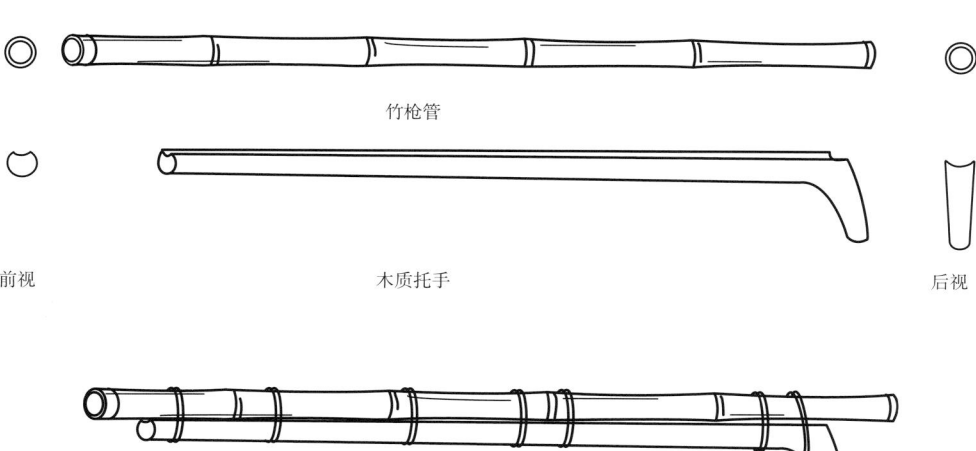

图二　云南苗族吹枪结构示意图

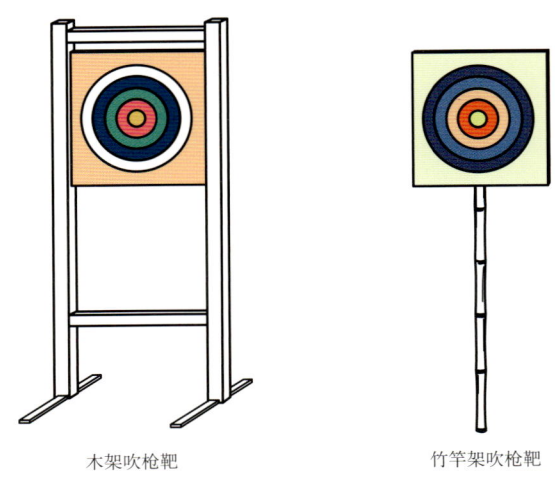

木架吹枪靶　　　　　竹竿架吹枪靶

图三　云南苗族吹枪靶子示意图

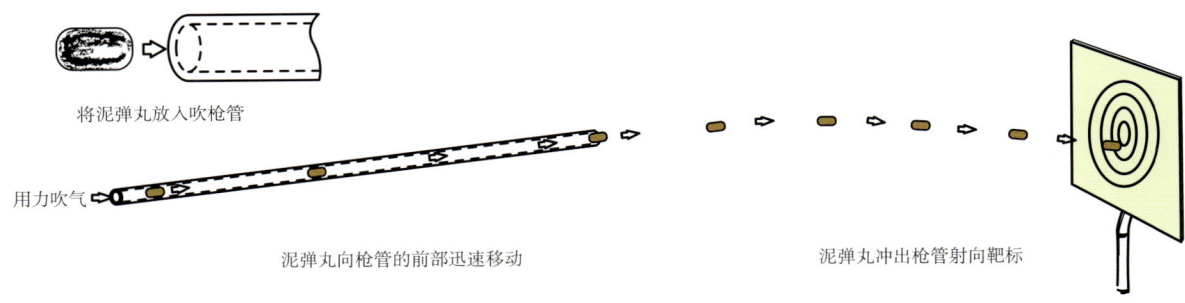

将泥弹丸放入吹枪管

用力吹气　　　　　泥弹丸向枪管的前部迅速移动　　　　　泥弹丸冲出枪管射向靶标

图四　云南苗族吹枪工作原理分析图

图五　云南苗族吹枪图

苗族打鸡毛毽

图一　苗族打鸡毛毽主图

　　鸡毛毽，又称鸡毛球，是云南文山、贵州都匀等地苗族民众喜爱的一种民间娱乐运动。人们称这种活动为"打鸡"或"板鸡球"，苗语称为"麻古"。其游戏的方法分为两种，一种是直接用手拍击，另一种是手握一把有柄木拍球拍击。此形式与现在的板羽球相似。

　　在日常生活和节日庆典等活动时，苗家民众便会成群结队来到村寨边的空场地击球拍毽，未婚的青年男女借游戏寻找中意的对象；孩子们和已婚男女则将其作为游戏或娱乐竞技的活动。传统生活中，每当春节或其他重大节日到来，家长就会给孩子亲手制作漂亮的鸡毛毽，青年男女穿上节日盛装，带着鸡毛毽参加盛会。

　　苗家鸡毛毽都是采用日常生活中随手可得的材料来制作，所以制成的鸡毛毽并不具有统一的规格，造型也丰富多样。鸡毛毽在外观造型方面大体上相近，但每个鸡毛毽的个体在羽毛的形状、颜色和竹管的长短等方面都不同。如鸡毛的选择花样繁多，所用鸡毛的根数从 3 支到 10 余支不等，可根据需要修剪鸡毛的外形；竹管的粗细、长短也不一致；毽拍的形状、大小、长短皆不同，有方形、长方形、圆弧形和铲形等；游戏的场所也不固定。但这些并不影响苗族民众以鸡毛毽进行游戏、竞技或交友活动。

制作鸡毛毽时，首先要选用漂亮的鸡毛为基本原材料，辅以细竹管或玉米皮制作而成。用细竹管制作的鸡毛毽，采用的竹管要细一点，直径 0.6~1.5 厘米，长 4~6 厘米，粗细要均匀。竹筒的底部要选在竹节处，这样便于固定鸡毛，再选择长短相对一致、花色谐调的鸡毛，依次将 3~6 根不等的鸡毛插入细竹筒，直到插满为止，再用一个细竹梢固定住羽毛。因羽毛较蓬松、轻盈，同时也因竹节处较大较重，形成了特有的状态，拍击出去时，这种羽轻竹节重的特质可以调整鸡毛毽飞起后的方向。

还有一种鸡毛毽是用玉米皮加羽毛做成的。将干燥的玉米皮压平后，中间垫一只小金属圈，围着圈子折叠出细细的褶，上部呈细圆管状，下部呈一圆陀状，再将选择好的鸡毛用线绑成一束，插入细圆管处。这种鸡毛毽是用手掌直接拍击的。由于玉米皮是单色的，人们为了使鸡毛毽看上去更加美观，便开始在玉米皮的外面画出各种图案，艳丽的色彩与斑斓的鸡毛相呼应，形成了特有的外观效果。

毽拍也称毽板，制作的材料是普通的木板，有柄，手柄长约 15 厘米，拍面宽约 15 厘米，长约 20 厘米，拍厚 0.8~2 厘米，厚薄不等。

苗族鸡毛毽的运动，集娱乐性、健身性和竞技性为一体，其设计巧妙，制作简便，材料易得，为苗族民众喜闻乐见、广泛流行的活动形式。

图片来源
图一、图三至图六　廖晨晨　制图
图二　许漱文　制图

竹管制作鸡毛毽

布料铜片制作鸡毛毽

玉米皮制作鸡毛毽

图二　各式苗族鸡毛毽示意图

图三　苗族鸡毛毽及毽拍图

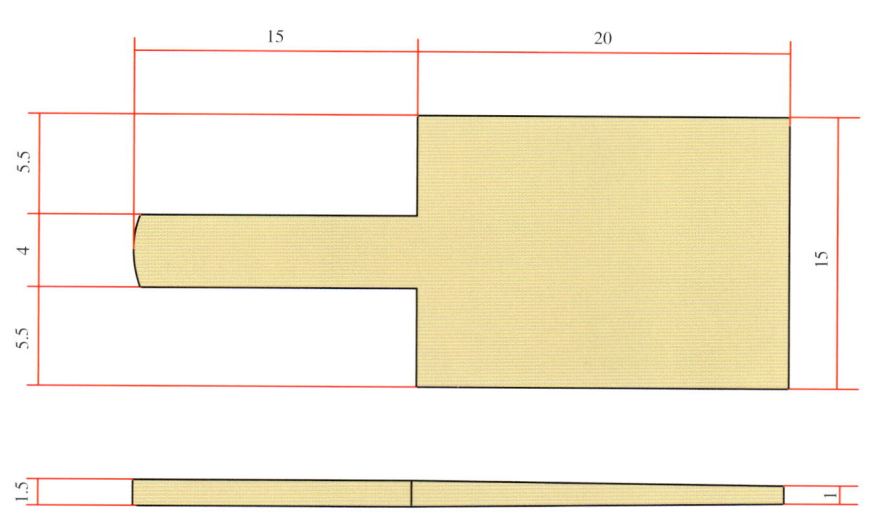

图四　苗族鸡毛毽拍尺寸图（单位：cm）

图五 苗族竹管鸡毛毽制作示意图

图六 苗族玉米皮鸡毛毽制作流程图

苗族竹竿舞

图一　苗族竹竿舞主图

竹竿舞，又名"打竿舞""跳竹竿"或"跳花竿"，是海南、贵州、湖南等地的许多苗族支系盛行的一种民俗舞蹈，至今已有数百年的历史。舞蹈场面生动活泼，具有很强的娱乐性，其动作优美、跳法多样，深受广大人民群众的欢迎。竹竿舞是喜庆、丰收以及年节、庆典活动中常跳的舞蹈，多在逢年过节的时候跳，这项融合了苗族文化和体育的娱乐项目，越来越受到世界的瞩目，是我国民族文化的瑰宝。

竹竿舞，即用竹竿作为道具的舞蹈。舞蹈组织形式简单，器材可以自制，场地一般为8~12米长、6米宽的平地，比赛时将参与者分为两组，每组4~8人，一组打竹竿，另一组跳，然后再轮换。先将两根直径约20厘米、长约4米的竹竿平放在地上，间隔4米左右，竿上放4根或8根长的竹竿，打竹竿的人分为两组面对面坐下或双膝跪地，每人双手各执竹竿的顶端，成若干组平行状。打竹竿者按音乐节奏来操作，手持竹竿者在预先放在地上的竹竿上进行张合的打击，跳竹竿的人根据竹竿打击节奏往里面跳，依据竹竿的张合调节舞步，在保证不踩着竹竿和被竹竿夹着的前提下，跳到竹竿方阵的另一端为成功。不同年龄段的人可以选择不同的音乐节奏，因此，竹竿舞是没有年龄限制、时间场地限制的大众体育项目。竹竿舞除了跳舞动作之外，伴奏音乐在表演过程中也起到重要的作用，音乐与竹竿发出的敲击声相结合，表现了极强的民族风格，凸显了民族特色，竹竿舞在其烘托下艺术性得到了很大的提升。

随着社会发展和文化的影响，经过苗族人不断总结和创新，跳竹竿又增添了很多自己的民族特色，如在竹竿上表演各种各样的舞蹈，踩着高跷做各种高难度的动作等，有人还建议将健美操中的一些动作融入竹竿舞中来。竹竿舞可以强身健体，并对培养青少年的灵敏性、乐感、协调性等有很好的效果，竹竿的改良使得这项体育运动得到更好的推广，更容易被青少年所接受。随着素质教育的发展和全民健身的开展，姿态优美、节奏感强的竹竿舞被各个民族的人民所喜爱，其伴奏音乐和舞蹈形式也发展出了更多的样式。

图片来源
图一　许星　摄影
图二、图三、图五　李瑛　制图
图四、图六　廖晨晨　制图

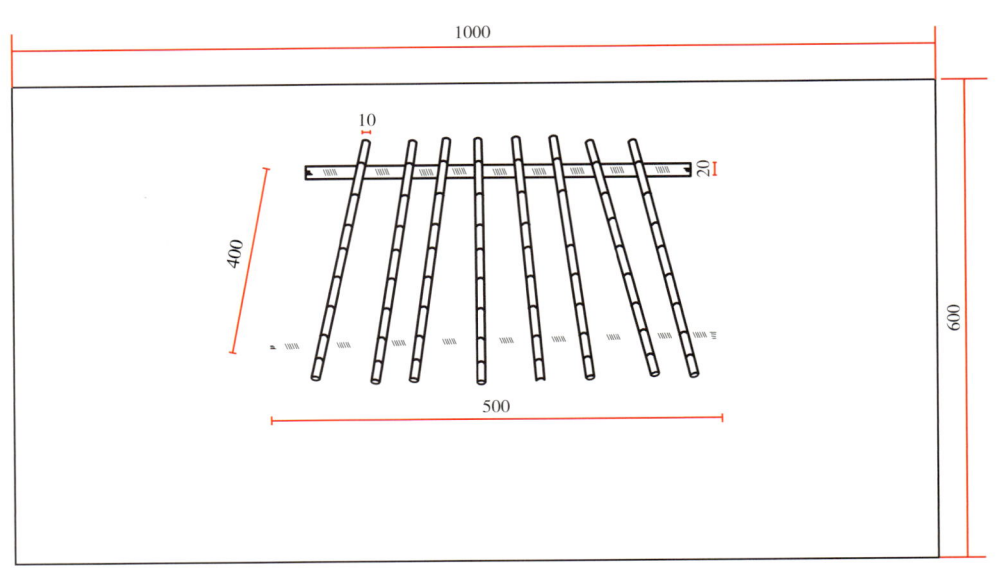

图二　苗族竹竿舞场景尺寸图（单位：cm）

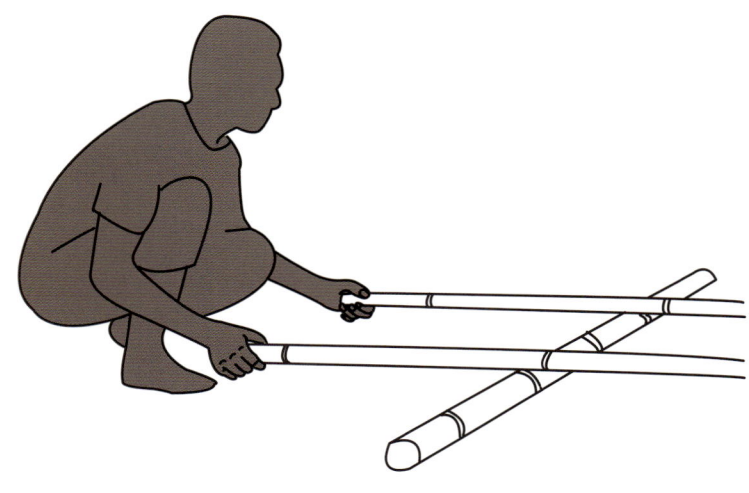

图三　苗族打竹竿姿势示意图

图四 苗族竹竿舞演示图

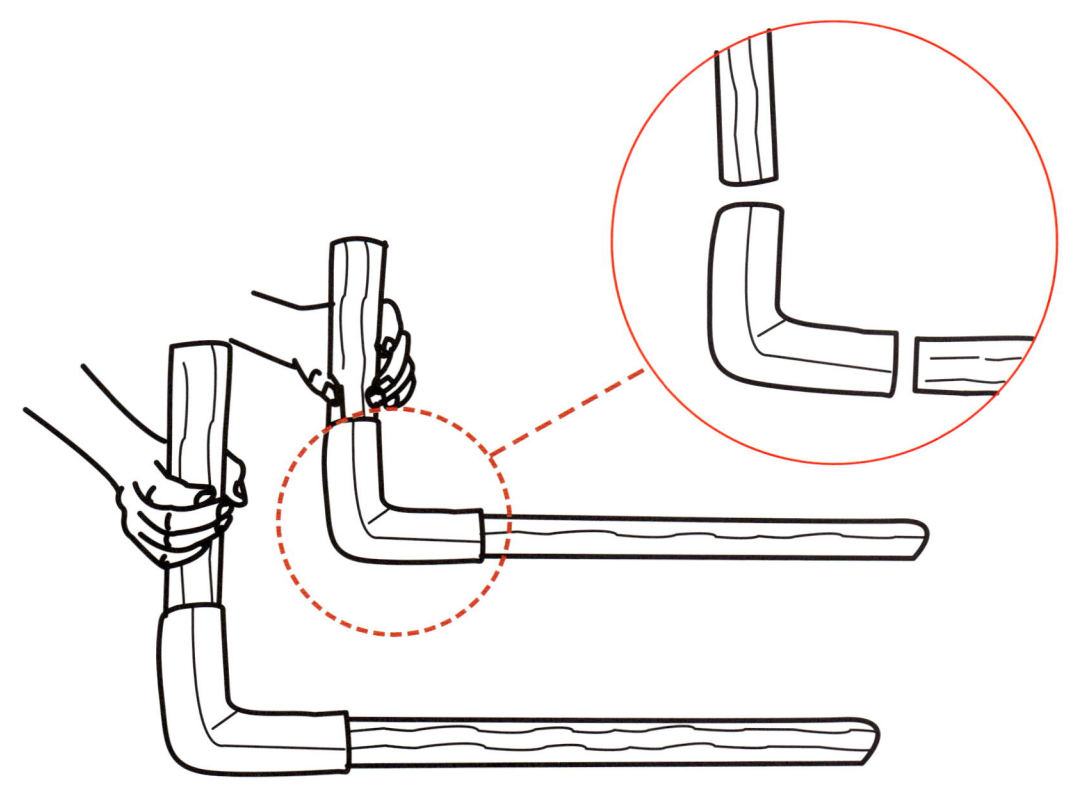

图五 苗族改良版打竹竿示意图

第七章 苗族传统民俗和宗教造像

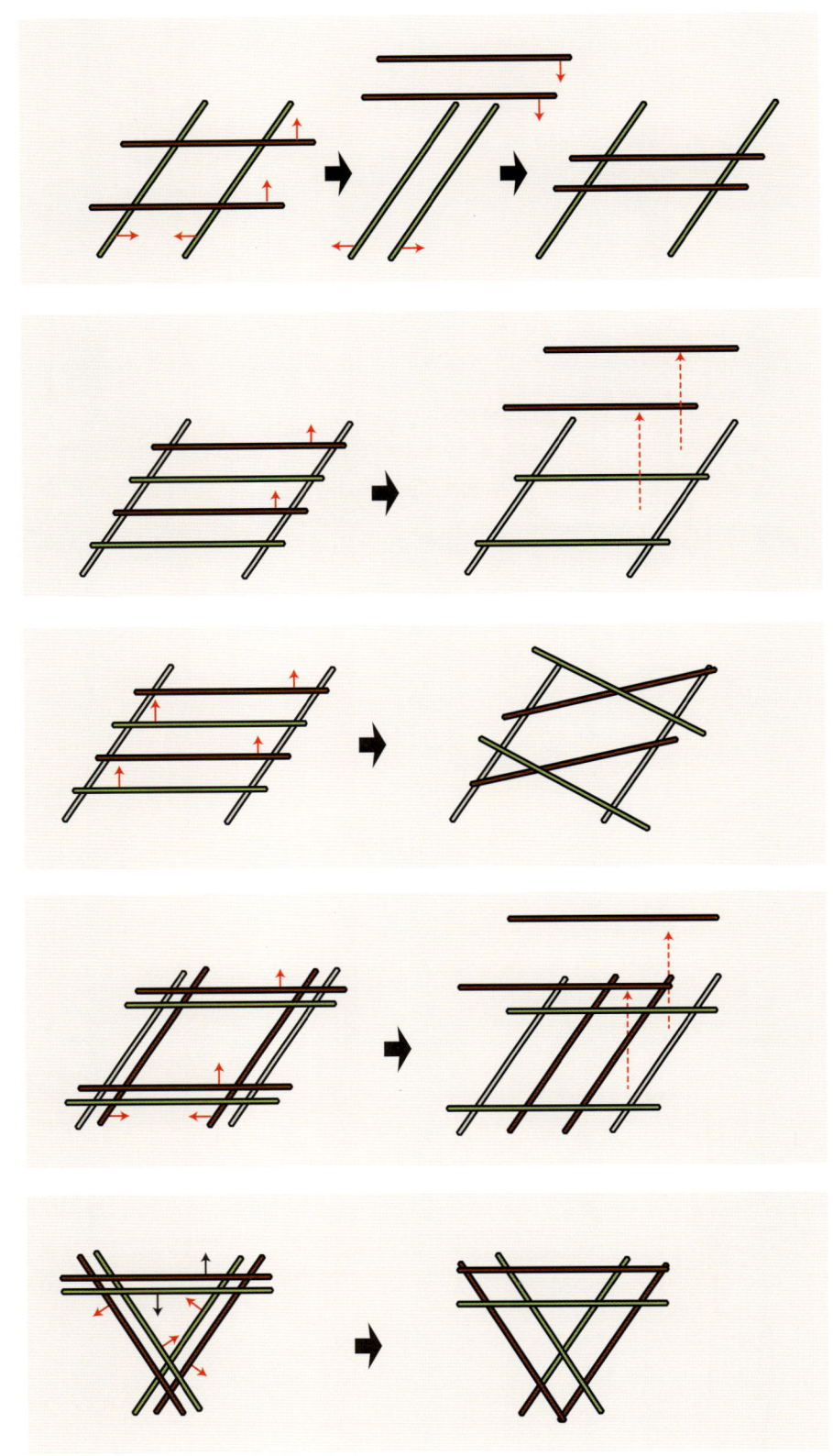

图六 苗族竹竿舞挥动走向示意图

苗族牛角号

图一　苗族牛角号主图

牛角号是部分苗族地区在举行祭祀大典、节庆聚会，婚丧嫁娶等活动中所使用的一种祭祀用乐器，其发声原理是利用唇振动产生气鸣。在湘西、贵州、四川、海南等苗族地区的一些节庆活动中，由法事主持人带领老司，吹响牛角号，吟咒语，做法事。这些活动体现了苗族文化中对牛图腾崇拜的意识，牛角号是苗族宗教文化的标志物。

湘西凤凰的牛角号，多用当地苗寨的黄牛或者水牛角加工制作而成，牛角的质地较为坚硬，外观光洁，色泽自然，有一定的韧性。其形状上尖下阔，呈喇叭口状，自然弯曲，稍微进行设计加工，便可成为具有苗家特色的牛角号。牛角号根据用途及牛角的大小有不同的型号规格，一般长40~70厘米不等，号口尺寸随牛角粗细而定。具体制作方法是，先将牛角的尖端用锯子锯平，在锯口的中心凿一个小孔，用烧红的尖利铁器烫出直径约3厘米的圆孔，通到牛角的内腔。在这个圆孔中插入一小段竹管（或空心的桐木管）作为吹管，直径约2厘米，孔径约0.5厘米，另一端的喇叭口外侧可雕刻出几何形图案作为装饰。

另有一种牛角号用水牛角制作，长50~54厘米，牛角较粗大，牛角口呈自然的椭圆形。其木质吹管较长，25~30厘米不等；其造型为：与牛角相接处较粗，直径约5厘米，吹嘴处较细，直径约2厘米；在吹管的端头镶接了一只铜质的吹嘴，牛角号的外围和吹管上都镶有铜箍，并雕刻有不同的二方连续几何环形图案。苗族牛角号外观造型古朴豪放，吹奏的声音嘹亮清脆。

吹奏牛角号时，苗老司一手把持牛角的腰部，口对着吹管口吹气发音。掌握好了吹号的技巧，如吹奏者变化唇形、吹气亦轻亦重，吹出的声音则浑厚响亮、雄浑有力，并有音色的高低变化和共鸣。

牛角是苗族文化中的一种标志图腾，古时，牛角号是御敌防兽、传递信息的重要通信工具之一，后来苗族人使用牛角号，还源于他们对牛的爱护和崇拜。长期以来，牛是苗族先民不可缺少的生产生活伙伴，传说牛角能驱逐恶魔、消灾避难，牛渐渐成为人们崇拜的神圣之图腾。人们在服饰、生活用具等方面，常用牛角形式进行装饰，如苗族的银饰"银牛角"、龙舟的龙头上牛角形"龙角"以及在室内外屋脊门楼上装饰的"大牛角"等，处处都显示出苗族人对牛角的崇拜与敬意。人们要定期给牛过生日，披红挂绿祭祀牛神，用牛角做成酒杯、号角，现在还将牛角用作家居摆设，表达了苗族民众崇拜牛神的心理。

图片来源
图一　李雪　摄影
图二、图五　许星　制图
图三、图四、图六　廖晨晨　制图

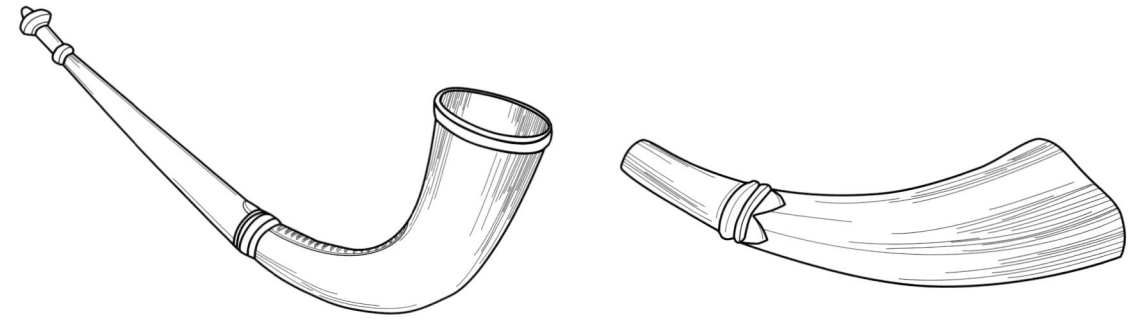

图二　苗族牛角号示意图

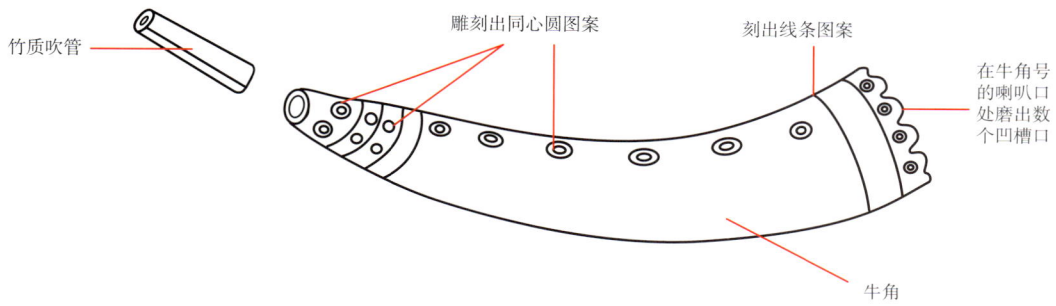

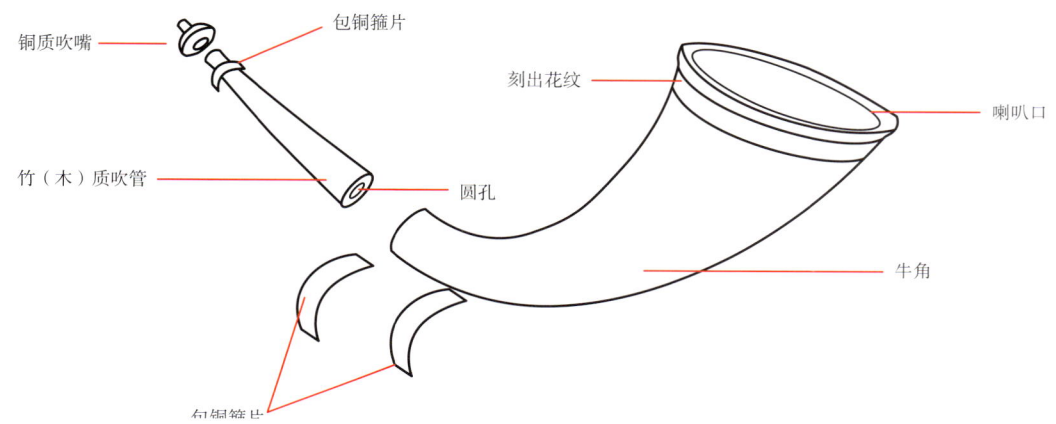

图三 苗族牛角号结构名称图

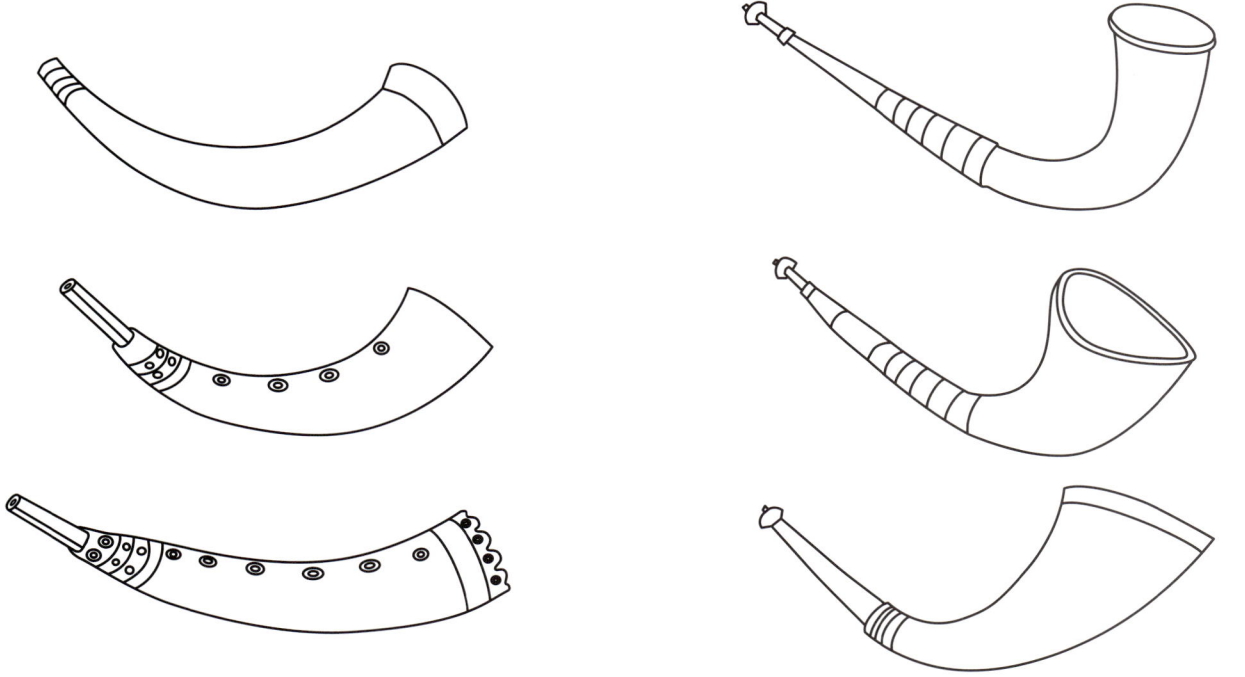

图四 苗族不同牛角号示意图

图五　吹牛角号的苗族巴代图

图六　吹牛角号的苗老司图

苗族刻道

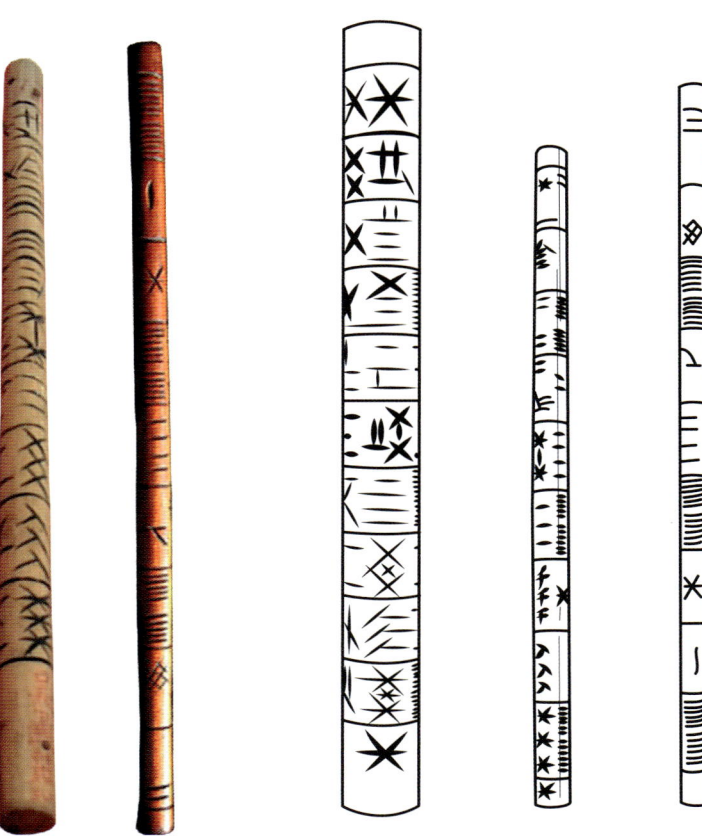

图一　苗族刻道主图

"刻道"系苗语称谓，即"歌棒"或"刻木"，主要流传于贵州省施秉县境内的苗族村寨，被称为苗族开亲歌，属于苗族酒歌的一种。因其刻于圆形竹木之上，苗民持棒而歌得名。刻道是苗族迄今为止发现的唯一一种古老的刻木符号。刻道多由五言体诗歌组成，主要记述苗族古老婚姻习俗，约产生于母系氏族向父系氏族过渡时期，被誉为苗族古老婚姻文化的活化石。

刻道棒有圆形、方形等形状，三面皆可刻画符号，大都分格刻写，格与格之间有间隔。构成"刻道"的基本图形并不复杂，主要有"一""丨""△""×""人""□"等，但基本图形再以横行、纵向、交叉、重叠、复合等形式构成形态各异的符号，每一个符号又以象形、指示、会意等方式来传达具体的意义。这样，刻道便会变得非常复杂。

歌棒通常由枫木、杨木、竹木等较为坚硬的木料刻制而成，其长短粗细方圆并无定式，也有刻在长烟杆上的形式。以长1尺左右，方便携带的小型歌棒最为常见。如此，歌手在对唱时便可将歌棒藏于袖中，依靠暗中触摸上面的符号来歌唱，避免出错。

刻道歌主要是在嫁姑娘、接媳妇、媳妇回门时唱。主客方各选两名歌手，一问一答。其唱法大致为三种：一种是从正面"平道"唱起，即从第一格直接上升到第九格，再从侧面第一格唱到九格，然后从斜面第一格唱到第九格；第二种唱法，唱"平道"后，每一格都先唱正面然后从侧面到斜面，唱完第一格再唱第二格，如此类推上升到九格，再从九格依次往回唱；第三种唱法与第二种相反，从第九格唱起，倒转来唱，难度较大。

苗族无文字，苗族刻道即是具有记事功能的造物艺术形态。刻木记事是原始记事的一种方式，人们借此来记录事件、传递信息，在古代许多民族都曾经历过。从其内容来看，刻道所反映是苗族母系氏族过渡到父系氏族之后，所出现的父权制度下的古老婚姻文化。苗族先人用这种刻木记事的艺术形式，把苗族古老婚姻文化的发展、演变记录下来。刻道对研究苗族的婚姻文化、族源迁徙、社会历史等方面都具有较高的价值。2006年5月，施秉苗族刻道入选首批国家级非物质文化遗产代表作名录。

图片来源
图一、图二、图四至图七　廖晨晨　制图
图三　许星　摄影

图二　贵州施秉苗族刻道歌棒符号图　　　图三　苗族刻道文化博物馆正门图

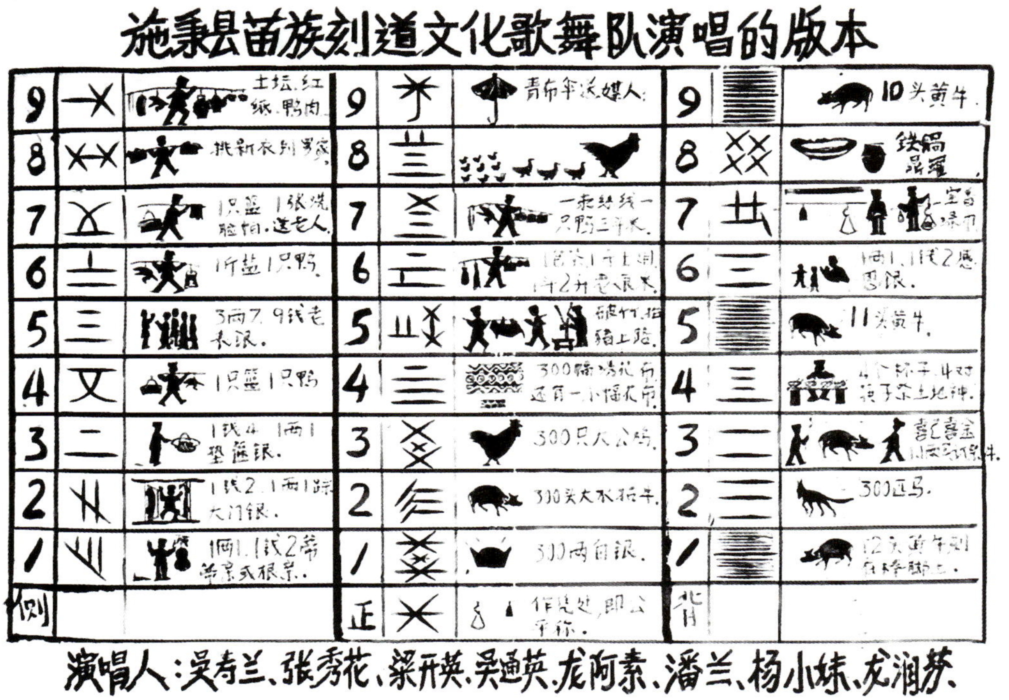

图四　施秉县苗族刻道文化歌舞队演唱版本图

图五　苗族刻道歌培训教材局部图

图六　不同苗族刻道图

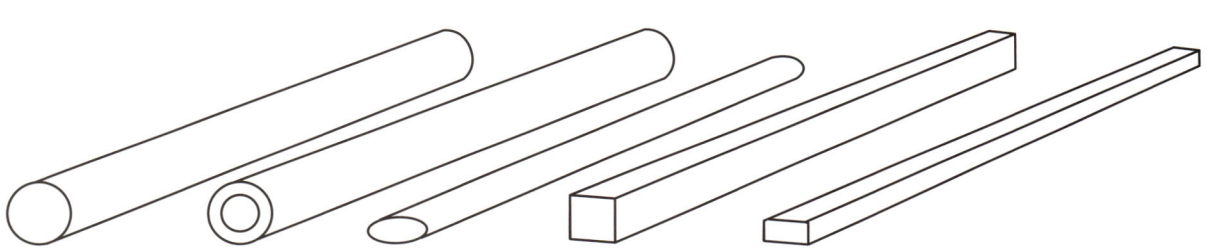

图七　不同形状苗族刻道杆示意图

声　明

　　本书编写时收入的个别图片，因条件所限，未能同相关著作权人取得联系，获得授权，敬请谅解。请相关著作权人及时与编者联系，以便奉上稿酬。谢谢！